T0255651

Grundkurs Microsoft Dynamics AX

Andreas Luszczak

Grundkurs Microsoft Dynamics AX

Die Business-Lösung von Microsoft in Version AX 2012

4., aktualisierte und überarbeitete Auflage

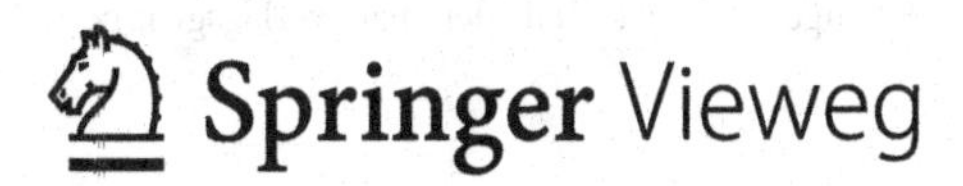

Dr. Andreas Luszczak
Wien, Österreich

ISBN 978-3-8348-1691-7 ISBN 978-3-8348-2169-0 (eBook)
DOI 10.1007/978-3-8348-2169-0

Die Deutsche Nationalbibliothek verzeichnet diese Publikation in der Deutschen Nationalbibliografie; detaillierte bibliografische Daten sind im Internet über http://dnb.d-nb.de abrufbar.

Springer Vieweg

Gedruckt auf säurefreiem und chlorfrei gebleichtem Papier

Springer Vieweg ist eine Marke von Springer DE. Springer DE ist Teil der Fachverlagsgruppe Springer Science+Business Media.
www.springer-vieweg.de

Vorwort zur 4. Auflage

Dynamics AX wird von Microsoft als Premium-Produkt für mittelständische Unternehmen und internationale Konzerne angeboten und in zahlreichen Firmen als Business-Lösung implementiert. Gleichzeitig eignet es sich im universitären Bereich aufgrund seines hohen Integrationsgrades sehr gut zum Studium der Möglichkeiten eines ERP-Systems.

Zu diesem Buch

Das vorliegende Buch soll einen kompakten Einstieg in Anwendung und Prozessabwicklung mit Dynamics AX 2012 bieten. Daneben wird über eine durchgehende Betrachtung der Kernprozesse aber auch erfahrenen Benutzern die Möglichkeit gegeben, zentrale Themen rasch nachschlagen zu können. Konsequent aufeinander aufbauende Übungsaufgaben unterstützen das Verständnis der Zusammenhänge.

Programmversion und Übungsaufgaben

Die vorliegende Auflage basiert auf Microsoft Dynamics AX 2012 in der ursprünglichen Version, wobei Änderungen im Dynamics AX 2012 Feature Pack berücksichtigt sind. Als Basis für Abbildungen und Übungsaufgaben dient eine selbst entwickelte Musterfirma, die „Anso Technologies Ltd". Diese ist als englische Firma eingerichtet, womit englische Mehrwertsteuer berechnet wird und das britische Pfund als Währung verwendet wird.

Die Übungen sind aber so konzipiert, dass sie problemlos auch in einer anderen Umgebung – beispielsweise in der Microsoft Standard-Schulungsumgebung „Contoso" – ausgeführt werden können.

Detailliertere Beschreibungen und Unterstützung bei der Lösung der Aufgaben können im Online-Service des Verlags oder über folgende Internetadresse erhalten:

http://www.luszczak.net

Unter dieser Adresse finden Sie auch Hinweise zu Änderungen in neuen Releases von Microsoft Dynamics AX 2012, falls diese im Zusammenhang mit den Inhalten in diesem Buch relevant sind. Falls Sie Fragen oder Anregungen zu diesem Buch haben, kontaktieren Sie mich über die zuvor genannte Webseite oder per E-Mail an meine Adresse *lua@addyn.com*.

Danksagung

Abschließend möchte ich die Gelegenheit wahrnehmen, mich bei allen zu bedanken, die bei der Entstehung dieses Buches seit der ersten Auflage mitgewirkt haben. Insbesondere erwähnen möchte ich hierbei Matthias Gimbel, Ingo Maresch, Keith Dunkinson und Harald Paul auf fachlicher Seite sowie Bernd Hansemann und Maren Mithöfer auf Seite des Verlags Springer Vieweg. Besonderer Dank gilt auch meiner Familie – Sonja, Felix und Caroline.

Wien, im August 2012 Andreas Luszczak

Inhaltsverzeichnis

1 Microsoft Dynamics AX im Überblick

Microsoft Dynamics AX ist die zentrale Business-Lösung von Microsoft für mittelständische Unternehmen und internationale Konzerne. Durch einen hohen Integrationsgrad der Anwendung und eine moderne Architektur bietet Dynamics AX umfassende Funktionalität bei hoher Benutzerfreundlichkeit.

In Version AX 2012 enthält Dynamics AX eine große Anzahl neuer Funktionen und Verbesserungen. Zentrale Neuerungen betreffen einerseits die neugestaltete Benutzeroberfläche, die die rollenbasierten Navigation noch besser unterstützt, und andererseits die erweiterte Funktionalität in Organisationsverwaltung, Finanzwesen und Produktmanagement zur verbesserten Unterstützung von Unternehmen mit mehreren Firmen und hierarchischer Organisationsstrukturen.

1.1 Axapta und die Entwicklung von Dynamics AX

Dynamics AX wurde ursprünglich von Damgaard A/S, einem dänischen Unternehmen, unter der früheren Produktbezeichnung Axapta entwickelt und im März 1998 neu auf den Markt gebracht. Die beiden Firmengründer, Erik und Preben Damgaard, hatten zu diesem Zeitpunkt schon mehr als zehn Jahre Erfahrung in der Entwicklung von ERP-Systemen – unter anderem mit Navision (jetzt Dynamics NAV) als Mitgründer von PC&C, die sie 1994 verließen.

In Version 1.0 war Axapta für die USA und Dänemark erhältlich, die im Oktober 1998 vorgestellte Version 1.5 bot Unterstützung für eine Reihe weiterer europäischer Staaten. Im Laufe der Zeit wurde Axapta kontinuierlich weiterentwickelt, und zwar sowohl hinsichtlich der Funktionalität mit Version 2.0 im Juli 1999 und Version 3.0 im Oktober 2002 als auch – durch Realisierung länderspezifischer Versionen für weitere wichtige Regionen – hinsichtlich der internationalen Verbreitung. Bis zum Erscheinen von Dynamics AX mit Version 4.0 wurde Axapta durch eine Reihe von Service Packs aktualisiert.

Damgaard A/S wurde nach Unterzeichnung eines Fusionsvertrags im November 2000 mit der aus der PC&C hervorgegangenen Navision A/S zusammengeführt. Die fusionierten Unternehmen Navision-Damgaard wurden selbst wiederum im Mai 2002 durch Microsoft übernommen. Damit kamen deren Hauptprodukte, Navision und Axapta, als Eckpfeiler des ERP-Angebots in das Produktportfolio von Microsoft. Während Navision (Dynamics NAV) technisch und funktional für kleinere Unternehmen in Frage kommt, wird Axapta (Dynamics AX) als Produkt für mittelständische Unternehmen und international tätige Konzerne geführt.

Mit der im Juni 2006 erschienenen Version 4.0 erhielt Axapta einen neuen Namen, es wird fortan als Microsoft Dynamics AX geführt. Version 4.0 unterscheidet sich von Vorgängerversionen nicht nur durch funktionale Erweiterungen, sondern auch durch eine grundlegend überarbeitete Benutzeroberfläche, die dem Office-Design weitgehend angeglichen worden ist.

Im Juni 2008 wurde Version Dynamics AX 2009 mit Rollencentern, Workflow-Unterstützung und einer aktualisierten Oberfläche präsentiert. Funktional wurden die Anforderungen international vertretener Unternehmen mit Einführung des Standort-Konzepts und zusätzlicher Module durchgehend berücksichtigt.

Dynamics AX 2012, das im August 2011 veröffentlicht worden ist, bietet mit einer auf die aktuellen Versionen von Microsoft Windows und Microsoft Office abgestimmten Oberfläche eine weiter verbesserte Bedienbarkeit. Rollenbasiertes Berechtigungskonzept, eine neue Architektur im Bereich des Finanzwesens mit mandantenübergreifenden Datenstrukturen und eine Reihe weiterer Funktionen in anderen Bereichen erleichtern die Verwaltung und Zusammenarbeit über Unternehmensgrenzen hinweg.

1.2 Produktübersicht Dynamics AX 2012

Mit Dynamics AX bietet Microsoft eine benutzerfreundliche und einfach anpassbare betriebswirtschaftliche Komplettlösung, die auch komplexe internationale Installationen unterstützt. Ein weiteres zentrales Merkmal ist die tiefgreifende Integration in Microsoft-Technologien wie Microsoft SQL Server, SharePoint Services und BizTalk Server.

Design und Funktionsprinzipien von Dynamics AX sind den meisten Benutzern aus Microsoft Windows und der Microsoft Office Produktlinie vertraut. Damit ist eine rasche Einarbeitung und eine intuitive Bedienung gewährleistet, die zusätzlich durch eine enge Integration zu anderen Microsoft-Produkten unterstützt wird. Hierbei bieten Rollencenter dem jeweiligen Mitarbeiter einen raschen Überblick der von ihm benötigten Daten.

1.2.1 Funktionsumfang

Eine durchgängige Unterstützung von Geschäftsprozessen in Supply Chain Management (SCM) und Customer Relationship Management (CRM) ermöglicht die Einbindung von externen Geschäftspartnern wie Kunden und Lieferanten einerseits und von internen Stellen wie Abteilungen und Niederlassungen andererseits. Mehrwährungs- und Mehrsprachenfähigkeit, das Organisationsmodell zum Verwalten paralleler Unternehmenshierarchien innerhalb einer Datenbank, sowie die Möglichkeit, mehrerer Standorte innerhalb eines Unternehmens zu verwalten, erlauben es auch weltweit vertretenen Unternehmen mit Tochterfirmen und Zweigniederlassungen auf einem gemeinsamen System zu arbeiten.

Der Funktionsumfang von Dynamics AX umfasst hierbei folgende Bereiche:

- Vertrieb und Marketing
- Logistik
- Produktion
- Beschaffung
- Serviceverwaltung
- Finanzmanagement
- Projektverwaltung
- Personalverwaltung
- Business Intelligence und Reporting

Zusätzlich sind branchenspezifische Funktionen für Produktion, Vertrieb, Einzelhandel, Serviceindustrie und den öffentlichen Bereich bereits in der Standardapplikation enthalten und bieten damit eine breite Basis für den Einsatz in unterschiedlichsten Unternehmen und Organisationen.

Das Workflowsystem in Dynamics AX unterstützt die Einhaltung vordefinierter Routineabläufe wie die Genehmigung von Bestellanforderungen. Es basiert auf der Windows Workflow Foundation und ermöglicht die Ausgabe von Workflow-Nachrichten in Outlook, im Enterprise Portal oder im regulären AX-Client.

Die leichte Anpassbarkeit und Skalierbarkeit von Dynamics AX ermöglichen ein flexibles Vorgehen bei der Implementierung. So können problemlos zu Beginn nur die Hauptfunktionen wie das Finanzmanagement eingesetzt und später bei Bedarf zusätzliche Module wie Logistikmanagement oder Fertigung aktiviert werden. Auch die Erweiterung eines bestehenden Dynamics AX-Systems um zusätzliche Benutzer und Unternehmen ist jederzeit möglich.

Zur Lokalisierung werden länderspezifische Funktionen zur Verfügung gestellt, die über Parameter und Konfigurationsschlüssel aktiviert und eingerichtet werden.

1.2.2 Business Intelligence

Integrierte Funktionen zu Business Intelligence und Reporting ermöglichen eine schnelle und gezielte Aufbereitung von Geschäftszahlen. Die entsprechenden Funktionen stehen nicht nur für Analysen im Finanzmanagement zur Verfügung, die Business Intelligence Funktionalität in Dynamics AX soll vielmehr Benutzer in allen Geschäftsbereichen beim Zugriff auf die jeweils benötigten Daten unterstützen. In Abhängigkeit von den jeweiligen Anforderungen können hierbei unterschiedliche Reporting-Werkzeuge wie strukturierte Berichte und Ad-hoc-Auswertungen genutzt werden.

Auswertungen und Berichte basieren auf der Microsoft SQL-Server Plattform. Standard-Berichte in Dynamics AX werden hierbei über SQL Server Reporting Services (SSRS) ausgegeben. Business Intelligence Komponenten wie Kennzahlen (KPI, Key Performance Indicator) nutzen OLAP-Funktionen, die über SQL Server Analysis Services (SSAS) zur Verfügung stehen.

1.2.3 Externe Anbindung und Intercompany

Externe Geschäftspartner werden in Dynamics AX auf zwei Arten angebunden:

- Enterprise Portal
- Application Integration Framework

Das Enterprise Portal bietet einen direkten Zugriff auf Dynamics AX über einen Internetbrowser wie den Microsoft Internet Explorer. Das Enterprise Portal kann sowohl intern von eigenen Mitarbeitern als auch extern von Kunden und Lieferanten verwendet werden, wobei die jeweiligen Zugriffsmöglichkeiten durch unterschiedliche Rollen festgelegt werden.

Im Unterschied dazu ermöglicht das Application Integration Framework eine Automatisierung des Datenaustausches mit anderen Systemen innerhalb und außerhalb des Unternehmens. Dazu werden Geschäftsdokumente wie Rechnungen, Lieferscheine oder Preislisten im XML-Format ausgegeben und entweder unverändert versendet und empfangen oder mittels externer Konverter in andere Formate wie EDIFACT umgewandelt.

Für Unternehmen in einer gemeinsamen Dynamics AX-Datenbank ermöglicht die Intercompany-Funktionalität eine automatische Abwicklung der Geschäftsprozesse zwischen den betroffenen Firmen.

1.2.4 Implementierung

Der Vertrieb von Microsoft Dynamics AX an Kunden erfolgt auf Basis eines indirekten Vertriebskonzepts, bei dem zertifizierte Microsoft Dynamics AX-Partner ihre Unterstützung zur Einführung von Dynamics AX anbieten.

Zur Unterstützung von Microsoft Dynamics-Implementierungsprojekten stellt Microsoft ein standardisiertes Vorgehensmodell für Microsoft-Partner zur Verfügung – Microsoft Dynamics Sure Step. Die Microsoft Dynamics Sure Step Methodology stellt hierbei eine umfassende Methodik zur Implementierung von Dynamics-Produkten in Unternehmen dar und beinhaltet Leitfaden, Projektmanagementstrategien, Werkzeuge und Vorlagen.

Im Internet können Produktinformationen, Kundenreferenzen und Online-Demos von Microsoft auf folgenden Seiten abgerufen werden:

- www.microsoft.com/germany/dynamics/ax/default.mspx
  (Microsoft Deutschland)
- www.microsoft.com/austria/dynamics/ax/default.mspx
  (Microsoft Österreich)
- www.microsoft.com/switzerland/dynamics/de/ax/default.mspx
  (Microsoft Schweiz)
- www.microsoft.com/dynamics/ax/default.mspx
  (Microsoft international, englisch)

Von diesen Seiten aus kann auch die Dynamics-Partnersuche zur Auswahl eines Implementierungspartners und der Microsoft Dynamics Marketplace zur Suche von durch Partner erstellten Zusatzfunktionen aufgerufen werden.

1.3 Technologie und Systemarchitektur

Bei der Entwicklung von Dynamics AX (zuvor Axapta) wurde neben der internationalen Einsetzbarkeit auch der Integrationsaspekt von Beginn an als zentrale Anforderung berücksichtigt. Dieser Integrationsaspekt betrifft nicht nur die Komponenten innerhalb des Systems, die eine übergreifende Architektur der Daten- und Anwendungsschicht aufweisen, sondern auch die Einbindung in die Produktlandschaft von Microsoft mit Windows Betriebssystemen, SQL-Server, SharePoint, Internet Information Server und andere Anwendungen.

Drei zentrale Merkmale kennzeichnen hierbei die Technologie von Microsoft Dynamics AX:

- **Entwicklungsumgebung**
- **Layer-Technologie**
- **3-Schicht-Architektur**

1.3.1 Entwicklungsumgebung

Microsoft Dynamics AX 2012 speichert die Applikationsobjekte (wie Tabellen und Formular-Definitionen) innerhalb der SQL-Datenbank. Eine Baumstruktur dieser Applikationsobjekte wird im Application Object Tree (AOT) gezeigt.

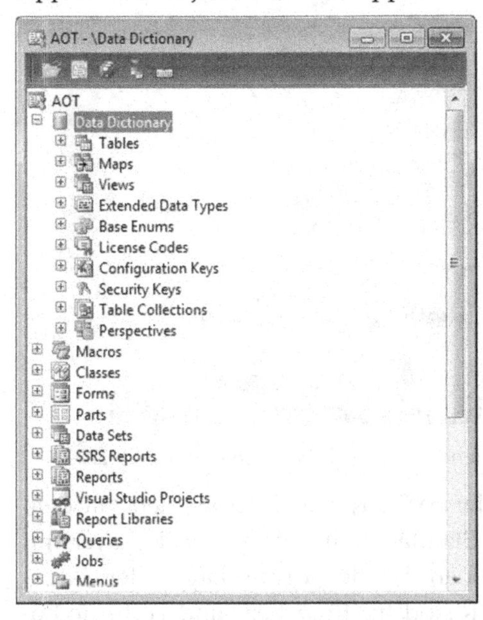

Abbildung 1-1: Application Object Tree (AOT) in der Entwicklungsumgebung

Zum Anpassen der Applikationsobjekte stehen zwei verschiedenen Entwicklungsumgebungen zur Verfügung:

- **Microsoft Visual Studio**
- **MorphX IDE** – Integrierte Entwicklungsumgebung in Dynamics AX

MorphX kann hierbei als integrierte Entwicklungsumgebung direkt innerhalb des Dynamics AX-Clients geöffnet werden und bietet Zugriff auf den Application Object Tree (AOT) zum Erstellen, Bearbeiten, Kompilieren und Debuggen von Programmobjekten.

Die Entwicklungsumgebung in Visual Studio ist eng mit MorphX verbunden und wird für die Entwicklung von Berichten benötigt, die in Dynamics AX 2012 nur mehr über SQL Server Reporting Services (SSRS) ausgeführt werden.

Für die Programmierung in MorphX kommt X++ zum Einsatz, eine Dynamics AX-eigene, objektorientierte Sprache, die sich an C++ und Java orientiert. Da die Anwendungsprogramme in MorphX einen offenen Quellcode aufweisen, können Elemente in der Entwicklungsumgebung angepasst und erweitert werden.

1.3.2 Layer-Technologie

Über die Layer-Technologie wird eine hierarchische Struktur für die Anwendungsprogramme zur Verfügung gestellt, in der das Standardsystem durch unterschiedliche Schichten von Programmmodifikationen getrennt ist. Das Ziel des Layer-Konzepts besteht darin, durch die Trennung von Anwendungsschichten den Einsatz von Branchenlösungen und die Durchführung von Release-Upgrades zu vereinfachen.

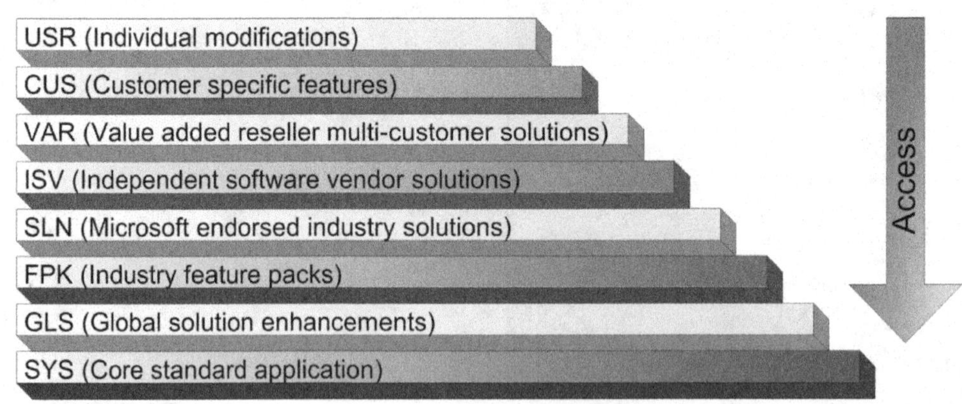

Abbildung 1-2: Layer-Konzept mit den Anwendungsschichten in Dynamics AX 2012

Als Basis-Schicht in Dynamics AX dient der SYS-Layer, der zusammen mit dem GLS-Layer den weltweiten Dynamics AX–Standard darstellt. Der FPK Layer mit globalen Branchenlösungen und Funktionen ist der dritte Layer der Basis-Anwendung. Die Layer SLN, ISV und VAR sind für Branchen- und vertikale Lösungen von Partnern und unabhängigen Lösungsanbietern (ISV, Independent Software Vendor) reserviert.

Die oberste Schicht bildet der USR-Layer, der die kunden- und benutzerspezifischen Modifikationen enthält. Jeder Layer weist zudem einen zugehörigen Patch-Layer auf, dessen Name mit einem „P" endet (z.B. USP zum USR-Layer) und der für Updates der Anwendung reserviert ist.

Um bei der Benutzung von Dynamics AX das anzuwendende Objekt zu finden, durchläuft das System für jedes Objekt, ausgehend vom obersten Layer eine Suche, bis das betreffende Objekt gefunden ist. Wenn daher beispielsweise die Listenseite zu Ansicht der Lieferanten (Kreditoren-Listenseiten) kundenspezifisch geändert worden ist, kommt das Formular *VendTableListPage* aus dem USR-Layer zum Einsatz und nicht das gleichnamige Formular aus dem SYS-Layer.

1.3.3 Systemarchitektur

Um größere Installationen zu unterstützen, verfolgt Dynamics AX zur Realisierung der Client-Server-Struktur eine konsequente 3-Schicht-Architektur. Die 3-Schicht-Architektur zeichnet sich dadurch aus, dass Datenbank, Anwendung und Präsentation voneinander getrennt sind.

Die in Dynamics AX 2012 verwalteten betriebswirtschaftlichen Daten werden in einer relationalen Microsoft SQL-Server Datenbank gespeichert. Für größere Systeme kann auch ein Datenbankcluster Verwendung finden.

Die eigentliche Verarbeitungslogik von Dynamics AX ist in der Anwendungsschicht (Applikation) enthalten, indem der in der Entwicklungsumgebung erzeugte Code ausgeführt wird. Die Anwendungsschicht kann in Form eines einzelnen Application Object Servers (AOS) oder zur Sicherstellung einer höheren Verfügbarkeit in Form eines AOS-Clusters vorliegen.

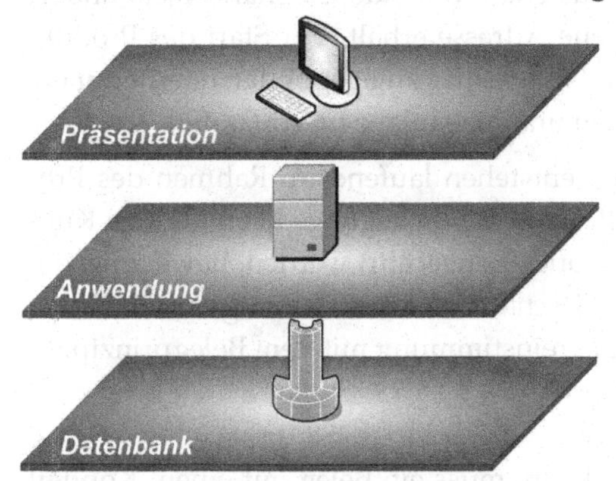

Abbildung 1-3: Die 3-Schicht-Architektur in Dynamics AX

Die Präsentationsschicht beinhaltet eine graphische Benutzeroberfläche, die zur Abwicklung der Dateneingaben und Ausgaben benötigt wird. Neben dem regulären Windows-Client können hierbei Internet Browser (über das Enterprise Portal),

Microsoft Office (über die Office Add-Ins) und andere Anwendungen (beispielsweise für mobile Geräte) zum Einsatz kommen.

Datenbank, Applikation und Client werden normalerweise auf verschiedenen Rechnern installiert. Bei kleinen Installationen können Datenbank und Applikation (AOS) auch auf einem Server laufen. Technisch möglich ist auch die Installation aller drei Komponenten auf einem Gerät, wobei dies nur für Test- und Entwicklungszwecke zu empfehlen ist.

1.3.4 Datenstruktur

Bei der Nutzung von Dynamics AX werden sowohl Daten verwaltet, die bestimmte Vorgänge beschreiben (z.B. Lieferscheine), als auch Daten eingetragen, die Objekte (z.B. Kunden) beschreiben.

Um diese Informationen zu gliedern, kann eine Unterscheidung in drei verschiedene Datentypen vorgenommen werden:

- Konfigurationsdaten
- Stammdaten
- Transaktionsdaten

Über die Konfiguration (Einstellungen) wird festgelegt, wie Geschäftsprozesse in Dynamics AX ablaufen. Ein Beispiel für die Konfiguration ist die Einstellung, ob Lagerplätze, Paletten oder Seriennummern im System geführt werden sollen. Die Konfiguration bietet somit neben der Modifikation von Programmen die zweite Möglichkeit, das System nach den Bedürfnissen eines Unternehmens einzurichten. Normalerweise erfolgt die Systemkonfiguration einmalig vor dem Echteinsatz, spätere Änderungen müssen sorgfältig geprüft werden.

Stammdaten beschreiben Objekte wie Sachkonten, Produkte oder Kunden. Sie werden nur dann verändert, wenn sich das entsprechende Geschäftsobjekt ändert – beispielsweise wenn ein Kunde eine neue Adresse erhält. Vor Start des Produktiveinsatzes des Systems werden Stammdaten initial angelegt oder übernommen, im laufenden Betrieb erfolgen Änderungen und Neuanlage im Anlassfall.

Transaktionsdaten oder Bewegungsdaten entstehen laufend im Rahmen des Produktiveinsatzes von Dynamics AX. Als Beispiel für Bewegungsdaten können Kundenaufträge, Rechnungen oder Lagerbuchungen angeführt werden. Bewegungsdaten entstehen in Dynamics AX bei jedem Geschäftsfall, die Erfassung und Buchung von Bewegungsdaten erfolgt hierbei in Übereinstimmung mit dem Belegprinzip.

1.3.5 Belegprinzip

Damit eine Transaktion gebucht werden kann, muss ein Beleg mit einem Kopfteil und mindestens einer Position erfasst werden. Die Verarbeitung von Belegen erfolgt hierbei in zwei Schritten:

- Erfassung des Belegs (ungebuchter Beleg)
- Buchen des Belegs (gebuchter Beleg

Belege basieren hierbei auf Stammdaten wie Sachkonten, Kunden und Produkten und können erst gebucht werden, wenn sie formal richtig sind. Gebuchte Belege können nicht verändert werden. Je nach Einrichtung kann vor dem Buchen auch eine Genehmigung erforderlich sein, die beispielsweise über die Workflow-Funktionalität in Dynamics AX eingeholt wird.

Beispiele für Erfassungsbelege in Dynamics AX stellen Aufträge und Bestellungen sowie Erfassungsjournale in Hauptbuch und Lagerverwaltung dar. Nach dem Buchen liegen die entsprechenden Belege in Form von Lieferscheinen, Rechnungen, Lagerbuchungen oder Sachkontobuchungen vor.

Eine Ausnahme hinsichtlich der Erfassungsstruktur bilden manche Hilfsbelege wie die Quarantäneverwaltung, in der keine Trennung in einen Kopfteil und einen Positionsteil erfolgt.

2 Grundlagen zu Microsoft Dynamics AX

Microsoft Dynamics AX ist von Grund auf dahingehend gestaltet worden, dass ein mit Windows-Software vertrauter Benutzer eine gewohnte Umgebung vorfindet. Hierbei ist jedoch zu berücksichtigen, dass betriebswirtschaftlicher Standard-Software zur Unterstützung von Geschäftsprozessen dient, die sachlich sehr komplex sein können.

2.1 Benutzeroberfläche und grundlegende Funktionen

Bevor die Abwicklung von Geschäftsprozessen und Fallbeispielen in weiterer Folge vorgestellt wird, zeigt dieses Kapitel die grundsätzliche Handhabung von Microsoft Dynamics AX 2012.

2.1.1 An- und Abmeldung

Die Anmeldung in Dynamics AX erfolgt über die Windows-Authentifizierung (Active Directory), also über eine Anmeldung mit dem Windows-Benutzer. Für den Benutzer ist somit ein Single Sign-on-Ansatz realisiert, bei dem nach Aufruf des Clients über das Startmenü oder mittels Doppelklick auf das Dynamics AX-Symbol keine weitere Anmeldung erforderlich ist. Dynamics AX-Benutzer, aktuelles eigenes Unternehmen (Mandant) und Sprache ergeben sich aus den Benutzeroptionen in Dynamics AX.

Abbildung 2-1: Microsoft Dynamics AX Symbol auf dem Desktop

Falls – beispielsweise zum Test von Benutzerberechtigungen – innerhalb von Dynamics AX mit unterschiedlichen Benutzern gearbeitet werden soll, müssen alle verwendeten Benutzer als Windows-Benutzer im Active Directory angelegt sein. Dynamics AX kann dann über die Auswahl *„Ausführen als"* im Kontextmenü (*Rechte Maustaste*) des Dynamics AX-Symbols unter einem anderen Benutzer als dem aktuell angemeldeten Windows-Benutzer gestartet werden.

Gleich wie die Anmeldung unterscheidet sich auch die Abmeldung nicht vom üblichen Vorgehen in Windows-Programmen: Über die Tastenkombination *Alt+F4*, die Menüoption *Datei/Beenden* oder über das Symbol [x] in der rechten oberen Fensterecke werden – falls der Benutzer mehrere Arbeitsbereiche geöffnet hat – Arbeitsbereiche einzeln geschlossen. Mit dem Schließen des letzten Client-Hauptfensters wird der Benutzer ohne weitere Rückfrage vom System abgemeldet.

2.1.2 Benutzeroberfläche

Nach Starten des Dynamics AX Windows-Clients wird der Arbeitsbereich im Hauptfenster gezeigt. In Abhängigkeit von den individuellen Einstellungen des Benutzers, zugeordneten Benutzerrechten und der Systemkonfiguration sind hierbei einzelne Elemente nicht sichtbar.

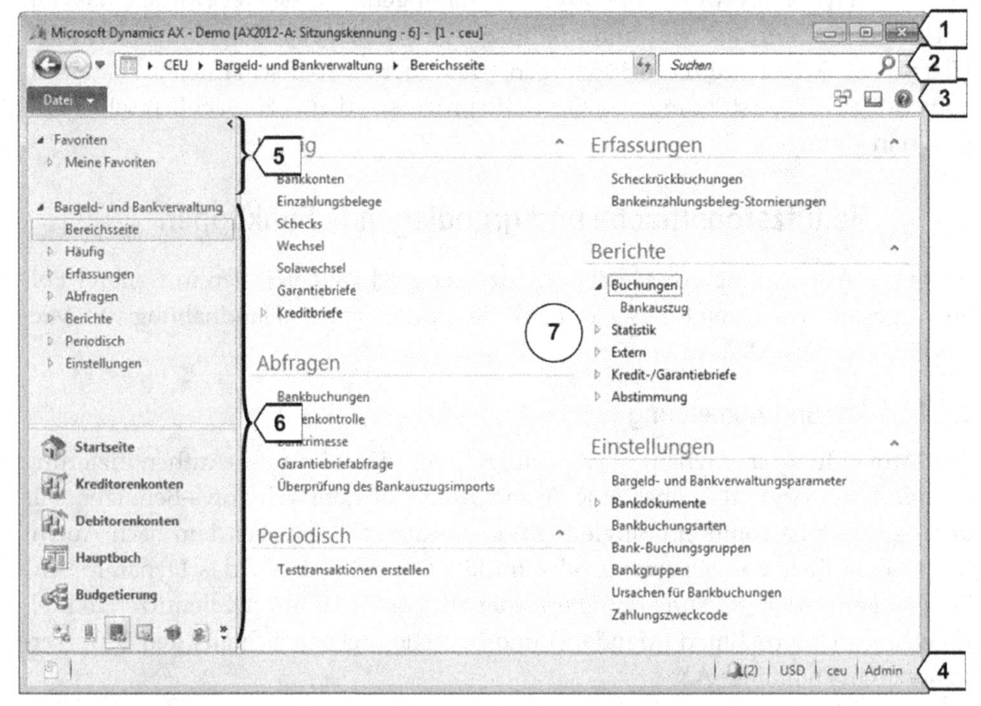

Abbildung 2-2: Der Arbeitsbereich im Dynamics AX Windows-Client

Der Arbeitsbereich im Dynamics AX 2012 Windows-Client zeigt folgende Bereiche (siehe Abbildung 2-2):

- Titelleiste [1]
- Adressleiste [2]
- Befehlsleiste mit dem Menü *Datei* [3]
- Statusleiste [4]
- Favoritenbereich [5]
- Navigationsbereich [6]
- Inhaltsbereich [7]

2.1.2.1 Titelleiste

Die Titelleiste zeigt neben dem Namen der Anwendung („Microsoft Dynamics AX") auch den Namen des Lizenznehmers, den Servernamen, die Nummer des Arbeitsbereichs und das aktuelle eigene Unternehmen.

2.1.2.2 Adressleiste

Die Adressleiste (Breadcrumb-Leiste) bietet Navigationsmöglichkeiten, wie sie vom Windows-Explorer und aktuellen Internetbrowsern bekannt sind. Dazu wird der Navigationsverlauf vom System in einer „Brotkrümelspur" gespeichert, in der über die Tasten „Zurück" und „Vorwärts" geblättert werden kann.

Das Adressfeld zeigt den Pfad der gerade aufgerufenen Seite und ermöglicht den Wechsel zu anderen Mandanten, Modulen und Seiten.

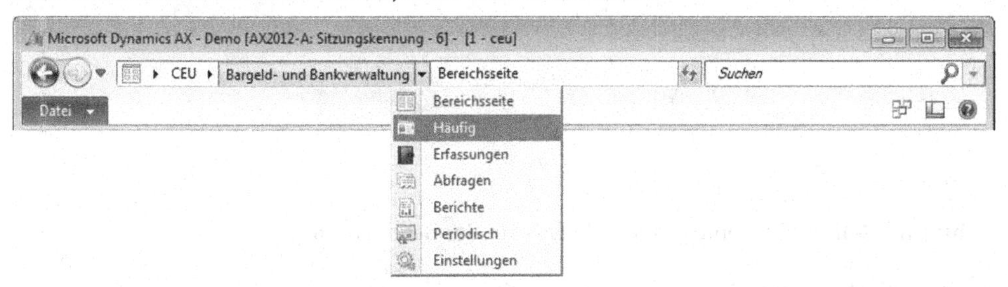

Abbildung 2-3: Navigation über die Adressleiste

Wenn die Enterprise Search installiert ist, bietet eine Suchleiste im rechten Teil der Adressleiste einen Zugriff auf diese Suchfunktion (siehe Abschnitt 2.1.6). Die Suchleiste ermöglicht hierbei einerseits eine Suche nach Daten in vordefinierten Dynamics AX-Tabellen und andererseits parallel dazu auch nach Begriffen in den Dynamics AX Hilfetexten.

2.1.2.3 Befehlsleiste mit dem Menü „Datei"

Die Befehlsleiste ermöglicht den Aufruf allgemein benötigter Funktionen. Dazu zählen neben Windows-Standardfunktionen wie *Kopieren* und *Einfügen* auch spezielle Funktionen in Dynamics AX wie *Filtern* und *Dokumentenverwaltung*. Je nachdem, welche Seite geöffnet ist, sind einzelne Elemente der Befehlsleiste nicht auswählbar (grau schattiert). Falls eine Funktion auch über die Tastatur aufgerufen werden kann, wird die entsprechende Tastenkombination rechts neben der Funktionsauswahl angezeigt.

Im rechten Teil der Befehlsleiste befinden sich folgende Schaltflächen:

- **Fenster** zum Wechsel zwischen Fenstern und Arbeitsbereichen.
- **Ansicht** zum Anpassen des Arbeitsbereichs.
- **Hilfe** zur Anzeige von Hilfetexten.

Der Zugriff auf die Optionen zum Anpassen des Arbeitsbereichs ist nicht nur über die Schaltfläche *Ansicht,* sondern auch über das Menü *Datei* (Optionen im Befehl *Datei/Ansicht*) möglich.

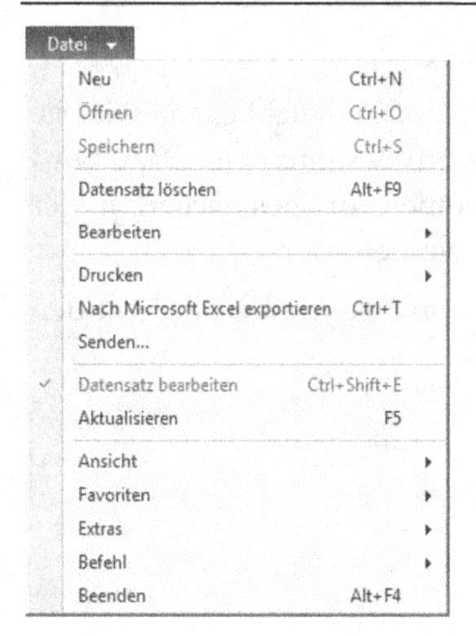

Abbildung 2-4: Elemente des Menüs *Datei* in der Befehlsleiste

2.1.2.4 Statusleiste

Die Statusleiste am unteren Rand des Dynamics AX-Fensters ist in zwei Bereiche gegliedert. Im linken Teil werden das Symbol *Dokumentenbehandlung* und ein kurzer Hinweis zum aktiven Element (Feld bzw. Menüauswahl) gezeigt. Im rechten Teil werden Informationen zum aktuellen Status der Anwendung gezeigt.

Über die Benutzeroptionen (Befehl *Datei/Extras/Optionen*2.3.1) kann der Benutzer festlegen, welche Daten in den Statusinformationen gezeigt werden. Hierbei stehen folgende Felder zur Verfügung:

- Dokumentenbehandlung [1]
- Hilfetext [2]
- Benachrichtigungen [3] – Warnmeldungen, Workflowbenachrichtigungen
- Währung [4] – Steuert die Währung für die Anzeige von Geldbeträgen
- Anwendungsobjektmodell [5]
- Schicht des Anwendungsobjekts / Hilfsprogrammebene [6]
- Aktuelles eigenes Unternehmen (Mandant) [7]
- Hochstelltaste aktiviert [8]
- Ziffernblock aktiviert [9]
- Kennung des aktuellen Benutzers [10]
- Sitzungsdatum [11]
- Uhrzeit [12]
- AOS-Name (Servername) [13]
- Systemstatus [14] – Zeigt Zugriff auf Server

Abbildung 2-5: Die Statusleiste im Arbeitsbereich bei Anzeige aller Elemente

Neben der reinen Anzeige von Informationen bietet die Statusleiste auch Sonderfunktionen für den Benutzer. Diese können im Arbeitsbereich (Client-Hauptfenster) durch Doppelklick auf folgende Felder aufgerufen werden:

- **Benachrichtigungen** – Öffnet die Benachrichtigungsliste.
- **Währung** – Aufruf des Währungskonvertierers, mit dem Beträge auf Listenseiten und Formularen in Fremdwährung anstatt in Eigenwährung gezeigt werden.
- **Aktuelles Unternehmen** – Wechsel des eigenen Unternehmens in der aktuellen Sitzung (Mandantenwechsel).
- **Sitzungsdatum** – Vorschlagswert für das Buchungsdatum in der aktuellen Sitzung.

Die Statusleiste in Detailformularen unterscheidet sich von der Statusleiste im Dynamics AX Arbeitsbereich, indem in Detailformularen zusätzliche Optionen für das Blättern und den Wechsel zwischen Datensätzen sowie für das Umschalten zwischen Ansichts- und Bearbeitungsmodus zur Verfügung stehen.

2.1.2.5 Navigationsbereich

Der Navigationsbereich im linken Teil des Dynamics AX-Clientfensters ermöglicht den Zugriff auf die Arbeitsgebiete in Dynamics AX und wird im folgenden Abschnitt 2.1.3 genauer beschrieben. Er kann über die Option *Ansicht/Navigationsbereich* (Symbol in der Befehlsleiste) ein- und ausgeblendet werden.

Um zu verhindern, dass der Navigationsbereich ständig im Vordergrund gezeigt wird, kann ein automatisches Ausblenden über die Option *Ansicht/Navigation automatisch ausblenden* in der Befehlsleiste oder über einen Klick auf den Pfeil (<) rechts oben im Navigationsbereich aktiviert werden. In diesem Fall wird der Navigationsbereich durch eine schmale Navigationsschaltfläche ersetzt. Das Einblenden erfolgt automatisch, sobald die Maus über diese Navigationsschaltfläche bewegt wird.

2.1.2.6 Favoriten

Neben der Menüauswahl über den Navigationsbereich können Listenseiten und Formulare auch über den Favoriten-Bereich (siehe Abschnitt 2.1.3) aufgerufen werden. Die Funktionsweise von Favoriten in Dynamics AX entspricht im Wesentlichen der Favoritenverwaltung in Microsoft Outlook und im Internet Explorer.

2.1.2.7 Inhaltsbereich

Der Inhaltsbereich wird in der Mitte des Dynamics AX-Clientfensters gezeigt, wobei folgende Arten von Inhaltsseiten zur Verfügung stehen:

- **Listenseiten** – Siehe anschließende Beschreibung
- **Bereichsseiten** – Siehe Abschnitt 2.1.3
- **Rollencenter**– Siehe Abschnitt 2.1.4

2.1.2.8 Arbeitsbereich

Wird zur Arbeit in Dynamics AX ein zweites Clientfenster benötigt, kann dieses innerhalb der aktuellen Sitzung über die Auswahl *Fenster/Neuer Arbeitsbereich* (Symbol in der Befehlsleiste) geöffnet werden. Ein neuer Arbeitsbereich kann auch im Dialog beim Wechsel des eigenen Unternehmens (Schaltfläche *Neuer Arbeitsbereich*) gewählt werden.

2.1.2.9 Listenseiten

Listenseiten (wie die Debitoren-Listenseite in Abbildung 2-6) dienen zur Ansicht einer Liste von Datensätzen einer Tabelle und ermöglichen die Abfrage und Durchführung zugehöriger Aktivitäten.

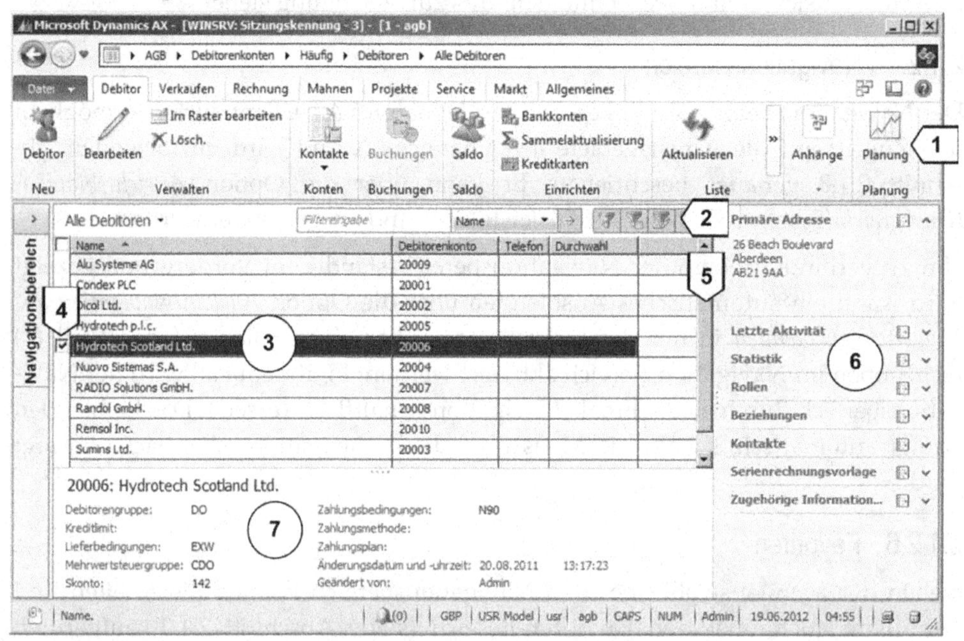

Abbildung 2-6: Elemente der Listenseite *Debitoren* (Navigationsbereich ausgeblendet)

Listenseiten haben eine einheitliche Grundstruktur, wobei einzelne Elemente und Funktionen vom jeweiligen Dateninhalt abhängen. Jede Listenseite weist hierbei folgende drei grundlegende Elemente auf:

- **Aktionsbereich**[1] – Enthält Schaltflächen zum Aufruf von Formularen für Abfragen und Aktionen, wobei diese Schaltflächen je nach Listenseite auf mehrere Reiter verteilt sind. Ein Beispiel hierfür sind die Schaltflächenreiter *Debitor* oder *Verkaufen* in Abbildung 2-6.

- **Filterbereich** [2] – Ermöglicht ein rasches Eintragen von Filterbedingungen (siehe Abschnitt 2.1.6).
- **Raster** [3] – Zeigt eine Liste der ausgewählten Datensätze.
- **Rasterkontrollkästchen** [4] – Dienen zur Auswahl einzelner oder aller Datensätze (alle Datensätze durch Markieren des Kontrollkästchens in der Rasterüberschriftenzeile).
- **Bildlaufleiste** [5] – Dient zum Erreichen weiterer Datensätze, wobei zusätzliche Optionen im Kontextmenü (nach Betätigen der rechten Maustaste auf der Bildlaufleiste) verfügbar sind. Alternativ können die Tastenkombinationen *Bild-auf*, *Bild-ab*, *Strg+Pos1* und *Strg+Ende* benutzt werden.
- **Infoboxbereich** [6] – Infoboxen zeigen Informationen aus verknüpften Tabellen zum markierten Datensatz (z.B. die primäre Adresse des gewählten Debitors).
- **Vorschaubereich** [7] – Zeigt unterhalb des Rasters Detailinformationen zum gewählten Datensatz (z.B. Felder des Debitorenstamms).

Wenn nicht alle Informationen benötigt werden, können Infobox- und/oder Vorschaubereich über die entsprechende Option der Schaltfläche *Ansicht* in der Befehlsleiste ausgeblendet werden. Die Systemeinstellung zum generellen Aktivieren/Deaktivieren von Infobox- und Vorschaubereich ist unter dem Menüpunkt *Systemverwaltung> Einstellungen> System> Leistungsoptionen des Clients* verfügbar.

Listenseiten werden nicht automatisch aktualisiert, wenn die im Fenster gezeigten Daten parallel in der Datenbank geändert werden (z.B. wenn jemand anderer an den gezeigten Datensätzen arbeitet). Auch wenn man selbst einen Datensatz im Detailformular ändert, ist es oft zielführend die Anzeige der entsprechenden Listenseite über die Schaltfläche *Aktualisieren* rechts im Adressfeld oder über die Funktionstaste *F5* zu aktualisieren. Eine Listenseite wird auch aktualisiert, sobald sie neu geöffnet wird oder wenn ein Filter oder eine Sortierung eingetragen wird.

2.1.2.10 Detailformulare

Im Gegensatz zu Listenseiten, die zur Abfrage von Daten optimiert sind, dienen Detailformulare zur Bearbeitung und Detailansicht von Datensätzen. Wird daher in einer Listenseite eine Rasterzeile mittels Doppelklick ausgewählt, öffnet Dynamics AX das zugehörige Detailformular.

Alternativ können Detailformulare nach Auswahl des betroffenen Datensatzes auch über die Schaltfläche *Bearbeiten* am ersten Schaltflächenreiter von Listenseiten geöffnet werden.

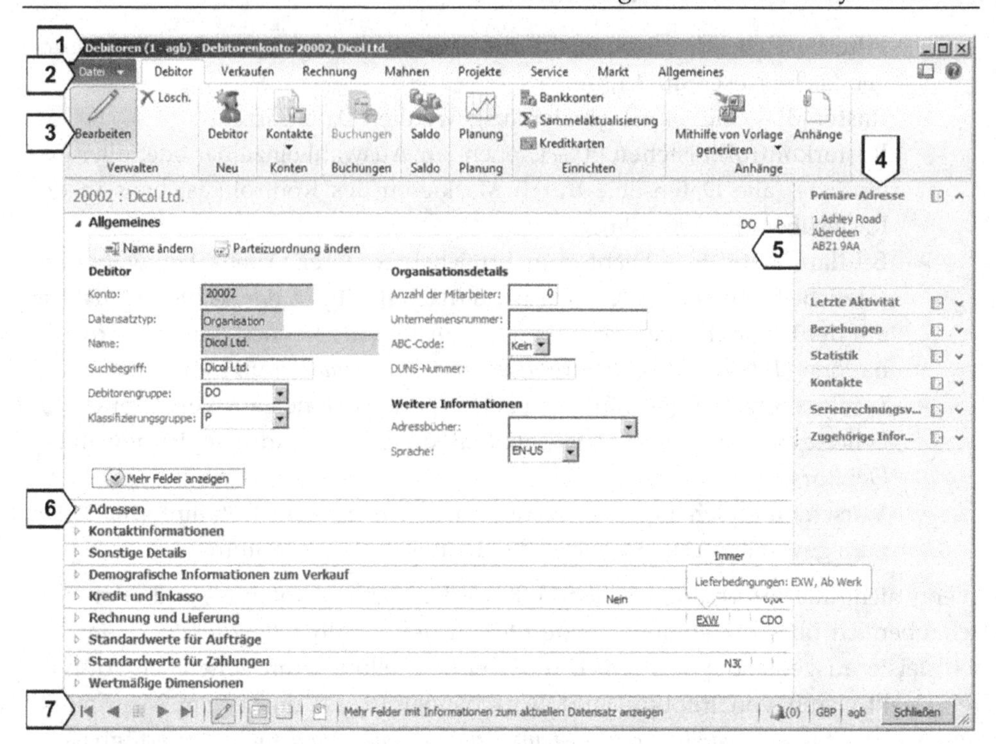

Abbildung 2-7: Elemente des Detailformulars *Debitoren*

Im Gegensatz zu Listenseiten, die innerhalb des Dynamics AX Arbeitsbereiches im Client-Hauptfenster gezeigt werden, werden Detailformulare als separate Fenster dargestellt, die auf der Arbeitsoberfläche des Client-Computers bewegt und in der Größe angepasst werden können.

Analog zu Listenseiten weisen Detailformulare eine gemeinsame Struktur auf, wobei einzelne Elemente und Funktionen vom jeweiligen Bearbeitungsinhalt abhängen. Als Beispiel zeigt Abbildung 2-7 das Debitoren-Detailformular, das aus der Listenseite *Debitorenkonten> Häufig> Debitoren> Alle Debitoren* geöffnet werden kann, mit folgenden Elementen:

- **Titelleiste** [1] – Zeigt die Formularbezeichnung, das aktuelle Unternehmen (falls in den Benutzeroptionen eingestellt) und die Identifikation des gewählten Datensatzes. Als Beispiel zeigt Abbildung 2-7 die Nummer und den Namen des Debitors „20002" im Mandanten "AGB".
- **Befehlsleiste** [2] – Enthält das Menü *Datei* und die Schaltflächen *Ansicht* und *Hilfe* .
- **Aktionsbereich** [3] – Analog zu Listenseiten.
- **Infoboxbereich** [4] – Analog zu Listenseiten.
- **Aktionsbereichsleiste** [5] – Ermöglicht den Zugriff auf Aktionen, wenn nur wenige Optionen oder beschränkter Platz zur Verfügung stehen. Aktionsbereichsleisten sind einerseits auf einzelnen Inforegistern vorhanden (vgl. Abbildung 2-7) und andererseits am oberen Rand mancher Formulare

anstelle eines kompletten Aktionsbereichs (z.B. im Debitorengruppenformular *Debitorenkonten> Einstellungen> Debitoren> Debitorengruppen*).

- **Inforegister** [6] – Gliedern Dateifelder nach funktionalen Kriterien und werden eingesetzt, um raschen Zugriff auf eine große Anzahl von Feldern zu ermöglichen. Zusammenfassungsfelder rechts in Inforegistern geben unmittelbare Auskunft über zentrale Dateninhalte – beispielsweise die Lieferbedingung „EXW" am Inforegister *Rechnung und Lieferung* in Abbildung 2-7. Inforegister werden mittels Mausklick erweitert und reduziert. Über das Kontextmenü (rechte Maustaste auf ein Inforegister) können alle Inforegister gleichzeitig erweitert werden.
- **Statusleiste** [7] – Im Vergleich zur Statusleiste im Client-Arbeitsbereich enthält die Statusleiste in Detailformularen zusätzliche Optionen zum Wechsel des aktiven Datensatzes (abhängig von den jeweiligen Benutzeroptionen). Neben den Schaltflächen *Strg+Bild-auf* ◀, *Strg+Pos1* ⏮, *Strg+Bild-ab* ▶, *Strg+Ende* ⏭ zum Wechseln des gewählten Datensatzes (z.B. zur Auswahl eines anderen Debitors in Abbildung 2-7) steht auch die Schaltfläche *Rasteransicht* zur Anzeige der Datensätze in Form einer Liste zur Verfügung.

Zusätzlich steht das Symbol *Datensatz bearbeiten* in der Statusleiste zum Umschalten zwischen Ansichts- und Bearbeitungsmodus zur Verfügung.

Abschnitt 2.1.4 weiter unten enthält weitere Informationen zum Bearbeiten von Datensätzen und zur Arbeit mit Inforegistern und anderen Elementen in Listenseiten und Detailformularen.

2.1.2.11 Rasteransicht

Die Rasteransicht in Detailformularen dient zur Anzeige von Datensätzen in Form einer Liste. Bei Rückkehr von der Rasteransicht zur Detailansicht (Schaltfläche *Detailansicht* in der Statusleiste) zeigt das Detailformular die Daten des in der Rasteransicht gewählten Datensatzes.

Im Vergleich zu Listenseiten, die zum Aufruf von Detailformularen benötigt werden, bietet die Rasteransicht der Detailformulare die zusätzliche Möglichkeit zum Bearbeiten von Datensätzen. Die Rasteransicht kann daher für die Massenbearbeitung von Daten benutzt werden.

Die Rasteransicht kann einerseits von Detailformularen aus geöffnet werden, andererseits bietet die Schaltfläche *Im Raster bearbeiten* am ersten Schaltflächenreiter im Aktionsbereich von Listenseiten direkten Zugriff auf die Rasteransicht.

2.1.2.12 Buchungsdetailformulare

Neben den Detailformularen zur Verwaltung von Stammdaten ist für die Bearbeitung von Transaktionen in Dynamics AX eine hierfür optimierte Art von Formularen vorhanden: Buchungsdetailformulare wie das Auftragsformular in Abbildung 2-8.

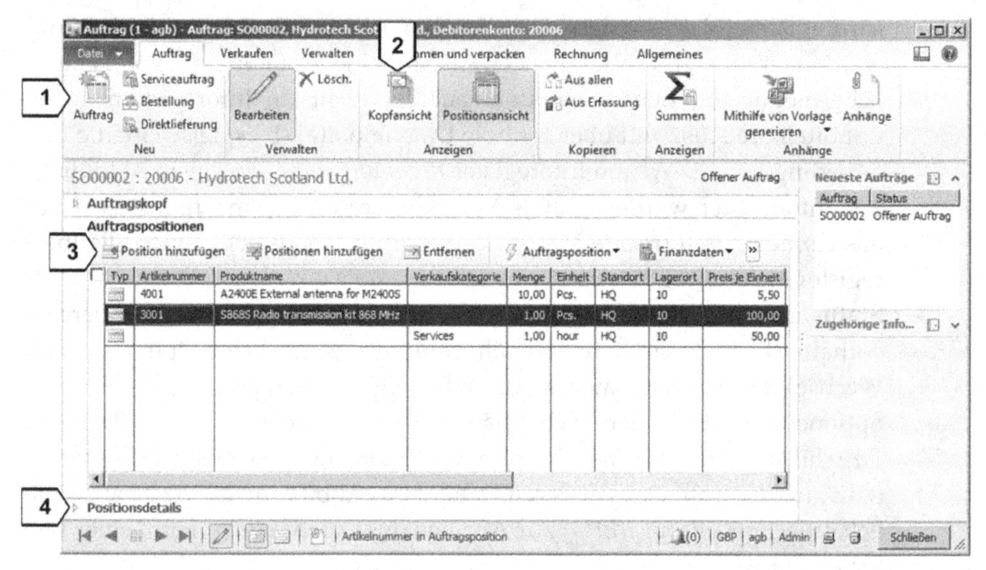

Abbildung 2-8: Verkaufsauftragsverwaltung als Beispiel für ein Buchungsdetailformular

Buchungsdetailformulare können hierbei genauso wie die Detailformulare zur Stammdatenverwaltung aus der jeweiligen Listenseite geöffnet werden, beispielsweise das Auftragsformular über die Listenseite *Vertrieb und Marketing> Häufig> Aufträge> Alle Aufträge*. Beim Öffnen eines Buchungsdetailformulars wird zunächst die Positionsansicht gezeigt, wodurch der Benutzer sofort die Positionen zu dem zuvor in der Listenseite gewählten Kopfsatz (z.B. Verkaufsauftrag) erfassen und bearbeiten kann.

In der **Aktionsbereichsleiste** [3] am Inforegister *Positionen* werden Aktionen für einzelne Positionszeilen durchgeführt, beispielsweise das Löschen einer Zeile über die Schaltfläche *Entfernen*. Der **Aktionsbereich** [1] ganz oben im Detailformular betrifft Aktionen auf Kopfsatzebene, als Beispiel löscht die Schaltfläche ✕ *Lösch.* oben im Auftragsformular den gesamten Auftrag.

Der Inforegister **Positionsdetails** [4] ermöglicht den Zugriff auf Daten und Felder, die nicht im Raster am Inforegister *Positionen* enthalten sind. Der Inforegister Positionsdetails ist selbst in mehrere Unter-Register gegliedert, die nach Erweitern des Inforegisters am unteren Rand gezeigt werden.

Zentrale Felder auf Kopfebene sind am Inforegister für Kopfdaten (z.B. *Auftragskopf*) enthalten. Um alle Kopf-Felder zu bearbeiten, kann die Kopfansicht über die Schaltfläche **Kopfansicht** [2] geöffnet werden. In der Kopfansicht steht dann die Schaltfläche *Positionsansicht* zur Verfügung, um zur Positionsansicht zurückzukehren.

2.1.2.13 Einrichtungsformulare

Im Vergleich zu Detailformularen zeigen Einrichtungsformulare eine einfachere Struktur der Ansicht. Dynamics AX 2012 enthält hierbei folgende Arten von Einrichtungsformularen:

- **Einfache Liste** – Editierbare Liste mit Aktionsbereichsleiste, z.B. Debitorengruppenverwaltung (*Debitorenkonten> Einstellungen> Debitoren> Debitorengruppen*).
- **Einfache Liste mit Details** – Zweigeteiltes Formular mit einer Listansicht der Datensätze auf der linken Seite und editierbaren Detaildaten auf der rechten Seite, z.B. Zahlungsbedingungen (*Debitorenkonten> Einstellungen> Zahlung> Zahlungsbedingungen*).
- **Parameterformular** – Zeigen ein Inhaltsverzeichnis auf der linken Seite und die zugehörigen Detaildaten auf der rechten Seite, z.B. Debitorenparameter (*Debitorenkonten> Einstellungen> Debitorenparameter*).

2.1.2.14 Neu in Dynamics AX 2012

Basierend auf den Designrichtlinien für die Benutzeroberfläche (bereits in Dynamics AX 2009 Listenseiten vorhanden) zeigt der Client in Dynamics AX 2012 eine völlig neue Darstellung. Listenseiten und Detailformulare mit Infoboxbereich, Inforegistern und Aktionsbereichen ersetzten die Formulare in Dynamics AX 2009.

2.1.3 Navigation

Der Aufruf von Menüpunkten (Listenseiten, Formulare, Berichte) in Dynamics AX kann auf vier Arten erfolgen:

- Über den Navigationsbereich
- Über die Bereichsseiten
- Über die Adressleiste
- Über die Favoriten

2.1.3.1 Navigationsbereich

Im Gegensatz zu den Favoriten, in denen der Benutzer üblicherweise nur wenige, häufig benutzte Funktionen hinterlegt, enthalten Bereichsseite und Navigationsbereich alle Funktionen, für die der Benutzer entsprechende Berechtigung besitzt.

Die Anzeige im Navigationsbereich kann hierbei über das Befehlsleisten-Symbol *Ansicht* gesteuert werden. Einzelne Module können vom Anwender über die *Navigationsbereichsoptionen* (Option im Modulauswahlbereich) ausgeblendet oder verschoben werden. Ausgeblendete Module können über die Navigationsbereichsoptionen wieder eingeblendet werden.

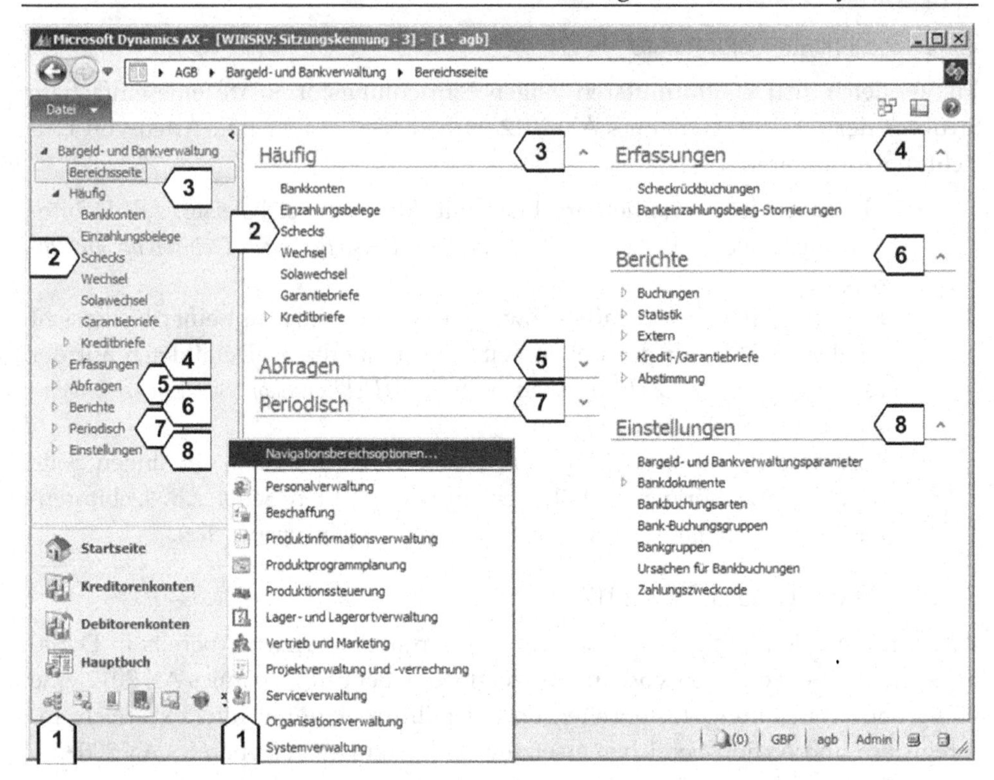

Abbildung 2-9: Navigation in Dynamics AX 2012 (Favoritenbereich ausgeblendet)

Wenn alle Elemente vorhanden und eingeblendet sind, zeigt der Arbeitsbereich in Dynamics AX folgende Navigationselemente (vgl. Abbildung 2-9):

- Modulschaltflächen [1]
- Menüpunkte [2]
- Tägliche Aufgaben (Bereich „Häufig") [3]
- Erfassungen [4]
- Abfragen [5]
- Berichte [6]
- Periodische Aktivitäten [7]
- Einstellungen [8]

2.1.3.2 Module

Der Navigationsbereich in Dynamics AX ist nach Arbeitsgebieten funktional gegliedert, die typische Rollen in Unternehmen wie Kreditorenbuchhaltung, Budgetierung oder Produktionssteuerung wiederspiegeln. Die Anwendungskomponenten für jedes dieser Arbeitsgebiete sind hierbei zu Modulen zusammengefasst.

Die erste Modulschaltfläche ist in der Standardeinstellung das Menü *Startseite* (siehe Abschnitt 2.1.4), gefolgt von funktionsbezogenen Modulen. Die Module *Organi-*

sationsverwaltung und *Systemverwaltung* beinhalten Grundeinstellungen und Verwaltungsaufgaben im jeweiligen System.

Soweit der Platz ausreicht werden die ersten Module in der Modulübersicht mit Symbol und Bezeichnung gezeigt, während weitere Module unten im Navigationsbereich nur mit ihrem Symbol zu sehen sind. Der Zugriff auf alle anderen Module ist über einen Klick auf die Schaltfläche » rechts unten im Navigationsbereich möglich.

Nach Auswahl eines Moduls werden die jeweiligen Menüpunkte im Navigationsbereich und auf der Bereichsseite (Inhaltsbereich des Client-Hauptfensters) gezeigt, der Modulname erscheint im Titel des Navigationsbereichs. Die Grundstruktur des Navigationsbereichs ist für alle Module einheitlich gestaltet, die Detailelemente sind funktionsbezogen unterschiedlich aufgebaut.

2.1.3.3 Menüstruktur

Die Elemente im Ordner **Häufig** (Tägliche Aufgaben) betreffen Formulare, die im jeweiligen Modul besonders häufig benötigt werden – etwa die Auftragsverwaltung im Vertriebsbereich (Menü *Vertrieb und Marketing*).

Der Ordner **Erfassungen** enthält Formulare, in denen Bewegungsdaten erfasst und gebucht werden können.

Im Ordner **Abfragen** werden Bildschirmabfragen zusammengefasst. Hier findet der Anwender Auswertungen, die direkt am Bildschirm ausgegeben werden.

Im Gegensatz dazu werden die Abrufe im Ordner **Berichte** als Ausdruck, also am Papier, ausgegeben. Anstelle eines tatsächlichen Ausdrucks ist auch eine Seitenansicht am Bildschirm oder eine Dateiausgabe möglich.

Der Ordner **Periodisch** enthält Funktionen, die weniger häufig benötigt werden. Es sind hier beispielsweise Menüpunkte für den Monatsabschluss oder für Sammelbuchungen zu finden.

Im Ordner **Einstellungen** sind die Konfigurationsdaten für das jeweilige Modul enthalten. Diese werden normalerweise zum Zeitpunkt der Systemeinführung einmalig eingestellt und später nur dann geändert, wenn sich durch neue geschäftliche Gegebenheiten die funktionalen Anforderungen an Dynamics AX ändern. Bestimmte Einstellungen dürfen nur mit tiefgehender Kenntnis der Funktionsweise von Dynamics AX geändert werden, um fehlerhafte Buchungen zu vermeiden. Es ist daher üblich, die Elemente des Ordners *Einstellungen* über entsprechende Berechtigungen für den normalen Anwender gänzlich zu sperren oder nur die Anzeige zuzulassen.

2.1.3.4 Bereichsseite

Das erste Element in jedem Modul ist die jeweilige Bereichsseite. Die Struktur der Bereichsseite entspricht dem Navigationsbereich, Listenseiten und Formulare können daher alternativ über den Navigationsbereich oder die Bereichsseite aufgerufen werden.

2.1.3.5 Adressleiste

Auch die Adressleiste bietet Zugriff auf die Listenseiten und Ordner des Navigationsbereichs. Nach Auswahl eines Ordners oder Unterordners in der Adressleiste werden die zugehörigen Menüpunkte im Arbeitsbereich gezeigt.

Zusätzlich zu den Optionen in Navigationsbereich und Bereichsseiten bietet die Adressleiste auch die Möglichkeit das aktuelle Unternehmen zu wechseln.

2.1.3.6 Favoritenverwaltung

Während die Struktur von Navigationsbereich, Bereichsseiten und Adressleiste fix vorgegeben ist, kann der Benutzer den Favoritenbereich frei nach seinen Bedürfnissen gestalten. Um ein Element (Formular, Listenseite) in die Favoriten zu übernehmen, muss es im Navigationsbereich oder in der Bereichsseite mit der rechten Maustaste markiert und im Kontextmenü die Option *Zu Favoriten hinzufügen* gewählt werden.

Soll der Favoritenbereich ausgeblendet werden, kann dies über die Auswahl *Ansicht/Favoriten im Navigationsbereich anzeigen* (Symbol in der Befehlsleiste) erfolgen.

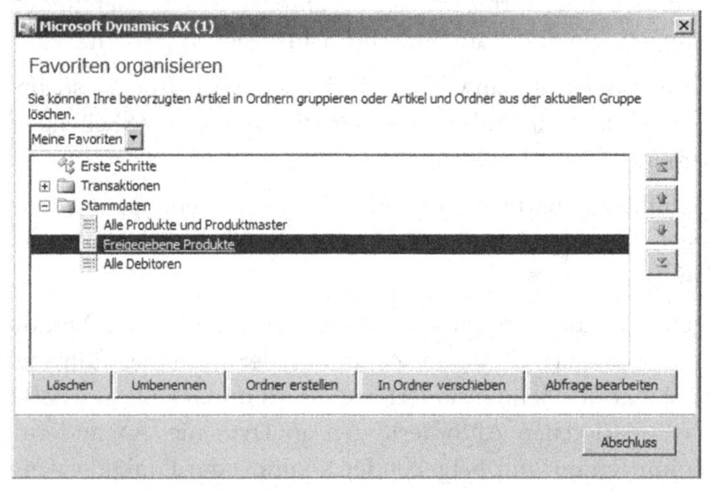

Abbildung 2-10: Dialog zur Favoritenverwaltung

Um die Favoriten zu verwalten, kann der Befehl *Datei/Favoriten/Favoriten organisieren* ausgeführt werden. In einem Dialog zur Favoritenverwaltung (siehe Abbildung 2-10) analog zum Internet Explorer können dann die Elemente im Favoritenbereich organisiert werden, wobei über das Erstellen von Ordnern und Unterordnern eine Menüstruktur möglich ist.

Oberhalb der Ordnerstruktur bieten Favoriten-Gruppen eine weitere Möglichkeit zur Gliederung der Favoriten. Favoriten-Gruppen können über den Befehl *Datei/Favoriten/Gruppe erstellen* oder über das Kontextmenü (*Rechte Maustaste*) der Titelzeile im Favoritenbereich erzeugt werden.

Eine Möglichkeit, die der normale Navigationsbereich nicht bietet, ist in den Favoriten über die Schaltfläche *Abfrage bearbeiten* verfügbar: Hier können Listenseiten und Formulare mit einem vordefinierten Filter verknüpft werden. Dadurch ist es beispielsweise möglich, einen Favoriten mit einem Filter auf inländische Debitoren und einen zweiten Favoriten mit Debitoren aus dem EU-Raum untereinander zu stellen. Das dazu benötigte Speichern von Filtern wird in Abschnitt 2.1.6 weiter unten beschrieben.

2.1.3.7 Wechsel zwischen eigenen Unternehmen

Um von einem eigenen Unternehmen zu einem anderen zu wechseln, wird der Dialog zum Mandanten-Wechsel geöffnet. Der Aufruf kann hierbei über den Befehl *Datei/Extras/Unternehmenskonten auswählen* oder – falls in den Benutzeroptionen eingestellt – durch Doppelklick auf das Unternehmensfeld in der Statusleiste erfolgen. Alternativ kann der Mandantenwechsel auch über das Adressfeld in der Adressleiste durchgeführt werden (Aufklappen der „Brotkrümelspur").

Abbildung 2-11: Dialog zum Wechsel zwischen Unternehmen

Nach Markieren des gewünschten Unternehmens im Dialog wird dieses nach Betätigen der Schaltfläche *OK* im bestehenden Arbeitsbereich oder - bei Auswahl der Schaltfläche *Neuer Arbeitsbereich* - in einem zusätzlichen Arbeitsbereichsfenster geöffnet.

2.1.3.8 Neu in Dynamics AX 2012

Die Modulstruktur wurde in Dynamics AX 2012 geändert, um den Ansprüchen der rollenbasierten Navigation besser gerecht zu werden. Beispiele sind das Menü *Produktinformationsverwaltung* mit dem Menüpunkt *Produkte* (zuvor *Artikel* im Menü *Lagerverwaltung*) oder die Menüs *Organisationsverwaltung* und *Systemverwaltung*, die die Module *Grundeinstellungen* und *Verwaltung* ersetzen.

Nachdem Detailformulare nur über Listenseiten geöffnet werden, gibt es in Dynamics AX 2012 keine Menüpunkte zum direkten Aufruf von Detailformularen.

2.1.4 Startseite

Die Startseite, die standardmäßig als erstes Menü im Navigationsbereich enthalten ist, enthält Menüpunkte zu allgemeine Aufgaben. Neben dem Rollencenter zeigt die Startseite daher Listenseiten und Formulare, die sich nicht auf eine bestimmte funktionale Rolle beziehen.

2.1.4.1 Elemente der Startseite

Als erstes Element der Startseite wird das Rollencenter geöffnet. Die anderen Elemente im Navigationsbereich der Startseite entsprechen der üblichen Modulstruktur mit der Bereichsseite und den Ordnern *Häufig, Abfragen, Berichte, Periodisch* und *Einstellungen*.

Die Menüpunkte in der Bereichsseite bieten hierbei Zugriff auf Listenseiten und Formulare, die für alle Benutzer relevant sind. Zu diesen Menüpunkten zählen:

- **Globales Adressbuch** (siehe Abschnitt 2.4)
- **Arbeitsaufgaben**, mit Bezug auf Workflows (siehe Abschnitt 9.4.3)
- **Anfragen**, mit Bezug auf die Anfrageverwaltung
- **Aktivitäten**, mit Bezug auf das Modul *Vertrieb und Marketing*
- **Abwesenheiten**, mit Bezug auf das Modul *Personalverwaltung*
- **Zeit und Anwesenheit**, mit Bezug auf das Modul *Personalverwaltung*
- **Arbeitszeitnachweise**, mit Bezug auf *Projektverwaltung und -verrechnung*
- **Fragebögen**
- **Dokumentverwaltung** (siehe Abschnitt 9.5.1)

2.1.4.2 Rollencenter

Rollencenter sind rollenspezifische Homepages, die dem Benutzer einen Überblick der von ihm benötigten Informationen wie Aufgabenlisten, Berichte und Auswertungen bieten. Rollencenter können hierbei sowohl im Dynamics AX Windows-Client als auch im Enterprise Portal (Zugriff mittels Browser, z.B. Internet Explorer) als Startseite dienen.

Standardmäßig stehen in Dynamics AX mehr als 30 Rollencenter zur Verfügung, die für unterschiedliche Benutzerrollen wie Verkaufsinnendienst, Einkaufsleiter oder Controller eingesetzt werden. Mithilfe von Entwicklungswerkzeugen können zusätzliche Rollencenter eingerichtet werden.

Die Rollen im Rollencenter werden unabhängig von den Sicherheitsrollen im Berechtigungskonzept (siehe Abschnitt 9.2.3) verwaltet. Welches Rollencenter für einen bestimmten Benutzer zur Anwendung kommt, wird über das zugeordnete *Benutzerprofil* und nicht über die für die Berechtigungseinstellungen wesentliche *Benutzerrolle* des Benutzers bestimmt.

Benutzerprofile beinhalten die verschiedenen Rollen im Unternehmen, wobei Benutzern mit gleicher Rolle im Unternehmen dasselbe Benutzerprofil zugeordnet wird. Um festzustellen, welches Benutzerprofil einem bestimmten Benutzer zugeordnet ist, kann in der Benutzerverwaltung (*Systemverwaltung> Häufig> Benutzer> Benutzer*) die Infobox *Profile für den ausgewählten Benutzer* unten im Infoboxbereich nach Auswahl des betroffenen Benutzers genutzt werden.

Die Verwaltung von Benutzerprofilen erfolgt über den Menüpunkt *Systemverwaltung> Häufig> Benutzer> Benutzerprofile*. Um einem Benutzer ein Profil zuzuweisen, kann nach Auswahl des entsprechenden Benutzerprofils die Schaltfläche *Benutzer hinzufügen* betätigt werden. Ein Benutzer kann hierbei ein Rollencenter für alle Unternehmen zugeordnet bekommen oder je Mandant eine unterschiedliche Rolle erhalten.

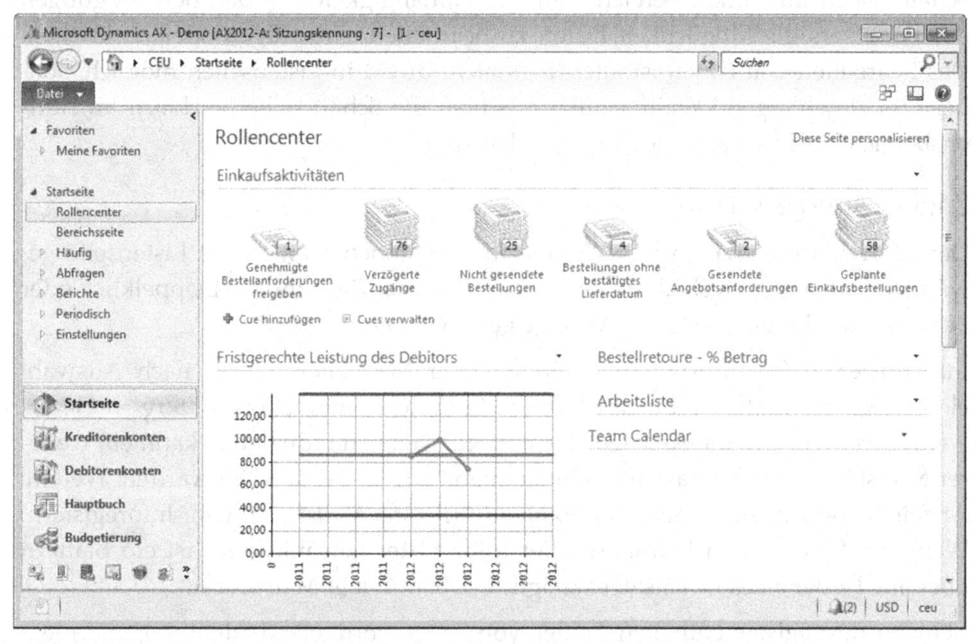

Abbildung 2-12: Rollencenter für Sachbearbeiter im Einkauf

Cues sind ein besonderes Element im Rollencenter, die dazu dienen einem Benutzer offene Aufgaben in grafischer Form und als Kennzahl zu zeigen – beispielsweise die Anzahl nicht gesendeter Bestellungen in Abbildung 2-12. Durch Klick auf den betroffenen Cue kann im Dynamics AX Windows-Client aus dem Rollencenter direkt in das jeweilige Bearbeitungsformular gewechselt werden.

Um eine Cue zu erzeugen, muss ein Filter in einer Listenseite oder einem Formular als Cue gespeichert werden (siehe Abschnitt 2.1.6). Mit entsprechender Berechtigung in Microsoft SharePoint kann anschließend im zugehörigen Web Part die Anzeige des Cues eingetragen werden.

Als Voraussetzung für die Verwendung von Rollencentern müssen Microsoft SharePoint und das Enterprise Portal Framework zur Verfügung stehen.

2.1.4.3 Neu in Dynamics AX 2012

In Dynamics AX 2012 enthält die Startseite nicht nur das Rollencenter sondern auch andere allgemein relevante Menüpunkte.

2.1.5 Systembedienung

Nach Auswahl eines Menüpunkts zur Bearbeitung von Stammdaten und Transaktionen zeigt Dynamics AX die entsprechende Listenseite. Listenseiten bilden daher den Ausgangspunkt für die Arbeit und ermöglichen durch entsprechende Filter- und Suchfunktionen ein rasches Auffinden gewünschter Datensätze.

Schaltflächen im Aktionsbereich bieten in Abhängigkeit von den Berechtigungen des Benutzers die Möglichkeit Daten zu bearbeiten, einzufügen oder zu löschen. Das Bearbeiten von Daten ist allerdings nicht direkt in Listenseiten möglich, sondern im zugehörigen Detailformular das über die Schaltfläche *Bearbeiten* im Aktionsbereich der Listenseite geöffnet werden kann.

2.1.5.1 Anzeige von Daten

Detailformulare enthalten vollständige Informationen zum in der Listenseite gewählten Datensatz, weshalb sie nach Auswahl einer Zeile mittels Doppelklick oder Betätigen der Eingabetaste zur Anzeige geöffnet werden.

Inforegister in Detailformularen können über Mausklick oder – nach Auswahl eines Registers mittels Tabulator – über die Tastenkombinationen "*Strg*" + "+" erweitert werden. Um die Anzeige eines Inforegisters zu reduzieren, kann ein weiterer Mausklick oder die Tastenkombinationen "*Strg*" + "-" gewählt werden. Weitere Anzeigeoptionen zeigt das Kontextmenü (*Rechte Maustaste*) von Inforegistern. Wenn die Option zum Erweitern aller Inforegister gewählt wird, ist ein Blättern über alle Felder eines Datensatzes möglich (z.B. mit dem Maus-Rad).

Manche Inforegister enthalten Felder von untergeordneter Bedeutung, die nicht sofort nach Erweitern des Inforegisters gezeigt werden. In diesem Fall enthält die Ansicht des Inforegister eine Schaltfläche *Mehr Felder anzeigen*, über die die betroffenen Felder eingeblendet werden.

2.1.5.2 Ansichts- und Bearbeitungsmodus

In Abhängigkeit von den Einstellungen des jeweiligen Formulars werden Detailformulare normalerweise im Ansichtsmodus geöffnet, um ein unbeabsichtigtes Ändern von Daten zu vermeiden. Um vom Ansichtsmodus in den Bearbeitungsmodus zu gelangen, kann alternativ die Schaltfläche *Bearbeiten* in der Statusleiste oder im Aktionsbereich, oder der Befehl *Datei/Datensatz bearbeiten*, oder die Tastenkombinationen *Strg+Hochstellen+E* gewählt werden.

Wenn ein Benutzer ein bestimmtes Formular immer im Bearbeitungsmodus öffnen möchte, kann er im jeweiligen Formular die entsprechende Option *Ansicht/Standardformular/Ansichtsbearbeitungsmodus* (Symbol in der Befehlsleiste) wählen. In den Benutzeroptionen steht am Inforegister *Schnittstellenoptionen* zusätzlich die Auswahl *Standardmodus für die Anzeige/Bearbeitung* zur Verfügung, über die ein allgemeiner Vorschlagswert für einen Benutzer gewählt werden kann.

2.1.5.3 Einfügen von Daten

Um einen Datensatz neu anzulegen, kann in Listenseiten oder Formularen die Tastenkombination *Strg+N*, der Befehl *Datei/Neu* oder die Schaltfläche *Neu* im Aktionsbereich benutzt werden.

In vielen Listenseiten wird beim Anlegen eines Datensatzes ein Neuanlagedialog (siehe Abbildung 2-13) gezeigt, der die wesentlichen Felder der jeweiligen Tabelle enthält und damit ein rasches Erfassen von Datensätzen ermöglicht. Wenn Dateninhalte in zusätzlichen Feldern eingetragen werden sollen, kann die Schaltfläche *Speichern und Öffnen* betätigt werden um sofort in das zugehörige Detailformular zu wechseln. In Abhängigkeit vom jeweiligen Formular enthält die Schaltfläche *Speichern und Öffnen* zusätzliche Optionen – beispielsweise um bei Neuanlage eines Debitors sofort ein entsprechendes Verkaufsangebot zu erfassen.

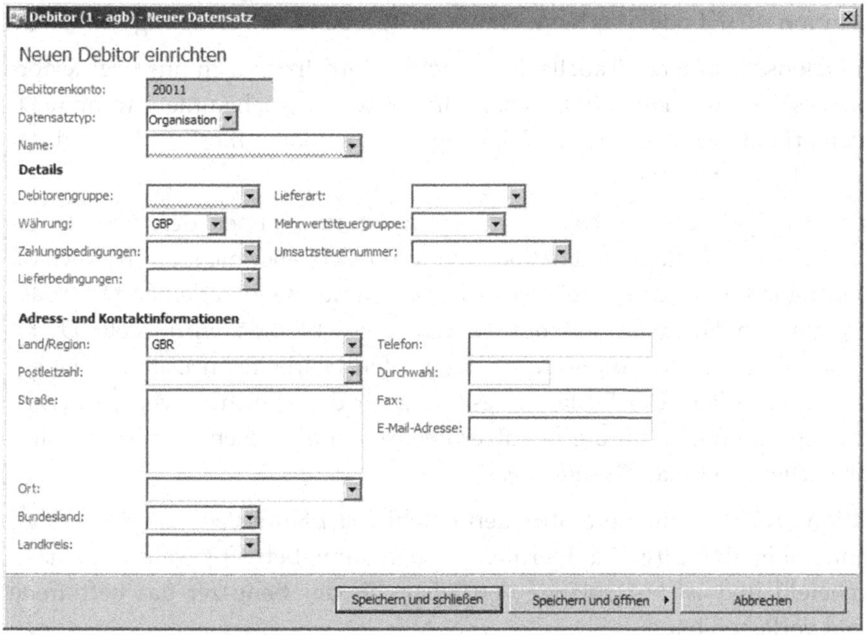

Debitor (1 - agb) - Neuer Datensatz
Neuen Debitor einrichten
Debitorenkonto: 20011
Datensatztyp: Organisation
Name:
Details
Debitorengruppe:
Lieferart:
Währung: GBP
Mehrwertsteuergruppe:
Zahlungsbedingungen:
Umsatzsteuernummer:
Lieferbedingungen:
Adress- und Kontaktinformationen
Land/Region: GBR
Telefon:
Postleitzahl:
Durchwahl:
Straße:
Fax:
E-Mail-Adresse:
Ort:
Bundesland:
Landkreis:
Speichern und schließen
Speichern und öffnen
Abbrechen

Abbildung 2-13: Neuanlagedialog im Debitorenformular

Wenn in einer Listenseite kein Neuanlagedialog verfügbar ist, öffnet Dynamics AX das jeweilige Detailformular mit einem leeren Datensatz zur Eintragung der betreffenden Dateninhalte. Ein leerer Datensatz im Detailformular wird auch erzeugt, wenn ein neuer Datensatz von einem Detailformular aus angelegt wird. Falls eine Datensatzvorlage (siehe Abschnitt 2.3.2) zur Anwendung kommt, werden Vorschlagswerte aus dieser übernommen.

Falls in einem Inforegister Pflichtfelder enthalten sind, wird auf dem Inforegister der Indikator * gezeigt solange betroffene Pflichtfelder nicht eingetragen sind.

In den Zeilen von Buchungsdetailformularen (z.B. Verkaufsauftragspositionen) und Einrichtungsformularen kann ein neuer Datensatz auch einfach dadurch angelegt werden, dass man in der letzten Zeile nach unten blättert oder die Taste *Pfeilabwärts* betätigt.

2.1.5.4 Bearbeiten von Daten

Um Datensätze in einem Detailformular – sowohl in der Detailansicht als auch in der Rasteransicht – bearbeiten zu können, muss der Bearbeitungsmodus aktiviert sein. Zum Wechsel zwischen den Feldern des Detailformulars kann dann die Maus, die Eingabetaste, oder die Tabulatortaste (bzw. die Tastenkombination *Hochstellen+Tabulator*) benutzt werden.

Wenn die Arbeit im Detailformular beendet ist, kann es mit Schaltfläche *Schließen* rechts unten in der Statusleiste geschlossen werden. Alternativ stehen zum Schließen auch der Befehl *Datei/Schließen* oder Windows-Standardoptionen wie die Tastenkombination *Alt+F4* oder das Symbol [X] rechts oben zur Verfügung.

Wird ein Datensatz in einer Tabelle mit Pflichtfeldern irrtümlich angelegt, erfordert Dynamics AX auch dann ein Löschen (*Alt+F9* oder X, siehe unten) wenn noch keine Daten erfasst worden sind. In Neuanlagedialogen kann hierfür die Schaltfläche *Abbrechen* benutzt werden.

Ein manuelles Speichern in Detailformularen ist zwar über den Befehl *Datei/Speichern* oder die Tastenkombination *Strg+S* möglich, aber nicht erforderlich da jede Änderung automatisch gespeichert wird sobald der Benutzer einen Datensatz verlässt. Wenn ein Formular mit der Taste *Esc* geschlossen wird, stellt Dynamics AX die Frage, ob die Änderungen des letzten bearbeiteten Datensatzes gespeichert werden sollen. Der Bestätigungsdialog für das Speichern von Änderungen wird auch gezeigt, wenn die Benutzeroptionen entsprechend eingestellt sind (Kontrollkästchen am Reiter *Bestätigungen*).

Die Funktion „Rückgängig", die über den Befehl *Datei/Bearbeiten/Rückgängig* oder die Tastenkombination *Strg+Z* aufgerufen werden kann, betrifft jeweils ein einzelnes Eingabefeld und ist nur solange verfügbar, bis der Benutzer das betroffene Eingabefeld verlassen hat.

Falls der Anwender zwar das Feld verlassen hat, aber noch zu keinem anderen Datensatz gewechselt ist und kein Speichern ausgeführt hat, kann über Befehl *Datei/Befehl/Wiederherstellen* oder die Tastenkombination *Strg+F5* der Datensatz neu aus der Datenbank abgerufen werden. Eine andere Möglichkeit, Änderungen des aktuellen Datensatzes nicht zu speichern, besteht darin, mit der Taste *Esc* oder der Tastenkombination *Strg+Q* das Fenster ohne Änderung zu schließen.

2.1.5.5 Löschen von Daten

Um den Inhalt eines Eingabefeldes zu löschen, wird die Taste *Entfernen* betätigt. Soll hingegen ein ganzer Datensatz (z.B. Debitor) gelöscht werden, geschieht dies über den Befehl *Datei/Datensatz löschen* (bzw. die Tastenkombination *Alt+F9* oder die Schaltfläche *Lösch.*) nach Markieren des gewünschten Datensatzes.

In manchen Fällen – z.B. bei offenen Buchungen – verhindert Dynamics AX das Löschen des gewählten Datensatzes. In diesem Fall wird eine Fehlermeldung angezeigt.

2.1.5.6 Elemente im Detailformular

Beim Eintragen von Daten in einem Formular sind unterschiedliche Arten von Feldern zu berücksichtigen, wie in Abbildung 2-14 am Beispiel der Bankkontendetails (*Bargeld- und Bankverwaltung> Häufig> Bankkonten*)gezeigt:

- Feldgruppe [1]
- Kontrollkästchen [2]
- Pflichtfeld [3]
- Datumsfeld [4]
- Auswahlfeld mit vorgegebenen Werten [5]
- Auswahlfeld mit Haupttabelle [6]

Textfelder und Wertefelder sind weitere Arten von Feldern. Für die Eingabe gesperrte Felder (z.B. *Zielname* in Abbildung 2-14) sind grau unterlegt dargestellt.

Eine **Feldgruppe** fasst thematisch zusammengehörige Felder zusammen, um einerseits eine gemeinsame Bearbeitung zu ermöglichen (z.B. *Ausblenden*) und andererseits die Übersichtlichkeit zu erhöhen.

Pflichtfelder sind rot unterwellt und müssen ausgefüllt werden, bevor ein Datensatz gespeichert werden kann. Solange die Eintragung eines Pflichtfelds fehlt, ist am betroffenen Inforegister der Indikator * zu sehen.

Das Feld *Testtransaktion erforderlich* in Abbildung 2-14 zeigt ein **Kontrollkästchen**. Um ein Kontrollkästchen aktiv zu setzen (Häkchen eintragen), muss es durch Mausklick oder *Leertaste* markiert werden.

Die Einstellungen für Zahlenformat und Datumsformat werden von den Windows-Einstellungen übernommen. **Datumsfelder** sind hierbei am Kalendersymbol ( ) zu erkennen, über das auch eine Datumseintragung erfolgen kann. Bei der Eingabe eines Datums können Trennzeichen ausgelassen werden. Falls ein eingegebenes Datum im aktuellen Monat liegt, kann auch nur der Tag (z.B. „23") eingegeben werden. Im aktuellen Jahr genügt die Angabe von Tag und Monat (z.B. „2311"), Dynamics AX ergänzt die fehlenden Angaben. Für das aktuelle Datum kann ein „t" (bzw. „d" für das Sitzungsdatum) in jedes Datumsfeld eingegeben werden.

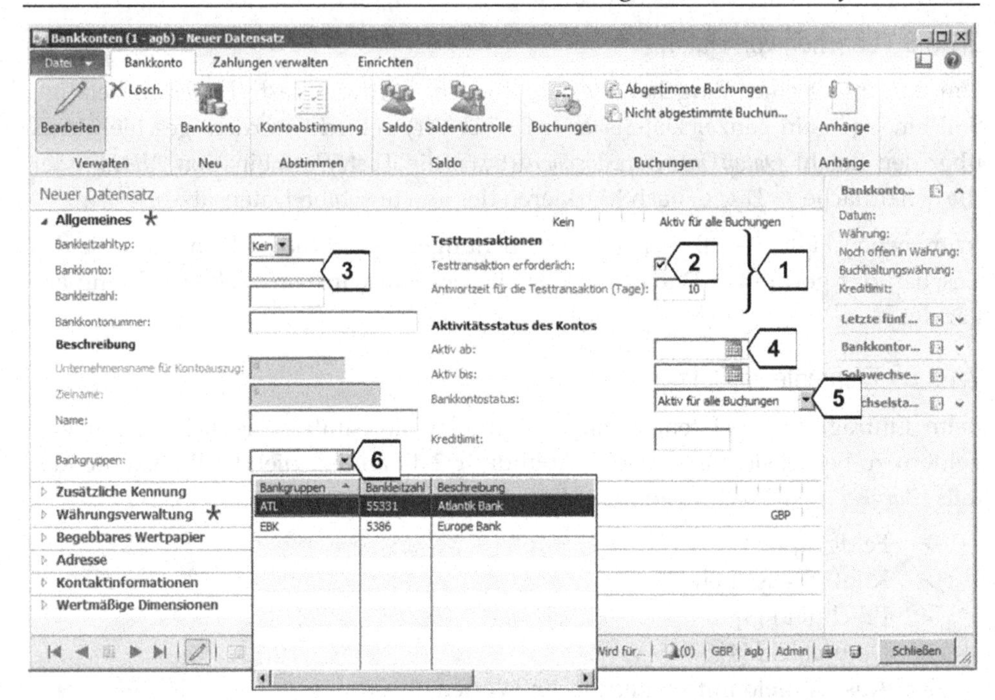

Abbildung 2-14: Feldarten im Detailformular *Bankkontendetails* (im Bearbeitungsmodus)

In numerischen Feldern können zur Vereinfachung der Zahleneintragung Grundrechnungsarten ausgeführt werden. Wenn beispielsweise in ein Betragsfeld der Wert für „EUR 55.- plus 10 %" eingetragen werden soll, kann anstelle von „60,50" auch „55 * 1,1" direkt in das Feld eingetragen werden.

2.1.5.7 Auswahlfelder

Eine weitere wichtige Art von Feldern sind Auswahlfelder. Diese lassen nur die Eintragung von vordefinierten Werten zu, wobei zwei Arten von Auswahlfeldern zu unterscheiden sind:

- **Auswahlfelder mit Haupttabelle**, über die verfügbare Werte definiert werden können – z.B. *Bankgruppen* in Abbildung 2-14.
- **Auswahlfelder mit vorgegebenen Werten**, die in der Entwicklungsumgebung als *Enums* definiert sind – z.B. *Bankkontostatus* in Abbildung 2-14.

Im **Bearbeitungsmodus** sind Auswahlfelder durch die Such-Schaltfläche ▾ im rechten Teil des Felds zu erkennen. Im **Ansichtsmodus** werden Auswahlfelder in Form eines Links dargestellt (ähnlich zu Links in Browsern wie dem Internet Explorer).

Um in einem Auswahlfeld zu suchen kann auf die Such-Schaltfläche ▾ geklickt oder die Tastenkombination *Alt+Pfeil-abwärts* benutzt werden, sobald das betroffene Feld aktiv ist. Das Suchfenster wird auch geöffnet, wenn die ersten Stellen des Feldinhalts – gefolgt von einem Stern (*) – eingetragen werden. So wird beispielsweise nach Eingabe von *E** in einem Auswahlfeld automatisch die Referenzsuche geöffnet und auf Datensätze gefiltert, in denen das Schlüsselfeld mit „E" beginnt.

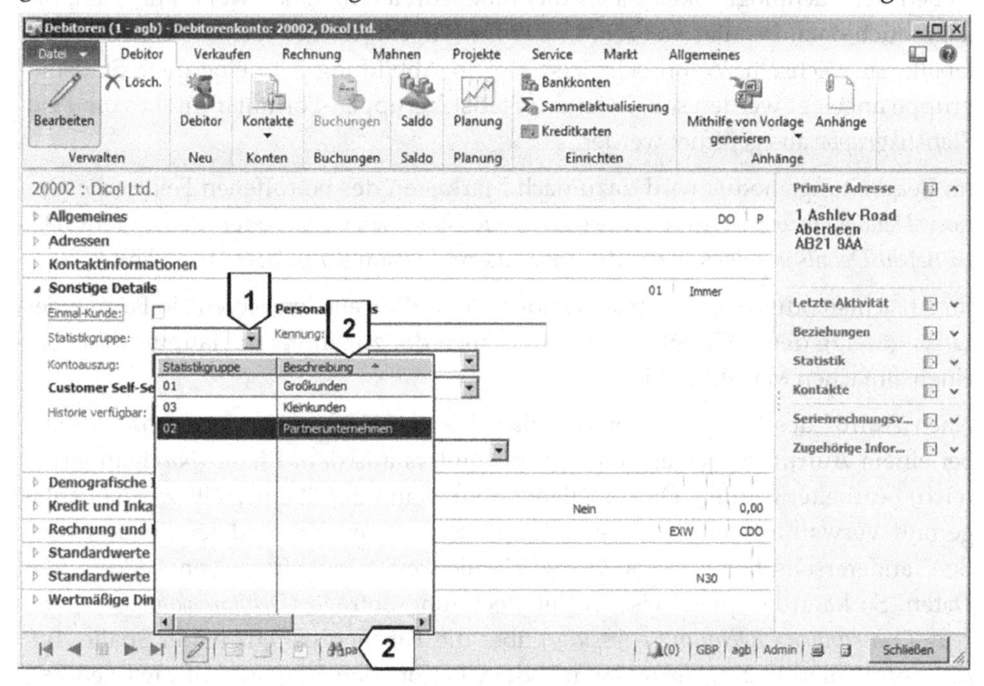

Abbildung 2-15: Suchfenster zur Statistikgruppe im Debitorenformular

Im Suchfenster wird der gewünschte Datensatz durch einfachen Klick ausgewählt. Um in einem Suchfenster die Anzahl der angezeigten Zeilen einzuschränken, können die Funktionen *Sortieren* und *Filtern* (siehe Abschnitt 2.1.6) eingesetzt werden. Zu beachten ist hierbei, dass in einem Suchfenster zwischen den Spalten mit *Tabulator* bzw. *Hochstellen+Tabulator* gewechselt oder mittels *rechter* Maustaste die Such- bzw. Filterfunktion aufgerufen werden muss, da ein normaler Klick in eine Suchfensterspalte die betroffene Zeile als Suchergebnis in das ursprüngliche Auswahlfeld übernimmt.

Als Besonderheit kann in allen Suchfenstern durch Tastatur-Eingaben auf einen Datensatz positioniert werden. So ist es beispielsweise möglich, im Suchfenster zur Statistikgruppe durch Tippen von „pa" auf die erste Gruppe zu positionieren, deren Beschreibung mit „Pa" beginnt. Vor dem Tippen der Buchstaben muss der Benutzer dazu im Suchfenster mittels Tabulator in die Spalte *Beschreibung* springen. Die eingetippten Zeichen werden eine Zeit lang in der Statusleiste des jeweiligen Formulars gezeigt (siehe Abbildung 2-15). Das Navigieren im Suchfenster kann auch vereinfacht werden, indem durch Mausklick auf den jeweiligen Spaltentitel eine passende Sortierung gewählt wird.

2.1.5.8 Tabellenreferenz

Neben der Suchmöglichkeit bietet die Tabellenreferenz eine zweite Funktion: Sie kann auch dazu benutzt werden, in das Detailformular der referenzierten Haupttabelle zu wechseln. Wenn beispielsweise in Abbildung 2-15 eine neue Statistikgruppe angelegt werden soll, kann das Statistikgruppen-Formular direkt vom Feld *Statistikgruppe* aus geöffnet werden.

Im Bearbeitungsmodus wird dazu nach Markieren des betroffenen Feldes die Option *Details anzeigen* im Kontextmenü (*Rechte Maustaste*) oder der Befehl *Datei/Befehl/Details anzeigen* (bzw. die Tastenkombination *Strg+Alt+F4*) gewählt.

Im Ansichtsmodus oder in Anzeigefeldern wird die Tabellenreferenz in Form eines Links gezeigt, der die Möglichkeit zum Öffnen der zugehörigen Haupttabelle über einen einfachen Mausklick bietet.

Nach Aufruf des Haupttabellenformulars können Datensätze dort genau so wie bei einem Aufruf des jeweiligen Detailformulars aus dem Menü (Navigationsbereich) bearbeitet werden. Die Tabellenreferenz kann damit einerseits zur Neuanlage und Verwaltung referenzierter Konfigurations- und Stammdaten benutzt werden, andererseits bietet sie auch die Möglichkeit zur Abfrage von verknüpften Daten. So kann beispielsweise in der Rechnungsabfrage (*Debitorenkonten> Abfragen> Erfassungen> Rechnungserfassung*) über die Tabellenreferenz in der Spalte *Auftrag* sofort das Auftragsformular mit dem betroffenen Verkaufsauftrags geöffnet werden.

2.1.5.9 Segmentierte Eingabesteuerung

Eine besondere Art von Suchfenstern ist in Sachkonto-Feldern verfügbar, beispielsweise in den Positionen von Freitextrechnungen oder von Finanzjournalen. In Sachkonto-Feldern werden Hauptkonto und zutreffende Finanzdimensionen in einem Feld zusammengefasst, das über die segmentierte Eingabesteuerung eingetragen wird (siehe Abschnitt 8.3.2).

2.1.5.10 Infolog

Falls Dynamics AX einen Fehler in einem Bearbeitungsvorgang feststellt, wird die entsprechende Warn- oder Fehlermeldung in einem eigenen Fenster ausgegeben – dem Infolog. Hierbei ist zu beachten, dass es möglich ist, die Ausgabe von Warn- und/oder Fehlermeldungen über die Benutzeroptionen abzuschalten.

Der Inhalt des Infologs kann – falls erforderlich – über einen Klick auf den Fehlertext mit der rechten Maustaste in die Zwischenablage kopiert werden oder als Auto-Bericht gedruckt werden.

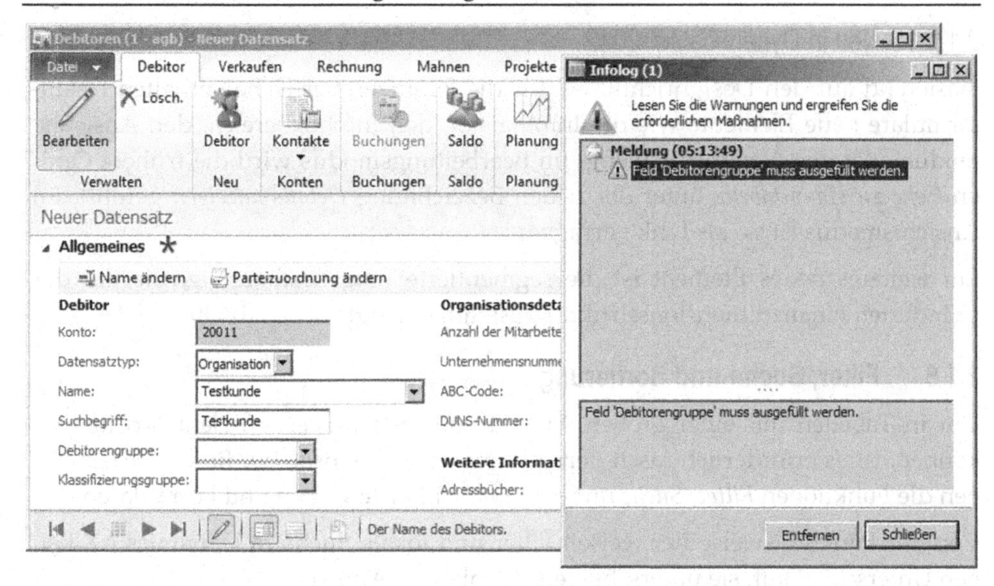

Abbildung 2-16: Infolog mit Anzeige einer Fehlermeldung im Debitorenformular

2.1.5.11 Abbrechen eines Abruf

Falls eine Aktion – z.B. ein Berichtsabruf – sehr lange dauert, zeigt Dynamics AX eine Benachrichtigung in der Windows-Taskleiste. Wenn der Benutzer das Ende der Verarbeitung nicht abwarten will, kann diese über die Tastenkombination *Strg+Untbr* unterbrochen werden. Nach Bestätigung einer Rückfrage des Systems, die auch zeitlich verzögert erscheinen kann, wird die betroffene Transaktion abgebrochen.

2.1.5.12 Basisfunktionen

Wie beschrieben können Listenseite und Formulare in Dynamics AX auf vier Arten bedient werden:

- Befehle in der Befehlsleiste
- Schaltflächen im Aktionsbereich
- Tastenkombinationen
- Kontextmenü (rechte Maustaste)

Während Befehlsleiste und Aktionsbereich alle verfügbaren Funktionen enthalten, sind Tastenkombinationen und Kontextmenü nur für die wesentlichen Aufrufe verfügbar. Ein Überblick über die zentralen Bearbeitungsfunktionen ist im Anhang enthalten.

<u>*Hinweis*</u>: In manchen Formularen werden keine Schaltflächen für Standardfunktionen (z.B. Filter) gezeigt. Diese Funktionen können dann nur über die Befehlsleiste oder die entsprechende Tastenkombination aufgerufen werden.

2.1.5.13 Neu in Dynamics AX 2012

Basierend auf den Designrichtlinien für die Benutzeroberfläche enthalten Detailformulare neue Elemente wie die Inforegister, den Infoboxbereich, den Ansichtsmodus oder den Neuanlagedialog. Im Bearbeitungsmodus wird die frühere Option *Gehe zu Haupttabelle* unter der neuen Bezeichnung *Details anzeigen* geführt, im Ansichtsmodus ist sie als Link verfügbar.

Ein weiteres neues Element ist die segmentierte Eingabesteuerung, die mit der geänderten Finanzdimensionsstruktur zusammenhängt (siehe Abschnitt 8.2.4).

2.1.6 Filter, Suche und Sortierung

Um in Tabellen mit einer großen Anzahl von Datensätzen effizient arbeiten zu können, ist es erforderlich rasch den gewünschten Datensatz zu finden. Dazu dienen die Funktionen *Filter*, *Suche* und *Sortierung* in Listenseiten und Formularen.

Von der Funktionsweise her weisen Filter und lokale Suche in Dynamics AX keinen Unterschied auf, sie unterscheiden sich aber im Aufruf.

2.1.6.1 Filterbereich

Die einfachste Möglichkeit, einen Filter einzutragen, steht mit dem Filterbereich in Listenseiten zur Verfügung. Das Filtern im Filterbereich erfolgt, indem im Filterfeld die gewünschten Zeichen eingetragen werden und anschließend der Filter über die Eingabetaste oder das Pfeil-Symbol rechts im Filterfeld aktiviert wird.

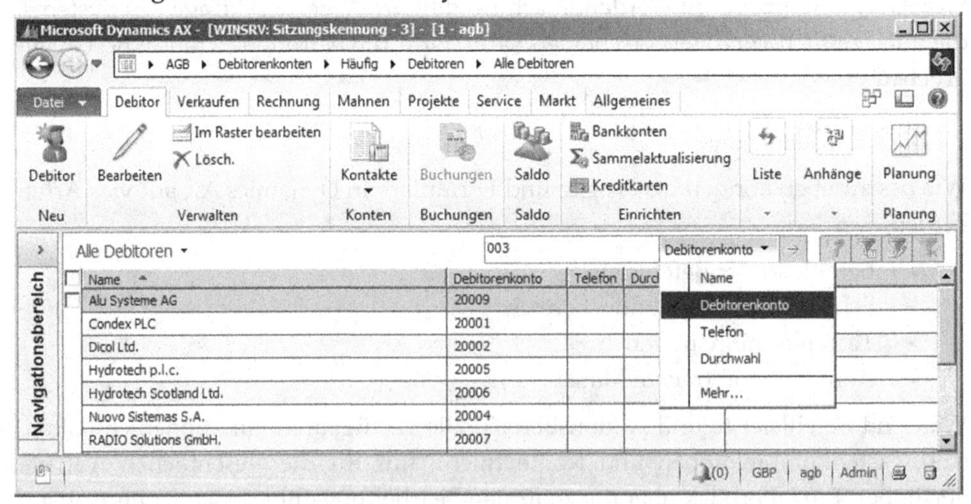

Abbildung 2-17: Auswählen der Filterspalte im Filterbereich

Das Auswahlfeld weiter rechts gibt an, auf welche Spalte der Filter angewendet werden soll. Über die Option *Mehr* unten im Auswahlfenster der Filterspalte kann ein Dialog geöffnet werden, der alle für den Filter verfügbaren Felder zeigt. Wird in diesem Dialog ein Feld über die Schaltfläche *Hinzufügen* ausgewählt, steht es danach als zusätzlich Spalte im Raster auch für den Filter zur Verfügung.

Abbildung 2-17 zeigt als Beispiel für die Nutzung des Filterbereichs die Eintragung eines Filters für Debitoren, die die Zeichenfolge „003" in der Kundennummer (*Debitorenkonto*) enthalten, wobei der Filter noch nicht aktiviert ist.

Werden komplexere Filterkriterien benötigt, können die weiter unten beschriebenen Filterfunktionen benutzt werden. Im Gegensatz zum Filterbereich sind die erweiterten Filterfunktionen sowohl in Listenseiten als auch in Formularen vorhanden.

2.1.6.2 Filterkriterien

Bei Anwendung des zuvor beschriebenen Filters im Filterbereich von Listenseiten zeigt Dynamics AX alle Datensätze, die die eingetragene Zeichenfolge in der gewählten Spalte enthalten. Im Filterbereich von Listenseiten werden dazu keine Platzhalter wie „*" oder „?" benutzt.

Alle anderen Filterfunktionen, wie beispielsweise der weiter unten beschriebene Rasterfilter, nutzen Filterkriterien um eine genauere Angabe des Filters zu ermöglichen. Nachstehende Tabelle gibt einen Überblick der wichtigsten Kriterien:

Tabelle 2-1: Wesentliche Filterkriterien

Bedeutung	Zeichen	Beispiel	Erklärung
Gleich	=	*EU*	Datensätze mit Feldinhalt „EU"
Ungleich	!	*!GB*	Feldinhalt nicht gleich „GB"
Intervall	..	*1..2*	Feldinhalt „1" bis „2" (inklusive)
Größer	>	*>1*	Feldinhalt größer „1"
Kleiner	<	*<2*	Feldinhalt kleiner „2"
Verknüpfung	,	*1,2*	Feldinhalt gleich „1" oder gleich „2"; für Ungleich-Kriterien (z.B. „!1,!2") als „Und" interpretiert
Platzhalter	*	**E**	Feldinhalt enthält „E"
	?	*?B**	Erste Stelle beliebig, danach ein „U", danach beliebig

2.1.6.3 Auswahlfilter

Um eine Liste aller Datensätze zu erhalten, die denselben Feldinhalt in einer bestimmten Spalte aufweisen, kann der Auswahlfilter benutzt werden. Dazu wird der Cursor auf ein Feld positioniert, das den gewünschten Wert enthält, und der Auswahlfilter über die Tastenkombination *Alt+F3* aufgerufen (alternativ auch über das Symbol im Filterbereich oder die Option *Nach Auswahl filtern* im Kontextmenü).

In Dynamics AX wird dadurch ein Tabellenfilter mit dem Inhalt des aktiven Feldes gesetzt, in Abbildung 2-18 ein Filter auf die Debitorengruppe „3C".

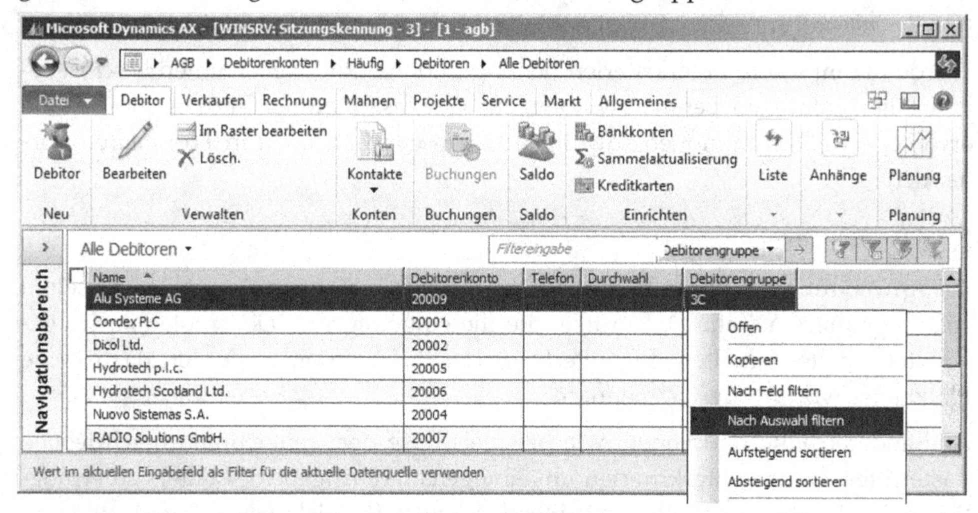

Abbildung 2-18: Auswahlfilter (Aufruf über das Kontextmenü)

2.1.6.4 Rasterfilter

Eine andere Filtermöglichkeit wird mit dem Aufruf des Rasterfilters (*„Nach Raster filtern"*) über die Tastenkombination *Strg+G* oder das Symbol [Symbol] geboten. Der Rasterfilter ermöglicht das Eintragen von Filterkriterien in einer eigenen Filterzeile am Beginn des Rasters in Listenseiten und Formularen (für Rasteransicht), wobei zuvor – beispielsweise über den Auswahlfilter – eingetragene Filterkriterien übernommen werden. Zur Unterstützung bei der Eintragung von Filterkriterien kann auf den Pfeil ▾ rechts im jeweiligen Filterfeld geklickt werden.

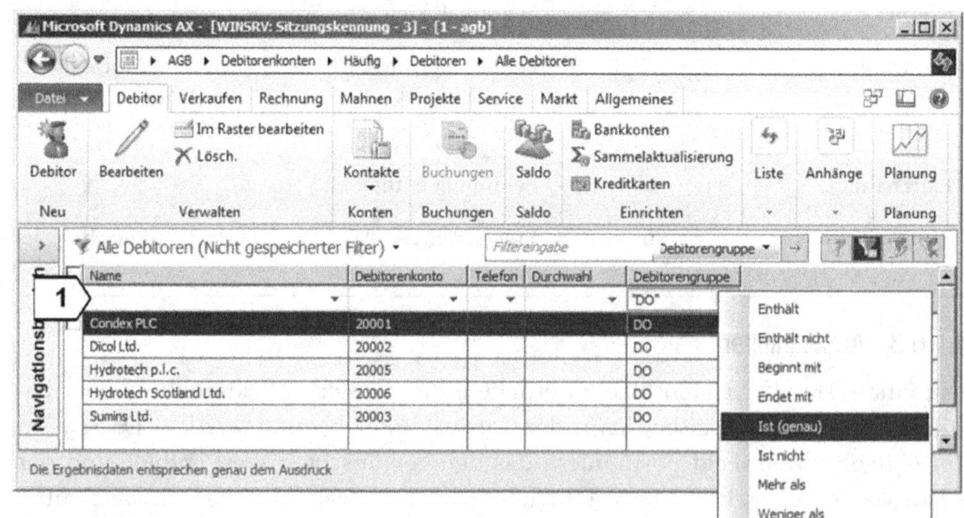

Abbildung 2-19: Rasterfilter in der Debitoren-Listenseite

In den Benutzeroptionen wird hierbei festgelegt, ob die Rasterfilterzeile beim Öffnen von Seiten automatisch gezeigt wird oder bei Bedarf vom Benutzer manuell eingeblendet werden muss.

2.1.6.5 Erweiterter Filter

Der erweiterte Filter wird in Listenseiten und Formularen über die Tastenkombination *Strg+F3* oder über das Symbol aufgerufen und ermöglicht das Eintragen von Filterkriterien in einem eigenen Fenster.

Der erweiterte Filter stellt eine andere Sichtweise auf die über Auswahlfilter und Formularfilter eingetragenen Filterkriterien dar, ermöglicht aber zusätzlich das Filtern auf Tabellenfelder, die in Listenseite oder Detailformular nicht eingeblendet sind.

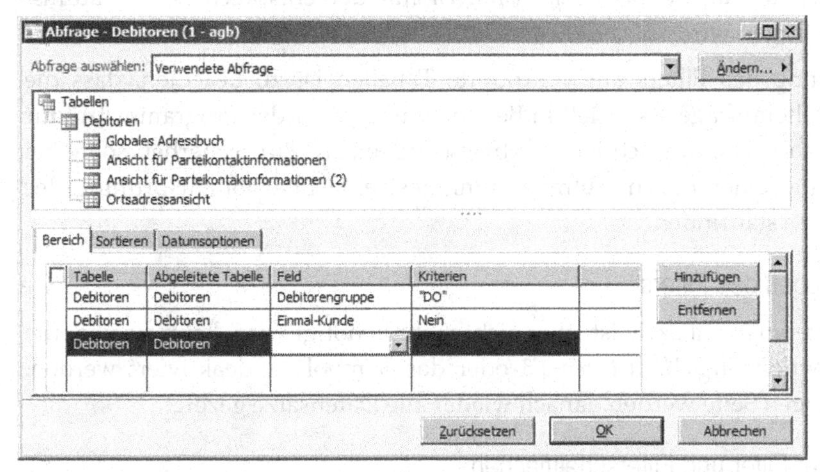

Abbildung 2-20: Eintragen von Filterkriterien im erweiterten Filter

Um im erweiterten Filter ein zusätzliches Kriterium einzusetzen, wird im Filterfenster über die Tastenkombination *Strg+N* oder die Schaltfläche *Hinzufügen* ein neuer Datensatz eingetragen. Danach werden *Tabelle, Abgeleitete Tabelle, Feld* und *Kriterien* eingetragen. Bei einfachen Filter-Abfragen wird in die Spalten *Tabelle* und *Abgeleitete Tabelle* automatisch der Name der jeweiligen Stammtabelle eingesetzt und muss nicht weiter beachtet werden.

Die Such-Schaltfläche in der Spalte *Feld* ermöglicht es, den Feldnamen für die Filtereintragung aus den in der jeweiligen Tabelle enthaltenen Feldern zu wählen. Die Filterkriterien müssen schließlich in der Spalte *Kriterien* eingetragen werden, wobei für Felder mit einer zugrunde liegenden Haupttabelle (Tabellenreferenz) die Suchfunktion verwendet werden kann.

Ist das Eintragen der Filterkriterien beendet, kann das erweiterte Filterfenster mit der Schaltfläche *OK* geschlossen werden. Damit wird der Filter aktiv.

2.1.6.6 Verknüpfte Tabellen

Der obere Bereich des Filterfensters zeigt die Tabellenstruktur und kann für komplexere Abfragen genutzt werden, indem über das Kontextmenü (*Rechte Maustaste/1:n* bzw. *n:1*) nach Auswahl der betroffenen Basistabelle auf verknüpfte Tabellen gefiltert wird. Da hier mehrere Tabellen in einer Filterdefinition Anwendung finden, muss für jedes Kriterium die Spalte *Tabelle* und *Abgeleitete Tabelle* entsprechend eingetragen werden.

Die Filterfunktion auf verknüpfte Tabellen kann beispielsweise dazu genutzt werden, in der Debitoren-Listenseite auf Debitoren mit Buchungen im laufenden Jahr zu filtern. Dies wird erreicht, indem im Filterfenster eine 1:n-Verknüpfung von der Tabelle *Debitoren* auf die *Debitorenbuchungen* gewählt wird und ein Filterkriterium für die abgeleitete Tabelle *Debitorenbuchungen* mit der entsprechenden Datumsauswahl eingetragen wird.

Bei der Nutzung des Filters auf verknüpfte Tabellen ist zu beachten, dass die Struktur der Filterabfrage – speziell in Berichtsfiltern – mit der Programmstruktur übereinstimmen muss, um richtige Ergebnisse zu zeigen. Zur Sicherheit sollte bei der Anwendung einer neuen Abfrage zumindest eine Plausibilitätsprüfung des Filterergebnisses stattfinden.

2.1.6.7 Aufheben des Filters

Wenn eine Filterauswahl aktiv ist, aber nicht mehr benötigt wird, kann sie über die Tastenkombination *Strg+Hochstellen+F3* oder das Symbol deaktiviert werden. Auf der jeweiligen Seite werden danach wieder alle Datensätze gezeigt.

2.1.6.8 Aktiver Filter und Filterschaltflächen

Das Symbol zum Aufhaben einer Filterauswahl dient dem Benutzer auch als Hinweis, ob ein Filter aktiv ist oder ob alle Datensätze in der betrachteten Tabelle gezeigt werden: Ist dieses Symbol aktiv, wird die Tabelle gefiltert. Welcher Filter eingesetzt wird, kann über den erweiterten Filter (*Strg+F3*) festgestellt werden.

Ein Trichtersymbol in der Filterschaltfläche (Alle Debitoren (Nicht gespeicherter Filter)) weist in Listenseiten links im Filterbereich zusätzlich auf einen aktiven Filter hin. Die Filterschaltfläche in Listenseiten kann auch zur Auswahl und Verwaltung von Filtern benutzt werden.

2.1.6.9 Filter in Formularen

In der Rasteransicht von Detailformularen und in Einrichtungsformularen ist der in Listenseiten verfügbare Filterbereich nicht vorhanden. Um hier auf Filterfunktionen zuzugreifen, können die entsprechenden Tastenkombinationen oder das Kontextmenü benutzt werden. Eine weitere Zugriffsmöglichkeit besteht über den Befehl *Datei/Bearbeiten/Filter*.

2.1.6.10 Speichern eines Filters

Wenn bestimmte Filterkriterien häufig verwendet oder für Favoriten benötigt werden, kann der Filter im erweiterten Filterfenster gespeichert werden. Zum Speichern wird dort die Schaltfläche *Ändern/Speichern unter* betätigt und eine Bezeichnung für die Filterabfrage eingetragen.

Die Filtereinstellungen werden in den Nutzungsdaten des jeweiligen Anwenders gespeichert und können daher nur von diesem genutzt werden. Um eine gespeicherte Filtereinstellung abzurufen, kann sie im erweiterten Filterfenster über das Auswahlfeld *Abfrage auswählen* selektiert werden (siehe Abbildung 2-21).

In Listenseiten können Filter auch über die Filterschaltfläche im Filterbereich gespeichert und ausgewählt werden.

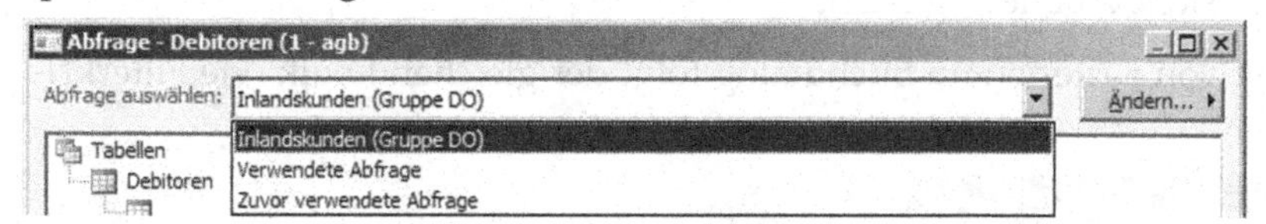

Abbildung 2-21: Auswahl eines gespeicherten Filters im erweiterten Filterfenster

Zusätzlich zu den manuell gespeicherten Filtern kann auf jeder Seite der zuletzt benutzte Filter über die Option *Zuvor verwendete Abfrage* im Auswahlfeld *Abfrage auswählen* wieder aufgerufen werden.

2.1.6.11 Speichern einer Cue

Parallel zum Speichern von Filtern können Filtereinstellungen auch als Cue zur Verwendung in Rollencentern gespeichert werden. Dazu wird im erweiterten Filterfenster die Schaltfläche *Ändern/Als Cue speichern* betätigt (alternativ in Listenseiten auch die entsprechende Option in der Filterschaltfläche).

Die Cue kann dann in Web Parts von Rollencentern (siehe Abschnitt 2.1.4) zur Anzeige eines Stapels übernommen werden.

2.1.6.12 Sortieren

Um in Dynamics AX zu sortieren, kann der Benutzer in Listenseiten oder in der Rasteransicht von Formularen auf die gewünschte Spaltenüberschrift klicken. Ein nochmaliger Klick auf die Spaltenüberschrift wechselt zwischen absteigender und aufsteigender Sortierung. Die Sortierung kann alternativ auch über das Kontextmenü (*Rechte Maustaste/Aufsteigend sortieren* bzw. *Absteigend sortieren*) oder im erweiterten Filterfenster aufgerufen werden.

Soll die Eintragung von Sortierkriterien im erweiterten Filterfenster erfolgen, muss im Filterfenster auf den Reiter *Sortieren* gewechselt werden. Für die Definition von Sortierkriterien wird dazu wie beim Eintragen von Filterkriterien eine Zeile mit dem jeweiligen Tabellen- und Feldnamen erfasst.

2.1.6.13 Suchfunktionen

Hinsichtlich der Suchfunktionen bietet Dynamics AX zwei unterschiedliche Möglichkeiten: Die lokale Suche und die Enterprise Search. Während die lokale Suche funktional im Wesentlichen dem Auswahlfilter entspricht, orientiert sich die Enterprise Search an der Funktionalität von Suchmaschinen.

2.1.6.14 Suchdialog zur lokalen Suche

Zum Aufruf der lokalen Suche wird der Cursor wie beim Auswahlfilter auf die gewünschte Spalte oder das gewünschte Feld positioniert. Danach kann der Suchdialog über die Tastenkombination *Strg+F* (oder den Befehl *Datei/Bearbeiten/Suchen*) geöffnet werden. Das für die Suche gewählte Feld wird in der Titelleiste des Suchdialogs gezeigt (siehe Abbildung 2-22).

Die Eintragung von Kriterien im Suchdialog folgt der gleichen Logik wie Filterkriterien.

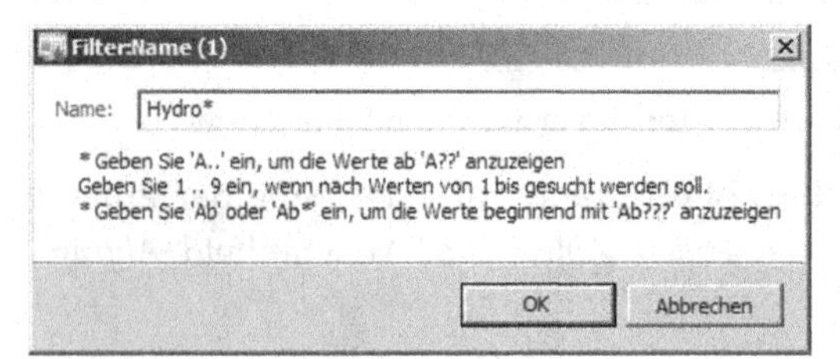

Abbildung 2-22: Der Suchdialog nach Aufruf in der Spalte *Name* der Debitorenseite

Der Feldfilter entspricht funktional der lokalen Suche, wobei er den Inhalt des gewählten Feldes als Vorschlagswert für die Suche übernimmt. Er wird über die Tastenkombination *Strg+K* oder das Kontextmenü (*Rechte Maustaste/Nach Feld filtern*) geöffnet. Nachdem der Feldfilter eine Filterfunktion darstellt, können Filterkriterien kombiniert werden – beispielsweise durch zusätzlichen Aufruf des Feldfilters auf einem zweiten Feld.

2.1.6.15 Unterscheidung zwischen lokaler Suche und Suche in Auswahlfeldern

Zu beachten ist der Unterschied zwischen dem Suchdialog zur lokalen Suche und der in Abschnitt 2.1.5 beschriebenen Suche in Auswahlfelder.

Während der Suchdialog zum Filtern von Datensätzen für die im jeweiligen Formular gezeigten Tabelle dient, wird das Suchfenster zu Auswahlfeldern zum Eintragen eines Wertes in das jeweilige Feld benutzt.

2.1.6.16 Enterprise Search

Im Gegensatz zu Filterfunktionen und lokaler Suche wird die Enterprise Search unabhängig von aktuell angezeigten Listenseiten und Formularen genutzt, um eine vollständige Suche über alle Dynamics AX Daten und Hilfetexte entsprechend der jeweiligen Einrichtung durchzuführen.

Bevor die Enterprise Search benutzt werden kann, muss im Rahmen der Mandantenkonfiguration definiert werden welche Tabellen und Felder berücksichtigt werden sollen (*Systemverwaltung> Einstellungen> Suchen> Suchkonfiguration*). Die Einrichtung der Enterprise Search erfolgt systemweit und betrifft alle Benutzer, weshalb sie vom zentral Verantwortlichen vorgenommen werden sollte.

Die Enterprise Search wird über die Suchleiste im rechten Teil der Adressleiste des AX-Clientfensters aufgerufen. Wie im Filterbereich von Listenseiten werden in der Enterprise Search keine Platzhalter verwendet.

2.1.6.17 Neu in Dynamics AX 2012

Die Enterprise Search in Dynamics AX 2012 ersetzt die globale Suche aus Dynamics AX 2009.

2.1.7 Hilfefunktion

Zur Klärung spezifischer Fragestellungen stehen in Dynamics AX systemweit Hilfefunktionen zur Verfügung. In der Hilfe können drei Themenbereiche unterschieden werden:

- Anwendungsbenutzerhilfe
- Hilfe für Systemadministratoren
- Hilfe für Entwickler

Das Hilfesystem in Dynamics AX 2012 beruht auf einem Hilfeserver, wodurch alle Benutzer dieselben, aktuellen Hilfetexte zur Verfügung haben. Der Hilfeserver beinhaltet hierbei die Anwendungsbenutzerhilfe. Die Hilfe für Systemadministratoren und Entwickler ist als Verknüpfung mit entsprechendem Web-basiertem Inhalt realisiert.

2.1.7.1 Aufruf der Hilfe

Die Hilfefunktion kann in jedem Formular über die Funktionstaste *F1* oder das Symbol /*Hilfe* aufgerufen werden. Das Hilfefenster zeigt dann den Hilfetext zum jeweiligen Formular und enthält Hilfetext, Inhaltsverzeichnis, Druckmöglichkeiten und Suchfunktionen (siehe Abbildung 2-23).

Falls die Hilfetexte am Hilfeserver nur in englischer Sprache installiert sind, kann in den Benutzeroptionen für die *Alternative Hilfesprache* die Auswahl „EN-US" eingetragen werden um englische Hilfetexte anzuzeigen.

Nachdem die Hilfe Formular-bezogen und nicht Feld-bezogen geöffnet wird, kann es zielführend sein über die lokale Suche (*Strg+F* oder *Optionen/Auf dieser Seite suchen*) den Hilfetext zu einem Feldnamen zu suchen.

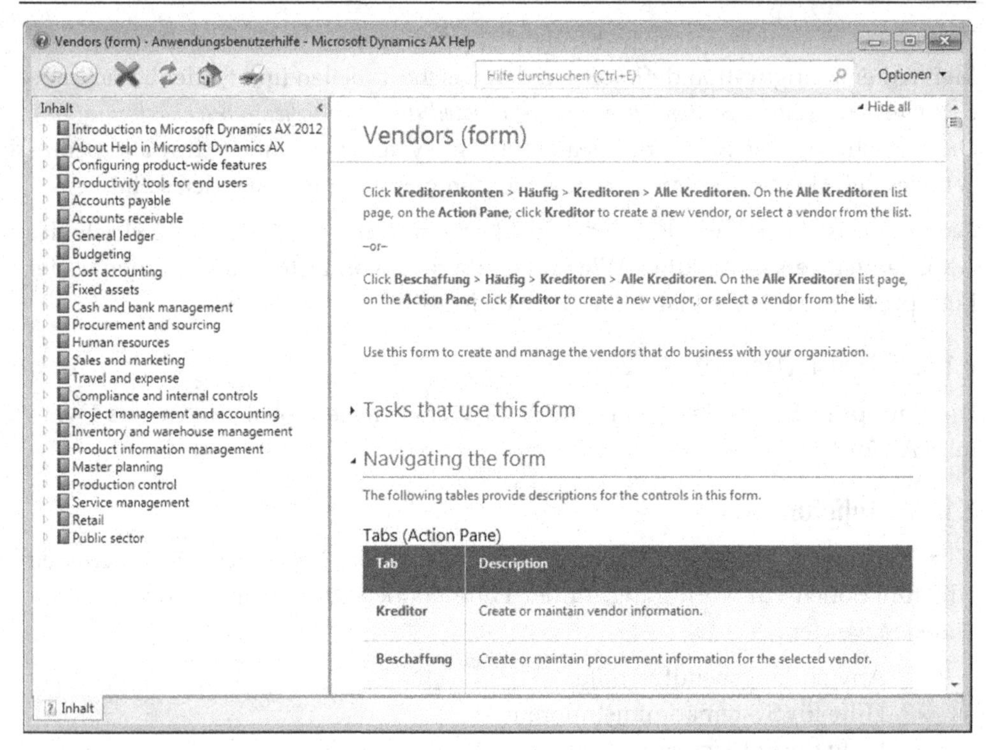

Abbildung 2-23: Dynamics AX Hilfe zum Kreditorenformular (Hilfesprache Englisch)

Im Hilfetext sind drei Arten von Links enthalten:

- **Links zu anderen Hilfeinhalten** (Betätigen der Hochstelltaste bei Auswahl des Links öffnet diesen Hilfetext in einem neuen Fenster)
- **Links zu Menüpunkten** mit Menüpfad im Dynamics AX Client (Auswählen des Links öffnet das betroffene Dynamics AX Formular)
- **Links zu Internet-Ressourcen**

Das Suchfeld oben im Hilfefenster dient zur Suche in den Hilfetexten, wobei die Suchergebnisse mit Zusammenfassung in einer Übersicht gezeigt werden und einzeln ausgewählt werden können.

2.1.7.2 Anpassen von Hilfetexten

Der Hilfeserver bietet einfache Möglichkeiten zum Veröffentlichen individueller Hilfetexte, die in Microsoft Word geschrieben werden.

Als Ausgangspunkt kann in der Hilfe nach „Help template" gesucht werden, worauf der Link zu einer Word-Vorlage („Template") mit den benötigten Makros und einer Beschreibung, wie Hilfetexte mit der Vorlage erstellt werden, gezeigt werden.

Mit der betreffenden Vorlage kann der gewünschte Hilfetext in Microsoft Word erfasst und die benötigten Dokumenteneigenschaften im Word Ribbon am Reiter *Microsoft Dynamics Help* eigetragen werden. Wesentliche Eigenschaften sind:

- **Topic ID** – Durch Eintragen von "Forms.*Formularname*" wird der Hilfetext mit einem Dynamics AX Formular verknüpft (z.B. "Forms.CustTable" für das Debitorenformular). Der Name eines Formulars wird am Reiter *Informationen* im Personalisierungsdialog (siehe Abschnitt 2.3.1) gezeigt.
- **Publisher ID** – Das Eintragen des eigenen Unternehmens ermöglicht die Unterscheidung der eigenen Hilfetexte von Inhalten von Microsoft, ISVs und Partnern.

Nach Erfassen des Hilfetextes ist das Word-Dokument als Webseite im Format *mht* zu speichern. Parallel dazu speichert die Vorlage eine HTML-Datei. Um den Hilfetext am Hilfeserver zu publizieren, kopiert der Administrator beide Dateien in ein Unterverzeichnis von *C:/Inetpub/wwwroot/<HelpServerName>/Content* am Hilfeserver.

2.1.7.3 Neu in Dynamics AX 2012

Architektur und Funktion der Hilfe in Dynamics AX 2012 unterscheiden sich mit dem Hilfeserver stark von der Hilfe mit lokalen Hilfedateien in Dynamics AX 2009.

2.1.8 Übungen zum Fallbeispiel

Übung 2.1 – Anmeldung

Als erste Übung melden Sie sich in einem für die Durchführung von Übungen eingerichteten Dynamics AX System an. Dann wechseln zu einem anderen Unternehmen als das, das nach der Anmeldung aufgrund Ihrer Benutzeroptionen als Vorschlag geöffnet worden ist. Anschließend öffnen Sie einen zweiten Arbeitsbereich, wählen im Navigationsbereich das Menü *Kreditorenkonten* und öffnen die Listenseite *Alle Kreditoren*. Danach melden Sie sich ab und beenden die Sitzung.

Übung 2.2 – Favoriten

Starten Sie nochmals eine Dynamics AX-Clientsitzung, wechseln Sie zum Übungsmandanten und öffnen Sie den Favoritenbereich. Fügen Sie die Listenseite *Freigegebene Produkte* im Menü *Produktinformationsverwaltung* zu Ihren Favoriten hinzu.

Um die Favoriten besser zu organisieren, legen Sie danach einen neuen Ordner „Fakturierung" an, der die Listenseiten *Alle Aufträge* und *Alle Freitextrechnungen* sowie das Formular *Zahlungserfassung* (in den Erfassungen) *aus dem Menü Debitorenkonten* enthalten soll.

Übung 2.3 – Detailformulare

Als Beispiel für ein Detailformular in Dynamics AX öffnen Sie das Kreditoren-Detailformular aus der Listenseite *Kreditorenkonten> Kreditoren> Alle Kreditoren*. Sie wollen hierbei Details des Lieferanten in der dritten Zeile der Listenseite ansehen. Im Detailformular suchen Sie ein Beispiel für eine Feldgruppe, für ein Auswahlfeld mit Haupttabelle und für ein Auswahlfeld mit vorgegebenen Werten.

Danach zeigen Sie ein Beispiel für ein Kontrollkästchen. Können Sie erklären, wofür Inforegister und Infoboxen verwendet werden? Wie gehen Sie vor, wenn Sie den angezeigten Kreditor bearbeiten wollen und können mehrere Kreditoren in einem Zug bearbeitet werden?

Übung 2.4 – Anlegen von Datensätzen

Legen Sie einen neuen Kreditor ohne Nutzung einer Vorlage an, wobei sie für diesen Kreditor nur den Namen „##-Übung 2.4 Inc." (## = Ihr Benutzerkürzel) und die Kreditorengruppe eintragen.

Hinweise: Falls der Nummernkreis für Kreditorennummern auf „Manuell" gestellt ist, muss die Kreditorennummer bei Neuanlage eines Lieferanten manuell eingetragen werden. Falls in den Kreditorenparametern die Prüfung der Umsatzsteuernummer aktiviert ist, muss im Kreditorenformular am Inforegister *Rechnung und Lieferung* für den neuen Lieferanten eine *Umsatzsteuernummer* über die Tabellenreferenz angelegt und für den Kreditor ausgewählt werden.

Übung 2.5 – Auswahlfelder

Bei der Suche der Einkäufergruppe im Kreditorenformular finden Sie den für Ihren Lieferanten aus Übung 2.4 benötigten Eintrag nicht. Benutzen Sie die Tabellenreferenz (*Details anzeigen*) im Feld *Einkäufergruppe* am Reiter *Sonstige Details,* um in der Einkäufergruppenverwaltung eine neue Gruppe ##-P (## = Ihr Benutzerkürzel) anzulegen. Weisen Sie Ihrem Lieferanten diese Gruppe zu.

Übung 2.6 – Filter

Um Übung im Umgang mit Filtern zu erhalten, nutzen Sie in der Kreditoren-Listenseite der Reihe nach folgende Filter entsprechend den Angaben, die nach der Aufzählung zu finden sind:

- All Lieferanten, die "inc" im Namen enthalten
- Alle Lieferanten, die derselben Kreditorengruppe wie Ihr Lieferant aus Übung 2.4 zugeordnet sind
- Alle Lieferanten, deren Name mit „T" beginnt
- Lieferanten mit der Nummer (*Kreditorenkonto*) 30003 bis 30005 oder größer 30008
- Lieferanten, deren Nummer mit „5" endet und die ein „i" im Namen aufweisen
- Lieferanten mit einem „e" an der zweiten Stelle im Namen
- Lieferanten, deren Name nicht mit „C" beginnt

Für die erste Filter-Aufgabe verwenden Sie das Filterfeld im Filterbereich der Listenseite, für die zweite Aufgabe den Auswahlfilter. Bei den übrigen Aufgaben nutzen Sie abwechselnd Rasterfilter und erweiterten Filter.

Benutzen Sie anschließend das erweiterte Filterfenster in der Listenseite, um alle Lieferanten anzuzeigen, die als Zahlungsbedingung nicht „Netto 30 Tage" (bzw. „Net 30 days") zugeordnet haben.

Hinweis: Wenn Sie im Microsoft Standard-Demosystem „Contoso" arbeiten, tragen Sie in der vierten Teilaufgabe (Filter auf Lieferantennummer) eine Stelle weniger ein: Filter auf Kreditor 3003 bis 3005 oder größer 3008

2.2 Druckfunktionen und Auswertungen

In Abhängigkeit von den jeweiligen Anforderungen bietet Dynamics AX unterschiedliche Möglichkeiten zur Ausgabe und Analyse von Daten.

2.2.1 Druck von Berichten

Für die Ausgabe von Berichten in Dynamics AX werden die Microsoft SQL Server Reporting Services (SSRS) genutzt. Ausdrucke und Berichte können hierbei an unterschiedlichen Stellen aufgerufen werden:

- **Ordner *Berichte*** – In Navigationsbereich bzw. Bereichsseiten
- **Schaltflächen** – In Listenseiten und Detailformularen
- **Buchungen mit Druckausgabe** – Kontrollkästchen *Drucken* in Buchungsfenstern
- **Auto-Berichte** – In Listenseiten und Detailformularen

2.2.1.1 Standardberichte

In jedem Modul sind Standardbericht im Ordner *Berichte* zusammengefasst, wobei dieser Ordner meist Unterordner enthält. Zusätzlich können Standardberichte auch in manchen Listenseiten und Detailformularen über eine entsprechenden Schaltfläche aufgerufen werden – beispielsweise der Kontoauszug für Debitoren über die Schaltfläche *Debitorensalden/Aufstellungen* am Schaltflächenreiter *Mahnen* der Debitoren-Listenseite (*Debitorenkonten> Häufig> Debitoren> Alle Debitoren*).

2.2.1.2 Buchungen mit Druckausgabe

Beim Buchen von externen Belegen wie Rechnungen und Lieferscheinen soll oft parallel eine Druckausgabe erfolgen. Die entsprechenden Buchungsfenster enthalten daher ein Kontrollkästchen zum Druck des betroffenen Dokuments – beispielsweise das Kontrollkästchens *Rechnung drucken* beim Buchen einer Rechnung im Verkaufsauftrag.

Die Schaltflächen *Auswählen* (für Filtereinstellungen) und *Druckereinstellungen* (für das Druckziel) im Buchungsfenster dienen zur Auswahl der Filter- und Druckzieloptionen, wie sie weiter unten für Standardberichte beschrieben sind.

Wenn ein Ausdruck (Nachdruck) zu einem späteren Zeitpunkt benötigt wird – z.B. weil das Kontrollkästchen beim Buchen nicht markiert war – kann ein solcher aus der jeweiligen Buchungsabfrage abgerufen werden. Um beispielsweise eine Verkaufsrechnung nachzudrucken, kann die Rechnungsabfrage (*Debitorenkonten> Ab-*

fragen> Erfassungen> Rechnungserfassung) geöffnet und nach Auswahl der betroffenen Rechnung die Schaltfläche *Vorschau anzeigen/Drucken* betätigt werden.

2.2.1.3 Auto-Berichte

Auto-Berichte können in allen Listenseiten und Formularen über die Tastenkombination *Strg+P* oder den Befehl *Datei/Drucken/Drucken* abgerufen werden. Sie zeigen eine Liste mit den zentralen Feldern der jeweiligen Tabelle.

2.2.1.4 Abruf von Berichten

Zur Erklärung der Druckfunktionen wird nachfolgend zunächst der Abruf von Standardberichten beschrieben.

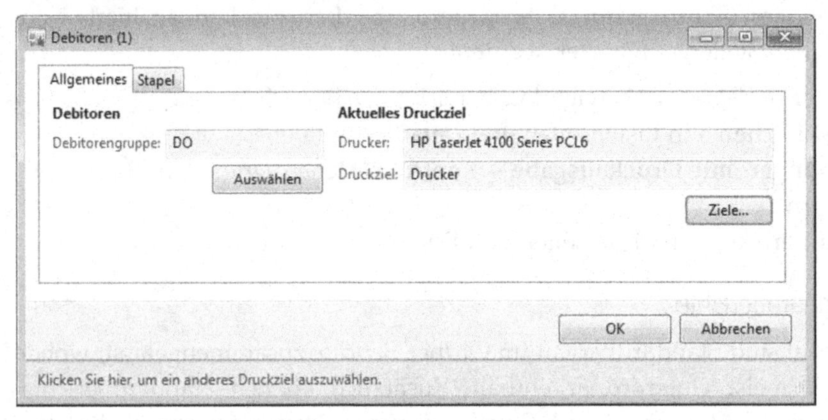

Abbildung 2-24: Berichtsdialog beim Abruf der Debitorenliste

Nach Aufruf des Menüpunkts für den jeweiligen Standardbericht erscheint ein Berichtsdialog, in den Berichtsfilter und Druckziel eingetragen werden können. So wird beispielsweise beim Abruf des Berichts *Debitorenkonten> Berichte> Debitor> Debitoren* der in Abbildung 2-24 gezeigte Berichtsdialog geöffnet, wobei in dieser Abbildung schon ein durch den Benutzer auf die Gruppe „DO" gesetzter Filter zu sehen ist.

2.2.1.5 Druckziel (Druckereinstellungen)

Mit der Schaltfläche *Ziele* im Berichtsdialog kann das Ausgabeziel für den jeweiligen Berichtsabruf bestimmt werden. Hierbei stehen folgende Optionen zur Verfügung:

Tabelle 2-2: Druckziele für die Berichtsausgabe

Druckziel	Funktion
Druckarchiv	Speichert Berichtsausgabe im Druckarchiv
Bildschirm	Erzeugt Seitenansicht
Drucker	Erzeugt Papierausdruck auf gewähltem Drucker
Datei	Ermöglicht Berichtsausgabe als Datei in verschiedenen Formaten (CSV, Excel, HTML, XML, PDF, Bild)
E-Mail	Erzeugt Datei im gewählten Format und versendet an eingetragenen Empfänger

2.2.1.6 Berichtsfilter

Die Schaltfläche *Auswählen* im Berichtsdialog öffnet ein Fenster zur Angabe von Filterkriterien. Dieses Fenster gleicht dem in Abschnitt 2.1.6 beschriebenen Fenster zur Eintragung des erweiterten Filters, für den Berichtsabruf werden Filter- und Sortierkriterien auf dieselbe Weise eingetragen wie dort beschrieben.

Der ausgewählte Filter wird – nach Schließen des Filterfensters – im Berichtsdialog gezeigt.

2.2.1.7 Vorschlagswerte im Berichtsdialog

Im Berichtsdialog kann nach Auswahl von Berichtsfilter und Druckziel der Ausdruck über die Schaltfläche *OK* gestartet werden.

Die gewählten Abrufeinstellungen werden – inklusive der weiter unten beschriebenen Stapelauswahl – automatisch in den Nutzungsdaten des jeweiligen Benutzers gespeichert. Beim nächsten Abruf des betroffenen Berichts werden sie dann als Vorschlagswert im Berichtsdialog gezeigt.

2.2.1.8 Druckarchiv

Das Druckarchiv dient zum Speichern eines abgerufenen Berichts in Dynamics AX. Dazu wird entweder die Option *Druckarchiv* anstelle eines Druckers als Druckziel gewählt oder – falls eine andere Option als Druckziel dient – das Kontrollkästchen *Im Druckarchiv speichern?* im Druckziele-Dialog aktiviert.

Der Bericht wird dann im Druckarchiv gespeichert und kann später individuell über den Befehl *Datei/Extras/Druckarchiv* oder – für alle Benutzer – über den Menüpunkt *Organisationsverwaltung> Abfragen> Druckarchiv* abgefragt und nachgedruckt werden.

2.2.1.9 Seitenansicht

Wenn beim Berichtsabruf die Option *Bildschirm* als Druckziel gewählt wird, bringt Dynamics AX eine Seitenansicht auf den Bildschirm.

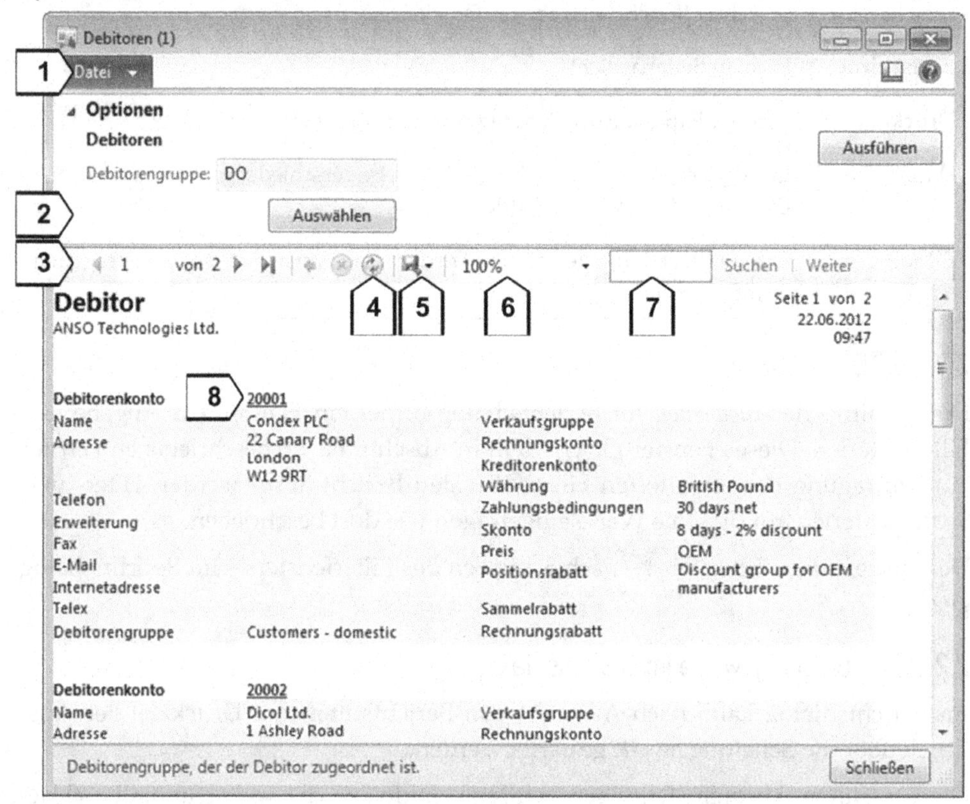

Abbildung 2-25: Optionen in der Seitenansicht

Die Seitenansicht bietet hierbei folgende Möglichkeiten (siehe Abbildung 2-25):

- **Druck** [1] der Seitenansicht über den Befehl *Datei/Drucken/Drucken* oder die Tastenkombination *Strg+P*
- **Filter** [2] ändern und anwenden (Schaltflächen *Auswählen* und *Ausführen*)
- **Blättern** [3] zwischen Seiten über die Eingabe der Seitennummer oder durch *Strg+Pos1* ⏮, *Bild-auf* ◀, *Bild-ab* ▶ und *Strg+Ende* ⏭
- **Aktualisieren** [4] zum Abruf aktueller Daten über die Schaltfläche
- **Export** [5] der Seitenansicht in unterschiedliche Dateiformate wie XML, CSV, PDF, HTML, TIFF, Excel oder Word über die Schaltfläche
- **Zoom** [6] durch Auswahl des Zoomfaktors
- **Suchen** [7] von Text im Bericht
- **Link** [8] zum Öffnen des Detailformulars zum jeweiligen Feld

2.2.1.10 Stapelverarbeitung

Falls ein Bericht nicht sofort auszuführen ist, kann am Reiter *Stapel* im Berichtsdialog eine Verarbeitung im Hintergrund angefordert werden. Dazu wird das Kontrollkästchen *Stapelverarbeitung* aktiviert, eine Stapelverarbeitungsgruppe kann – falls eingerichtet – wahlweise eingetragen werden. Ausführungszeit und Wiederholungen des Abrufs werden über die Schaltfläche *Wiederholung* bestimmt.

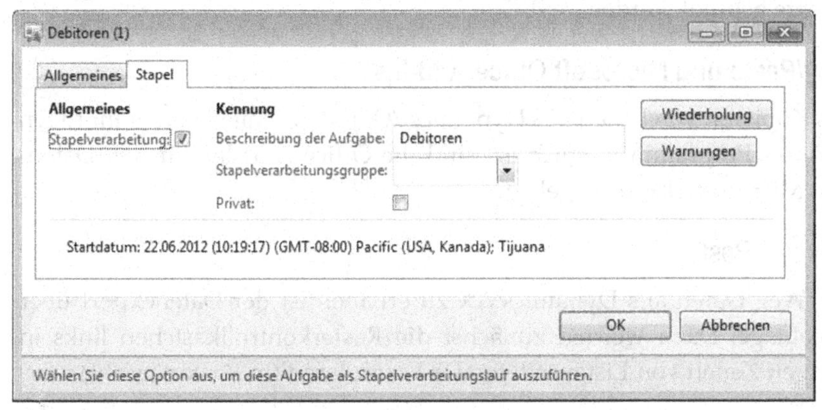

Abbildung 2-26: Auswahl des Stapelverarbeitung im Berichtsdialog

Als Voraussetzung für die Durchführung von Stapelverarbeitungen muss ein Batch-Server aufgesetzt und gestartet sein. Die Einrichtung des Batch-Servers erfolgt im Menüpunkt *Systemverwaltung>Einstellungen>System>Serverkonfiguration*.

Die Ausführung von Stapelabrufen erfolgt im Hintergrund auf dem Batch-Server – ausgenommen von Client- und private Stapelabrufen, die über den Abruf *Organisationsverwaltung> Periodisch> Stapelverarbeitung* auf einem Client auszuführen sind.

Um den Status der in den Stapel übergebenen Abrufe zu kontrollieren und zu bearbeiten, kann der Menüpunkt *Systemverwaltung> Abfragen> Stapelverarbeitungsaufträge> Stapelverarbeitungsaufträge* geöffnet werden.

2.2.1.11 Drucken und Erstellen von Auto-Berichten

Auto-Berichte sind neben den beschriebenen Standardberichten eine weitere Art von Ausgaben. Diese können aus jedem Formular über den Befehl *Datei/Drucken/Drucken* oder die Tastenkombination *Strg+P* gestartet werden und zeigen eine Liste mit den wesentlichen Daten (Feldgruppe *Auto-Bericht*) des jeweiligen Fensters. Der Berichtsdialog ist ähnlich dem von Standardberichten, zeigt jedoch zusätzlich die Schaltfläche *Ändern*.

Über die Schaltfläche *Ändern/Neu* kann der Benutzer den Berichtsassistenten starten und eine eigene Liste erstellen. Diese wird in den Nutzungsdaten des Benutzers gespeichert, steht dem Benutzer im Berichtsdialog des Auto-Berichts zur Verfügung und kann im Auswahlfeld *Bericht wählen* selektiert werden.

Gegenüber Berichten, die in der Entwicklungsumgebung erstellt werden, hat der Berichts-Assistent für Auto-Berichte allerdings nur eingeschränkte Funktionalität.

2.2.1.12 Neu in Dynamics AX 2012

Die Technologie für Berichte ist mit Dynamics AX 2012 völlig geändert worden, indem Microsoft SQL Server Reporting Services (SSRS) Berichte anstelle der MorphX Berichte genutzt werden.

2.2.2 Copy/Paste und Microsoft Office Add-Ins

Während das Kopieren von Daten aus Dynamics AX mit anschließendem Einfügen in jedes Windows Programm möglich ist, sind die Office Add-Ins für den Datenaustausch mit Microsoft Office ausgelegt.

2.2.2.1 Copy and Paste

Ein einfacher Weg Daten aus Dynamics AX zu erhalten ist der Datenexport über die Zwischenablage. Dazu werden zunächst die Rasterkontrollkästchen links in den gewünschten Zeilen von Listenseiten oder Formularen (in Rasteransicht) markiert.

Alternativ können betroffene Zeilen auch bei gedrückter *Strg-* oder *Hochstellen-*Taste durch Mausklick in den Raster gesammelt markiert werden. Über die Tastenkombination *Strg+A* oder das Rasterkontrollkästchen links oben in der Titelzeile werden alle Zeilen markiert.

Nach Auswahl werden die Zeilen mit der Tastenkombination *Strg+C*, oder dem Befehl *Datei/Bearbeiten/Kopieren* oder der Option *Kopieren* im Kontextmenü (*Rechte Maustaste*) in die Zwischenablage kopiert. Anschließend können Sie in einer anderen Windows-Anwendung (wie Microsoft Excel) mit *Strg+V* eingefügt werden.

Das Kopieren von Zeilen in Listenseiten beinhaltet die in der jeweiligen Listenseite gezeigten Spalten. In der Rasteransicht von Detailformularen werden hingegen neben den im Raster gezeigten Feldern auch Daten aus den anderen Reitern kopiert.

2.2.2.2 Microsoft Office Add-Ins

Die Microsoft Office Add-Ins in Dynamics AX ermöglichen das Bearbeiten von Daten mit Microsoft Office. Die dazu verfügbaren Funktionen unterstützen folgende Schritte:

- **Export** von Daten aus Dynamics AX in Microsoft Excel
- **Aktualisieren und Editieren** von AX-Daten in Microsoft Office
- **Import** von Daten aus Microsoft Excel in Dynamics AX

Im Bereich *Allgemeines* der Benutzeroptionen stehen am Inforegister *Sonstiges* zwei Einstellungen für den Excel-Export zur Verfügung, die für die Office Add-Ins relevant sind:

- **Arbeitsmappe unterstützt Aktualisierung** – Auswahl zwischen statischem und aktualisierbarem Export (Die Option „Nie" für statischen Export ist zielführend wenn die Excel-Datei an Externe verteilt wird)
- **Exportziel der Remotedesktopsitzung** – Betrifft Remote Desktop Clients (Terminal Services) und ermöglicht in einer Remote Desktop Sitzung den Export von Daten an Microsoft Office am lokalen PC.

Änderungen der Excel-Exporteinstellungen in den Benutzeroptionen werden nach Neustart des Clients wirksam.

2.2.2.3 Dynamics AX-Export an Excel und Datenaktualisierung

In Listenseiten und in der Rasteransicht von Detailformularen können die im Raster enthaltenen Daten über den Befehl *Datei/Nach Microsoft Excel exportieren* (und über die entsprechende Schaltfläche am ersten Schaltflächenreiter) direkt in ein Excel-Arbeitsblatt ausgegeben werden, das automatisch angelegt und geöffnet wird.

In Abhängigkeit von den Benutzeroptionen erzeugt Dynamics AX ein statisches oder ein aktualisierbares Arbeitsblatt, wobei Microsoft Excel einen zusätzlichen Schaltflächenreiter *Dynamics AX* enthält (siehe Abbildung 2-27). Wird ein aktualisierbares Arbeitsblatt gespeichert, kann es zu einem späteren Zeitpunkt wieder geöffnet und über die Schaltfläche *Refresh* in Microsoft Excel mit aktuellen Daten – inklusive zusätzlicher Zeilen bei neuen Datensätzen – angezeigt werden.

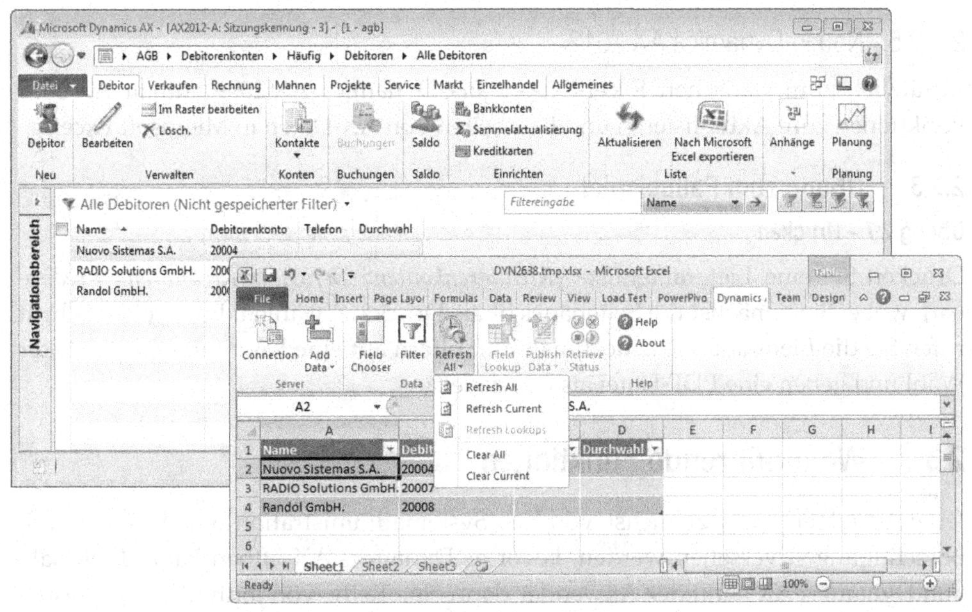

Abbildung 2-27: Excel-Export in der Listenseite Debitoren

Die Schaltfläche *Field Chooser* in Excel ermöglicht das Einfügen zusätzlicher Spalten mit Dynamics AX Daten. Daneben können auch normale Excel-Spalten verwendet werden, die beispielweise Berechnungsformeln beinhalten können.

Die Schaltfläche Filter in Excel ermöglicht das Nutzen von Filterfunktionen beim Abrufen von Dynamics AX-Daten. Wenn in Dynamics AX ein Filter vor dem Durchführen des Excel-Exports eingetragen ist, wird dieser auch für den Export angewendet.

2.2.2.4 Bearbeitung von Daten in Excel und Dynamics AX-Import

Beim Export von Daten aus Dynamics AX in Excel wird eine read-only Abfrage erzeugt. Wenn Dynamics AX-Daten direkt in Excel bearbeitet werden sollen, muss ein Web-Service im Menüpunkt *Organisationsverwaltung> Einstellungen> Dokumentverwaltung> Dokumentdatenquellen* für den betroffenen Export registriert werden.

Um Daten dann zu bearbeiten kann die Schaltfläche *Add Data/Add Data* in Excel genutzt werden. In einem Dialog stehen dann installierten Abfragen und Services entsprechend den jeweiligen Berechtigungseinstellungen zur Verfügung. Nach Auswahl einer Datenquelle (z.B. *Budget register entries*) zeigt Microsoft Excel die verfügbaren Felder im Aufgabenbereich. Schlüsselfelder und Pflichtfelder sind durch Indikatoren gekennzeichnet um sicherzustellen dass in Dynamics AX benötigte Daten erfasst werden. Nach Klick auf die Schaltfläche *Publish Data* in Excel wird die Übertragung an Dynamics AX durchgeführt.

2.2.2.5 Neu in Dynamics AX 2012

Zusätzlich zum statischen Excel-Export aus Dynamics AX 2009 enthält AX 2012 Funktionen zum Aktualisieren und Bearbeiten von AX-Daten in Microsoft Excel.

2.2.3 Übung zum Fallbeispiel

Übung 2.7 – Drucken

Drucken Sie eine Lieferantenliste (*Kreditorenkonten> Berichte> Kreditoren> Kreditoren*), wobei Sie zunächst die Seitenansicht als Druckziel wählen. Im zweiten Schritt rufen Sie die Lieferantenliste nochmals auf, filtern auf eine Kreditorengruppe Ihrer Wahl und geben eine PDF-Datei als Druckziel aus.

2.3 Weiterführende Funktionen

Jeder Benutzer muss zunächst von der Systemadministration angelegt und mit Berechtigungen versehen werden, bevor er Dynamics AX öffnen kann. Innerhalb von Dynamics AX kann der Anwender dann eine Reihe von individuellen Einstellungen treffen.

In manchen Bereichen der Applikation – beispielsweise zur Bearbeitung von Bestellanforderungen – werden zusätzlich Daten aus dem Mitarbeiterstamm (Arbeitskräftestamm) benötigt. Dazu muss die betroffene Arbeitskraft dem jeweiligen Benutzer zugeordnet sein (siehe Abschnitt 9.2.2).

2.3.1 Benutzeroptionen und Personalisierung

Jeder Anwender kann – soweit berechtigt – die Benutzeroberfläche einerseits über seine Benutzeroptionen und andererseits über die Personalisierungsmöglichkeiten anpassen.

2.3.1.1 Benutzeroptionen

Die Benutzeroptionen sind der zentrale Ort um individuelle Einstellungen in Dynamics AX einzurichten. Sie sind für jeden berechtigten Benutzer über den Befehl *Datei/Extras/Optionen* persönlich oder für die Systemadministration zentral über die Benutzerverwaltung (*Systemverwaltung> Häufig> Benutzer> Benutzer*, Schaltfläche *Optionen*) zu erreichen.

In den Optionen sind hierbei insbesondere folgende Einstellungen zur Einrichtung des Arbeitsbereichs von Interesse (vgl. Abbildung 2-28):

- **Sprache** – Sprache der Benutzeroberfläche
- **Alternative Hilfesprache** – Sprache der Hilfetexte
- **Standardland/-region** – Vorschlagswert für das Land beim Anlegen von Adressen
- **Startunternehmenskonten** – Beim Anmelden geöffnetes eigenes Unternehmen
- **Automatisch ausfüllen** – Eingegebener Text wird bei Neueintragung gleicher Anfangszeichen wieder vorgeschlagen.
- **Infolog/Detailebene** – Anzeige von Warn- und Fehlermeldungen
- **Automatisch herunterfahren** – Zeitdauer, nach der eine Sitzung bei Inaktivität automatisch beendet wird
- **Filter nach Raster standardmäßig aktiviert** – Raster-Filterzeile immer einblenden (siehe Abschnitt 2.1.6)
- **Globaler Standardmodus für Anzeige/Bearbeitung** – Öffnen von Detailformularen immer im Anzeige- oder Bearbeitungsmodus
- **Handhabung von Dokumenten** – Siehe Abschnitt 9.5.1
- Reiter **Benachrichtigungen** – Benachrichtigungen zu Warnungen und Workflows (siehe Abschnitt 9.4.1)
- Reiter **Statusleiste** – In Statusleiste eingeblendete Felder
- Reiter **Bestätigungen** – Anzeige einer Bestätigungsmeldung vor dem Löschen oder Speichern einer Änderung in Detailformularen

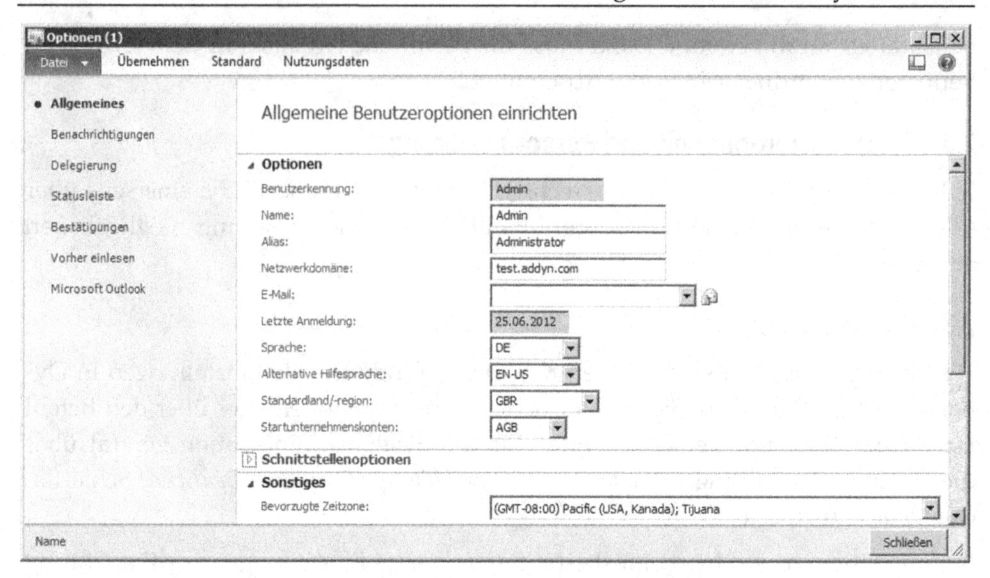

Abbildung 2-28: Verwalten von Einstellungen in den Benutzeroptionen

2.3.1.2 Nutzungsdaten

Aus dem Optionsfenster kann über die Schaltfläche *Nutzungsdaten* in die benutzerindividuellen Detaildaten gewechselt werden. Die Nutzungsdaten enthalten hierbei alle benutzerindividuellen Informationen, die automatisch und manuell gespeichert werden – beispielsweise Filtereinstellungen, Autoberichte, Formulareinstellungen und Datensatzvorlagen (Benutzervorlagen).

Die Detailregister in den Nutzungsdaten zeigen die in den verschiedenen Bereichen gespeicherten Daten, wobei diese im Detail über die Schaltfläche *Daten* in der Aktionsbereichsleiste eingesehen werden können. Ein Ändern von Nutzungsdaten ist nicht möglich, Datensätze in den Nutzungsdaten können aber einzeln über die Tastenkombination *Alt+F9*, oder den Befehl *Datei/Datensatz löschen* gelöscht werden. Über die Schaltfläche *Zurücksetzen* am Reiter *Allgemeines* werden alle Nutzungsdaten gesamt gelöscht.

Bei Programmanpassungen oder Updates kann der Fall entstehen, dass die gespeicherten Nutzungsdaten für betroffene Listenseiten oder Detailformulare aufgrund eines geänderten Fensteraufbaus nicht mehr mit dem neuen Programmstand zusammenpassen. In diesem Fall ist es nötig, die jeweiligen Nutzungsdaten zu löschen, um eine korrekte Anzeige des neuen Fensterinhalts zu gewährleisten.

2.3.1.3 Formulareinstellungen

Unabhängig von den über die Entwicklungsumgebung zentral vorgegebenen Einstellungen kann jeder Benutzer Listenseiten und Detailformulare in Dynamics AX individuell an seine Bedürfnisse anpassen.

Die erste Möglichkeit zum Anpassen der Formulare ist über die Schaltfläche Ansicht in der Befehlsleiste verfügbar, über die in jedem Formular Infoboxen und Vorschaubereich ein- und ausgeblendet werden können. Zusätzlich können über den Befehl *Datei/Befehl/Ausblenden* und *Datei/Befehl/Anzeigen* (bzw. *Alle anzeigen*) oder über das Kontextmenü (*Rechte Maustaste/Ausblenden, Anzeigen*) Spalten, Felder, Feldgruppen und Inforegister ausgeblendet und wieder eingeblendet werden.

In Listenseiten kann die Spaltenbreite und die Reihenfolge von Spalten durch Ziehen in der Überschriftenzeile bei gedrückter Maustaste geändert werden. Die Option *Mehr* im Auswahlfenster zur Filterspalte im Filterbereich von Listenseiten fügt zusätzliche Spalten hinzu (siehe Abschnitt 2.1.6). Um diese Spalten wieder zu entfernen, muss der Personalisierungsdialog geöffnet werden.

2.3.1.4 Personalisierung

Erweiterte Optionen für individuelle Formulareinstellungen stehen im Personalisierungsdialog zur Verfügung, der über den Befehl *Datei/Befehl/Personalisieren* oder das Kontextmenü (*Rechte Maustaste/Personalisieren*) geöffnet werden kann. Abbildung 2-29 zeigt als Beispiel den Personalisierungsdialog zum Anpassen der Kreditoren-Listenseite, der aus Listenseite *Kreditorenkonten> Häufig> Kreditoren> Alle Kreditoren* geöffnet worden ist.

Im Bereich *Layout* im linken Teil des Dialogs können neben den einzelnen Feldern, Feldgruppen und Inforegistern auch die Schaltflächen aufgeklappt und mit den Verschiebe-Symbolen (*Aufwärts, Abwärts, Links, Rechts*) verschoben werden. Das Verschieben kann auch mit der Maus vorgenommen werden und ist über Reiter hinweg möglich. Über die Schaltfläche *Felder hinzufügen* können zusätzliche Dateifelder in das jeweilige Formular übernommen werden. In den *Eigenschaften* (rechter Dialogbereich) kann bestimmt werden, ob das jeweils aktive Element sichtbar sein soll und ob Eingaben zugelassen werden.

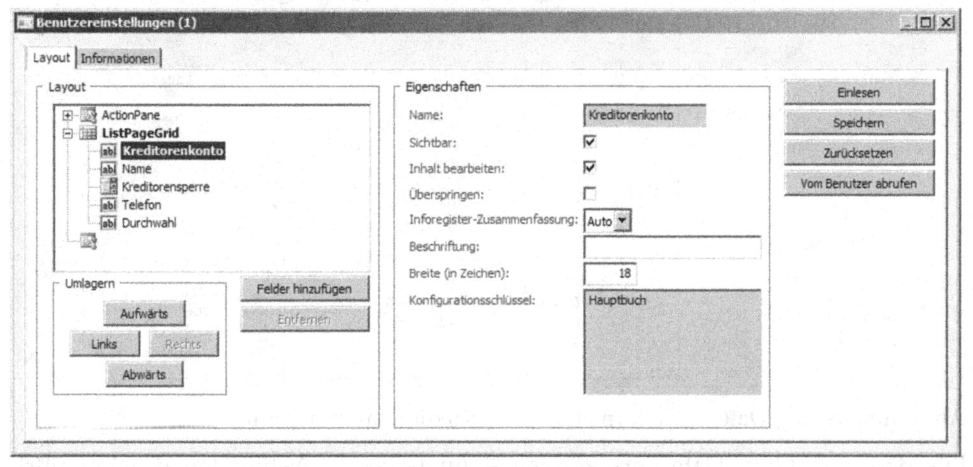

Abbildung 2-29: Personalisierungsdialog zur Listenseite *Kreditoren*

Nach Schließen des Personalisierungsdialogs werden die Einstellungen übernommen. Über die Schaltfläche *Speichern* ist es auch möglich, verschiedene Varianten für ein Fenster zu speichern. Beim Speichern ist dann ein Name für die Variante anzugeben, unter dem diese über die Schaltfläche *Einlesen* wieder abgerufen werden kann. Mit der Schaltfläche *Zurücksetzen* können die individuellen Einstellungen verworfen werden.

Alle individuellen Formulareinstellungen werden in den Nutzungsdaten gespeichert. Der Zugriff auf benutzerindividuelle Formulareinstellungen kann aber über entsprechende Berechtigungseinstellungen eingeschränkt werden.

2.3.2 Datensatzinformationen und Vorlagen

Datensatzinformationen bieten Zugriff auf Daten und allgemeine Funktionen, die nicht direkt im jeweiligen Formular gezeigt werden.

2.3.2.1 Optionen in den Datensatzvorlagen

Datensatzinformationen können mit dem Befehl *Datei/Befehl/Datensatzinformationen* oder über das Kontextmenü (*Rechte Maustaste/Datensatzinformationen*) in jeder Listenseite und jedem Detailformular aufgerufen werden.

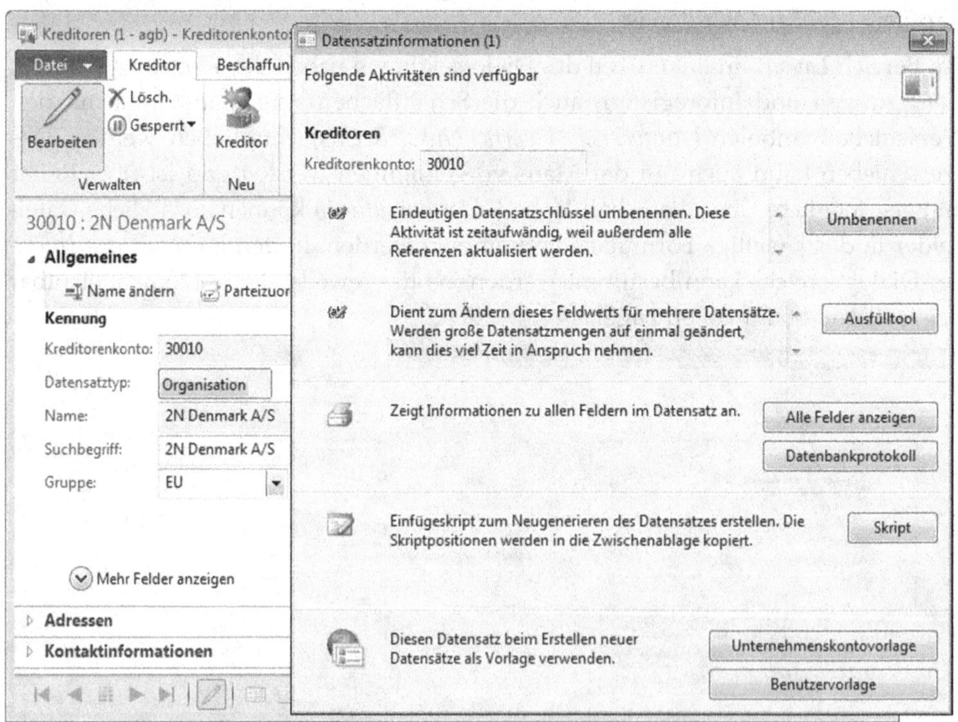

Abbildung 2-30: Datensatzinformationen im Kreditoren-Detailformular

Für den gewählten Datensatz können dann folgende Aktivitäten durchgeführt werden:

- **Umbenennen** eines Schlüsselfelds – Zuvor mit Administrator abklären.
- **Ausfülltool** – Massenänderung von Daten.
- **Alle Felder anzeigen** und **Datenbankprotokoll** – Informationen zum aktiven Datensatz.
- **Skript** – Erstellen eines Einfüge-Skripts.
- **Unternehmenskontovorlage** und **Benutzervorlage** – Anlegen einer Datensatzvorlage (nicht in Listenseiten).

Hinweis: In Abhängigkeit von Berechtigungen und Systemkonfiguration können manche Optionen nicht verfügbar sein.

2.3.2.2 Umbenennen

Zum Umbenennen eines Schlüsselfelds wird die Schaltfläche *Umbenennen* in den Datensatzinformationen betätigt und in einem anschließenden Dialog der neue Feldinhalt eingetragen.

Das Umbenennen von Schlüsselfeldern ist eine sehr rechenintensive Aktivität, da von Dynamics AX sämtliche Referenzen mitgezogen werden müssen (z.B. Änderung der Artikelnummer in allen Buchungen). Des Weiteren ist zu bedenken, dass die Referenzen zwar innerhalb von Dynamics AX aktualisiert werden, externe Systeme und Stellen wie Kunden und Lieferanten aber getrennt informiert werden müssen.

2.3.2.3 Ausfülltool

Das Ausfülltool wird – analog zur Funktion *Suchen und Ersetzen* in Programmen wie Microsoft Office – zum Ändern eines Feldwerts in mehreren Datensätzen einer Tabelle verwendet.

Soll beispielsweise die Zahlungsbedingung für eine Reihe von Lieferanten geändert werden, wird das Detailformular *Kreditoren* über die Listenseite *Kreditorenkonten> Häufig> Kreditoren> Alle Kreditoren* geöffnet und im Feld *Zahlungsbedingung* am Inforegister *Zahlung* das Ausfülltool über das Kontextmenü (Option *Datensatzinformationen*) aufgerufen. Nach Eintragen eines Filters zur Auswahl der zu ändernden Lieferanten wird das Filterergebnis im Ausfülltool-Dialog gezeigt. Nach Betätigen von *OK* kann in einem Auswahlfenster die neue Zahlungsbedingung gewählt werden.

Im Unterschied zur Funktion *Suchen und Ersetzen* in Microsoft Office kann mit dem Ausfülltool nicht nur ein Feldwert auf einen anderen geändert werden, die Auswahl der Datensätze im Ausfülltool-Filter ist unabhängig vom vorherigen Feldwert.

Das Ausfülltool steht in den meisten Feldern von Stammtabellen und in nicht gebuchten Finanzjournalen zur Verfügung, wobei der Benutzer die entsprechende Berechtigung besitzen und das Ausfülltool in der Lizenzkonfiguration (*Systemver-*

waltung> Einstellungen> Lizenzierung> Lizenzkonfiguration, Knoten *Verwaltung*) aktiviert sein muss.

2.3.2.4 Alle Felder anzeigen und Datenbankprotokoll

Über die Schaltfläche *Alle Felder anzeigen* in den Datensatzinformationen wird die Datensatzanzeige geöffnet, die alle Felder des aktuellen Datensatzes zeigt. Dies ist vor allem dann hilfreich, wenn Informationen benötigt werden die im jeweiligen Formular nicht standardmäßig angezeigt werden. In der Datensatz-Anzeige ist zusätzlich auch die Feldgruppe *Auto-Bericht* zu sehen, die am Auto-Bericht angedruckt wird.

Das *Datenbankprotokoll* zeigt ein Protokoll der Änderungen des aktuellen Datensatzes. Die Protokollierung der jeweiligen Tabelle muss dafür aber zuvor im Menüpunkt *Systemverwaltung> Einstellungen> Datenbank> Protokolleinstellungen für die Datenbank* bzw. in der Entwicklungsumgebung eingerichtet werden.

2.3.2.5 Datensatzvorlagen

Datensatzvorlagen werden benutzt, um bei der Neuanlage von Datensätzen Feldinhalte aus einer Vorlage automatisch einsetzen zu lassen. So kann es beispielsweise sinnvoll sein, im Lieferantenstamm Datensatzvorlagen für Kreditoren-Inland, Kreditoren-EU und Kreditoren-Drittland mit den entsprechenden Buchungseinstellungen vorab zu definieren.

Bei der Nutzung von Datensatzvorlagen sind zwei Arten von Vorlagen zu unterscheiden:

- Benutzervorlagen
- Unternehmenskontovorlagen

2.3.2.6 Benutzervorlagen

Benutzervorlagen werden in den Datensatzinformationen über die Schaltfläche *Benutzervorlage* nach Eintragung eines Vorlagen-Namens als Kopie des aktiven Datensatzes gespeichert. Sie werden in den Nutzungsdaten abgelegt und sind privat für den jeweiligen Anwender.

Ein späteres Ändern von Benutzervorlagen ist nicht möglich, sie können aber in den Nutzungsdaten (Befehl *Datei/Extras/Optionen*, Schaltfläche *Nutzungsdaten*> Reiter *Datensatzvorlagen*) gelöscht werden. Alternativ ist ein Löschen von Benutzervorlagen auch über die Tastenkombination *Alt+F9* im Vorlagen-Auswahlfenster (siehe Abbildung 2-31) möglich.

2.3.2.7 Unternehmenskontovorlagen

Im Gegensatz zu den Benutzervorlagen stehen Unternehmenskontovorlagen allen Anwendern zur Verfügung. Sie werden in den Datensatzinformationen über die

Schaltfläche *Unternehmenskontovorlage* als Kopie des aktiven Datensatzes erstellt, wobei auch für diese Vorlagen ein Name angegeben werden muss.

Unternehmenskontovorlagen können im Menüpunkt *Startseite> Einstellungen> Datensatzvorlagen* bearbeitet werden. Dazu muss zunächst am Reiter *Überblick* die gewünschte Tabelle markiert und dann zum Reiter *Vorlagen* gewechselt werden. Nach Markieren der betreffenden Vorlage kann dann die Schaltfläche *Bearbeiten* zum Editieren der einzelnen Datensatzvorlage betätigt werden.

2.3.2.8 Verwendung von Vorlagen

Sobald in einer Tabelle Datensatzvorlagen vorhanden sind, werden diese in einer Vorlagenauswahl beim Anlegen eines neuen Datensatzes angezeigt. Abbildung 2-31 zeigt beispielsweise die Vorlagenauswahl bei Neuanlage eines Lieferanten in der Listenseite *Kreditorenkonten> Häufig> Kreditoren> Alle Kreditoren,* nachdem im zugehörigen Detailformular Vorlagen angelegt worden sind.

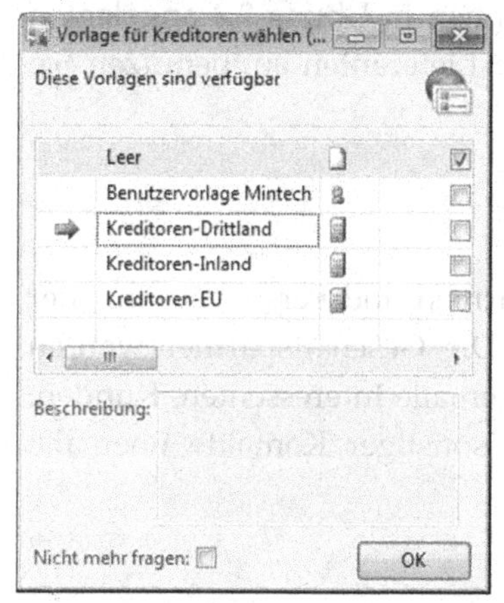

Abbildung 2-31: Dialog zur Auswahl einer Datensatzvorlage

In der Vorlagenauswahl kann die gewünschte Vorlage über Doppelklick oder die Schaltfläche *OK* nach Markieren der betreffenden Zeile ausgewählt werden. Unternehmenskontovorlagen werden mit dem Symbol , Benutzervorlagen mit gekennzeichnet. Im Kontrollkästchen rechts in den Vorlagen-Zeilen kann eine Vorlage markiert werden, die als Vorschlagswert verwendet werden soll.

Wird in der Vorlagenauswahl das Kontrollkästchen *Nicht mehr fragen* aktiviert, kommt beim Anlegen eines Datensatzes die als Vorschlagswert (im Kontrollkästchen rechts) markierte Vorlage ohne Anzeige der Vorlagenauswahl zur Anwendung. Um die Vorlagenauswahl bei Neuanlagen wieder einzublenden, muss in den Datensatzinformationen die in diesem Fall gezeigte Schaltfläche *Vorlagenauswahl anzeigen* betätigt werden.

2.3.3 Übungen zum Fallbeispiel

Übung 2.8 – Benutzeroptionen und Arbeitskraft-Stammdaten

Sie wollen sicherstellen, dass Ihr Name und Ihre E-Mailadresse in den Benutzeroptionen eingetragen sind. Zusätzlich wählen Sie das für Sie passende Übungsunternehmen im Feld *Startunternehmenskonten*, damit Sie bei der nächsten Anmeldung direkt zum Übungsmandanten gelangen. Die Einstellungen zur Anzeige der Statusleiste sollen die Anzeige der Benutzerkennung gewährleisten.

Nachdem Sie für manche der folgenden Übungen eine Arbeitskräfte-Zuordnung benötigen, legen Sie eine neue Arbeitskraft W-## (## = Ihr Benutzerkürzel) mit Ihrem Namen im Mitarbeiterstamm an. Das Datum des Beschäftigungsbeginns ist der heutige Tag. In den Benutzerbeziehungen ordnen Sie danach die soeben angelegte Arbeitskraft Ihrem Benutzerkonto zu.

Übung 2.9 – Datensatzvorlagen

Legen Sie eine Benutzervorlage auf Basis des von Ihnen in Übung 2.4 angelegten Lieferanten an. Anschließend legen Sie einen neuen Lieferanten an, benutzen Sie dazu die eben erstellte Datensatzvorlage.

2.4 Globales Adressbuch

Dynamics AX speichert jeden Geschäftspartner – Firmen und Personen – in einer gemeinsamen Tabelle, dem globalen Adressbuch. Die Geschäftspartner werden hierbei unter dem Begriff *Partei* geführt, und umfassen alle Interessenten, Kunden, Lieferanten, Standorte, Lagerorte, Mitarbeiter und sonstiger Kontakte über alle Unternehmen einer Dynamics AX Datenbank.

2.4.1 Parteien und Adressen

Bei Neuanlege eines Debitors (Kunden), eines Kreditors (Lieferanten), und jeder anderen Art von Geschäftspartnern wird dieser als Partei im globalen Adressbuch gespeichert. Eine Partei kann eine oder mehrere (Post-)Adressen und Kontaktdaten zugeordnet haben. Eine Partei ist nicht dasselbe wie eine Adresse – eine Partei ist eine Organisation oder eine Person, die durch ihren Namen gekennzeichnet wird.

Abhängig von den jeweiligen Berechtigungen können alle Parteien im globalen Adressbuch (*Startseite> Häufig> Globales Adressbuch*) abgefragt werden. Im zugehörigen Detailformular können Details der jeweiligen Partei wie Name, Adressen und Kontaktdaten verwaltet werden.

2.4.1.1 Direktes Anlegen von Parteien

Parteien können über die Schaltfläche *Neu/Partei* direkt im globalen Adressbuch angelegt werden, wobei nach der *Parteikennung* (meist automatisch aus dem Nummernkreis) der *Datensatztyp* („Organisation" oder „Person") gewählt werden muss. In Abhängigkeit vom gewählten *Datensatztyp* wird anschließend der *Name* oder – bei „Person" – *Vorname* und *Nachname* erfasst.

Danach können weitere Daten der Partei erfasst werden, beispielsweise postalische Adressen am Inforegister *Adressen* und Kontaktdaten wie E-Mailadressen und Telefonnummern am Inforegister *Kontaktinformationen*. Abschnitt 3.2.1 in diesem Buch erläutert das Verwalten von Adressen und Kontaktdaten am Beispiel der Kreditorenverwaltung.

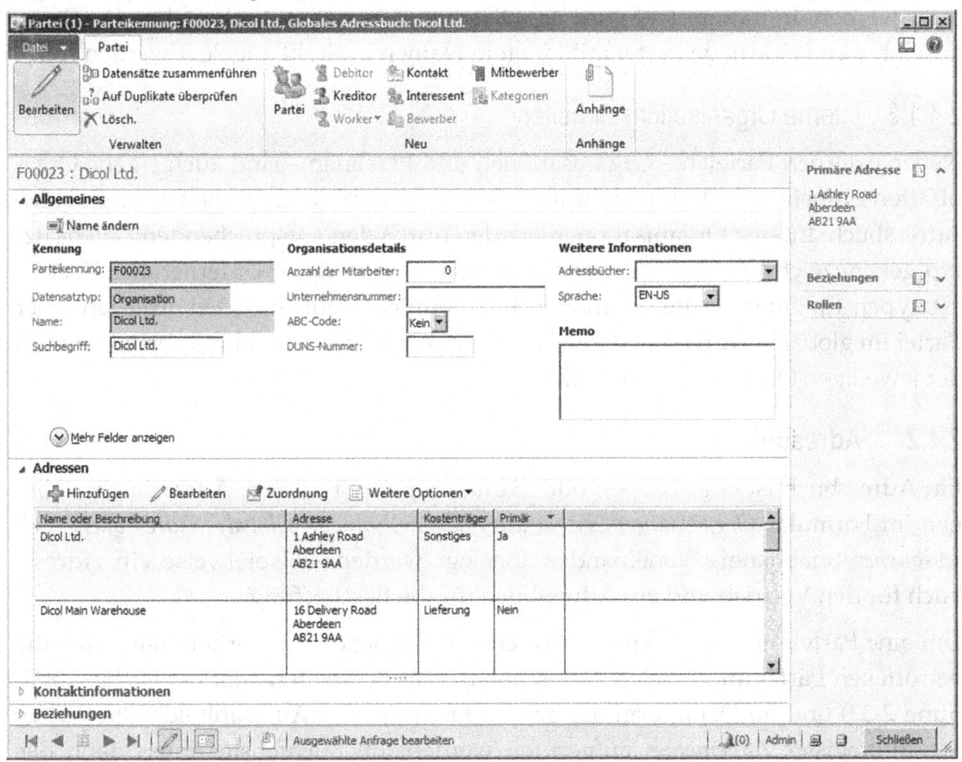

Abbildung 2-32: Verwalten einer Partei mit mehreren Adressen

2.4.1.2 Indirektes Anlegen von Parteien

Parteien können indirekt angelegt werden, wenn ein Geschäftspartner in einem anderen Bereich eröffnet wird – beispielsweise im ein Debitor in der Listenseite *Debitorenkonten> Häufig> Debitoren> Alle Debitoren*. Das Feld *Name* ist in allen Bereichen, die indirekt Parteien erstellen, ein Auswahlfeld in dem eine bestehende Partei zugeordnet werden kann. Wird dann im Auswahlfeld *Name* ein neuer Name eingetippt anstatt eine bestehenden Partei auszuwählen, wird im Hintergrund automatisch eine Partei mit dem neuen Namen angelegt.

Im Beispiel der Neuanlage eines Debitors wird eine neue Partei parallel zum neuen Debitor angelegt, wenn im Feld *Name* des Debitoren-Neuanlagedialogs ein Name eingetippt wird. Wird in diesem Feld eine bestehende Partei ausgewählt, erhält diese Partei die neue Rolle „Debitor" im betroffenen Unternehmen.

Nachdem eine Partei bereits im globalen Adressbuch vorhanden sein kann – z.B. ein neuer Debitor ist bereits als Kreditor in einem Schwesterunternehmen angelegt – sollte vor dem direkten oder indirekten Anlegen neuer Parteien geprüft werden, ob eine entsprechende Partei bereits existiert. Um Duplikate zu vermeiden kann eine Duplikatsprüfung in den Adressbucheinstellungen (siehe weiter unten) eingestellt werden. In diesem Fall wird ein Dialog zur Auswahl der bestehenden Partei gezeigt, wenn eine neue Partei mit identem Namen indirekt angelegt werden soll.

2.4.1.3 Interne Organisationseinheiten

Neben externen Parteien – Organisationen und Personen – sind auch eigene Organisationseinheiten und Unternehmen (siehe Abschnitt 9.1.2) Parteien im globalen Adressbuch. Interne Organisationen werden durch den entsprechenden Datensatztyp gekennzeichnet – z.B. „Juristische Personen" für eigene Unternehmen. Datensatztypen für interne Organisationen können nicht beim direkten Anlegen einer Partei im globalen Adressbuch gewählt werden, sie werden indirekt beim Anlegen der jeweiligen Organisation erstellt.

2.4.2 Adressbücher

Ein Adressbuch ist eine Gruppe oder Sammlung von Parteien. Adressbücher können im Formular *Organisationsverwaltung> Einstellungen> Globales Adressbuch> Adressbücher* unabhängig voneinander angelegt werden, beispielweise ein Adressbuch für den Vertrieb und ein Adressbuch für die Beschaffung.

Um eine Partei mit einem oder mehreren Adressbüchern zu verknüpfen, muss die betroffenen Partei im globalen Adressbuchs zum Bearbeiten geöffnet (siehe Abbildung 2-32) und im Detailformular das Suchfenster zum Auswahlfeld *Adressbücher* am Inforegister *Allgemeines* aufgerufen werden. Im Suchfenster muss dann das (bzw. müssen die) Kontrollkästchen vor den jeweiligen Adressbüchern markiert werden.

Adressbücher können zum Filtern von Parteien benutzt werden – beispielsweise über das Filterfeld *Adressbücher* in der Listenseite des globalen Adressbuchs. Unterschiedliche Adressbücher können aber auch als Basis für Berechtigungseinstellungen dienen (siehe Abschnitt 9.2.4).

Das globale Adressbuch ist eine Sammlung aller Adressbücher, also aller Parteien in allen eigenen Unternehmen einer Dynamics AX Datenbank (siehe Abbildung 2-33).

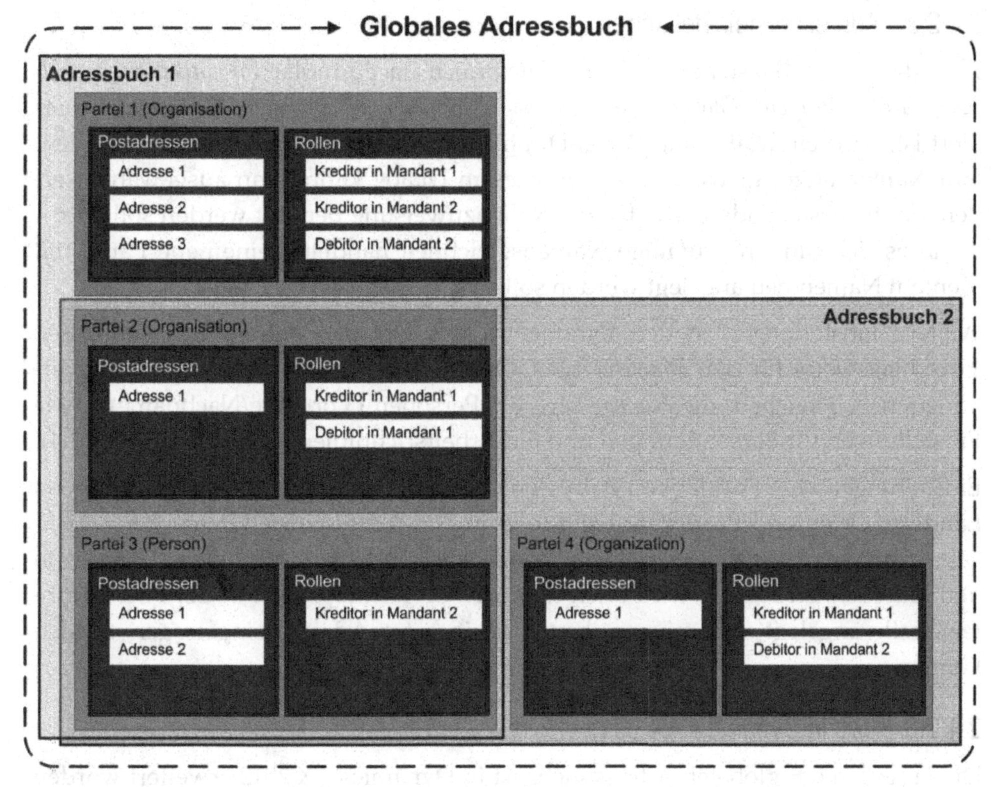

Abbildung 2-33: Struktur des globalen Adressbuchs

2.4.2.1 Rollen

Die Rolle einer Partei – z.B. „Debitor" oder „Kreditor" – beschreibt die Beziehung zwischen der Partei und den eigenen Unternehmen. Eine Partei kann eine oder mehrere Rollen in einem oder mehreren eigenen Unternehmen haben.

Die Rollen einer Partei werden in der Infobox *Rollen* des globalen Adressbuchs gezeigt. Einer Partei kann eine Rolle auf zwei Arten zugeordnet werden:

- **Indirekt** – Durch das indirekte Erstellen einer Partei in anderen Bereichen (wie dem Debitorenstamm) erhält die neu angelegte Partei auch automatisch die entsprechende Rolle.
- **Direkt** – Das Betätigen der entsprechenden Schaltfläche im Aktionsbereich des globalen Adressbuchs (z.B. *Neu/Debitor* nach Auswahl der betroffenen Partei) erstellt einen Datensatz in der jeweiligen Tabelle (Debitorenstamm im Beispiel) und ordnet der Partei die zugehörige Rolle zu.

Um von einem anderen Bereich (beispielsweise dem Detailformular *Debitoren*) in das Detailformular der zugeordneten Partei zu wechseln, kann die Tabellenreferenz – *Details anzeigen* im Kontextmenü (rechte Maustaste) – zum Feld *Name* im jeweiligen Detailformular benutzt werden.

2.4.2.2 Adressbucheinstellungen

Falls das Kontrollkästchen *Auf Duplikate prüfen* im Formular *Organisationsverwaltung> Einstellungen> Globales Adressbuch> Parameter des globalen Adressbuchs* markiert ist, wird ein Dialog mit Partei-Duplikaten gezeigt wenn eine Partei mit identem Namen angelegt werden soll. In diesem Dialog kann dann ausgewählt werden, ob die bestehende Partei für die Rollenzuweisung benutzt werden soll oder – wenn es sich um eine zufällige Namensgleichheit handelt – eine neue Partei mit identem Namen neu angelegt werden soll.

Weitere Einstellungen in den Parametern des globalen Adressbuchs umfassen Vorschlagswerte für den *Datensatztyp* („Organisation" oder „Person") in den verschiedenen Bereichen, die *Namensfolge* für Personen (Vorname/Nachname) sowie Einstellungen für Berechtigungen und Sicherheitsrichtlinien (siehe Abschnitt 9.2.4).

Einstellungen zum Format von Adressen (*Adressformat*) sowie die Verwaltung von Ländern, Orten und Postleitzahlen erfolgt in den Adresseinstellungen (*Organisationsverwaltung> Einstellungen> Adressen> Adresseinstellungen*). Am Reiter *Parameter* in den Adresseinstellungen wird auch definiert, ob Postleitzahlen in der Postleitzahlentabelle angelegt sein müssen, bevor sie in einer Adresse eingetragen werden können.

2.4.2.3 Neu in Dynamics AX 2012

Die Funktion des globalen Adressbuchs ist in Dynamics AX 2012 erweitert worden und enthält unternehmens-übergreifende Parteien und Adressen.

2.4.3 Übung zum Fallbeispiel

Übung 2.10 – Globales Adressbuch

Um die Funktionalität des globalen Adressbuchs zu überprüfen, stellen Sie fest ob Sie eine Partei für den in Übung 2.4 angelegten Kreditor finden können.

Dann legen Sie eine neue Partei im globalen Adressbuch an. Es handelt sich um ein Unternehmen mit dem Namen „##-Übung 2.10" (## = Ihr Benutzerkürzel) und einer Adresse in London. Die neue Partei wird Kreditor in Ihrem Unternehmen. Was machen Sie in Dynamics AX?

3 Beschaffung

Aufgabe des Beschaffungswesens ist es, den externen Bezug von Materialien und Dienstleistungen zu bewerkstelligen. Diese Aufgabe umfasst folgende Tätigkeiten:

- Ermitteln des Materialbedarfs im Rahmen von Planung und Disposition
- Bearbeiten von Bestellanforderungen, Angebotsanfragen und Bestellungen
- Buchen von Wareneingang und Rechnungseingang

Hinsichtlich der Nomenklatur ist zu beachten, dass lieferantenbezogene Begriffe in Dynamics AX generell mit dem Ausdruck „Kreditor" bezeichnet werden. Dies ist manchmal etwas gewöhnungsbedürftig, aber aufgrund der funktionalen Integration auch in anderen ERP-Systemen üblich.

3.1 Geschäftsprozesse im Beschaffungswesen

Bevor die Abwicklung von Beschaffungsprozessen in Microsoft Dynamics AX detailliert erklärt werden, zeigt dieser Abschnitt die wesentlichen Abläufe.

3.1.1 Grundkonzept

Ausgangspunkt für das Bestellwesen ist eine korrekte Pflege der Stammdaten, insbesondere des Lieferantenstamms und des Produktstamms. Anstelle einer Bestellung von Produkten kann jedoch für Dienstleistungen und nicht lagergeführte Artikel eine Bestellung von Beschaffungskategorien erfolgen.

3.1.1.1 Stammdaten und Bewegungsdaten

Die einzelnen Lieferanten und Artikel werden als Stammdaten einmal angelegt und später selten geändert, sind also über längere Zeit unveränderlich. Im Zuge des Beschaffungsprozesses werden Eintragungen aus den Stammdaten in Bewegungsdaten kopiert, Produkt- und Lieferantendaten also in Bestellvorschläge und Bestellungen übernommen.

Die übernommenen Daten können danach überarbeitet werden, wobei diese Änderungen keine Auswirkungen auf die Stammdaten selbst haben. Wenn also beispielsweise die Zahlungsbedingung in einer Bestellung geändert wird, hat das keine Auswirkungen auf die allgemeine Zahlungsbedingung des jeweiligen Lieferanten. Um diese zu ändern, muss die Zahlungsbedingung des Lieferanten im Kreditorenstamm geändert werden.

Ausgehend von korrekt angelegten Stammdaten kann der Beschaffungsprozess in 6 Teilschritte gegliedert werden (siehe Abbildung 3-1).

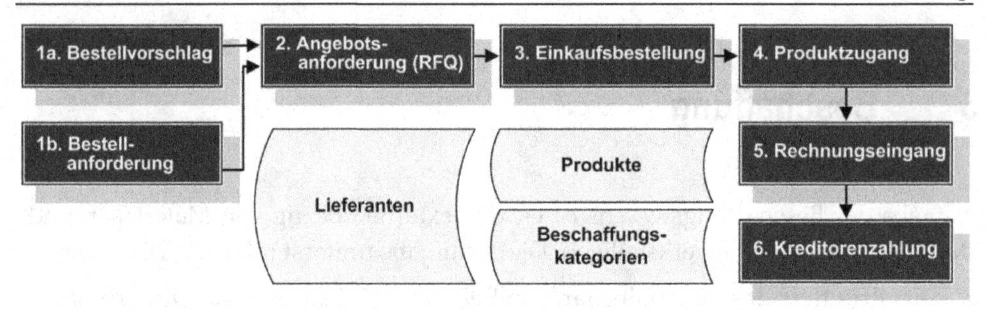

Abbildung 3-1: Beschaffungsprozess in Dynamics AX

3.1.1.2 Materialbedarf, Bestellanforderung und Angebotsanforderung

Die Bedarfsermittlung als erster Schritt im Beschaffungsprozess kann in Dynamics AX auf zwei Arten erfolgen:

- **Automatisch** – Erstellung von Bestellvorschlägen (geplante Bestellungen)
- **Manuell** – Erfassung von Bestellanforderungen

Basis für die Erzeugung von Bestellvorschlägen (geplante Einkaufsbestellungen) im Zuge der Disposition (Produktprogrammplanung, siehe Abschnitt 6.3.4) sind einerseits aktuelle Zahlen zu Lagerstand, Aufträgen und Bestellungen, und andererseits Einstellungen zur Artikeldeckung.

Eine Bestellanforderung ist im Gegensatz zum automatisch erstellten Bestellvorschlag ein manuell erfasstes, internes Dokument, mit dem die Einkaufsabteilung zur Bestellung von Material – beispielsweise Verbrauchsartikel oder Büromaterial – aufgefordert wird. Bestellanforderungen durchlaufen einen Genehmigungsprozess, bevor sie in Bestellungen umgewandelt werden.

Angebotsanforderungen (Anfragen) können einerseits manuell im Einkauf erfasst oder andererseits aus Bestellvorschlag und Bestellanforderung erzeugt werden. Sie werden an Lieferanten geschickt, um Angebote einzuholen.

3.1.1.3 Einkaufsbestellung

Einkaufsbestellungen entstehen durch Umwandlung von Bestellvorschlägen und Anfragen oder durch manuelle Erfassung. Jede Bestellung besteht aus einem Kopfteil, in dem die für die gesamte Bestellung gemeinsamen Informationen – etwa die Daten des Lieferanten – enthalten sind, und aus einer oder mehreren Positionen, die die bestellten Artikel beinhalten.

Nach dem Erfassen einer Bestellung muss die Bestellbestätigung gebucht werden, bevor der Bestellprozess mit dem Produktzugang fortgesetzt werden kann. Falls das Änderungsmanagement für Bestellungen aktiviert ist, muss vor der Bestellbestätigung zusätzlich der Genehmigungsprozess durchlaufen werden. Die Bestellbestätigung dient dazu, die verbindliche Bestellung unabhängig von einer späteren Bearbeitung unveränderlich zu speichern und kann als Ausdruck oder in elektronischer Form an den Lieferanten übermittelt werden.

3.1.1.4 Produktzugang, Rechnungseingang und Kreditorenzahlung

Der Wareneingang wird bei Einlangen der Ware oder Dienstleistung mit Bezug auf die Bestellung erfasst. Mit dem Buchen des Produktzugangs erhöht sich der physische Lagerbestand, die offene Bestellmenge wird reduziert.

Gleichzeitig mit der Ware oder bestimmte Zeit danach übermittelt der Lieferant seine Rechnung. Beim Erfassen der Kreditorenrechnung kann durch Vergleich mit der Original-Bestellung und dem gebuchten Produktzugang in Dynamics AX die rechnerische und sachliche Richtigkeit überprüft werden. Eingangsrechnungen, die sich nicht auf eine Bestellung beziehen, können entweder parallel zu Bestellrechnungen im Kreditorenrechnungsformular oder unabhängig davon in einem Rechnungsjournal gebucht werden (siehe Abschnitt 8.3.3).

Auf Basis der gebuchten Rechnungen können Zahlungen manuell erfasst oder unter Berücksichtigung von Skontofrist und Fälligkeit in einem Zahlvorschlag automatisch ermittelt werden. Die Abwicklung der Zahlungen erfolgt üblicherweise in der Kreditorenbuchhaltung unabhängig von Bestellprozess und Einkaufsabteilung (siehe Abschnitt 8.3.4).

3.1.1.5 Sachkontenintegration und Belegprinzip

Aufgrund der tiefgehenden Integration von Dynamics AX werden alle Transaktionen im Beschaffungsprozess auf Sachkonten entsprechend der jeweiligen Konfiguration gebucht (siehe Abschnitt 8.4.1). Um alle beschriebenen Prozesse in diesem Zusammenhang zu dokumentieren, wird in Dynamics AX durchgängig das Belegprinzip verwendet. Ein Beleg muss daher zunächst erfasst und dann gebucht werden, nach der Buchung können Belege nicht mehr verändert werden. Abbildung 3-2 zeigt einen Überblick der betroffenen Belege.

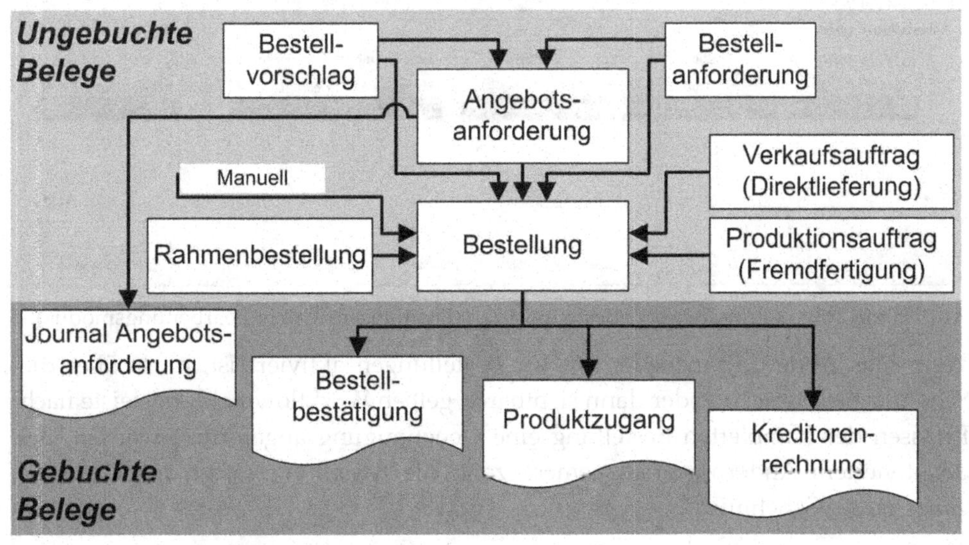

Abbildung 3-2: Ungebuchte und gebuchte Einkaufsbelege in Dynamics AX

3.1.2 Auf einen Blick: Bestellabwicklung in Dynamics AX

Bevor der Beschaffungsprozess in Dynamics AX im Detail gezeigt wird, soll ein Überblick die Orientierung erleichtern. Der Einfachheit halber wird die Bestellung vom Kreditorenformular aus angelegt und die Buchung der verschiedenen Transaktionen direkt im Bestellformular durchgeführt.

In der Kreditoren-Listenseite (*Beschaffung> Häufig> Kreditoren> Alle Kreditoren*) kann ein Filter genutzt werden, um den betroffenen Kreditor zu wählen. Zum Anlegen einer Bestellung wird dann am Schaltflächenreiter *Beschaffung* die Schaltfläche *Neu/Bestellung* betätigt. Dadurch wird das Bestellformular im Bearbeitungsmodus geöffnet und die Positionsansicht gezeigt. Vorschlagswerte für Bestellkopf-Daten wie Sprache und Währung werden aus dem Kreditorenstamm übernommen.

Um eine neue Bestellposition zu erfassen, kann die Schaltfläche *Position hinzufügen* in der Aktionsbereichsleiste des Inforegisters *Bestellpositionen* gewählt oder in die erste (leere) Zeile geklickt werden. Nach Auswahl der Artikelnummer werden Vorschlagswerte aus dem Artikelstamm (*Freigegebene Produkte*) für Menge, Preis und andere Felder wie Standort und Lagerort in die Bestellzeile übernommen. Die Schaltfläche *Kopfansicht* (bzw. *Positionsansicht*) im Aktionsbereich des Bestellformulars ermöglicht den Wechsel zwischen der in Abbildung 3-3 gezeigten Positionsansicht und der Kopfansicht, in der Kopfdaten bearbeitet werden können.

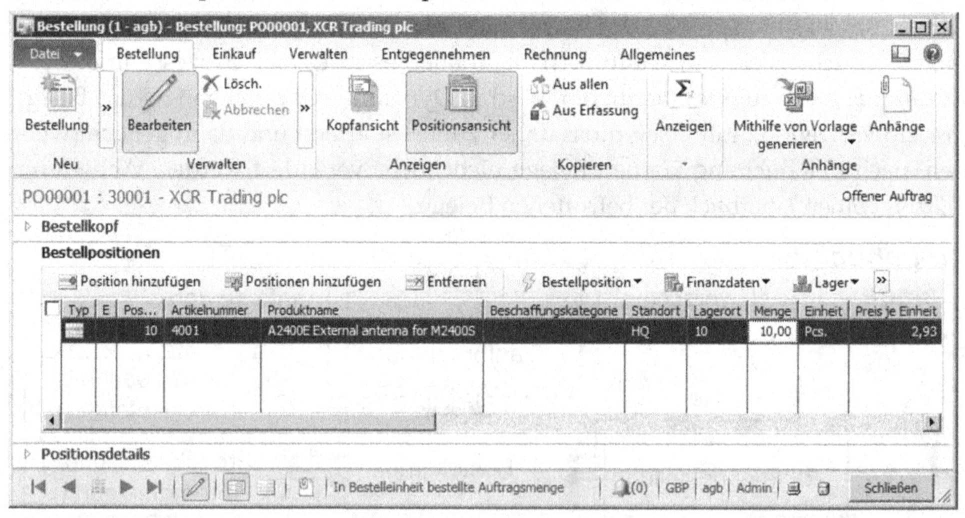

Abbildung 3-3: Erfassen einer Bestellposition (Positionsansicht, in Bearbeitungsmodus)

Wenn das Änderungsmanagement für Bestellungen aktiviert ist, muss über die Schaltfläche *Absenden* in der dann sichtbaren gelben Workflowmeldungsleiste nach Erfassen der kompletten Bestellung eine Genehmigung angefordert werden. Bei deaktiviertem Änderungsmanagement zeigt die Bestellung sofort den *Genehmigungsstatus* „Genehmigt“.

Nach Genehmigung muss eine Bestellbestätigung über die Schaltfläche *Generieren/Bestellung* (oder *Generieren/Bestätigen*) am Schaltflächenreiter *Einkauf* des Bestellformulars gebucht werden. Wenn die Bestellung gedruckt werden soll, ist im Buchungsfenster neben dem Kontrollkästchen *Buchung* auch das Kontrollkästchen *Bestellung drucken* zu markieren. Die Druckerauswahl erfolgt über die Schaltfläche *Druckereinstellungen* (vgl. Abschnitt 2.2.1).

Hinweis: Falls nur eine Bestellzeile erfasst wird, kann das Formular über die Taste F5 aktualisiert werden um die Bestellbestätigung buchen zu können.

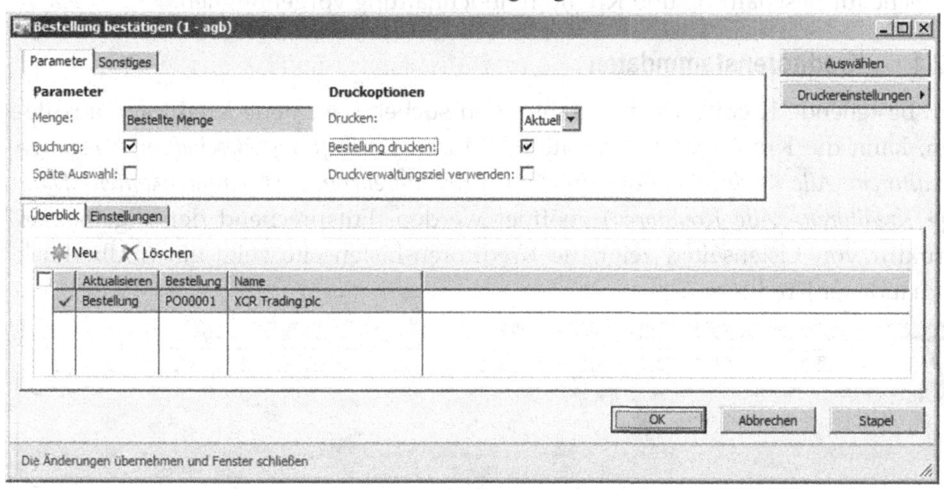

Abbildung 3-4: Bestellbestätigung mit Druck der Bestellung

Bei Warenlieferung kann über die Schaltfläche *Generieren/Produktzugang* am Schaltflächenreiter *Entgegennehmen* der Produktzugang gebucht werden. Das Buchungsfenster ist gleich aufgebaut wie das Fenster zur Bestellbestätigung. Im Produktzugang ist jedoch im Auswahlfeld *Menge* die Option „Bestellte Menge" (falls keine vorherige Erfassungsbuchung) und im unteren Fensterteil die externe Lieferscheinnummer in der Spalte *Produktzugang* einzutragen. Der Produktzugang erhöht den Lagerstand und stellt den Bestellstatus auf „Eingegangen".

Wenn der Rechnungseingang direkt vom Bestellformular aus gebucht werden soll, kann die Schaltfläche *Generieren/Rechnung* am Schaltflächenreiter *Rechnung* betätigt werden. Das Formular für Kreditorenrechnungen ist für ein getrenntes Buchen von Rechnungen konzipiert und unterscheidet sich von den anderen Buchungsfenstern zur Bestellung. Im Rechnungsformulars kann die Infobox *Rechnungssummen* geprüft werden, bevor nach Eintragen der externen Rechnungsnummer im Feld *Nummer* (Feldgruppe *Rechnungskennung*) die Rechnung über die Schaltfläche *Buchen* (im Aktionsbereich) gebucht wird. Mit der Buchung wird ein offener Kreditorenposten erzeugt und der Status der Bestellung auf „Fakturiert" geändert.

Hinweis: Soll die Buchung im Rechnungsformular abgebrochen werden, wird die Schaltfläche *Abbrechen* im Aktionsbereich betätigt (nicht *Schließen* rechts unten).

3.2 Lieferantenverwaltung

Daten von Lieferanten (Kreditoren) werden sowohl in der Beschaffung als auch in der Kreditorenbuchhaltung benötigt. Da Dynamics AX einen Systemansatz der vollständigen Integration verfolgt, werden Lieferantendaten an einer Stelle verwaltet und gelten dann über alle Bereiche. Über entsprechende Berechtigungseinstellungen lässt sich der Zugriff auf Felder und Feldgruppen bereichsweise steuern, systemseitig wird aber keine Trennung des Lieferantenstamms in verschiedene Bereiche für Beschaffung und Kreditorenbuchhaltung vorgenommen.

3.2.1 Kreditorenstammdaten

Um bestehende Kreditoren (Lieferanten) zu suchen oder neue Kreditoren anzulegen, kann die Kreditoren-Listenseite im Modul *Beschaffung* (*Beschaffung> Häufig> Kreditoren> Alle Kreditoren*) oder im Modul *Kreditorenkonten* (*Kreditorenkonten> Häufig> Kreditoren> Alle Kreditoren*) geöffnet werden. Entsprechend der allgemeinen Struktur von Listenseiten zeigt die Kreditoren-Listenseite zeigt einen Überblick vorhandener Kreditoren.

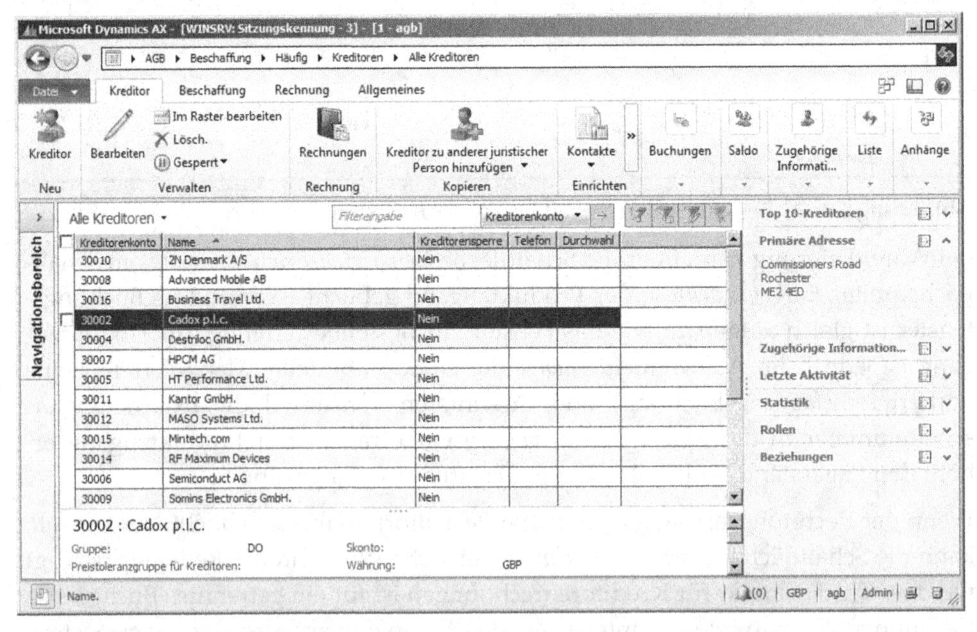

Abbildung 3-5: Auswählen eines Kreditors in der Kreditoren-Listenseite

Um Details eines in der Listenseite gezeigten Kreditors zu erhalten, kann über einen Doppelklick auf die jeweilige Zeile das Kreditoren-Detailformular für den betreffenden Kreditor geöffnet werden. Zum Bearbeiten des Kreditors kann im Detailformular der Bearbeitungsmodus über die Schaltfläche *Bearbeiten* im Aktionsbereich oder das Symbol ✎ in der Statusleiste aktiviert werden. Alternativ kann das Detailformular auch über die Schaltfläche *Bearbeiten* im Aktionsbereich der Listenseite im Bearbeitungsmodus geöffnet werden.

Das Kreditorenformular enthält zahlreiche Felder, von denen viele als Vorschlagswert für die Einkaufsbestellungen und Journalerfassungen dienen. Nachfolgend werden nur die wichtigsten Einstellungen beschrieben, die Online-Hilfe enthält weitere Informationen.

3.2.1.1 Anlegen eines Kreditors

Um einen neuen Kreditor anzulegen, kann in der Kreditoren-Listenseite (oder im Detailformular) die Schaltfläche *Neu/Kreditor* am Schaltflächenreiter *Kreditor* oder die Tastenkombination *Strg+N* betätigt werden. Falls Datensatzvorlagen (siehe Abschnitt 2.3.2) für den Kreditorenstamm hinterlegt sind, können Vorschlagswerte für die Feldinhalte des neuen Lieferanten aus der Vorlage übernommen werden.

In Abhängigkeit von den Einstellungen des Nummernkreises für Kreditorenkonten wird die – eindeutige – Kreditorennummer im Feld *Kreditorenkonto* automatisch eingesetzt oder muss manuell vergeben werden.

3.2.1.2 Integration des globalen Adressbuchs

Der Datensatztyp gibt an, ob es sich bei dem gewählten Kreditor um eine Person oder eine Organisation (Unternehmen) handelt. In Abhängigkeit vom Datensatztyp werden am Inforegister *Allgemeines* unterschiedliche Felder gezeigt – beispielsweise *Vorname* und *Nachname* für den Typ „Person".

Jeder Kreditor ist gleichzeitig auch Partei im globalen Adressbuch. Beim Anlegen eines neuen Kreditors wird daher das Feld *Name* als Auswahlfeld gezeigt, womit es möglich ist ein Suchfenster zu öffnen und eine bestehende Partei (Organisation oder Person) aus dem globalen Adressbuch für die Kreditor-Zuordnung zu wählen. Wenn der Name manuell eingetippt wird und eine Partei mit identem Namen bereits im globalen Adressbuch existiert, wird unter der Voraussetzung dass die Duplikatsprüfung aktiviert ist (siehe Abschnitt 2.4.2) ein Dialog mit Partei-Duplikaten gezeigt. In diesem Dialog kann ausgewählt werden, ob die bestehende Partei benutzt oder eine neue Partei mit identem Namen im globalen Adressbuch angelegt werden soll.

Nach Speichern des Kreditoren-Datensatzes kann der zugehörige Partei-Datensatz über die Tabellenreferenz (*Rechte Maustaste/Details anzeigen*) im Feld *Name* geöffnet werden. Der Name eines Kreditors kann über die Schaltfläche *Name ändern* in der Aktionsbereichsleiste des Inforegisters *Allgemeines* geändert werden.

Als Alternative zum Kreditorenformular können Kreditoren auch zuerst als Partei im globalen Adressbuch (*Startseite> Häufig> Globales Adressbuch*, siehe Abschnitt 2.4.1) angelegt werden. Wenn hier vor dem Anlegen der Partei für einen neuen Kreditor geprüft wird, ob eine entsprechende Partei – beispielsweise als Debitor in einem verbundenen Unternehmen – bereits existiert, kann die Wahrscheinlichkeit von Adress-Duplikaten reduziert werden. Nach Anlegen einer neuen oder Auswählen der bestehenden Partei kann diese im globalen Adressbuch über die Schaltfläche *Neu/Kreditor* als Kreditor im aktuellen Unternehmen angelegt werden.

3.2.1.3 Zentrale Einstellungen

Der *Suchbegriff* im Kreditoren-Stammsatz wird aus dem Kreditorennamen übernommen, kann aber überschrieben werden. Pflichtfelder im Kreditorenstamm sind neben dem Namen die Kreditorengruppe (Auswahlfeld *Gruppe*), über die meist die Sachkontenintegration gesteuert wird (siehe Abschnitt 3.2.3), und die Währung am Inforegister *Demographische Informationen zum Einkauf*, für die als Vorschlagswert die Eigenwährung eingesetzt wird.

Weitere wichtige Felder am Inforegister *Allgemeines* sind die *Sprache* (Spracheinstellung für externe Belege) und die *Adressbücher* (falls das globale Adressbuch in unterschiedliche Adressbücher gegliedert wird).

Das Anzeigefeld *Kreditorensperre* am Inforegister *Sonstige Details* zeigt ob der Kreditor gesperrt ist. Um den Sperrstatus eines Kreditors zu ändern, kann die Schaltfläche *Gesperrt* am Schaltflächenreiter *Kreditor* betätigt werden. Bei Auswahl der *Kreditorensperre* „Alle" können für den betroffenen Lieferanten keine Bestellungen erfasst und keine Buchungen durchgeführt werden. Die Sperroptionen „Nein" und „Nie" erlauben das Buchen aller Transaktionen. Die Option „Nie" zeigt hierbei, dass zugeordnete Kreditoren auch nach einer Zeit ohne Aktivitäten nicht gesperrt werden sollen.

3.2.1.4 Einstellungen zur Umsatzsteuer (Vorsteuer)

Einstellungen zur Steuerberechnung für den jeweiligen Kreditor sind am Inforegister *Rechnung und Lieferung* zu finden. Über die *Mehrwertsteuergruppe* wird festgelegt, ob der Kreditor als Unternehmen im Inland Umsatzsteuer verrechnet, oder ob eine andere Steuerberechnung zur Anwendung kommt (beispielsweise für Kreditoren aus dem EU-Raum). Die Einrichtung der Steuerberechnung hängt vom Standort und der Art des Unternehmens ab und wird in Abschnitt 8.2.6 dieses Buchs erläutert.

Ob die Eintragung einer Umsatzsteuernummer (USt-IdNr.) verpflichtend ist, wird in im Auswahlfeld *Umsatzsteuernummer erforderlich* am Reiter *Allgemeines* der Kreditorenkontenparameter (*Kreditorenkonten> Einstellungen> Kreditorenkontenparameter*) festgelegt. Umsatzsteuernummern werden in einer eigenen Stammtabelle geführt und müssen daher über den Menüpunkt *Hauptbuch> Einstellungen> Mehrwertsteuer> Extern> USt-IdNr.* oder direkt aus dem Kreditorenformular über die Tabellenreferenz (*Rechte Maustaste/Details anzeigen*) angelegt werden bevor sie im Kreditorenstamm eingetragen oder ausgewählt werden können.

3.2.1.5 Lieferbedingungen und Zahlungsbedingungen

Auch die Standard-Lieferbedingungen des Kreditors werden am Inforegister *Rechnung und Lieferung* eingetragen. Die Einrichtung der benötigten Lieferbedingungen unter Berücksichtigung fremdsprachiger Texte erfolgt dazu im Menüpunkt *Beschaffung> Einstellungen> Verteilung> Lieferbedingungen.*

Zahlungsbedingung und Skonto werden am Inforegister *Zahlung* hinterlegt (siehe Abschnitt 3.2.2).

3.2.1.6 Postalische Anschrift (Adresse)

Adressdaten des Kreditors werden am Inforegister *Adressen* verwaltet, wobei einem Kreditor mehrere Adressen zugeordnet werden können. Adressen und Kontaktdaten sind auch in der Partei, die dem jeweiligen Kreditor zugeordnet ist, enthalten und werden in Kreditorenstamm und Parteistamm gemeinsam verwaltet.

Um für einen Kreditor eine neue Adresse anzulegen, kann die Schaltfläche Hinzufügen in der Aktionsbereichsleiste des Inforegisters *Adressen* betätigt werden. Im Dialog *Neue Adresse* kann dann eine Identifikation (*Name oder Beschreibung*) eingetragen werden, für die primäre Adresse eines Kreditors meist der Kreditorenname.

Der Zweck (Feld *Kostenträger* unterhalb der Identifikation) bestimmt für welche Transaktionen die jeweilige Adresse als Vorschlagswert herangezogen wird. Für die primäre Adresse kann hier „Unternehmen" gewählt werden. Weitere Adressen erhalten ebenfalls einen oder mehrere Zwecke zugeordnet – beispielsweise „Zahlung" für eine Zahler-Adresse. Für Transaktionen mit Zwecken, zu denen keine spezielle Adresse erfasst wird, wird die primäre Adresse des Kreditors herangezogen.

Adresszwecke können im Formular *Organisationsverwaltung> Einstellungen> Globales Adressbuch> Zweck der Adress- und Kontaktinformationen* bearbeitet werden, wo zusätzlich zu den Standarddaten neue Zwecke angelegt werden können.

Für die primäre Adresse eines Kreditors muss das Kontrollkästchen *Primär* markiert sein, das Kontrollkästchen *Privat* darf hingegen nicht markiert sein.

Eine weitere wesentliche Einstellung bei der Erfassung einer Adresse ist der Ländercode im Feld *Land/Region,* da dieser Basis für Meldungen an Behörden (Intrastat, Zusammenfassende Meldung) und für das Adressformat ist.

Nach Auswahl des Ländercodes werden im Suchfenster zum Feld *Postleitzahl* nur Postleitzahlen des jeweiligen Landes gezeigt. Wenn eine Postleitzahl beim Erfassen einer Adresse manuell eingetippt wird, wird abhängig vom Parameter zur Postleitzahl-Prüfung (*Organisationsverwaltung> Einstellungen> Adressen> Adresseinstellungen,* Reiter *Parameter*) auf eine gültige Postleitzahl geprüft. Falls die Postleitzahl-Prüfung aktiv ist, muss eine neue Postleitzahl in der Postleitzahlen-Tabelle angelegt werden (Reiter *Postleitzahlen* im Formular *Adresseinstellungen,* oder über *Details anzeigen* im Adress-Feld *Postleitzahl*) bevor sie in einer Adresse eingetragen werden kann.

Der Inforegister *Kontaktdaten* im Adressdialog enthält Kontaktdaten, die sich auf die jeweilige Adresse beziehen (beispielsweise die Telefonnummer der Zahlungsadresse), und nicht die allgemeinen Kontaktdaten des Kreditors.

3.2.1.7 Kontaktinformationen

Allgemeine Kontaktdaten zum Kreditor wie Telefonnummer oder E-Mail-Adresse können am Inforegister *Kontaktinformationen* nach Betätigen der Schaltfläche Hinzufügen in der Aktionsbereichsleiste erfasst werden.

Am Inforegister *Demographische Informationen zum Einkauf* kann im Feld *Primärkontakt* eine Kontaktperson des Kreditors als Hauptkontakt eingetragen werden. Wenn ein neuer Primärkontakt nicht als Person in Dynamics AX erfasst ist, muss diese zuerst angelegt werden (Schaltfläche *Einrichten/Kontakte/Kontakte hinzufügen* am Schaltflächenreiter *Kreditor* des Kreditorenformulars).

3.2.1.8 Funktionen im Kreditorenformular

Über Schaltflächen im Kreditorenformular können folgende zentrale Abfragen und Funktionen zum markierten Kreditor aufgerufen werden:

- **Schaltflächenreiter *Kreditor***:
  - *Buchungen* – Zeigt Kreditorenposten (Rechnungen, Zahlungen)
  - *Saldo* – Zeigt die Summe offener Verbindlichkeiten
  - *Einrichten/Kontakte* – Verwaltung von Kontaktpersonen
  - *Einrichten/Bankkonten* – Bankkonten des Kreditors für Zahlungen
- **Schaltflächenreiter *Beschaffung***:
  - *Neu/Bestellung* – Erfassen einer Bestellung, siehe Abschnitt 3.4.5
  - *Zugehörige Informationen/Bestellungen* – Abfrage von Bestellungen
  - *Vereinbarungen/Einkaufspreise, Rabatte, Handelsvereinbarungen* – Abfrage von Preisen und Rabatten, siehe Abschnitt 3.3.3
  - *Vereinbarungen/Rahmenbestellungen* – Rahmenbestellungen, siehe Abschnitt 3.4.9
- **Schaltflächenreiter *Rechnung***:
  - *Neu/Rechnung* – Erfassen einer Rechnung, siehe Abschnitt 8.3.3
  - *Ausgleichen/Offene Buchungen ausgleichen* – Rechnungsausgleich, siehe Abschnitt 8.2.5
  - *Zugehörige Informationen/Rechnung* – Abfrage von Rechnungen

3.2.1.9 Einmal-Lieferant

Einmal-Lieferanten in Dynamics AX dienen dazu, in der Kreditorenverwaltung normale Lieferanten von den Lieferanten zu unterscheiden, mit denen nur eine einzige Bestellung durchgeführt wird.

Am Inforegister *Allgemeines* in den Kreditorenkontenparametern (*Kreditorenkonten> Einstellungen> Kreditorenkontenparameter*) kann im Feld *Konto für Einmal-Kreditoren* ein Lieferant als Vorlage für das Erstellen von Einmal-Lieferanten gewählt werden. Zusätzlich ist am Reiter *Nummernkreise* der Kreditorenkontenparameter eine eigene Nummernserie für die Kreditorennummer von Einmal-Lieferanten vorhanden.

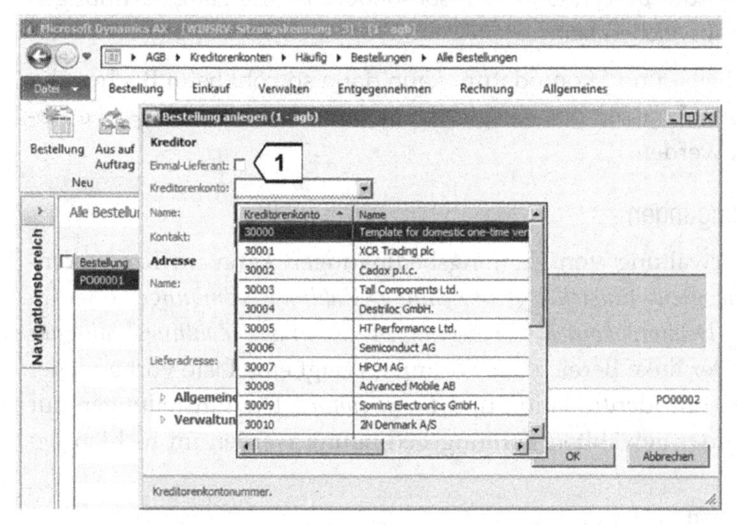

Abbildung 3-6: Erzeugen eines Einmal-Lieferanten in neuer Bestellung

Nach Einstellen dieser Parameter kann beim Erfassen einer neuen Bestellung (*Beschaffung> Häufig> Bestellungen> Alle Bestellungen*) im Neuanlagedialog das Kontrollkästchen *Einmal-Lieferant* (siehe Abbildung 3-6) markiert werden anstatt einen bestehenden Kreditor auszuwählen. Im Hintergrund erzeugt Dynamics AX für jede derartige Bestellung automatisch einen neuen Kreditor, dessen Nummer aus dem Einmallieferanten-Nummernkreis abgeleitet wird und der das Kontrollkästchen *Einmal-Lieferant* (Reiter *Kreditorprofil* im Kreditorenformular) gesetzt hat.

Falls erforderlich, kann die Markierung *Einmal-Lieferant* entfernt werden, wobei der Kreditor allerdings seine ursprüngliche Nummer aus dem Einmal-Lieferanten-Nummernkreis behält.

3.2.1.10 Neu in Dynamics AX 2012

Änderungen der Kreditorenverwaltung in Dynamics AX 2012 betreffen die Integration des globalen Adressbuchs und das Design der Benutzeroberfläche.

3.2.2 Skonto und Zahlungsbedingungen

Im Unterschied zu anderen ERP-Systemen, in denen Zahlungsbedingung und Skonto oft über eine einzige Zuordnung festgelegt werden, sind Zahlungsbedingung und Skonto in Dynamics AX getrennt.

Die Stammdaten von Zahlungsbedingungen und Skonti werden für Kunden und Lieferanten gemeinsam verwaltet, wobei das jeweilige Formular sowohl aus dem Kreditorenmenü als auch aus dem Debitorenmenü geöffnet werden kann.

Fälligkeit und Skontofrist werden ausgehend von dem bei der Buchung einzutragenden Dokumentendatum berechnet, das insbesondere bei Eingangsrechnungen vom Buchungsdatum abweichen kann.

Das berechnete Fälligkeits- und Skontodatum kann dann sowohl beim Buchen der Rechnung als auch beim Erfassen des Ausgleichs in den offenen Posten (siehe Abschnitt 8.2.5) geändert werden.

3.2.2.1 Zahlungsbedingungen

Das Formular zur Verwaltung von Zahlungsbedingungen kann im Kreditorenmenü unter *Kreditorenkonten> Einstellungen> Zahlung> Zahlungsbedingungen* oder im Debitorenmenü unter *Debitorenkonten> Einstellungen> Zahlung> Zahlungsbedingungen* geöffnet werden. Der linke Bereich des Formulars zeigt eine Liste vorhandener Zahlungsbedingungen mit Identifikation und *Beschreibung*. Die Einstellungen zur Fälligkeitsberechnung der gewählten Zahlungsbedingung werden im rechten Bereich verwaltet.

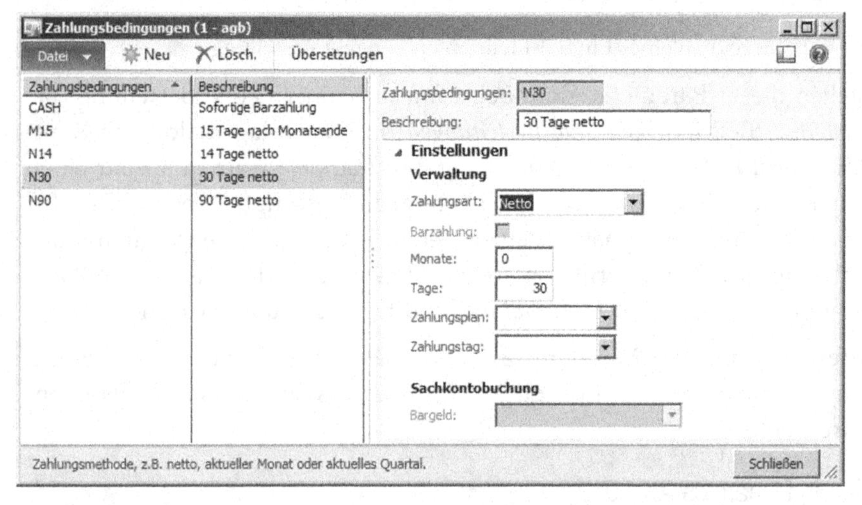

Abbildung 3-7: Erfassen einer Zahlungsbedingung

Die Auswahl der *Zahlungsart* in der Zahlungsbedingung bestimmt das Startdatum der Fälligkeitsberechnung: „Netto" bedeutet vom Dokumentendatum aus gerechnet, „Aktueller Monat" bedeutet vom Monatsende aus. Die Zahlungsfrist kann hierbei nicht nur über die Eintragung von Tagen und Monaten festgelegt werden, sondern auch durch Auswahl eines Zahlungsplans.

Über die Schaltfläche *Übersetzungen* können längere Texte in eigener und fremder Sprache angelegt werden, die dann anstelle der Beschreibung auf externen Dokumenten (beispielsweise Bestellbestätigungen) gedruckt werden.

3.2.2.2 Barzahlung

Eine Zahlungsbedingung für Barzahlung bei Lieferung kann definiert werden, indem in der *Zahlungsart* „Zahlung bei Lieferung“ gewählt und das Kontrollkästchen *Barzahlung* markiert wird. Zusätzlich muss in diesem Fall das entsprechende Sachkonto für Bargeld im Auswahlfeld *Bargeld* eingetragen werden.

Wenn dann eine Rechnung mit dieser Zahlungsbedingung gebucht wird, bucht Dynamics AX gleichzeitig die Zahlung von dem in der Zahlungsbedingung eingetragenen Bargeld-Konto und gleicht die Rechnung mit dieser Zahlung aus.

3.2.2.3 Skonto

Skonti können – wie auch die Zahlungsbedingungen – aus Kreditorenmenü und Debitorenmenü angelegt werden (*Kreditorenkonten> Einstellungen> Zahlung> Skonti* bzw. *Debitorenkonten> Einstellungen> Zahlung> Skonti*).

Das Anlegen der Skonti erfolgt analog zum Vorgehen bei Zahlungsbedingungen, wobei für Skonti zusätzlich der Skonto-Prozentsatz und die Sachkonten für die automatische Buchung des Skonto zu hinterlegen sind. Nachdem die Skonto-Einstellungen sowohl für Lieferanten als auch für Kunden gültig sind, werden zwei Sachkonten für die Buchungseinstellung benötigt:

- *Hauptkonto für Debitorenrabatte* (verkaufsseitige Skontobuchung)
- *Hauptkonto für Kreditorenrabatte* (einkaufsseitige Skontobuchung

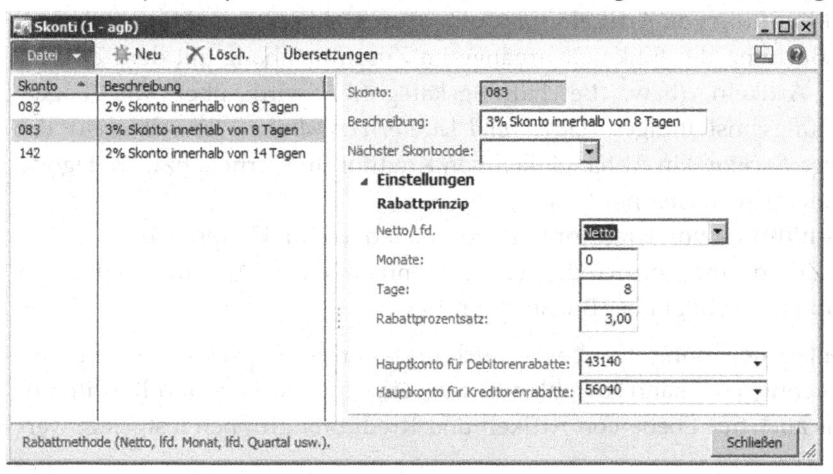

Abbildung 3-8: Erfassen einer Skontobedingung

Oft soll der Skonto aber abhängig vom Geschäftsfall auf unterschiedliche Konten gebucht werden, beispielsweise getrennt für Inland, EU und Drittland. Um dies zu erreichen, können die Sachkonten zur Skontobuchung zusätzlich auf Ebene von Mehrwertsteuer-Sachkontobuchungsgruppen (*Hauptbuch> Einstellungen> Mehrwertsteuer> Sachkontobuchungsgruppen*, siehe Abschnitt 8.2.6) hinterlegt werden.

3.2.3 Integration von Haupt- und Nebenbuch

Jede Buchung eines Belegs im Einkauf erzeugt in Dynamics AX automatisch parallel Buchungen in der Finanzbuchhaltung. Im Finanzwesen werden hierbei zwei getrennte Bereiche geführt: Einerseits das Hauptbuch und andererseits Nebenbücher für Kreditoren, Debitoren, Lager und andere Bereiche.

3.2.3.1 Nebenbücher

Wie erwähnt gibt es in Dynamics AX keinen eigenen Kreditorenstamm für die Personenkonten der Buchhaltung, vielmehr werden die buchhalterisch relevanten Daten der Kreditoren (Lieferanten) gemeinsam mit ihren Einkaufsdaten verwaltet. Die Buchung von Rechnungen, Gutschriften und Zahlungen wird im Nebenbuch als Kreditorenposten zum jeweiligen Lieferanten registriert.

Zusätzlich je nach Beleg auf weitere Nebenbücher gebucht – beispielsweise als Lagerbuchung im Lager.

3.2.3.2 Hauptbuch

Parallel zur Buchung in Nebenbüchern wird auf entsprechende Sachkonten im Hauptbuch gebucht (siehe auch Abschnitt 8.4).

Zwischen den Buchungen im Einkauf und den Sachkontobuchungen im Finanzwesen bestehen zwei unterschiedliche Verbindungen:

- **Verknüpfung von Artikeln** (Produkten) zu Sachkonten im Hauptbuch:
  Die Buchung der Einkaufsvorgänge im Zusammenhang mit dem Zugang von Artikeln (bzw. Beschaffungskategorie) wird über die Lager-Buchungseinstellungen (*Lager- und Lagerortverwaltung> Einstellungen> Buchung> Buchung*) in Abhängigkeit von Kreditor und Artikel bzw. Kategorie definiert (siehe Abschnitt 8.4.2).
- **Verknüpfung von Kreditoren** zu Sammelkonten im Hauptbuch:
  Die Zuordnung von Kreditoren zu Sammelkonten (Abstimmkonten) im Hauptbuch erfolgt über Buchungsprofile.

Die Sachkontenzuordnung für beide Buchungsarten – Artikelbuchungen und Kreditorenbuchungen – kann sowohl auf Ebene einzelner Artikel- und Kreditorennummern als auch auf Ebene von Artikel- und Kreditorengruppen festgelegt werden.

3.2.3.3 Einstellungen zur Kreditorenbuchung

Kreditorengruppen werden im Menüpunkt *Kreditorenkonten> Einstellungen> Kreditoren> Kreditorengruppen* erfasst. Neben der Identifikation und der Beschreibung kann für jede Kreditorengruppe auch eine *Standardsteuergruppe* eingetragen werden, die bei der Neuanlage von Kreditoren als Vorschlagswert für die Mehrwertsteuergruppe dient.

Die Buchungsprofile für Kreditoren werden im Menüpunkt *Kreditorenkonten> Einstellungen> Kreditoren-Buchungsprofile* verwaltet. Um Buchungen im Einkauf durchführen zu können, muss zumindest ein Buchungsprofil angelegt werden, das als Standard-Buchungsprofil für die Buchung normaler Geschäftsfälle in den Kreditorenkontenparametern (*Kreditorenkonten> Einstellungen> Kreditorenkontenparameter*, Reiter *Sachkonto und Mehrwertsteuer> Buchung*) eingetragen wird.

Um Sammelkonten (Abstimmkonten) zu definieren, muss im Kreditoren-Buchungsprofil das Sachkonto für die Buchung der Verbindlichkeiten in die Spalte *Sammelkonto* am Reiter *Einstellungen* eingetragen werden. enthält hier (siehe Abbildung 3-9).

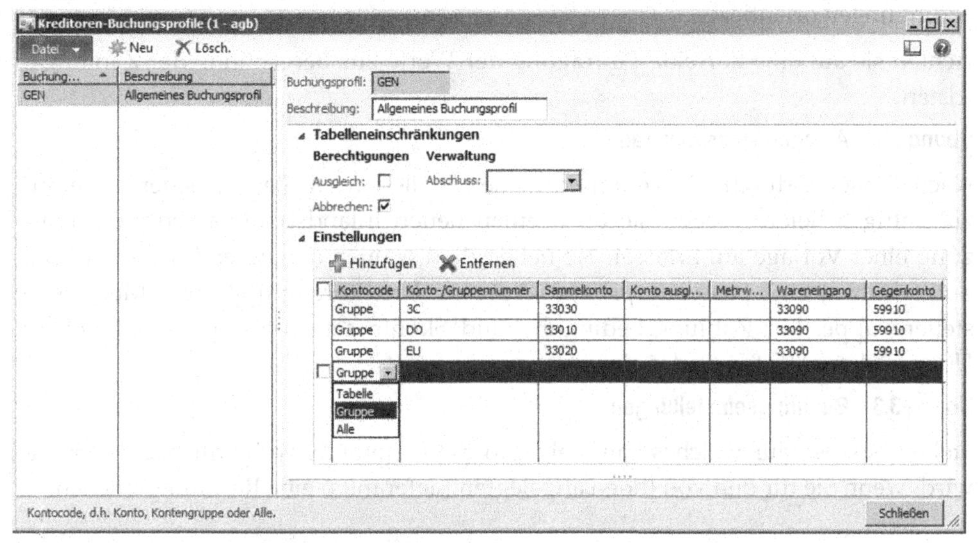

Abbildung 3-9: Erfassen einer Buchungsdefinition im Kreditoren-Buchungsprofil

Die Definition der Sachkonten-Zuordnung für ein Buchungsprofil kann auf drei Ebenen erfolgen, die in der Spalte *Kontocode* angegeben werden:

- **Tabelle** – Definition des Sammelkontos für einen speziellen Kreditor (Eintragung der Kreditorennummer in der Spalte *Konto-/Gruppennummer*)
- **Gruppe** – Definition des Sammelkontos für einen Kreditorengruppe (Eintragung der Kreditorengruppe in der Spalte *Konto-/Gruppennummer*)
- **Alle** – Definition eines Sammelkontos für alle Kreditoren (Spalte *Konto-/Gruppennummer* bleibt leer)

Wenn Einstellungen auf mehreren Ebenen vorhanden sind, sucht das System für die Buchung zuerst mit der Lieferantennummer, dann mit der Gruppe und zuletzt eine Eintragung für alle Lieferanten.

Falls benötigt, können neben dem Standard-Buchungsprofil weitere Buchungsprofile für Geschäftsfälle wie Vorauszahlungen eingerichtet werden, in die andere Sachkonteneinstellungen eingetragen werden. Diese Buchungsprofile können dann im jeweiligen Geschäftsfall (für Bestellungen beispielsweise am Inforegister *Einstel-*

lungen in der Kopfansicht des Bestellformulars) anstelle des Standard-Buchungsprofils gewählt werden. Das Buchungsprofil für Vorauszahlungen kann in den Kreditorenkontenparametern hinterlegt werden.

3.2.4 Übungen zum Fallbeispiel

Übung 3.1 – Zahlungsbedingungen

Mit Ihren Lieferanten werden neue Zahlungskonditionen vereinbart, weshalb Sie eine neue Zahlungsbedingung P-## (## = Ihr Benutzerkürzel) für „60 Tage netto" anlegen. Danach eröffnen Sie eine Skontobedingung D-## für „14 Tage – 3 %", wobei Sie sich hinsichtlich der Sachkonteneintragung an bestehenden Skontobedingungen orientieren.

Achten sie auf eine korrekte Eintragung der Werte zur Berechnung der Zahlungsfristen.

Übung 3.2 – Anlegen eines Lieferanten

Nach Freigabe durch die verantwortlichen Stellen wird Sie ein neuer Lieferant zukünftig beliefern. Legen Sie dazu einen neuen Inlands-Lieferanten ohne Nutzung einer Vorlage an. Erfassen Sie neben dem Namen (beginnend mit Ihrem Benutzerkürzel) eine passende primäre Adresse, Kreditorengruppe und Mehrwertsteuergruppe. Für Zahlungsbedingung und Skonto setzen Sie die von Ihnen in Übung 3.1 angelegten Codes ein.

Übung 3.3 – Buchungseinstellungen

Stellen Sie fest, auf welches Sammelkonto die Lieferantenverbindlichkeit gebucht wird, wenn Sie für den von Ihnen angelegten Lieferanten eine Rechnung buchen.

3.3 Produktverwaltung für die Beschaffung

In der Beschaffung werden einerseits lagergeführte Artikel und andererseits immaterielle Güter wie Dienstleistungen, Gebühren und Lizenzen eingekauft. Bevor ein Gegenstand bei einem Lieferanten bestellt werden kann, muss sichergestellt sein dass die benötigten Stammdaten richtig und komplett sind. Diese Stammdaten beinhalten hierbei einerseits eine eindeutige Bezeichnung um sicherzustellen, dass der Lieferant die richtige Ware bereitstellt, und andererseits Einstellungen für unternehmensinterne Zwecke (beispielsweise die Artikelgruppe, die zur Bestimmung relevanter Sachkonten benötigt wird).

Für lagergeführte Artikel werden die benötigten Stammdaten in den Detailformularen für gemeinsame Produkte und für freigegebene Produkte verwaltet. Dienstleistungen und immaterielle Güter können alternativ als Produkt (mit dem Produkttyp „Service" bzw. einer entsprechenden Lagersteuerungsgruppe) oder als Beschaffungskategorie geführt werden.

Nachfolgend werden neben einer kurzen Einführung in die Produktverwaltung primär die einkaufsrelevanten Einstellungen behandelt. Eine ausführlichere Darstellung der Produktverwaltung findet sich in Abschnitt 7.2.

3.3.1 Verwaltung von Beschaffungskategorien

Produktkategorien dienen dazu, Produkte und Dienstleistungen auf Basis gemeinsamer Eigenschaften in einfachen oder mehrstufigen Hierarchien zu gruppieren. Mehrere Hierarchien können unabhängig voneinander geführt werden, wobei der Kategoriehierarchietyp bestimmt ob eine Hierarchie Beschaffungskategorien, Verkaufskategorien oder andere Kategorien enthält.

Produkte können im Produktstamm einer Kategorie zugeordnet werden, wobei für jede Hierarchie parallel eine eigene Kategorie gewählt werden kann.

Für Dienstleistungen und immaterielle Güter kann in Einkaufsbestellungen und Verkaufsaufträgen alternativ zur Eintragung eines nicht lagergeführten Produkts auch eine Produktkategorie direkt (ohne Eintragung einer Artikelnummer) gewählt werden.

3.3.1.1 Kategoriehierarchien

Kategoriehierarchien können in der Listenseite *Produktinformationsverwaltung> Einstellungen> Kategorien> Kategoriehierarchien* geöffnet werden. Über die Schaltfläche *Neu/Kategoriehierarchie* im Aktionsbereich ist das Erstellen einer neuen Hierarchie unter Eintragung von *Name* und *Beschreibung* möglich. Dynamics AX öffnet dann das Kategoriehierarchie-Formular, in dem die Kategorien der Hierarchie angelegt werden können.

Das Formular Menüpunkt *Produktinformationsverwaltung> Einstellungen> Kategorien> Kategoriehierarchietypen* dient dazu, eine Kategoriehierarchie einem Hierarchietyp zuzuordnen. Hierbei kann je Typ eine Hierarchie gewählt werden – für den Einkauf der Typ „Beschaffungskategoriehierarchie" und für den Verkauf der Typ „Verkaufskategoriehierarchie". Ja nach Anforderungen kann für beide Typen dieselbe oder unterschiedliche Hierarchien eingetragen werden.

Die Produktkategorie, die dem Typ „Beschaffungskategoriehierarchie" zugeordnet ist, kann auch vom Beschaffungsmenü aus verwaltet werden. Das Beschaffungskategorie-Formular selbst enthält zusätzliche Felder zur Erfassung einkaufsrelevanter Daten.

3.3.1.2 Produktkategorien

Um die Struktur einer Hierarchie zu betrachten, kann in der Kategoriehierarchie-Listenseite ein Doppelklick auf die gewünschte Hierarchie ausgeführt werden. Die Schaltfläche *Bearbeiten* im Aktionsbereich der Listenseite öffnet die Hierarchie im Bearbeitungsmodus.

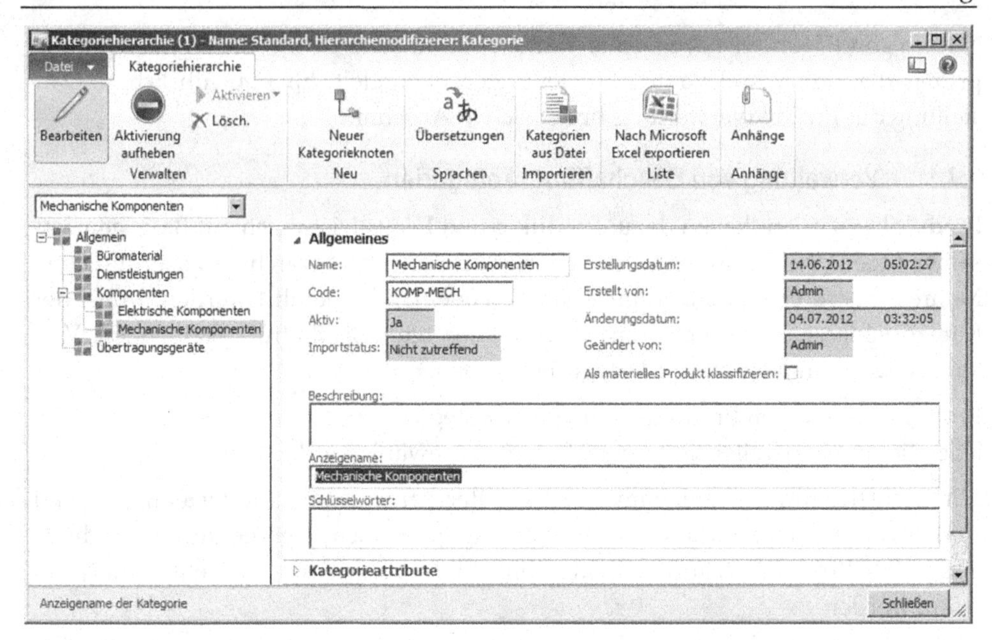

Abbildung 3-10: Bearbeiten einer Kategorie im Kategoriehierarchie-Formular

Um der Hierarchie eine neue Kategorie oder einen Kategorieknoten hinzuzufügen, kann der übergeordnete Knoten im linken Teil des Formulars markiert und die Option *Neuer Kategorieknoten* im Aktionsbereich oder im Kontextmenü (rechte Maustaste) gewählt werden. In der neuen Kategorie sollten zumindest *Name, Code* und *Anzeigename* eingetragen werden (siehe Abbildung 3-10).

3.3.1.3 Beschaffungskategorien

Produktkategorien, die der Beschaffungskategoriehierarchie angehören, können in den Positionen von Bestellanforderungen und Bestellungen anstelle einer Artikelnummer eingetragen werden.

Um die für den Einkauf relevanten Daten einer Kategorie zu erfassen, kann das Beschaffungskategorie-Formular (*Beschaffung> Einstellungen> Kategorien> Beschaffungskategorien*) geöffnet und zumindest am Inforegister *Artikel-Mehrwertsteuergruppen* die Artikel-Mehrwertsteuergruppe eingetragen werden. Die Schaltfläche *Kategoriehierarchie bearbeiten* in der Aktionsbereichsleiste des Beschaffungskategorie-Formulars bietet einen alternativen Zugriff auf das Formular der Kategoriehierarchie vom Typ „Beschaffungskategoriehierarchie".

Damit Beschaffungskategorien für die Abwicklung von Bestellung in Bestellpositionen genutzt werden können, müssen die Lager-Buchungseinstellungen (siehe Abschnitt 8.4.2) Einstellungen für die betreffenden Kategorien enthalten (*Lager- und Lagerortverwaltung> Einstellungen> Buchung> Buchung*, Option *Einkaufsaufwendungen für Ausgaben* am Reiter *Bestellung*).

3.3.2 Einkaufsbezogene Produktstammdaten

Um die Anforderungen von Firmen mit mehreren Unternehmen zu erfüllen, ist die Verwaltung von Produkten (Artikeln) in Dynamics AX in zwei Ebenen gegliedert:

- **Gemeinsame Produkte** – Daten, die in allen Unternehmen gleich sind
- **Freigegebene Produkte** – Unternehmensbezogene Produktdaten

Die Datenstruktur mit gemeinsamem Produktstamm ist in allen Dynamics AX-Installationen vorhanden. In kleinen Installationen, die nur ein Unternehmen enthalten, können die gemeinsamen Produkte aber beim Anlegen von neuen Artikeln ignoriert werden und die Neuanlage direkt in den freigegebenen Produkten erfolgen. In diesem Fall wird das Produkt parallel zum freigegebenen Produkt automatisch auch in den gemeinsamen Produkten angelegt.

3.3.2.1 Gemeinsame Produkte

Der gemeinsame Produktstamm dient zur Verknüpfung des Artikelstamms in den Unternehmen einer Gruppe und enthält neben *Produktnummer, Produktname* und *Beschreibung* nur wenige Daten. Zur Verwaltung der gemeinsamen Produkte kann die Listenseite *Produktinformationsverwaltung> Häufig> Produkte> Alle Produkte und Produktmaster* geöffnet werden.

Um ein neues Produkt anzulegen, kann die Schaltfläche *Neu/Produkt* im Aktionsbereich der Listenseite betätigt werden. Im Neuanlagedialog für das Produkt sind dann folgende Daten zu erfassen:

- **Produkttyp** – Für Lagerartikel "Artikel", für Dienstleistungen alternativ „Service" oder „Artikel"
- **Produktuntertyp** – "Produkt" für Artikel ohne Variantenführung, "Produktmaster" für konfigurierbare Artikel (siehe Abschnitt 7.2.1)
- **Produktnummer** – Manuell einzutragen, wenn keine automatische Nummernvergabe im entsprechenden Nummernkreis definiert
- **Produktname**
- **Suchbegriff**

Um einen einfachen Lagerartikel zu erzeugen, wird der *Produkttyp* „Artikel" und der *Produktuntertyp* „Produkt" gewählt. Für immaterielle Güter und Dienstleistungen kann der *Produkttyp* „Service" eingetragen werden. Alternativ kann auch der *Produkttyp* „Artikel" für immaterielle Güter gewählt werden, wenn der Artikel in den Stammdaten des freigegebenen Produkts einer *Lagersteuerungsgruppe* für nicht lagergeführte Produkte zugeordnet wird (siehe Abschnitt 7.2.1).

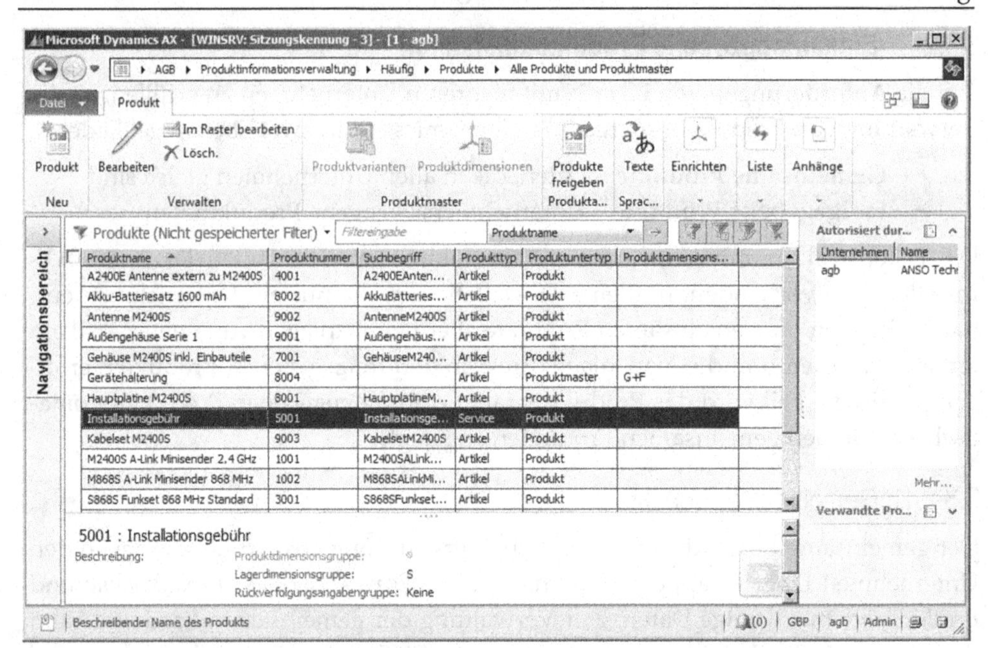

Produktname	Produktnummer	Suchbegriff	Produkttyp	Produktuntertyp	Produktdimensions...
A2400E Antenne extern zu M2400S	4001	A2400EAnten...	Artikel	Produkt	
Akku-Batteriesatz 1600 mAh	8002	AkkuBatteries...	Artikel	Produkt	
Antenne M2400S	9002	AntenneM2400S	Artikel	Produkt	
Außengehäuse Serie 1	9001	Außengehäus...	Artikel	Produkt	
Gehäuse M2400S inkl. Einbauteile	7001	GehäuseM240...	Artikel	Produkt	
Gerätehalterung	8004		Artikel	Produktmaster	G+F
Hauptplatine M2400S	8001	HauptplatineM...	Artikel	Produkt	
Installationsgebühr	5001	Installationsge...	Service	Produkt	
Kabelset M2400S	9003	KabelsetM2400S	Artikel	Produkt	
M2400S A-Link Minisender 2,4 GHz	1001	M2400SALink...	Artikel	Produkt	
M868S A-Link Minisender 868 MHz	1002	M868SALinkMi...	Artikel	Produkt	
S868S Funkset 868 MHz Standard	3001	S868SFunkset...	Artikel	Produkt	

Abbildung 3-11: Verwaltung von Produkten im gemeinsamen Produktstamm

Zusätzlich zu den Daten im Neuanlagedialog können optional weitere Daten zum gemeinsamen Produkt erfasst werden, beispielsweise die Zuordnung zu einer Produktkategorie über die Schaltfläche *Einrichten/Produktkategorien*.

Über die Schaltfläche *Einrichten/Dimensionsgruppen* im Aktionsbereich kann bestimmt werden, welche Lagerungsdimensionen für den Artikel zu erfassen sind. Die verfügbaren Dimensionen sind hierbei in drei Dimensionsgruppen gegliedert:

- **Produktdimensionsgruppe** – Nur für Produktuntertyp "Produktmaster"; bestimmt, ob das Produkt in verschiedenen Varianten, Größen oder Farben geführt wird.
- **Lagerdimensionsgruppe** – Bestimmt, ob der Lagerbestand des Produkts nach Standort, Lagerort, Lagerplatz oder Paletten getrennt geführt wird
- **Rückverfolgungsangabengruppe** – Bestimmt, ob für das Produkt Chargen- und/oder Seriennummern geführt werden

Die Dimensionsgruppen auf Ebene des gemeinsamen Produktstamms können frei bleiben, wobei in diesem Fall die Dimensionsgruppen-Zuordnung auf Ebene des freigegebenen Produkts erfolgen muss. Dies ist erforderlich, wenn unterschiedliche Lagerungsdimensionen je Unternehmen benötigt werden – beispielsweise bei Palettenführung in nur einem Unternehmen.

3.3.2.2 Freigabe eines Produkts

Ein gemeinsames Produkt kann nicht in einem Unternehmen zur Erfassung von Transaktionen benutzt werden, solange es nicht freigegeben ist.

Die Freigabe erfolgt über die Schaltfläche *Produkte freigeben* im Aktionsbereich der gemeinsamen Produkte. Im Produktfreigabe-Dialog wird zunächst das gewählte Produkt am Reiter *Produkte auswählen* gezeigt. Nach Wechsel zum Reiter *Unternehmen auswählen* muss hier das Kontrollkästchen links vor allen Unternehmen markiert werden, in denen das Produkt freigegeben werden soll. Anschließend wird die Freigabe über die Schaltfläche *OK* im Dialog durchgeführt.

3.3.2.3 Verwalten freigegebener Produkte

Freigegebene Produkte (*Produktinformationsverwaltung> Häufig> Freigegebene Produkte*), in manchen Bereichen von Dynamics AX mit dem Begriff „Artikel" bezeichnet, enthalten die Detaildaten von Produkten und werden auf Unternehmensebene geführt.

Um auf direktem Weg von einem gemeinsamen Produkt zu einem zugehörigen freigegebenen Produkt zu gelangen, kann in der Listenseite der gemeinsamen Produkte ein Klick auf den Link *Mehr…* rechts unten in der Infobox *Autorisiert durch das Unternehmen* ausgeführt werden und im danach gezeigten Formular die Option *Details anzeigen* im Kontextmenü (rechte Maustaste) auf das Feld *Artikelnummer* der zutreffenden Zeile (Unternehmen) gewählt werden.

Nach Freigabe eines Produkts müssen folgende Pflichtfelder im Detailformular *Freigegebene Produkte* erfasst werden:

- **Artikelgruppe** (am Reiter *Kosten verwalten*) – Bestimmt Sachkonten für die Buchung im Finanzwesen
- **Lagersteuerungsgruppe** (am Reiter *Allgemeines*) – bestimmt Artikelhandhabung und Verfahren zur Lagerbewertung
- **Dimensionsgruppen** (Schaltfläche *Einrichten/Dimensionsgruppen* am Schaltflächenreiter *Produkt*) – Falls nicht im gemeinsamen Produkt eingetragen

Zusätzlich sollte die *Artikel-Mehrwertsteuergruppen* für den Einkauf (am Inforegister *Einkauf*) und für den Verkauf (am Inforegister *Verkaufen*) eingetragen werden. Am Inforegister *Lagerbestand verwalten* ist im Feld *Einheit* auf eine korrekte Lagermengeneinheit zu achten, in die ein Vorschlagswert aus den Lagerparametern übernommen wird.

Der Basiseinstandspreis kann im Feld *Preis* am Inforegister *Kosten verwalten* eingetragen werden, standortbezogen wird der Einstandspreis über die Schaltfläche *Artikelpreis* am Schaltflächenreiter *Kosten verwalten* hinterlegt (siehe auch Abschnitt 7.2.4).

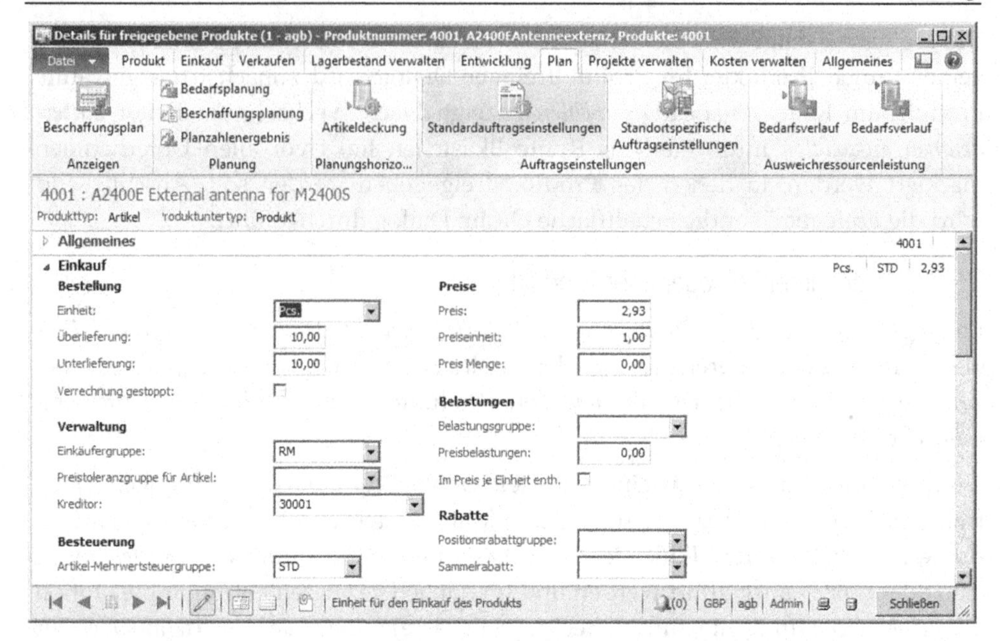

Abbildung 3-12: Detailformular für freigegebene Produkte mit Schaltflächenreiter *Plan*

Falls zielführend – beispielsweise in einer kleinen Installation mit nur einem Unternehmen – kann ein neues Produkt statt im gemeinsamen Produktstamm auch direkt im Detailformular für freigegebene Produkte über die Schaltfläche *Neu/Produkt* am Schaltflächenreiter *Produkt* angelegt werden, wobei das Produkt in diesem Fall parallel auch in den gemeinsamen Produkten angelegt wird.

3.3.2.4 Standardauftragseinstellungen und einkaufsbezogene Artikeldaten

Im Detailformular für freigegebene Produkte sind die zentralen Daten für den Einkauf, darunter die bereits erwähnte *Artikel-Mehrwertsteuergruppe*, am Inforegister *Einkauf* zu finden. Beispielsweise ermöglicht die dort enthaltene *Einkäufergruppe* eine organisatorische Zuteilung des Artikels. Weitere Daten umfassen Einkaufspreise, Artikeldeckung und Auftragseinstellungen.

Die grundlegenden Auftragseinstellungen können hierbei durch Betätigen der Schaltfläche *Standardauftragseinstellungen* am Schaltflächenreiter *Plan* (bzw. *Lagerbestand verwalten*) geöffnet werden. Der *Standardauftragstyp* am Reiter *Allgemeines* der Standardauftragseinstellungen beinhaltet eine wesentliche Einstellung für die Beschaffung: Wenn der Standardauftragstyp „Bestellung" ist, wird der Artikel bei Lieferanten bestellt und nicht intern produziert (falls keine anderslautende Einstellung in der *Artikeldeckung* hinterlegt ist).

Der Reiter *Allgemeines* der Standardauftragseinstellungen beinhaltet des weiteren Vorschlagswerte für *Einkaufsstandort*, *Lagerstandort* und *Verkaufsstandort*. Am Reiter *Bestellung* können einkaufsrelevante Einstellungen wie Vorschlagswerte für Losgröße (Feld *Mehrfach*) und Bestellmenge („*Standard-Auftragsmenge*") eingetragen werden. Durch Markieren des Kontrollkästchens *Gesperrt* kann der Artikel für Einkaufstransaktionen gesperrt werden.

Über die Schaltfläche *Standortspezifische Einstellungen* im Aktionsbereich des Detailformulars für freigegebene Produkte werden die standortspezifischen Einstellungen geöffnet. Nach Einfügen einer Zeile (Schaltfläche *Neu*) und Auswahl eines Standorts kann der Vorschlags-Lagerort zu diesem Standort für Einkauf, Lager und Verkauf eingetragen werden. Am Reiter *Bestellung* können einkaufsrelevante Vorschlagswerte für Mengen und Lieferzeit eingetragen werden, wobei das Kontrollkästchen *Überschreiben* markiert werden muss um die Standardauftragseinstellungen auf Ebene eines Standorts zu überschreiben.

Beim Erfassen einer Einkaufsbestellung oder eines Verkaufsauftrags können die Vorschlagswerte aus den Auftragseinstellungen überschrieben werden (nicht jedoch die Sperre).

3.3.2.5 Artikeldeckung

Die zentrale Einstellung für den Artikelbezug ist der *Standardauftragstyp* wie zuvor beschrieben. Zusätzlich kann für Einkaufsartikel der Hauptlieferant im Feld *Kreditor* am Inforegister *Einkauf* des Detailformulars für freigegebene Produkte eingetragen werden.

Dispositionssteuerungsgruppen beinhalten Einstellungen für das Dispositionsverfahren (siehe Abschnitt 6.3.3). Der allgemeine Vorschlagswert für die Dispositionssteuerungsgruppe ist in den Produktprogrammplanungsparametern enthalten (*Produktprogrammplanung> Einstellungen> Parameter für Produktprogrammplanung*, Auswahlfeld *Allgemeine Dispositionssteuerungsgruppe*). Um auf Artikelebene ein abweichendes Dispositionsverfahren zu definieren, kann am Inforegister *Plan* im Detailformular für freigegebene Produkte eine spezifische Dispositionssteuerungsgruppe für den jeweiligen Artikel eingetragen werden.

Über die Schaltfläche *Artikeldeckung* am Schaltflächenreiter *Plan* im Detailformular für freigegebene Produkte können weitere Einstellungen wie der erfasst werden. Nach Anlegen einer Zeile in der Artikeldeckung werden dazu in Abhängigkeit von den Dimensionsgruppen des Artikels erforderliche Lagerungsdimensionen (z.B. *Standort* und *Lagerort*) gewählt und danach die für Artikel und Dimensionen gültigen Einstellungen wie Mindestlagerbestand (Feld *Minimum*), Auftragstyp (*Typ des Bestellvorschlags*, überschreibt Standardauftragseinstellungen) oder Lieferant (*Kreditorenkonto*) erfasst. Zum Überschreiben von Standardeinstellungen muss das entsprechende Kontrollkästchen in der Artikeldeckung markiert werden.

3.3.2.6 Neu in Dynamics AX 2012

In Dynamics AX 2012 beinhaltet der gemeinsame Produktstamm mit Produktmastern für Variantenartikel grundlegende Daten, die in allen betroffenen Unternehmen gleich sind. Das Formular für freigegebene Produkte ersetzt das Artikelformular, und die Dimensionsgruppe ist in drei Gruppen nach Funktionsbereich geteilt. Der Artikeltyp „Stückliste“ ist nicht mehr vorhanden, stattdessen bestimmt der Standardauftragstyp ob ein Produkt eingekauft oder produziert wird.

3.3.3 Einkaufspreise und Rabatte

Die Funktionalität der Preisermittlung ist in Dynamics AX für Einkauf und Verkauf auf gleiche Weise realisiert. Es steht hierbei ein mehrstufiges Verfahren zur Preis- und Rabattermittlung zur Verfügung, das ausgehend von Basisdefinitionen im Artikelstamm (freigegebene Produkte) eine Festlegung auf Ebene von Gruppen und einzelnen Lieferanten/Kunden und Artikeln erlaubt.

Nachdem im Vertriebsbereich die Möglichkeiten der Rabattfindung meist mehr im Detail zur Anwendung kommen, wird nachfolgend primär die Preisfindung vorgestellt. Details zur Funktionalität der Rabattfindung sind im Rahmen der Verkaufsbeschreibung in Abschnitt 4.3.2 zu finden.

3.3.3.1 Basiseinkaufspreis

Der Einkaufs-Basispreis eines Artikels wird im Feld *Preis* am Inforegister *Einkauf* des Detailformulars für freigegebene Produkte verwaltet. Die *Preiseinheit* gibt in diesem Zusammenhang an, auf wie viele Mengeneinheiten sich der Preis bezieht (z.B. „100“ für einen Preis je hundert Mengeneinheiten).

Wenn Standort-abhängig unterschiedliche Basispreise vorhanden sind, können diese im Artikelpreisformular verwaltet werden. Nach Öffnen des Artikelpreisformulars über die Schaltfläche *Artikelpreis* am Schaltflächenreiter *Kosten verwalten* des Detailformulars für freigegebene Produkte kann dazu für den betroffenen Artikel ein Einkaufspreis je Standort durch Eintragung und Aktivierung von Zeilen mit *Preistyp* „Einkaufspreis“, *Version, Standort* und *Preis* definiert werden (analog zum Kosten-Preis, siehe Abschnitt 7.2.4).

Der Basispreis aus dem Artikelpreis oder dem freigegebenen Produkt kommt dann zur Anwendung, wenn für den jeweiligen Lieferanten und Artikel keine andere zutreffende Preisdefinition in den Handelsvereinbarungen hinterlegt ist. Hierbei ist zu berücksichtigen, dass die Basispreise in Eigenwährung eingetragen werden und im Falle von Fremdwährungs-Bestellungen entsprechend dem jeweiligen Wechselkurs in die Währung der Bestellung umgerechnet werden.

3.3.3.2 Preisbelastungen (Artikelzuschläge)

Um Belastungen und Zuschläge, die zum Basispreis hinzugerechnet werden zu berücksichtigen (beispielsweise Gebühren oder Frachtkosten), gibt es die Möglichkeit im Feld *Preisbelastungen* am Inforegister *Einkauf* der freigegebenen Produkte einen Zuschlag einzutragen. Ist das Kontrollkästchen *Im Preis je Einheit enth.* nicht markiert, wird der in diesem Feld eingetragene Wert unabhängig von der Menge einmal pro Bestellzeile hinzugerechnet (Beispiel: Bestellung von 10 Stück zum

Preis von EUR 3,00 bei einem Zuschlag von EUR 1,00 gibt einen Zeilenbetrag von EUR 31,00). Die Preisbelastung wird allerdings auf der gedruckten Bestellung nicht separat ausgewiesen.

Ist hingegen das Kontrollkästchen *Im Preis je Einheit enth.* markiert, wird die Preisbelastung zum Preis hinzugerechnet und gilt pro Menge, die im Feld *Preis Menge* am Inforegister *Einkauf* der freigegebenen Produkte eingetragen ist. Als Beispiel gibt eine Bestellung von 10 Stück zu einem Preis von EUR 3,00 und einem Zuschlag von EUR 1,00 einen Bestellpreis von EUR 4,00 und einen Zeilenbetrag von EUR 40,00 (wenn das Feld *Preis Menge* den Wert 0,00 oder 1,00 enthält).

Parallel zu den Preisbelastungen im Artikelstamm (freigegebene Produkte) können Preisbelastungen auch im Artikelpreisformular für Standort-abhängige Basispreise geführt werden.

Im Zusammenhang mit Preisbelastungen ist zu beachten, dass die Preisbelastung aus dem Artikelpreis oder freigegebenen Produkt in Dynamics AX getrennt von den Zuschlägen und Belastungen behandelt wird, die als Belastungsbuchungen in Bestellungen eingetragen werden können (siehe Abschnitt 4.4.5).

3.3.3.3 Handelsvereinbarungen für Einkaufspreise

Zur erweiterten Definition der Bestellpreise können Handelsvereinbarungen für Einkaufspreise benutzt werden. Diese Preisvereinbarungen können nach Auswahl eines Artikels im Detailformular für freigegebene Produkte über die Schaltfläche *Anzeigen/Einkaufspreise* am Schaltflächenreiter *Einkauf* betrachtet werden. In den Handelsvereinbarungen werden hierbei folgende Stufen der Preisdefinition abgebildet:

- **Gültigkeitszeitraum** – *Von Datum* und *Bis Datum*
- **Mengenstaffel** – *Von* und *Bis* Menge
- **Mengeneinheit**
- **Währung**
- **Ebene** (*Kontocode*) – Lieferantennummer, Preisgruppe oder alle Lieferanten

Zusätzlich können in den Handelsvereinbarungen Preise auf Ebene von Lagerungsdimensionen wie *Standort* oder *Farbe* hinterlegt sein, wenn dies in der jeweiligen Dimensionsgruppe des Artikels (siehe Abschnitt 7.2.2) aktiviert ist. Dies ist beispielsweise bei unterschiedlichen Preisen je Niederlassung (Standort) oder bei Preisen in Abhängigkeit von Produktdimensionen wie *Variante* oder *Größe* relevant. Zur Anzeige der Spalten mit den benötigten Dimensionen kann die Schaltfläche *Lager/Dimensionenanzeige* in den Handelsvereinbarungen (Einkaufspreisvereinbarungen) betätigt werden.

Bei der Preisfindung wird immer von der speziellen Definition ausgehend zur generellen gesucht, also von Lieferantenpreisen über Preisgruppen-Preise zur allgemeinen Preisliste. Dabei wird allerdings immer der günstigste Preis ausgewählt. Ein günstigerer Preisgruppenpreis würde daher den Lieferantenpreis übersteuern.

Um dies zu verhindern, kann in der Spalte *Weitersuchen* rechts in den Handelsvereinbarungen das Häkchen entfernt werden.

3.3.3.4 Erfassen neuer Einkaufspreis-Vereinbarungen

Um neue Einkaufspreise anzulegen, muss ein Journal im Menüpunkt *Beschaffung> Erfassungen> Erfassungen für Preis-/Rabattvereinbarungen* erfasst und gebucht werden. Alternativ können Preis-/Rabattvereinbarungsjournale auch über die Schaltfläche *Handelsvereinbarungen erstellen* am Schaltflächenreiter *Einkauf* der freigegebenen Produkte geöffnet werden.

Wie alle Journale (vgl. Lagerjournale in Abschnitt 7.4.2) bestehen Preis-/ Rabattvereinbarungsjournale aus einem Journalkopf und mindestens einer Zeile. Entsprechend der Auswahl im Feld *Anzeigen* im oberen Teil des Preis-/ Rabattvereinbarungsjournals werden nur offene oder auch gebuchte Journale gezeigt. Um ein neues Journal zu erfassen, wird die Schaltfläche *Neu* in der Aktionsbereichsleiste betätigt und ein Journalname in der Spalte *Name* gewählt.

Nach Betätigen der Schaltfläche *Positionen* kann eine Journalzeile eingetragen werden. Für Einkaufspreise muss die Spalte *Relation* die Auswahl „Preis (Einkauf)" enthalten. Der *Kontocode* bestimmt, ob der Preis für einen Kreditor (Auswahl „Tabelle"), für eine Kreditoren-Preisgruppe („Gruppe") oder für alle Kreditoren gilt. Bei der Preiserfassung muss die Spalte Artikelcode die Auswahl „Tabelle" enthalten und die Artikelnummer in der Spalte *Artikelrelation* eingetragen sein.

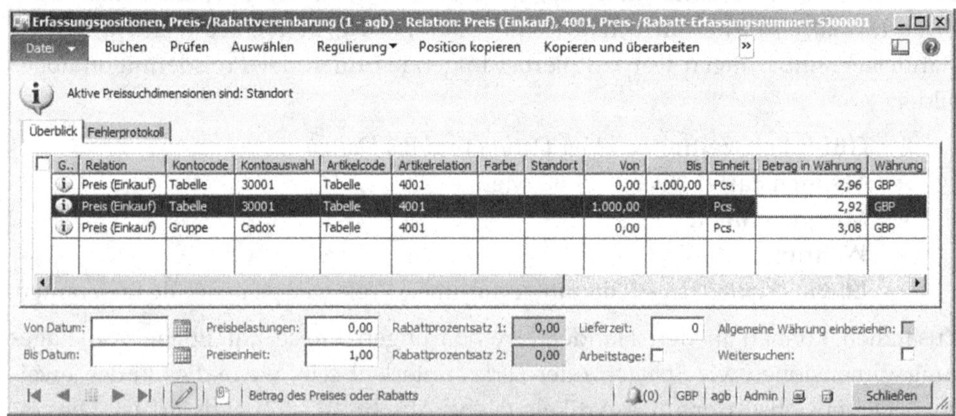

Abbildung 3-13: Erfassen von Einkaufspreisen im Preis-/Rabattvereinbarungsjournal

Neben den Feldern in der Zeile selbst sind auch die Felder im Fußteil zu berücksichtigen, in denen Preiseinheit und Lieferzeit je Zeile bestimmt werden. Preis, Preiseinheit und Lieferzeit übersteuern die Einstellungen am Artikelstamm.

Die Informationszeile im oberen Teil des Erfassungspositions-Fensters zeigt, welche Lagerungsdimensionen für die Preiserfassung des jeweiligen Artikels zulässig sind. In Abbildung 3-13 zeigt diese Meldung, dass Einkaufspreis für den Artikel „4001" auf Standort-Ebene erfasst werden können.

Nach Erfassen aller betroffenen Zeilen kann die Schaltfläche *Buchen* im Erfassungspositions-Fenster betätigt werden um die Handelsvereinbarung zu aktivieren. Weitere Schaltflächen dienen zur Unterstützung der Preiserfassung, beispielsweise zur Auswahl und zum Anpassen aktiver Preisvereinbarungen.

3.3.3.5 Einstellungen für Handelsvereinbarungen

Als Voraussetzung für die Anwendung von Einkaufspreisen aus Handelsvereinbarungen müssen die Ebenen der Preisfindung aktiviert sein (*Beschaffung> Einstellungen> Preis/Rabatt> Preis/Rabatt aktivieren*).

Falls Einkaufspreise auf Ebene von Kreditoren-Preisgruppen verwendet werden sollen, müssen die benötigten Gruppen im Menüpunkt *Beschaffung> Einstellungen> Preis/Rabatt> Kreditorpreis-/Rabattgruppen*, Option „Preisgruppe" im Feld *Anzeigen*) angelegt werden. Im Kreditorenstamm (*Beschaffung> Häufig> Kreditoren> Alle Kreditoren*) kann die jeweilige *Preisgruppe* am Inforegister *Standardwerte für Bestellungen* im Detailformular für den betroffenen Lieferanten eingetragen werden. Die Preisgruppe des Kreditors wird dann in Bestellungen übernommen, kann aber im Bestellformular geändert werden (*Beschaffung> Häufig> Bestellungen> Alle Bestellungen*, Reiter *Preis und Rabatt* in der *Kopfansicht* des Detailformulars).

3.3.3.6 Neu in Dynamics AX 2012

In Dynamics AX 2012 enthalten Handelsvereinbarungen eine zusätzliche Spalte für die Bis-Menge und müssen in Preis/Rabattvereinbarungsjournalen erfasst werden.

3.3.4 Übungen zum Fallbeispiel

Übung 3.4 – Beschaffungskategorien

In ihrem Unternehmen wird eine neue Art von Dienstleistungen eingekauft, für die Sie entsprechende Beschaffungskategorien erfassen. Legen Sie einen neuen Kategorieknoten „##-Service" mit den Kategorien „##-Montage" und „##-Gebühr" an (## = Ihr Benutzerkürzel). In den Beschaffungskategorien tragen Sie danach für diese Kategorien die Artikel-Mehrwertsteuergruppe für den Normalsteuersatz ein.

Übung 3.5 – Anlegen eines Produkts

Als Basis für die weitere Prozessabwicklung wird ein neues Produkte benötigt. Bevor in weiterer Folge die komplexeren Strukturen von Fertigerzeugnissen behandelt werden, wird dazu in der ersten Übung ein Handelsartikel angelegt.

Erfassen Sie ein Produkt mit der Produktnummer A-## und dem Namen „##-Handelsware" (## = Ihr Benutzerkürzel) im gemeinsamen Produktstamm. Dieses Produkt ist ein einfacher Lagerartikel ohne Varianten, Seriennummern oder Chargen. Der Lagerbestand für dieses Produkt wird in allen Unternehmen auf Ebene von Standort und Lagerort geführt.

Dann geben Sie dieses Produkt für Ihr Übungs-Unternehmen frei. Im freigegebenen Produkt wählen Sie eine passende Artikelgruppe für Handelsware und eine Lagersteuerungsgruppe mit Wertmodell „FIFO".

Die Mehrwertsteuergruppen für Einkauf und Verkauf sollen so gewählt werden, dass für den Artikel der Normalsteuersatz gilt. Der Artikel wird in allen Bereichen in Stück als Mengeneinheit geführt. Als Hauptlieferant soll der in Übung 3.2 angelegte Lieferant eingetragen werden. Für den Basiseinkaufspreis und den Basiseinstandspreis werden 50.- Pfund und für den Basisverkaufspreis 100.- Pfund eingetragen.

In den *Standardauftragseinstellungen* tragen Sie den Hauptstandort und Vorschlagswerte für Auftragsmengen (*Mehrfach:* 20, *Minimale Auftragsmenge:* 40, *Standard-Auftragsmenge:* 100) in Einkauf, Lager und Verkauf ein. Den zugehörigen Hauptlagerort tragen Sie in den *Standortspezifischen Auftragseinstellungen* ein.

Hinweis: Falls eine automatische Produktnummernvergabe eingerichtet ist, müssen Sie die Produktnummer nicht manuell vergeben.

Übung 3.6 – Handelsvereinbarung

Bei dem in Übung 3.2 angelegten Lieferanten kann ein besserer Preis erzielt werden. Legen Sie eine Handelsvereinbarung an, die für diesen Lieferanten und den in Übung 3.5 angelegten Artikel einen Preis von 45.- Pfund enthält. Dieser Preis gilt zeitlich unbeschränkt, es ist keine Mengenstaffel vereinbart.

3.4 Einkaufsbestellung

Mit einer Bestellung wird ein Lieferant rechtsverbindlich aufgefordert, Waren oder Dienstleistungen zu vereinbarten Konditionen zu liefern. Eine vollständige Bestellung muss zumindest folgende Elemente enthalten:

- Kreditor (Lieferant) mit Name und Adresse
- Währung, Zahlungsbedingungen, Lieferbedingungen
- Produkt
- Menge, Mengeneinheit
- Preis
- Liefertermin, Lieferadresse

Beim Erfassen einer Bestellung in Dynamics AX werden diese Bedingungen geprüft, bevor eine Bestellung freigegeben und gedruckt werden kann.

3.4.1 Grundlagen der Bestellabwicklung

Eine Bestellung kann entweder manuell durch einen Einkäufer angelegt werden oder auf folgende Art erzeugt werden:

- Automatischen Erzeugen durch Produktprogrammplanung (Dispositionslauf) oder den Workflow „Bestellanforderung"

- Manuelles Umwandeln einer Angebotsanforderung, eines Bestellvorschlags oder einer Bestellanforderung in eine Bestellung
- Ändern einer Bestellung des Bestelltyps von „Journal" auf „Bestellung"
- Erstellen eines Freigabeauftrags aus einer Rahmenbestellung (siehe Abschnitt 3.4.9)
- Erstellen einer Bestellung aus einem Verkaufsauftrag (Direktlieferung, siehe Abschnitt 4.7.1)
- Erstellen einer Bestellung aus einem Produktionsauftrag (Fremdfertigung)

Zusätzlich können Einkaufsbestellungen durch automatische Übernahme (aus Fremdsystemen über das AIF-Framework oder aus anderen Unternehmen in einer gemeinsamen AX-Datenbank über die Intercompany-Funktionalität) und aus dem Projektmodul erzeugt werden, worauf in diesem Rahmen jedoch nicht näher eingegangen wird.

3.4.1.1 Vorstufen einer Bestellungen

Innerhalb von Dynamics AX können drei unterschiedliche Arten von Dokumenten als Vorstufe einer Bestellung dienen:

- Bestellvorschlag (geplante Einkaufsbestellung)
- Bestellanforderung
- Angebotsanforderung / RFQ

Die Angebotsanforderung dient zur Einholung von Angeboten bei Lieferanten, wobei Angebote mehrerer Lieferanten parallel eingeholt werden können. Angebotsanforderungen können manuell erfasst oder automatisch aus einem Bestellvorschlag oder einer Bestellanforderung erzeugt werden.

Im Routineablauf wird die Angebotsanforderung bei bekannten Angeboten für bestehende Artikel jedoch meist übersprungen und eine Bestellung direkt aus dem Bestellvorschlag (Dispositionslauf) oder der Bestellanforderung (manuelle Materialanforderung) erstellt.

Bestellvorschläge (für Einkaufsteile geplante Einkaufsbestellungen) sind das Ergebnis des Dispositionslaufs in der Produktprogrammplanung, wobei Bestellvorschläge abhängig von den Produktprogrammplanungsparametern auch übersprungen und eine Bestellung durch den Dispositionslauf direkt erzeugt werden kann. Details dazu werden in Abschnitt 6.3.3 beschrieben.

3.4.1.2 Bearbeiten und Genehmigen von Bestellungen

Nach Anlegen einer Bestellung werden alle nachfolgenden Transaktionen mit Bezug auf die Bestellung erfasst. Abbildung 3-14 zeigt dazu den Weg einer Bestellung von der Neuanlage bis zum Abschluss mit dem Rechnungseingang.

Wenn das Änderungsmanagement für eine neue Bestellung aktiviert ist, muss die Bestellung genehmigt werden. In Abhängigkeit vom jeweiligen Auftrag und den

Einstellungen im Genehmigungsworkflow kann die Genehmigung automatisch erteilt oder muss manuell eingetragen werden. Ist das Änderungsmanagement nicht aktiv, erhält die neue Bestellung sofort den *Genehmigungsstatus* „Genehmigt".

Nach manueller oder automatischer Genehmigung muss die Bestellbestätigung gebucht werden, bevor ein Produktzugang erfasst werden kann. Falls gewünscht, kann die Bestellbestätigung gedruckt oder in elektronischer Form ausgegeben und an den Lieferanten übermittelt werden. Konfigurationsabhängig können alle weiteren Buchungsschritte vor dem Buchen der Rechnung übersprungen werden.

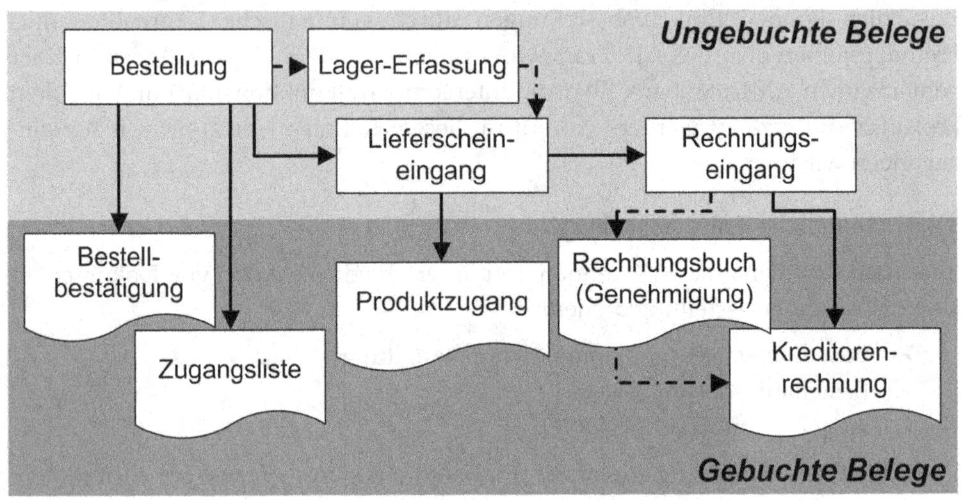

Abbildung 3-14: Bestellabwicklung in Dynamics AX

3.4.1.3 Zugangsliste und Lager-Erfassung

Vor dem Eintreffen der Lieferung kann optional eine Zugangsliste gedruckt. Diese kann zur Information der Wareneingangsverantwortlichen genutzt werden, erzeugt aber keinerlei Transaktionen im Lager.

Im Gegensatz dazu wird mit der Lager-Erfassung, die vor dem Buchen des Produktzugangs die Erfassung der eingehenden Positionen mit allen benötigten Dimensionen wie Lagerort, Seriennummer oder Chargennummer ermöglicht, der Lagerbestand erhöht. Eine Lager-Erfassung kann entweder über das Wareneingangsjournal im Lager oder über die Schaltfläche *Position aktualisieren/Erfassung* in der Bestellposition erfolgen.

Falls in der Lagersteuerungsgruppe des betroffenen Artikels das Kontrollkästchen *Erfassungsanforderungen* aktiviert ist, muss die Erfassung vorgenommen werden bevor der Produktzugang gebucht werden kann.

3.4.1.4 Produktzugang

Die Buchung des Produktzugangs kann direkt aus der Bestellung, oder über die entsprechende periodische Aktivität im Beschaffungsmenü, oder aus dem jeweiligen gebuchten Wareneingangsjournal im Lager erfolgen.

Der Produktzugang erzeugt eine physische Belegbuchung im Lager und – bei entsprechender Einstellung in den Kreditorenkontenparametern und der Lagersteuerungsgruppe – parallel Sachkontobuchungen im Hauptbuch.

Durch das Kontrollkästchen *Empfangsanforderungen* in der Lagersteuerungsgruppe der betroffenen Artikel wird festgelegt, ob vor dem Rechnungseingang ein Produktzugang gebucht werden muss.

3.4.1.5 Kreditorenrechnung

Nach Einlangen der Rechnung wird diese entweder direkt in der Bestellung gebucht oder in den ausstehenden Kreditorenrechnungen separat erfasst, wobei ein Genehmigungsworkflow eingerichtet werden kann.

Alternativ kann eine Eingangsrechnung auch im Rechnungsbuch erfasst und gebucht werden, das danach in einer separaten Rechnungsgenehmigungserfassung freigegeben wird (siehe Abschnitt 8.3.3).

3.4.1.6 Physische und wertmäßige Buchungen

Nachfolgend werden die einzelnen Schritte und Buchungen zur Bestellabwicklung im Detail beschrieben. In diesem Zusammenhang ist zu beachten, dass Dynamics AX bei Lagerbuchungen zwischen physischen Buchungen und wertmäßigen Buchungen unterscheidet.

Grob gesprochen handelt es sich bei der physischen Buchung um den Lieferschein (bzw. Produktzugang) und bei der wertmäßigen Buchung um die Rechnung. Für das Verständnis wesentlich sind hierbei die Unterschiede von physischer und wertmäßiger Buchung bei Lagerbewertung und Sachkontobuchung. Details dazu finden sich in Abschnitt 7.2.5.

3.4.2 Bestellvorschläge im Einkauf

Basis für einen Bestellvorschlag mit der Referenz „geplante Einkaufsbestellung" ist der Bedarf an einem Einkaufs-Artikel. Ob dieser Bedarf vorhandene Lagerbestände, Verkaufsangebote, Verkaufsaufträge, Produktionsaufträge, Einkaufsbestellungen und eine Verkaufsplanung berücksichtigt, hängt von den Einstellungen in der Produktprogrammplanung ab.

Als einfaches Beispiel aus den Möglichkeiten der Produktprogrammplanung wird nachfolgend gezeigt, wie durch Eintragen eines nicht durch den Lagerbestand gedeckten Mindestlagerbestands eine geplante Einkaufsbestellung erzeugt wird.

3.4.2.1 Mindestlagerbestand

In Dynamics AX wird der Mindestlagerbestand für einen Artikel in der Artikeldeckung eingetragen. Diese kann im Formular für freigegebene Produkte (*Produktinformationsverwaltung> Häufig> Freigegebene Produkte*) durch Betätigen der Schaltfläche *Artikeldeckung* am Schaltflächenreiter *Plan* nach Auswahl des betreffenden Artikels geöffnet werden.

Im Artikeldeckungs-Formular kann dann ein neuer Datensatz angelegt werden, um den Mindestlagerbestand zu definieren. In Abhängigkeit von den Einstellungen der Dimensionsgruppen des Artikels ist der Mindestlagerbestand auf Ebene von Dimensionen wie Standort, Lagerort oder Variante zu definieren.

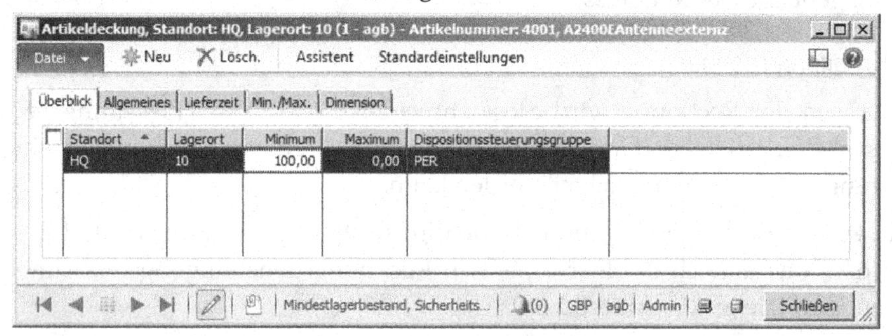

Abbildung 3-15: Eintragen eines Mindestlagerbestands in der Artikeldeckung

3.4.2.2 Bedarfsverlauf und Produktprogrammplanungslauf

Die Einstellungen zur Artikeldeckung und die Verfügbarkeit des Artikels werden im Bedarfsverlauf gezeigt, der nach Auswahl des betreffenden Artikels im Formular für freigegebene Produkte über die Schaltfläche *Bedarfsverlauf* am Schaltflächenreiter *Plan* geöffnet werden. Im Bedarfsverlauf kann über die Schaltfläche *Aktualisieren/Produktprogrammplanungslauf* für den betroffenen Artikel ein Abruf der Produktprogrammplanung erfolgen (siehe Abbildung 3-16). Mit dem Aktualisieren der Produktprogrammplanung werden Bestellvorschläge erstellt.

In Dynamics AX können hierbei parallel mehrere Produktprogrammpläne verwaltet werden, wobei unter anderem ein Plan als statischer Plan für die Disposition und ein Plan als dynamischer Plan für Simulationszwecke definiert werden kann (siehe Abschnitt 6.3.1).

Beim Aktualisieren der Produktprogrammplanung werden Bestellvorschläge nur im jeweils gewählten Plan erzeugt – dem statischen, dem dynamischen oder einem anderen Plan. Falls in den Produktprogrammplanungsparametern eine Zweiplanstrategie definiert ist, bei der zwischen statischem und dynamischem Plan unterschieden wird, wird der dynamische Plan als Vorschlagswert im Kopfteil des Bedarfsverlaufs-Formulars herangezogen.

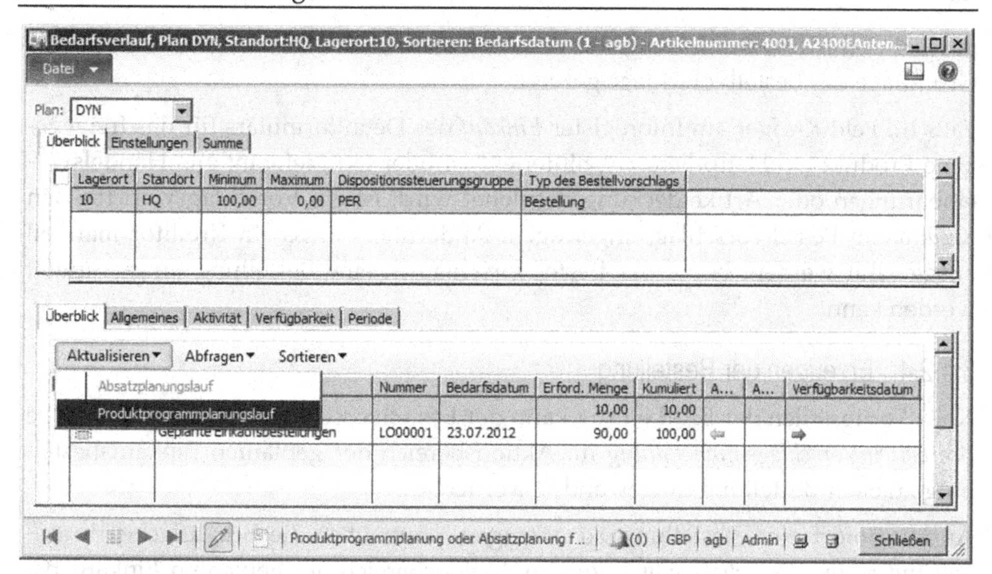

Abbildung 3-16: Aufruf der Produktprogrammplanung im Bedarfsverlaufs-Formular

3.4.2.3 Geplante Einkaufsbestellung

Bestellvorschläge mit der Referenz „Geplante Einkaufsbestellung“ können in der Listenseite *Beschaffung> Häufig> Bestellungen> Geplante Einkaufsbestellungen* bearbeitet werden. Falls eine Zweiplanstrategie verwendet wird, muss im Auswahlfeld *Plan* oberhalb des Rasters der dynamische Plan gewählt werden.

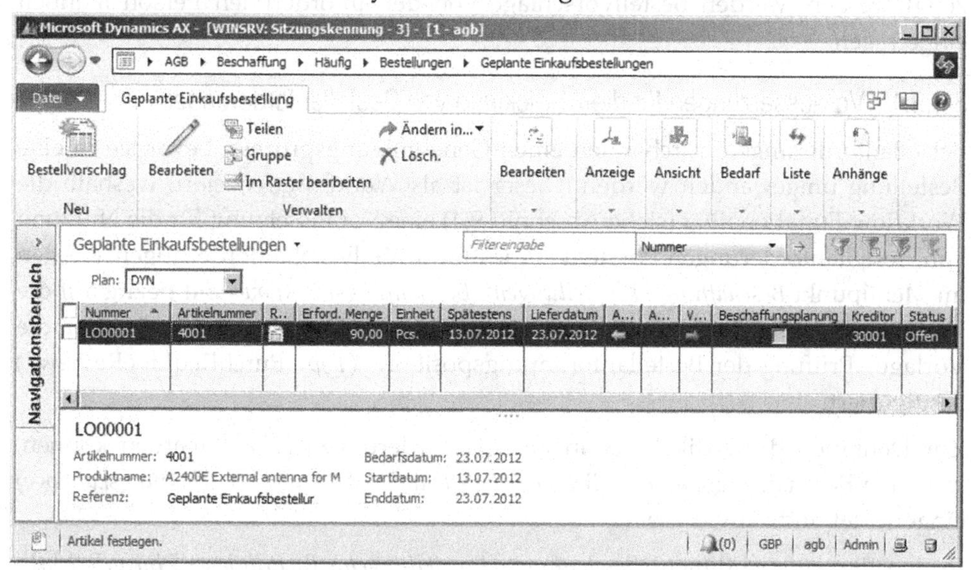

Abbildung 3-17: Bearbeiten eines Bestellvorschlags („Geplante Einkaufsbestellung“)

Die in der Listenseite gezeigten Bestellvorschläge können im zugehörigen Detailformular, das über die Schaltfläche *Bearbeiten* im Aktionsbereich geöffnet wird, bearbeitet werden. Am Inforegister *Bedarfsverursacher* des Detailformulars wird die Grundlage des Bestellvorschlags gezeigt.

Falls im Feld *Kreditor* am Inforegister *Einkauf* des Detailformulars für das freigegebene Produkt ein Hauptlieferant hinterlegt ist oder ein Lieferant aus Handelsvereinbarungen oder Artikeldeckung abgeleitet wird, ist ein Vorschlagswert für den *Kreditor* im Bestellvorschlag eingetragen. Andernfalls muss ein Kreditor manuell ausgewählt werden, bevor der Bestellvorschlag in eine Bestellung umgewandelt werden kann.

3.4.2.4 Erzeugen der Bestellung

Nach Fertigstellen der Bearbeitung kann der Bestellvorschlag über die Schaltfläche *Bearbeiten/Vorschlagsumwandlung* im Aktionsbereich der geplanten Einkaufsbestellung zu einer Bestellung umgewandelt werden.

Anstatt sofort eine Bestellung zu erzeugen, kann über die Schaltfläche *Verwalten/Ändern in.../Angebotsanforderung* im Aktionsbereich der geplanten Einkaufsbestellung auch eine Angebotsanforderung (siehe Abschnitt 3.4.4) generiert werden.

3.4.3 Bestellanforderungen

Eine Bestellanforderung ist ein internes Dokument, mit dem die Einkaufsabteilung zur Beschaffung von Waren oder Dienstleistungen aufgefordert wird. Im Gegensatz zu Bestellvorschlägen, die automatisch aufgrund eines Materialbedarfs erzeugt werden, werden Bestellvorschläge von der anfordernden Person manuell eingetragen.

3.4.3.1 Voraussetzungen für die Abwicklung von Bestellanforderungen

Bestellanforderungen durchlaufen einen Genehmigungsprozess, bevor sie in eine Bestellung umgewandelt werden. Dieser ist als Workflow realisiert, weshalb die Workflow-Funktionalität (siehe Abschnitt 9.4) eine Voraussetzung für die Nutzung von Bestellanforderungen darstellt. Workflows für Bestellanforderungen werden im Menüpunkt *Beschaffung> Einstellungen> Beschaffungsworkflows* mit Bezug auf die Vorlage „Prüfung der Bestellanforderungen" (*Typ* „PurchReqReview") oder die Vorlage „Prüfung der Bestellanforderungsposition" (*Typ* „PurchReqLineReview") konfiguriert.

Zur Definition der Artikel, die in Bestellanforderungen erfasst werden können, muss ein Beschaffungskatalog (*Beschaffung> Häufig> Kataloge> Beschaffungskataloge*) eingerichtet und aktiviert sein.

In den Einkaufsrichtlinien (*Beschaffung> Einstellungen> Richtlinien> Einkaufsrichtlinien*) ist dieser Beschaffungskatalog in der Richtlinie, die für das jeweilige Unternehmen (gemäß Einstellung am Reiter *Richtlinienorganisationen*) Anwendung findet, unter der *Richtlinienregel* „Katalogrichtlinienregel" zu hinterlegen.

3.4.3.2 Erfassen einer Bestellanforderung

Bestellanforderungen können entweder im Dynamics AX Windows-Client oder im Enterprise Portal erfasst werden. Das Enterprise Portal dient hierbei als Web-Zugriff für Benutzer, die nur gelegentlich in Dynamics AX arbeiten.

Im Dynamics AX Windows-Client erfolgt das Erfassen von Bestellanforderungen über die Listenseite *Beschaffung> Häufig> Bestellanforderungen> Alle Bestellanforderungen*. Nach Anlegen eines neuen Datensatzes über die Schaltfläche *Neu/Bestellanforderung* im Aktionsbereich der Listenseite wird ein Dialog gezeigt, wo im Feld *Name* eine kurze Beschreibung zur jeweiligen Anforderung einzutragen ist.

In Abhängigkeit von den Einkaufsrichtlinien können Positionen im Detailformular der Bestellanforderung durch entsprechende Auswahl von *Anfordernde Person, Kaufende juristische Person* und *Empfangende Organisationseinheit* für eine andere Person oder Organisation erfasst werden. In den Einkaufsrichtlinien wird auch festgelegt, ob beispielsweise ein Eintrag im Auswahlfeld *Grund* des Bestellanforderungskopfs erforderlich ist.

Die Eintragung des angeforderten Produkts in der Position hängt von der Art des Artikels ab:

- **Interne Katalogartikel** – Freigegebene Produkte (Artikel), die dem aktiven Beschaffungskatalog zugeordnet sind, können in der Spalte *Artikelnummer* eingetragen werden.
- **Kategorieartikel** – Dienstleistungen, immaterielle Güter und sonstige Waren können durch Eintragen von *Beschaffungskategorie* (anstelle der *Artikelnummer*) und *Produktname* erfasst werden.
- **Externe Katalogartikel** – Entsprechende Positionen können nur im Enterprise Portal erfasst werden, wobei hier ein Link zur externen Webseite des Lieferanten geöffnet wird.

Das Erfassen von Positionen im Detailformular kann mit manueller Auswahl von *Artikelnummer* (beziehungsweise *Beschaffungskategorie*) oder über die Schaltfläche *Artikel hinzufügen* in der Aktionsbereichsleiste des Inforegisters *Bestellanforderungspositionen* erfolgen.

Wird die Schaltfläche *Artikel hinzufügen* genutzt, zeigt Dynamics AX das Formular *Artikel hinzufügen*. In diesem können am Reiter *Katalogartikel* interne Katalogartikel (mit Artikelnummer) und am Reiter *Nicht im Katalog enthaltene Artikel* auch Kategorieartikel (mit Beschaffungskategorie und Produktname) gewählt werden. Um Positionen in die Bestellanforderung zu übernehmen, werden sie einzeln über die Schaltfläche *Auswählen* in den unteren Fensterteil dieses Formulars eingefügt, und anschließend die Schaltfläche *OK* rechts unten im Formular betätigt.

3.4.3.3 Genehmigungsworkflow

Solange die Erfassung einer Bestellanforderung nicht abgeschlossen ist, zeigt sie den *Status* „Übersicht". Sobald die Erfassung der Bestellanforderung beendet ist, kann der Genehmigungsworkflow über die Schaltfläche *Absenden* in der gelben Workflowleiste oberhalb des Rasters gestartet werden. Die Bestellanforderung erhält dadurch den Status „Wird überprüft" und die Genehmigung der Bestellanforderung wird in einem Batch-Prozess vom System verarbeitet.

Der weitere Ablauf hängt von den Einstellungen des Bestellanforderungs-Workflows ab. Abschnitt 9.4 in diesem Buch enthält eine kurze Beschreibung zur Konfiguration und zur Arbeit mit Workflows.

Falls erforderlich, kann eine Angebotsanforderung zu einer Bestellanforderung erzeugt werden. Dazu wird die Schaltfläche *Angebotsanforderung erstellen* im Aktionsbereich der Bestellanforderung betätigt, solange die Bestellanforderung den Status „Wird überprüft" aufweist.

3.4.3.4 Erstellen einer Bestellung

Wenn eine Bestellanforderung genehmigt ist, zeigt Sie den Status „Genehmigt" und kann als Bestellung freigegeben werden.

In den Einkaufsrichtlinien (*Beschaffung> Einstellungen> Richtlinien> Einkaufsrichtlinien*) kann die *Richtlinienregel* „Regel für die Erstellung von Bestellungen und Bedarfskonsolidierung" dazu definieren, ob eine Bestellung für genehmigte Bestellanforderungen automatisch erzeugt wird oder eine manuelle Freigabe nötig ist.

Ist eine manuelle Freigabe vorgesehen, muss die Bestellung in der Listenseite *Beschaffung> Häufig> Bestellanforderungen> Genehmigte Bestellanforderungen freigeben* nach Genehmigung der Bestellanforderung über die Schaltfläche *Neu/Bestellung* im Aktionsbereich erzeugt werden.

3.4.3.5 Neu in Dynamics AX 2012

Einkaufsrichtlinien sind eine neue Funktion in Dynamics AX 2012, die auch in Bestellanforderungen Anwendung findet.

3.4.4 Angebotsanforderungen

Eine Angebotsanforderung (englisch „Request for quote" / RFQ) ist ein externes Dokument, mit dem Lieferanten aufgefordert werden, ein Angebot abzugeben. Eine Anfrage kann hierbei an mehrere Lieferanten parallel geschickt werden. Die eingehenden Angebote werden anschließend eingetragen und verglichen, um schließlich eine Bestellung zu erstellen.

Angebotsanforderungen können manuell im Angebotsanforderungs-Formular angelegt oder von Bestellvorschlag und Bestellanforderung aus erzeugt werden.

3.4.4.1 Erfassen einer Angebotsanforderung

Um eine Angebotsanforderung manuell anzulegen, kann in der Listenseite *Beschaffung> Häufig> Angebotsanforderungen> Alle Angebotsanforderungen* die Schaltfläche *Neu/Angebotsanforderung* betätigt werden. Im Neuanlagedialog wird der *Bestelltyp* „Bestellung" gewählt um eine Angebotsanforderung zu einer normalen Bestellung anzulegen. Nach Überprüfung der Werte für *Lieferdatum* und *Ablaufdatum* kann der Dialog über die Schaltfläche OK geschlossen werden.

Angebotsanforderungen bestehen aus einem Kopfteil, in dem die allgemeinen Daten der Anfrage wie Liefertermin und Angebotsfrist (*Ablaufdatum*) enthalten sind, und einem Positionsteil (Inforegister *Angebotsanforderungspositionen*), der Artikel und Mengen enthält. In Kopfteil und Positionen geben die Spalten *Niedrigster Status* und *Höchster Status* Auskunft über die erreichte Phase (Anfrage versendet, Angebote eingegangen, Angebote angenommen/abgelehnt).

Wie in Bestellanforderungen und Einkaufsbestellungen kann in den Positionen der Angebotsanforderung eine *Artikelnummer* oder eine *Beschaffungskategorie* eingetragen werden, wobei in Angebotsanforderungen die Spalte *Positionstyp* eine entsprechende Eintragung steuert. Feldinhalte wie Lieferdatum oder Adressdaten werden als Vorschlagswert aus dem Angebotsanforderungskopf in die Positionen übernommen. Über die Dokumentenverwaltung (siehe Abschnitt 9.5.1) können zu Anfragenkopf und Positionen Zusatzinformationen wie Datenblätter oder Abbildungen hinzugefügt werden.

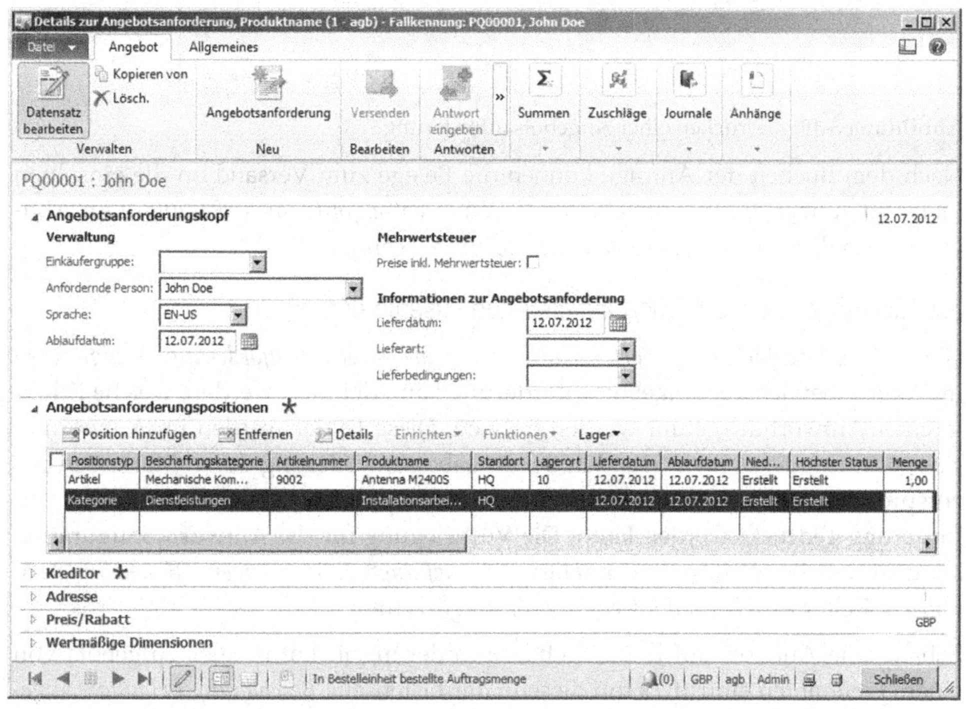

Abbildung 3-18: Eintragen von Positionen in einer Angebotsanforderung

Um die Lieferanten festzulegen, an die die Anfrage gesendet werden soll, wird der Inforegister *Kreditor* (unterhalb des Inforegisters *Angebotsanforderungspositionen*) geöffnet, wo für jeden betroffenen Lieferanten eine eigene Zeile anzulegen ist.

3.4.4.2 Versenden der Angebotsanforderung an Lieferanten

Nach Eintragen der betroffenen Lieferanten kann über die Schaltfläche *Versenden* im Aktionsbereich der Angebotsanforderung das Buchungsfenster zum Versenden der Anfrage geöffnet werden. Um einen Ausdruck durchzuführen, wird die Schaltfläche *Drucken* in der Aktionsbereichsleiste betätigt und im zugehörigen Dialog das Kontrollkästchen *Angebotsanforderung drucken* markiert. Im Buchungsfenster kann dann über die Schaltfläche *OK* die Angebotsanforderung gebucht und gedruckt werden.

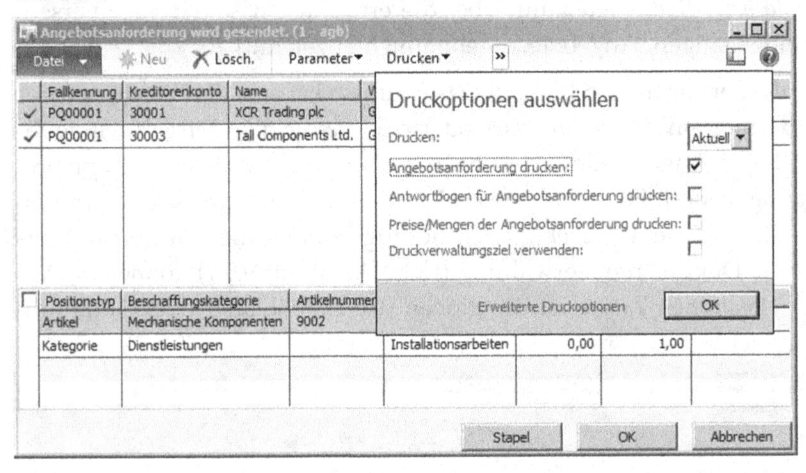

Abbildung 3-19: Drucken einer Angebotsanforderung

Nach dem Buchen der Anfrage können die Belege zum Versand an die einzelnen Lieferanten über die Schaltfläche *Journale/Angebotsanforderungserfassungen* im Aktionsbereich der Angebotsanforderung abgefragt werden.

3.4.4.3 Angebote als Antwort auf die Angebotsanforderung

Über die Schaltfläche *Antworten/Antwort auf die Angebotsanforderung konfigurieren* im Aktionsbereich der Angebotsanforderung kann definiert werden, welche Felder in einer Antwort ausgefüllt werden müssen. Diese Felder werden im Antwortbogen gedruckt, der beim Versenden der Angebotsanforderung durch Markieren des entsprechenden Kontrollkästchens in den Druckoptionen parallel zur Angebotsanforderung gedruckt werden kann. Die Vorbelegung für die Antwortkonfiguration kann in den Beschaffungsparametern (*Beschaffung> Einstellungen> Beschaffungsparameter*, Reiter *Angebotsanforderung*) hinterlegt werden.

Sobald eine Antwort auf die Angebotsanforderung in Form eines Angebots von einem Lieferanten eintrifft, kann diese in der Listenseite *Beschaffung> Häufig> Angebotsanforderungen> Antworten auf Angebotsanforderung* erfasst werden. Alternativ kann das Antwortformular auch in der Angebotsanforderung über die Schaltfläche *Antworten/Antwort eingeben* aufgerufen werden, wobei hier darauf zu achten ist die Antwort des richtigen Lieferanten zu bearbeiten.

Im Detailformular zur Antwort auf die Angebotsanforderung können die Angebotsdaten auf Kopfebene (am Inforegister *Angebot*) und auf Positionsebene (in der Positionszeile selbst oder über die Schaltfläche *Details* in der Aktionsbereichsleiste) erfasst werden. Zur Unterstützung kann die Schaltfläche *Bearbeiten/Daten in Antwort kopieren* benutzt werden, um Anfragedaten in die Antwort zu kopieren.

Nach Erfassen der Antwortfelder ändert sich der höchste/niedrigste Status von Anfrage und Antwort automatisch auf „Eingegangen".

3.4.4.4 Übernehmen und Ablehnen von Angeboten

Um die Antworten (Angebote) der einzelnen Lieferanten zu Vergleichen, kann im Angebotsanforderungs-Formular die Schaltfläche *Antworten/Antworten vergleichen* betätigt werden. Im Vergleichsformular kann dann ein Angebot angenommen werden, indem das betroffene Angebot in der Spalte *Markieren* auf Kopf- oder Positionsebene selektiert und anschließend die Schaltfläche *Übernehmen* in Aktionsbereich betätigt wird.

Alternativ kann ein Angebot auch im Formular *Antworten auf Angebotsanforderung* durch Betätigen der Schaltfläche *Übernehmen* angenommen werden.

Mit der Annahme wird eine entsprechende Bestellung automatisch erstellt. Wenn alle Positionen einer Angebotsanforderung übernommen werden, zeigt Dynamics AX das Buchungsfenster zum Ablehnen der anderen Angebote (Anforderungsantworten). Ein Angebot kann aber auch über die Schaltfläche *Ablehnen* im Aktionsbereich der Anforderungsantworten abgelehnt werden.

3.4.5 Elemente und Funktionen in Bestellungen

Wie alle Belege besteht eine Bestellung aus einem Kopfteil und einem Positionsteil mit einer oder mehreren Zeilen. Der Kopfteil enthält die für alle Teile der Bestellung gültigen Daten wie Bestellnummer, Bestelltyp, Lieferant, Währung, Sprache und Zahlungsbedingungen. Manche Felder im Bestellkopf – beispielsweise der Liefertermin – dienen hierbei als Vorschlagswert für die Bestellpositionen und können auf Positionsebene überschrieben werden.

Als Vorschlagswert für den *Bestelltyp* wird in den Beschaffungsparametern üblicherweise „Bestellung" (normale Einkaufsbestellung) eingestellt. In der Bestellung kann anstelle des Vorschlagswerts aber einer der folgenden Bestelltypen gewählt werden:

- **Bestellung** – Normale Einkaufsbestellung
- **Journal** – Entwurf oder Kopiervorlage, ohne Auswirkung auf Lager oder Finanzwesen

- **Zurückgegebener Auftrag** – Gutschrift, siehe Abschnitt 3.7.1

In den Positionen sind die Artikel mit Waren-Identifikation (*Artikelnummer* oder *Beschaffungskategorie*), Bezeichnung, Bestellmenge, Preise und Liefertermin enthalten. Für die Bestellung eines lagergeführten Artikels muss die Artikelnummer des freigegebenen Produkts gewählt werden. Dienstleistungen und immaterielle Güter können entweder durch Eintragung der Artikelnummer des jeweiligen – nicht lagergeführten – Artikels oder durch Eintragen der Beschaffungskategorie erfasst werden.

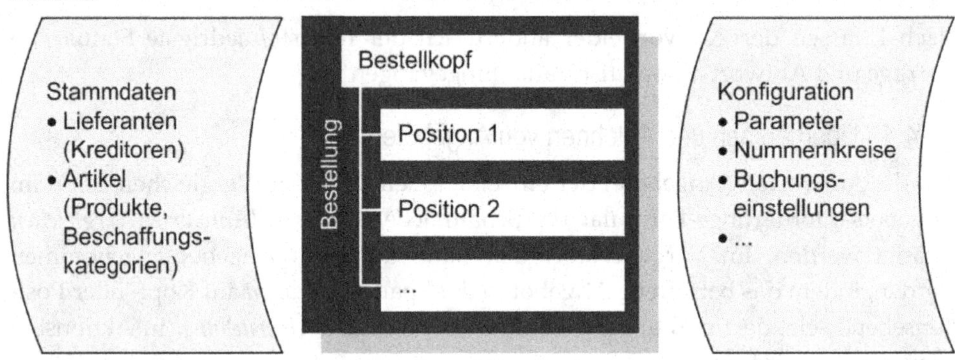

Abbildung 3-20: Struktur der Einkaufsbestellung

3.4.5.1 Vorschlagswerte in Bestellungen

In Kopf und Positionen werden nach Auswahl von Lieferantennummer bzw. Artikelnummer zahlreiche Feldwerte aus den jeweiligen Stammdaten übernommen. Die in die Bestellung eingetragenen Vorschlagswerte können aber je nach Berechtigung überschrieben werden.

Wenn beispielsweise mit dem Lieferanten für die vorliegende Bestellung eine andere Zahlungsbedingung vereinbart wird, kann die Zahlungsbedingung in der Bestellung geändert werden. Falls die neue Vereinbarung generell gilt, muss die Zahlungsbedingung im Lieferantenstamm entsprechend geändert werden damit in der nächsten Bestellung die korrekte neue Zahlungsbedingung als Vorschlagswert vorhanden ist.

3.4.5.2 Erfassen einer Bestellung

In Abhängigkeit von den Bedürfnissen des Benutzers können Bestellungen von zwei unterschiedlichen Formularen aus geöffnet und angelegt werden:

- **Kreditorenformular** – Vorzuziehen, wenn in den Bestellungen mit einer Lieferantensuche begonnen wird.
- **Bestellformular** – Vorzuziehen, wenn der Lieferant nicht das Auswahlkriterium darstellt (z.B. Suche nicht genehmigter Bestellungen).

In der Kreditoren-Listenseite (*Beschaffung> Häufig> Kreditoren> Alle Kreditoren*) oder dem zugehörigen Detailformular kann über die Schaltfläche *Neu/Bestellung* am

Schaltflächenreiter *Beschaffung* nach Auswahl des betroffenen Lieferanten eine neue Bestellung direkt angelegt werden. Daten für den Bestellkopf der neuen Bestellung werden vom gewählten Lieferanten übernommen und das Detailformular der Bestellung wird sofort in der Positionsansicht geöffnet um unmittelbar mit dem Erfassen der ersten Position beginnen zu können.

Im Kreditorenformular können des Weiteren über die Schaltfläche *Zugehörige Informationen/Bestellungen/Alle Bestellungen* am Schaltflächenreiter *Beschaffung* auch die bestehenden Bestellungen zum gewählten Kreditor abgefragt werden (Anzeige der Listenseite *Alle Bestellungen* gefiltert auf den jeweiligen Kreditor).

Wenn die Listenseite *Alle Bestellungen* über das Menü (*Beschaffung> Häufig> Bestellungen> Alle Bestellungen*) geöffnet wird, zeigt sie hingegen eine Übersicht aller Einkaufsbestellungen. Nach Auswahl einer Bestellung und Öffnen des zugehörigen Detailformulars mittels Doppelklick oder über die Schaltfläche *Bearbeiten* im Aktionsbereich werden die Detaildaten der Bestellung gezeigt.

Im Bestellformular (Listenseite oder Detailformular) kann eine neue Bestellung angelegt werden, indem die Schaltfläche *Neu/Bestellung* am Schaltflächenreiter *Bestellung* betätigt wird. Dynamics AX zeigt dann den Neuanlagedialog für Bestellungen, in dem der Lieferant in der Kreditorensuche zu wählen ist (z.B. über die Option *Nach Feld filtern*, die im Kontextmenü nach Klick mit der rechten Maustaste in die Spalte *Name* des Suchfensters verfügbar ist).

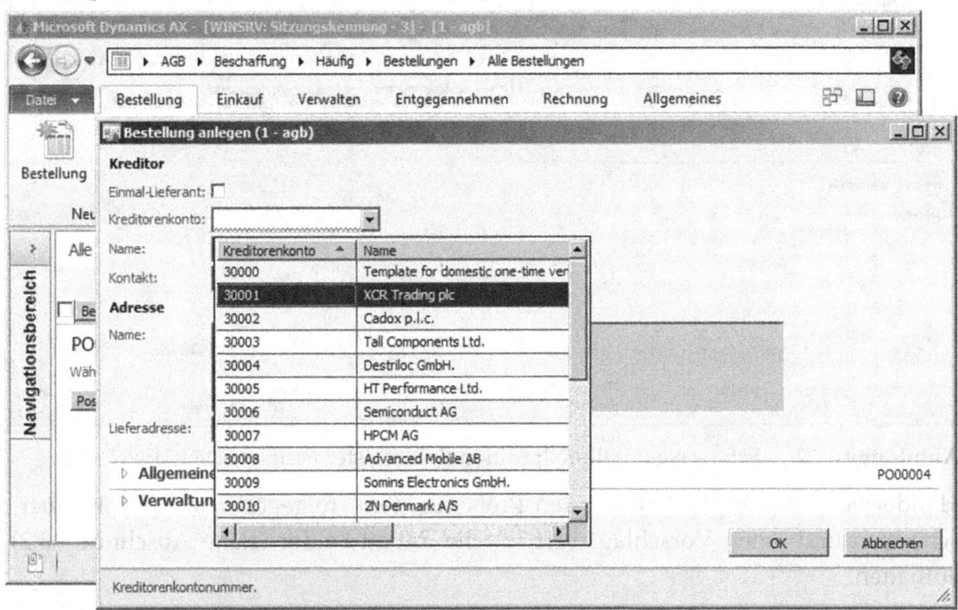

Abbildung 3-21: Anlegen einer Bestellung im Bestellformular

Nach Auswahl des Lieferanten werden die entsprechenden Vorschlagswerte aus dem Kreditorenstamm eingesetzt. Durch Erweitern der Inforegister *Allgemeines* und *Verwaltung* des Neuanlagedialogs können zusätzliche Felder des Bestellkopfs eingeblendet werden. Falls Lieferantennummer, Bestelltyp, Währung und andere Werte geändert werden sollen, kann dies entweder im Neuanlagedialog oder danach in der Kopfansicht der neuen Bestellung erfolgen.

Nach Betätigen der Schaltfläche *OK* im Dialog wird der Bestellkopf angelegt und das Detailformular für Bestellungen in der Positionsansicht gezeigt.

3.4.5.3 Bestellpositionen

Um eine Positionszeile anzulegen, kann am Inforegister *Bestellpositionen* der Positionsansicht des Bestellungs-Detailformulars ein Mausklick in den Raster ausgeführt oder die Schaltfläche [Position hinzufügen] in der Aktionsbereichsleiste betätigt werden. Als erstes Feld einer neuen Position wird entweder die *Artikelnummer* des freigegebenen Produkts oder die *Beschaffungskategorie* eingetragen. Aus den Stammdaten werden Vorschlagswerte für Daten wie Menge, Mengeneinheit, Preis und - falls nicht aus dem Bestellkopf vorbelegt – Standort und Lagerort übernommen.

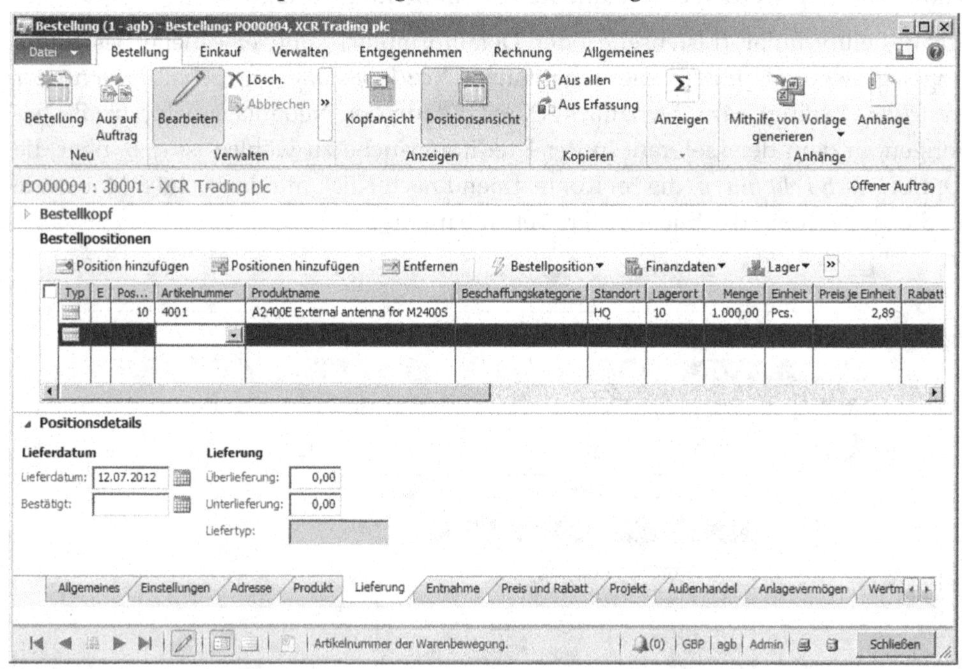

Abbildung 3-22: Erfassen einer Bestellposition (Inforegister *Positionsdetails* erweitert)

Handelsvereinbarungen können den Preis aus dem freigegebenen Produkt überschreiben und einen Vorschlagswert für die Rabatt-Felder (siehe Abschnitt 4.3.2) enthalten.

Der Nettobetrag einer Position wird auf Basis von Bestellmenge, Einkaufspreis und Zeilenrabatt (Rabattbetrag in der Spalte *Rabatt* und Prozentsatz in der Spalte *Rabatt in Prozent*) berechnet. Preis, Rabatt und Nettobetrag können überschrieben werden, wobei der Preis nicht mehr angezeigt wird, wenn der Betrag in der Spalte *Nettobetrag* manuell eingetragen wird.

Der Vorschlagswert für die *Positionsnummer* wird übernommen, sobald eine Zeile gespeichert wird. Die Schrittweite der Positionsnummern kann hierbei in den Systemparametern (*Systemverwaltung> Einstellungen> Systemparameter*) definiert werden.

Um den Liefertermin und weitere Detaildaten der Bestellposition zu betrachten, kann der Inforegister *Positionsdetails* erweitert und das betreffende Unter-Register geöffnet werden.

Der Liefertermin am Unter-Register *Lieferung* wird aus dem Bestellkopf übernommen, wenn der Bestellkopf-Termin nach der Wiederbeschaffungszeit des Artikels liegt. Ist dies nicht der Fall, wird als Liefertermin das Tagesdatum (Sitzungsdatum) zuzüglich der Einkaufs-Lieferzeit eingesetzt. Die Lieferzeit für ein Produkt kann in Standardauftragseinstellungen, standortspezifischen Auftragseinstellungen, Handelsvereinbarungen für Einkaufspreise und in der Artikeldeckung definiert werden.

3.4.5.4 Immaterielle Güter und Beschaffungskategorien

Wenn immaterielle Güter oder Dienstleistungen eingekauft werden sollen, kann die Artikelnummer eines entsprechenden, nicht lagergeführten Produkts (Artikel mit Produkttyp „Service" oder mit einer Lagersteuerungsgruppe für nicht lagergeführte Artikel, siehe Abschnitt 7.2.1) gewählt und eine Bestellzeile wie für lagergeführte Produkte erfasst werden.

Alternativ kann die Spalte *Artikelnummer* der Bestellposition übersprungen und anstelle dessen eine *Beschaffungskategorie* gewählt werden. Beschaffungskategorien enthalten jedoch wesentlich weniger Vorschlagswerte als der Artikelstamm. Bei Auswahl einer Beschaffungskategorie sind daher Daten wie Menge, Mengeneinheit, Preis und Positionstext (Feld *Text* am Unter-Register *Allgemeines*) soweit benötigt immer manuell zu erfassen.

3.4.5.5 Lagerbuchung

Beim Anlegen einer Bestellposition für einen lagergeführten Artikel wird von Dynamics AX in einer regulären Bestellung (Bestelltyp „Bestellung" oder „Zurückgelieferter Artikel") eine Lagerbuchung ohne Buchungsdatum im Status „Bestellt" erzeugt. Diese kann über die Schaltfläche *Lager/Buchungen* in der Aktionsbereichsleiste der Bestellpositionen abgefragt werden. Mit dem Buchen von Produktzugang und Rechnung wird diese Lagerbuchung später aktualisiert (siehe Abschnitt 7.2.5).

3.4.5.6 Positionsansicht und Kopfansicht

Bei Neuanlage einer Bestellung oder bei Aufruf des Detailformulars in der Listenseite *Alle Bestellungen* wird das Bestellungs-Detailformular in der Positionsansicht geöffnet. In dieser zeigt die Überschriftzeile oberhalb des ersten Inforegisters links die Bestellnummer und den Lieferanten. Rechts ist der Bestellstatus zu sehen.

Weitere ausgewählte Bestellkopf-Daten wie der Liefertermin sind in der Positionsansicht des Bestellungs-Detailformulars am Inforegister *Bestellkopf* verfügbar.

Um alle Bestellkopfdaten zu bearbeiten, kann die Schaltfläche *Kopfansicht* am Schaltflächenreiter *Bestellung* betätigt werden. In der Kopfansicht können einerseits Daten wie Bestelltyp, Kreditor und Zahlungsbedingungen bearbeitet werden, die nur auf Kopfebene verfügbar sind, andererseits können auch Feldinhalte wie das Lieferdatum geändert werden, die als Vorschlagswert für die Positionen dienen.

Wenn Kopfdaten, die einen Vorschlagswert für Positionen darstellen, nach dem Erfassen von Bestellpositionen geändert werden, werden die betroffenen Felder in den Positionen in Abhängigkeit von den Beschaffungsparametern (*Beschaffung> Einstellungen> Beschaffungsparameter*, Schaltfläche *Auftragspositionen aktualisieren* am Reiter *Aktualisierungen*) automatisch aktualisiert.

Um nach Bearbeiten des Bestellkopfs von der Kopfansicht wieder zur Positionsansicht zu gelangen, kann die Schaltfläche *Positionsansicht* am Schaltflächenreiter *Bestellung* betätigt werden.

3.4.5.7 Lieferadresse

Die Lieferadresse einer Bestellung wird am Inforegister *Adresse* in der Kopfansicht des Bestellungs-Detailformulars verwaltet. Der Vorschlagswert für die Lieferadresse ist hierbei die eigene Adresse aus den Unternehmensdaten (*Organisationsverwaltung> Einstellungen> Organisation> Juristische Personen*, Reiter *Adressen*). Falls eine Adresse für den im Bestellkopf eingetragenen *Standort* oder *Lagerort* hinterlegt ist, wird diese als Lieferadresse eingesetzt.

Wenn die Lieferadresse in einer Bestellung geändert werden soll, bestehen zwei Möglichkeiten:

- **Auswahl einer vorhandenen Adresse** (aus dem im globalen Adressbuch)
- **Einfügen einer komplett neuen Adresse**

Wenn eine vorhandene Adresse – beispielsweise eine Kundenadresse für die direkte Auslieferung einer Bestellung – gewählt werden soll, kann das Symbol neben dem Auswahlfeld *Lieferadresse* am Inforegister *Adresse* in der Kopfansicht des Bestellungs-Detailformulars betätigt werden. Im Dialog zur Adressauswahl kann dann nach entsprechender Wahl im Auswahlfeld *Datensatztyp* eine Adresse aus den verschiedenen Bereichen des globalen Adressbuchs übernommen werden.

Wenn eine komplett neue Adresse erfasst werden soll, kann das Symbol neben dem Auswahlfeld *Lieferadresse* im Bestellungs-Detailformular betätigt werden. Im Dialog *Neue Adresse* kann dann die neue Lieferadresse eingetragen werden (analog zum Erfassen einer Lieferantenadresse, siehe Abschnitt 3.2.1). Im Zweck (Feld *Kostenträger* unterhalb der Identifikation) der Adresse sollte „Alternative Lieferung" gewählt werden („Lieferung", wenn die Adresse in Zukunft als Vorschlagswert für alle Bestellungen dient). Das Kontrollkästchen *Einmalig* ist zu markieren, falls die neue Adresse zukünftig nicht laufend verwendet wird.

Wenn in einer Bestellung unterschiedliche Lieferadressen auf Positionsebene benötigt werden, kann in der Positionsansicht das Unter-Register *Adresse* der Positionsdetails geöffnet werden. Das Erfassen von Adressen auf Positionsebene erfolgt funktional auf gleiche Weise wie das Erfassen einer Lieferadresse im Bestellkopf.

3.4.5.8 Bezugskosten und Belastungen

Bezugskosten und Zuschläge – wie Kosten für Fracht und Versicherung – können als „Belastungen" sowohl auf Kopf- als auch auf Positionsebene erfasst werden. Die entsprechende Funktionalität wird analog im Verkauf benutzt (siehe Abschnitt 4.4.5).

Um Belastungen mit Bezug auf den Bestellkopf zu erfassen, kann die Schaltfläche *Zuschläge/Belastungen verwalten* am Schaltflächenreiter *Einkauf* im Aktionsbereich des Bestellformulars betätigt werden. Für das Erfassen von Belastungen auf Positionsebene dient in der Positionsansicht des Bestellungs-Detailformulars die Schaltfläche *Finanzdaten/Belastungen verwalten* in der Aktionsbereichsleiste des Inforegisters *Bestellpositionen* nach Auswahl der betreffenden Zeile.

3.4.5.9 Vorsteuer

Die Umsatzsteuer (Vorsteuer) wird auf Basis der Kombination von Lieferant (Kreditor) und Artikel (freigegebenes Produkt) berechnet:

- **Lieferanten** enthalten die *Mehrwertsteuergruppe* (Inforegister *Rechnung und Lieferung* des Kreditoren-Detailformulars), die normalerweise eine Unterscheidung in Inland, EU und Drittland beinhaltet.
- **Artikel** enthalten die *Artikel-Mehrwertsteuergruppe* (Inforegister *Einkauf* des Detailformulars *Freigegebene Produkte*), die normalerweise eine Unterscheidung zwischen Artikeln mit Normalbesteuerung und Artikeln mit ermäßigtem Steuersatz (z.B. Bücher) beinhaltet.

Aus Lieferantenstamm und Artikelstamm werden die Steuergruppen zur automatischen Ermittlung des zutreffenden Mehrwertsteuersatzes in die Bestellung übernommen. Die *Mehrwertsteuergruppe* kann hierbei am Inforegister *Einstellungen* der Kopfansicht des Bestellformulars bearbeitet werden. Sie wird in die Positionen übernommen, wobei in der Positionsansicht des Bestellformulars am Unter-Register *Einstellungen* der Positionsdetails neben der *Mehrwertsteuergruppe* auch die *Artikel-Mehrwertsteuergruppe* bearbeitet werden kann.

Die berechnete Steuer kann im Aktionsbereich des Bestellformulars über die Schaltfläche *Steuer/Mehrwertsteuer* am Schaltflächenreiter *Einkauf* abgefragt werden.

3.4.5.10 Kopieren einer Bestellung

Als Alternative zum manuellen Erfassen einer neuen Bestellung kann eine bestehende Bestellung kopiert werden. Für das Kopieren kann hierbei auch ein anderer Bestelltyp als Basis herangezogen werden kann (z.B. Journal in Bestellung kopieren).

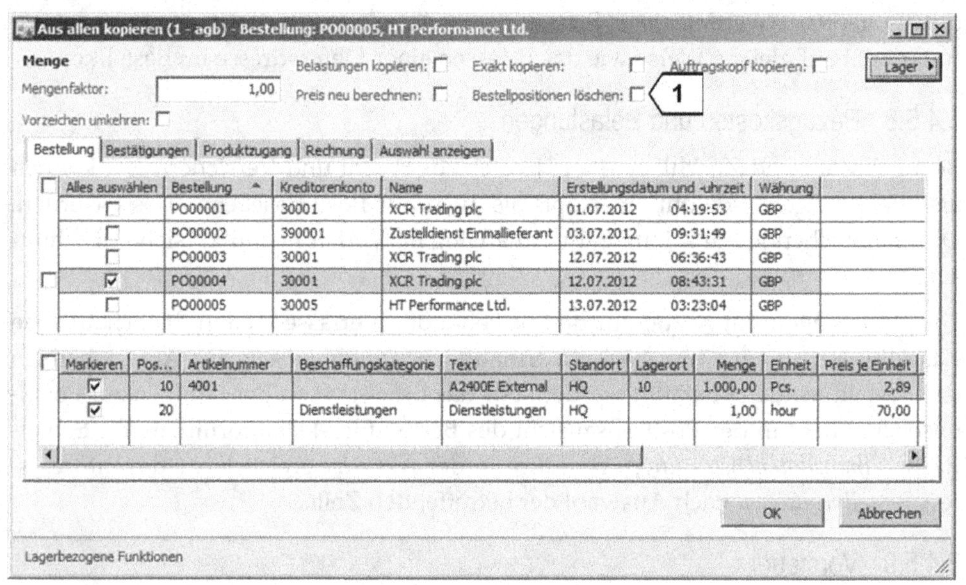

Abbildung 3-23: Auswählen von Datensätzen im Dialog *Aus allen kopieren*

Um eine Kopie zu erzeugen, muss zunächst eine neue Bestellung mit Bestellkopf angelegt werden. In dieser Bestellung kann die Schaltfläche *Kopieren/Aus allen* am Schaltflächenreiter *Bestellung* gewählt werden, um bestehende Bestellungen oder gebuchte Belege komplett oder zeilenweise zu kopieren. Im Dialog *Aus allen kopieren* werden dann die vorhandenen Belege angezeigt, durch Markieren von Kontrollkästchen in der linken Spalte können im oberen Fensterteil komplette Belege oder im unteren Fensterteil einzelne Positionen ausgewählt werden (siehe Abbildung 3-23). Falls gewünscht, können auch mehrere Belege markiert werden.

Beim Kopieren sind die Einstellungen der Kontrollkästchen oben im Dialog zu beachten: Ist das Kontrollkästchen *Bestellpositionen löschen* [1] markiert ist (Vorschlagswert), werden alle Positionen der neuen Bestellung gelöscht, bevor Positionen aus der gewählten Bestellung übernommen werden. Während dies bei einer komplett neuen Bestellung ohne Positionen irrelevant ist, kann es unerwünscht sein wenn in einer Bestellung bloß zusätzliche Positionen durch Kopieren eingefügt werden sollen.

Nach Markieren aller gewünschten Belege und Positionen wird der Dialog mit Betätigen der Schaltfläche *OK* geschlossen. Die Positionen werden dann in die neue Bestellung übertragen und können dort überarbeitet werden. Ist das Kontrollkästchen *Auftragskopf kopieren* im Dialog markiert, werden aus der kopierten Bestellung zusätzlich Kopfdaten wie die Zahlungsbedingung übernommen.

Die Kopier-Funktion kann nicht nur in einer neuen, sondern auch in einer bestehenden Bestellung benutzt werden. Zu diesem Zweck steht am Schaltflächenreiter *Bestellung* des Bestellformulars auch die Schaltfläche *Kopieren/Aus Erfassung* zur Verfügung, die die gebuchten Positionen der jeweiligen Bestellung in einem Dialog zum Kopieren zeigt.

Zusätzlich zum Aufruf auf Bestellkopf-Ebene über die Schaltflächen im Aktionsbereich des Bestellformulars können Kopier-Funktionen auch über die Schaltfläche *Bestellposition* in der Schaltflächenleiste der Bestellpositionen aufgerufen werden.

3.4.5.11 Bestelltyp „Journal"

Bestellungen vom Typ „Journal" können nicht gebucht werden, sie dienen als Vorerfassungen und Kopiervorlagen. Wenn ein Journal nicht in eine Bestellung kopiert, sondern als Vorerfassung benutzt und in eine Bestellung umgewandelt werden soll, kann entweder der Bestelltyp im Journal auf „Bestellung" geändert oder der Menüpunkt *Beschaffung> Periodisch> Einkaufserfassung buchen* aufgerufen werden.

3.4.5.12 Neu in Dynamics AX 2012

Durch die neue Benutzeroberfläche mit Kopf- und Positionsansicht ergeben sich in Dynamics AX 2012 wesentliche Änderungen bei der Arbeit in Bestellungen. Zusätzlich sind Funktionen wie Beschaffungskategorien, Lieferzeitpläne und neue Punkte wie Positionsnummern realisiert. Der Überblick gebuchter Positionsmengen ist jetzt über die Schaltfläche *Positionsmenge* (Schaltflächenreiter *Allgemeines*) verfügbar.

3.4.6 Änderungsmanagement und Bestellungsgenehmigung

In Abhängigkeit von den Einstellungen zu Änderungsmanagement muss eine Bestellung nach dem Erfassen einen Genehmigungsprozess durchlaufen bevor die Bestellbestätigung gebucht werden kann und der weitere Ablauf möglich ist.

3.4.6.1 Einstellungen zum Änderungsmanagement

Die Haupteinstellung für das Änderungsmanagement von Einkaufsbestellungen befindet sich in den Beschaffungsparametern (*Beschaffung> Einstellungen> Beschaffungsparameter,* Reiter *Allgemeines*). Ist dort das Kontrollkästchen *Änderungsmanagement aktivieren* markiert, ist ein Genehmigungsprozess für alle Bestellungen erforderlich.

Wenn das Kontrollkästchen *Überschreiben der Einstellungen pro Kreditor zulässig* in den Beschaffungsparametern aktiv ist, können allerdings abweichende Einstellungen auf Ebene einzelner Lieferanten definiert werden. Im Kreditoren-Detailformular (Inforegister *Standardwerte für Bestellungen*, Feldgruppe *Änderungsmanagement für Bestellungen*) ist dann dazu das Kontrollkästchen *Einstellungen überschreiben* verfügbar, das ein Übersteuern der allgemeinen Einstellungen in beide Richtungen ermöglicht:

- Kein Genehmigungsprozess für einzelne Lieferanten, obwohl das Änderungsmanagement allgemein aktiviert ist.
- Genehmigungsprozess für einzelne Lieferanten, obwohl das Änderungsmanagement allgemein deaktiviert ist.

Der Genehmigungsprozess für Einkaufsbestellungen beruht auf der Workflow-Funktionalität in Dynamics AX (siehe Abschnitt 9.4.3). Workflows für Bestellungen werden im Menüpunkt *Beschaffung> Einstellungen> Beschaffungsworkflows* mit Bezug auf die Vorlage „Bestellworkflow" (*Typ* „PurchTableTemplate") oder die Vorlage „Bestellpositionsworkflow" (*Typ* „PurchLineTemplate") verwaltet.

3.4.6.2 Genehmigungsstatus

Der *Genehmigungsstatus* ist im Bestellkopf enthalten und wird in der Listenseite *Alle Bestellungen* in einer eigenen Spalte gezeigt. In Abhängigkeit vom jeweiligen Genehmigungs-Workflow kann der Genehmigungsstatus einer Bestellung folgende Werte annehmen:

- **Entwurf** – Nach Erfassen der Bestellung, vor Anfordern der Genehmigung
- **Wird überprüft** – Während des Genehmigungs-Workflows
- **Genehmigt** – Nach Genehmigung, ermöglicht Buchen der Bestätigung
- **Bestätigt** – Nach Buchen der Bestellbestätigung

Wenn das Änderungsmanagement für eine Bestellung nicht aktiv ist, zeigt die Bestellung sofort den Status „Genehmigt" und kann ohne weitere Genehmigung durch Buchen der Bestellbestätigung bestätigt werden.

3.4.6.3 Genehmigungsworkflow für Bestellungen

Wenn eine Bestellung dem Änderungsmanagement unterliegt, wird eine gelbe Workflowleiste oberhalb des Rasters gezeigt. In dieser kann der Genehmigungsworkflow über die Schaltfläche *Absenden* gestartet werden. Eine Genehmigung muss dann angefordert werden, wenn die Erfassung einer neuen Bestellung abgeschlossen ist oder wenn eine bereits genehmigte Bestellung geändert wird.

Mit dem Absenden der Genehmigungsanforderung erhält die Bestellung den Genehmigungsstatus „Wird überprüft" und der Genehmigungsprozess wird an den Workflow übergeben. Die Verarbeitung des Genehmigungsworkflows erfolgt dann in einem Batch-Prozess. Aufgrund der Batch-Verarbeitung kann für Bestellungen, die dem Änderungsmanagement unterliegen, die Bestellbestätigung auch dann nicht sofort gebucht werden, wenn in der Workflowkonfiguration eine automatische Genehmigung der betroffenen Bestellung definiert ist.

Wenn im Workflow das manuelle Erteilen einer Genehmigung vorgesehen ist, kann der dafür Zuständige diese Genehmigung entweder im Bestellformular erteilen oder in den Arbeitsaufgaben, die im Bereich *Häufig* des Menüs *Startseite*) gezeigt werden (siehe Abschnitt 9.4.3).

3.4.6.4 Anfordern einer Änderung

Wenn eine bereits genehmigte Bestellung geändert werden soll, ist die Schaltfläche *Verwalten/Änderung anfordern* am Schaltflächenreiter *Bestellung* des Bestellformulars zu betätigen. Danach kann die Bestellung bearbeitet werden, wobei nach Abschluss der Bearbeitung eine weitere Genehmigung anzufordern ist.

Beim Genehmigen von Änderungen kann der Verantwortliche die aktuelle Bestellung mit der letzten genehmigten Version vergleichen, indem er die Schaltfläche *Historie/Bestellversionen vergleichen* am Schaltflächenreiter *Verwalten* des Bestellformulars betätigt. Die Schaltfläche *Historie/Bestellversionen anzeigen* ermöglicht den Vergleich aller Versionen der Bestellung.

3.4.6.5 Neu in Dynamics AX 2012

Änderungsmanagement und Genehmigungsworkflows für Bestellungen sind neue Funktionen in Dynamics AX 2012.

3.4.7 Storno und Löschfunktion

In Dynamics AX besteht ein Unterschied zwischen dem Storno und dem Löschen einer Bestellung. Während ein Storno die offene Liefermenge entfernt, bewirkt das Löschen einer Bestellung oder einer Bestellposition ein komplettes Entfernen des Datensatzes.

Ein Löschen von Bestellungen ist nach dem Buchen der Bestellbestätigung nicht mehr möglich. Bestellungen, die dem Änderungsmanagement unterliegen, können bereits nach Genehmigung der Bestellung nicht gelöscht werden. Ein Storno kann im Gegensatz dazu immer durchgeführt werden.

3.4.7.1 Storno von Bestellungen und Bestellpositionen

Bestellpositionen können storniert werden, wenn zur betroffenen Position keine Lieferung mehr gebucht und die Original-Bestellmenge nicht verändert werden soll. Zum Stornieren wird nach Auswahl der betroffenen Position die Schaltfläche *Position aktualisieren/Rest liefern* in der Aktionsbereichsleiste des Inforegisters *Bestellpositionen* betätigt. Im Stornodialog kann dann die Restliefermenge reduziert oder auf Null gesetzt werden. Die gesamte Restmenge wird auch durch Betätigen der Schaltfläche *Menge stornieren* auf Null gesetzt.

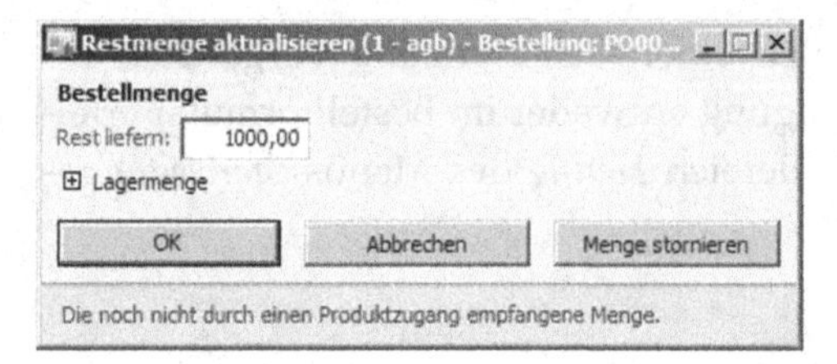

Abbildung 3-24: Dialog zum Ändern oder Stornieren der Positionsrestmenge

Nach Betätigen der Schaltfläche *OK* wird die offene Menge in der Bestellzeile entsprechend angepasst. Der Storno der Restmenge kann unabhängig davon durchgeführt werden, ob bereits Produktzugänge als Teillieferung zur betroffenen Position gebucht worden sind.

Wenn eine Bestellung komplett storniert werden soll, kann die Restmenge aller Positionen einzeln storniert werden oder die Schaltfläche *Abbrechen* am Schaltflächenreiter *Bestellung* der Bestellung benutzt werden (entfernt die Bestellmenge in allen Positionen). Falls noch keine Teillieferung zur betroffenen Bestellung gebucht worden ist, zeigt diese nach dem Storno aller Positionen den Status „Storniert".

3.4.7.2 Löschen von Bestellungen und Bestellpositionen

Im Unterschied zur Stornofunktion, die zum Reduzieren der offenen Positionsmenge dient, wird die betroffene Bestellzeile oder Bestellung beim Löschen aus dem System entfernt. Zum Löschen einer Bestellzeile muss diese im Bestellungs-Detailformular markiert und entweder die Schaltfläche *Entfernen* in der Aktionsbereichsleiste (Inforegister *Bestellpositionen*) oder die Tastenkombination *Alt+F9* betätigt werden. Um eine komplette Bestellung zu löschen, kann die Schaltfläche *Lösch.* im Aktionsbereich des Bestellformulars oder – nach Markieren des Bestellkopfes – ebenfalls die Tastenkombination *Alt+F9* betätigt werden.

Sobald die Bestellbestätigung gebucht oder die Genehmigungsanforderung abgesendet ist, kann eine Bestellung nicht mehr komplett gelöscht werden. Sollen Positionen in Bestellungen gelöscht werden, die dem Änderungsmanagement unterliegen, muss zuvor eine Änderung der Bestellung angefordert werden (Schaltfläche *Verwalten/Änderung anfordern* im Aktionsbereich, siehe Abschnitt 3.4.6).

Hinweis: Zum Löschen einer Bestellposition ist darauf zu achten, die Schaltfläche *Entfernen* in der Aktionsbereichsleiste zu betätigen – und nicht die Schaltfläche *Lösch.* im Aktionsbereich, die den gesamte Bestellung löscht.

3.4.7.3 Neu in Dynamics AX 2012

In Dynamics AX 2012 ist das Löschen einer Bestellung nicht mehr möglich, sobald sie genehmigt oder die Bestellbestätigung gebucht ist.

3.4.8 Bestellbestätigung und Ausdruck

Nach dem Erfassen und – falls benötigt – der Genehmigung einer Bestellung muss die Bestellbestätigung gebucht werden, bevor der weitere Bestellprozess durchgeführt werden kann. Optional kann die Bestellbestätigung parallel zur Buchung an den Lieferanten übermittelt werden.

Mit der Buchung der Bestellbestätigung werden keine mengen- oder wertmäßigen Transaktionen durchgeführt, die Bestellbestätigung dient vielmehr zur separaten Speicherung der an den Lieferanten übermittelten Bestellung unabhängig von späteren Änderungen.

3.4.8.1 Buchungsfenster zur Bestellbestätigung

Die Buchung der Bestellbestätigung wird über die Schaltfläche *Generieren/Bestellung* am Schaltflächenreiter *Einkauf* des Bestellformulars nach Auswahl der betroffenen Bestellung aufgerufen. Alternativ kann auch die Schaltfläche *Generieren/Bestätigen* betätigt werden, die die gleiche Buchungsfunktion durchführt ohne das Buchungsfenster zu zeigen.

Im Buchungsfenster zur Bestellbestätigung sind folgende Einstellungen:

- **Parameter / Menge** – „Bestellte Menge" ist fix hinterlegt, womit die gesamte Bestellmenge aller Positionen gebucht wird. In Buchungsfenstern für andere Transaktionen wie dem Produktzugang stehen zusätzliche Auswahlmöglichkeiten zur Verfügung.
- **Parameter / Buchung** – Wenn markiert, wird die Bestellung gebucht; andernfalls erfolgt keine Buchung und die Druckausgabe erfolgt als „Proforma-Beleg"
- **Druckoptionen / Drucken** – Wenn mehrere Belege über einen Sammelabruf ausgewählt werden, wird bei „Aktuell" nach jeder Buchung gedruckt, während bei „Später" zuerst sämtliche Belege gebucht und erst nach der letzten Buchung gesammelt gedruckt werden.
- **Druckoptionen / Bestellung drucken** – Wenn markiert, erfolgt ein Ausdruck, andernfalls wird nur die Buchung durchgeführt (Nachdruck über Buchungsabfrage möglich).
- **Druckoptionen / Druckverwaltungsziel verwenden** – Wenn markiert, werden die in der Druckverwaltung auf Ebene von Formulareinstellungen (*Beschaffung> Einstellungen> Formulare> Formulareinstellungen,* Schaltfläche *Druckverwaltung*) bzw. von Kreditorenstammdaten (Schaltfläche *Einrichten/Druckverwaltung* am Schaltflächenreiter *Allgemeines*) hinterlegten Druckereinstellungen verwendet; andernfalls wird das Ausgabeziel über die Schaltfläche *Druckereinstellungen* im Buchungsfenster definiert.

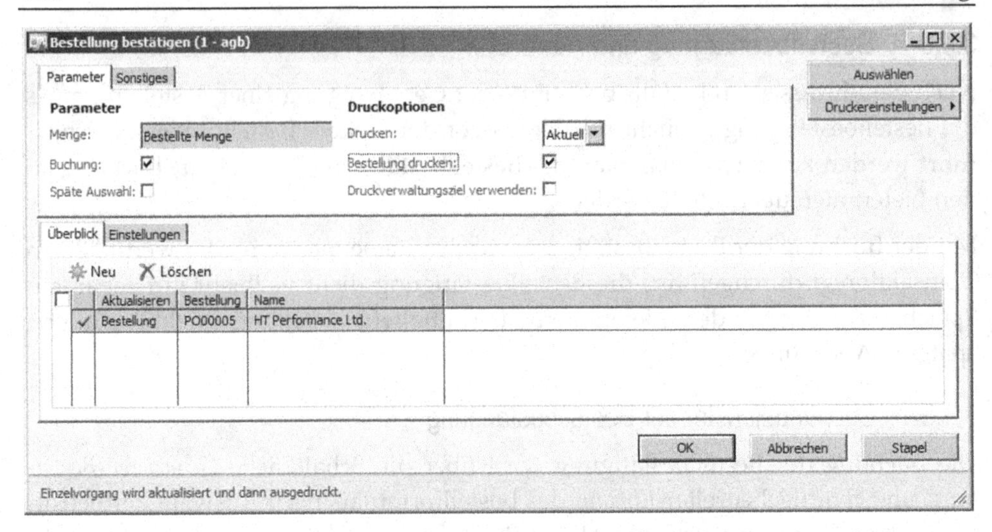

Abbildung 3-25: Auswahl im Buchungsfenster zur Bestellbestätigung

Die Buchung der Bestellbestätigung wird mit der Schaltfläche *OK* im Buchungsfenster durchgeführt. Falls die Druckausgabe markiert worden ist, erfolgt parallel zur Buchung je nach Druckereinstellung die Ausgabe auf einen Drucker oder in eine Datei.

3.4.8.2 Proforma-Beleg

Wenn im Buchungsfenster das Kontrollkästchen *Buchung* nicht markiert ist, wird ein Proforma-Beleg gedruckt. Proforma-Belege können für Kontrollzwecke oder für nicht gespeicherte Belege wie Zollrechnungen benutzt werden. Sie werden nicht gebucht, womit eine Abfrage und ein Nachdruck innerhalb von Dynamics AX nicht möglich sind.

Der Ausdruck einer Proforma-Bestellung kann alternativ über die Schaltfläche *Generieren/Proforma-Bestellung* am Schaltflächenreiter *Einkauf* des Bestellformulars erfolgen. Im zugehörigen Proforma-Buchungsfenster kann das Kontrollkästchen *Buchung* nicht markiert werden.

3.4.8.3 Sammelabruf der Bestellbestätigung

Neben dem Aufruf von Buchungen durch Betätigen der entsprechenden Schaltfläche direkt im Bestellformular kann auch ein Sammelabruf benutzt werden.

Dazu wird der Menüpunkt *Beschaffung> Periodisch> Bestellungen> Bestellungen bestätigen* aufgerufen. Über diesen Menüpunkt wird das gleiche Buchungsfenster aufgerufen wie beim Aufruf aus dem Bestellformular. Im Unterschied zum Aufruf aus der Bestellung kann Dynamics AX aber nicht automatisch auf die aktive Bestellung filtern. Der Anwender muss daher im Buchungsfenster über die Schaltfläche *Auswählen* einen Filter auf die gewünschten Bestellungen setzen.

Nach Schließen des Filterfensters ist eine Kontrolle der gewählten Bestellungen am Reiter *Überblick* des Buchungsfensters möglich. Wenn eine im Überblick enthalten Bestellung nicht gebucht werden soll, kann die betreffende Buchungszeile gelöscht werden bevor die Buchung über die Schaltfläche *OK* ausgeführt wird.

3.4.8.4 Abfrage und Nachdruck

Mit dem Buchen einer Bestellbestätigung werden die gebuchten Daten gespeichert und können unabhängig von allfälligen späteren Änderungen der Bestellung im Original abgefragt werden. Die Abfrage kann entweder direkt über den Menüpunkt *Beschaffung> Abfragen> Erfassungen> Bestellbestätigungen* aufgerufen werden oder mit Bezug auf einer bestimmte Bestellung im Bestellformular über die Schaltfläche *Journale/Bestellbestätigungen* am Schaltflächenreiter *Einkauf* erfolgen.

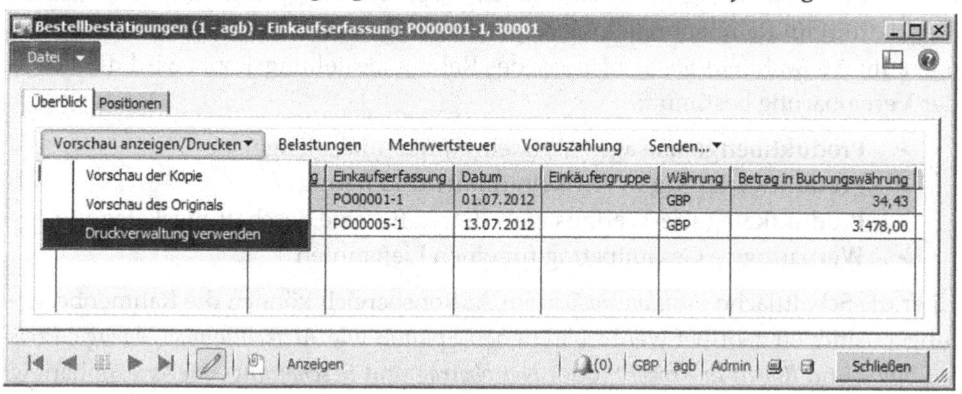

Abbildung 3-26: Nachdruck einer Bestellung in der Bestellbestätigungs-Abfrage

Am Reiter *Überblick* im Abfrageformular werden alle gebuchten Bestellbestätigungen gezeigt. Durch Wechsel zum Reiter *Positionen* können die Positionen der im Überblick gewählten Bestellbestätigung gezeigt werden.

Aus dem Abfrageformular kann über die Schaltfläche *Vorschau anzeigen/Drucken* die Seitenansicht von Kopie bzw. Original aufgerufen oder unter Nutzung der Druckverwaltung ein Nachdruck direkt gedruckt werden. Letzteres ist vor allem dann wichtig, wenn mehrere Belege auf einmal markiert und gedruckt werden sollen.

3.4.8.5 Neu in Dynamics AX 2012

In Dynamics AX 2012 ist das Buchen der Bestellbestätigung zwingend erforderlich.

3.4.9 Rahmenbestellungen

Rahmenbestellungen in Dynamics AX ermöglichen das Verwalten von längerfristigen Vereinbarungen über den Bezug von Waren mit Lieferanten. Über Abrufe werden aus einer Rahmenbestellung reguläre Einkaufsbestellungen erzeugt, die eine Kontrolle der Rahmenerfüllung ermöglichen.

Neben Rahmenbestellungen auf Ebene von Artikelnummer und Menge können auch Rahmenbestellungen erfasst werden, in denen anstelle der Menge der Einkaufswert auf Ebene von Artikelnummer oder Beschaffungskategorie enthalten ist.

3.4.9.1 Erfassen von Rahmenbestellungen

Rahmenbestellungen werden im Formular *Beschaffung> Häufig> Bestellungen> Rahmenbestellungen* über die Schaltfläche *Neu/Rahmenbestellung* im Aktionsbereich angelegt. Beim Erfassen einer Rahmenbestellung muss eine *Rahmenbestellungsklassifizierung* gewählt werden. Diese Klassifizierung (*Beschaffung> Einstellungen> Rahmenbestellungen> Rahmenbestellungsklassifizierung*) dient zur Gliederung und Auswertung, ist jedoch nicht mit einer bestimmten Funktionalität verbunden.

Das *Gültigkeitsdatum* (Startdatum für die Vereinbarung) und das *Ablaufdatum* (Enddatum) im Rahmenbestellungskopf dienen als Vorschlagswerte für die Positionen. Im Auswahlfeld *Standardzusage* des Rahmenbestellungskopfs wird die Ebene der Vereinbarung bestimmt:

- **Produktmengenzusage** – Artikelnummer und Menge
- **Produktwertzusage** – Artikelnummer und Betrag
- **Produktkategorie-Wertzusage** – Betrag für eine Beschaffungskategorie
- **Wertzusage** – Gesamtbetrag für einen Lieferanten

Über die Schaltfläche *Positionsansicht* im Aktionsbereich können die Rahmenbestellungspositionen geöffnet werden, in denen Spalten wie *Artikelnummer, Menge, Preis je Einheit* und *Rabatt in Prozent* (oder *Nettobetrag* und *Beschaffungskategorie,* abhängig von der *Standardzusage*) zu erfassen sind.

Nach dem Eintragen der Positionen kann die Rahmenbestellung kann über die Schaltfläche *Generieren/Bestätigungen* ein Ausdruck erzeugt werden. Im Bestätigungsdialog kann – neben dem Kontrollkästchen *Bericht drucken* – das Kontrollkästchen *Vertrag als 'Effektiv' kennzeichnen* markiert werden, über das der Status der Rahmenbestellung auf „In Kraft" gesetzt wird. Andernfalls muss der Rahmenbestellungsstatus manuell im Auswahlfeld *Status* von „Gesperrt" auf „In Kraft" gesetzt werden, bevor ein Freigabeauftrag erzeugt werden kann.

3.4.9.2 Verwalten von Freigabeaufträgen

Um im Rahmenbestellungsformular einen Freigabeauftrag zu erstellen, muss nach Auswahl der betroffenen Rahmenbestellung die Schaltfläche *Neu/Freigabeauftrag erstellen* im Aktionsbereich betätigt werden. Im Abrufformular ist dann in den betroffenen Positionszeilen *Bestellmenge* und *Lieferdatum* einzutragen, bevor über die Schaltfläche *Erstellen* der Freigabeauftrag als normale Einkaufsbestellung mit Referenz auf die Rahmenbestellung erstellt wird.

Anstatt vom Rahmenbestellungsformular aus, kann ein Freigabeauftrag auch durch Auswahl der *Rahmenbestellungskennung* am Reiter *Allgemeines* im Neuanlagedialog der normalen Einkaufsbestellungen (*Beschaffung> Häufig> Bestellungen>*

Alle Bestellungen) erstellt werden. Bei Erfassen einer Bestellposition mit einem Artikel, der im Rahmen enthalten ist, wird dann automatisch eine Verknüpfung erzeugt.

Wenn eine neue Bestellung vom Kreditorenformular aus erstellt wird (*Beschaffung> Häufig> Kreditoren> Alle Kreditoren,* Schaltflächenreiter *Beschaffung,* Schaltfläche *Neu/Bestellung*) und eine entsprechende Rahmenbestellung vorhanden ist, wird ein Dialog zur Auswahl der Rahmenbestellung gezeigt.

Um in einer Bestellposition die Verknüpfung zum Rahmen zu prüfen, kann die Schaltfläche *Position aktualisieren/Rahmenbestellung/Zugeordnet* in der Aktionsbereichsleiste des Inforegisters *Bestellposition* betätigt werden. Im Bestellkopf ist die Verknüpfung über die Schaltfläche *Zugehörige Informationen/Rahmenbestellung* am Schaltflächenreiter *Allgemeines* sichtbar.

Im Freigabeauftrag müssen Bestellbestätigung, Produktzugang und Kreditorenrechnung wie in jeder anderen Einkaufsbestellung gebucht werden. Nach Buchen des Produktzugangs oder der Rechnung in einem Freigabeauftrag wird die Erfüllung des Rahmens in der zugehörige Rahmenbestellungsposition gezeigt (Unter-Register *Erfüllung* der Positionsdetails).

3.4.9.3 Neu in Dynamics AX 2012

Rahmenbestellungen als eigene Funktion in Dynamics AX 2012 ersetzen Bestellungen vom Bestelltyp „Abrufauftrag".

3.4.10 Übungen zu Fallbeispiel

Übung 3.7 – Bestellvorschlag

Um die Genehmigungseinholung für Bestellungen bei Ihrem Lieferanten aus Übung 3.2 zu vermeiden, stellen Sie sicher dass das Änderungsmanagement für diesen Lieferanten nicht aktiv ist.

Für den in Übung 3.5 angelegten Artikel wird ein Mindestlagerbestand von 200 Stück am Hauptlager festgelegt, den Sie entsprechend eintragen. Danach fragen Sie den Bedarfsverlauf aus dem Artikelstamm ab und aktualisieren im Bedarfsverlauf den Produktprogrammplanungslauf. Was ist das Resultat?

Öffnen Sie die geplanten Bestellungen im Beschaffungsmenü und wählen den bei Abruf des Produktprogrammplanungslaufs verwendeten Plan. Markieren Sie den Bestellvorschlag zu Ihrem Artikel und wandeln sie ihn in eine Bestellung um.

Übung 3.8 – Angebotsanforderung

Sie wollen Alternativangebote für den von Ihnen angelegten Artikel einholen. Öffnen Sie die Angebotsanforderungen im Beschaffungsmenü und legen Sie eine neue Anfrage an, die eine Zeile mit Ihrem Artikel aus Übung 3.5 enthält. Als Antwortfelder legen Sie die Felder *Antwort gültig bis* im Kopf sowie *Menge* und *Preis je Einheit* in den Positionen fest.

Die Anfrage soll an Ihren Lieferanten aus Übung 3.2 und einen beliebigen weiteren Lieferanten gerichtet werden. Nach Erfassen der Anfrage buchen Sie das *Versenden*.

Sie erhalten von beiden Lieferanten ein Offert mit von Ihnen gewählten Preisen und Mengen, wobei Ihr Lieferant das bessere Angebot unterbreitet hat. Erfassen Sie die entsprechenden Antworten, nehmen Sie das Angebot Ihres Lieferanten an und wandeln es in eine Bestellung um. Das andere Angebot sagen Sie ab und schicken die Absage an den Lieferanten.

Übung 3.9 – Bestellung

Sie bestellen den von Ihnen in Übung 3.5 angelegten Artikel bei Ihrem Lieferanten aus Übung 3.2. Suchen Sie Ihren Lieferanten im Kreditorenformular und legen Sie die Einkaufsbestellung direkt von diesem Formular aus an. Welche Menge wird in der Bestellposition vorgeschlagen, zu welchem Preis wird der Artikel bestellt? In einer zweiten Position bestellen Sie zwei Stunden an Dienstleistung mit Ihrer Beschaffungskategorie „##-Montage" aus Übung 3.4 zu einem Preis von 100.- Pfund.

Nach Schließen des Bestellformulars wollen Sie alle Bestellungen zu Ihrem Lieferanten sehen. Wie gehen Sie vor und wie viele entsprechende Bestellungen sind vorhanden?

Übung 3.10 – Bestellbestätigung

Buchen und drucken Sie die in den beiden letzten Übungen angelegten Bestellungen, wobei Sie für die Bestellung aus Übung 3.8 eine PDF-Datei und für die Bestellung aus Übung 3.9 die Seitenansicht als Ausgabeziel wählen.

Danach ändern Sie die Bestellmenge in der ersten Zeile der Bestellung aus Übung 3.9 auf 120 Stück. Wie gehen Sie vor?

3.5 Wareneingang

Sobald die bestellte Ware eintrifft, wird der Wareneingang gebucht um den Artikel am Lager verfügbar zu machen.

3.5.1 Grundlagen des Wareneingangs

Um sicherzustellen, dass die benötigte Ware zeitgerecht geliefert wird, können in Dynamics AX unter anderem folgende Menüpunkte zur Abfrage offener Bestellpositionen aufgerufen werden:

- *Beschaffung> Abfragen> Bestellungen> Offene Bestellpositionen*: Formular mit Liefermenge und Datum aller offenen Positionen, Filtermöglichkeit beispielsweise über den Rasterfilter (Tastenkombination *Strg*+G)
- *Beschaffung> Häufig> Bestellungen> Einkaufrückstandspositionen*: Listenseite mit offenen Bestellpositionen, die einen bestätigten Liefertermin vor dem im Filter eingetragenen *Rückstandsdatum* aufweisen

3.5.1.1 Zugangsliste und Wareneingangsübersicht

Als Vorbereitung für den Wareneingang kann eine Zugangsliste gebucht und gedruckt werden, mit der der Lieferant und/oder die für den Wareneingang verantwortliche Abteilung über die erwartete Lieferung informiert wird.

Unabhängig von der Zugangsliste steht zur Unterstützung für die Vorbereitung des Wareneingangs auch die Wareneingangsübersicht zur Verfügung.

3.5.1.2 Buchen des Wareneingangs

Der Wareneingang selbst kann in zwei Teile getrennt werden:

- **Lager-Erfassung**
  Die Lager-Erfassung, die ein vorläufiges Erhöhen des Lagerbestands bewirkt, kann direkt in der Bestellposition oder über das Wareneingangsjournal gebucht werden. Abhängig von den Journaleinstellungen sind anschließend Palettentransporte im Lager erforderlich.
- **Produktzugang**
  Der Produktzugang erzeugt – mit oder ohne vorangehende Lager-Erfassung – die physische Lagerbuchung. Entsprechend den Einstellungen zur Buchung werden hierbei auch Sachkontobuchungen erstellt.

Der Wareneingang zu einer Bestellung kann auch übersprungen werden. In diesem Fall wird der Lagerzugang parallel mit dem Buchen der Eingangsrechnung gebucht.

3.5.2 Zugangsliste

Funktional ist die Zugangsliste ähnlich dem Buchen und Drucken der Bestellbestätigung: Sie wird über ein Buchungsfenster gebucht und gedruckt, erzeugt aber keine mengen- oder wertmäßigen Transaktionen in Lager und Finanzwesen. Sie ist nicht sehr gebräuchlich, kann aber als Vorinformation zu einem erwarteten Wareneingang verwendet werden.

Die Zugangsliste kann über die Schaltfläche *Generieren/Zugangsliste* am Schaltflächenreiter *Entgegennehmen* im Bestellformular (*Beschaffung> Häufig> Bestellungen> Alle Bestellungen*) nach Auswahl der betroffenen Bestellung gebucht werden.

Alternativ ist auch ein Sammelabruf über den Menüpunkt *Beschaffung> Periodisch> Bestellungen> Zugangsliste buchen* möglich, wobei hier die gewünschte Bestellung über die Schaltfläche *Auswählen* im Buchungsfenster selektiert werden muss.

3.5.3 Lager-Erfassung

Die Lager-Erfassung ist eine Vorstufe zur Buchung des Produktzugangs. Sie kann in drei verschiedenen Formularen erfasst werden:

- **Erfassungsformular** (aus der Bestellposition)
- **Wareneingangsjournal**
- **Wareneingangsübersicht**

Die Lager-Erfassung ist für das Buchen von Artikeln vorgesehen, nicht für Bestellpositionen auf Basis von Beschaffungskategorien.

3.5.3.1 Erfassungsformular zu einer Bestellposition

Wenn vor dem Produktzugang eine Lager-Erfassung gebucht werden muss, wird diese meist in einem Wareneingangsjournal gebucht. Eine Erfassung ist aber auch direkt in der Bestellposition möglich und kann beispielsweise genutzt werden, um eine einzelne Bestellposition auf mehrere Lagerplätze, Chargen oder Seriennummern aufzuteilen.

Um die Lager-Erfassung im Bestellformular durchzuführen, muss nach Markieren der betroffenen Bestellposition die Schaltfläche *Position aktualisieren/Erfassung* in der Schaltflächenleiste des Inforegisters *Bestellpositionen* betätigt werden.

Das Erfassungsformular besteht aus zwei Bereichen: Der obere Bereich („*Buchungen*") zeigt den aktuellen Status der mit der Bestellposition verbundenen Lagerbuchungen, während der untere Bereich („*Jetzt erfassen*") für das Buchen der Erfassung benutzt wird.

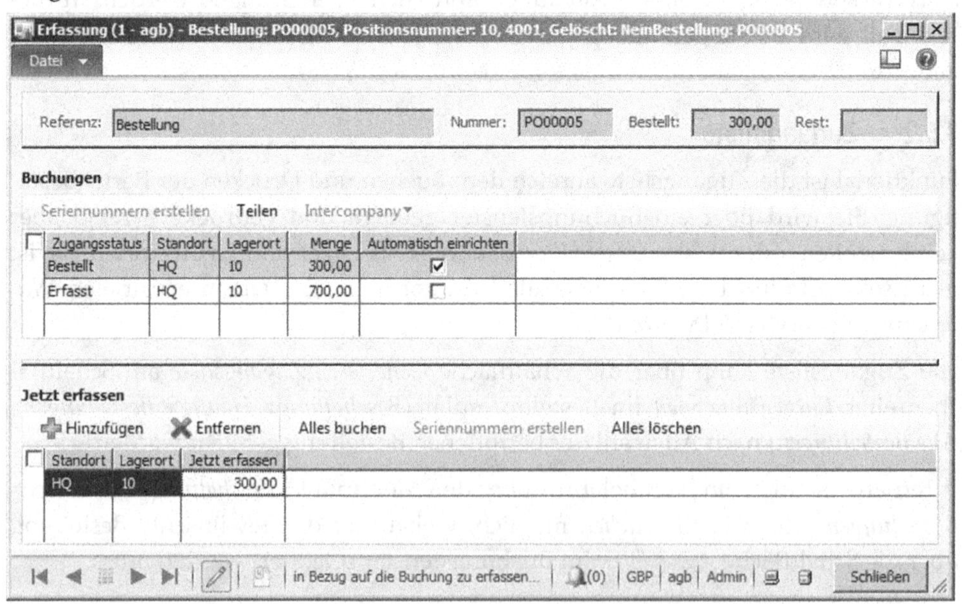

Abbildung 3-27: Buchen einer Lager-Erfassung im Erfassungsformular

Der obere Bereich des Erfassungsformulars zeigt ursprünglich eine Zeile, die die beim Anlegen der Bestellposition in Dynamics AX erzeugte Lagerbuchung enthält. Mehrere Zeilen werden im oberen Formularbereich dann gezeigt, wenn Teilmengen gebucht worden sind oder wenn die Bestellposition zur Erfassung von Lagerungsdimensionen (z.B. Seriennummern) manuell aufgeteilt wird. Dieses manuelle Teilen kann über die Schaltfläche *Teilen* oder *Seriennummern erstellen* durchgeführt werden, beispielsweise wenn Seriennummern oder Chargen zu einer Bestellposition zu erfassen sind.

Die Erfassung im unteren Formularbereich („*Jetzt erfassen*") kann für die gesamte Menge oder für eine Teilmenge erfolgen. Um eine Zeile im unteren Bereich zu erhalten, kann die Schaltfläche *Hinzufügen* im unteren Formularbereich betätigt oder – wie in Abbildung 3-27 – im oberen Formularbereich das Kontrollkästchen in der Spalte *Automatisch einrichten* markiert werden.

Vor dem Buchen können Lagerort und allfällige weitere Lagerungsdimensionen überschrieben werden, die Erfassung wird anschließend mit der Schaltfläche *Alles buchen* gebucht. Zum Buchen der Lager-Erfassung einer Teilmenge kann die Menge in der Spalte *Jetzt Erfassen* vor dem Buchen reduziert werden, wodurch die Lagerbuchung in zwei Zeilen geteilt wird – eine für die erfasste Menge und eine für die offene Restmenge.

Soll eine Erfassung im unteren Formularbereich nicht durchgeführt werden, kann die Schaltfläche *Alles löschen* betätigt werden. In diesem Fall wird die Erfassung nicht gebucht und der ursprüngliche Zustand wiederhergestellt.

3.5.3.2 Status beim Buchen der Lager-Erfassung

Nach Buchen der Lager-Erfassung sind die Artikel mengenmäßig im Status „Erfasst" und am Lager verfügbar. In diesem Status ist der Artikel bereit für Lagertransporte und Abfassungen.

Im Gegensatz zu Buchungen von Produktzugang und Kreditorenrechnung, die als Belegbuchung später abgefragt und nachträglich nicht mehr verändert werden können, handelt es sich bei der Lager-Erfassung um eine temporäre Buchung. Falls eine Erfassung zurückgesetzt wird, ist in der Lagerbuchung später nicht mehr ersichtlich, ob und wann die Erfassung gebucht worden ist. Journaleinträge zu einer zurückgesetzten Erfassung sind nur dann vorhanden, wenn die Erfassung über ein Wareneingangsjournal gebucht worden ist.

3.5.3.3 Wareneingangsjournal

Die Buchung eines Wareneingangsjournals wird normalerweise dann durchgeführt, wenn der Warenzugang im Lager erfasst werden soll, die Buchung des Produktzugangs auf Basis der Lieferpapiere des Lieferanten aber zu einem späteren Zeitpunkt getrennt erfolgt. Das Buchen des Wareneingangs erzeugt in Lagerbuchungen und Bestellpositionen dieselben Transaktionen wie die Lager-Erfassung direkt in der Bestellzeile.

Wareneingangsjournale werden im Menüpunkt *Lager- und Lagerortverwaltung> Erfassungen> Wareneingang> Wareneingang* analog zu den anderen Lagerjournalen (siehe Abschnitt 7.4.2) erfasst und gebucht.

Durch das Buchen des Wareneingangsjournals wird der Status der Lagerbuchung auf „Erfasst" gesetzt und das Positionsmengen-Formular (Schaltfläche *Zugehörige Informationen/Positionsmenge* am Schaltflächenreiter *Allgemeines* im Bestellformular) zeigt die gebuchte Menge in der Spalte *Erfasst*.

Falls im Wareneingangsjournal Palettentransporte für den Transport von der Eingangsrampe ins Lager aktiviert sind (Kontrollkästchen *Palettentransporte* am Reiter *Standardwerte* in Journalkopf bzw. Reiter *Allgemeines* in Positionen), ist abweichend davon der gebuchte Artikel nach Buchen des Wareneingangs zunächst im Zugangsstatus „Angekommen". In diesem Fall ändert sich der Status erst nach Buchen des Palettentransports auf „Erfasst".

3.5.3.4 Wareneingangsübersicht

Um einen Überblick der erwarteten Warenzugänge zu erhalten, kann das Formular *Lager- und Lagerortverwaltung> Periodisch> Wareneingangsübersicht* geöffnet werden. Im oberen Bereich des Eingangsübersichtsformulars können Filterkriterien wie der Datumsbereich, die Lagerorte oder der Lieferant (Feld *Kontonummer*) eingetragen werden, die nach betätigen der Schaltfläche *Aktualisieren* angewendet werden. Am Reiter *Einstellungen* können weitere Kriterien eingetragen und Filter gespeichert werden.

Über das Kontrollkästchen *Für Wareneingang auswählen* im Formularbereich *Zugänge* oder *Positionen* können eine oder mehrerer Zeilen für die Erfassung markiert werden. Durch anschließendes Betätigen der Schaltfläche *Wareneingang starten* in der Aktionsbereichsleiste des Bereichs *Zugänge* wird für die betroffenen Zeilen ein Wareneingangsjournal erstellt (nicht gebucht).

Um das Journal zu buchen, kann dieses über den normalen Menüpunkt (*Lager- und Lagerortverwaltung> Erfassungen> Wareneingang> Wareneingang*) geöffnet werden. Alternativ kann in der Wareneingangsübersicht nach Auswahl des betroffenen Zugangs die Schaltfläche *Journale/Wareneingänge aus Zugängen anzeigen* in der Aktionsbereichsleiste des Bereichs *Zugänge* betätigt werden, um das Wareneingangsjournal zu öffnen.

Die Schaltfläche *Journale/Für Produktzugang vorbereitete Erfassungen* in der Aktionsbereichsleiste der Wareneingangsübersicht zeigt gebuchte Wareneingangsjournale, zu denen der Produktzugang noch nicht gebucht ist.

3.5.3.5 Storno einer Lager-Erfassung

Um eine Lager-Erfassung zurückzusetzen, die über die Bestellpositionen oder ein Wareneingangsjournal gebucht worden ist, wird das Erfassungsformular in den Bestellpositionen nach Auswahl der jeweiligen Position geöffnet (Schaltfläche *Position aktualisieren/Erfassung* in der Schaltflächenleiste der Bestellpositionen).

Im Erfassungsformular wird die betroffene Zeile, die den Status „Erfasst" zeigt, durch Markieren des Kontrollkästchens *Automatisch einrichten* in den unteren Fensterteil übertragen, wo für die Storno-Buchung eine negative Menge eingetragen wird. Mit Betätigen der Schaltfläche *Alles buchen* wird der Status auf „Bestellt" zurückgesetzt.

3.5.3.6 Einstellungen zur Lager-Erfassung

Ob eine Erfassung gebucht werden muss, bevor der Produktzugang gebucht werden kann, hängt von der Lagersteuerungsgruppe im Artikelstamm des jeweiligen Produkts ab. Wenn in der Lagersteuerungsgruppe (*Lager- und Lagerortverwaltung> Einstellungen> Lager> Lagersteuerungsgruppen*) das Kontrollkästchen *Physische Aktualisierung/Erfassungsanforderungen* gesetzt ist, muss eine Lager-Erfassung gebucht werden.

3.5.4 Produktzugang

Die Buchung des Produktzugangs (Lieferscheineingangs) ist die Bewegung, mit der die bestellte Ware am Lager endgültig entgegengenommen wird. Mit dem Produktzugang wird ein Beleg mit einer mengenmäßigen Lagerbuchung gebucht, die eine vorläufige Bewertung enthält.

3.5.4.1 Buchungsfenster zum Produktzugang

Das Buchen des Produktzugangs erfolgt analog zum Buchen der Bestellbestätigung. Das Buchungsfenster kann hierbei über die Schaltfläche *Generieren/Produktzugang* am Schaltflächenreiter *Entgegennehmen* des Bestellformulars nach Auswahl der betroffenen Bestellung geöffnet werden.

Das Buchungsfenster zeigt den gewohnten Aufbau, wobei der Eintrag in das Auswahlfeld *Parameter/Menge* von den vorangehenden Aktivitäten abhängt:

- **Erfasste Menge** – Auszuwählen, wenn vor dem Buchen des Produktzugangs eine Lager-Erfassung (in der Bestellposition oder über ein Wareneingangsjournal) gebucht worden ist. In diesem Fall übernimmt Dynamics AX automatisch die Menge in die Buchungsmenge, für die eine Erfassung aber kein Produktzugang gebucht worden ist.
- **Erfasste Menge und Services** – Zusätzlich zur Menge aus der Lager-Erfassung von Artikeln wird für Bestellpositionen, die eine Bestellung von Beschaffungskategorien enthalten, die gesamte Bestellmenge als Buchungsmenge übernommen.
- **Bestellte Menge** – Die gesamte Restmenge wird in die Buchungsmenge übernommen.
- **Menge der aktuellen Lieferung** – Die in der Spalte *Aktuelle Lieferung* der Bestellpositionen eingetragene Menge wird in die Buchungsmenge übernommen.

Die gemäß Mengen-Parameter übernommene Buchungsmenge kann in der Spalte *Menge* am Reiter *Positionen* des Buchungsfensters kontrolliert und vor dem Buchen geändert werden. Die restlichen Parameter im Buchungsfenster sind mit Ausnahme folgender Punkte wie in der Bestellbestätigung (siehe Abschnitt 3.4.8) zu verwenden:

- **Produktzugang** – Spalte am Reiter *Überblick* des Buchungsfensters, in der die Lieferscheinnummer des Lieferanten muss eingetragen werden.
- **Produktzugang drucken** – Kontrollkästchen im oberen Bereich des Buchungsfensters, das meist nicht markiert ist (üblicherweise kein Ausdruck, da der Lieferschein vom Lieferanten kommt).

Falls im Buchungsfenster am Reiter *Überblick* ein gelbes Rufzeichen (⚠) angezeigt wird, weist Dynamics AX auf Probleme bei der beabsichtigten Buchung hin. Die Ursache ist oft darin zu finden, dass im Buchungsfenster „Erfasste Menge" als Mengenauswahl eingestellt ist, aber keine Lager-Erfassung zuvor gebucht worden ist. Wird die Mengenauswahl auf „Bestellte Menge" geändert, kann die Buchung durchgeführt werden.

3.5.4.2 Produktzugang im Wareneingangsjournal

Wenn ein Wareneingangsjournal zu einer Bestellung gebucht worden ist, kann der Produktzugang direkt aus diesem Journal gebucht werden. In der Aktionsbereichsleiste der Wareneingangsjournal-Übersicht (*Lager- und Lagerortverwaltung> Erfassungen> Wareneingang> Wareneingang*) steht dazu die Schaltfläche *Funktionen/Produktzugang* zur Verfügung.

Wenn bereits im Zuge der Erfassung des Wareneingangsjournals die Lieferscheinnummer am Reiter *Allgemeines* des Journalkopfs eingetragen worden ist, wird diese beim Aufruf des Produktzugangs aus dem Wareneingangsjournal in das Buchungsfenster des Produktzugangs übernommen.

3.5.4.3 Sammelabruf für Produktzugänge

Wie für Bestellbestätigungen und Zugangslisten ist auch für den Produktzugang ein Sammelabruf verfügbar. Dieser kann über den Menüpunkt *Beschaffung> Periodisch> Bestellungen> Produktzugang* aufgerufen werden, wobei in diesem Fall die betroffenen Bestellungen im Buchungsfenster über die Schaltfläche *Auswählen* selektiert werden müssen.

Über die Schaltfläche *Anordnen* können anschließend mehrere Bestellungen zu einem Sammellieferschein zusammengefasst werden. Weitere Ausführungen zu Sammelbelegen sind in Abschnitt 4.6.2 dieses Buches enthalten.

3.5.4.4 Storno eines Produktzugangs

Ein gebuchter Produktzugang kann über die Stornofunktion in der Produktzugang-Abfrage zurückgebucht werden.

Die Produktzugang-Abfrage kann dazu entweder über den Menüpunkt *Beschaffung> Abfragen> Erfassungen> Produktzugang* oder im Bestellformular mit Bezug auf einer bestimmte Bestellung über die Schaltfläche *Journale/Produktzugang* am Schaltflächenreiter *Entgegennehmen* aufgerufen werden. Nach Auswahl des betroffenen Produktzugangs wird der Storno am Reiter *Überblick* über die Schaltfläche *Abbrechen* in der Aktivitätsbereichsleiste gebucht. Soll bloß die gebuchte Menge reduziert werden, kann die Schaltfläche *Korrigieren* benutzt werden.

Durch Storno und Korrektur wird nicht der ursprüngliche Buchungsbeleg geändert, sondern eine zusätzliche, entgegengesetzte Buchung erzeugt.

3.5.4.5 Sachkontenintegration und Einstellungen zum Produktzugang

Die Sachkontenintegration für den Produktzugang wird über zwei Einstellungen gesteuert:

- **Produktzugang auf Sachkonto buchen** – Kontrollkästchen am Reiter *Aktualisierungen* der Kreditorenkontenparameter, muss für Sachkontobuchungen markiert sein.
- **Physischen Bestand buchen** – Kontrollkästchen in der Feldgruppe *Sachkonto-Integration* der Lagersteuerungsgruppe des eingekauften Artikels, muss für Sachkontobuchungen markiert sein.

Falls die Sachkontenintegration für den Produktzugang eingestellt ist, werden für die eingegangene Menge neben der Lagerbuchung auch Buchungen im Sachkontenbereich erstellt. Diese Sachkontobuchungen werden mit dem Buchen der Kreditorenrechnung aufgelöst.

Zu beachten ist des Weiteren, dass für Artikel, in deren Lagersteuerungsgruppe das Kontrollkästchen *Erfassungsanforderungen* markiert ist, kein Produktzugang ohne vorherige Lager-Erfassung gebucht werden kann. Umgekehrt kann über das Kontrollkästchen *Empfangsanforderungen* festgelegt werden, dass vor dem Buchen der Rechnung ein Produktzugang gebucht werden muss.

3.5.4.6 Neu in Dynamics AX 2012

Die Option zum Storno von Produktzugängen ist neu in Dynamics AX 2012, wobei die Buchung des Produktzugangs in früheren Versionen unter der Bezeichnung „Lieferschein-Buchung" geführt wird.

3.5.5 Eingang abweichender Mengen

Wird eine Bestellposition nicht in einer Lieferung, sondern auf mehrere Lieferungen verteilt zugestellt, müssen Teillieferungen gebucht werden. Damit solche Teillieferungen zulässig sind, darf in der Bestellposition am Unter-Register *Allgemeines* der Positionsdetails das Kontrollkästchen *Komplett* nicht markiert sein.

3.5.5.1 Lager-Erfassung von Teillieferungen

Wenn ein Wareneingang über die Lager-Erfassung in der Bestellposition abgewickelt wird, kann eine Teillieferung durch Eintragung einer reduzierten Buchungsmenge im Erfassungsformular wie in Abschnitt 3.5.3 beschrieben gebucht werden. Wenn ein Wareneingangsjournal benutzt wird, können Teilmengen in den Journalzeilen eingetragen werden.

Im Buchungsfenster für den Produktzugang kann dann im Auswahlfeld *Parameter/Menge* die Option „Erfasste Menge" gewählt werden, um den Produktzugang für die in der Lager-Erfassung gebuchte Teilmenge zu buchen.

3.5.5.2 Menge „Aktuelle Lieferung"

Wenn keine Lager-Erfassung gebucht wird, kann im Bestellungs-Detailformular der Produktzugang einer Teilmenge durch Eintragen der entsprechenden Menge in die Spalte *Aktuelle Lieferung* der Bestellpositionen vorbelegt werden. Diese Spalte wird rechts im Inforegister *Bestellpositionen* gezeigt. Alternativ kann eine Eintragung für die *Aktuelle Lieferung* auch im Positionsmengen-Formular (Schaltfläche *Zugehörige Informationen/Positionsmenge* am Schaltflächenreiter *Allgemeines* im Aktionsbereich) erfolgen.

Im Buchungsfenster für den Produktzugang kann dann im Auswahlfeld *Parameter/Menge* die Option „Menge der aktuellen Lieferung" gewählt werden, um den Produktzugang für die eingetragene Menge zu buchen.

3.5.5.3 Produktzugang einer Teillieferung

Eine andere Möglichkeit für das Buchen des Produktzugangs einer Teilmenge besteht darin, die Bestellposition nicht zu bearbeiten und im Buchungsfenster als Mengenauswahl „Bestellte Menge" einzutragen. In diesem Fall muss die Buchungsmenge in der Spalte *Menge* am Reiter *Positionen* des Buchungsfensters entsprechend reduziert werden.

Nach dem Buchen einer Teillieferung ist die offene Restmenge in der Spalte *Rest liefern* des Positionsmengen-Formulars (Schaltfläche *Zugehörige Informationen/ Positionsmenge* am Schaltflächenreiter *Allgemeines* im Aktionsbereich des Bestellformulars) ersichtlich. Die insgesamt gelieferte Menge ist in der Spalte *Eingegangen* zu sehen.

Positionsmenge (1 - agb) - Bestellung: PO00005, HT Performance Ltd.

Datei ▾ Bestellposition ▾ Lager ▾ Produkt und Beschaffung ▾ Position aktualisieren ▾

Positionsmenge in Bestelleinheit

P...	Artikel...	Produktname	Beschaffungskat...	Menge	Aktuelle Li...	Fakturiert	Rech...	A...	Eingegangen	Rest liefern	Erfasst	A...	Bestellt
10	4001	A2400E Ext...		1.000,00			300,00		300,00	700,00			700,00
20			Dienstleistungen	1,00			1,00		1,00				

Positionsmenge in Lagereinheit 1.000,00 700,00 300,00

Die noch nicht durch einen Produktzugang empfangene Menge.

Schließen

Abbildung 3-28: Positionsmengen-Formular nach Produktzugang einer Teillieferung

Weitere Teilmengen zur betroffenen Bestellung können wie die erste Teillieferung gebucht werden bis die gesamte Bestellmenge eingegangen ist.

3.5.5.4 Einstellungen zu Über- und Unterlieferung

Damit Unterlieferung und/oder Überlieferung zu einer Bestellposition zulässig sind, muss in den Beschaffungsparametern am Reiter *Aktualisierungen* das Kontrollkästchen *Unterlieferung akzeptieren* beziehungsweise *Überlieferung akzeptieren* markiert sein.

Eine weitere Einstellung befindet sich im Detailformular für freigegebene Produkte (*Produktinformationsverwaltung> Häufig> Freigegebene Produkte*) auf den Inforegistern *Einkauf* und *Verkaufen*, wo die maximal zulässige Überlieferung und Unterlieferung für Einkaufsbestellungen und Verkaufsaufträge in Prozent angegeben ist. Die Werte im Artikelstamm stellen den Vorschlagswert für die Bestellpositionen dar.

In den Bestellpositionen kann die erlaubte Unterlieferung und Überlieferung am Unter-Register *Lieferung* der Positionsdetails abgeändert werden.

3.5.5.5 Überlieferung

Eine Überlieferung wird gebucht, wenn bei der letzten Teillieferung oder einer Gesamtlieferung die Bestellmenge durch die eingetragene Buchungsmenge überschritten wird. Die Überlieferung wird akzeptiert, wenn sie den erlaubten Überlieferungs-Prozentsatz der Bestellposition nicht überschreitet. Der Produktzugang kann dann wie gewohnt gebucht werden.

3.5.5.6 Unterlieferung

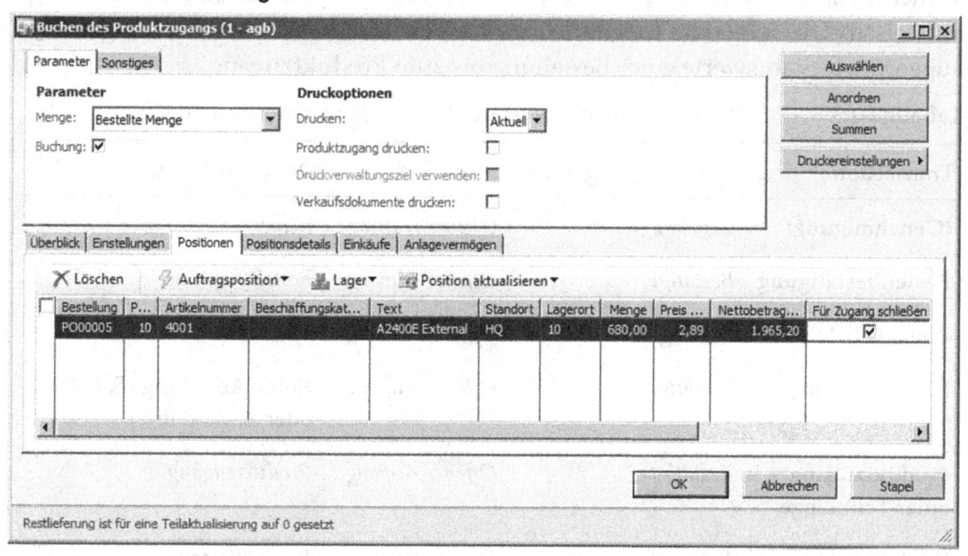

Abbildung 3-29: Eintragen einer Unterlieferung im Produktzugang

Eine Unterlieferung würde als Teillieferung gebucht werden, wenn beim Buchen des Produktzugangs bloß eine geringere als die Gesamt-Positionsmenge eingetragen wird. Um eine Lieferung als Unterlieferung zu kennzeichnen, muss im Buchungsfenster am Reiter *Positionen* nach Eintragen der Buchungsmenge in der Spalte *Menge* das Kontrollkästchen in der Spalte *Für Zugang schließen* markiert werden (siehe Abbildung 3-29).

Als Alternative kann nach Buchen einer Teillieferung die Restmenge über den Positionsstorno (siehe Abschnitt 3.4.7) auf Null gesetzt werden. Der Positionsstorno prüft jedoch nicht den erlaubten Prozentsatz für die Unterlieferung in der Bestellposition.

3.5.6 Bestellstatus und Abfragen

Mit dem Buchen des Wareneingangs ändern sich Lagerbestand und Status der Bestellung.

3.5.6.1 Bestellstatus nach Produktzugang

In der Listenseite Alle Bestellungen wird der *Genehmigungsstatus* (siehe Abschnitt 3.4.6) und der *Status* der einzelnen Bestellungen in der jeweiligen Spalte gezeigt. In der Kopfansicht des Detailformulars wird zusätzlich ein Feld für den *Dokumentstatus* am Reiter *Allgemeines* gezeigt. Während der Status im Bestellkopf den niedrigsten Status der Bestellzeilen wiedergibt, zeigt der Dokumentenstatus das höchste gebuchte Dokument.

Daher kann eine Bestellung im Falle von Teillieferung und Teilrechnung den Dokumentenstatus „Rechnung" und gleichzeitig den Bestellstatus „Offener Auftrag" aufweisen. Die folgende Tabelle 3-1 gibt einen Überblick über Buchungen und zugeordnete Statuswerte einer Bestellung bis zum Produktzugang.

Tabelle 3-1: Status und Dokumentstatus bei Wareneingangsbuchungen

Transaction	Genehmigungsstatus	Status	Dokumentstatus
(Genehmigung)	*Genehmigt*	*Offener Auftrag*	*Keiner*
Bestellbestätigung	*Bestätigt*	*Offener Auftrag*	*Bestellung*
Zugangsliste	*Bestätigt*	*Offener Auftrag*	*Zugangsliste*
Leger-Erfassung	*Bestätigt*	*Offener Auftrag*	Keine Änderung (*Bestellung* oder *Zugangsliste*)
Produktzugang einer Teilmenge	*Bestätigt*	*Offener Auftrag*	*Produktzugang*
Produktzugang der Gesamtmenge	*Bestätigt*	*Eingegangen*	*Produktzugang*

Über die Schaltfläche *Zugehörige Informationen/Buchungen* am Schaltflächenreiter *Allgemeines* des Bestellformulars können als zusätzliche Information die letzten Buchungen in der jeweiligen Kategorie angezeigt werden.

In den Bestellpositionen ist der jeweilige Status im *Positionsstatus* am Unter-Register *Allgemeines* der Positionsdetails und aus den Mengen in den Spalten des Positionsmengen-Formulars (Schaltfläche *Zugehörige Informationen/ Positionsmenge* am Schaltflächenreiter *Allgemeines* des Bestellformulars) ersichtlich.

3.5.6.2 Abfrage und Status der Lagerbuchung

Der Lagerstand wird sowohl durch die Buchung von Lager-Erfassungen als auch durch Produktzugangsbuchungen verändert.

Sobald im Bestellungs-Detailformular eine Bestellposition mit einem lagergeführten Artikel angelegt wird, wird eine zugehörige Lagerbuchung im Zugangsstatus „Bestellt" erzeugt. Diese Lagerbuchung kann über die Schaltfläche *Lager/Buchungen* in der Aktionsbereichsleiste der Bestellpositionen abgefragt werden kann.

Durch die Buchung einer Lager-Erfassung wird der Zugangsstatus der Lagerbuchung auf „Erfasst" gestellt, es wird aber keine getrennter Buchungsbeleg gespeichert. Das Erfassungsdatum wird im Feld *Inventurdatum* am Reiter *Allgemeines* der Lagerbuchung gespeichert, bei einem allfälligen Storno der Lager-Erfassung aber gelöscht.

Sobald ein Produktzugang mit oder ohne vorangehende Lager-Erfassung gebucht wird, ändert sich der Status der Lagerbuchung auf „Eingegangen" und das Buchungsdatum wird in die Spalte *Physisches Datum* der Lagerbuchung übernommen. Das *Finanzdatum* bleibt leer bis die Rechnung gebucht wird. Am Reiter *Aktualisieren* der Lagerbuchung können zusätzliche Belegdaten des Produktzugangs (Lieferscheinnummer, Datum, Betrag) eingesehen werden.

Nachdem der Storno eines Produktzugangs nur über eine entgegengesetzte Stornobuchung möglich ist, sind Buchungsdatum und Buchungsmenge unveränderlich gespeichert.

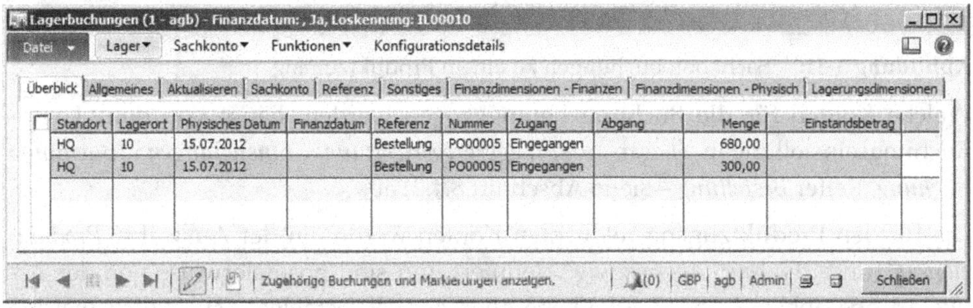

Lagerbuchungen (1 - agb) - Finanzdatum: , Ja, Loskennung: IL00010

Datei | Lager | Sachkonto | Funktionen | Konfigurationsdetails

Überblick | Allgemeines | Aktualisieren | Sachkonto | Referenz | Sonstiges | Finanzdimensionen - Finanzen | Finanzdimensionen - Physisch | Lagerungsdimensionen

Standort	Lagerort	Physisches Datum	Finanzdatum	Referenz	Nummer	Zugang	Abgang	Menge	Einstandsbetrag
HQ	10	15.07.2012		Bestellung	PO00005	Eingegangen		680,00	
HQ	10	15.07.2012		Bestellung	PO00005	Eingegangen		300,00	

Zugehörige Buchungen und Markierungen anzeigen. | (0) | GBP | agb | Admin | Schließen

Abbildung 3-30: Lagerbuchungen zu Bestellposition mit zwei Produktzugängen

Im Falle von Teillieferungen entstehen zwei oder mehr Lagerbuchungen mit unterschiedlichem Status entsprechend der jeweils gebuchten Menge.

Als Beispiel zeigt Abbildung 3-30 die Buchungsabfrage mit den Lagerbuchungen von zwei Produktzugängen als Teillieferungen zu einer Bestellposition.

3.5.6.3 Abfrage des Produktzugangs

Die Abfrage gebuchter Produktzugänge kann entweder über den Menüpunkt *Beschaffung> Abfragen> Erfassungen> Produktzugang* oder im Bestellformular über die Schaltfläche *Journale/Produktzugang* am Schaltflächenreiter *Entgegennehmen* aufgerufen werden.

Am Reiter *Überblick* im Abfrageformular werden die Kopfsätze der Produktzugänge gezeigt. Durch Wechsel zum Reiter *Positionen* können die Positionen des im Überblick gewählten Produktzugangs gezeigt werden. Die Schaltfläche *Lager/Losbuchungen* in der Aktionsbereichsleiste am Reiter *Positionen* führt wieder zur zuvor gezeigten Lagerbuchungsabfrage.

3.5.6.4 Sachkontobuchungen

Wenn die Sachkontenintegration für Produktzugänge in der Einrichtung aktiviert ist, können die zugehörigen Buchungen im Hauptbuch über die Schaltfläche *Sachkonto/Physischer Beleg* in der Lagerbuchung oder über die Schaltfläche *Belege* am Reiter *Überblick* der Abfrage gebuchter Produktzugänge überprüft werden.

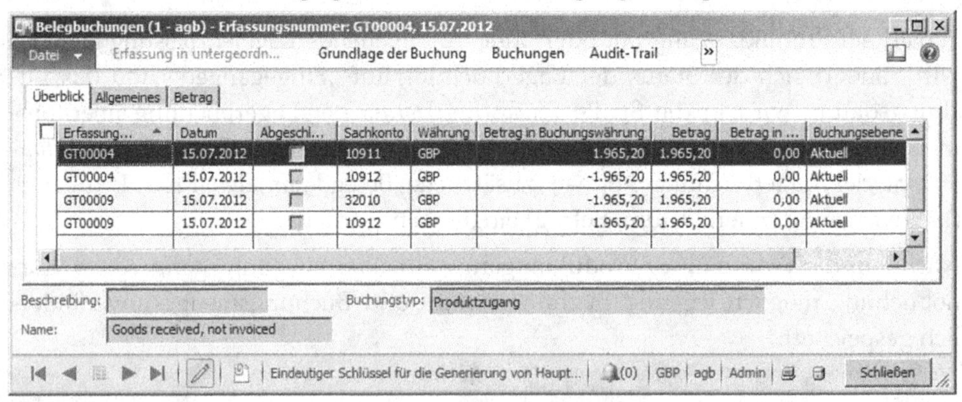

Abbildung 3-31: Sachkontobuchungen zu einem Produktzugang

Welche Konten für die Buchung herangezogen werden, hängt von den Lager-Buchungseinstellungen (*Lager- und Lagerortverwaltung> Einstellungen> Buchung> Buchung*, Reiter *Bestellung* – siehe Abschnitt 8.4.2) ab.

Die für den Produktzugang relevanten Konten werden in der Auswahl *„Produktzugang"* und *„Einkauf, Abgrenzung"* definiert und sind normalerweise von der Artikelgruppe abhängig oder auf Ebene aller Artikel festgelegt. Zusätzlich werden gegengleiche Buchungen auf das Abstimmkonto *„Einkaufsaufwendungen, nicht fakturiert"* (Konto 10912 im Beispiel Abbildung 3-31) gebucht.

Hinweis: In den Hauptbuchparametern wir am Reiter *Stapelübertragungsregeln* für Produktzugänge bestimmt, ob Nebenbücher („Untergeordnete Sachkonten") zusammengefasst oder synchron sofort im Hauptbuch gebucht werden. Diese Einstellung hat Auswirkung darauf, wann und welche Sachkontobuchungen auf Ebene einzelner Produktzugänge verfügbar sind und gezeigt werden.

3.5.6.5 Grundlage der Buchung

Wenn im Abfrageformular für die Sachkontobuchungen die Schaltfläche *Grundlage der Buchung* betätigt wird, wird das Buchungsgrundlage-Formular mit den Buchungen in allen Modulen zum betroffenen Beleg gezeigt. Im Falle von Produktzugangsbuchungen sind das Buchungen im Hauptbuch und im Lager. Durch die tiefgehende Integration in Dynamics AX können somit die Auswirkungen einer Buchung quer durch das gesamte System verfolgt werden.

Das Beispiel in Abbildung 3-32 zeigt hierbei die Buchungsgrundlage zur ersten Zeile der Sachkontobuchungen in Abbildung 3-31.

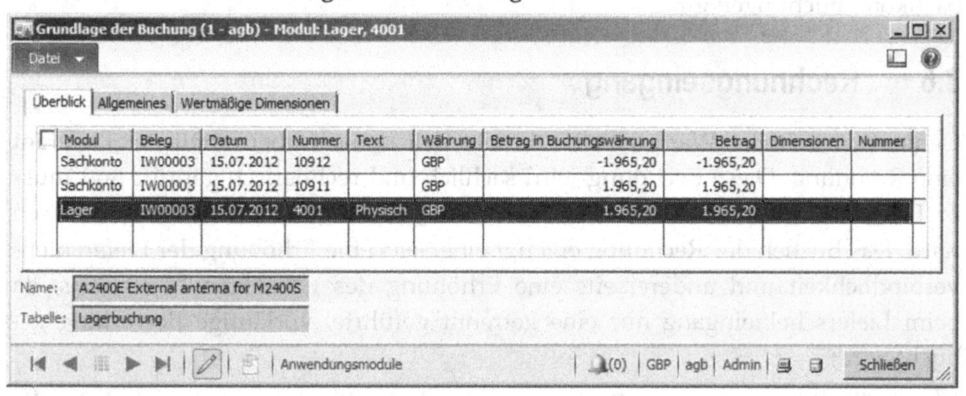

Abbildung 3-32: Abfrage der Buchungsgrundlage mit Buchungen zum Produktzugang

3.5.7 Übungen zum Fallbeispiel

Übung 3.11 – Produktzugang

Die Bestellung aus Übung 3.9 (Produkt und Dienstleistung) wird mit Lieferschein PS311 geliefert. Kontrollieren Sie vor dem Buchen des Produktzugangs folgende Punkte:

- Status und Dokumentstatus der Bestellung
- Lagerstand des bestellten Artikels (Schaltfläche *Lager/Am Lager*)
- Lagerbuchungen zur ersten Bestellposition

Buchen Sie den Produktzugang für die Gesamtmenge (120 Stück entsprechend der Mengenänderung in Übung 3.10) mit der angeführten Lieferscheinnummer direkt aus der Bestellung. Führen Sie danach die vor der Buchung getätigten Abfragen nochmals aus. Was hat sich durch den Produktzugang geändert?

Übung 3.12 – Teillieferung

Sie bestellen ein weiteres Mal Ihren Artikel aus Übung 3.5 bei Ihrem Lieferanten. Legen Sie eine entsprechende Bestellung über 80 Stück an und buchen Sie die Bestellbestätigung. Diesmal erfolgt eine Teillieferung, buchen Sie den Eingangslieferschein PS312 über 50 Stück. Anschließend buchen Sie eine zweite Teillieferung PS313 über 10 Stück.

Können Sie feststellen, wie groß die offene Liefermenge nach Abschluss der Buchungen ist? Kontrollieren Sie anschließend Bestellstatus, Lagerstand und Lagerbuchung wie in Übung 3.11. Welche Abweichungen gibt es im Vergleich zu Übung 3.11?

Übung 3.13 – Abfrage des Produktzugangs

Führen Sie eine Abfrage des Produktzugangs aus Übung 3.11 durch, einerseits aus der Bestellung und andererseits über den entsprechenden Menüpunkt. Kontrollieren Sie Produktzugangskopf und Positionen und stellen Sie fest, ob es zugehörige Sachkontobuchungen gibt.

3.6 Rechnungseingang

Gemeinsam mit der Ware oder bestimmte Zeit danach übermittelt der Lieferant eine Rechnung. Diese Rechnung wird sachlich und rechnerisch geprüft und muss in Dynamics AX gebucht werden, damit die Einkaufsbestellung abgeschlossen wird. Das Buchen der Rechnung erzeugt einerseits eine Erhöhung der Lieferantenverbindlichkeit und andererseits eine Erhöhung des gebuchten Lagerwerts, da beim Lieferscheineingang nur eine getrennt geführte, vorläufige Bewertung gebucht wird.

Wenn alle Positionen einer Bestellung komplett fakturiert worden sind, ist die Bestellabwicklung in Dynamics AX abgeschlossen. Die Zahlungsabwicklung für die einzelnen Rechnungen erfolgt davon getrennt.

3.6.1 Varianten zum Buchen des Rechnungseingangs

Rechnungen von Lieferanten können hinsichtlich des Buchungsinhalts grundsätzlich in zwei Arten unterschieden werden:

- Rechnungen, die sich auf Produkte oder Beschaffungskategorien beziehen (mit oder ohne vorangehende Bestellung).
- Rechnungen, die direkt mit Bezug auf Sachkonten gebucht werden – beispielsweise Aufwandskonten für Miete oder Anwaltskosten.

Während Rechnungen mit direktem Sachkontobezug in Rechnungsjournalen erfasst werden, werden Rechnungen mit Bezug auf Produkte und Beschaffungskategorien im Kreditorenrechnungsformular gebucht.

3.6.1.1 Rechnungsjournale und Kreditorenrechnungsformular

Wenn eine Eingangsrechnung vorliegt, die direkt auf Sachkonten bezieht, wird diese über ein Rechnungsjournal – mit oder ohne zusätzlichem Buchen eines Genehmigungsjournals – erfasst und gebucht (siehe Abschnitt 8.3.3). Diese Rechnungen sind unabhängig von Bestellungen im Einkauf.

Als Alternative zu Rechnungsjournalen kann für solche Rechnungen aber auch das Kreditorenrechnungsformular benutzt werden. Anstelle eines Sachkontos wird im Kreditorenrechnungsformular eine Beschaffungskategorie oder ein nicht lagergeführter Artikel eingetragen. Das zutreffende Sachkonto muss dann in den Lager-Buchungseinstellungen für die gewählte Beschaffungskategorie oder den gewählten Artikel hinterlegt sein.

Bei Bestellrechnungen (Kreditorenrechnungen mit Bezug auf eine vorangehende Bestellung) wird abhängig davon, ob ein Genehmigungsjournal benutzt wird, eine der folgenden Vorgangsweisen gewählt:

- **Ausstehende Kreditorenrechnung** – Erfassen und endgültiges Buchen der Rechnung im Kreditorenrechnungsformular, mit oder ohne Genehmigungsworkflow.
- **Rechnungsbuch** – Erfassen und Buchen der Rechnung auf Zwischenkonten im Rechnungsbuch, späteres Genehmigen und endgültiges Buchen im Genehmigungsjournal (Rechnungsgenehmigungserfassung, siehe Abschnitt 8.3.3).

Als Alternative zu Rechnungsbuch und Rechnungsgenehmigungserfassung kann über Genehmigungsworkflows auch in den ausstehenden Kreditorenrechnungen ein Genehmigungsverfahren für das Buchen von Bestellrechnungen realisiert werden. Aus finanztechnischer Sicht unterscheiden sich die beiden Verfahren zur Genehmigung dadurch, dass beim Kreditorenrechnungs-Genehmigungsworkflow erst nach der Genehmigung eine Rechnung gebucht wird, während im anderen Fall bereits zu Beginn des Genehmigungsverfahrens mit dem Buchen des Rechnungsbuchs eine Rechnung – auf Zwischenkonten, ohne Zahlungsfreigabe – gebucht wird und beispielsweise für den Vorsteuerabzug berücksichtigt werden kann.

3.6.1.2 Genehmigungsworkflow für ausstehende Kreditorenrechnungen

Wenn ein Genehmigungsworkflow für ausstehende Kreditorenrechnungen Anwendung finden soll, muss im Menüpunkt *Kreditorenkonten> Einstellungen> Kreditorenworkflows* ein entsprechender Workflow mit Bezug auf die Vorlage „Kreditorenrechnungsworkflow“ (*Typ* „VendProcessInvoice“) oder die Vorlage „Workflow der Kreditorenrechnungsposition“ (*Typ* „VendProcessInvoiceLine“) definiert werden.

Das Kreditorenportal als Teil des Enterprise Portals kann unter anderem dafür benutzt werden, dass berechtigte Lieferanten ihre Rechnungen als ausstehende

Kreditorenrechnungen selbst über das Internet eintragen. Für diese Rechnungen sollte jedenfalls ein entsprechender Genehmigungsworkflow eingerichtet werden.

3.6.1.3 Kreditorenrechnung und Produktzugang

Im Kreditorenrechnungsformular können alle Eingangsrechnungen gebucht werden, die sich auf Produkte oder Beschaffungskategorien beziehen. In Abhängigkeit vom jeweiligen Produkt muss die Kreditorenrechnung mit Bezug auf eine Bestellung erfasst werden:

- **Kreditorenrechnung mit vorangehender Bestellung** – Bestellrechnung, möglich für alle Artikel und für Beschaffungskategorien.
- **Kreditorenrechnung ohne Bezug auf eine Bestellung** – Nur möglich für nicht lagergeführte Artikel und für Beschaffungskategorien.

Eine Bestellrechnung kann mit oder ohne vorangehenden Produktzugang gebucht werden. Falls im Kreditorenrechnungsformular „Bestellte Menge" oder „Menge der aktuellen Lieferung" im Auswahlfeld *Standardmenge für Positionen* gewählt wird, basiert die zum Buchen der Rechnung vorgeschlagene Menge nicht auf der bereits gelieferten Menge. Überschreitet die Rechnungsmenge die Gesamtmenge noch nicht fakturierter Lieferscheinpositionen, wird für die darüber hinausgehende Menge parallel zur Rechnungsbuchung auch ein Lagerzugang gebucht.

Das Buchen einer Kreditorenrechnung ohne vorangehende Produktzugangs-Buchung wird normalerweise dann verwendet, wenn der Wareneingang nicht separat im Lager gebucht werden muss und die Ware tatsächlich mit der Rechnung zugeht. In der Lagersteuerungsgruppe der betroffenen Artikel darf dazu das Kontrollkästchen *Empfangsanforderungen* nicht aktiviert sein (siehe Abschnitt 7.2.3).

3.6.2 Kreditorenrechnung

Zum Erfassen und Buchen von Eingangsrechnungen mit Bezug auf Produkte oder Beschaffungskategorien wird das Formular für ausstehende Kreditorenrechnungen benutzt.

3.6.2.1 Ausstehende Kreditorenrechnungen

Das Formular für ausstehende Kreditorenrechnungen (*Kreditorenkonten> Häufig> Kreditorenrechnungen> Ausstehende Kreditorenrechnungen*) enthält alle Eingangsrechnungen, die erfasst aber noch nicht gebucht sind. Kreditorenrechnungen werden hierbei in einem eigenen Formular unabhängig vom Bestellwesen verwaltet.

Eine neue Rechnung wird durch Betätigen der Schaltfläche *Neu/Rechnung* am Schaltflächenreiter *Kreditorenrechnung* des Aktionsbereichs in den ausstehenden Kreditorenrechnungen eröffnet. Alternativ kann eine Rechnung auch vom Lieferantenstamm aus (*Kreditorenkonten> Häufig> Kreditoren> Alle Kreditoren*) eröffnet werden, indem dort die Schaltfläche *Neu/Rechnung/Kreditorenrechnung* am Schaltflächenreiter *Rechnung* betätigt wird.

Wenn eine Rechnung ohne Bezug auf eine Bestellung vorliegt, erfolgt das Erfassen dieser Rechnung im Formular für ausstehende Kreditorenrechnungen ähnlich wie das Anlegen einer Bestellung im Bestellformular: Nach Auswahl des Lieferanten (Kreditors) im Feld *Rechnungskonto* werden entsprechende Vorschlagswerte aus dem Kreditorenstamm in den Rechnungskopf übernommen und können in der Kopfansicht der Kreditorenrechnung bearbeitet werden. Am Reiter *Positionen* in der Positionsansicht können Rechnungspositionen über die Schaltfläche *Position hinzufügen* im Aktionsbereichsstreifen hinzugefügt werden. In solcherart manuell hinzugefügte Rechnungspositionen können entweder nicht lagergeführte Artikel oder Beschaffungskategorien eingetragen werden.

Wenn das Rechnungsformular geschlossen wird ohne die Buchung durchzuführen, wird die erfasste Rechnung gespeichert und kann dem Genehmigungsworkflow unterzogen oder später weiterbearbeitet werden. Die gespeicherte Rechnung wird auch in der Listenseite der ausstehenden Kreditorenrechnungen gezeigt.

Falls die Erfassung einer neuen Rechnung ohne Speichern abgebrochen werden soll, kann die Schaltfläche *Verwalten/Abbrechen* am Schaltflächenreiter *Kreditorenrechnung* des Detailformulars für ausstehende Kreditorenrechnungen betätigt werden. Die Schaltfläche *Verwalten/Lösch.* im Aktionsbereich bietet die Möglichkeit eine bereits gespeicherte ausstehende Rechnung zu löschen.

3.6.2.2 Kreditorenrechnungen mit Bezug auf Bestellungen

Bestellrechnungen werden als Kreditorenrechnungen mit Bezug auf eine Bestellung im Formular für ausstehende Kreditorenrechnungen erfasst.

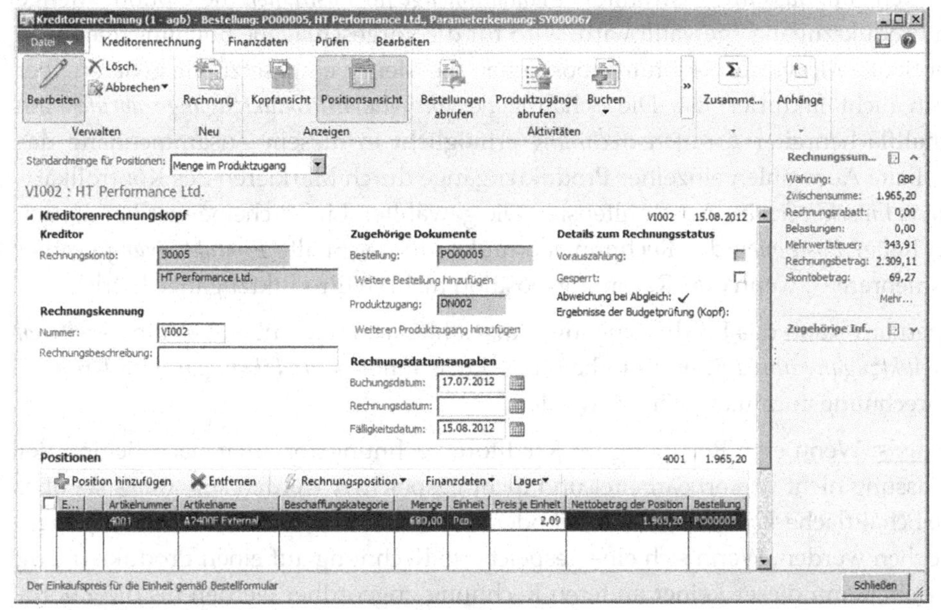

Abbildung 3-33: Erfassen einer Kreditorenrechnung mit Bezug auf eine Bestellung

Nach Aufruf des Menüpunkts für ausstehende Kreditorenrechnungen und Betätigen der Schaltfläche *Neu/Rechnung* wird zunächst der Lieferant im Feld *Rechnungskonto* eingetragen. Danach wird die in Rechnung gestellte Bestellung im Auswahlfeld *Bestellung* gesucht oder über die Schaltfläche *Aktivitäten/Bestellungen abrufen* übernommen. Anstatt zuerst den Lieferanten und dann die Bestellung zu wählen kann auch sofort die betroffene Bestellung eingetragen werden, wobei der Lieferant dann automatisch eingesetzt wird.

Das Formular für ausstehende Kreditorenrechnungen kann auch vom Bestellformular (*Beschaffung> Häufig> Bestellungen> Alle Bestellungen*) aus für das Erfassen einer neuen Rechnung geöffnet werden. Dazu muss nach Auswahl der betroffenen Bestellung im Bestellformular die Schaltfläche *Generieren/Rechnung* am Schaltflächenreiter *Rechnung* betätigt werden.

Obwohl sich das Kreditorenrechnungsformular von den Buchungsfenstern in anderen Bereichen wie Produktzugang und Bestellbestätigung unterscheidet, weist es ähnliche Funktionen auf. So hängt es auch im Kreditorenrechnungsformular von den vorangehenden Aktivitäten ab, welche Option in der Mengenauswahl (Auswahlfeld *Standardmenge für Positionen*) zutrifft:

- **Menge im Produktzugang** – Normalfall, wird genutzt um die in Rechnung gestellte Menge auf gebuchte Produktzugänge zu beziehen.
- **Bestellte Menge** oder **Menge der aktuellen Lieferung** – Wenn ausgewählt, wird die vorgeschlagene Buchungsmenge nicht aus der gelieferten Menge übernommen. Für die noch nicht eingegangene Menge wird parallel zur Rechnung ein Produktzugang gebucht.

Für den Fall, dass im Auswahlfeld *Standardmenge für Positionen* die Option „Menge im Produktzugang" gewählt wird, wird für die vorgeschlagene Buchungsmenge in der Spalte *Menge* der Rechnungspositionen die Menge eingesetzt, die geliefert aber noch nicht fakturiert ist. Die Schaltfläche *Aktivitäten/Produktzugänge abrufen* am Schaltflächenreiter *Kreditorenrechnung* ermöglicht in diesem Zusammenhang das explizite Auswählen einzelner Produktzugänge durch Markieren des Kontrollkästchens *Einschließen* im Auswahlfenster. Die gewählten Lieferscheine werden danach am Reiter *Positionen* des Rechnungsformulars in der Spalte *Produktzugang* gezeigt („<mehrere>", wenn eine Rechnungsposition mehrere Produktzugänge betrifft).

Alternativ kann das Produktzugangs-Auswahlfenster auch über den Link *Weiteren Produktzugang hinzufügen* (unterhalb des Auswahlfelds *Produktzugang*) im Kreditorenrechnungsformular geöffnet werden.

Hinweis: Wenn eine Rechnung im Kreditorenrechnungsformular nach Beginn der Erfassung nicht weiterbearbeitet und nicht gespeichert werden soll, muss sie über die Schaltfläche *Verwalten/Abbrechen* oder *Verwalten/Lösch.* im Aktionsbereich abgebrochen werden. Wenn sich eine gespeicherte Rechnung auf einen Produktzugang bezieht, kann dieser keiner anderen Rechnung zugeordnet werden bis die Zuordnung aufgehoben oder die gespeicherte Rechnung gelöscht wird.

3.6.2.3 Sammelrechnungen

Wenn eine Eingangsrechnung gebucht werden soll, die sich auf mehrere Bestellungen bezieht, muss eine Sammelrechnung gebucht werden. Das Erfassen von Sammelrechnungen im Kreditorenrechnungsformular unterscheidet sich hierbei wesentlich vom Erfassen anderer Sammelbelege (beispielsweise der Sammelbuchung von Produktzugängen).

Im Kreditorenrechnungsformular kann der Link *Weitere Bestellung hinzufügen* unterhalb des Auswahlfelds *Bestellung* oder die Schaltfläche Die Schaltfläche *Aktivitäten/Bestellungen abrufen* am Schaltflächenreiter *Kreditorenrechnung* betätigt werden um ein Auswahlfenster für Bestellungen (ähnlich dem Produktzugangs-Auswahlfenster) zu öffnen.

Bei der Auswahl von Bestellungen ist das Auswahlfeld *Standardmenge für Positionen* im Kreditorenrechnungsformular zu berücksichtigen. Nur Bestellungen, die dem eingetragenen Mengenkriterium entsprechen – also beispielsweise einen noch nicht fakturierten Produktzugang enthalten – können berücksichtigt werden.

Zusätzlich sind die Sammelaktualisierungsparameter (*Kreditorenkonten> Einstellungen> Sammelaktualisierungsparameter*) und entsprechende Einstellungen im Kreditorenstamm zu berücksichtigen, über die gemeinsame Merkmale für Bestellungen in Sammelbelegen definiert werden (analog zu den Einstellungen für die Sammelaktualisierung im Debitorenbereich, siehe Abschnitt 4.6.2).

3.6.2.4 Gesamtsumme und Eingabefelder in Rechnungsformular

Die Rechnungsnummer (Pflichtfeld *Nummer* in der Feldgruppe *Rechnungskennung*), das *Buchungsdatum*, das *Rechnungsdatum* und das *Fälligkeitsdatum* sind am Reiter *Kreditorenrechnungskopf* in der Positionsansicht des Rechnungsformulars enthalten.

Weitere Details befinden sich in der Kopfansicht, wo auch das Kontrollkästchen *Genehmigt* am Inforegister *Genehmigung* deaktiviert werden kann, wenn die Rechnung nicht zur Zahlung freigegeben werden soll.

Vor dem Buchen der Rechnung ist es ratsam, die Rechnungssumme in der Infobox *Rechnungssummen* oder in der Summenabfrage (Aufruf über die Schaltfläche *Summen*) zu kontrollieren und mit den Angaben auf der Lieferantenrechnung zu vergleichen. Falls erforderlich, können anschließend in der Positionsansicht des Rechnungsformulars auf den Reitern *Positionen* und *Positionsdetails* Mengen, Preise, Rabatte und Beträge angepasst werden.

Das Kontrollkästchen *Gesperrt* im Kopfteil des Kreditorenrechnungsformulars kann markiert werden, wenn eine Rechnung beispielsweise aufgrund von Toleranzüberschreitungen nicht gebucht werden soll.

3.6.2.5 Rechnungsabgleich

Wenn Preise, Rabatte, Zuschläge oder andere Punkte der Kreditorenrechnung nicht mit der Bestellung übereinstimmen, sollte nicht in der Bestellung geändert werden (abgesehen von fehlerhaften Bestellungen), sondern die in Rechnung gestellten, abweichenden Werte im Kreditorenrechnungsformular eingetragen werden um Abweichungen zu dokumentieren.

Wenn die im Rechnungsformular erfassten Beträge nicht mit Bestellung und Produktzugang übereinstimmen und definierte Toleranzen übersteigen, zeigt das Kreditorenrechnungsformular ein Rufzeichen (!) im Feld *Abweichung bei Abgleich* im Rechnungskopf und den entsprechenden Spalten im Positionsteil. Um die Abweichungen im Detail zu betrachten, kann die Schaltfläche *Detailabgleich* am Schaltflächenreiter *Prüfen* des Rechnungsformulars betätigt werden

Die Haupteinstellungen zum Rechnungsabgleich sind am Reiter *Rechnungsprüfung* in den Kreditorenkontenparametern enthalten. Der Rechnungsabgleich in Dynamics AX berücksichtigt verschiedene Elemente die unabhängig voneinander definiert werden können:

- **Rechnungssummenabgleich** – Abgleich der Summenfelder der Rechnung (Rechnungsbetrag, Mehrwertsteuer, Zuschläge) mit der Bestellung.
- **Preis- und Mengenabgleich**
  - **Positionsabgleichsrichtlinie** – „Zweiseitiger Abgleich" gleicht den Rechnungspreis (und Rabatt) mit der Bestellzeile ab; „Dreiseitiger Abgleich" gleicht zusätzlich die Menge in Produktzugängen ab.
  - **Preissummen abgleichen** – Betrifft Teillieferungen und Teilrechnungen, indem die Gesamtsumme inklusive Teilbuchungen mit der jeweiligen Bestellzeile abgeglichen wird.
- **Abgleich von Belastungen** – Einstellungen zum Abgleich von Zuschlägen

Neben der allgemeinen Einstellung in den Kreditorenkontenparametern können in den Menüpunkten des Ordners *Kreditorenkonten> Einstellungen> Rechnungsabgleich* auch Einstellungen auf Ebene einzelner Lieferanten oder Artikel definiert werden.

Zusätzlich können in den Richtlinien (*Kreditorenkonten> Einstellungen> Richtlinien*) auch Abgleichsrichtlinien definiert werden, die von den oben genannten Einstellungen nicht abgedeckt sind.

3.6.2.6 Durchführen der Buchung

Nach Erfassen der Kreditorenrechnung kann diese gespeichert und zu einem späteren Zeitpunkt gebucht werden – beispielsweise wenn zuerst ein Genehmigungsworkflow beendet werden muss.

Wenn die Rechnung endgültig gebucht werden soll, kann die Schaltfläche *Buchen/ Buchen* am Schaltflächenreiter *Kreditorenrechnung* des Kreditorenrechnungsformulars betätigt werden. Nach dem Buchen ist die Rechnung – da noch nicht bezahlt – in den offenen Kreditorenrechnungen (*Kreditorenkonten> Häufig> Kreditorenrechnungen> Offene Kreditorenrechnungen*) enthalten.

Mit der Eingangsrechnung werden Sachkontobuchungen, wertmäßige Buchungen im Lager, Kreditorenposten und Buchungen in anderen Nebenbüchern wie der Mehrwertsteuer erzeugt. Die Buchung der Lieferantenverbindlichkeit in Nebenbuch (Kreditorenposten) und Hauptbuch (zugehöriges Sammelkonto) wird hierbei über das Buchungsprofil gesteuert (siehe Abschnitt 3.2.3).

3.6.2.7 Neu in Dynamics AX 2012

Für das Buchen des Rechnungseingangs wird in Dynamics AX 2012 das Kreditorenrechnungsformular benutzt, das als eigenständiges Erfassungsformular gegenüber anderen Buchungsfenstern wesentlich erweiterte Funktionen besitzt.

3.6.3 Bestellstatus und Abfragen

Wie bei der Buchung des Produktzugangs wird auch durch die Buchung der Kreditorenrechnung der Status der Bestellung fortgeschrieben.

3.6.3.1 Bestellstatus nach Rechnungseingang

Je nachdem, ob eine Teilrechnung gebucht oder die gesamte Bestellung verrechnet worden ist, weist der Bestellstatus nach dem Buchen folgende Werte:

- **Teilrechnung** – Bestellstatus „Eingegangen“ oder „Offener Auftrag“, Dokumentstatus „Rechnung“
- **Gesamtrechnung** oder **letzte Teilrechnung** – Bestellstatus „Fakturiert“, Dokumentstatus „Rechnung“

Die Buchung der Eingangsrechnung erzeugt Lagerbuchungen (wertmäßig), Kreditorenposten und Sachkontobuchungen.

3.6.3.2 Abfrage und Status der Lagerbuchung

Um die wertmäßigen Buchungen im Lager nach Buchen der Kreditorenrechnung abzufragen, kann im Bestellformular nach Auswahl der betreffenden Zeile die Schaltfläche *Lager/Buchungen* in der Aktionsbereichsleiste des Inforegisters *Bestellpositionen* betätigt werden.

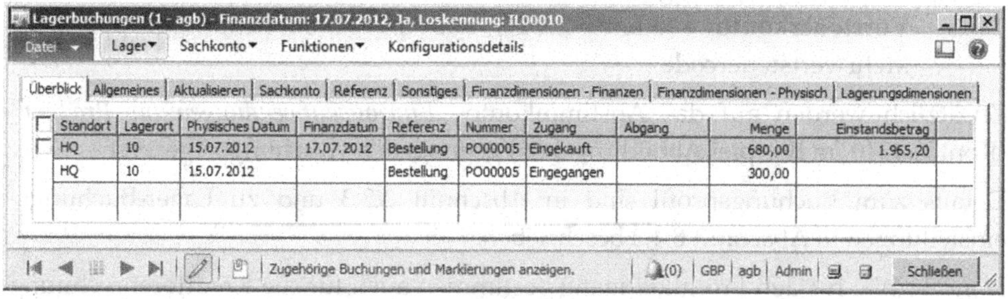

Abbildung 3-34: Lagerbuchungen nach Buchen der Kreditorenrechnung

Mit dem Buchen der Rechnung wird der Zugangsstatus auf „Eingekauft" gestellt und das Rechnungsdatum in das Feld *Finanzdatum* der Lagerbuchung gestellt. Die Belegdaten der Rechnung (Rechnungsnummer, Datum, Betrag) können am Reiter *Aktualisieren* der Lagerbuchungen abgefragt werden.

Das Beispiel in Abbildung 3-34 zeigt zwei Lagerbuchungen zu einer Bestellung, wobei die Rechnung für die erste Zeile gebucht worden ist.

3.6.3.3 Abfrage der gebuchten Rechnung

Die Abfrage gebuchter Rechnungen kann entweder über den Menüpunkt *Kreditorenkonten> Abfragen> Erfassungen> Rechnungserfassung* oder im Bestellformular über die Schaltfläche *Journale/Rechnung* am Schaltflächenreiter *Rechnung* aufgerufen werden.

Am Reiter *Überblick* im Abfrageformular werden die Kopfsätze der Rechnungen gezeigt, nach Wechsel zum Reiter *Positionen* sind die Positionen der im Überblick gewählten Rechnung zu sehen. Die Schaltfläche *Lager/Losbuchungen* in der Aktionsbereichsleiste am Reiter *Positionen* führt wieder zur zuvor gezeigten Lagerbuchungsabfrage.

3.6.3.4 Sachkontobuchungen

Um für eine gebuchte Kreditorenrechnung die zugehörigen Sachkontobuchungen abzufragen, kann in der Rechnungsabfrage am Reiter *Überblick* die Schaltfläche *Beleg* oder in der Lagerbuchung die Schaltfläche *Sachkonto/Finanzbeleg* betätigt werden.

Die Belegbuchungsabfrage enthält alle mit der jeweiligen Rechnung gebuchten Hauptbuchtransaktionen, wobei das Buchen einer Rechnung mehrere Belege erzeugt. In Beispiel Abbildung 3-35 sind dies folgende Buchungen in den Journalen „GT00010" bis „GT00012":

- **Auflösen der Produktzugangsbuchung** – Konto 32010, 10912 und 10911
- **Sammelkonto zur Kreditorenverbindlichkeit** – Konto 33010, aus Kreditoren-Buchungsprofil
- **Bestandskonto der gelieferten Waren** – Konto 10310, aus Lager-Buchungseinstellungen
- **Vorsteuerkonto** – Konto 25520, aus Sachkontobuchungsgruppe zum Mehrwertsteuercode

Zusätzlich werden auf das Abstimmkonto *„Einkaufsaufwendungen für Produkt"* (Konto 51310 im Beispiel Abbildung 3-35) gegengleiche Buchungen gezeigt.

Details zum Buchungsprofil sind in Abschnitt 3.2.3 und zu Lager-Buchungseinstellungen in Abschnitt 8.4.2 beschrieben.

Hinweis: Wie für den Produktzugang bestimmen auch für die Kreditorenrechnung die Einstellungen am Reiter *Stapelübertragungsregeln* in den Hauptbuchparametern, wann und welche Sachkontobuchungen auf Ebene einzelner Rechnungen verfügbar sind und gezeigt werden.

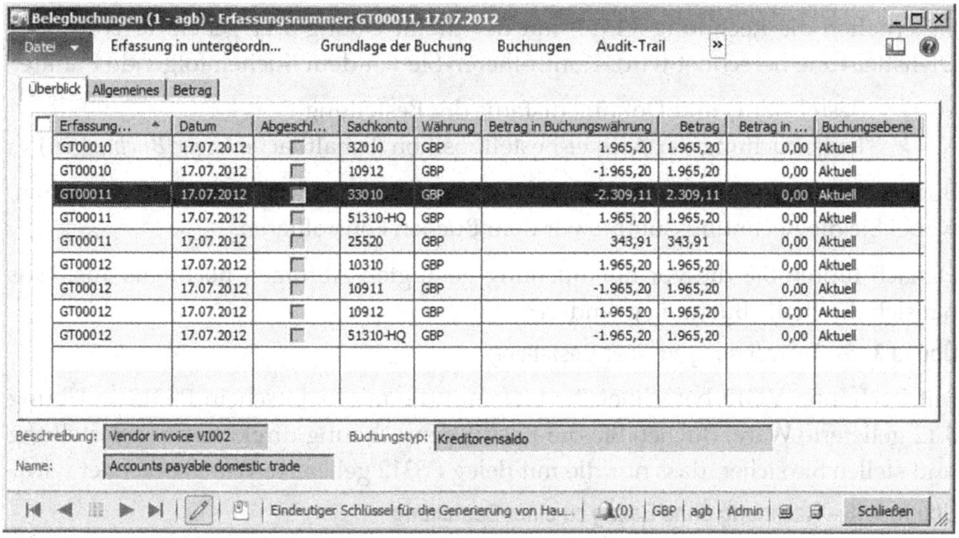

Belegbuchungen (1 - agb) - Erfassungsnummer: GT00011, 17.07.2012

Datei | Erfassung in untergeordn... | Grundlage der Buchung | Buchungen | Audit-Trail

Überblick | Allgemeines | Betrag

Erfassung...	Datum	Abgeschl...	Sachkonto	Währung	Betrag in Buchungswährung	Betrag	Betrag in ...	Buchungsebene
GT00010	17.07.2012		32010	GBP	1.965,20	1.965,20	0,00	Aktuell
GT00010	17.07.2012		10912	GBP	-1.965,20	1.965,20	0,00	Aktuell
GT00011	17.07.2012		33010	GBP	-2.309,11	2.309,11	0,00	Aktuell
GT00011	17.07.2012		51310-HQ	GBP	1.965,20	1.965,20	0,00	Aktuell
GT00011	17.07.2012		25520	GBP	343,91	343,91	0,00	Aktuell
GT00012	17.07.2012		10310	GBP	1.965,20	1.965,20	0,00	Aktuell
GT00012	17.07.2012		10911	GBP	-1.965,20	1.965,20	0,00	Aktuell
GT00012	17.07.2012		10912	GBP	1.965,20	1.965,20	0,00	Aktuell
GT00012	17.07.2012		51310-HQ	GBP	-1.965,20	1.965,20	0,00	Aktuell

Beschreibung: Vendor invoice VI002 Buchungstyp: Kreditorensaldo
Name: Accounts payable domestic trade

Eindeutiger Schlüssel für die Generierung von Hau... | (0) | GBP | agb | Admin | Schließen

Abbildung 3-35: Sachkontobuchungen zu einer gebuchten Kreditorenrechnung

3.6.3.5 Grundlage der Buchung

Wenn im Abfrageformular zu Sachkontobuchungen nach Auswahl einer Belegzeile die Schaltfläche *Grundlage der Buchung* betätigt wird, zeigt das Buchungsgrundlage-Formular die Sachkontobuchungen zum gewählten Beleg.

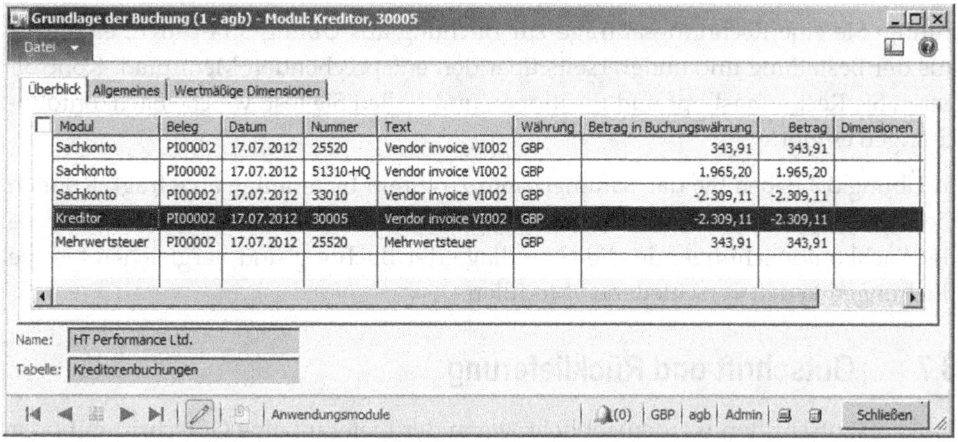

Grundlage der Buchung (1 - agb) - Modul: Kreditor, 30005

Datei

Überblick | Allgemeines | Wertmäßige Dimensionen

Modul	Beleg	Datum	Nummer	Text	Währung	Betrag in Buchungswährung	Betrag	Dimensionen
Sachkonto	PI00002	17.07.2012	25520	Vendor invoice VI002	GBP	343,91	343,91	
Sachkonto	PI00002	17.07.2012	51310-HQ	Vendor invoice VI002	GBP	1.965,20	1.965,20	
Sachkonto	PI00002	17.07.2012	33010	Vendor invoice VI002	GBP	-2.309,11	-2.309,11	
Kreditor	PI00002	17.07.2012	30005	Vendor invoice VI002	GBP	-2.309,11	-2.309,11	
Mehrwertsteuer	PI00002	17.07.2012	25520	Mehrwertsteuer	GBP	343,91	343,91	

Name: HT Performance Ltd.
Tabelle: Kreditorenbuchungen

Anwendungsmodule | (0) | GBP | agb | Admin | Schließen

Abbildung 3-36: Buchungsgrundlage mit Buchungen zur Kreditorenrechnung

In Abbildung 3-36 werden die zur in Abbildung 3-35 markierten Zeile erzeugten Buchungen in Sachkonto, Kreditorenposten und Mehrwertsteuerposten gezeigt. Die zur Kreditorenrechnung gebuchten Lagerbuchungen und zugehörigen Sachkontobuchungen werden in der Buchungsgrundlage der entsprechenden anderen Belegzeile gezeigt.

3.6.4 Übungen zum Fallbeispiel

Übung 3.14 – Kreditorenrechnung zu einer Bestellung

Sie erhalten die Rechnung VI314, mit der die in Übung 3.11 gelieferte Ware und Dienstleistung berechnet wird. Kontrollieren Sie vor dem Buchen folgende Punkte:

- Bestellstatus und Dokumentstatus der Bestellung
- Lagerbuchung der Artikel-Bestellposition (Schaltfläche *Lager/Buchungen*)

Buchen Sie die Rechnung im Menüpunkt für ausstehende Kreditorenrechnungen, wobei Sie die Rechnungssumme vor dem Buchen kontrollieren.

Danach führen Sie die vor der Buchung getätigten Abfragen nochmals aus. Was hat sich durch die Buchung geändert?

Übung 3.15 – Teilrechnung zu einer Bestellung

Mit Rechnung VI315 berechnet Ihr Lieferant die mit Lieferschein PS312 in Übung 3.12 gelieferte Ware. Buchen Sie die Kreditorenrechnung direkt aus der Bestellung und stellen Sie sicher, dass nur die mit Beleg PS312 gelieferte Ware berechnet wird.

Übung 3.16 – Rechnung ohne Bezug zu einer Bestellung

Ihr Lieferant übermittelt Ihnen die Rechnung VI316, die eine Position mit einer Stunde der Beschaffungskategorie „##-Montage“ aus Übung 3.4 zu einem Preis von 105.- Pfund enthält. Die Rechnung bezieht sich auf keine Bestellung.

Sie akzeptieren diese Rechnung und erfassen sie in den ausstehenden Kreditorenrechnungen. Nach Kontrolle der Rechnungssumme buchen Sie die Rechnung.

Übung 3.17 – Rechnungsabfrage

Führen Sie eine Rechnungsabfrage zur Buchung aus Übung 3.14 durch, einerseits aus der Bestellung und andererseits über den entsprechenden Menüpfad. Kontrollieren Sie Rechnungskopf und Positionen und stellen Sie fest, welche Sachkontobuchungen es gibt.

In Übung 3.3 haben Sie das Sammelkonto zu Ihrem Lieferanten abgefragt. Können Sie die entsprechende Sachkontobuchung finden? Wechseln Sie aus der Abfrage der Sachkontobuchungen in die Grundlage der Buchung und vergleichen Sie die Buchungen in den verschiedenen Modulen.

3.7 Gutschrift und Rücklieferung

Einkaufsgutschriften werden gebucht, wenn der Lieferant eine Gutschrift mit oder ohne Bezug zu einer Warenlieferung übermittelt.

Funktional werden Einkaufsgutschriften analog zu Kreditorenrechnungen erfasst und gebucht, allerdings mit negativem Vorzeichen. Für lagergeführte Artikel erfolgt mit Buchung der Gutschrift parallel die Abbuchung der Ware vom Lager. Falls in der betreffenden Lagersteuerungsgruppe ein negativer Lagerbestand nicht zugelassen wird, ist dies nur dann möglich, wenn sich der Artikel zum Zeitpunkt der Buchung der Gutschrift noch am Lager befindet.

Wie bei Rechnungen gibt es Gutschriften, die sich auf lagergeführte Artikel beziehen und daher über Bestellungen abgewickelt werden, und Gutschriften mit Positionen ohne Lagerführung (Sachkonten, Beschaffungskategorien und nicht lagergeführte Artikel).

Eine Einkaufsgutschrift mit lagergeführten Artikeln muss im Bestellformular erfasst und im Kreditorenrechnungsformular gebucht werden. Gutschriften ohne Bezug auf lagergeführte Artikel können alternativ im Bestellformular, direkt im Kreditorenrechnungsformular oder in einem Rechnungsjournal (siehe Abschnitt 8.3.3) erfasst werden.

Bei der Buchung von Wertgutschriften ist zu berücksichtigen, dass sie in Lagerbewertung und Artikelstatistiken nicht berücksichtigt werden, wenn sie über Rechnungsjournale (ohne Artikelbezug) gebucht werden.

Soll nur ein Produktzugang, aber keine Rechnung storniert werden, kann ein Storno des Produktzugangs durchgeführt werden (siehe Abschnitt 3.5.4).

3.7.1 Gutschrift von Bestellungen

Eine Einkaufsgutschrift zu einem lagergeführten Artikel muss in einer Bestellung erfasst werden. Für Beschaffungskategorien und nicht lagergeführte Artikel können Einkaufsgutschriften optional über eine Bestellung abgewickelt werden.

Falls in den Beschaffungsparametern (*Beschaffung> Einstellungen> Beschaffungsparameter*) am Reiter *Aktualisierungen* der Parameter *Sicherheitsebene von fakturierten Aufträgen* nicht auf „Gesperrt" gesetzt ist, kann die Gutschrift in der Original-Bestellung gebucht werden. Andernfalls muss für die Gutschrift eine neue Bestellung erstellt werden.

Wenn fakturierte Bestellungen nicht gesperrt sind, gibt es folgende Möglichkeiten zum Erfassen einer Gutschrift:

- **Original-Bestellung** –Neue Position in der Original-Bestellung
- **Neue Bestellung** (Gutschrift-Bestellung) – Bestelltyp „Bestellung" oder „Zurückgegebener Auftrag"

3.7.1.1 Gutschriften in der Original-Bestellung

Um eine Gutschrift in der Original-Bestellung zu erstellen, muss diese im Bearbeitungsmodus geöffnet werden und die gutzuschreibende Menge mit negativem Vorzeichen in einer neuen Bestellposition eingetragen werden. Wenn eine Nachlieferung erwartet wird, kann eine weitere Position mit positiver Menge für die Ersatzlieferung erfasst werden.

In Abhängigkeit von den Einstellungen zum Änderungsmanagement muss anschließend eine Genehmigung über den Genehmigungsworkflow erfolgen. Das

Buchen der Gutschrift erfolgt wie das Buchen einer Kreditorenrechnung: Im Kreditorenrechnungsformular wird dazu nach Eintragen der Gutschriftnummer (im Rechnungsnummer-Feld) die Schaltfläche *Buchung/Buchung* im Aktionsbereich des Rechnungsformulars betätigt.

Im Fall der Gutschrift eines lagergeführten Artikels muss vor Buchung der Gutschrift (negative Rechnung) ein Produktzugang (Rücksendung) gebucht werden, falls in der Lagersteuerungsgruppe der betroffenen Artikel das Kontrollkästchen *Absetzungsanforderungen* markiert ist.

3.7.1.2 Zurückgegebener Auftrag

Wenn die Gutschrift in einer neuen Bestellung erfasst wird, kann eine normale Einkaufsbestellung vom Bestelltyp „Bestellung" – allerdings mit negativer Menge in den Positionen – erfasst werden.

Für die neue Bestellung kann alternativ der *Bestelltyp* „Zurückgegebener Auftrag" am Inforegister *Allgemeines* des Neuanlagedialogs beim Anlegen der Bestellung gewählt werden. Für den Bestelltyp „Zurückgegebener Auftrag" gelten hierbei folgende Einschränkungen:

- **Rücksendungsnummer** – Die Rücksendungsnummer (RMA-Nummer) des Lieferanten ist im Neuanlagedialog beziehungsweise am Inforegister *Allgemeines* der Kopfansicht des Bestellungs-Detailformulars einzutragen.
- **Menge** – In den Bestellpositionen sind nur negative Mengen zulässig.
- **Rücklieferungsvorgang** – Muss in Bestellposition am Unter-Register *Einstellungen* der Positionsdetails eingetragen werden (Vorschlagswert aus Beschaffungsparametern).

3.7.1.3 Markierung der Lagerbuchung

Um sicherzustellen dass eine Gutschrift lagergeführter Artikel hinsichtlich des Lagerwerts wertneutral gebucht wird, kann im Bestellungs-Detailformular eine Markierung der Lagerbuchung durchgeführt werden.

Dazu wird in der Aktionsbereichsleiste des Inforegisters *Bestellpositionen* nach Auswahl der Gutschrift-Bestellzeile die Schaltfläche *Lager/Markierung* betätigt. Im Markierungsfenster kann in der Zeile mit der ursprünglichen Bestellzeile das Kontrollkästchen *Markierung jetzt setzen* markiert und übernommen werden. Der Lagerwert in der Lagerbuchung der Gutschriftzeile wird dadurch mit der ursprünglichen Bestellzeile verknüpft und in Übereinstimmung gebracht.

Falls keine Markierung gesetzt wird, wird der mit der Gutschrift gebuchte Lagerabgang mit dem aktuellen Lagerwert gemäß Bewertungsmodell (beispielsweise FIFO) gebucht.

3.7.1.4 Funktionen zum Erstellen von Gutschriften

Um das Erfassen einer Gutschrift-Bestellung zu vereinfachen, kann die Funktion *Gutschrift erstellen* über die Schaltfläche *Erstellen/Gutschrift* am Schaltflächenreiter *Einkauf* im Aktionsbereich des Bestellformulars aufgerufen werden. Ein alternativer Aufruf steht über die Schaltfläche *Bestellposition/Gutschrift* in der Aktionsbereichsleiste der Bestellpositionen zur Verfügung.

Die Funktion zum Erstellen einer Gutschrift-Bestellung entspricht dem Kopieren von Bestellungen (siehe Abschnitt 3.4.5), es wird jedoch für kopierte Mengen das Vorzeichen umgekehrt. Des Weiteren werden sowohl Markierung als auch Reservierung auf die ursprüngliche Zugangsbewegung gesetzt, womit eine wertneutrale Buchung von Lagertransaktionen sichergestellt ist.

3.7.1.5 Postenausgleich

Wenn der offene Posten der ursprünglichen Rechnung gleich beim Buchen der Gutschrift geschlossen werden soll, kann im Bestellformular nach Auswahl der Gutschrift-Bestellung die Schaltfläche *Ausgleichen/Offene Posten* am Schaltflächenreiter *Rechnung* betätigt werden. Im Formular für den Ausgleich offener Posten ist anschließend das Kontrollkästchen *Markieren* für die betroffene Rechnung zu markieren. Danach kann das Formular geschlossen werden, eine Schaltfläche *OK* ist nicht vorhanden.

Durch den in der Gutschrift-Bestellung gewählten Ausgleich wird der offene Posten der ursprünglichen Rechnung beim Buchen der Gutschrift (negative Rechnung) geschlossen. Andernfalls muss der Ausgleich später über die Bearbeitung offener Posten separat erfasst werden (siehe Abschnitt 8.2.5).

Beim Postenausgleich ist zu beachten, dass kein manueller Ausgleich einzutragen ist, wenn im Kreditoren-Buchungsprofil am Reiter *Tabelleneinschränkungen* oder in den Kreditorenkontenparametern am Reiter *Ausgleich* ein automatischer Ausgleich eingestellt ist.

3.7.1.6 Neu in Dynamics AX 2012

In Dynamics AX 2012 können Gutschriften nicht durch Eintragung einer negativen Menge in der Spalte *Aktuelle Lieferung* der Original-Bestellzeile erfasst werden.

3.7.2 Lagerbewertung bei Wertgutschriften

Wenn ein Lieferant eine Preisdifferenz gelieferter Ware gutschreibt (beispielweise als Ausgleich für beschädigte Ware), wird keine Rücklieferung lagergeführter Artikel gebucht.

3.7.2.1 Gutschrift und neue Rechnung

Eine Möglichkeit zur Abwicklung derartiger Geschäftsfälle ist das Erfassen einer neuen Gutschrift-Bestellzeile mit Originalpreis und negativer Menge und einer weiteren Bestellzeile mit reduziertem Preis und positiver Menge. Das Buchen einer Rechnung, die beide Zeilen enthält, erzeugt aufgrund des reduzierten Preises einen negativen Gesamtbetrag und damit eine Gutschrift.

3.7.2.2 Gutschrift und Regulierung von Zuschlägen

Falls das Buchen einer (intern gebuchten) Rücklieferung nicht möglich ist, beispielsweise weil die gelieferte Ware bereits vom Lager abgebucht worden ist, muss die Gutschrift zunächst ohne Artikelbezug gebucht und dann mit der ursprünglichen Rechnung reguliert werden.

Für das Erfassen dieser Gutschrift stehen zwei Möglichkeiten zur Verfügung:

- **Kreditorenrechnungsformular** – Rechnungsposition mit negativer Menge und einer passenden Beschaffungskategorie.
- **Rechnungsjournal** – Rechnungsjournal (siehe Abschnitt 8.3.3) mit einer Erfassungszeile mit negativem Betrag und einem passenden Sachkonto.

Nach Buchen der Gutschrift kann eine Belastungs-Regulierung erfasst werden, um den Wert der Lagerbuchung zur ursprünglichen Bestellposition anzupassen. Zu diesem Zweck wird in der Rechnungsabfrage (*Kreditorenkonten> Abfragen> Erfassung> Rechnungserfassung*) die Original-Rechnung gewählt und die Schaltfläche *Belastungen/Regulierung* in der Aktionsbereichsleiste betätigt.

Im Zuschlagszuordnungs-Formular kann dann eine Zeile für die Regulierung des Lagerwerts erfasst werden. Im Auswahlfeld für den *Belastungscode* sind dazu nur Zuschläge mit *Soll-Typ* „Artikel" und *Haben-Typ* „Sachkonto" verfügbar. Indem ein Belastungscode gewählt wird, für den das im Haben-Typ enthaltene Sachkonto mit dem beim Buchen der Gutschrift gewählten Sachkonto übereinstimmt, wird die betroffene Sachkontobuchung der Gutschrift ausgeglichen. Das Sachkonto der Gutschrift ist das im Rechnungsjournal eingetragene beziehungsweise das über die Beschaffungskategorie im Kreditorenrechnungsformular zugeordnete Konto.

Weiterführende Informationen zur Nutzung von sonstigen Zuschlägen sind in Abschnitt 4.4.5 dieses Buches enthalten, Hinweise zur Nutzung des Zuschlagszuordnungs-Formulars in der Hilfe zu diesem Formular.

3.7.3 Übung zum Fallbeispiel

Übung 3.18 – Gutschrift

Die in Übung 3.11 gelieferte Ware ist unbrauchbar, sie senden die Ware an den Lieferanten zurück und erhalten die Gutschrift VC318. Es gibt keine Nachlieferung. Welche Möglichkeiten gibt es, die Gutschrift zu buchen?

Sie entscheiden sich dafür, für die Gutschrift in der Original-Bestellung zu buchen. Führen Sie die entsprechenden Eingaben durch und buchen Sie die Gutschrift.

4 Vertrieb

Aufgabe des Vertriebs ist die Versorgung von Kunden mit den gewünschten Waren und Dienstleistungen. Dazu werden Bestellungen der Kunden in Form von Verkaufsaufträgen verwaltet, für die in weiterer Folge Kommissionierung, Lieferschein und Rechnung gebucht werden.

Von der Nomenklatur her orientiert sich Dynamics AX auch im Vertriebsbereich an Bezeichnungen der Finanzbuchhaltung: Kunden und kundenbezogene Begriffe werden mit dem Ausdruck „Debitor" bezeichnet.

4.1 Geschäftsprozesse im Vertrieb

Bevor die Abwicklung von Vertriebsprozessen in Microsoft Dynamics AX detailliert erklärt werden, zeigt dieser Abschnitt die wesentlichen Abläufe.

4.1.1 Grundkonzept

Ausgangspunkt für den Vertrieb ist eine korrekte Pflege der Stammdaten, insbesondere des Kundenstamms und des Produktstamms. Anstelle eines Verkaufs von Produkten kann jedoch für Dienstleistungen und nicht lagergeführte Artikel ein Verkauf von Verkaufskategorien erfolgen.

Die in den Stammdaten hinterlegten Informationen wie Kundenname und Adresse werden im Zuge der Auftragsabwicklung in Verkaufsangebote und Aufträge kopiert. Dort können sie für den konkreten Fall geändert werden – beispielsweise indem für einen Auftrag eine abweichende Lieferadresse eingetragen wird. Soll die Änderung auch für künftige Aufträge gelten, muss sie in den Stammdaten vorgenommen werden.

Der Vertriebsprozess weist starke Parallelen mit dem Beschaffungsprozess auf, da hier die andere Seite der Beschaffung abgebildet wird. Vom Grundgedanken her wird bei der Verkaufsabwicklung Aktion und Reaktion im Vergleich zum Einkauf vertauscht. Die Schritte im Vertriebsprozess sind in Abbildung 4-1 dargestellt.

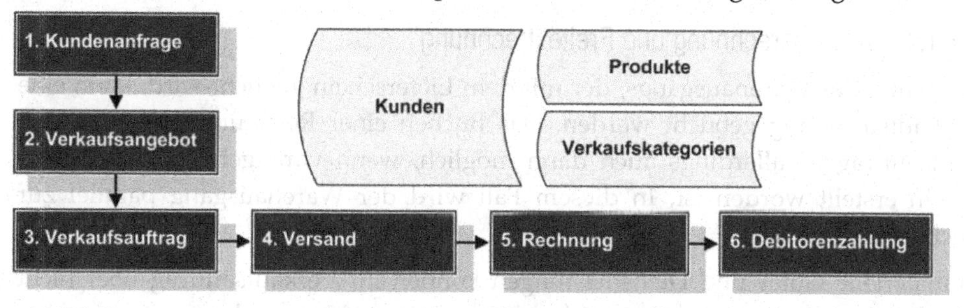

Abbildung 4-1: Vertriebsprozess in Dynamics AX

4.1.1.1 Verkaufsangebot

Ausgangspunkt für den Vertriebsprozess ist meist die Anfrage eines Kunden oder Interessenten, wenn man von vorhergehenden Marketingaktivitäten absieht. In Beantwortung dieser Anfrage wird in Dynamics AX ein Angebot erstellt und an den Interessenten geschickt. Aufgrund des Angebots können Aktivitäten zur Nachverfolgung automatisch erstellt werden.

4.1.1.2 Verkaufsauftrag

Wenn der Kunde das Angebot annimmt, wird seine Bestellung in Form eines Verkaufsauftrags erfasst. Wie eine Einkaufsbestellung besteht ein Verkaufsauftrag aus einem Kopfteil, in dem im Wesentlichen die Kundendaten enthalten sind, und aus einer oder mehreren Positionen, die bestellte Artikel enthalten.

Wenn eine Auftragsbestätigung an den Kunden geschickt werden soll, muss sie in Dynamics AX gebucht (gespeichert) werden. Auf diese Art kann die Auftragsbestätigung auch nach späteren Änderungen des Auftrags unverändert abgefragt werden.

Neben konkreten Verkaufsaufträgen können auch langfristige Vereinbarungen in Form von Rahmenaufträgen (Kaufverträgen) abgebildet werden. Zum Abruf einer Lieferung wird ein Freigabeauftrag aus dem Kaufvertrag erstellt, der dann wie ein normaler Kundenauftrag abgewickelt wird.

4.1.1.3 Disposition und Versand

In der Disposition (Produktprogrammplanung) wird der Bedarf an lagergeführten Artikeln aus Kundenaufträgen zu entsprechend der jeweiligen Einrichtung berücksichtigt und über Bestellungen oder Produktionsaufträge erfüllt. Falls eine bestandsorientierte Disposition zur Anwendung kommt, wird der Bedarf des Kundenauftrags aus dem Lager gedeckt.

Um bestellte Ware vom Lager abzufassen, kann eine Kommissionierung im Lager durchgeführt werden. Danach wird der Lieferschein gebucht und gedruckt, womit der physische Lagerstand und die offene Auftragsmenge reduziert werden. Ein Lieferschein kann in Dynamics AX auch ohne vorherige Kommissionierung gebucht werden, wenn keine Unterstützung für die Lagerabfassung benötigt wird.

4.1.1.4 Verkaufsrechnung und Freitextrechnung

Aufgrund des Warenausgangs, der mit dem Lieferschein gebucht wird, kann eine Verkaufsrechnung gebucht werden. Das Buchen einer Rechnung in einem Verkaufsauftrag ist allerdings auch dann möglich, wenn vorangehend kein Lieferschein erstellt worden ist. In diesem Fall wird der Warenausgang parallel zur Rechnung gebucht.

Immaterielle Güter und Dienstleistungen können im Verkaufsauftrag über nicht lagergeführte Artikel oder über Verkaufskategorien erfasst werden.

Soll eine Rechnung ohne Artikelbezug und ohne vorangehenden Verkaufsprozess (Auftrag und Lieferschein) erstellt werden, kann eine Freitextrechnung verwendet werden. In die Positionen von Freitextrechnungen werden anstelle von Artikeln die jeweils zutreffenden Sachkonten eingetragen.

4.1.1.5 Debitorenzahlung

Vom Kunden wird erwartet, dass er innerhalb der Zahlungsfrist mit oder ohne Inanspruchnahme eines Skontos die Zahlung tätigt. Die Buchung der Zahlung zum Ausgleich der offenen Posten wird in Abschnitt 8.3.4 beschrieben.

Sollte die Zahlung nicht innerhalb der vorgesehenen Frist einlangen, können in Dynamics AX Mahnungen erstellt und verwaltet werden.

4.1.1.6 Sachkontenintegration

Im Zuge des Vertriebsprozesses werden Lagerbuchungen und Debitorenposten je nach Einstellung parallel auf Sachkonten gebucht (siehe Abschnitt 8.4.2). In diesem Zusammenhang verfolgt Dynamics AX im gesamten System durchgängig das Belegprinzip.

4.1.1.7 Vergleich mit Bestellprozessen

Wie erwähnt besteht in vielen Bereichen funktional kein großer Unterschied zwischen den einzelnen Bearbeitungsschritten in Beschaffung und Vertrieb. Zur leichteren Orientierung werden daher in nachfolgender Abbildung 4-2 die Belege in Einkauf und Verkauf einander gegenüber gestellt.

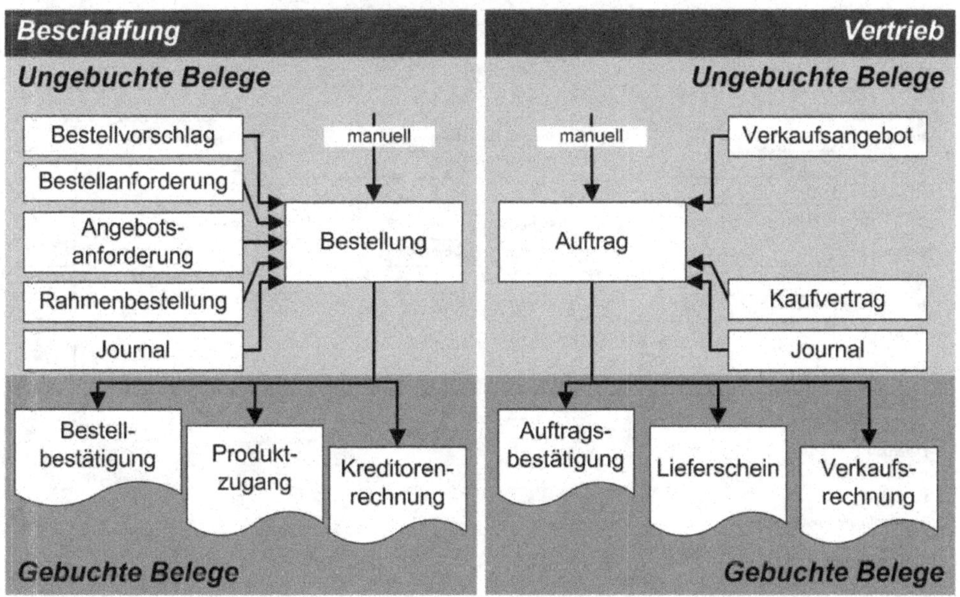

Abbildung 4-2: Gegenüberstellung von Einkaufsbelegen und Verkaufsbelegen

4.1.2 Auf einen Blick: Auftragsabwicklung in Dynamics AX

Bevor Details im Vertriebsprozess mit möglichen Varianten beschrieben werden, soll ein kurzer Überblick die Grundprinzipien zeigen. Der Einfachheit halber wird der Auftrag vom Debitorenformular aus angelegt und die Buchung der verschiedenen Transaktionen direkt im Auftragsformular durchgeführt.

In der Debitoren-Listenseite (*Vertrieb und Marketing> Häufig> Debitoren> Alle Debitoren*) kann zunächst ein Filter genutzt werden, um den betroffenen Debitor auszuwählen. Zum Anlegen eines Auftrags wird dann die Schaltfläche *Neu/Auftrag* (nicht die große Schaltfläche *Neu/Verkaufsangebot*) am Schaltflächenreiter *Verkaufen* betätigt. Dadurch wird das Auftragsformular im Bearbeitungsmodus geöffnet und die Positionsansicht gezeigt. Vorschlagswerte für die Kopfdaten des Auftrags wie Sprache oder Währung werden aus den Debitorenstammdaten übernommen.

Um eine neue Auftragsposition zu erfassen, kann die Schaltfläche *Position hinzufügen* in der Aktionsbereichsleiste des Inforegisters *Auftragspositionen* gewählt oder in die erste (leere) Zeile geklickt werden. Nach Auswahl der Artikelnummer werden Vorschlagswerte aus dem Artikelstamm (*Freigegebene Produkte*) für Menge, Preis und andere Felder wie Standort und Lagerort übernommen. Die Schaltfläche *Kopfansicht* (bzw. *Positionsansicht*) im Aktionsbereich des Auftragsformulars ermöglicht den Wechsel zwischen der Positionsansicht und der in Abbildung 4-3 gezeigten Kopfansicht, in der Kopfdaten bearbeitet werden können.

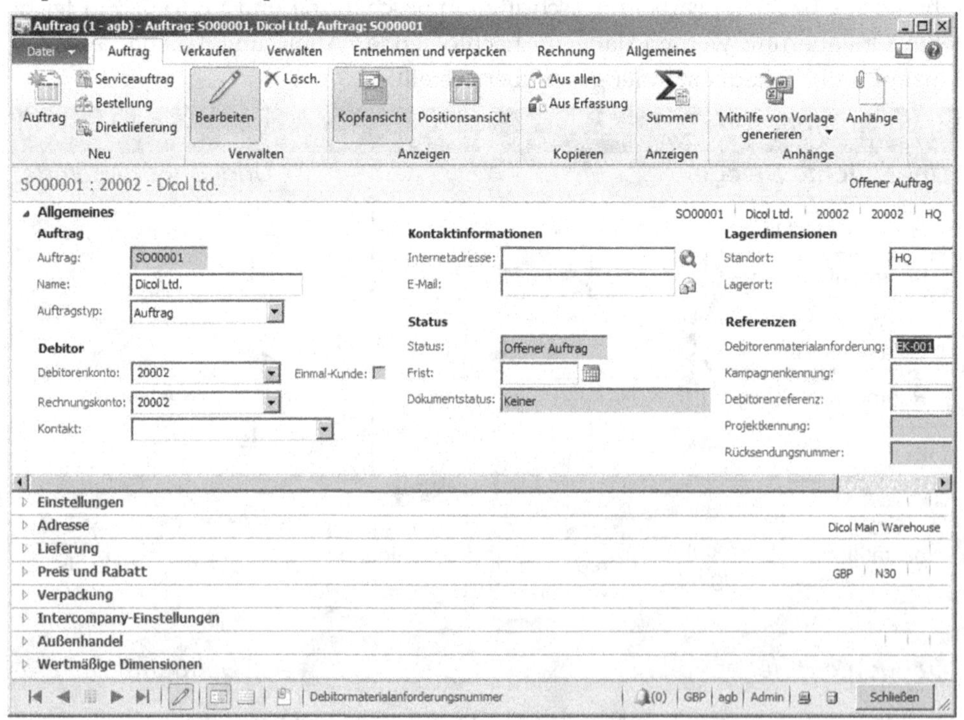

Abbildung 4-3: Erfassen von Kopfdaten in der Kopfansicht des Auftragsformulars

Hinweis: Falls nur eine Auftragszeile erfasst wird, kann das Formular über die Taste F5 aktualisiert werden um die Auftragsbestätigung buchen zu können.

Wenn eine Auftragsbestätigung gewünscht wird, kann diese über die Schaltfläche *Generieren/Auftragsbestätigung* am Schaltflächenreiter *Verkaufen* des Auftragsformulars gebucht werden. Für einen Druck der Auftragsbestätigung ist im Buchungsfenster neben dem Kontrollkästchen *Buchung* auch das Kontrollkästchen *Bestätigung drucken* zu markieren. Die Druckerauswahl erfolgt über die Schaltfläche *Druckereinstellungen* (siehe Abschnitt 2.2.1).

Um den Lieferschein zu buchen kann im Auftragsformular die Schaltfläche *Generieren/Lieferschein* am Schaltflächenreiter *Entnehmen und Verpacken* betätigt werden. Die Auftragsmenge wird komplett ausgeliefert, indem im Lieferschein-Buchungsfenster die Option „Alle" im Auswahlfeld *Menge* gewählt wird. Nach Markieren der Kontrollkästchen *Buchung* und *Lieferschein drucken* und Betätigen der Schaltfläche *OK* im Buchungsfenster wird der Lieferschein gedruckt. Mit der Lieferschein-Buchung wird die Ware vom Lager abgebucht und der Auftragsstatus auf „Geliefert" gesetzt.

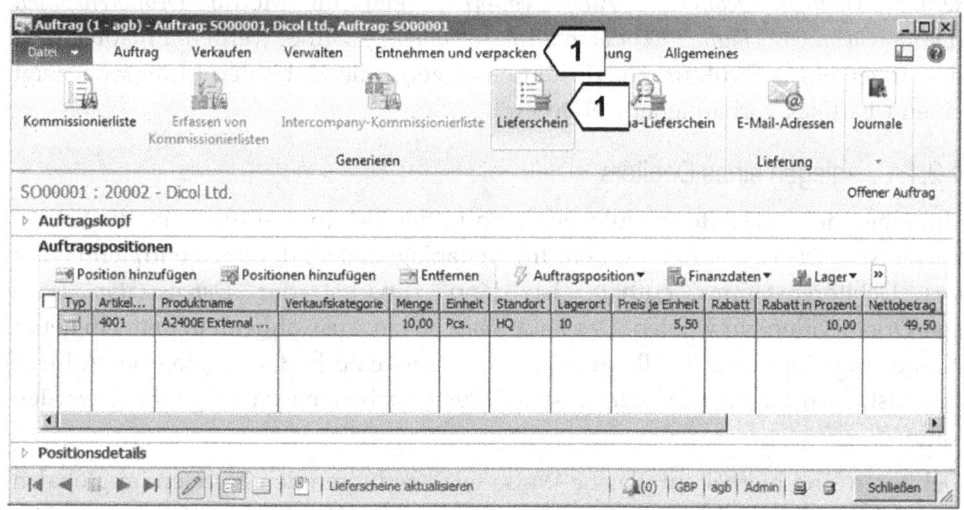

Abbildung 4-4: Aufruf der Lieferschein-Buchung im Auftragsformular

Die Rechnung wird über die Schaltfläche *Generieren/Rechnung* am Schaltflächenreiter *Rechnung* des Auftragsformulars analog zum Lieferschein gebucht. Um sicherzugehen, dass nur gelieferte Mengen berechnet werden, sollte jedoch im Buchungsfenster für die Mengenauswahl „Lieferschein" gewählt werden. Bei Mengenauswahl „Alle" wird parallel zur Rechnung ein Warenabgang zuvor nicht gelieferter Artikel gebucht. Mit dem Buchen der Rechnung wird ein offener Posten für die Kundenforderung erzeugt und der Status des Auftrags auf „Fakturiert" geändert.

Hinweis: Im Auftragsprozess können einzelne Aktionen übersprungen werden, als Minimalvariante kann sofort nach Auftrags-Anlage die Rechnung gebucht werden.

4.2 Kundenverwaltung

Im Kundenstamm werden diejenigen externen Geschäftspartner verwaltet, die Waren und Dienstleistungen beziehen. Ein Verkaufsauftrag wird immer auf Basis eines im Debitorenstamm vorhandenen Kunden angelegt, der Debitorenstamm im Vertrieb ist damit das Spiegelbild des Kreditorenstamms in der Beschaffung. Die Analogie beschränkt sich aber nicht nur auf funktionale Prinzipien, auch Aufbau und Inhalt der Formulare zur Verwaltung von Kunden und Lieferanten in Dynamics AX sind Großteils gleich gehalten.

So können auch in der Kundenverwaltung Funktionen wie Einmal-Kunden, die Integration des globalen Adressbuchs oder Einstellungen wie Zahlungsbedingungen, Debitorengruppen und Buchungsprofile genutzt werden.

4.2.1 Debitorenstammdaten und Vergleich zum Kreditorenstamm

Um bestehende Debitoren (Kunden) zu suchen oder neue Debitoren anzulegen, kann die Debitoren-Listenseite im Modul *Vertrieb und Marketing* (*Vertrieb und Marketing> Häufig> Debitoren> Alle Debitoren*) oder im Modul *Debitorenkonten* (*Debitorenkonten> Häufig> Debitoren> Alle Debitoren*) geöffnet werden. Entsprechend der allgemeinen Struktur von Listenseiten zeigt die Debitoren-Listenseite zeigt einen Überblick vorhandener Debitoren.

4.2.1.1 Anlegen eines Debitors

Um einen neuen Debitor anzulegen, kann in der Debitoren-Listenseite die Schaltfläche *Neu/Debitor* betätigt werden. Im Neuanlagedialog, der alle zentralen Felder des Debitorenstamms enthält, ist dann zunächst der *Datensatztyp* (Person/Organisation) zu wählen. Das Feld *Name* ist ein Auswahlfeld, in dem ein neuer Name eingetippt oder – falls der Debitor bereits eine Partei im globalen Adressbuch ist – ein Suchfenster zur Auswahl der bestehenden Partei geöffnet werden kann.

Debitoren sind hierbei auf gleiche Weise wie Kreditoren den Parteien im globalen Adressbuch zugeordnet, weshalb Funktionen wie Duplikatsprüfung oder Namensänderung analog zum Kreditorenstamm zu nutzen sind (siehe Abschnitt 3.2.1).

Über die Schaltfläche *Speichern und Öffnen/Auftrag* im Fußteil des Debitoren-Neuanlagedialogs kann sofort nach Erfassen der wesentlichen Daten des Debitors mit dem Anlegen eines zugehörigen Verkaufsauftrags gewechselt werden.

4.2.1.2 Elemente im Debitoren-Detailformular

Um die Daten eines Debitors im Detailformular zu betrachten, kann dieses über einen Doppelklick auf die entsprechende Zeile in der Listenseite geöffnet werden. Zum Bearbeiten des Debitors kann im Detailformular der Bearbeitungsmodus über die Schaltfläche *Bearbeiten* im Aktionsbereich aktiviert werden. Alternativ kann das

Debitoren-Detailformular auch über die Schaltfläche *Bearbeiten* im Aktionsbereich der Listenseite im Bearbeitungsmodus geöffnet werden.

Das Debitorenformular enthält zahlreiche Felder, von denen viele als Vorschlagswert für Verkaufsaufträge dienen. Analog zum Kreditorenstamm stellt die *Debitorengruppe*, über die im Debitoren-Buchungsprofil normalerweise die Sachkontenintegration gesteuert wird (vgl. Abschnitt 3.2.3), eine zentrale Einstellung dar. Weitere wesentliche Felder umfassen die Mehrwertsteuergruppe am Inforegister *Rechnung und Lieferung*, die Währung am Inforegister *Demographische Informationen zum Verkauf*, die Zahlungsbedingung am Inforegister *Standardwerte für Zahlungen* und die Debitorensperre (Auswahlfeld *Rechnungserstellung und Lieferung gesperrt* am Inforegister *Kredit und Inkasso*).

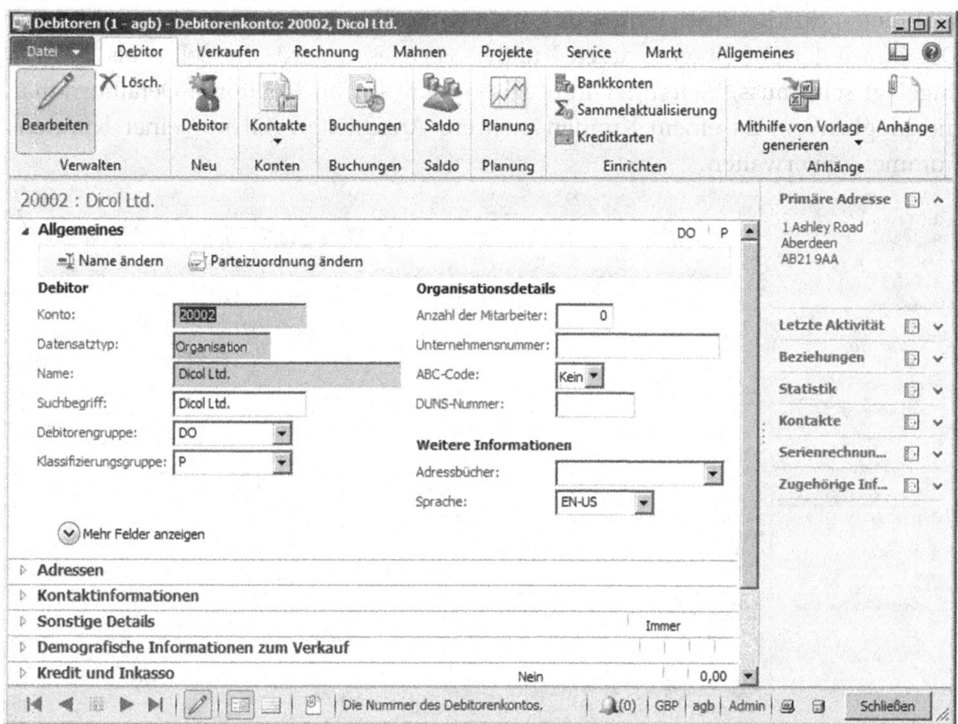

Abbildung 4-5: Bearbeiten eines Kunden im Debitoren-Detailformular

Nachdem Aufbau und Inhalt der Felder im Debitorenstamm in weiten Teilen dem Formular zur Verwaltung Kreditoren entsprechen, werden nachfolgend nur Abweichungen und Elemente beschrieben, die primär den Debitorenstamm betreffen und daher auf Kreditorenseite nicht erläutert worden sind.

4.2.1.3 Rechnungskunde

Beispielsweise ist es in manchen Fällen – etwa bei Kunden mit Konzernstrukturen – erforderlich, die Rechnung an einen anderen Kunden als den Bestellkunden zu senden. Um diese Situation abzubilden, kann im Auswahlfeld *Rechnungskonto* am

Inforegister *Rechnung und Lieferung* des Debitoren-Detailformulars eine Kundennummer eingetragen werden. Die hier eingetragene Kundennummer wird als Vorschlagswert in die Verkaufsaufträge des Kunden übernommen und kann dort abgeändert werden.

Rechnungen zu den betroffenen Aufträgen werden dann als Forderung auf den Rechnungskunden (statt den Bestellkunden) gebucht. Falls im Auswahlfeld *Rechnungsadresse* am Inforegister *Rechnung und Lieferung* des Debitoren-Detailformulars die Option „Rechnungskonto" (Vorschlagswert) eingetragen ist, wird auch die Anschrift des Rechnungskunden auf der Rechnung gedruckt.

4.2.1.4 Alternative Adressen und Verknüpfung mit dem globalen Adressbuch

Während durch die Eintragung eines Rechnungskontos im Debitoren-Detailformular auf einen anderen Kunden verwiesen wird, der selbst als Debitor angelegt sein muss, bieten der Inforegister *Adressen* im Debitoren-Detailformular die Möglichkeit, zu einem Kunden mehrere Anschriften mit nur einer Kundennummer zu verwalten.

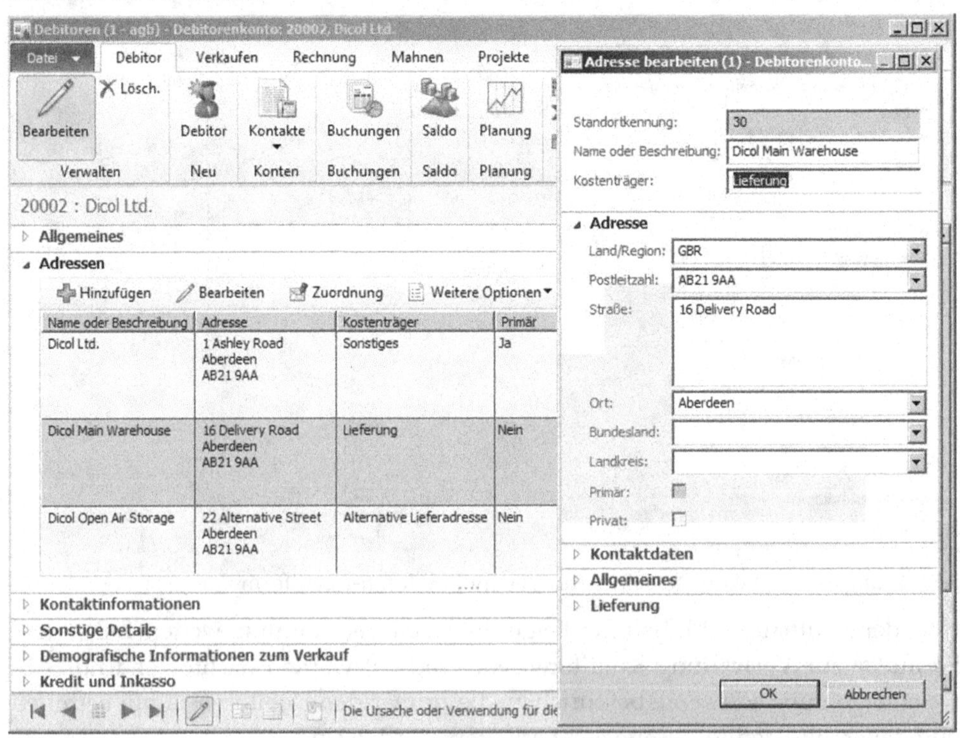

Abbildung 4-6: Bearbeiten der Lieferadresse eines Kunden im Adress-Dialog

Wie die Adressen von Lieferanten (siehe Abschnitt 3.2.1) werden auch die Kundenadressen gemeinsam mit der zugeordneten Partei im globalen Adressbuch verwaltet.

Nach Betätigen der Schaltfläche [Hinzufügen] in der Aktionsbereichsleiste des Inforegisters *Adressen* kann im Dialog *Neue Adresse* eine Identifikation (*Name oder Beschreibung*) eingetragen und ein oder mehrere Zwecke (Feld *Kostenträger*) gewählt werden. Für die primäre Kundenadresse Kontrollkästchen *Primär* markiert sein.

Wenn in einer Kundenadresse der Zweck „Rechnung" eingetragen ist, wird diese Adresse automatisch anstelle der primären Kundenadresse auf Rechnungen gedruckt. Adressen mit dem Zweck „Lieferung" werden als Vorschlag in die Lieferadresse neu angelegter Aufträge übernommen. Falls in einem Verkaufsauftrag an eine andere als die vorgeschlagene Liederadresse geliefert werden soll, kann eine der anderen im Debitoren-Detailformular enthaltenen oder eine komplett neue Adresse im Auftrag eingetragen werden.

4.2.1.5 Druckverwaltung

Basiseinstellungen zur Steuerung von Druckparametern, beispielsweise das Druckziel (Druckerauswahl), die Anzahl der Kopien, oder ein Formular-Fußtext, werden in den Moduleinstellungen (*Debitoren> Einstellungen> Formulare> Formulareinstellungen*, Schaltfläche *Druckverwaltung*) festgelegt.

Diese Einstellungen lassen sich im Debitorenformular übersteuern, indem nach Auswahl des jeweiligen Kunden die Schaltfläche *Einrichten/Druckverwaltung* am Schaltflächenreiter *Allgemeines* betätigt wird. Im Druckverwaltungsformular wird nach Markieren des gewünschten Original- oder Kopie-Belegs die Auswahl *Überschreiben* im Kontextmenü (*rechte Maustaste*) gewählt, bevor die gewünschten Einstellungen für die verschiedenen Dokumente eingetragen werden können. Die im Kundenstamm definierten Werte werden in die Kundenaufträge übernommen und können dort nochmals übersteuert werden.

Einstellungen der Druckverwaltung (beispielweise ein ausgewählter Drucker) kommen dann zur Anwendung, wenn im Buchungsfenster zum Druck eines Formulars (beispielsweise einer Auftragsbestätigung) das Kontrollkästchen *Druckverwaltungsziel* aktiviert ist (vgl. Abschnitt 3.4.8).

4.2.1.6 Spediteur und Lieferart

Wenn eine Spediteurschnittstelle (*Lager- und Lagerortverwaltung> Einstellungen> Spediteur> Spediteurschnittstelle*) aktiviert ist, können Daten mit der Spediteur-Software bestimmter Spediteure automatisch ausgetauscht werden.

In diesem Fall sollte im Debitoren-Detailformular eine *Lieferart* am Inforegister *Rechnung und Lieferung* eingetragen werden. Lieferarten (*Vertrieb und Marketing> Einstellungen> Verteilung> Lieferarten*) definierten die Transportart, inklusive der Einstellung ob und welcher Spediteur zuständig ist (Reiter *Einstellungen* im Lieferart-Formular).

4.2.1.7 Kreditlimit-Prüfung

Viele Unternehmen wollen im Verkauf eine Kreditlimit-Prüfung einsetzen. Um die Kreditlimit-Prüfung zu aktivieren, muss zunächst in den Debitorenparametern (*Debitorenkonten> Einstellungen> Debitorenparameter*, Reiter *Kreditwürdigkeit*) eingetragen werden, ob und auf welche Art die Kreditlimit-Prüfung erfolgen soll. Über entsprechende Auswahl im Feld *Kreditlimit-Typ* können wahlweise neben offenen Rechnungen auch Lieferscheine und offene Aufträge berücksichtigt werden.

Am Inforegister *Kredit und Inkasso* des Debitoren-Detailformulars kann dann im Feld *Kreditlimit* für jeden Kunden der jeweilige Kreditlimit-Betrag eingetragen werden. Ist das Kontrollkästchen *Kreditlimit erforderlich* im Debitoren-Detailformular markiert, wird für den betroffenen Kunden auch dann eine Kreditlimit-Prüfung durchgeführt, wenn kein Kreditlimit-Betrag eingetragen ist. Andernfalls wird ein fehlender Kreditlimit-Betrag als unbegrenzter Kredit gewertet.

Ist die Kreditlimit-Prüfung aktiviert, wird beim Erfassen eines Verkaufsauftrags oder – abhängig von den Kreditlimit-Parametern – beim Buchen von Lieferschein beziehungsweise Rechnung geprüft, ob der Kunde das Kreditlimit überschreitet. In diesem Fall wird eine Warnmeldung ausgegeben oder die Erfassung mit einer Fehlermeldung verhindert.

4.2.1.8 Neu in Dynamics AX 2012

Änderungen der Debitorenverwaltung in Dynamics AX 2012 betreffen die Benutzeroberfläche, das globale Adressbuch und die Spediteurschnittstelle.

4.2.2 Übungen zum Fallbeispiel

Übung 4.1 – Kundenstamm

Ein neuer Inlandskunde wird bei Ihnen bestellen, Sie legen ihn daher entsprechend an. Erfassen Sie Namen (beginnend mit Ihrem Benutzerkürzel), primäre Adresse und eine Lieferart ohne Spediteur-Zuordnung. Zusätzlich wählen Sie eine passende Debitoren- und Mehrwertsteuergruppe. Für Zahlungsbedingung und Skonto setzen Sie die von Ihnen in Übung 3.1 angelegten Codes ein.

Die Lieferungen an diesen Kunden gehen an eine andere Adresse. Legen Sie dazu eine Lieferadresse Ihrer Wahl an, die als Vorschlagswert in Aufträge übernommen werden soll.

Übung 4.2 – Buchungseinstellungen

Stellen Sie fest, auf welches Sammelkonto die Kundenforderung gebucht wird, wenn Sie für den von Ihnen angelegten Kunden eine Rechnung buchen.

4.3 Produktverwaltung für den Vertrieb

Neben dem Kundenstamm bilden Produkte und Verkaufskategorien den zweiten wesentlichen Stammdatenbereich für den Vertrieb. Lagergeführte Artikel werden als Produkte und freigegebene Produkte verwaltet. Immaterielle Güter und Dienstleistungen können entweder ebenfalls als Produkte (mit dem Produkttyp „Service" beziehungsweise einer entsprechenden Lagersteuerungsgruppe) oder über Verkaufskategorien verwaltet werden.

Nachfolgend werden nur die vertriebsrelevanten Daten in der Produktverwaltung beschrieben, eine ausführlichere Darstellung des Produktstamms findet sich in Abschnitt 7.2.1.

4.3.1 Kategorien und Produktstammdaten im Verkauf

Der Verkauf von Gütern und Dienstleitungen kann über die Eintragung folgender Elemente in den Positionen eines Verkaufsauftrags erfolgen:

- **Artikelnummer** – Das jeweilige Produkts kann selbst wieder einer Verkaufskategorie zugeordnet sein
- **Verkaufskategorie** – für Dienstleistungen und immaterielle Güter

4.3.1.1 Verkaufskategorien

Produktkategorien sind Gruppen ähnlicher Produkte oder Dienstleistungen. Sie werden in der Kategoriehierarchie-Verwaltung (*Produktinformationsverwaltung> Einstellungen> Kategorien> Kategoriehierarchien*, siehe Abschnitt 3.3.1) bearbeitet.

Produktkategorien, die im Verkauf zur Verfügung stehen, sind der Verkaufskategoriehierarchie zugeordnet. Um für den Verkauf relevanten Daten einer Kategorie zu erfassen, kann das Verkaufskategorie-Formular (*Vertrieb und Marketing> Einstellungen> Kategorien> Verkaufskategorien*) geöffnet und am Inforegister *Artikel-Mehrwertsteuergruppen* die Artikel-Mehrwertsteuergruppe eingetragen werden.

Verkaufskategorien können dann in den Positionen von Verkaufsaufträgen anstelle einer Artikelnummer eingetragen werden.

4.3.1.2 Gemeinsame Produkte

Die Verwaltung von Produkten in Dynamics AX in zwei Ebenen gegliedert, wobei in den gemeinsamen Produkten die für alle Unternehmen gemeinsam verwalteten Produktdaten enthalten sind während die freigegebenen Produkte (Artikel) die unternehmensspezifischen Daten beinhalten (siehe Abschnitt 3.3.2 und 7.2.1).

Zur Verwaltung der gemeinsamen Produkte kann das Formular *Produktinformationsverwaltung> Häufig> Produkte> Alle Produkte und Produktmaster* geöffnet werden. Verkaufsbezogene Daten werden primär in den freigegebenen Produkten (*Produktinformationsverwaltung> Häufig> Produkte> Freigegebene Produkte*) geführt.

4.3.1.3 Erstellen eines freigegebenen Produkts

Um ein freigegebenes Produkt zu erstellen, kann zunächst im Formular für gemeinsame Produkte ein Produkt über die Schaltfläche *Neu/Produkt* im Aktionsbereich erstellt werden. Neben der Produktbeschreibung in der Standardsprache, die im Textfeld *Beschreibung* eingetragen werden kann, können nach Betätigen der Schaltfläche *Sprachen/Texte* im Aktionsbereich auch fremdsprachige Produktnamen und Beschreibungen verwaltet werden.

Freigegebene Produkte werden aus dem jeweiligen gemeinsamen Produkt über die Schaltfläche *Produkte freigeben* im Aktionsbereich der gemeinsamen Produkte erstellt.

Im freigegebenen Produkt müssen dann zumindest Artikelgruppe, Lagersteuerungsgruppe und – falls nicht im gemeinsamen Produkt eingetragen – zugeordnete Dimensionsgruppen eingetragen werden.

Als Alternative kann ein freigegebenes Produkt statt im gemeinsamen Produktstamm auch direkt im Detailformular für freigegebene Produkte über die Schaltfläche *Neu/Produkt* am Schaltflächenreiter *Produkt* angelegt werden, wobei das Produkt parallel auch in den gemeinsamen Produkten angelegt wird.

4.3.1.4 Verkaufsbezogenen Produktdaten

Im Detailformular für freigegebene Produkte sind die zentralen Daten für den Verkauf, darunter die *Artikel-Mehrwertsteuergruppe*, am Inforegister *Verkaufen* zu finden.

Losgrößen und Standard-Auftragsmengen können über die Schaltfläche *Standardauftragseinstellungen* am Schaltflächenreiter *Plan* des freigegebenen Produkts auf Ebene des aktuellen Unternehmens festgelegt werden. Eine Festlegung auf Standort-Ebene ist über die Schaltfläche *Standortspezifische Auftragseinstellungen* im freigegebenen Produkt möglich, wobei hier zum Eintragen von Mengenangaben das Kontrollkästchen *Überschreiben* markiert werden muss.

Standardauftragseinstellungen und standortspezifische Auftragseinstellungen beinhalten Einstellungen für Einkauf, Lager und Verkauf. Die Verkaufs-Einstellungen sind hierbei am Reiter *Auftrag* zu finden, wo der Artikel über das Kontrollkästchen *Gesperrt* kann für Verkaufstransaktionen gesperrt werden kann.

4.3.1.5 Rabattgruppen

Neben dem Basisverkaufspreis enthält der Inforegister *Verkaufen* in den freigegebenen Produkten auch die Artikel-Rabattgruppe für den Positionsrabatt und für den Sammelrabatt. Die Rabattgruppen werden für die automatische Rabattfindung benutzt, wobei die Berechnung des Positionsrabatts auf Ebene der einzelnen Auftragsposition erfolgt während der Sammelrabatt auf Ebene aller Positionen berechnet wird, die zu einer Sammelrabattgruppe gehören.

Eine weitere Art von Rabatten, die Rechnungsrabatte, sind unabhängig von Artikeln im Auftragskopf verfügbar. Im freigegebenen Produkt kann aber durch Entfernen der Markierung im Kontrollkästchen *Rechnungsrabatt* am Inforegister *Ver-*

kaufen bestimmt werden, dass der jeweilige Artikel von der Berechnung des Rechnungsrabatts ausgenommen wird.

4.3.1.6 Neu in Dynamics AX 2012

Gemeinsame Produkte und Verkaufskategorien sind neu in Dynamics AX 2012.

4.3.2 Verkaufspreise und Rabatte

Zusätzlich zum Basisverkaufspreis, der direkt im Stammsatz des freigegebenen Produkts eingetragen wird, können über Handelsvereinbarungen Preislisten und Rabattvereinbarungen verwaltet werden.

4.3.2.1 Basisverkaufspreis

Der Basisverkaufspreis am Inforegister *Verkaufen* des Detailformulars für freigegebene Produkte kann basierend auf dem Einkaufspreis oder dem Einstandspreis (Kosten-Preis) automatisch berechnet werden. Einstellungen für diese Berechnung sind in der Feldgruppe *Preis aktualisieren* am Inforegister *Verkaufen* verfügbar, wo das *Verkaufspreismodell* und die Preisbasis (Feld *Basispreis*) gewählt werden können. Die Preisbasis „Einkaufspreis" bezieht sich hierbei auf den Basiseinkaufspreis am Inforegister *Einkauf*, während sich die Preisbasis „Kosten" auf den Preis am Inforegister *Kosten verwalten* bezieht.

Das *Verkaufspreismodell* bestimmt, ob die Preisberechnung mit dem gewünschten Wert im Feld *Deckungsbeitragsverhältnis* oder im Feld *Prozentsatz für Belastungen* durchgeführt wird. Die Auswahl „Kein" im *Verkaufspreismodell* ermöglicht eine manuelle Eingabe des Basis-Verkaufspreises.

Die übrigen Einstellungen zum Basisverkaufspreis wie *Preiseinheit* und *Preisbelastungen* werden analog zu den entsprechenden Feldern für den Einkaufspreis verwaltet (siehe Abschnitt 3.3.3).

Zusätzlich zum Basisverkaufspreis am Inforegister *Verkaufen* des freigegebenen Produkts kann im Artikelpreis-Formular (Schaltfläche *Einrichten/Artikelpreis* am Schaltflächenreiter *Kostenverwalten*) ein standortbezogener Basisverkaufspreis hinterlegt werden. Im Artikelpreis-Formular kann dazu auch eine automatische Kalkulation des Verkaufspreises auf Basis von Stücklisten und Arbeitsplänen durchgeführt werden.

4.3.2.2 Struktur von Handelsvereinbarungen

Handelsvereinbarungen werden verwendet, um Preise und Rabatte in Abhängigkeit von Kunden und Artikeln (freigegebenen Produkten) hinterlegen zu können. Dynamics AX bietet dazu folgende Arten von Handelsvereinbarungen:

- **Verkaufspreis**
- **Positionsrabatt**

- **Sammelrabatt**
- **Gesamtrabatt** (Rechnungsrabatt)

Eine Beschreibung zur Verwaltung von Preisen in Handelsvereinbarungen ist – am Beispiel der Einkaufspreise – in Abschnitt 3.3.3 enthalten. Zusätzlich zu den Optionen im Einkauf kann für den Verkauf eine *Generische Währung* und ein zugehöriger *Wechselkurstyp* in den Debitorenparametern (*Debitorenkonten> Einstellungen> Debitorenparameter,* Reiter *Preise*) hinterlegt werden. Preislisten in der generischen Währung können beim Erfassen von Auftragspositionen automatisch in die jeweilige Währung umgerechnet werden.

Bei der Rabattberechnung können zwei Zuordnungsebenen unterschieden werden:

- **Positionsrabatte und Sammelrabatte** – Zuordnung auf Positionsebene
- **Rechnungsrabatte** – Zuordnung auf Ebene von Auftrags-/Bestellkopf

Wie Handelsvereinbarungen für Preise können auch Rabattvereinbarungen auf verschiedenen Ebenen definiert werden. So können Rabatte für einzelne Kunden, für Debitorenrabattgruppen und für alle Kunden gelten. Parallel dazu können auch Artikel zu Artikelrabattgruppen zusammengefasst werden, um Positionsrabatte und Sammelrabatte zu definieren.

Die Matrix in Tabelle 4-1 zeigt die Möglichkeiten zur Definition von Positionsrabatten und Sammelrabatten, die auf verschiedenen Ebenen in zwei Dimensionen – Kunde und Artikel – bestimmt werden können.

Tabelle 4-1: Rabattfindungsebenen für Positionsrabatt und Sammelrabatt

	Artikelnummer	**Artikelrabattgruppe**	**Alle Artikel**
Kundennummer	X	X	X
Debitorenrabattgruppe	X	X	X
Alle Kunden	X	X	X

Im Vergleich dazu können Handelsvereinbarungen für Preise und Rechnungsrabatte nur auf Basis einer Dimension spezifiziert werden. Preise werden immer pro Artikelnummer definiert, Rechnungsrabatte immer für eine gesamte Rechnung („Alle Artikel"). Anstelle einer zweidimensionalen Matrix wird daher für diese Handelsvereinbarungen in der Preis-/Rabattfindung nur die Kundendimension berücksichtigt.

4.3.2.3 Anzeigen vorhandener Positionsrabatten

Um für den Verkauf gültige Positionsrabatte zu betrachten, kann das Positionsrabattformular in Abhängigkeit von der jeweiligen Rabattbasis an verschiedenen Stellen aufgerufen werden:

- **Für einen Artikel** (inklusive der Artikelrabattgruppe des Artikels) – Im Formular für freigegebene Produkte über die Schaltfläche *Anzeigen/Positionsrabatt* am Schaltflächenreiter *Verkaufen*
- **Für einen Kunden** (inklusive der Debitorenrabattgruppe des Kunden) – Im Debitorenformular über die Schaltfläche *Handelsvereinbarungen/ Rabatte/Positionsrabatt* am Schaltflächenreiter *Verkaufen*
- **Für eine Artikelrabattgruppe** – Im Artikelrabattgruppen-Formular (*Vertrieb und Marketing> Einstellungen> Preis/Rabatt> Artikelrabattgruppen*) über die Schaltfläche *Handelsvereinbarungen/Positionsrabatt anzeigen*
- **Für eine Debitorenrabattgruppe** – Im Debitorenrabattgruppen-Formular (*Vertrieb und Marketing> Einstellungen> Preis/Rabatt> Debitorpreis-/ Rabattgruppen*) Auswahl von "Positionsrabattgruppe" im Feld *Anzeigen* vor Betätigen der Schaltfläche *Handelsvereinbarungen/Positionsrabatt anzeigen*

Wenn daher beispielsweise ein von der Debitorenrabattgruppe abhängiger Positionsrabatt betrachtet werden soll, kann das Debitorenrabattgruppen-Formular (*Vertrieb und Marketing > Einstellungen> Preis/Rabatt> Debitorpreis-/Rabattgruppen)* geöffnet und im Auswahlfeld *Anzeigen* für die Art der Gruppe die Option „Positionsrabattgruppe" gewählt werden. Über die Schaltfläche *Handelsvereinbarungen/Positionsrabatt* in der Aktionsbereichsleiste können anschließend die Positionsrabatte angezeigt werden.

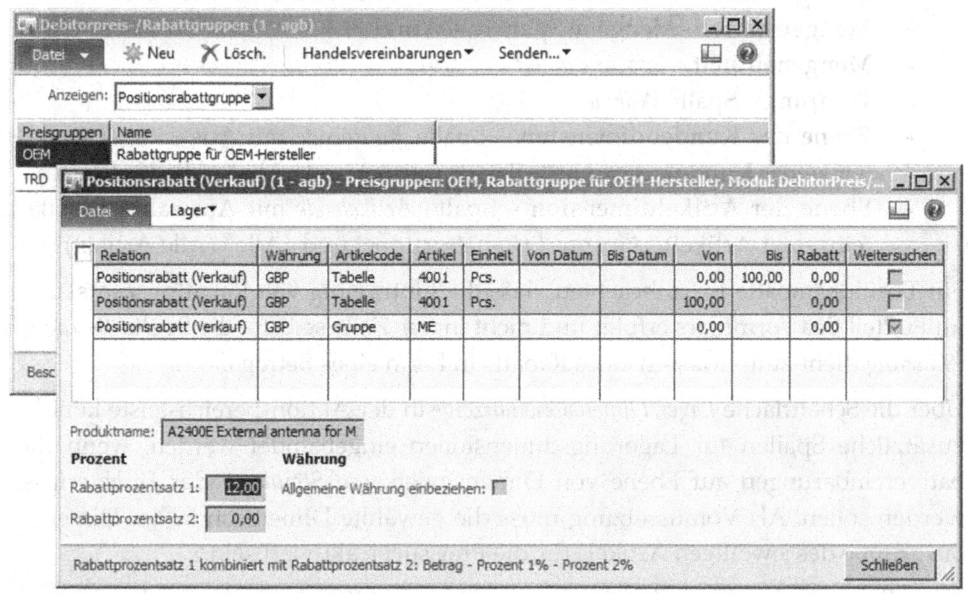

Abbildung 4-7: Anzeige von Positionsrabatten zu einer Debitorenrabattgruppe

Im Positionsrabattformular ist zu beachten, dass Prozentsätze in den Feldern im unteren Bereich des Formulars angezeigt werden. Die Spalte *Rabatt* zeigt einen als Betrag definierten Rabatt.

Eine wichtige Einstellung zur Rabattberechnung wird über das Kontrollkästchen in der Spalte *Weitersuchen* bestimmt. Dieses Kontrollkästchen sollte dann markiert werden, wenn der Rabatt zusätzlich zu einem allfällig auf anderer Ebene definierten Rabatt gilt. Im Beispiel Abbildung 4-7 würde ein Rabatt von 17 Prozent berechnet werden, wenn in der Rabattzeile mit 12 % Rabatt das Kontrollkästchen *Weitersuchen* markiert ist und ein Rabatt von 5 Prozent auf Ebene der Artikelrabattgruppe des Artikels definiert ist.

4.3.2.4 Erfassen neuer Positionsrabatte

Eine neue Handelsvereinbarung für Positionsrabatte muss analog zum Vorgehen für Preisvereinbarungen (siehe Abschnitt 3.3.3) im Menüpunkt *Vertrieb und Marketing> Erfassungen> Erfassungen für Preis-/Rabattvereinbarungen* erfasst und gebucht werden. Ein Preis-/Rabattvereinbarungsjournal kann hier über die Schaltfläche *Neu* in der Aktionsbereichsleiste angelegt werden, anschließend wird über die Schaltfläche *Positionen* in die Journalzeilen gewechselt.

Beim Erfassen von Journalzeilen für Positionsrabatte im Verkauf muss in der Spalte *Relation* die Auswahl „Positionsrabatt (Verkauf)" gewählt werden. Analog zu Preisvereinbarungen können Handelsvereinbarungen zu Rabatten danach auf Ebenen folgender Felder definiert werden:

- **Gültigkeitszeitraum** – Felder *Von Datum* und *Bis Datum* im Fußteil
- **Mengenstaffel** – Menge in Spalten *Von* und *Bis*
- **Mengeneinheit** – Spalte *Einheit*
- **Währung** – Spalte *Währung*
- **Ebene der Kundendimension** – Spalte *Kontocode* mit Auswahl „Tabelle" (einzelner Kunde), „Gruppe" (Rabattgruppe) und „Alle" (Alle Kunden)
- **Ebene der Artikeldimension** – Spalte *Artikelcode* mit Auswahl „Tabelle" (einzelner Artikel), „Gruppe" (Rabattgruppe) und „Alle" (Alle Artikel)

Für Positionsrabatte ist zu beachten, dass die Eintragung von Rabattprozentsätzen im Fußteil des Formulars erfolgt und nicht in der Zeile selbst – die Spalte *Betrag in Währung* dient zum Erfassen eines Rabatts in Form eines Betrags.

Über die Schaltfläche *Lager/Dimensionenanzeige* in der Aktionsbereichsleiste können zusätzliche Spalten für Lagerungsdimensionen eingeblendet werden, wenn Rabattvereinbarungen auf Ebene von Dimensionen wie *Standort* oder *Farbe* erfasst werden sollen. Als Voraussetzung muss die gewählte Dimension in der Dimensionsgruppe des jeweiligen Artikels für die Preissuche aktiviert sein.

Nach Erfassen aller Journalpositionen kann die Schaltfläche *Buchen* im Erfassungspositions-Fenster betätigt werden um die Handelsvereinbarung zu aktivieren.

4.3.2.5 Sammelrabatte

Während Positionsrabatte im Verkaufsauftrag immer zeilenweise gerechnet werden, werden zur Berechnung eines Sammelrabatts alle Positionen eines Auftrags berücksichtigt, in denen Artikel der gleichen Sammelrabattgruppe enthalten sind. Wesentlich ist dies primär bei der Hinterlegung einer Mengenstaffel, die über mehrere Artikel gelten soll.

Das Anlegen und Verwalten von Sammelrabatten erfolgt hierbei in gleicher Weise wie für die Positionsrabatte beschrieben.

4.3.2.6 Rechnungsrabatte

Im Gegensatz zu Positionsrabatten und Sammelrabatten werden Rechnungsrabatte (Gesamtrabatte) nicht auf Basis von Artikeln, sondern auf Rechnungsebene definiert. Auch für Rechnungsrabatte können Staffeln definiert werden, die Staffel bezieht sich auf den Rechnungsbetrag.

4.3.2.7 Einstellungen für Preis/Rabatt-Vereinbarungen

Als Voraussetzung für die Anwendung von auf Gruppenebene definierten Handelsvereinbarungen müssen Kunden und Artikel den entsprechenden Rabattgruppen zugeordnet werden. Die Zuordnung von Kunden zu Debitorenrabattgruppen erfolgt hierbei im Debitoren-Detailformular, wo am Inforegister *Standardwerte für Aufträge* die zutreffende Rabattgruppe für *Sammelrabatt, Rechnungsrabatt* und *Positionsrabatt* eingetragen wird.

Auf Artikelebene werden im Detailformular für freigegebene Produkte die *Positionsrabattgruppe* und die Rabattgruppe *Sammelrabatt* am Inforegister *Verkaufen* für die betroffenen Artikel eingetragen. Zusätzlich besteht dort über das Kontrollkästchen *Rechnungsrabatt* die Möglichkeit, Artikel von der Berechnung des Rechnungsrabatts auszunehmen.

Für den Fall, dass für eine Auftragsposition gleichzeitig Positionsrabatt und Sammelrabatt gelten, wird in den Debitorenparametern (*Debitorenkonten> Einstellungen> Debitorenparameter*, Reiter *Preise*) über das Auswahlfeld *Rabatt* gesteuert wie Positionsrabatt und Sammelrabatt zusammenzuzählen sind.

Welche Ebenen („Tabelle“, „Gruppe“, Alle“) bei der Preis- und Rabattfindung berücksichtigt werden sollen, muss in der Preis-/Rabattaktivierung (*Vertrieb und Marketing> Einstellungen> Preis/Rabatt> Preis/Rabatt aktivieren*) festgelegt werden.

Innerhalb der aktivierten Ebenen erfolgt die Rabattfindung immer von der speziellen Definition ausgehend zur generellen, also von Kunden- und Artikelrabatten über Rabattgruppen zu allgemeinen Rabatten. Das Kontrollkästchen *Weitersuchen* der jeweiligen Handelsvereinbarung bestimmt in diesem Zusammenhang, ob nur der erste oder die Summe aller zutreffenden Rabatte berücksichtigt wird.

4.3.2.8 Sachkontenintegration

Hinsichtlich der Buchung in Finanzbuchhaltung und der Umsatzermittlung im Vertrieb muss zwischen Rechnungsrabatten auf der einen Seite und Zeilenrabatten (Positions- und Sammelrabatte) auf der anderen Seite unterschieden werden.

Zeilenrabatte werden in den Artikelumsatz eingerechnet und verringern daher sowohl den in der Artikelstatistik ausgewiesenen Umsatz als auch den Deckungsbeitrag. Für die Buchung im Hauptbuch kann festgelegt werden, ob Zeilenrabatte getrennt gebucht werden oder ob ein verringerter Umsatz gebucht wird. Eine Buchung auf separate Rabattkonten wird eingestellt, indem in den Lager-Buchungseinstellungen (*Lager- und Lagerortverwaltung> Einstellungen> Buchung> Buchung*, vergleiche Abschnitt 8.4.2) am Reiter *Auftrag* für den Auswahlpunkt *Rabatt* die entsprechenden Konten hinterlegt werden.

Im Gegensatz dazu werden Rechnungsrabatte im Artikelumsatz nicht berücksichtigt. Die Buchung im Hauptbuch muss getrennt erfolgen, wobei nur ein Sachkonto für die automatische Buchung der Rechnungsrabatte definiert werden kann. Das Sachkonto für den Rechnungsrabatt wird in den *Konten für automatische Buchungen* (*Hauptbuch> Einstellungen> Buchung> Konten für automatische Buchungen*) definiert, indem eine Zeile für den Buchungstyp „Debitorenrechnungsrabatt" mit dem gewünschten Konto angelegt wird.

4.3.2.9 Rabattberechnung in Verkaufsaufträgen

Positionsrabatte werden automatisch in Auftragspositionen übernommen und berücksichtigt, wenn zutreffende Handelsvereinbarungen vorhanden sind. Für die Ermittlung von Sammelrabatten und Rechnungsrabatten muss nach Abschluss der Positionserfassung eine Berechnung aufgerufen werden (siehe Abschnitt 4.4.4).

In den Auftragspositionen können übernommene Rabatte abgeändert oder unabhängig von Handelsvereinbarungen manuell eingetragen werden. Wenn später Daten der Auftragsposition geändert werden, die als Basis für die Preisfindung dienen (beispielsweise die Auftragsmenge), kann ein manuell erfasster Preis oder Rabatt mit Werten aus zutreffenden Handelsvereinbarungen überschrieben werden. Um in diesem Fall einen Bestätigungsdialog zu erhalten, kann in den Debitorenparametern (*Debitorenkonten> Einstellungen> Debitorenparameter*, Reiter *Preise*) im Bereich *Handelsvereinbarungsauswertung* eine Zeile mit der Quelle „Manuelle Eingabe" eingetragen werden.

4.3.2.10 Neu in Dynamics AX 2012

Neue Punkte zu Handelsvereinbarungen in Dynamics AX 2012 beinhalten die verpflichtende Erfassung in Preis/Rabattvereinbarungsjournale, die Preislisten in generischer Währung, und den Dialog beim Überschreiben von Auftragspreisen.

4.3.3 Übungen zum Fallbeispiel

Übung 4.3 – Verkaufskategorien

Ihr Unternehmen bietet Ihren Kunden Installationstätigkeiten als Dienstleistung an. Legen Sie eine neue Kategorie „##-Installation" (## = Ihr Benutzerkürzel) unabhängig von den Beschaffungskategorien aus Übung 3.4 an. In den Verkaufskategorien tragen Sie für diese neue Kategorie die Artikel-Mehrwertsteuergruppe für Normalsteuersatz ein.

Übung 4.4 – Preisliste

Als Basis für die Erschließung neuer Märkte wird in Ihrer Firma eine zusätzliche Preisliste benötigt. Legen Sie dazu eine neue Preisgruppe (Verkaufspreisliste) P-## (## = Ihr Benutzerkürzel) an und ordnen Sie diese dem von Ihnen in Übung 4.1 angelegten Kunden zu.

In der neuen Preisgruppe wird für den von Ihnen in Übung 3.5 angelegten Artikel ein Verkaufspreis von 90.- Pfund festgesetzt, der ab heute gilt. Erfassen und buchen Sie die entsprechende Handelsvereinbarung und kontrollieren Sie, ob der Preis korrekt bei Ihrem Kunden angezeigt wird.

Übung 4.5 – Positionsrabatt

Ihr Kunde aus Übung 4.1 erhält einen Positionsrabatt von 10 Prozent auf alle Artikel. Erfassen und buchen Sie die entsprechende Handelsvereinbarung mit einem Rabatt, der nur für Ihren Kunden gilt. Achten Sie hierbei darauf, einen Rabattprozentsatz – keinen Rabattbetrag – anzulegen.

Welche Einstellung muss aktiviert sein, damit dieser Rabatt in Aufträgen berücksichtigt wird?

4.4 Verkaufsauftrag und Verkaufsangebot

Der erste Schritt zur Auftragsabwicklung in Dynamics AX ist oft ein Verkaufsangebot, das an den betroffenen Interessenten oder Kunden geschickt wird. Sobald der Kunde die Ware bestellt, wird ein Verkaufsauftrag angelegt.

Funktionalität und Aufbau der Auftragsverwaltung entsprechen in weiten Teilen der Bestellverwaltung im Einkauf. Nachfolgend werden daher primär die Punkte beschrieben, in denen sich Einkauf und Verkauf unterscheiden.

4.4.1 Grundlagen der Auftragsabwicklung

Im Gegensatz zu Einkaufsbestellungen, die innerhalb von Dynamics AX aufgrund eines Materialbedarfs bestimmt werden können, werden Verkaufsaufträge meist nicht durch Ereignisse innerhalb des Systems ausgelöst.

Neben dem manuellen Erfassen eines Auftrags aufgrund einer Kundenbestellung gibt es daher nur wenige Vorstufen, die in Dynamics AX verwaltet werden. Mögliche Vorstufen lassen sich in folgenden Bereichen finden:

- **Verkaufsangebots**
- **Kaufverträge** (Rahmenaufträge)
- **Enterprise Portal** (Web-Shop)
- **AIF- Framework** (Datenaustausch mit Fremdsystemen)
- **Intercompany-Funktionalität** (Bestellung durch andere Mandanten)

4.4.1.1 Kaufverträge

Rahmenaufträge im Vertrieb werden in Dynamics AX als Kaufverträge (*Vertrieb und Marketing> Häufig> Aufträge> Kaufverträge*) geführt. Neben Kaufverträgen auf Ebene von Artikelnummer und Menge können auch Kaufverträge erfasst werden, in denen anstelle der Menge der Verkaufswert auf Ebene von Artikelnummer, oder auf Ebene von Verkaufskategorie, oder als Gesamtsumme für einen Kunden enthalten ist.

Für Lieferung und Rechnungslegung werden aus Kaufverträgen über Abrufe einzelne Freigabeaufträge erstellt, die als reguläre Aufträge abgewickelt werden. Die Funktionalität entspricht von Kaufverträgen im Vertrieb entspricht den Rahmenbestellungen im Einkauf (siehe Abschnitt 3.4.9).

4.4.1.2 Auftragsabwicklung

Nach Anlegen eines Auftrags – entweder manuell oder durch Verarbeiten eines vorangehenden Dokuments wie dem Kaufvertrag – kann eine Auftragsbestätigung gebucht und gedruckt werden. Die weitere Abwicklung des Verkaufsauftrags hängt vom Geschäftsfall und von der Mandantenkonfiguration ab.

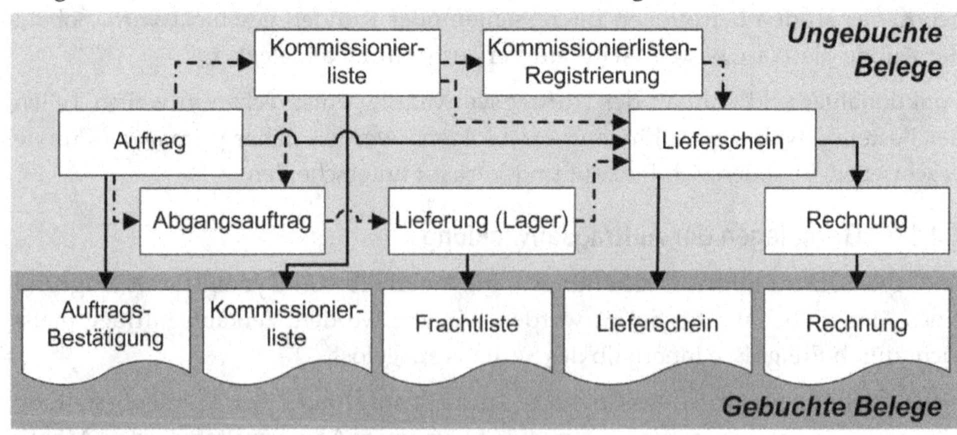

Abbildung 4-8: Auftragsabwicklung in Dynamics AX

Wie in Abbildung 4-8 gezeigt, können hinsichtlich der Versandabwicklung in Dynamics AX vier Varianten unterschieden werden:

- **Lieferschein** – Ohne vorangehende Buchungen in Dynamics AX
- **Kommissionierliste** – Buchen der Kommissionerliste vor dem Lieferschein

- **Kommissionierlisten-Registrierung** – Buchen und späteres Registrieren der Kommissionierliste vor dem Buchen des Lieferscheins
- **Abgangsaufträge und Lieferungen** – Detail-Transaktionen im Lager (mit Lagerplätzen und Palettentransporten) vor dem Buchen des Lieferscheins

Die Varianten zur Auftragsabwicklung unterscheiden sich hierbei primär durch das Verfahren, wie die Kommissionierung vor dem Buchen des Lieferscheins vom System unterstützt wird.

4.4.2 Verkaufsangebote

Der Geschäftspartner in einem Verkaufsangebot muss kein im Debitorenformular angelegter Kunde sein, Angebote in Dynamics AX können auch an Interessenten gerichtet sind. Nachdem in Verkaufsaufträgen jedoch ein Kunde eingetragen werden muss, kann vor dem Übernehmen eines angenommenen Verkaufsangebots in einen Auftrag der betroffene Interessent im Angebotsformular in einen Kunden umgewandelt werden.

4.4.2.1 Interessenten

Interessenten sind Parteien, also Organisationen und Personen, im Zuge einer Geschäftsanbahnung. Im Gegensatz zu Kunden, für die in der Debitorenbuchhaltung Forderungen verwaltet werden, bestehen zu Interessenten noch keine für das Finanzwesen relevante Beziehungen. Sie können für Marketing-Aktivitäten wie Mailings und Kampagnen, aber auch in der Angebotserfassung verwendet werden.

Um einen neuen Interessenten zu erfassen, kann in der Listenseite *Vertrieb und Marketing> Häufig> Interessenten> Alle Interessenten* die Schaltfläche *Neu/Interessent* am Schaltflächenreiter *Interessent* betätigt werden. Der Neuanlagedialog für Interessenten ist ähnlich aufgebaut wie der Neuanlagedialog für Debitoren (siehe Abschnitt 4.2.1) und enthält ebenfalls eine Integration mit Parteien und Adressen im globalen Adressbuch.

Wie beim Erfassen eines neuen Kunden sind für einen Interessenten im Interessenten-Detailformular wesentliche Daten wie die Mehrwertsteuergruppe oder die Debitorengruppe zu bearbeiten. Für manche Felder wie die Debitorengruppe (am Inforegister *Sonstige Details*) oder den Beziehungstyp (Feld *Typenkennung* am Inforegister *Allgemeines*) sind Vorschlagswerte in den Vertriebs- und Marketingparametern hinterlegt.

Ein Interessent wird automatisch angelegt, wenn eine neue Verkaufschance (*Vertrieb und Marketing> Häufig> Verkaufschancen> Alle Verkaufschancen*) mit Parteiname erfasst wird.

Um einen Interessenten in einen Kunden umzuwandeln, kann die Schaltfläche *Konvertieren/In Debitor umwandeln* am Schaltflächenreiter *Allgemeines* des Interessentenformulars betätigt werden. In Abhängigkeit von den Einstellungen des Beziehungstyps (*Vertrieb und Marketing> Einstellungen> Interessenten> Beziehungstypen*) wird die betroffene Partei beim Umwandeln automatisch im Interessentenstamm gelöscht.

4.4.2.2 Angebotsverwaltung

Verkaufsangebote können in der Listenseite *Vertrieb und Marketing> Häufig> Verkaufsangebote> Alle Angebote* über die Schaltfläche *Neu/Verkaufsangebot* angelegt werden. Alternativ ist ein Anlegen von Angeboten auch vom Debitorenformular und vom Interessentenformular aus möglich, indem im jeweiligen Formular die Schaltfläche *Neu/Verkaufsangebot* am Schaltflächenreiter *Verkaufen* betätigt wird.

Wenn ein Verkaufsangebot vom Angebotsformular aus angelegt wird, wird der Neuanlagedialog für Angebote gezeigt, in dem zunächst die *Kontenart* („Interessent" oder „Debitor") zu wählen ist. Abhängig von der gewählten *Kontenart* kann anschließend entweder ein Interessent oder ein Kunde im jeweiligen Suchfenster selektiert werden. Nach Prüfen und Bearbeiten der Werte im Neuanlagedialog kann die Schaltfläche *OK* betätigt werden, wodurch der Angebotskopf angelegt und das Detailformular für Verkaufsangebote in der Positionsansicht gezeigt wird.

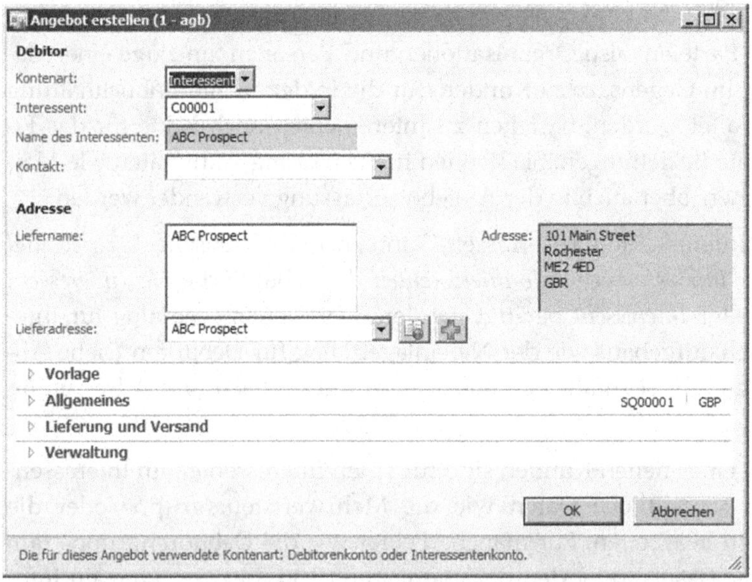

Abbildung 4-9: Anlegen eines Verkaufsangebots für einen Interessenten

Um eine Angebotszeile anzulegen, kann am Inforegister *Positionen* der Positionsansicht ein Mausklick in das Raster ausgeführt oder die Schaltfläche 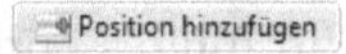 Position hinzufügen in der Aktionsbereichsleiste betätigt werden. Als erstes Feld einer neuen Position wird entweder die *Artikelnummer* oder die *Verkaufskategorie* eingetragen.

Über die Schaltfläche *Generieren/Angebot versenden* am Schaltflächenreiter *Angebot* des Angebotsformulars kann das Angebot analog zum Buchen einer Auftragsbestätigung im Verkaufsauftrag gebucht und gedruckt werden. Sobald der Kunde oder Interessent das Angebot in weiterer Folge annimmt, kann die Schaltfläche

Generieren/Bestätigen am Schaltflächenreiter *Nachverfolgung* des Angebotsformulars betätigt werden um das Angebot zu bestätigen und in einen Verkaufsauftrag zu übernehmen.

Wenn das Angebot an einen Interessenten gerichtet ist, muss dieser vor Bestätigen des Angebots in einen Kunden umgewandelt werden. Zu diesem Zweck kann die Schaltfläche *Änderung/In Debitor konvertieren* am Schaltflächenreiter *Nachverfolgung* des Angebotsformulars betätigt werden.

4.4.3 Auftragserfassung

Wie bei Einkaufsbestellungen ist auch bei Verkaufsaufträgen der Auftragstyp ein wesentliches Unterscheidungskriterium. Hierbei sind folgende Auftragstypen zu unterscheiden:

- **Auftrag** – Normaler Verkaufsauftrag
- **Journal** – Entwurf oder Kopiervorlage, in Disposition und Finanzwesen nicht berücksichtigt
- **Dauerauftrag** – Periodischer Auftrag, bleibt nach Rechnung offen
- **Zurückgegebener Auftrag** – Gutschrift, siehe Abschnitt 4.6.4

Der zusätzliche Auftragstyp „Artikelbedarf" wird aus dem Projektmodul erzeugt, auf das im Rahmen des vorliegenden Buches jedoch nicht näher eingegangen wird. Aufträge vom Typ „Artikelbedarf" können in der Auftragsverwaltung nicht manuell eingetragen werden.

4.4.3.1 Anlegen eines Auftrags

Ein manuelles Anlegen von Verkaufsaufträgen ist sowohl vom Debitorenformular aus – über die Schaltfläche *Neu/Auftrag* am Schaltflächenreiter *Verkaufen* – als auch vom Auftragsformular aus möglich.

Wenn ein Auftrag im Auftragsformular (*Vertrieb und Marketing> Häufig> Aufträge> Alle Aufträge*) über die Schaltfläche *Neu/Auftrag* am Schaltflächenreiter *Auftrag* angelegt wird, zeigt Dynamics AX den Neuanlagedialog für Aufträge. In diesem ist zunächst der Kunde in der Debitorensuche zu wählen (z.B. über die Option *Nach Feld filtern*, die im Kontextmenü nach Klick mit der rechten Maustaste in die Spalte *Name* des Suchfensters verfügbar ist).

Nach Auswahl des Kunden werden die entsprechenden Vorschlagswerte aus dem Debitorenstamm eingesetzt und können im Neuanlagedialog bearbeitet werden. Nach Betätigen der Schaltfläche *OK* wird der Auftragskopf angelegt und das Detailformular für Aufträge in der Positionsansicht gezeigt.

Um dann in der Positionsansicht eine Auftragszeile anzulegen, kann am Inforegister *Auftragspositionen* ein Mausklick in den Raster ausgeführt oder die Schaltfläche [Position hinzufügen] in der Aktionsbereichsleiste betätigt und entweder die *Artikelnummer* oder die *Verkaufskategorie* eingetragen werden.

Die Handhabung der Auftragsverwaltung entspricht in vielen Punkten der Bestellverwaltung im Einkauf, weshalb insbesondere hinsichtlich folgender Themen auf Abschnitt 3.4.5 verwiesen wird:

- Aufbau und Funktionen des Auftragsformulars
- Lieferadresse in Auftragskopf und Positionen
- Mehrwertsteuer (siehe auch Abschnitt 8.2.6)
- Kopierfunktion
- Typ „Journal"

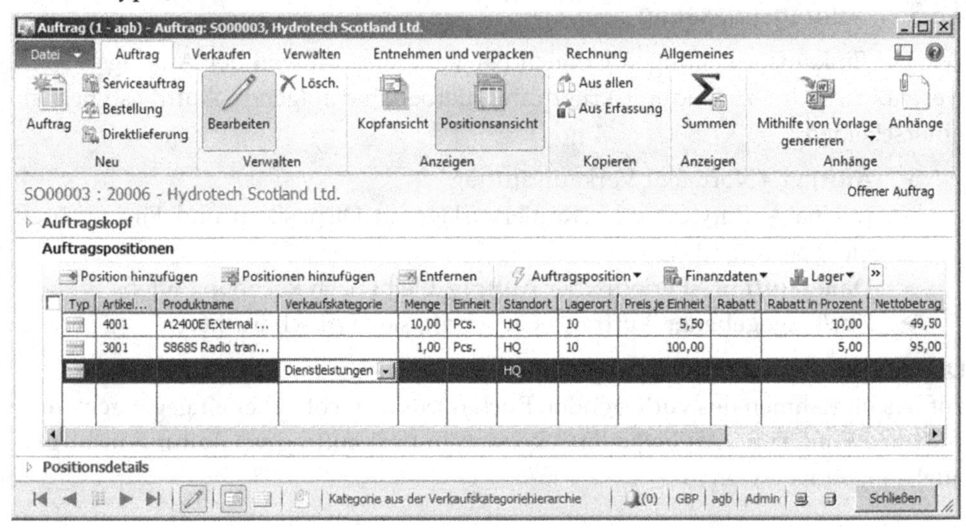

Abbildung 4-10: Erfassen einer Auftragsposition zu einer Verkaufskategorie

Im Rahmen der Einkaufsabwicklung werden auch folgende Themen behandelt, die analog im Verkauf zu beachten sind:

- Storno von Aufträgen (Abschnitt 3.4.7)
- Teillieferung, Überlieferung und Unterlieferung (Abschnitt 3.5.5)
- Auftragsstatus und Abfragen (Abschnitt 3.5.6 und 3.6.3)

4.4.3.2 Löschen eines Auftrags

Im Unterschied zu Einkaufsbestellungen gibt es für Verkaufsaufträge kein Änderungsmanagement und keinen Genehmigungsworkflow. Das Verfahren zum Löschen eines Verkaufsauftrags unterscheidet sich daher vom Löschen einer Einkaufsbestellung, wobei insbesondere folgende Debitorenparameter (*Debitorenkonten> Einstellungen> Debitorenparameter*) zu beachten sind:

- **Auftrag als storniert markieren** (Reiter *Allgemeines*) – Wenn markiert, werden gelöschte Aufträge im Formular *Vertrieb und Marketing> Abfragen> Historie> Stornierte Aufträge* gezeigt.

- **In der Gesamtrechnung fakturierte Auftragspositionen löschen** und **Auftrag nach Rechnungsstellung löschen** (Reiter *Aktualisierungen*) – Wenn markiert, werden Aufträge bzw. Auftragspositionen beim Buchen der Rechnung gelöscht.

4.4.3.3 Elemente der Lieferterminberechnung

Ein Punkt der Auftragsabwicklung, der sich wesentlich von der Bestellabwicklung im Einkauf unterscheidet, ist die Ermittlung des Lieferdatums. Für die Berechnung des Liefertermins sind hierbei mehrere Faktoren zu beachten:

- **Fristen für Auftrag**
- **Verkaufslieferzeit**
- **Lieferdatumskontrolle**
- **Artikelverfügbarkeit und Bedarfsplanung**

Hinsichtlich des Liefertermins wird einerseits zwischen dem Versanddatum und dem Wareneingang beim Kunden und andererseits zwischen dem vom Kunden angeforderten und dem bestätigten Termin unterschieden. Der Liefertermin wird daher in vier Datumsfelder geteilt, die in den Auftragspositionen am Unter-Register *Lieferung* der Positionsdetails enthalten sind.

4.4.3.4 Fristen für Auftrag und Verkaufslieferzeit

Fristen für Auftrag (*Lager- und Lagerortverwaltung> Einstellungen> Verteilung> Fristen für Auftrag*) bestimmen die Uhrzeit, bis zu der eine Auftragsposition für die Lieferung am gleichen Tag erfasst werden kann. Nach der in den *Fristen für Auftrag* eingetragenen Uhrzeit beginnt die Lieferterminberechnung mit dem nächsten Tag.

Die *Verkaufslieferzeit* bezeichnet den Zeitraum, der unternehmensintern bis zum Versand der Ware benötigt wird. Die Basiseinstellung für die Verkaufslieferzeit wird am Reiter *Lieferungen* in den Debitorenparametern definiert und dient beim Anlegen eines Verkaufsauftrags als Basis für das *Versanddatum* im Auftragskopf. Das Versanddatum im Auftragskopf wird als Vorschlagswert in die Auftragspositionen übernommen, wenn die Verkaufslieferzeit des jeweiligen Artikels kein späteres Versanddatum ergibt.

Die Verkaufslieferzeit eines Artikels kann in den Standardauftragseinstellungen und den standortspezifischen Auftragseinstellungen zum Produkt (Schaltfläche *Standardauftragseinstellungen* oder *Standortspezifische Auftragseinstellungen* am Schaltflächenreiter *Plan* des Formulars für das freigegebene Produkt) und in Handelsvereinbarungen zum Verkaufspreis eingetragen werden.

4.4.3.5 Lieferdatumskontrolle

Falls Kalender mit möglichen Liefertagen und die Artikelverfügbarkeit bei der Lieferterminermittlung berücksichtigt werden sollen, kann am Reiter *Lieferungen* in den Debitorenparametern die Lieferdatumskontrolle aktiviert werden.

Das Auswahlfeld *Lieferdatumskontrolle* bietet hierbei folgende Optionen:

- **Verkaufslieferzeit** –
  Liefertermin auf Basis von Verkaufslieferzeit und Kalendereinstellungen
- **VfZ** („Verfügbar für Zusage") –
  Liefertermin auf Basis der Artikel-Verfügbarkeit im *VfZ-Planungszeitraum*
- **VfZ + Sicherheitszuschlag für Warenabgang** –
  Addiert Sicherheitszuschlag zum Liefertermin aus der VfZ-Berechnung
- **CTP** („Capable to promise")–
  Sofortiger Produktprogrammplanungslauf mit Bestellvorschlag

Bei Auswahl von „Verkaufslieferzeit" werden nur Verkaufslieferzeiten und Kalender berücksichtigt, während bei Auswahl von „VfZ" im Rahmen der Lieferdatumskontrolle die Materialverfügbarkeit innerhalb des *VfZ-Planungszeitraums* geprüft wird. Bestellvorschläge (geplante Bestellungen und Produktionsaufträge) werden in der VfZ-Berechnung berücksichtigt, wenn in den Debitorenparametern das Kontrollkästchen *VfZ einschließlich Bestellvorschlägen* markiert ist.

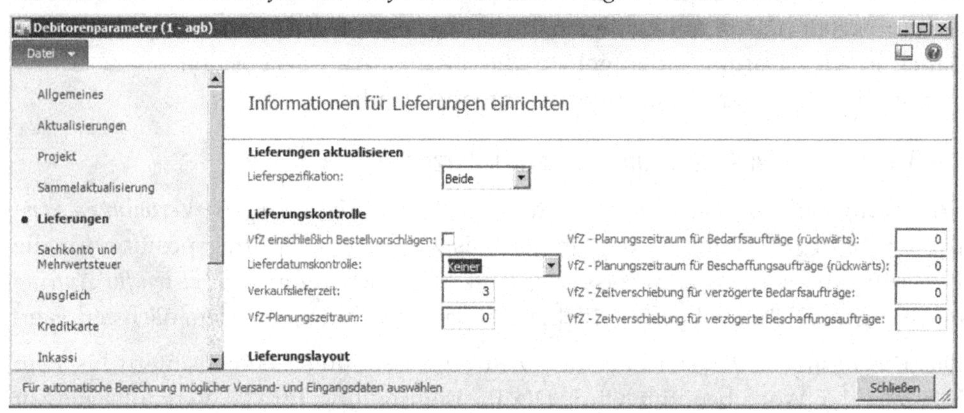

Abbildung 4-11: Einstellungen zur Lieferkontrolle in den Debitorenparametern

Ist der aus der Verkaufszeile resultierende Bedarf nicht durch Lagerstand oder Zugänge innerhalb des VfZ-Planungszeitraums gedeckt, wird das Lieferdatum auf den ersten Tag nach dem VfZ-Planungszeitraum gesetzt. Um unnötige Verzögerungen zu vermeiden, sollte der VfZ-Planungszeitraum daher mit der Wiederbeschaffungszeit des Artikels übereinstimmen. Die Einstellungen zur VfZ-Zeitverschiebung in den Debitorenparametern dienen zur Berücksichtigung von Abgängen und Zugängen (z.B. Bestellungen), die noch nicht gebucht worden sind aber deren Datum bereits in der Vergangenheit liegt.

Bei Auswahl der Lieferdatumskontrolle „CTP" wird ein sofortiger Produktprogrammplanungslauf im dynamischer Plan (siehe Abschnitt 6.3.1) durchgeführt und – falls zur Bedarfsdeckung benötigt – ein Bestellvorschlag erstellt, bei einem produzierten Artikel ein geplanter Produktionsauftrag unter Berücksichtigung der Lieferzeit von Komponenten.

Die Einstellungen zur Lieferdatumskontrolle in den Debitorenparametern können auf Artikelebene in den Standardauftragseinstellungen und den standortspezifischen Auftragseinstellungen zum freigegebenen Produkt überschrieben werden.

Wenn die Lieferdatumskontrolle speziell für einen einzelnen Auftrag oder eine einzelne Auftragsposition aktiviert oder deaktiviert werden soll, kann dies durch Auswahl der entsprechenden Option im Auswahlfeld *Lieferdatumskontrolle* erfolgen – auf Auftragskopfebene am Inforegister *Lieferung* in der Kopfansicht und auf Positionsebene am Unter-Register *Lieferung* der Positionsdetails.

Bei der Berechnung des Liefertermins werden in der Lieferdatumskontrolle folgende Kalender und Transportzeiten berücksichtigt:

- *Lager- und Lagerortverwaltung> Einstellungen> Lageraufschlüsselung> Lagerorte,* Reiter *Produktprogrammplanung* (*Kalender* für Lagerort)
- *Organisationsverwaltung> Einstellungen> Organisation> Juristische Personen,* Reiter *Außenhandel und Logistik* (Genereller *Lieferungskalender*)
- *Vertrieb und Marketing> Häufig> Debitoren> Alle Debitoren* (*Empfangskalender* in Debitoren-Detailformular und Adress-Dialog für Lieferadresse)
- *Vertrieb und Marketing> Einstellungen> Verteilung> Lieferarten,* Schaltfläche *Transportkalender* (Transportkalender für Lieferart und Lagerort)
- *Lager- und Lagerortverwaltung> Einstellungen> Verteilung> Transport* (Transportzeiten in Abhängigkeit von Lieferart, Versand-Lagerort und Empfangs-Adresse oder Empfangs-Lagerort)

Ist die Lieferdatumskontrolle aktiviert, prüft Dynamics AX beim Erfassen einer Auftragsposition ob der Artikel zum Liefertermin der Position entsprechend der jeweiligen Option in der *Lieferdatumskontrolle* geliefert werden kann. Um einen Vorschlag möglicher Liefertermine zu erhalten, kann das Symbol neben dem Feld *Bestätigtes Versanddatum* am Unter-Register *Lieferung* der Positionsdetails betätigt werden.

Falls erforderlich, kann durch Auswahl der Option „Keiner" in der *Lieferdatumskontrolle* einer Auftragsposition ein anderes – beispielsweise früheres – Lieferdatum eingetragen werden als gemäß Lieferdatumskontrolle erlaubt wäre.

4.4.3.6 Verfügbarkeitsabfrage

Zur Überprüfung des Liefertermins stehen in der Auftragsposition auch Verfügbarkeitsabfragen zur Verfügung.

Zunächst bietet die Schaltfläche *Lager/Verfügbarer Lagerbestand Lager* in der Aktionsbereichsleiste der Auftragspositionen die Möglichkeit, den aktuellen Lagerstand des bestellten Artikels für die in der Position eingetragenen Lagerungsdimensionen (z.B. Standort/Lagerort) abzufragen. Im Abfragefenster werden neben dem aktuellen physischen Bestand auch Informationen zu Reservierungen und Lagerbuchungen gezeigt (siehe Abschnitt 7.2.5).

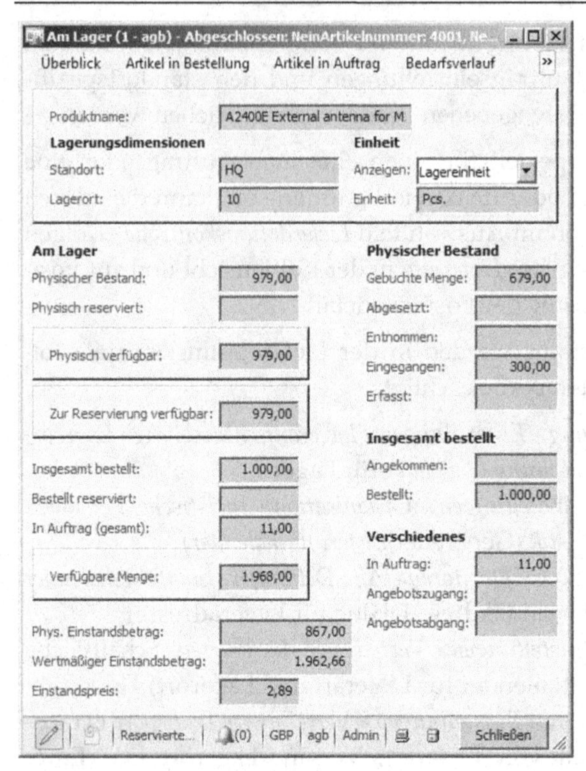

Abbildung 4-12: Lagerbestandsabfrage aus der Auftragsposition

In der Lagerbestandsabfrage öffnet die Schaltfläche *Überblick* eine Liste der Bestände des Artikels auf verschiedenen Lagerorten und anderen Lagerungsdimensionen. Über die Schaltfläche *Dimensionenanzeige* kann hierbei gewählt werden, für welche Dimensionen der Lagerbestand gezeigt werden soll. Die Schaltfläche *Bedarfsverlauf* öffnet die Anzeige der Verfügbarkeit, die zusätzlich auch Möglichkeiten zur Disposition (Produktprogrammplanung) bietet.

Der Bedarfsverlauf kann auch direkt aus der Auftragsposition geöffnet werden, indem die Schaltfläche *Produkt und Beschaffung/Bedarfsverlauf* in der Aktionsbereichsleiste des Inforegisters *Auftragspositionen* betätigt wird. Über die Schaltfläche *Produkt und Beschaffung/Stücklistenauflösung* in der Aktionsbereichsleiste der Auftragspositionen kann die Verfügbarkeit über mehrere Stücklistenebenen abgefragt werden.

Zusätzliche Informationen und zur Produktprogrammplanung und zum Bedarfsverlauf sind Abschnitt 6.3.4 dieses Buchs enthalten.

4.4.3.7 Lieferadresse

Der Vorschlagswert für die Lieferadresse in einem Auftrag ist die Lieferadresse des gewählten Auftragskunden. Diese ist im Debitoren-Detailformular am Inforegister *Adressen* als Adresse mit dem Zweck „Lieferung" enthalten. Falls ein Kunde keine spezifische Lieferadresse hat, wird die primäre Adresse des Auftragskunden als Lieferadresse in den Auftrag eingesetzt.

Wenn ein Auftrag an eine andere Adresse geliefert werden soll, können am Inforegister *Adressen* in der Kopfansicht des Auftrags-Detailformulars zwei unterschiedliche Optionen gewählt werden:

- **Auswahl einer bestehenden Adresse** – Eine Adresse, die bereits im globalen Adressbuch enthalten ist, kann mittels Klick auf das Symbol neben dem Auswahlfeld *Lieferadresse* gewählt werden.
- **Erfassen einer neuen Adresse** – Eine komplett neue Adresse wird mittels Klick auf das Symbol neben dem Auswahlfeld *Lieferadresse* angelegt.

Falls Positionen in einem Auftrag an unterschiedliche Adressen geliefert werden sollen, können am Unter-Register *Adresse* der Positionsdetails abweichende Lieferadressen auch auf Positionsebene definiert werden. In den Debitorenparametern (*Debitoren> Einstellungen> Parameter*, Reiter *Sammelaktualisierung*) kann dazu definiert werden, ob und welche Belege aufgrund von abweichenden Lieferadressen in den Positionen aufgeteilt werden sollen.

4.4.3.8 Rechnungsadresse

Anders als die Lieferadresse kann die Rechnungsadresse im Auftrag nicht geändert werden. Die Rechnungsadresse wird durch den Rechnungskunden im Auftrag bestimmt, wobei der Vorschlagswert für den Rechnungskunden aus dem Kundenstamm des Bestellkunden (Auswahlfeld *Rechnungskonto* am Inforegister *Rechnung und Lieferung* des Debitoren-Detailformulars) übernommen wird.

Der Vorschlagswert für den Rechnungskunden kann im Verkaufsauftrag durch Auswahl eines anderen Kunden im Auswahlfeld *Rechnungskonto* am Inforegister *Allgemeines* der Kopfansicht des Auftrags-Detailformulars überschrieben werden.

Hinsichtlich des Drucks der Rechnungsadresse ist zu beachten, dass im Debitoren-Detailformular am Inforegister *Adresse* eine Adresse mit dem Zweck „Rechnung" eingetragen werden kann, die dann als Rechnungsadresse gedruckt wird.

4.4.4 Preis- und Rabattermittlung

Die Ermittlung von Preisen und Rabatten in Verkaufsaufträgen erfolgt auf Basis von Preisgruppe und Rabattgruppen im Auftragskopf und von für die betroffenen Artikel hinterlegten Basispreisen und Handelsvereinbarungen.

4.4.4.1 Verkaufspreise

Verkaufspreise werden aus dem Artikelstamm oder aus zutreffenden Handelsvereinbarungen in die Auftragsposition übernommen. Falls in den Handelsvereinbarungen Preise auf Ebene des Auftragskunden definiert sind, haben diese Preise Vorrang vor Preisgruppenpreisen und allgemeinen Preisen.

Um einen Kunden einer *Preisgruppe* zuzuordnen, muss diese im Debitoren-Detailformular am Inforegister *Standardwerte für Auftrag* eingetragen werden. Beim Anlegen eines Auftrags wird die Preisgruppe aus dem Kundenstamm in den Auftrag übernommen. Die Preisgruppe kann dann in der Kopfansicht des Auftrags-Detailformulars am Inforegister *Preis und Rabatt* geändert werden, womit für diesen Auftrag eine andere als die Standard-Preisgruppe des Kunden gilt.

Unabhängig davon kann der Preis in der Auftragsposition auch manuell überschrieben bzw. eingetragen werden.

Zu beachten ist hierbei, dass in weiterer Folge ein manuell erfasster Preis oder Rabatt mit Werten aus Handelsvereinbarungen überschrieben werden kann, wenn später in der Auftragsposition Daten geändert werden, die als Basis für die Preisfindung dienen (beispielsweise die Auftragsmenge). In Abhängigkeit von den Debitorenparametern wird in diesem Fall einen Bestätigungsdialog gezeigt (siehe auch Abschnitt 4.3.2).

4.4.4.2 Rabatte

Falls in den Handelsvereinbarungen Rechnungsrabatte, Sammelrabatte oder Positionsrabatte definiert worden sind, werden diese im Verkaufsauftrag berücksichtigt. Wie die Preisgruppe werden auch die Rabattgruppen in den Auftragskopf übernommen und können in der Kopfansicht des Auftrags-Detailformulars am Inforegister *Preis und Rabatt* geändert werden.

Für den Rechnungsrabatt (Gesamtrabatt) wird hierbei nicht nur der Gruppencode, sondern – nachdem dieser auf Kopfebene bestimmt wird – auch der Rabatt-Prozentsatz im Auftragskopf verwaltet.

Der Positionsrabatt wird direkt nach Auswahl einer Artikelnummer in der Auftragsposition ermittelt und in der entsprechenden Spalte gezeigt. Der Positionsrabatt ist gemeinsam mit dem Sammelrabatt auch am Unter-Register *Preis und Rabatt* der Positionsdetails der Auftragsposition enthalten.

Parallel zu den Feldern für den Rabattprozentsatz – *Rabatt in Prozent* und *Sammelrabatt (Prozent)* – sind in der Auftragsposition zwei getrennte Felder für die Eintragung von Rabatt-Beträgen enthalten – die Felder *Rabatt* und *Sammelrabatt*. Bei der Eintragung eines Rabatts in Prozent ist daher darauf zu achten, das richtige Feld zu verwenden.

Damit Sammelrabatt (und auch Rechnungsrabatt) berechnet werden, muss im Gegensatz zum Positionsrabatt eine Ermittlung manuell aufgerufen werden. Für diesen Aufruf steht am Schaltflächenreiter *Verkaufen* des Auftragsformulars die Schaltfläche *Ermitteln/Sammelrabatt* und *Ermitteln/Rechnungsrabatt* zur Verfügung.

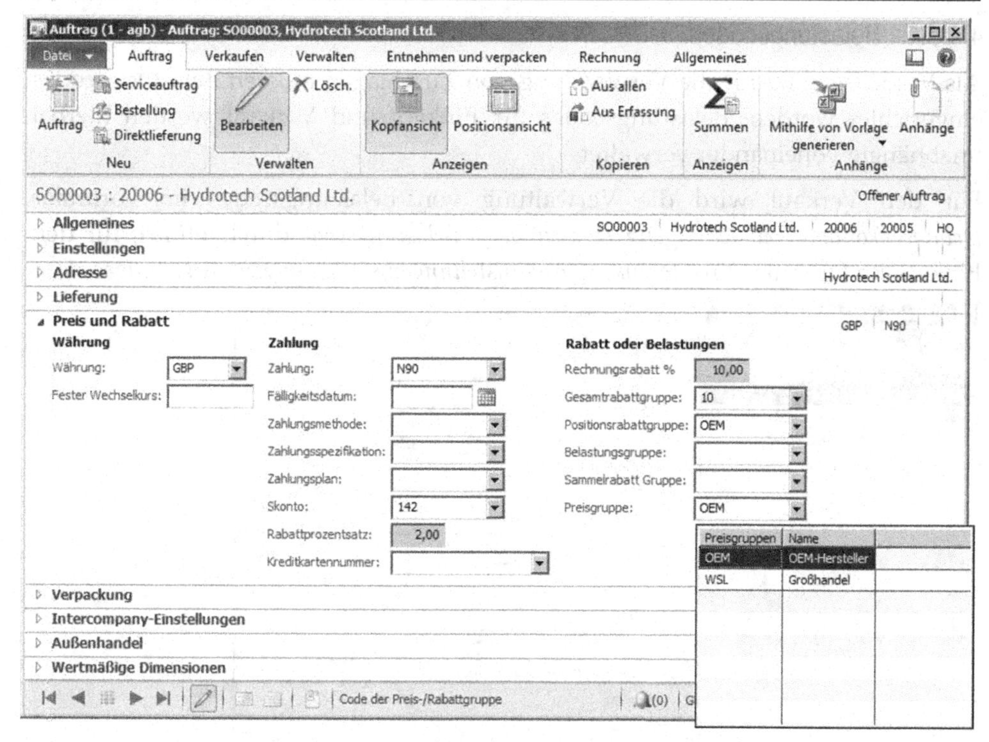

Abbildung 4-13: Verwalten der Rabattgruppen im Auftrags-Detailformular(Kopfansicht)

Für den Rechnungsrabatt ist der manuelle Aufruf der Berechnung allerdings nicht erforderlich, wenn in den Debitorenparametern am Reiter *Preise* das Kontrollkästchen *Gesamtrabatt beim Buchen berechnen* aktiviert ist.

4.4.5 Zuschläge und Belastungen

Belastungen (in früheren Versionen auch als „Sonstige Zuschläge“ bezeichnet) dienen dazu, Zu- und Abschläge in Verkaufsaufträgen und Einkaufsbestellungen zu erfassen, die nicht in den Positionspreis eingerechnet werden sollen. Beispiele für sonstige Zuschläge sind Bearbeitungsgebühren, Fracht und Versicherung.

In Bestellungen und Aufträgen können sonstige Zuschläge manuell erfasst werden. Wie bei Preisen und Rabatten können für Zuschläge aber auch Vorschlagswerte definiert werden, die bei Neuanlage eines Auftrags automatisch übernommen werden.

Sonstige Zuschläge können auf Kopf- und Positionsebene erfasst werden, sind aber auf Belegen wie der Auftragsbestätigung standardmäßig nur als Gesamtsumme im Summenblock ausgewiesen.

4.4.5.1 Belastungscodes

Als Voraussetzung für die Verwendung von Zuschlägen müssen Belastungscodes eingerichtet werden. Belastungscodes für Einkauf und Verkauf werden hierbei unabhängig voneinander verwaltet.

Für den Verkauf wird die Verwaltung von Belastungscodes im Formular *Debitorenkonten> Einstellungen> Belastungen> Belastungscode* durchgeführt, für den Einkauf im Formular *Kreditorenkonten> Einstellungen> Belastungen> Belastungscode.*

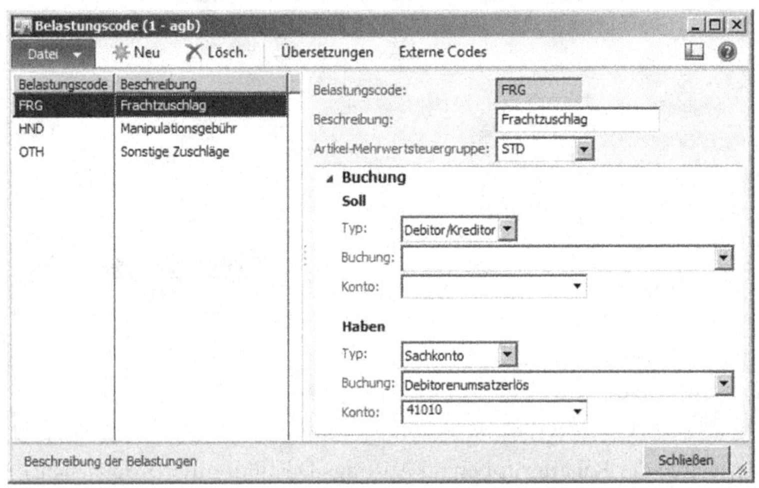

Abbildung 4-14: Verwalten von Belastungscodes im Verkauf

Beim Anlegen eines Belastungscodes werden nach Eingabe von *Belastungscode, Beschreibung* und – falls zutreffend – *Artikel-Mehrwertsteuergruppe* am Reiter *Buchung* die Buchungseinstellungen definiert.

Für Belastungscodes im Verkauf wird dazu im *Soll* als *Typ* „Debitor/Kreditor" gewählt, wenn die Belastung als Zuschlag zum Artikelumsatz hinzugerechnet und auf Belegen wie der Auftragsbestätigung separat ausgewiesen werden soll. Im *Haben* wird als *Typ* „Sachkonto" gewählt und ein passendes Umsatzkonto eingetragen.

Für Belastungscodes im Einkauf wird im Unterschied dazu „Debitor/Kreditor" als *Typ* im *Haben* gewählt. Als *Typ* im *Soll* kann wiederum „Sachkonto" oder – falls der Zuschlag in den Lagerwert einfließen soll – der Typ „Artikel" gewählt werden.

Neben der beschriebenen Einrichtung, die verwendet wird um Belastungen auf Belegen wie der Rechnung auszuweisen, können auch Codes für eine rein interne Buchung angelegt werden. Bei der Einrichtung dieser Codes wird dann in *Soll* und *Haben* nur der *Typ* „Artikel" oder „Sachkonto" gewählt.

4.4.5.2 Manuelle Zuschläge

Zuschläge werden in einem Verkaufsauftrag manuell auf Kopfebene eingetragen, indem die Schaltfläche *Zuschläge/Belastungen* am Schaltflächenreiter *Verkaufen* des

Auftragsformulars betätigt wird um das Belastungsbuchungs-Formular zu öffnen. In Einkaufsbestellungen wird dazu die Schaltfläche *Zuschläge/Belastungen verwalten* am Schaltflächenreiter *Einkauf* benutzt.

Für das Erfassen von Zuschlägen auf Positionsebene kann das Belastungsbuchungs-Formular von Auftragspositionen oder Bestellpositionen aus über die Schaltfläche *Finanzdaten/Belastungen verwalten* in der Aktionsbereichsleiste geöffnet werden.

Im Belastungsbuchungs-Formular muss zunächst der *Belastungscode* in der betreffenden Spalte eingetragen und danach in der Spalte *Kategorie* angegeben werden, ob für den Zuschlag ein fester Betrag eingegeben wird oder ob der Zuschlag abhängig von Wert oder Menge berechnet werden soll.

4.4.5.3 Auto-Belastungen

Soll ein bestimmter Zuschlag automatisch bei jedem Auftrag eingesteuert werden, kann dieser im Menüpunkt *Debitorenkonten> Einstellungen> Belastungen> Auto-Belastungen* definiert werden.

Im Kopfteil des Auto-Belastungsformulars wird zunächst ausgewählt, ob die jeweiligen Zuschläge im Auftragskopf (*Ebene* „Haupttabelle") oder in Positionen (*Ebene* „Position") eingesteuert werden sollen.

Im rechten Teil des Formulars wird danach festgelegt, für welche Kunden und Artikel die Einträge gelten. Für Positionszuschläge kann die Definition in Matrixform abhängig von Kundendimension (Kunde, Debitoren-Belastungsgruppe, Alle) und von Artikeldimension (Artikel, Artikel- Belastungsgruppe, Alle) erfolgen. Für Kopfzuschläge ist die Artikelauswahl auf den *Artikelcode* „Alle" fixiert, Zuschläge können hier nur in Abhängigkeit von der Kundendimension festgelegt werden.

Die Berechnung der Zuschläge wird schließlich am Reiter *Positionen* eingetragen.

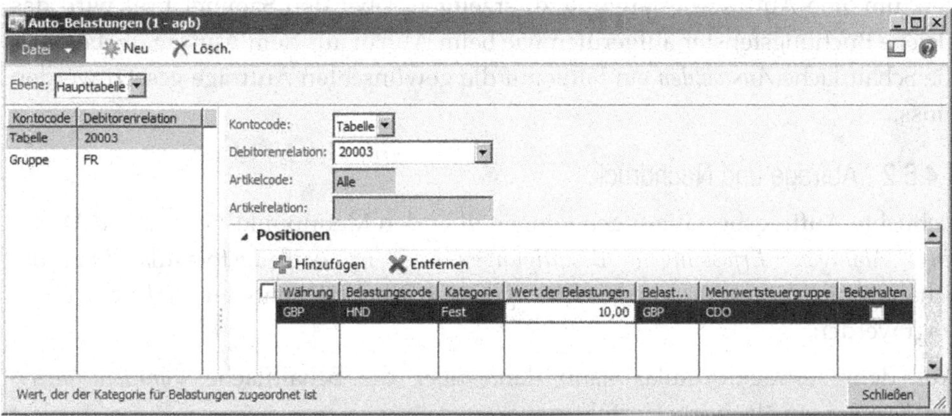

Abbildung 4-15: Verwalten von Auto-Belastungen

Als Voraussetzung für die Nutzung von Auto-Belastungen muss in den Debitorenparametern am Reiter *Preise* das Kontrollkästchen *Primäre Belastungen suchen* (für Belastungen auf Kopfebene) beziehungsweise *Belastungen für Position finden* (für Belastungen auf Positionsebene) markiert sein.

4.4.6 Auftragsbestätigung

Damit eine Auftragsbestätigung an einen Kunden geschickt werden kann, muss sie gebucht werden. Wie beim Buchen der Bestellbestätigung im Einkauf werden auch mit der Auftragsbestätigung keine Transaktionen im Lager oder im Finanzwesen gebucht.

Das Buchen einer Auftragsbestätigung ist lediglich ein Speichern der Daten, damit die Auftragsbestätigung – unabhängig von allfälligen Änderungen des Auftrags – später unverändert abgefragt werden kann.

4.4.6.1 Buchungsfenster zur Auftragsbestätigung

Der Aufruf der Auftragsbestätigung erfolgt nach Auswahl des betroffenen Auftrags im Auftragsformular über die Schaltfläche *Generieren/Bestätigungen* (bzw. *Generieren/Auftragsbestätigung*) am Schaltflächenreiter *Verkaufen*.

Das Buchungsfenster für die Auftragsbestätigung ist gleich aufgebaut wie das Buchungsfenster zur Bestellbestätigung im Einkauf (siehe Abschnitt 3.4.8). Wie in diesem kann das Ausgabeziel (Drucker, Datei) über die Schaltfläche *Druckereinstellungen* gewählt oder durch Markieren des Kontrollkästchens *Druckverwaltungsziel* aus den Einstellungen zur Druckverwaltung übernommen werden.

Wenn die Kontrollkästchen *Buchen* und *Bestätigung drucken* markiert sind, wird die Auftragsbestätigung nach Betätigen der Schaltfläche *OK* im Buchungsfenster gebucht und gedruckt.

Neben der Schaltfläche im Auftragsformular kann auch der Sammelabruf *Vertrieb und Marketing> Periodisch> Umsatzaktualisierung> Auftragsbestätigung* benutzt werden, um eine Auftragsbestätigung zu erzeugen. Über den Sammelabruf wird das gleiche Buchungsfenster aufgerufen wie beim Aufruf aus dem Auftrag, wobei über die Schaltfläche *Auswählen* ein Filter auf die gewünschten Aufträge gesetzt werden muss.

4.4.6.2 Abfrage und Nachdruck

Gebuchte Auftragsbestätigungen können über den Menüpunkt *Vertrieb und Marketing> Abfragen> Erfassungen> Bestätigungen* oder im Auftragsformular über die Schaltfläche *Journale/Auftragsbestätigungen* am Schaltflächenreiter *Verkaufen* abgefragt werden.

Aus dem Abfrageformular kann dann über die Schaltfläche *Vorschau anzeigen/Drucken* ein Nachdruck erfolgen.

4.4.7 Übungen zum Fallbeispiel

Übung 4.6 – Verkaufsauftrag

Der von Ihnen in Übung 4.1 angelegte Kunde bestellt 20 Stück des in Übung 3.5 angelegten Artikels. Suchen Sie Ihren Kunden im Debitorenformular und legen Sie den Verkaufsauftrag direkt von diesem Formular aus an. Wie kommen Preis und Rabatt zustande? Wechseln Sie danach in die Kopfansicht und kontrollieren Sie Lieferadresse und Preisgruppe in Ihrem Auftrag.

Übung 4.7 – Belastungen

Aufgrund von geänderten Rahmenbedingungen werden Manipulationsgebühren als neuer Zuschlag im Verkauf berechnet. Legen Sie dazu einen Belastungscode C## (## = Ihr Benutzerkürzel) an, für den Normalsteuersatz gilt. In den zugehörigen Buchungseinstellungen wählen Sie für die Habenbuchung im Feld *Buchung* den Buchungstyp „Debitorenumsatzerlös" und ein passendes Erlöskonto im Feld *Konto*. Anschließend tragen Sie im Auftragskopf des Auftrags aus Übung 4.6 einen Betrag von 10.- Pfund als Zuschlag mit dem soeben angelegten Belastungscode ein.

Übung 4.8 – Auftragsbestätigung

Buchen und drucken Sie eine Auftragsbestätigung für den Auftrag aus Übung 4.6, wobei Sie die Seitenansicht als Ausgabeziel wählen. Können Sie für die Auftragsbestätigung angeben, welcher Betrag in der Auftragsposition ausgewiesen wird und wo der Zuschlag zu sehen ist?

4.5 Versandabwicklung

Zum Liefertermin muss die bestellte Ware kommissioniert und geliefert werden. Der Begriff „Kommissionieren" bezeichnet hierbei die Entnahme der benötigten Ware im Lager und die Bereitstellung für den Versand.

4.5.1 Grundlagen und Einrichtung des Versands

Das Kommissionieren muss in Dynamics AX nicht als eigener Vorgang gebucht werden, die Warenentnahme kann auch mit Lieferschein oder Rechnung gebucht werden. Für das Kommissionieren stehen hierbei in Dynamics AX je nach Konfiguration und verschiedene Möglichkeiten zur Verfügung:

- **Einstufiges Kommissionieren**
    - **Lager-Entnahme** – Manuelle Erfassung im Entnahmeformular
    - **Kommissionierliste** – Kommissionierliste mit automatischer Kommissionierlistenregistrierung
- **Zweistufiges Kommissionieren**
    - **Auftragskommissionierung** – Kommissionierliste und manuelle Kommissionierlistenregistrierung
    - **Konsolidierte Entnahme** – Abgangsauftrag und Lieferung

Bei einstufigem Kommissionieren wird benutzt, wenn die zu liefernde Ware kommissioniert werden soll, aber nach dem Kommissionieren keine Bestätigung der kommissionierten Menge benötigt wird.

Bei zweistufigem Kommissionieren wird im Gegensatz dazu die tatsächlich entnommene Menge bestätigt – entweder mittels Kommissionierlistenregistrierung bei Auftragskommissionierung oder über die konsolidierte Entnahme, die ein gemeinsames Kommissionieren mehrerer Aufträge erlaubt.

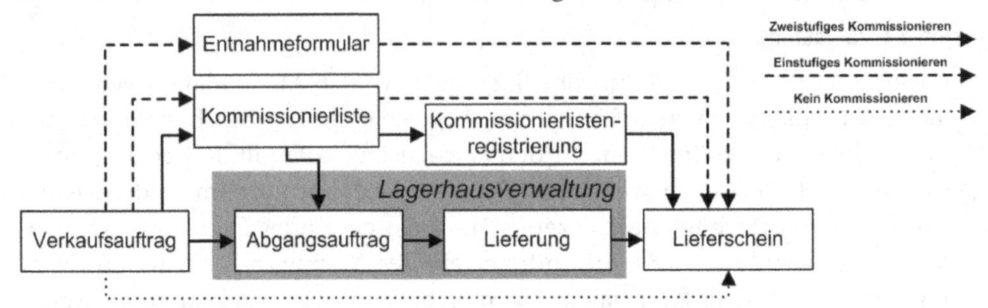

Abbildung 4-16: Varianten zum Kommissionieren in Dynamics AX

Beim Buchen von Kommissionierlisten werden in Dynamics AX immer Abgangsaufträge und Lieferungen erzeugt. Mit Ausnahme der konsolidierten Entnahme werden diese Transaktionen aber im Hintergrund automatisch fertig gestellt und beendet.

4.5.1.1 Überprüfen ausständiger Lieferungen

Unabhängig davon, ob kommissioniert wird oder nicht, muss im Versand laufend geprüft werden, ob Lieferungen anstehen. Zur Überprüfung ausständiger Lieferungen stehen beispielsweise folgende Menüpunkte zur Verfügung:

- *Vertrieb und Marketing> Häufig> Aufträge> Rückstandspositionen*
- *Vertrieb und Marketing> Abfragen> Auftragsstatus> Offene Auftragspositionen*
- *Vertrieb und Marketing> Abfragen> Auftragsstatus> Rückstandspositionen*

Des Weiteren ist es auch möglich, im Buchungsfenster von Kommissionierliste und Lieferschein auf das Lieferdatum/Versanddatum zu filtern.

4.5.1.2 Auftragskommissionierung freigeben

Die Auftragskommissionierungs-Freigabe (*Lager- und Lagerortverwaltung> Periodisch> Auftragskommissionierung freigeben*) bietet eine weitere Möglichkeit für die Auswahl von Positionen zur Kommissionierung.

In der Auftragskommissionierungs-Freigabe werden nur Auftragspositionen zu Artikeln gezeigt, die am Lager verfügbar sind. Beim Öffnen des Formulars wird zusätzlich ein Filterfenster gezeigt, in dem weitere Kriterien für die Auswahl der Auftragspositionen eingetragen werden können. Die gewählten Filterkriterien können über die Schaltfläche *Auswählen* in der Aktionsbereichsleiste später geändert werden.

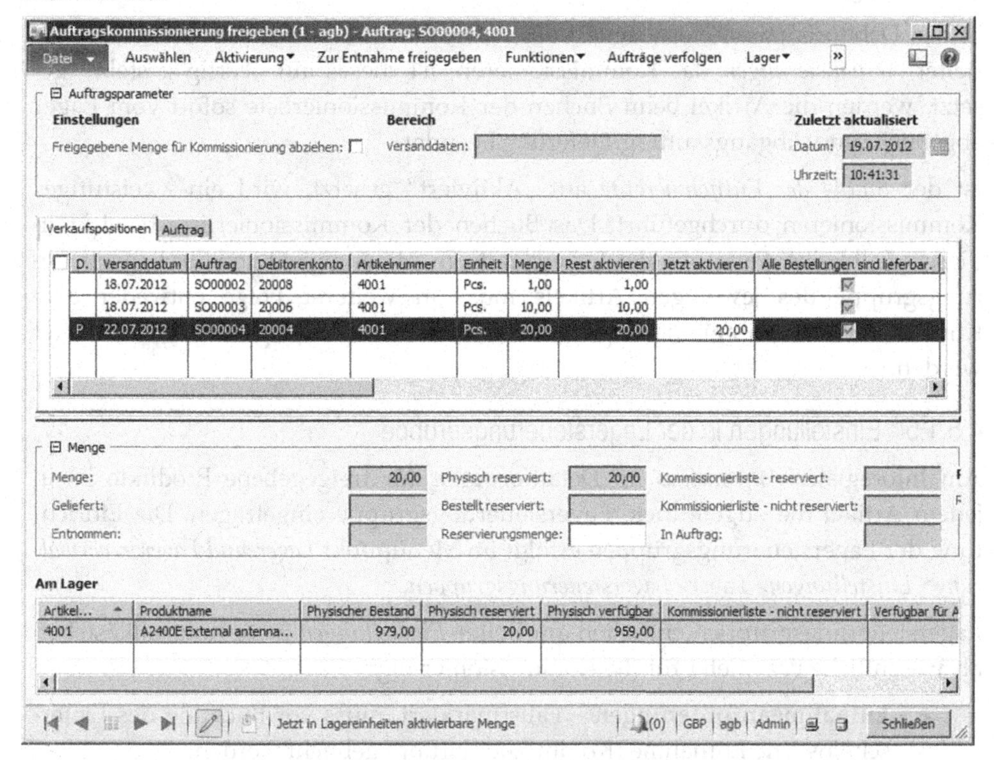

Abbildung 4-17: Eintragen der Menge in der Auftragskommissionierungs-Freigabe

Über die Optionen in der Schaltfläche *Aktivierung* oder durch manuelles Eintragung von Mengen in der Spalte *Jetzt aktivieren* können Artikel für das Kommissionieren aktiviert und reserviert werden.

Anschließend kann über die Schaltfläche *Zur Entnahme freigegeben* eine Buchung der Kommissionierliste für die in der Spalte *Jetzt aktivieren* enthaltenen Mengen durchgeführt werden.

4.5.1.3 Debitorenklassifizierungsgruppe

Um Prioritäten für die Kommissionier-Freigabe einzelner Kunden zu setzen, kann die *Klassifizierungsgruppe* am Inforegister *Allgemeines* des Debitoren-Detailformulars eingetragen werden. Diese Gruppe wird in der äußerst linken Spalte der Kommissionier-Freigabe angezeigt und kann als Filterkriterium verwendet werden.

4.5.1.4 Wesentliche Einstellungen zur Kommissionierung

Um den Ablauf der Kommissionierung zu steuern, muss eine entsprechende Parametrierung vorgenommen werden. Hierbei sind vor allem folgende Einstellungen relevant:

- **Debitorenparameter** – Einstufiges oder zweistufiges Kommissionieren
- **Lagersteuerungsgruppe** – Entnahmemethode

In den Debitorenparametern steuert das Auswahlfeld *Status der Entnahmeroute* am Reiter *Aktualisierungen* das Kommissionieren: Ist dieses auf „Fertig gestellt" gesetzt, werden die Artikel beim Buchen der Kommissionierliste sofort vom Lager abgebucht und Abgangsauftrag/Lieferung beendet.

Ist der *Status der Entnahmeroute* auf „Aktiviert" gesetzt, wird ein zweistufiges Kommissionieren durchgeführt. Das Buchen der Kommissionierliste bewirkt in diesem Fall keine Änderung des Lagerstands. In Abhängigkeit von der Lagersteuerungsgruppe des jeweiligen Artikels muss in weiterer Folge entweder eine Kommissionierlistenregistrierung gebucht oder ein Abgangsauftrag bearbeitet werden.

4.5.1.5 Einstellungen in der Lagersteuerungsgruppe

Am Inforegister *Allgemeines* im Detailformular für freigegebene Produkte ist in jedem Artikel die zugeordnete Lagersteuerungsgruppe eingetragen. Die Einrichtung der Lagersteuerungsgruppen erfolgt im Menüpunkt *Lager-und Lagerortverwaltung> Einstellungen> Lager> Lagersteuerungsgruppen.*

Lagersteuerungsgruppen enthalten am Reiter *Einstellungen* zwei Kontrollkästchen als wesentliche Parameter für die Kommissionierung:

- **Entnahmeanforderungen** – Falls markiert, muss vor Buchung des Lieferscheins eine Entnahme (Kommissionierung) gebucht werden.
- **Konsolidierte Entnahmemethode** – Falls markiert, wird die erweiterte Versandsteuerung mit Entnahmerouten und Palettentransporten benutzt (vgl. Abschnitt 4.5.3).

Hinsichtlich der Einstellung zur konsolidierten Entnahmemethode in der Lagersteuerungsgruppe ist zu berücksichtigen, dass diese durch Einstellungen auf folgenden Ebenen übersteuert werden kann:

- **Lagerort** (*Lager-und Lagerortverwaltung> Einstellungen> Lageraufschlüsselung> Lagerorte,* Reiter *Lagerortverwaltung*)
- **Lagerortartikel** (*Produktinformationsverwaltung> Häufig> Freigegebene Produkte,* Schaltfläche *Lagerort/Lagerortartikel* am Schaltflächenreiter *Lagerbestand verwalten;* im Lagerortartikel Wechsel zum Reiter *Lagerplätze*)
- **Buchungsfenster für Kommissionierliste** (Kontrollkästchen *Konsolidierte Entnahmemethode* am Reiter *Positionsdetails* im Buchungsfenster)

4.5.2 Entnahmeformular und Kommissionierliste

Die Lager-Entnahme im Vertrieb entspricht einer Umkehrung der Lager-Erfassung in der Beschaffung: Nach dem Kommissionieren befindet sich die gebuchte Menge im Status „Entnommen" und damit nicht mehr am Lager. Analog zur Lager-

Erfassung beim Wareneingang handelt es sich bei der Entnahme um eine temporäre Buchung, die in der Lagerbuchung nach dem Buchen des Lieferscheins nicht mehr getrennt abgefragt werden kann.

4.5.2.1 Entnahmeformular

Die erste Variante zum Kommissionieren, die Lager-Entnahme im Entnahmeformular, ist ähnlich aufgebaut wie die entsprechende Funktion zum Wareneingang einer Einkaufsbestellung – der Lager-Erfassung im Erfassungsformular (siehe Abschnitt 3.5.3).

Das Entnahmeformular kann im Verkaufsauftrag geöffnet werden, indem im Auftrags-Detailformular nach Auswahl der betroffenen Position die Schaltfläche *Position aktualisieren/Entnahme* in der Aktionsbereichsleiste betätigt wird.

Im Entnahmeformular müssen dann die zu entnehmenden Zeilen im unteren Bereich eingefügt werden. Dies kann über die Schaltfläche *Hinzufügen* im unteren Bereich manuell erfolgen oder im oberen Bereich über die Schaltfläche *Kommissionierlistenaktualisierung* aufgerufen werden.

Vor dem Buchen können Lagerort und allfällige weitere Lagerungsdimensionen im unteren Formularbereich überschrieben werden, die Entnahme wird anschließend mit der Schaltfläche *Alle erfassen* gebucht. Soll eine im unteren Bereich begonnene Entnahme nicht durchgeführt werden, kann die Schaltfläche *Entfernen* betätigt werden.

4.5.2.2 Kommissionierliste

Wenn ein gedruckter Beleg als Grundlage für das Kommissionieren im Lager benötigt wird, muss statt der Lager-Entnahme eine Kommissionierliste gebucht und gedruckt werden. Kommissionierlisten können hierbei von mehreren Formularen aus gebucht werden:

- **Verkaufsauftrag** (Auftragsformular, Schaltfläche *Generieren/Kommissionierliste* am Schaltflächenreiter *Entnehmen und verpacken*)
- **Sammelabruf** (*Vertrieb und Marketing> Periodisch> Umsatzaktualisierung> Kommissionierliste*)
- **Auftragskommissionierungs-Freigabe** (*Lager- und Lagerortverwaltung> Periodisch> Auftragskommissionierung freigeben*, Schaltfläche *Zur Entnahme freigegeben*)

Nach dem Buchen und Drucken der Kommissionierliste kann diese als Dokument zum Abfassen der benötigten Ware an das Lager übergeben werden.

Falls im Lager die Kommissionierung normalerweise sofort durchgeführt wird, kann eine einstufige Kommissionierung genutzt werden. Dazu wird im Auswahlfelder *Status der Entnahmeroute* der Debitorenparameter die Option „Fertig gestellt" eingestellt, womit beim Buchen einer Kommissionierliste automatisch auch die

Lagerentnahme gebucht wird. In diesem Fall ist im Zuge der Kommissionierung nichts weiter zu tun, der nächste Schritt ist die Lieferscheinbuchung.

4.5.2.3 Kommissionierlistenregistrierung

Nach dem Buchen der Kommissionierliste muss die Lagerentnahme in der Kommissionierlistenregistrierung bestätigt und gebucht werden, wenn der *Status der Entnahmeroute* in den Debitorenparameter auf „Aktiviert" gesetzt ist und keine konsolidierte Entnahme erfolgt.

Das Formular zur Kommissionierlistenregistrierung kann über die Schaltfläche *Generieren/ Kommissionierlistenregistrierung* am Schaltflächenreiter *Entnehmen und verpacken* vom Auftragsformular aus geöffnet werden. Alternativ kann der Aufruf auch über den Menüpunkt *Vertrieb und Marketing> Erfassungen> Aufträge> Erfassen von Kommissionierlisten* (oder *Lager- und Lagerortverwaltung> Periodisch> Erfassen von Kommissionierlisten*) geöffnet werden. Beim Aufruf vom Auftragsformular aus wird in der Kommissionierlistenregistrierung ein Filter auf den aktuellen Auftrag angewendet. Bei den anderen Aufrufen muss ein entsprechender Filter über den Befehl *Datei/Bearbeiten/Filter* oder die entsprechende Tastenkombinationen manuell gesetzt werden.

Im Inforegister *Positionen* der Kommissionierlistenregistrierung (siehe Abbildung 4-18) können die gewünschten Positionen in der Spalte *Auswählen* markiert und die entnommene Menge in der Spalte *Entnahmemenge* geändert werden, bevor die Erfassung über die Schaltfläche *Aktualisierungen/Auswahl aktualisieren* (bzw. *Aktualisierungen/Alles aktualisieren* für alle Positionen) gebucht wird.

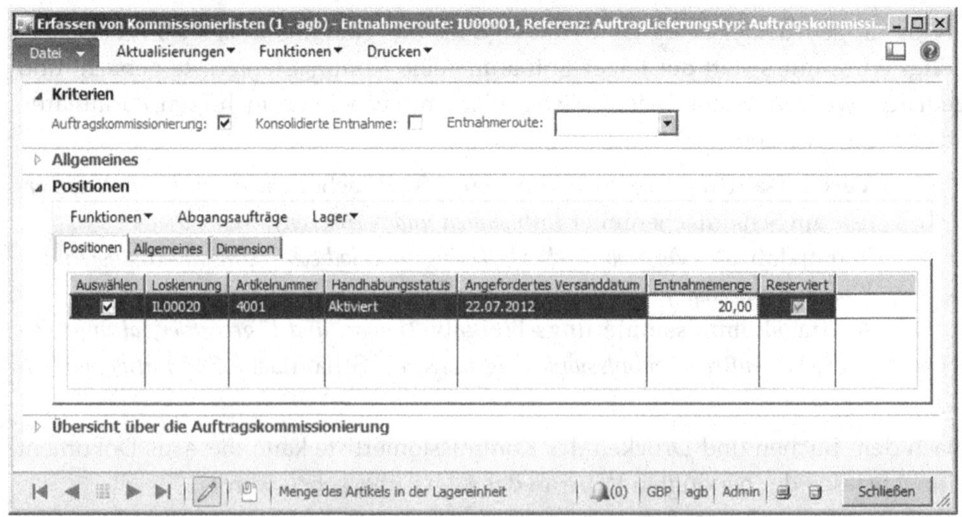

Abbildung 4-18: Kommissionierlistenregistrierung (Inforegister *Allgemeines* reduziert)

4.5.2.4 Storno einer Kommissionierung

Um eine über das Entnahmeformular oder über eine Kommissionierliste gebuchte Lager-Entnahme zu stornieren, kann das Entnahmeformular benutzt werden. Wie bei einer Entnahme wird dieses im Auftrags-Detailformular nach Auswahl der betroffenen Auftragsposition über die Schaltfläche *Position aktualisieren/Entnahme* in der Aktionsbereichsleiste geöffnet. Im oberen Bereich des Entnahmeformulars kann dann nach Auswahl der zu stornierenden Entnahmezeile die Schaltfläche *Kommissionierlistenaktualisierung* betätigt werden. Diese Zeile wird dann mir negativer Menge im unteren Bereich gezeigt, der Storno der Entnahme anschließend über die Schaltfläche *Alle erfassen* gebucht.

Falls die ursprüngliche Entnahme über die Buchung einer Kommissionierliste erfolgt ist, kann der Storno auch über die Kommissionierlistenregistrierung erfolgen. Dazu wird in der Kommissionierlistenregistrierung am Inforegister *Positionen* die Schaltfläche *Funktionen/Entnahme rückgängig machen* in der Aktionsbereichsleiste betätigt, womit zunächst die Registrierung rückgängig gemacht. Im zweiten Schritt kann über die Schaltfläche *Funktionen/Entnahmeposition stornieren* die Kommissionierung selbst storniert werden. Alternativ kann anstelle des zweiten Schritts bereits im Dialog zum Rückgängigmachen der Entnahme das Kontrollkästchen *Nicht entnommene Menge stornieren* markiert werden.

4.5.3 Abgangsauftrag und Lieferung

Die erweiterte Versandsteuerung mit der Verwaltung von Abgangsaufträgen, Entnahmerouten und Palettentransporten wird in Dynamics AX unter dem Begriff „Konsolidierte Entnahme" geführt, da hier mehrere Aufträge zu einer Lieferung zusammengefasst werden können.

Abgangsaufträge und Lieferungen zur Auftragskommissionierung werden aber auch ohne erweiterte Versandsteuerung im System geführt und in diesem Fall automatisch im Hintergrund verwaltet.

4.5.3.1 Voraussetzungen und Einrichtung der konsolidierten Entnahme

Als Voraussetzung für die Nutzung der konsolidierten Entnahme müssen Lagerplätze für die betroffenen Lagerorte eingerichtet sein. Unternehmen, die die erweiterte Versandsteuerung einsetzen, benutzen üblicherweise auch Palettentransporte und Entnahmerouten, die wiederum die Palettenverwaltung in Dynamics AX als Voraussetzung haben. In der Lagerdimensionsgruppe der betroffenen Artikel sollten daher die Dimensionen *Lagerplatz* und *Palettennummer* aktiviert sein.

Die erweiterte Versandsteuerung betrifft diejenigen Artikel, in deren Lagersteuerungsgruppe das Kontrollkästchen *Konsolidierte Entnahmemethode* aktiviert ist. Zusätzlich sind entsprechende Einstellungen auf Ebene von Lagerorten und Lagerortartikeln zu berücksichtigen (siehe Abschnitt 4.5.1 weiter oben).

Weitere Einstellungen zur Versandsteuerung betreffen Lieferungsvorlagen, Lieferreservierungssequenzen und Lieferreservierungskombinationen. Die entsprechenden Menüpunkte sind im Menü *Lager- und Lagerortverwaltung> Einstellungen> Verteilung* enthalten.

Da im vorliegenden Rahmen nicht näher auf die erweiterte Versandsteuerung eingegangen werden kann, sind nur die grundlegenden Zusammenhänge zur Nutzung der konsolidierten Entnahme nachfolgend beschrieben.

4.5.3.2 Abgangsaufträge

Ein Abgangsauftrag wird automatisch beim Buchen der Kommissionierliste erzeugt. Unabhängig davon kann er aber auch manuell angelegt werden, indem die Schaltfläche *Lager/Abgangsauftrag* zur Auftragsposition im Auftrags-Detailformular betätigt wird (alternativ auch im Formular *Lager- und Lagerortverwaltung> Periodisch> Auftragskommissionierung freigeben*).

Offene Abgangsaufträge können im Abgangsauftragsformular (*Lager- und Lagerortverwaltung> Abfragen> Abgangsaufträge*) abgefragt werden, wo über die Schaltfläche *Lager/Reservierung* Reservierungen erstellt oder geändert werden können. Falls ein neu erstellter Abgangsauftrag im Lager nicht bearbeitet werden soll, kann der Datensatz auch im Abgangsauftragsformular gelöscht werden.

4.5.3.3 Lieferungen und Lieferliste

Basierend auf Abgangsaufträgen werden Lieferungen erstellt. Ohne erweiterte Versandsteuerung (Konsolidierte Entnahme) erfolgt dies im Hintergrund, indem beim Buchen der Kommissionierliste neben dem Abgangsauftrag automatisch eine Lieferung vom Typ „Auftragskommissionierung" erzeugt wird. In diesem Fall entfallen auch die weiteren Schritte der manuellen Versandsteuerung wie das Aktivieren der Lieferung.

Falls die erweiterte Versandsteuerung aktiv ist, müssen Lieferungen (vom Typ „Konsolidierte Entnahme") im Menüpunkt *Lager- und Lagerortverwaltung> Häufig> Lieferungen* über die Schaltfläche *Neu* manuell angelegt werden. Hierbei wird abhängig von den im Lieferungsformular gewählten Optionen (Schaltfläche *Funktionen/Optionen*) beim Neuanlage einer Lieferung ein Assistent gestartet.

Nachdem eine Lieferung vom Typ „Konsolidierte Entnahme" einen oder mehrere Abgangsaufträge enthält, ist eine Zuordnung der Abgangsaufträge zur Lieferung erforderlich. Wenn diese Zuordnung nicht über den Assistenten erfolgt, kann dazu die Schaltfläche *Hinzufügen* im Lieferpositions-Formular benutzt werden. Das Lieferpositions-Formular kann über die Schaltfläche *Positionen anzeigen* im Lieferungsformular geöffnet werden.

Neben dem manuellen Anlegen von Lieferungen ist auch eine automatische Erstellung möglich. Diese ist abhängig von entsprechenden Einstellungen in der Lieferungsvorlage, wobei sowohl neue Lieferungen erzeugt als auch zu bestehenden Lieferungen zusätzliche Abgangsaufträge zugeordnet werden können.

Wenn eine Lieferliste gedruckt werden soll, kann dies über die Schaltfläche *Drucken/Lieferliste* im Lieferungsfenster erfolgen.

Über die Schaltfläche *Funktionen* kann die Lieferung reserviert und aktiviert werden. Durch das Aktivieren werden Palettentransporte für Positionen erstellt, die als volle Palette geliefert werden können. Für Anbruchpaletten werden Entnahmerouten erstellt

Palettentransporte können im Formular *Lager- und Lagerortverwaltung> Häufig> Palettentransporte* verwaltet werden, wo der Palettentransport zu starten und zu beenden ist.

Entnahmerouten können im Formular *Lager- und Lagerortverwaltung> Häufig> Entnahmerouten* verwaltet werden, wo zunächst die betreffende Entnahmeroute im Auswahlfeld *Entnahmeroute* ausgewählt wird und anschließend eine *Entnahmepalette* im entsprechenden Auswahlfeld gewählt oder über die Schaltfläche *Entnahmepalette erstellen* erzeugt wird. Danach ist der Start der Entnahmeroute über die Schaltfläche *Entnahmeroute starten* aufzurufen. Sobald die Entnahme im Lager beendet ist, kann im Entnahmeroutenformular die Schaltfläche *Details genehmigen* betätigt werden und im dadurch geöffneten Genehmigungsformular die Schaltfläche *Auswahl entnehmen* betätigt werden. Im Dialog *Entnommene Artikel liefern*, der dann geöffnet wird, kann die Schaltfläche *Artikel liefern* betätigt werden um die Lieferung fertigzustellen.

Die konsolidierte Entnahme mit Abgangsaufträgen und Lieferungen kann auch benutzt werden, wenn die Palletten-Funktionalität in Dynamics AX nicht eingerichtet ist. Nach Aktivierung kann eine Lieferung in diesem Fall im Formular zur Kommissionierlistenregistrierung (siehe Abschnitt 4.5.2), das über die Schaltfläche *Abfragen/Entnahmerouten* im Lieferungsformular geöffnet werden kann, fertiggestellt werden.

4.5.4 Lieferschein

Die Buchung des Lieferscheins bildet den Abschluss der Versandabwicklung. Mit dem Lieferschein wird eine mengenmäßige Lagerbewegung gebucht, die eine vorläufige Bewertung enthält.

4.5.4.1 Buchungsfenster zum Lieferschein

Der Aufruf des Buchungsfensters für den Lieferschein kann über die Schaltfläche *Generieren/Lieferschein* am Schaltflächenreiter *Entnehmen und Verpacken* im Auftragsformular oder über den Sammelabruf *Vertrieb und Marketing> Periodisch> Umsatzaktualisierung> Lieferschein* erfolgen.

Das Buchungsfenster für den Lieferschein zeigt den aus anderen Buchungen gewohnten Aufbau. Wie in diesem Buchungsfenster das Auswahlfeld *Parameter/Menge* auszufüllen ist, hängt von den vorangehenden Aktivitäten ab:

- **Entnommen** – Auszuwählen, wenn vor dem Buchen des Lieferscheins eine Kommissionierung (Lager-Entnahme) gebucht worden ist. In diesem Fall übernimmt Dynamics AX automatisch die entnommene und noch nicht gelieferte Menge in die Buchungsmenge (Spalte *Aktualisieren* am Reiter *Positionen* des Buchungsfensters).
- **Alle** – Die gesamte Restmenge wird in die Buchungsmenge übernommen.
- **Jetzt liefern** – Die in der Spalte *Aktuelle Lieferung* der Auftragspositionen eingetragene Menge wird in die Buchungsmenge übernommen.

Wenn die Kontrollkästchen *Buchen* und *Bestätigung drucken* markiert sind, wird der Lieferschein nach Betätigen der Schaltfläche *OK* im Buchungsfenster gebucht und gedruckt.

Die Buchung von Teillieferungen, Über- und Unterlieferungen kann analog zum Vorgehen im Einkauf erfolgen (siehe Abschnitt 3.5.5), auch die Änderung des Auftragsstatus erfolgt gleichartig wie die Fortschreibung des Bestellstatus im Einkauf (siehe Abschnitt 3.5.6).

4.5.4.2 Abfragen zur Lieferscheinbuchung

Um nach Buchen des Lieferscheins die entsprechenden Lagerbuchungen abzufragen, kann im Auftrags-Detailformular die Schaltfläche *Lager/Buchungen* in der Aktionsbereichsleiste der Auftragspositionen betätigt werden.

Durch die Lieferscheinbuchung erhält die Lagerbuchung den Status „Abgesetzt". Das Buchungsdatum wird in die Spalte *Physisches Datum* der Lagerbuchung übernommen während das *Finanzdatum* leer bleibt bis die Rechnung gebucht wird.

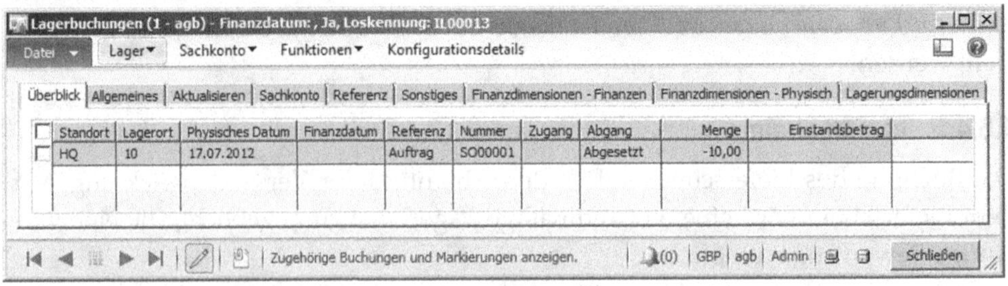

Lagerbuchungen (1 - agb) - Finanzdatum: , Ja, Loskennung: IL000013

Datei | Lager | Sachkonto | Funktionen | Konfigurationsdetails

Überblick | Allgemeines | Aktualisieren | Sachkonto | Referenz | Sonstiges | Finanzdimensionen - Finanzen | Finanzdimensionen - Physisch | Lagerungsdimensionen

Standort	Lagerort	Physisches Datum	Finanzdatum	Referenz	Nummer	Zugang	Abgang	Menge	Einstandsbetrag
HQ	10	17.07.2012		Auftrag	SO00001		Abgesetzt	-10,00	

Zugehörige Buchungen und Markierungen anzeigen. | (0) | GBP | agb | Admin | Schließen

Abbildung 4-19: Lagerbuchung nach Buchen des Lieferscheins

Die Lieferscheinbuchung selbst kann über Menüpunkt *Vertrieb und Marketing> Abfragen> Erfassungen> Lieferschein* oder im Auftragsformular über die Schaltfläche *Journale/Lieferschein* am Schaltflächenreiter *Entnehmen und Verpacken* aufgerufen werden.

Am Reiter *Überblick* im Abfrageformular werden die Kopfsätze der Lieferscheine gezeigt, nach Wechsel zum Reiter *Positionen* sind die Positionen des im Überblick gewählten Lieferscheins zu sehen.

Falls die Sachkontenintegration für den betroffenen Lieferschein eingerichtet ist, können über die Schaltfläche *Belege* in der Lieferscheinabfrage die Sachkontobuchungen zum betrachteten Lieferschein abgefragt werden.

4.5.4.3 Storno eines Lieferscheins

Ein gebuchter Lieferschein kann über die Stornofunktion in der Lieferschein-Abfrage (*Vertrieb und Marketing> Abfragen> Erfassungen> Lieferschein*) zurückgebucht werden. Nach Auswahl des betroffenen Lieferscheins wird der Storno am Reiter *Überblick* über die Schaltfläche *Abbrechen* in der Aktivitätsbereichsleiste gebucht. Soll bloß die gebuchte Menge reduziert werden, kann die Schaltfläche *Korrigieren* benutzt werden.

Durch Storno und Korrektur wird nicht der ursprüngliche Buchungsbeleg geändert, sondern eine zusätzliche, entgegengesetzte Buchung erzeugt.

4.5.4.4 Einstellungen zur Sachkontenintegration

Falls die Sachkontenintegration für Lieferscheine aktiviert ist, werden für die gelieferte Menge neben der Lagerbuchung auch Buchungen im Sachkontenbereich erstellt. Diese Sachkontobuchungen werden mit dem Buchen der Verkaufsrechnung aufgelöst.

Die Sachkontenintegration für den Lieferschein wird über zwei Einstellungen gesteuert:

- **Lieferschein auf Sachkonto buchen** – Kontrollkästchen am Reiter *Aktualisierungen* der Debitorenparameter, muss für Sachkontobuchungen markiert sein.
- **Physischen Bestand buchen** – Kontrollkästchen in der Feldgruppe *Sachkonto-Integration* der Lagersteuerungsgruppe des verkauften Artikels, muss für Sachkontobuchungen markiert sein.

4.5.4.5 Neu in Dynamics AX 2012

Die Option zum Storno von Lieferscheinen ist neu in Dynamics AX 2012.

4.5.5 Übungen zum Fallbeispiel

Übung 4.9 – Lieferschein

Stellen Sie fest, welche Positionen geliefert werden müssen. Dabei berücksichtigen Sie nicht nur Aufträge Ihres Kunden, sondern die Kundenaufträge aller Kunden. Welche Möglichkeiten kennen Sie?

Für die in Übung 4.6 bei Ihnen bestellte Ware kann der Lieferschein gebucht werden. Kontrollieren Sie in Ihrem Auftrag vor dem Buchen folgende Punkte:

- Auftragsstatus und Dokumentstatus
- Lagerstand des Artikels (Schaltfläche *Lager/Verfügbarer Lagerbestand*)
- Lagerbuchung zur Auftragsposition (*Lager/Buchungen*)

Buchen und drucken Sie den Lieferschein für die gesamte Auftragsmenge direkt aus dem Auftrag, wobei die Seitenansicht als Ausgabeziel angegeben wird.

Danach führen Sie die vor der Buchung getätigten Abfragen nochmals aus. Was hat sich durch die Buchung geändert?

Übung 4.10 – Kommissionierliste

Ihr Kunde aus Übung 4.1 bestellt ein weiteres Mal 20 Stück des in Übung 3.5 angelegten Artikels. Legen Sie einen entsprechenden Auftrag an.

Es soll keine konsolidierte Entnahme erfolgen, aber im Lager wird diesmal eine Kommissionierliste benötigt. Sie buchen dazu in Ihrem Auftrag eine Kommissionierliste über eine Menge von zehn Stück. Wovon hängt es ab, ob in weiterer Folge eine Kommissionierlistenregistrierung gebucht werden muss oder die Entnahme automatisch gebucht wird? Falls eingestellt, buchen Sie die Kommissionierlisten-Erfassung.

Abschließend buchen Sie den Lieferschein zur kommissionierten Ware.

Übung 4.11 – Lieferscheinabfrage

Führen Sie eine Lieferscheinabfrage zur Lieferscheinbuchung in Übung 4.9 durch, einerseits aus dem Auftrag und andererseits über den entsprechenden Menüpunkt. Kontrollieren Sie Kopf und Positionen und stellen Sie fest, ob es Sachkontobuchungen gibt.

4.6 Rechnung und Gutschrift

Das Buchen der Verkaufsrechnung bildet den Abschluss des Vertriebsprozesses. Mit der Rechnung wird die Kundenforderung erhöht und der Lagerwert verringert. Wenn alle Positionen eines Auftrags komplett fakturiert worden sind, ist die Auftragsabwicklung in Dynamics AX abgeschlossen. Die Zahlungsabwicklung für die einzelnen Rechnungen erfolgt davon getrennt.

Verkaufsrechnungen, in denen gelieferten Artikel fakturiert werden sollen, können hierbei nur auf Basis von Verkaufsaufträgen erstellt werden. Allerdings kann nach dem Anlegen eines Auftrags sofort die Rechnung (ohne Lieferschein) gebucht werden.

Rechnungen ohne Artikelbezug können unabhängig von Verkaufsaufträgen gebucht werden, etwa als Freitextrechnungen (siehe Abschnitt 4.6.3). In solchen Rechnungen werden auf Positionsebene anstelle von Artikeln die jeweiligen Sachkonten der Finanzbuchhaltung eingetragen.

4.6.1 Rechnungen zu Verkaufsaufträgen

Das Buchen einer Verkaufsrechnung im entsprechenden Buchungsfenster erfolgt von der Handhabung her analog zum Buchen des Lieferscheins.

4.6.1.1 Buchungsfenster zur Verkaufsrechnung

Das Buchungsfenster für die Verkaufsrechnung kann über die Schaltfläche *Generieren/Rechnung* am Schaltflächenreiter *Rechnung* im Auftragsformular oder über den Sammelabruf *Debitorenkonten> Periodisch> Umsatzaktualisierung> Rechnung* aufgerufen werden.

Das Buchungsfenster zeigt den gewohnten Aufbau, wobei der Eintrag in das Auswahlfeld *Parameter/Menge* von den vorangehenden Aktivitäten abhängt:

- **Lieferschein** – Normalfall, wird genutzt um die mit Lieferschein gebuchte Menge zu fakturieren.
- **Alle** oder **Jetzt liefern** – Wenn ausgewählt, wird die vorgeschlagene Buchungsmenge nicht aus der gelieferten Menge übernommen. Für die noch nicht gelieferte Menge wird parallel zur Rechnung ein Lieferschein gebucht.

Im Buchungsfenster können bei der Option „Lieferschein" im Auswahlfeld *Menge* über die Schaltfläche *Lieferschein auswählen* explizit einzelne Lieferscheine für die Rechnung selektiert werden – analog zur Auswahl von Produktzugängen in Rechnungen zu Einkaufsbestellungen (siehe Abschnitt 3.6.2).

Um die Rechnung vor dem Buchen zu kontrollieren, kann die Schaltfläche *Summen* im Buchungsfenster betätigt werden. Nach Betätigen der Schaltfläche *OK* wird die Rechnung gebucht.

4.6.1.2 Abfragen zur Rechnungsbuchung

Das Buchen der Rechnung erzeugt – je nach Geschäftsfall – Sachkontobuchungen, Lagerbuchungen, Debitorenposten und Transaktionen in weiteren Nebenbüchern wie der Mehrwertsteuer. Falls alle Auftragspositionen komplett verrechnet werden, wird zudem der Status des Auftrags auf „Fakturiert" gestellt.

Um nach Buchen der Rechnung die entsprechenden Lagerbuchungen abzufragen, kann im Auftrags-Detailformular die Schaltfläche *Lager/Buchungen* in der Aktionsbereichsleiste der Auftragspositionen betätigt werden. In der Lagerbuchung wird das Rechnungsdatum in der Spalte *Finanzdatum* gezeigt, der Abgangsstatus zeigt den Status „Verkauft".

Die gebuchte Rechnung kann über Menüpunkt *Debitorenkonten> Abfragen> Erfassungen> Rechnungserfassung* oder im Auftragsformular über die Schaltfläche *Journale/Rechnung* am Schaltflächenreiter *Rechnung* aufgerufen werden. In der Rechnungsabfrage Nach Auswahl einer Rechnung am Reiter *Überblick* des Abfrageformulars werden die zugehörigen Positionen am Reiter *Positionen* gezeigt.

Die zugehörigen Sachkontobuchungen können über die Schaltfläche *Beleg* am Reiter *Überblick* der Rechnungsabfrage geöffnet werden.

4.6.1.3 Grundlage der Buchung zur Verkaufsrechnung

Über die Schaltfläche *Grundlage der Buchung* im Abfrageformular für die Sachkontobuchungen wird die Buchungsgrundlage geöffnet, die alle Transaktionen im Zusammenhang mit der Buchung der Rechnung zeigt (vgl. auch Abschnitt 3.6.3 zur Buchungsgrundlage von Einkaufsrechnungen).

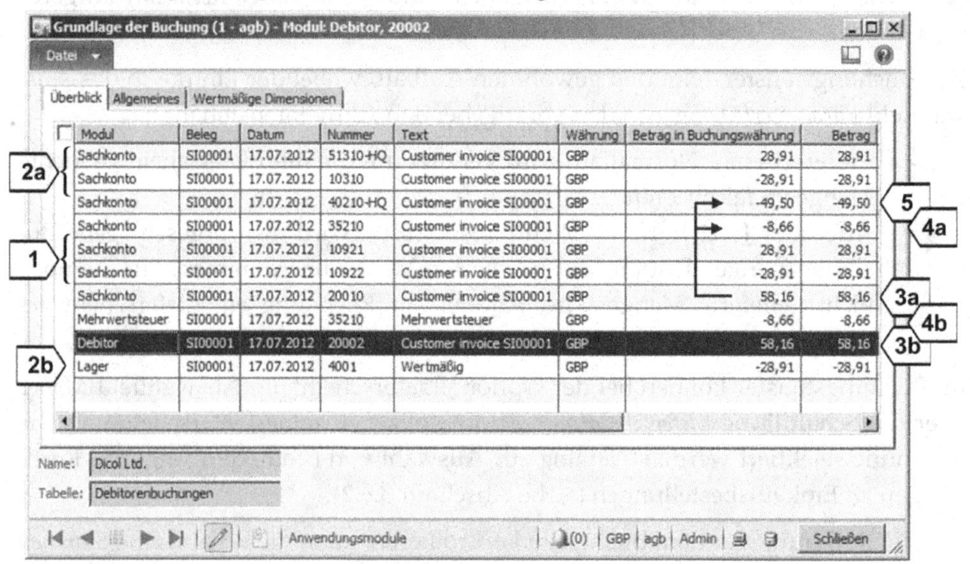

Abbildung 4-20: Buchungsgrundlage-Abfrage zu einer Verkaufsrechnung

In Abbildung 4-20 wird als Beispiel dazu eine einfache Verkaufsrechnung für einen mit Lieferschein gelieferten Artikel gezeigt, die einen inländischen Kunden betrifft und daher mehrwertsteuerpflichtig ist. Zu dieser Rechnung lassen sich folgende Buchungen darstellen:

Tabelle 4-2: Buchungen zur Verkaufsrechnung in Abbildung 4-20

Transaktion	Hauptbuch		Nebenbuch	
Auflösen der Lieferscheinbuchung	Konto 10921 gegen 10922	[1]		
Lager	Wareneinsatz-Konto 51310 gegen Materialbestand (10310)	[2a]	Wertmäßige Lagerbuchung für Artikel 4001	[2b]
Debitor	Debitorensammelkonto 20010 gegen Mehrwertsteuer (35210) und Umsatzerlös (40210)	[3a] [4] [5]	Posten für Debitor 20001 und Mehrwertsteuerbuchung	[3b] [4b]

Die Buchung zum Auflösen der Lieferscheinbuchung wird nur dann erzeugt, wenn eine vorangehende Lieferscheinbuchung im Hauptbuch gebucht worden ist.

Die weiteren Konten hängen vom Geschäftsfall von den Buchungseinstellungen ab. Je nach Einstellungen und Geschäftsfall können im Vergleich zur dargestellten Rechnung bei anderen Rechnungen auch einzelne Buchungen fehlen (z.B. Lieferschein-Ausgleichsbuchung oder Mehrwertsteuerbuchung) oder hinzukommen (z.B. getrennte Rabattbuchung).

Das Debitorensammelkonto ergibt sich aus dem Debitoren-Buchungsprofil, das analog zum Kreditoren-Buchungsprofil einzurichten ist. Abgesehen von der Mehrwertsteuerbuchung ergeben sich die übrigen Buchungen aus den Lager-Buchungseinstellungen (siehe Abschnitt 8.4.2).

4.6.2 Sammelrechnungen im Verkauf

Wenn eine Verkaufsrechnung gebucht werden soll, die sich auf mehrere Aufträge bezieht, muss eine Sammelaktualisierung gebucht werden. Sammelaktualisierungen sind hierbei für alle Belege möglich, neben Sammelrechnungen können also beispielsweise auch Sammellieferscheine auf gleiche Weise gebucht werden.

Vom Vorgehen her werden Sammelbelege wie Einzelbelege gebucht, wobei über Parameter bestimmt wird, ob ein Sammeln von Bestellungen zulässig ist.

4.6.2.1 Einstellungen zur Sammelrechnung

Die Basiseinstellung für Sammelaktualisierungen im Verkauf wird in den Debitorenparametern am Reiter *Sammelaktualisierung* vorgenommen.

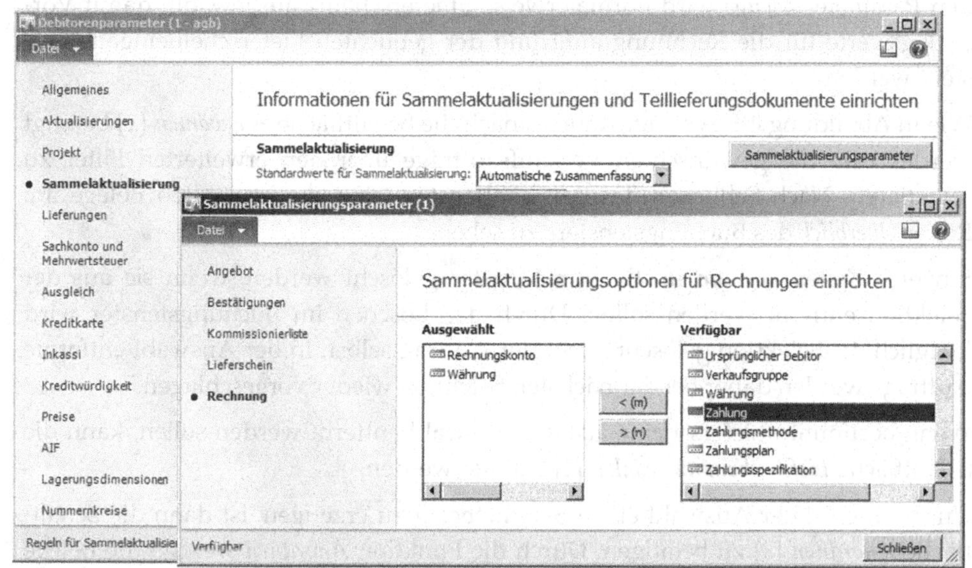

Abbildung 4-21: Einrichten der Sammelaktualisierungsparameter für den Verkauf

Das Auswahlfeld *Standardwerte für Sammelaktualisierung* legt hier fest, ob die allgemeinen Sammelaktualisierungsparameter auf Ebene einzelner Verkaufsaufträge überschrieben werden dürfen. Dies wird durch die Auswahl „Automatische Zusammenfassung" erreicht. Wird die Auswahl „Rechnungskonto" gewählt, können Aufträge nur direkt bei der Auswahl im Buchungsfenster, aber nicht schon beim Anlegen des Auftrags aus Sammelbelegen ausgenommen werden.

Nach Betätigen der Schaltfläche *Sammelaktualisierungsparameter* in den Debitorenparametern wird ein Formular geöffnet, in dem durch Verschieben von Feldnamen zwischen rechtem und linkem Formularbereich für jeden Beleg (z.B. „Rechnung") bestimmt wird, welche Feldinhalte in Aufträgen gleich sein müssen, damit sie in einem Sammelbeleg zusammengefasst werden dürfen.

Wenn im Auswahlfeld *Standardwerte für Sammelaktualisierung* der Debitorenparameter die Option „Automatische Zusammenfassung" gewählt wird, muss für die betroffenen Kunden die Sammelaktualisierung im Debitorenformular über die Schaltfläche *Einrichten/Sammelaktualisierung* am Schaltflächenreiter *Debitor* aktiviert werden. Die Einstellungen im Debitorenformular dienen als Vorschlagswert für Verkaufsaufträge. Im Auftragsformular können diese über die Schaltfläche *Einrichten/Zusammenfassung* am Schaltflächenreiter *Allgemeines* für den jeweiligen Auftrag abgeändert werden.

4.6.2.2 Buchen einer Sammelrechnung

Zum Buchen einer Sammelrechnung wird das Buchungsfenster über den Menüpunkt *Debitorenkonten> Periodisch> Umsatzaktualisierung> Rechnung* aufgerufen. Für den Parameter *Menge* wird normalerweise „Lieferschein" ausgewählt, damit Vorschlagswerte für die Rechnung aufgrund der gebuchten Lieferscheineingänge erstellt werden.

Wie in Abbildung 4-22 gezeigt, kann danach die Schaltfläche *Auswählen* [1] betätigt werden, um die gewünschten Verkaufsaufträge über den erweiterten Filter zu selektieren. Nach Schließen des Auswahlfensters sind die gewählten Belege am Reiter *Überblick* des Buchungsfensters zu sehen.

Einzelne Zeilen können im Buchungsfenster gelöscht werden, wenn sie aus der Selektion entfernt werden sollen. Durch das Löschen im Buchungsfenster wird lediglich die Selektion gelöscht, nicht der Auftrag selbst. In der Auswahl entfernte Aufträge werden daher bei der nächsten Selektion wieder vorgeschlagen.

Wenn bestimmte Lieferscheine aus der Auswahl entfernt werden sollen, kann die Schaltfläche *Lieferschein auswählen* [2] betätigt werden.

Um nach erfolgter Auswahl einen Sammelbeleg zu erzeugen, ist dann die Schaltfläche *Anordnen* [3] zu betätigen. Durch die Funktion *Anordnen* werden die Belege entsprechend den Sammelparametereinstellungen zusammengefasst. Der Vorschlagswert für die Sammelaktualisierung kann übersteuert werden, indem im

Buchungsfenster am Reiter *Sonstiges* die Sammelaktualisierungseinstellung vor dem Anordnen geändert wird

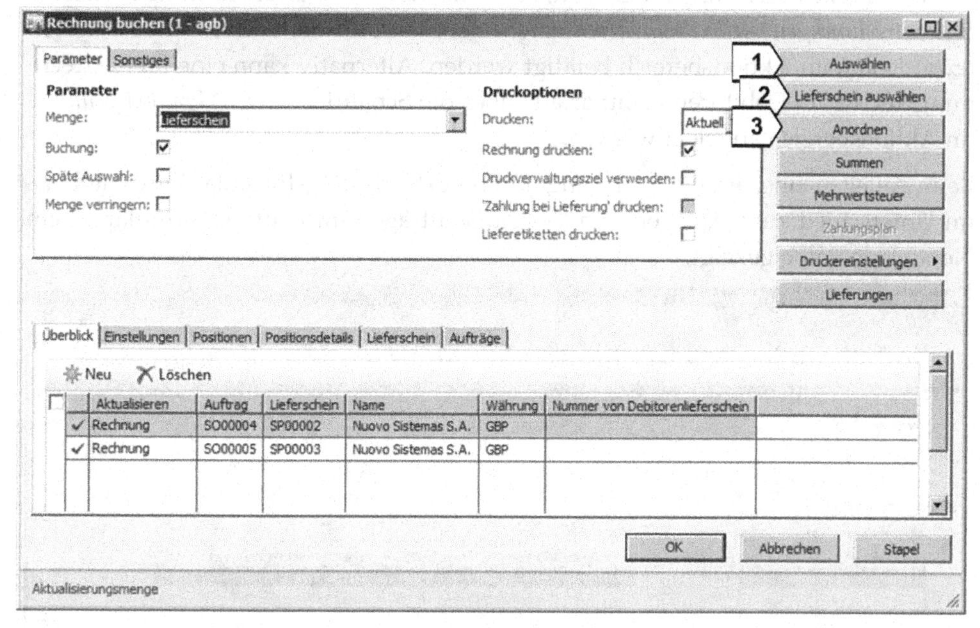

Abbildung 4-22: Buchen einer Sammelrechnung

In Beispiel Abbildung 4-22 werden die zwei gezeigten Belege nach dem Anordnen auf eine Zeile zusammengezogen. Das Buchen der Sammelrechnung erfolgt anschließend durch Betätigung der Schaltfläche *OK* im Buchungsfenster.

4.6.3 Freitextrechnungen

Freitextrechnungen werden verwendet, um Rechnungen ohne Bezug zu einer Warenlieferung zu erstellen. Der Aufbau von Freitextrechnungen entspricht dem Verkaufsauftrag: Zunächst muss ein Kopfsatz erfasst werden, zu dem eine oder mehrere Positionen angelegt werden. Im Gegensatz zu Auftragsrechnungen werden in den Positionen aber keine Artikelnummern, sondern Sachkontonummern eingetragen.

Nach Abschließen der Erfassung kann der Beleg gebucht werden, wobei in Freitextrechnungen nur eine Rechnung und beispielsweise keine Auftragsbestätigung gebucht werden kann.

Durch Eintragen eines negativen Betrags können auch Gutschriften über die Freitextrechnung erstellt werden. Hierbei ist zu beachten, dass für derartige Gutschriften kein Bezug zu einer Auftragsrechnung besteht. Artikelumsatz, Lagerstand und Deckungsbeitrag bleiben bei Freitextrechnungen und -gutschriften unverändert.

4.6.3.1 Erfassen von Freitextrechnungen

Um eine Freitextrechnung anzulegen, kann die Listenseite *Debitorenkonten> Häufig> Freitextrechnungen> Alle Freitextrechnungen* geöffnet und die Schaltfläche *Neu/ Freitextrechnung* im Aktionsbereich betätigt werden. Alternativ kann eine Freitextrechnung auch vom Debitorenformular aus über die Schaltfläche *Neu/ Freitextrechnung* im Aktionsbereich angelegt werden.

Beim Anlegen einer Freitextrechnung im Freitextrechnungsformular wird hierbei – im Unterschied zum Anlegen von Verkaufsaufträgen im Auftragsformular – kein Neuanlagedialog gezeigt.

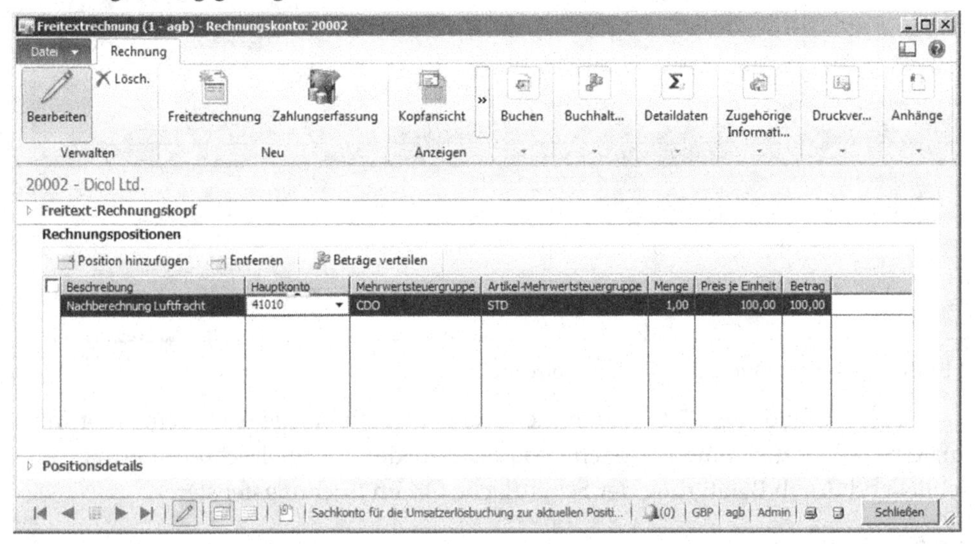

Abbildung 4-23: Erfassen einer Rechnungsposition in einer Freitextrechnung

Eine Freitextrechnung besteht aus einem Kopfteil, in dem im Auswahlfeld *Debitorenkonto* der jeweilige Kunde einzutragen ist, und einem Positionsteil. In der Positionsansicht werden Positionen am Inforegister *Rechnungspositionen* mit *Beschreibung, Hauptkonto* (Sachkonto ohne Dimensionen) und *Betrag* (oder *Menge* und *Preis je Einheit*) erfasst. Zusätzlich kann am Unter-Register *Allgemeines* der Positionsdetails ein mehrzeiliger Beschreibungstext. Wenn Mehrwertsteuer berechnet werden soll, ist auf eine korrekte Eintragung in den Spalten *Mehrwertsteuergruppe* und *Artikel-Mehrwertsteuergruppe* zu achten.

Um Finanzdimensionen wie Kostenstelle oder Kostenträger zu erfassen, können am Unter-Register *Finanzdimensionsposition* der Positionsdetails entsprechende Dimensionswerte entweder direkt eingetragen oder über die Nutzung von Vorlagen im Auswahlfeld *Vorlagenkennung* bestimmt werden.

Auch ein Verkauf von Anlagevermögen ist über die Freitextrechnung möglich, indem in der Rechnungsposition am Unter-Register *Allgemeines* der Positionsdetails eine *Anlagenummer* eingetragen wird.

4.6.3.2 Buchung und Abfrage von Freitextrechnungen

Das Buchen einer Freitextrechnung erfolgt über die Schaltfläche *Buchen* im Aktionsbereich des Freitextrechnungsformulars. Gebuchte Freitextrechnungen können anschließend über die Schaltfläche *Zugehörige Informationen/Rechnungserfassung* im Freitextrechnungsformular abgefragt werden.

Auch die allgemeine Rechnungsabfrage im Menüpunkt *Debitorenkonten> Abfragen> Erfassungen> Rechnungserfassung* zeigt gebuchte Freitextrechnungen. In dieser Abfrage sind Freitextrechnungen durch die fehlende Auftragsnummer und – falls entsprechend eingerichtet – einen anderen Belegnummernkreis gekennzeichnet.

4.6.3.3 Freitextrechnungen als Serienrechnungen

Wenn eine Freitextrechnung periodisch wiederkehrend gebucht und gedruckt werden soll, können Serienrechnungen verwendet werden. Zu diesem Zweck muss zunächst eine Vorlage im Menüpunkt *Debitorenkonen> Einstellungen> Vorlagen für Freitextrechnung* erfasst werden. Ein Kunde kann dann einer oder mehreren Vorlagen zugeordnet werden, die im Debitorenformular über die Schaltfläche *Einrichtung/Serienrechnung* am Schaltflächenreiter *Rechnung* bestimmt werden.

Der periodische Abruf von Serienrechnungen erfolgt über den Menüpunkt *Debitorenkonten> Periodisch> Serienrechnungen> Serienrechnungen generieren.* Dieser Abruf erzeugt normale Freitextrechnungen, die im Freitextrechnungsformular vor dem Buchen geprüft werden können.

4.6.3.4 Neu in Dynamics AX 2012

Serienrechnungen und die Möglichkeit zum Eintragen einer Positionsmenge sind neue Funktionen zu Freitextrechnungen in Dynamics AX 2012.

4.6.4 Gutschrift und Rücklieferung

Eine Gutschrift wird als Artikelgutschrift gebucht, wenn der Kunde Ware zurücksendet und hierfür eine Ersatzlieferung oder eine finanzielle Vergütung erhält. Eine Gutschrift wird auch für den Fall gebucht, dass unbrauchbare Ware vom Kunden nicht mehr zurückgesendet wird oder dass eine rein preisliche Kompensation stattfinden soll.

Zur Verwaltung der Rücksendung von Artikeln werden in Dynamics AX Rücklieferungen benutzt. Daneben können einfache Artikelgutschriften aber auch direkt im Auftragsformular abgewickelt werden.

Gutschriften ohne Artikelbezug können als Freitextrechnung erfasst werden.

4.6.4.1 Einrichten von Dispositionscodes

Als Voraussetzung für das Arbeiten mit Rücklieferungen müssen Dispositionscodes im Menüpunkt *Vertrieb und Marketing> Einstellungen> Aufträge> Retouren>*

Dispositionscodes eingerichtet werden. Die zentrale Einstellung im Dispositionscode stellt das Auswahlfeld *Aktivität* mit folgenden Optionen dar:

- **„Nur gutschreiben"** – Gutschrift ohne Warenrücksendung
- **„Haben"** und **„Ausschuss"** – Warenrücksendung und Gutschrift
- **„Ersatz und Entlastung"** und **„Ersatz und Aussonderung"** – Warenrücksendung und Ersatzlieferung
- **„Rückgabe an den Debitor"** – Keine Gutschrift

Wenn Ausschuss (oder „Aussonderung") gebucht werden soll, muss ein Wareneingang wie bei einer normalen Warenrücksendung gebucht werden. Beim Buchen des Lieferscheins (Produktzugangs) zur Rücklieferung wird jedoch in diesem Fall parallel zur Zugangsbuchung auch eine Lagerbuchung für den Abgang der Ausschuss-Menge gebucht.

4.6.4.2 Erfassen von Rücklieferungen

Um eine Rücklieferung zu erfassen, kann die Listenseite *Vertrieb und Marketing> Häufig> Rücklieferungen> Alle Rücklieferungen* geöffnet werden. Rücklieferungen sind Verkaufsaufträge vom Typ „Zurückgegebener Auftrag", die Auftragsnummer wird im Rücklieferungskopf gezeigt.

Mit Ausnahme von Rücklieferungen, die einem Dispositionscode mit der Aktivität „Nur gutschreiben" zugeordnet sind, werden Rücklieferungen aber nicht in der Listenseite der Verkaufsaufträge gezeigt, solange der Wareneingang der Rücklieferung nicht gebucht ist.

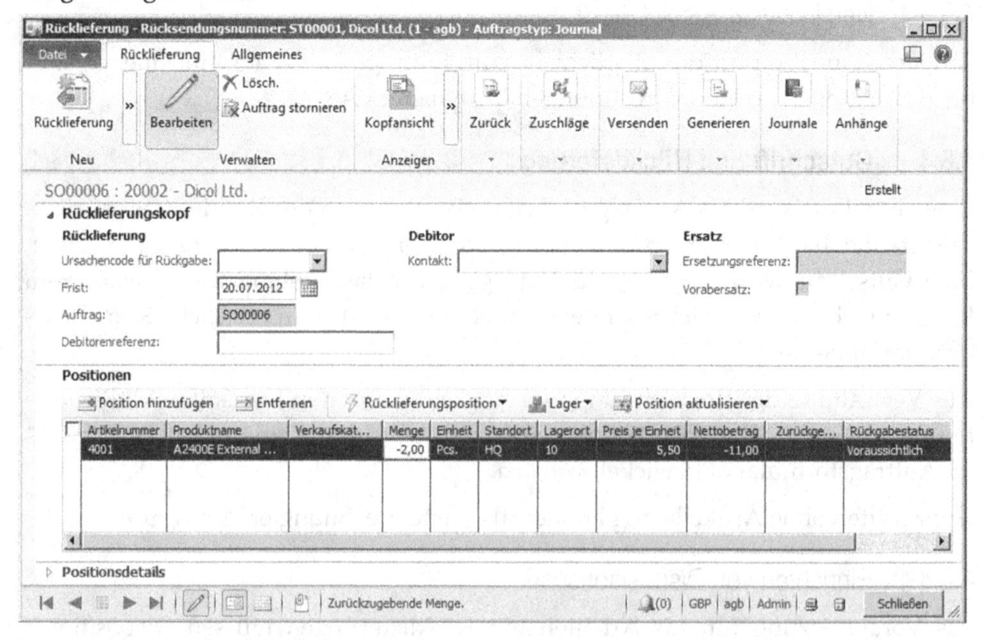

Abbildung 4-24: Erfassen einer Position im Rücklieferungsformular

Beim Anlegen einer Rücklieferung über die Schaltfläche *Neu/Rücklieferung* im Aktionsbereich des Rücklieferungsformulars kann am Inforegister *Allgemeines* im Neuanlagedialog optional ein *Ursachencode für Rückgabe* gewählt werden. Dieser dient als Basis für statistische Auswertungen und kann für das automatische Zuordnen von Belastungen (beispielsweise Bearbeitungsgebühren) verwendet werden.

Im Aktionsbereich des Rücklieferungsformulars kann dann für die neue Rücklieferung über die Schaltfläche *Zurück/Auftrag suchen* eine Originalrechnung ausgewählt werden, um die Artikelpositionen zu übernehmen. Alternativ ist auch das manuelle Erfassen von Rücklieferungspositionen möglich, wobei Mengen mit negativem Vorzeichen eingetragen werden.

Der *Dispositionscode* einer Position ist am Unter-Register *Allgemeines* der Positionsdetails enthalten. Abgesehen von einer Gutschrift ohne Warenrücksendung, für die ein Dispositionscode mit der Aktivität „Nur gutschreiben" in der Rücksendungsposition einzutragen ist, wird jedoch bis zum Wareneingang kein Dispositionscode zu einer Rücklieferung erfasst.

Über die Schaltfläche *Versenden/Rücklieferung* im Aktionsbereich des Rücklieferungsformulars kann anschließend ein Rücklieferungsbeleg für den Kunden gedruckt werden.

Soll vorab eine Ersatzlieferung für die Warenrücksendung an den Kunden erfolgen, kann ein entsprechender Verkaufsauftrag über die Schaltfläche *Neu/Ersetzungsauftrag* im Aktionsbereich des Rücklieferungsformulars angelegt werden.

4.6.4.3 Rücklieferung ohne Warenrücksendung

Soll eine Gutschrift ohne Warenrücksendung erfolgen, wird in den Rücklieferungspositionen am Unter-Register *Allgemeines* der Positionsdetails ein entsprechender Dispositionscode („Nur gutschreiben") eingetragen.

Danach kann die Gutschrift analog zu einer Verkaufsrechnung (mit negativem Vorzeichen) sofort gebucht werden. Das Buchungsfenster wird dazu über die Schaltfläche *Generieren/Rechnung* am Schaltflächenreiter *Rechnung* im Auftragsformular oder über den Sammelabruf *Debitorenkonten> Periodisch> Umsatzaktualisierung> Rechnung* aufgerufen.

4.6.4.4 Wareneingang und Gutschrift der Rücklieferung

Sobald die Artikel einer Rücksendung eintreffen muss eine Lager-Erfassung gebucht werden. Wie die Lager-Erfassung im Einkauf (siehe Abschnitt 3.5.3) kann diese Erfassung entweder im Erfassungsformular (Schaltfläche *Position aktualisieren/Erfassung* in der Schaltflächenleiste der Rücklieferungspositionen) oder in einem Wareneingangsjournal erfolgen.

Wenn die Erfassung über ein Wareneingangsjournal (*Lager- und Lagerortverwaltung> Erfassungen> Wareneingang> Wareneingang*) durchgeführt wird, muss die Referenz zur Rücklieferung in Journalkopf beziehungsweise Positionen eingetragen werden. Im Kopfsatz des Wareneingangsjournals wird dazu am Reiter *Standardwerte* im Auswahlfeld *Referenz* die Option „Auftrag“ ausgewählt und anschließend im Auswahlfeld *Rücksendungsnummer* die Rücklieferungsnummer eingetragen. Zusätzlich kann ein Vorschlagswert für den *Dispositionscode* der Journalzeilen eingetragen werden.

Die Journalpositionen können dann über die Schaltfläche *Funktionen/Positionen erstellen* erzeugt oder manuell in den Positionen erfasst werden. Unter der Voraussetzung, dass alle Zeilen einen korrekten Dispositionscode enthalten, kann der Zugang der retournierten Ware danach gebucht werden. Nach Buchen des Wareneingangsjournal über die Schaltfläche *Buchen* in Journalkopf beziehungsweise Positionen ändert sich der Status der Rücklieferungsposition auf „Erfasst“.

Falls gewünscht, kann jetzt über die Schaltfläche *Versenden/Bestätigung* im Aktionsbereich des Rücklieferungsformulars eine Zugangsbestätigung für den Kunden gedruckt werden.

Der Eingang des Artikels muss in weiterer Folge über das Buchen eines Lieferscheins abgeschlossen werden – entweder im Rücklieferungsformular (Schaltfläche *Generieren/Lieferschein*) oder im Auftragsformular (Schaltfläche *Generieren/Lieferschein* am Schaltflächenreiter *Entnehmen und Verpacken*).

Die Gutschrift selbst wird anschließend über die Schaltfläche *Generieren/Rechnung* am Schaltflächenreiter *Rechnung* im Auftragsformular oder über den Sammelabruf *Debitorenkonten> Periodisch> Umsatzaktualisierung> Rechnung* gebucht.

4.6.4.5 Artikelgutschrift im Verkaufsauftrag

Alternativ zur Rücklieferungsfunktionalität können Gutschriften auch über die Auftragserfassung verwaltet werden. Bei der manuellen Erfassung von Verkaufsaufträgen kann jedoch der Auftragstyp „Zurückgegebener Auftrag“ nicht gewählt werden, womit im Auftragsformular folgende Optionen für Gutschriften zur Verfügung stehen:

- Gutschrift in der Original-Auftragsposition
- Gutschrift in einer neuen Position des Original-Auftrags
- Gutschrift in einem neuen Auftrag (Auftragstyp „Auftrag“)

Die Optionen, eine Gutschrift über einen neuen Auftrag oder eine neue Auftragsposition abzuwickeln, entsprechen dem analogen Vorgehen im Einkauf (siehe Abschnitt 3.4.5).

Wenn eine Gutschrift in der Original-Auftragsposition erfasst werden soll, ist eine Menge mit negativem Vorzeichen in der Spalte *Jetzt liefern* der Auftragsposition einzutragen – entweder direkt am Inforegister *Auftragspositionen* oder im Positionsmengen-Formular (Schaltfläche *Zugehörige Informationen/Positionsmenge* am Schaltflächenreiter *Allgemeines* des Auftragsformulars). Im Buchungsfenster zum Buchen der Gutschrift (Schaltfläche *Generieren/Rechnung* am Schaltflächenreiter *Rechnung* des Auftragsformulars) muss dann im Auswahlfeld *Menge* die Option „Jetzt liefern" gewählt werden.

4.6.4.6 Lagerbewertung für Artikel in Gutschriften

Wenn eine Gutschrift in einer neuen Auftragszeile oder in einem neuen Auftrag erfasst wird, sollte die Loskennung der Original-Rechnungsposition im Auswahlfeld *Rücklieferungsloskennung* der Gutschrift-Auftragsposition (Unter-Register *Einstellungen* der Positionsdetails) eingetragen werden. Damit wird sichergestellt, dass sich die Gutschrift auf die ursprünglich berechnete Ware bezieht und damit hinsichtlich des Lagerwerts eine wertneutrale Buchung erzeugt.

Die Rücklieferungsloskennung wird automatisch eingesetzt, wenn im Rücklieferungsformular die Schaltfläche *Zurück/Auftrag suchen* oder im Auftragsformular die Schaltfläche *Gutschrift/Gutschrift* am Schaltflächenreiter *Verkaufen* benutzt wird.

Wird keine Rücklieferungsloskennung in der der Gutschrift-Auftragsposition ausgewählt, wird der Lagerzugang mit dem *Rücklieferungseinstandspreis* bewertet, der sich in der Gutschrift-Auftragsposition am Unter-Register *Einstellungen* der Positionsdetails befindet.

4.6.4.7 Buchen von Ausschuss

Soll ein Artikel im Rahmen einer Gutschrift physisch nicht retourniert und daher kein Lagerzugang gebucht werden, kann in der Gutschrift-Auftragsposition das Kontrollkästchen *Ausschuss* am Unter-Register *Einstellungen* der Positionsdetails markiert werden. In Dynamics AX wird zwar buchungstechnisch auch in diesem Fall ein Lagerzugang gebucht, für den Zugang wird aber automatisch ein entsprechender Abgang gebucht.

Im Rücklieferungsformular wird das Kontrollkästchen *Ausschuss* der zugehörigen Auftragsposition über den Dispositionscode gesteuert.

4.6.4.8 Wertgutschriften und Gutschriften ohne Artikelbezug

Wertgutschriften und Gutschriften ohne Artikelbezug können als Freitextrechnung (siehe Abschnitt 4.6.3) gebucht werden. Für Gutschriften im Zusammenhang mit der Lieferung von Artikeln hat dies aber den Nachteil, dass eine solche Gutschrift weder in der Artikelstatistik noch im Deckungsbeitrag berücksichtigt wird.

Im Falle einer Preiskorrektur ist es daher besser, im Auftragsformular eine Gutschrift mit zwei Zeilen zu erzeugen – einer positiven und einer negativen Position. Die negative Position mit dem Originalpreis wird wie eine normale Gutschriftposition angelegt, die positive gegengleich als Rechnungsposition mit dem korrigierten Preis. Über die Markierungsfunktion (Schaltfläche *Lager/Markierung* in der Auftragsposition, siehe Abschnitt 3.7.1) können die zwei Positionen für eine hinsichtlich des Lagerwerts neutrale Buchung verknüpft werden.

4.6.5 Übungen zum Fallbeispiel

Übung 4.12 – Verkaufsrechnung

Sie wollen eine Rechnung für die in Übung 4.9 gelieferte Ware erstellen. Kontrollieren Sie in Ihrem Auftrag vor dem Buchen folgende Punkte:

- Auftragsstatus und Dokumentstatus des Verkaufsauftrag
- Lagerbuchung zur Auftragsposition (Schaltfläche *Lager/Buchungen*)

Buchen und drucken Sie die Verkaufsrechnung direkt aus dem Auftragsformular, wobei Sie im Buchungsfenster die Rechnungssumme vor dem Buchen kontrollieren.

Führen Sie die vor der Buchung getätigten Abfragen nochmals aus. Was hat sich durch die Buchung geändert?

Übung 4.13 – Buchen einer Teilrechnung

Sie fakturieren die in Übung 4.10 kommissionierte und gelieferte Ware. Buchen und drucken Sie die Rechnung direkt aus dem Auftragsformular und stellen Sie sicher, dass nur die gelieferte Ware berechnet wird.

Übung 4.14 – Lieferung mit Rechnung

Ihr Kunde aus Übung 4.1 bestellt ein Stück des in Übung 3.5 angelegten Artikels. Zusätzlich bestellt er eine Stunde der Installationstätigkeiten, für die Sie in Übung 4.3 die Kategorie „##-Installation" angelegt haben, zu einem Preis von 110.- Pfund. Diesmal buchen Sie keinen Lieferschein, Sie liefern die Ware und Dienstleistung mit der Rechnung.

Legen Sie einen entsprechenden Auftrag an und buchen Sie die Rechnung direkt aus dem Auftragsformular. Nach dem Buchen kontrollieren Sie Auftragsstatus, Dokumentstatus und die Lagerbuchung zum Artikel.

Übung 4.15 – Rechnungsabfrage

Führen Sie eine Rechnungsabfrage zur Buchung aus Übung 4.12 durch. Kontrollieren Sie Kopf und Positionen und stellen Sie fest, welche Sachkontobuchungen es gibt.

In Übung 4.2 haben Sie das Sammelkonto zu Ihrem Kunden abgefragt. Können Sie die entsprechende Sachkontobuchung finden? Wechseln Sie aus der Abfrage der Sachkontobuchungen in die Grundlage der Buchung und vergleichen Sie die Buchungen in den verschiedenen Modulen.

Übung 4.16 – Freitextrechnung

Ihrem Kunden aus Übung 4.1 soll eine Rechnung für eine Dienstleistung erhalten, die in Ihrem Unternehmen nicht als Artikel oder Verkaufskategorie angelegt ist.

Erfassen Sie eine Freitextrechnung, wählen Sie ein passendes Erlöskonto in der Position und buchen Sie die Rechnung.

Was unterscheidet eine Freitextrechnung von einer Rechnung zu einem Verkaufsauftrag?

Übung 4.17 – Rücklieferung und Gutschrift

Ihr Kunde beklagt Qualitätsmängel an der in Übung 4.12 berechneten Ware. Sie vereinbaren eine Rücksendung als Voraussetzung für eine Gutschrift.

Legen Sie eine entsprechende Rücklieferung an, und buchen Sie den Wareneingang mit dem passenden Dispositionscode. Nach Lieferscheineingang buchen Sie die Gutschrift zur Übermittlung an den Kunden.

4.7 Direktlieferung (Streckengeschäft)

Direktlieferungen – oft auch als „Streckengeschäft" bezeichnet – dienen dazu, Waren vom Lieferanten direkt zum Kunden zu liefern, ohne dazwischen ein eigenes Lager zu bedienen. Auf diese Art können Kosten und Zeiten für Transport und Lagerung verringert werden.

4.7.1 Durchführung von Direktlieferungen

In Dynamics AX gibt es zwei Funktionen im Auftragsformular zur Abwicklung von Direktlieferungen:

- Bestellung anlegen
- Direktlieferung anlegen

Für beide Varianten muss zunächst der Verkaufsauftrag für den Kunden angelegt werden, der die Direktlieferung erhält.

4.7.1.1 Erfassen des Verkaufsauftrags

Das Anlegen eines Verkaufsauftrags für eine Direktlieferung unterscheidet sich nicht vom Anlegen eines normalen Auftrags. Allerdings kann in der Auftragsposition anstelle des normalen Auslieferungslagers ein eigener Lagerort für Direktlieferungen gewählt werden um zu vermeiden, dass Lagerbuchungen am Auslieferungslager erzeugt werden, die dieses Lager nicht betreffen.

Sobald der Verkaufsauftrag erfasst ist, kann die zugehörige Einkaufsbestellung für die Direktlieferung über die entsprechende Schaltfläche am Schaltflächenreiter *Auftrag* des Auftragsformulars erstellt werden.

4.7.1.2 Variante mit Bestellung

Die Funktion zum Erzeugen einer auftragsbezogenen Bestellung wird verwendet, wenn die Warenlieferung für den betroffenen Kundenauftrag zwar getrennt abgewickelt werden soll, aber dennoch Wareneingang und Lieferung über ein unternehmenseigenes Lager erfolgen.

Die Schaltfläche *Neu/Bestellung* am Schaltflächenreiter *Auftrag* des Auftragsformulars erzeugt in diesem Fall eine normale Einkaufsbestellung, die mit dem Verkaufsauftrag verknüpft ist. Wenn kein Hauptlieferant für den betroffenen Artikel hinterlegt ist, muss ein Lieferant in der Spalte *Kreditorenkonto* des Bestallanlagedialogs manuell eingetragen werden.

Einkaufsbestellung und Verkaufsauftrag werden anschließend wie normale Aufträge abgewickelt, wobei das Änderungsmanagement zur Einkaufsbestellung wie in jeder anderen Bestellung zu berücksichtigen ist. Die Lieferadresse in der Einkaufsbestellung ist die eigene Unternehmensadresse oder die Adresse des gewählten Lagers (wie in jeder anderen Bestellung). Im Zuge der Abwicklung der Lieferung muss dann zunächst der Wareneingang zur Bestellung und danach der Lieferschein zum Verkaufsauftrag gebucht werden.

4.7.1.3 Variante mit Direktlieferung

Auch die Schaltfläche *Neu/Direktlieferung* am Schaltflächenreiter *Auftrag* des Auftragsformulars erstellt eine Bestellung, erzeugt jedoch eine engere Verknüpfung zwischen Verkaufsauftrag und Einkaufsbestellung. Die Lieferadresse des Verkaufsauftrags wird in die Einkaufsbestellung übernommen, zusätzlich werden Änderungen von Adresse, Menge oder Liefertermin im Verkaufsauftrag automatisch mit der Bestellung synchronisiert. Im Falle von Änderungen ist jedoch das Änderungsmanagement der Einkaufsbestellung zu berücksichtigen, weswegen dann zumindest eine Bestellbestätigung gebucht werden muss.

Beim Buchen des Produktzugangs der Einkaufsbestellung zur Direktlieferung wird automatisch der entsprechende Lieferschein des Verkaufsauftrags parallel gebucht. Soll der Lieferschein für den Kunden gedruckt werden, muss das Kontrollkästchen *Verkaufsdokumente drucken* im Buchungsfenster für den Produktzugang der Einkaufsbestellung markiert werden (siehe Abbildung 4-25).

Die Buchung der Rechnung in Verkaufsauftrag und Einkaufsbestellung kann danach unabhängig voneinander durchgeführt werden.

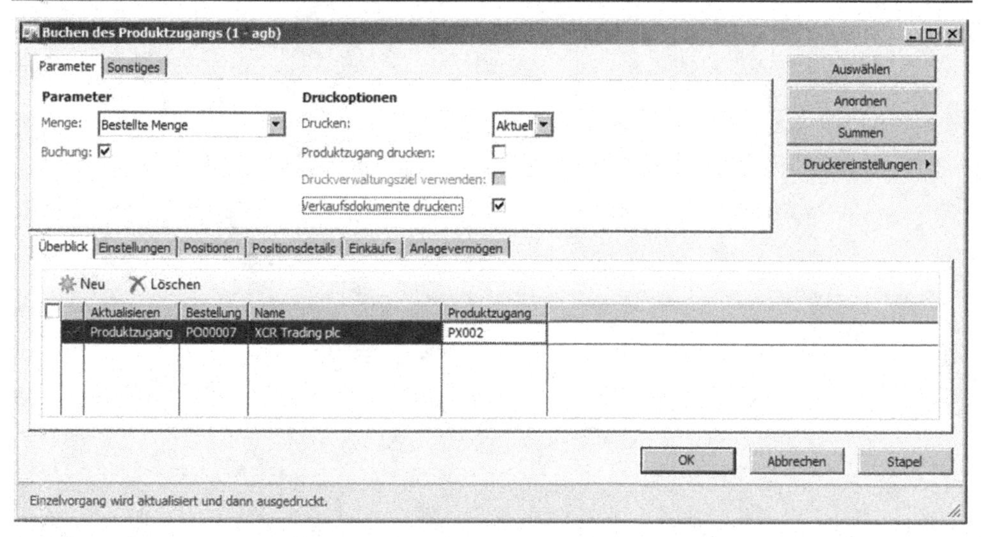

Abbildung 4-25: Druck Verkaufs-Lieferschein beim Produktzugang der Direktlieferung

4.7.1.4 Verknüpfung von Verkaufsauftrag und Einkaufsbestellung

Wenn im Zuge der Bearbeitung in einer Auftragsposition die zugeordnete Bestellposition und umgekehrt festgestellt werden soll, kann die Artikelreferenz in den Auftrags- und Bestellpositionen am Unter-Register *Produkt* der Positionsdetails abgefragt werden.

Die Referenz zwischen Verkaufsauftrag und Einkaufsbestellung auf Kopfebene kann im Auftrags- und Bestellformular über die Schaltfläche *Referenzen* am Schaltflächenreiter *Allgemeines* abgefragt werden. Im Auftragsformular bietet die Schaltfläche *Zugehörige Informationen/Bestellung* am Schaltflächenreiter *Allgemeines* zusätzlich die Möglichkeit, direkt in die zugehörigen Bestellung zu wechseln.

4.7.2 Übungen zum Fallbeispiel

Übung 4.18 – Direktlieferung

Ihr Kunde aus Übung 4.1 bestellt 100 Stück des in Übung 3.5 angelegten Artikels, was Sie in Form einer Direktlieferung abwickeln wollen. Legen Sie den entsprechenden Verkaufsauftrag an und nutzen Sie die Funktion *Direktlieferung* zum Erstellen der Einkaufsbestellung bei dem von Ihnen in Übung 3.2 angelegten Lieferanten.

Ihr Lieferant bestätigt anschließend den Versand der Ware mit Lieferschein PS418. Buchen Sie den Produktzugang zu Ihrer Bestellung. Kontrollieren Sie anschließend den Status des Verkaufsauftrags.

Danach buchen und drucken Sie die Verkaufsrechnung. Abschließend übermittelt Ihr Lieferant die Kreditorenrechnung VI418, die Sie buchen.

5 Produktionssteuerung

Aufgabe der Produktion ist die Herstellung von Fertigerzeugnissen aus Rohware, d.h. aus extern beschafften Materialien und Teilen. Im Zuge des Fertigungsprozesses können als Zwischenstufe Halbfabrikate entstehen, die selbst wiederum für die Produktion der Fertigerzeugnisse Verwendung finden. Die Verwaltung der Produktion erfolgt über Produktionsaufträge, die damit dieselbe Aufgabe erfüllen wie Bestellungen im Einkauf und Aufträge im Verkauf.

5.1 Geschäftsprozesse in der Produktionssteuerung

In Abhängigkeit von den Anforderungen des Unternehmens können in Dynamics AX unterschiedliche Fertigungskonzepte abgebildet werden:

- **Diskrete Fertigung** – Kernfunktionalität des Produktionsmoduls mit Stücklisten, Ressourcen, Arbeitsplänen und Produktionsaufträgen.
- **Prozessfertigung** – Unterstützung der zusätzlichen Anforderungen in der Prozessindustrie (Fließfertigung) mit Formeln und Kuppelprodukten.
- **Lean Manufacturing** – Unterstützung von Kanbans und Wertströmen (keine Nutzung von Arbeitsplänen und Produktionsaufträgen).

Die verschiedenen Fertigungskonzepte können hierbei innerhalb eines Unternehmens parallel genutzt werden, beispielsweise Prozessfertigung für die Komponentenherstellung und Lean Manufacturing für die Fertigprodukte.

Die Beschreibungen in diesem Buch beziehen sich auf die Kernfunktionen der Produktion, die über die diskrete Fertigung abgebildet werden.

5.1.1 Grundkonzept

Wie in Beschaffung und Vertrieb, sind korrekt gepflegte Stammdaten Grundvoraussetzung für eine erfolgreiche Prozessabwicklung. Zur Beschreibung des Materials wird der Artikelstamm (freigegebene Produkte) benötigt, wobei die Zusammensetzung eines Artikels (Fertigerzeugnis, Halbfabrikat) aus anderen Artikeln (Halbfabrikate, Rohmaterial/Einzelteile) über Stücklisten definiert wird.

Ressourcen (Maschinen, Personen) stellen die für die Tätigkeiten in der Fertigung erforderlich Kapazität bereit. Arbeitspläne und Arbeitsgänge schließlich definieren die zur Herstellung des Produkts erforderlichen Leistungen.

Im Zuge der Produktionsauftragsabwicklung werden Eintragungen aus den genannten Stammdaten in den Produktionsauftrag kopiert. Die übernommenen Daten können danach überarbeitet werden, beispielsweise durch Auswahl einer anderen als der Standard-Stückliste.

Abbildung 5-1 zeigt die wesentlichen Schritte der Produktionsauftragsabwicklung.

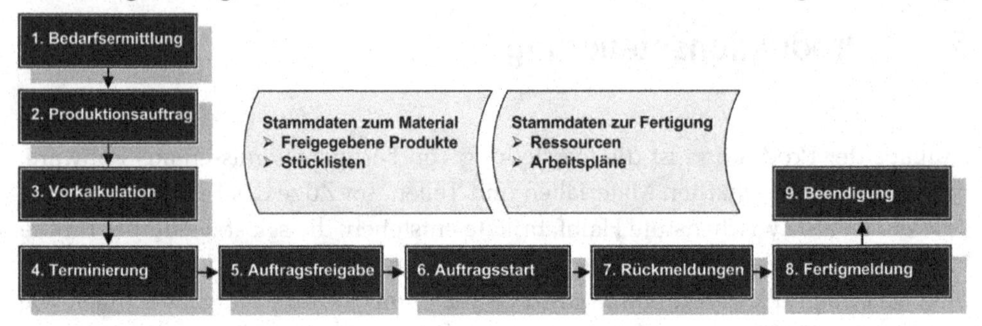

Abbildung 5-1: Produktionsauftragsabwicklung in Dynamics AX

5.1.1.1 Ermittlung der Materialbedarfs

Erster Schritt im Produktionsprozess ist die Bedarfsermittlung als Teil der Produktprogrammplanung (siehe Abschnitt 6.3.4). Der Bedarf an Fertigfabrikaten stammt hierbei aus unterschiedlichen Quellen: Die langfristige Absatzplanung kann genauso Berücksichtigung finden wie aktuelle Verkaufsangebote, Verkaufsaufträge, Lagerbestand und Einstellungen zur Artikeldeckung.

5.1.1.2 Erstellen eines Produktionsauftrags

Als Vorstufe zu Produktionsaufträgen werden in der Produktprogrammplanung geplante Produktionsaufträge erstellt, die durch die Produktionssteuerung in tatsächliche Produktionsaufträge umgewandelt werden müssen. Daneben können Produktionsaufträge auch auf folgende Weise erstellt werden:

- **Manuell** – Erstellen im Produktionsauftragsformular
- **Verkaufsauftrag** – Erstellen in einer Verkaufsauftragsposition
- **Abgeleiteter Auftrag** – Automatisches Erstellen des Produktionsauftrags für ein Halbfabrikat aus dem Auftrag für das Fertigprodukt

Produktionsaufträge bestehen aus einem Kopfteil, der die Daten des produzierten Artikels enthält, und aus dem Positionsteil. Im Unterschied zu Einkaufsbestellungen und Verkaufsaufträgen enthält der Produktionsauftrag zwei Arten von Positionen: Material (Stücklistenpositionen) und Ressourcen (Arbeitsplanpositionen), die im Produktionsauftrag getrennt dargestellt werden.

5.1.1.3 Vorkalkulation und Terminierung

Die Vorkalkulation als erster Schritt in der Abwicklung eines Produktionsauftrags dient dazu, den geplanten Material- und Ressourceneinsatz des erzeugten Produkts im Hinblick auf Bedarfsmenge und geplanten Kosten zu ermitteln.

Als nächster Schritt wird die Terminierung ausgeführt, über die der Ressourcenbedarf unter Berücksichtigung von Kapazitätsangebot und -nachfrage terminlich konkret eingeplant wird.

5.1.1.4 Auftragsfreigabe und Start

Mit der Freigabe wird der Auftrag an die Produktion übergeben. Gleichzeitig werden meist die Auftragspapiere gedruckt. Sobald der Produktionsauftrag tatsächlich gefertigt werden soll, wird der Auftragsstatus auf „Gestartet" gesetzt. Mit dem Auftragsstart können der Druck der Kommissionierliste und die Buchung automatischer Mengen- und Zeitrückmeldungen abgerufen werden.

5.1.1.5 Rückmeldung von Material- und Kapazitätsverbrauch

Im Zuge des Produktionsprozesses wird Material und Ressourcenkapazität verbraucht. Die Rückmeldung des Verbrauchs erfolgt über Journale, je nach Einstellungen kann die Buchung automatisch (auf Basis der Planwerte) oder manuell erfolgen. Die Rückmeldung von Arbeitszeiten kann auch aus Terminal-Buchungen der Dynamics AX-Zeiterfassung/BDE übernommen werden.

5.1.1.6 Fertigmeldung und Beendigung

Die Fertigmeldung dient zur Rückmeldung der Gesamt- oder einer Teilmenge des produzierten Produkts, die gemeldete Menge wird am Lager physisch gebucht. Als letzter Schritt wird die Beendigung und Nachkalkulation des Produktionsauftrags durchgeführt, mit der die tatsächlichen Kosten berechnet, den vorkalkulierten Werten gegenübergestellt und auf Sachkonten gebucht werden.

5.1.1.7 Sachkontenintegration und Belegprinzip

Während der Produktionsauftragsabwicklung werden die Materialbuchungen und Arbeitsgang-Rückmeldungen je nach Einstellung parallel auf Sachkonten gebucht (siehe Abschnitt 8.4.3). Entsprechend der generellen Buchungslogik wird hierbei durchgängig das Belegprinzip verfolgt: Jede Buchung muss in einem Journal erfasst werden, bevor eine Buchung möglich ist. Im Falle automatischer Rückmeldungen werden die Journale im Hintergrund erstellt und gebucht.

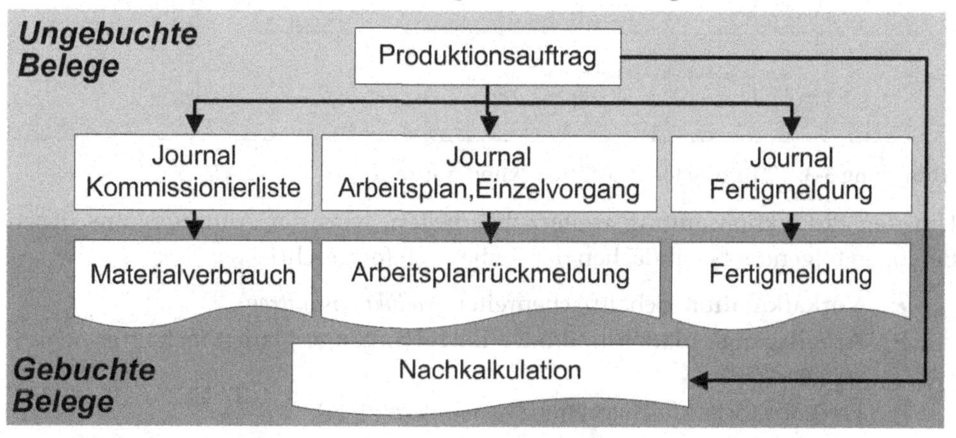

Abbildung 5-2: Ungebuchte und gebuchte Produktionsbelege in Dynamics AX

5.1.2 Auf einen Blick: Produktionsauftrag in Dynamics AX

Bevor Details im Produktionsprozess beschrieben werden, soll ein kurzer Überblick die Grundprinzipien zeigen. Der Einfachheit halber werden alle Transaktionen direkt vom Produktionsauftragsformular aus durchgeführt.

Ein neuer Produktionsauftrag wird im Produktionsauftragsformular (*Produktionssteuerung> Häufig> Produktionsaufträge> Alle Produktionsaufträge*) über die Schaltfläche *Neu/Produktionsauftrag* am Schaltflächenreiter *Produktionsauftrag* angelegt. Im Neuanlagedialog ist zunächst der Produktionsartikel im Auswahlfeld *Artikelnummer* einzutragen. Aus dem Artikelstamm übernommene Daten wie Menge, Stückliste und Arbeitsplan können anschließend geändert werden. Nach Betätigen der Schaltfläche Erstellen wird der Produktionsauftrag erstellt.

Am Schaltflächenreiter *Produktionsauftrag* des Produktionsauftragsformular ermöglicht die Schaltfläche *Produktionsdetails/Stückliste* die Bearbeitung der Komponenten und die Schaltfläche *Produktionsdetails/Arbeitsplan* die Bearbeitung der Arbeitsgänge des Produktionsauftrags.

Hinweis: Listenseite aktualisieren zur Anzeige des neuen Auftrags mittels Taste F5.

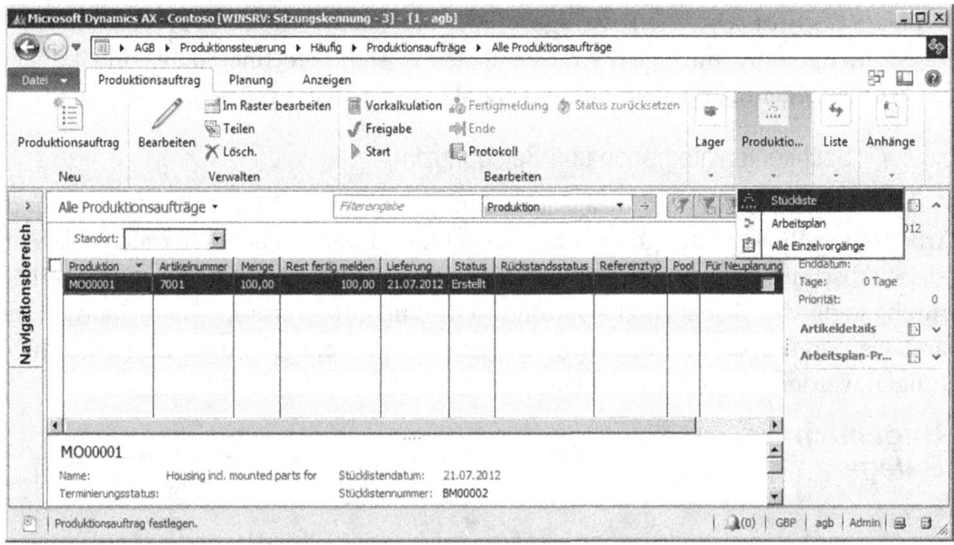

Abbildung 5-3: Bearbeiten eines Produktionsauftrags

Um den Produktionsauftrag weiterzubearbeiten, wird der Auftragsstatus durch Betätigen folgender Schaltflächen der Reihe nach fortgeschrieben:

- **Vorkalkulation** (Schaltflächenreiter *Produktionsauftrag*)
- **Arbeitsgänge planen** und/oder **Einzelvorgänge planen** (Schaltflächenreiter *Planung*)
- **Freigabe** (Schaltflächenreiter *Produktionsauftrag*)

Bei jeder Statusänderung können im jeweiligen Abrufdialog nach Wechsel zum Reiter *Allgemeines* entsprechende Abrufparameter wie Planungsrichtung oder Arbeitspapierdruck gesetzt werden. Arbeitspapiere können bei Auftragsfreigabe, Kommissionierlisten beim Auftragsstart gedruckt werden.

Der Auftragsstart erfolgt über die Schaltfläche *Start*, je nach Einstellungen werden dabei automatische Rückmeldungen gebucht. Wird ein Produktionsauftrag gestartet, ohne die vorangehenden Schritte zuvor abzurufen, werden diese beim Auftragsstart automatisch durchgeführt.

Manuelle Rückmeldungen von Materialentnahmen werden über die Schaltfläche *Journale/Kommissionierliste* am Schaltflächenreiter *Anzeigen* des Produktionsauftrags erfasst. Im Journalkopf kann über die Schaltfläche *Kommissionierliste/Positionen erstellen* ein Buchungsvorschlag erzeugt werden, wobei im entsprechenden Dialog die Auswahl „Restmenge" für die offene Menge gewählt wird. Vor Buchen der Kommissionierliste über die Schaltfläche *Buchen* können Buchungsmenge, Lagerort und weitere Positionsdaten geändert werden.

Abbildung 5-4: Erstellen eines Vorschlags für die Kommissionierlisten-Erfassung

Abhängig von der gewählten Terminierung (Arbeitsgänge oder Einzelvorgänge) können Rückmeldungen zu Arbeitsplanpositionen oder zu Einzelvorgängen erfolgen (Schaltfläche *Journale/Arbeitsplanliste* oder *Journale/Einzelvorgangsliste* am Schaltflächenreiter *Anzeigen*). Für manuelle Arbeitsgang-Rückmeldungen wird kein Vorschlag erzeugt, im Journalkopf kann die Schaltfläche *Neu erstellen* zum Erstellen eines Journals benutzt werden. In den Positionen werden Arbeitsgangnummer/Einzelvorgang, Ressource, Stunden und Gutmenge eingetragen, bevor über die Schaltfläche *Buchen* die Rückmeldung gebucht wird.

Mit der Fertigmeldung über die Schaltfläche *Fertigmeldung* am Schaltflächenreiter *Produktionsauftrag* des Produktionsauftrags wird die erzeugte Ware am Lager physisch gebucht. Im Abrufdialog müssen vor dem Buchen je nach Einstellung Lagerort und weitere Dimensionen (z.B. Charge) eingetragen werden, das Kontrollkästchen *Fehler akzeptieren* am Reiter *Allgemeines* kann markiert werden um fehlende Rückmeldungen zu ignorieren.

Der Produktionsauftrag wird anschließend über die Schaltfläche *Ende* am Schaltflächenreiter *Produktionsauftrag* nachkalkuliert und beendet.

5.2 Produktverwaltung und Stückliste

Alle in der Produktion benötigten Artikel werden in Dynamics AX im gemeinsamen Produktstamm und in den freigegebenen Produkten verwaltet. Artikelnummern werden hierbei nicht nur für lagergeführte Artikel wie Fertigerzeugnisse, Halbfabrikate und Rohmaterial/Einzelteile benutzt, sondern auch für Phantomartikel und Dienstleistungen (z.B. Fremdfertigung).

Stücklisten bestimmen die Zusammensetzung eines Fertigerzeugnisses aus Komponenten. Hierbei kann eine Stückliste auch für mehrere Artikel gelten. Umgekehrt kann ein Artikel auch mehreren Stücklisten zugeordnet sein, beispielsweise für unterschiedliche Gültigkeitszeiträume oder Mengenstaffeln.

Um ein Produkt mit Produktvarianten zu verwalten, muss beim Anlegen des Produkts im gemeinsamen Produktstamm der *Produktuntertyp* „Produktmaster" gewählt werden (siehe Abschnitt 7.2.1). Für Produktmaster muss eine *Produktdimensionsgruppe*, die Produktdimensionen wie *Variante*, *Größe* und *Farbe* enthält, und eine *Konfigurationstechnologie* gewählt werden. Über Produktkonfigurationsmodelle oder Variantengruppen und Variantenregeln kann eine Variantenfertigung abgebildet werden, auf die im Rahmen dieses Buches aber nicht näher eingegangen wird.

5.2.1 Produktstammdaten in der Produktion

Hinsichtlich der Verwaltung allgemeiner Daten im gemeinsamen Produktstamm (*Produktinformationsverwaltung> Häufig> Produkte> Alle Produkte und Produktmaster*) und in den freigegebenen Produkten (*Produktinformationsverwaltung> Häufig> Freigegebene Produkte*) gibt es in Dynamics AX keinen Unterschied zwischen Fertigerzeugnis, Halbfabrikat und Rohmaterial.

Hinweise zur allgemeinen Produktverwaltung sind in Abschnitt 7.2.1 enthalten. Im vorliegenden Abschnitt werden daher nur die Punkte beschrieben, die speziell für die Produktion relevant sind. Abgesehen vom Produkttyp, der im gemeinsamen Produktstamm enthalten ist, sind die betroffenen Elemente im freigegebenen Produkt enthalten.

5.2.1.1 Lagersteuerungsgruppe und Standardauftragstyp

Alle Produkte in der Produktion müssen eine *Lagersteuerungsgruppe* für lagergeführte Artikel (siehe Abschnitt 7.2.1) am Inforegister *Allgemeines* im Formular für das freigegebene Produkt zugeordnet haben. Nachdem diese Einstellung auch nicht lagergeführte Artikel (beispielsweise Dienstleistungsartikel für Fremdfertigung) betrifft, muss im gemeinsamen Produktstamm beim Anlegen nicht lagergeführter Produktionsartikel der *Produkttyp* „Service" gewählt werden.

Eine weitere wesentliche Einstellung ist der *Standardauftragstyp*, über den bestimmt wird ob der jeweilige Artikel standardmäßig eingekauft oder produziert wird. Das

Auswahlfeld *Standardauftragstyp* ist am Reiter *Allgemeines* in den Standardauftragseinstellungen enthalten, die über die Schaltfläche *Standardauftragseinstellungen* am Schaltflächenreiter *Plan* im Aktionsbereich des freigegebenen Produkts geöffnet werden können. Für den Standardtyp können folgende Optionen gewählt werden:

- **Bestellung** – Bedarfsdeckung über Einkaufsbestellungen
- **Produktion** – Bedarfsdeckung über Produktionsaufträge
- **Kanban** – Bedarfsdeckung über Kanbans (Lean Manufacturing)

Wenn der Standardauftragstyp auf Ebene einzelner Standorte, Lagerorte oder anderer Lagerungsdimensionen überschrieben werden soll, kann eine entsprechende Einstellung in der Artikeldeckung (Schaltfläche *Artikeldeckung* am Schaltflächenreiter *Plan* im freigegebenen Produkt) erfolgen. Am Reiter *Allgemeines* in der Artikeldeckung kann zu diesem Zweck im Auswahlfeld *Typ des Bestellvorschlags* (nach Markierung des zugehörigen Kontrollkästchens) die gewünschte Option gewählt werden.

Hinweis zum Dynamics AX 2012 Feature Pack:

Im Dynamics AX 2012 Feature Pack ist zusätzlich das Auswahlfeld *Produktionstyp* am Inforegister *Entwickler* des freigegebenen Produkts zu beachten, das auch in der Listenseite gezeigt wird. Damit ein Artikel einer Stückliste zugeordnet werden kann, muss der Produktionstyp „Stückliste" gewählt werden. Für Einkaufsartikel kann der Vorschlagswert „Kein" für den Produktionstyp belassen werden, die anderen Optionen werden für Kuppelproduktion (Prozessindustrie-Funktionalität) benötigt.

5.2.1.2 Einstellungen zu Menge und Preis

Die Standardauftragseinstellungen zum freigegebenen Produkt enthalten neben dem Standardauftragstyp eine Reihe von weiteren Einstellungen zur Produktion am Reiter *Lager*, beispielweise zur Losgröße (Feld *Mehrfach*) und zur Auftragsmenge. Die Standardauftragseinstellungen können auf Ebene von Standorten durch die strandortspezifischen Einstellungen, die über die Schaltfläche *Strandortspezifischen Einstellungen* am Schaltflächenreiter *Plan* im freigegebenen Produkt geöffnet werden, überschrieben werden.

Am Inforegister *Kosten verwalten* im freigegebenen Produkt wird der Basiseinstandspreis des Artikels im Feld *Preis* geführt. Auf Ebene von Standorten kann der Einstandspreis im Artikelpreisformular hinterlegt werden, das über die Schaltfläche *Artikelpreis* am Schaltflächenreiter *Kosten verwalten* des freigegebenen Produkts geöffnet werden kann (siehe Abschnitt 7.2.4).

Wenn das Wertmodell „Standardkosten" in der Lagersteuerungsgruppe des betroffenen Artikels eingetragen ist, müssen im Artikelpreisformular zur Festlegung des Standardpreises Kosten mit einer *Version* zum Nachkalkulationstyp „Standardkosten" erfasst und aktiviert werden.

5.2.1.3 Phantomartikel

Das Kontrollkästchen *Phantom* am Inforegister *Entwickler* des freigegebenen Produkts dient zur Festlegung eines Vorschlagswerts für den *Positionstyp* in Stücklistenpositionen, der benutzt wird wenn der betroffene Artikel in einer Stücklistenposition gewählt wird.

Phantomartikel sind von der Struktur her Halbfabrikate, haben also eine Stückliste und eventuell einen Arbeitsplan zugeordnet. Für Stücklistenpositionen vom Positionstyp „Phantom" wird jedoch kein Produktionsauftrag erstellt, anstelle dessen wird bei der Auflösung des übergeordneten Artikels der Phantomartikel durch seine Komponenten ersetzt.

5.2.1.4 Prinzip für den automatischen Artikelverbrauch

Das *Prinzip für den automatischen Artikelverbrauch* am Inforegister *Entwickler* des freigegebenen Produkts steuert, ob ein automatischer Verbrauch des jeweiligen Artikels in Produktionsaufträgen gebucht werden soll.

Im *Prinzip für den automatischen Artikelverbrauch* sind folgende Optionen verfügbar:

- **Start** – Artikelverbrauch beim Start des Produktionsauftrags
- **Fertig stellen** – Artikelverbrauch bei der Fertigmeldung
- **Manuell** – Keine automatische Buchung

Die Einstellung für den automatischen Artikelverbrauch im freigegebenen Produkt kann in der Stücklistenposition überschrieben werden.

Als Voraussetzung für das tatsächliche Buchen des in Artikel oder Stücklistenposition definierten automatischen Artikelverbrauchs muss bei Start oder Fertigmeldung betroffener Produktionsaufträge im Abrufdialog die Option „Prinzip für den automatischen Artikelverbrauch" im Auswahlfeld *Soll=Istrückmeldung Material* eingetragen sein (siehe Abschnitt 5.4.3).

5.2.1.5 Berechnungsgruppe

Eine weitere Einstellung am Inforegister *Entwickler* des freigegebenen Produkts ist die *Berechnungsgruppe* in der Feldgruppe *Herstellkostenkalkulation*. Wird in diesem Feld eine Gruppe eingetragen, übersteuert diese die in den Lagerparametern (*Lager- und Lagerortverwaltung> Einstellungen> Parameter für Lager- und Lagerortverwaltung*, Reiter *Stücklisten*) definierte allgemeine Berechnungsgruppe.

Die Verwaltung von Berechnungsgruppen erfolgt im Formular *Lager- und Lagerortverwaltung> Einstellungen> Nachkalkulation> Berechnungsgruppen*. Berechnungsgruppen bestimmen die Basis für die Berechnung von Einstandspreis und Verkaufspreis in der Kalkulation.

5.2.1.6 Neu in Dynamics AX 2012

Hinsichtlich der Einstellung, ob ein Artikel produziert oder eingekauft wird, ersetzt in Dynamics AX 2012 der Standardauftragstyp „Produktion" den Artikeltyp „Stückliste".

5.2.2 Stücklisten

Eine Stückliste besteht primär aus einer Liste von Artikelnummern und Mengen. Aufgabe der Stücklisten ist es zu definieren, wie sich ein Artikel (Fertigprodukt) aus anderen Artikeln zusammensetzt.

5.2.2.1 Stücklistenstruktur

Eingesetzte Artikel können hierbei selbst wieder eine Stückliste zugeordnet haben, es handelt sich dann um ein Halbfabrikat. In diesem Fall ergibt sich eine mehrstufige Stücklistenstruktur.

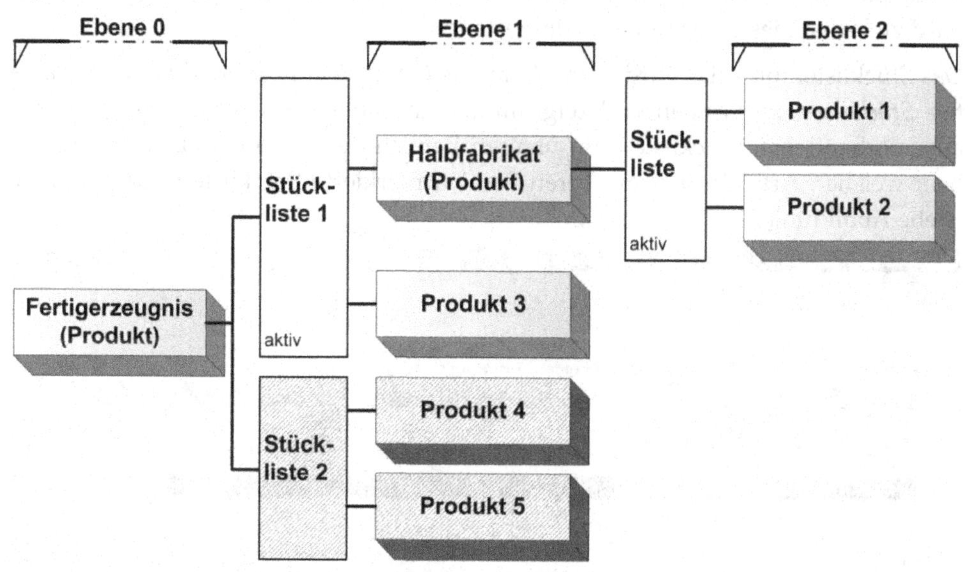

Abbildung 5-5: Beispiel einer mehrstufige Stücklistenstruktur

Wie in Abbildung 5-5 gezeigt, werden in Dynamics AX Stücklisten unabhängig vom Artikelstamm verwaltet. Hierbei können einem Artikel eine oder mehrere Stücklisten zugeordnet werden.

Damit eine Stückliste in der Produktion verwendet werden kann, muss sie genehmigt sein. Die Stücklisten, die in Produktprogrammplanung und Produktionsaufträgen als Vorschlagswert herangezogen werden sollen, müssen zudem aktiv gesetzt werden. Für ein bestimmtes Datum, eine bestimmte Menge und einen Standort kann hierbei immer nur eine Stücklistenzuordnung aktiv sein.

Wenn eine Stückliste mehreren Artikeln (Fertigprodukten) zugeordnet ist, können Genehmigung und Aktivierung für die einzelnen Fertigprodukte unabhängig voneinander erfolgen. So können im Beispiel Abbildung 5-5 sowohl Stückliste 1 als auch Stückliste 2 zusätzlich bei einem weiteren Fertigprodukt zugeordnet und aktiv sein, unabhängig davon ob sie beim ersten Fertigprodukt genehmigt oder aktiv sind.

5.2.2.2 Verwalten von Stücklisten

Die Stücklistenverwaltung kann auf zwei Arten geöffnet werden:

- **Im Menü** (*Lager- und Lagerortverwaltung> Häufig> Stücklisten*)
- **Im freigegebenen Produkt** (*Produktinformationsverwaltung> Häufig> Freigegebene Produkte,* Schaltfläche *Stückliste/Positionen* am Schaltflächenreiter *Entwicklung*)

Obwohl beide Aufrufe Zugriff auf dieselben Stücklistendaten bieten, unterscheidet sich der Aufbau der entsprechenden Formulare. Nachdem die Datenstruktur von Stücklisten in Dynamics AX einfacher im Stücklistenformular zu verstehen ist, wird zunächst dieses nachfolgend dargestellt.

Das Stücklistenformular wird vom Menü aus (*Lager- und Lagerortverwaltung> Häufig> Stücklisten*) aufgerufen und zeigt im oberen Bereich des Formulars eine Liste aller vorhandenen Stücklisten. Im unteren Bereich des Formulars ist dann zu sehen, welchen Artikeln die im oberen Bereich markierte Stückliste zugeordnet ist (siehe Abbildung 5-6).

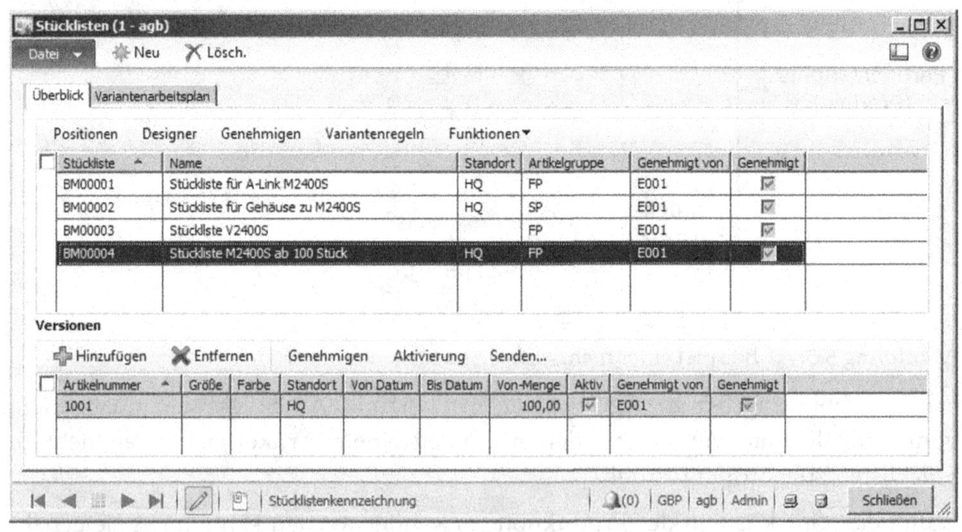

Abbildung 5-6: Stücklistenformular, geöffnet aus dem Menü

Eine neue Stückliste kann über die Schaltfläche *Neu* in der Aktionsbereichsleiste angelegt werden, wodurch ein neuer Datensatz im oberen Formularbereich eröffnet wird. Je nach Einstellung des betreffenden Nummernkreises wird die Stücklistennummer automatisch oder manuell bestimmt.

Falls Stücklisten standortbezogen unterschiedlich sind, wird der jeweiligen Standort in der Spalte *Standort* eingetragen. Für standortübergreifende Stücklisten bleibt die Spalte leer.

Im nächsten Schritt wird im unteren Formularbereich ein Datensatz angelegt, über den die Stückliste dem jeweiligen Fertigprodukt zugeordnet wird. Diese Stücklistenzuordnung wird in Dynamics AX auch mit dem Begriff „Version" bezeichnet.

In der Zuordnungszeile ist dann zunächst die *Artikelnummer* des Fertigprodukts einzutragen. Wenn die Stückliste für den betroffenen Artikel nur einen bestimmten Zeitraum gültig ist, kann im *Von-Datum* und *Bis-Datum* ein Gültigkeitszeitraum eingetragen werden. Eine mengenabhängige Zuordnung wird über die *Von-Menge* definiert. Um unterschiedliche Stücklisten auf Ebene einzelner Niederlassungen zu hinterlegen, kann in jeder Zeile der betroffene *Standort* eingetragen werden.

Falls die im oberen Formularbereich markierte Stückliste einem zweiten Artikel zugeordnet werden soll, kann im unteren Formularbereich eine zweite Stücklisten-Zuordnungszeile erfasst werden.

Hinweis zum Dynamics AX 2012 Feature Pack:

Im Dynamics AX 2012 Feature Pack muss für Artikel, die einer Stückliste als Fertigprodukt zugeordnet werden sollen, der *Produktionstyp* „Stückliste" im freigegebenen Produkt eingetragen sein.

5.2.2.3 Stücklistenpositionen

Über die Schaltfläche *Positionen* in der Aktionsbereichsleiste des Stücklistenformulars kann das Stücklistenpositionsformular geöffnet werden. Stücklistenpositionen bestimmen die Komponenten der Stückliste, also die eingesetzten Rohwaren und Halbfabrikate. Im Stücklistenpositionsformular muss dann beim Anlegen einer neuen Position zumindest die *Artikelnummer* und *Menge* der jeweiligen Komponente eingetragen werden.

Wenn eine Stückliste auf Standort-Ebene definiert ist, kann im *Lagerort* der Stücklistenposition ein Entnahme-Lagerort für das Abfassen der betroffenen Komponente eingetragen werden. Für standortübergreifende Stücklisten ist diese positionsweise Definition des Entnahme-Lagerorts nicht verfügbar. Ein Entnahme-Lagerort kann aber auch durch Markieren des Kontrollkästchens *Ressourcenverbrauch* markiert werden, um in Produktionsaufträgen den in der jeweiligen Ressourcengruppe oder Produktionseinheit hinterlegten *Eingangslagerort* zu übernehmen

Zwei weitere wichtige Felder befinden sich am Reiter *Allgemeines* des Stücklistenpositionsformulars:

- Arbeitsgangnummer
- Positionstyp

Auftragsterminierung und Produktprogrammplanung berechnen den Materialbedarf standardmäßig so, dass alle Komponenten zu Beginn des Produktionsauftrags zur Verfügung stehen. Wenn einzelne Stücklistenpositionen nicht zu Auftragsbeginn, sondern erst für einen bestimmten Arbeitsgang in der Produktion benötigt werden, kann dies durch Eintragen der jeweiligen *Arbeitsgangnummer* in der Stücklistenposition definiert werden. Die Arbeitsgangnummer kann hierbei aus dem Arbeitsplan ausgewählt werden, der dem Fertigfabrikat für den jeweiligen Standort zugeordnet ist. Die Suchfunktion zur Arbeitsgangnummer ist daher dann verfügbar, wenn die Stückliste vom Artikelstamm des Fertigfabrikats aus geöffnet wird.

Der Positionstyp steuert die Auflösung der Stücklistenposition und bietet folgende Optionen:

- **Artikel** – Halbfabrikat oder Einkaufsteil, Disposition über Lager
- **Phantom** – Halbfabrikat, wird beim Vorkalkulieren des Produktionsauftrags durch die jeweiligen Komponenten ersetzt
- **Lieferung mit Bedarfsverursachung** – Halbfabrikat oder Einkaufsteil, beim Vorkalkulieren des übergeordneten Produktionsauftrags wird ein zugeordneter untergeordneter Produktionsauftrag erstellt (bzw. Einkaufsbestellung oder Kanban)
- **Kreditor** – Serviceartikel für Fremdfertigung

Stücklistenpositionen vom Typ „Artikel" werden über das Lager disponiert, wodurch keine direkte Zuordnung zwischen dem durch die Position erzeugten Materialbedarf und abgeleiteter Einkaufsbestellung bzw. Produktionsauftrag gegeben ist. In der Produktprogrammplanung wird für das Generieren von Produktionsaufträgen und Einkaufsbestellungen der Bedarf aus unterschiedlichen Quellen je nach Dispositionseinstellungen gesammelt. Für die Position bestimmt hierbei der jeweilige Standardauftragstyp im freigegebenen Produkt oder in der Artikeldeckung, ob ein geplanter Produktionsauftrag oder eine geplante Bestellung erzeugt wird.

Am Reiter *Einstellungen* der Stücklistenpositionen kann ein *Prinzip für den automatischen Artikelverbrauch* (siehe Abschnitt 5.2.1 oben) im entsprechenden Auswahlfeld gewählt werden. Bleibt dieses Feld leer, wird in Produktionsaufträgen die Einstellung im freigegebenen Produkt der jeweiligen Stücklistenposition übernommen.

Wenn eine neue Stückliste angelegt werden soll, die ähnlich zu einer bereits vorhandenen Stückliste ist, kann die Kopierfunktion benutzt werden. Der Aufruf dieser Kopierfunktion erfolgt in den Stücklistenpositionen über die Schaltfläche *Funktionen/Kopieren*.

5.2.2.4 Freigeben und Genehmigen

Beim Erstellen von Produktionsaufträgen können nur genehmigte Stückliste gewählt werden. Um Stückliste und Stücklistenzuordnung zu genehmigen, kann die Schaltfläche *Genehmigen* in der Aktionsbereichsleiste des oberen und des unteren Bereichs des Stücklistenformulars betätigt werden. Wird zuerst die Stücklistenzuordnung genehmigt (Schaltfläche im unteren Formularbereich), kann parallel dazu auch die Stückliste selbst genehmigt werden (Kontrollkästchen *Stückliste genehmigen* im Genehmigungs-Dialog).

Damit eine Stückliste für Produktion und Produktprogrammplanung automatisch vorgeschlagen wird, muss die Stücklistenzuordnung über die Schaltfläche *Aktivierung* (Aktionsbereichsleiste im unteren Bereich des im Stücklistenformulars) aktiv gesetzt werden. Das Kontrollkästchen *Aktiv* zeigt dazu, welche Stücklistenzuordnungen aktiviert sind.

5.2.2.5 Stücklistenverwaltung im freigegebenen Produkt

Als Alternative zum Aufruf des Stücklistenformulars aus dem Menü kann die Stücklistenverwaltung auch vom Formular für das freigegebene Produkt aus aufgerufen werden (*Produktinformationsverwaltung> Häufig> Freigegebene Produkte*).

Nach Betätigen der Schaltfläche *Stückliste/Positionen* am Schaltflächenreiter *Entwicklung* des freigegebene Produkts wird das Stücklistenpositionsformular geöffnet, das im oberen Bereich *Versionen* alle dem jeweiligen Artikel zugeordneten Stücklisten zeigt. Falls eine Stückliste mehreren Artikeln zugeordnet ist muss beachtet werden, dass auch in diesem Formular jede Änderung der Stücklistenpositionen für alle zugeordneten Fertigfabrikate gilt.

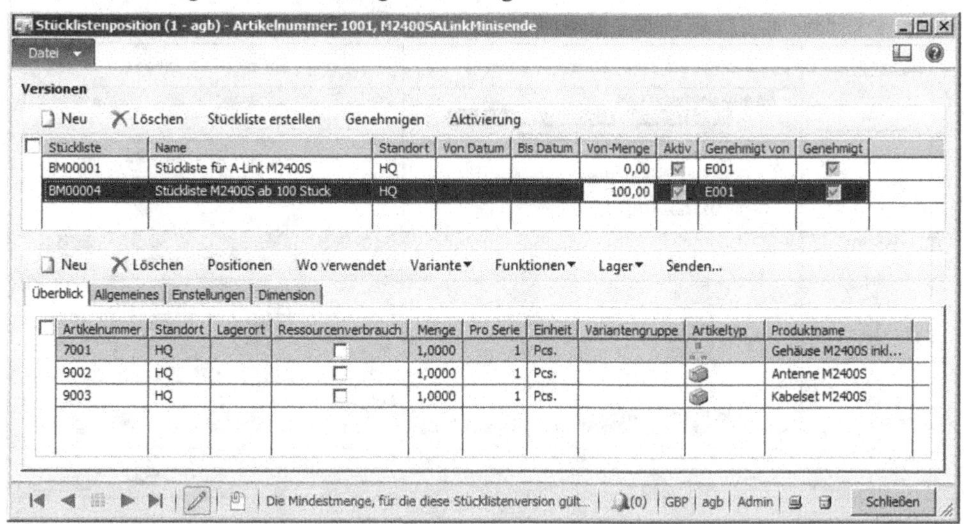

Abbildung 5-7: Stücklistenformular, geöffnet aus dem freigegebenen Produkt

Im Unterschied zum Stücklistenformular, das vom Menü aus aufgerufen wird, zeigt das Stücklistenpositionsformular zum freigegebenen Produkt die Stücklistenpositionen direkt im unteren Formularbereich (siehe Abbildung 5-7).

Um in diesem Stücklistenpositionsformular eine neue Stückliste anzulegen, muss die Schaltfläche *Stückliste erstellen* in der Aktionsbereichsleiste zum oberen Bereich betätigt werden. Die Schaltfläche *Neu* im oberen Bereich ermöglicht im Gegensatz dazu bloß eine zusätzliche Zuordnung des Artikels zu einer bereits vorhandenen Stückliste.

5.2.2.6 Stücklisten-Designer

Der Stücklisten-Designer bietet eine komfortable Funktion zum Verwalten von Stücklisten. Er kann über die Schaltfläche *Stückliste/Designer* am Schaltflächenreiter *Entwicklung* des freigegebenen Produkts oder die Schaltfläche *Designer* im Stücklistenformular (nach Öffnen aus dem Menü) aufgerufen werden.

Der Stücklisten-Designer zeigt eine mehrstufige Ansicht der Stückliste. In dieser können Artikelnummern mittels Drag&Drop aus dem rechten Formularbereich in die gewählte Stückliste im linken Bereich eingefügt werden.

Bei Aufruf des Designers aus dem freigegebenen Produkt wird neben der Stückliste auch der jeweilige Arbeitsplan gezeigt. In diesem Fall kann eine Stücklistenposition mittels Drag&Drop auf eine Arbeitsplanposition gezogen werden, um eine Arbeitsgangnummer für die Terminierung von Materialbedarf zuzuweisen (alternativ zum Eintragen der *Arbeitsgangnummer* am Reiter *Allgemeines* des Stücklistenpositionsformulars).

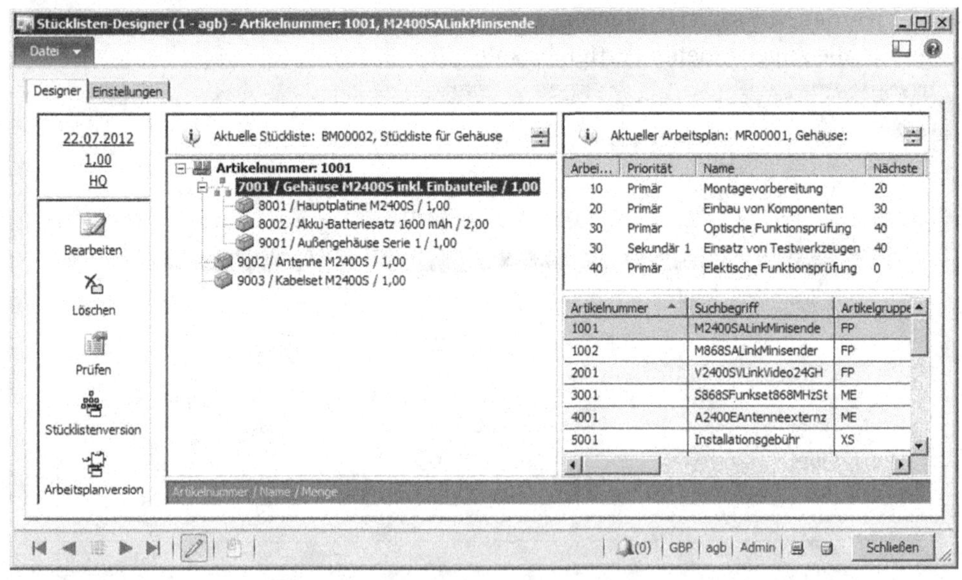

Abbildung 5-8: Stücklisten-Designer, geöffnet aus dem freigegebenen Produkt

Zur Steuerung der Anzeige, beispielsweise um die Positionsmenge im Designer einzublenden, kann auf den Reiter *Einstellungen* gewechselt werden.

5.2.2.7 Abfrage der Teileverwendung

Stücklistenpositionsformular und Stücklisten-Designer zeigen den Aufbau eines Artikels aus Komponenten. Wenn umgekehrt für eine Komponente bestimmt werden soll, in welchen Fertigerzeugnissen und Halbfabrikaten sie enthalten ist, kann die Teileverwendungsabfrage verwendet werden.

Die Teileverwendung wird nach Auswahl der betroffenen Komponente im Formular für freigegebene Produkte über die Schaltfläche *Stückliste/Wo verwendet* am Schaltflächenreiter *Entwicklung* geöffnet.

5.2.3 Übungen zum Fallbeispiel

Übung 5.1 – Rohmaterial

Ein neues Fertigerzeugnis wird hergestellt, das aus zwei neuen Einzelteilen besteht. Legen Sie dazu einen Artikel mit Produktnummer A-##-R1 und Bezeichnung „##-Rohmaterial-1" (## = Ihr Benutzerkürzel) und einen Artikel mit Produktnummer A-##-R2 und Bezeichnung „##-Rohmaterial-2" in den freigegebenen Produkten an. Die beiden neuen Artikel haben keine Varianten, Chargen oder Seriennummern. Der Lagerbestand wird in allen Unternehmen auf Ebene von Standort und Lagerort geführt.

Wählen Sie für beide Artikel passende Werte zu Produkttyp, Produktuntertyp, Lagerdimensionsgruppe, Rückverfolgungsangabengruppe und eine Artikelgruppe für Rohmaterial. Beide Artikel werden in Stück als Mengeneinheit geführt. Für die Lagersteuerungsgruppe ist eine Gruppe mit Wertmodell „FIFO" einzutragen.

Die Einkaufs-Mehrwertsteuergruppe wird so gewählt, dass für beide Artikel der Normalsteuersatz gilt. Für den Basiseinkaufspreis und den Basiseinstandspreis beider Artikel werden 100.- Pfund eingesetzt und als Hauptlieferant ist der von Ihnen in Übung 3.2 angelegte Lieferant einzutragen.

Das Prinzip für den automatischen Artikelverbrauch soll so gewählt werden, dass ein manuelles Buchen des Verbrauchs erfolgt. Für Einkauf und Lager tragen Sie in den *Standardauftragseinstellungen* den Hauptstandort und in den *Standortspezifischen Auftragseinstellungen* eine Zeile für den zugehörigen Hauptlagerort ein.

<u>Hinweis:</u> Falls Produktnummern automatisch aus einem Nummernkreis vorgeschlagen werden, belassen Sie die automatische Nummer.

Übung 5.2 – Fertigerzeugnis

Für das Fertigerzeugnis legen Sie einen Artikel mit der Produktnummer A-##-F (falls keine Nummer aus dem Nummernkreis vorgeschlagen wird) und der Bezeichnung „##-Fertigfabrikat" in den freigegebenen Produkten an. Der Artikel hat keine Varianten, Chargen oder Seriennummern und der Lagerbestand wird auf Ebene von Standort und Lagerort geführt.

Wählen passende Werte zu Produkttyp, Produktuntertyp, Lagerdimensionsgruppe, Rückverfolgungsangabengruppe und eine Artikelgruppe für Fertigfabrikate. Der Artikel wird in Stück als Mengeneinheit geführt Für die Lagersteuerungsgruppe wird eine Gruppe mit Wertmodell „FIFO" gewählt.

Die Verkaufs-Mehrwertsteuergruppe wird für Normalsteuersatz gewählt. Für den Basiseinstandspreis wird 500.- Pfund und für den Basisverkaufspreis 1.000.- Pfund eingetragen. In den *Standardauftragseinstellungen* tragen Sie den entsprechenden Standardauftragstyp und für Lager und Verkauf den Hauptstandort ein. In den *Standortspezifischen Auftragseinstellungen* erfassen Sie eine Zeile für den zugehörigen Hauptlagerort.

Hinweis: Wenn Sie im Dynamics AX 2012 Feature Pack arbeiten, ist für Fertigprodukte im Formular für freigegebene Produkte der entsprechende *Produktionstyp* zu wählen.

Übung 5.3 – Stückliste

Sobald das Fertigerzeugnis und die Komponenten als Artikel angelegt sind, können Sie die Stückliste komplett erfassen.

Legen Sie eine Stückliste für Ihren Artikel aus Übung 5.2 über die entsprechende Schaltfläche direkt aus dem im Formular für freigegebene Produkte an, die für den Hauptstandort gültig ist. In der Stückliste sind zwei Stück des ersten und ein Stück des zweiten in Übung 5.1 angelegten Rohmaterials enthalten, für den Lagerort der Positionen tragen Sie das Hauptlager ein. Nach Anlegen der Positionen genehmigen und aktivieren Sie die Stückliste.

5.3 Ressourcen und Arbeitspläne

Ressourcen und Ressourcengruppen in Dynamics AX definieren die ausführenden Elemente der betrieblichen Leistungserstellung im Produktionsprozess. Ressourcen umfassen hierbei manuelle Arbeitsplätze und Mitarbeiter genauso wie Maschinen und – bei Fremdbearbeitung – Lieferanten. Sie definieren das Kapazitätsangebot, das im Zuge von Planung und Steuerung mit der Kapazitätsnachfrage abgeglichen wird.

Die Kapazitätsnachfrage wird auf Basis von Arbeitsplänen bestimmt, in denen die für die Produktion eines Artikels erforderlichen Ressourcen und ihre zeitliche Inanspruchnahme enthalten sind.

Ressourcen und Arbeitspläne bilden damit neben Artikeln und Stücklisten den zweiten Stammdatenbereich, der als Voraussetzung für die Produktionsplanung und -steuerung gepflegt werden muss.

5.3.1 Produktionseinheiten und Ressourcengruppen

Produktionseinheiten werden zur Abbildung von Fabrikationsstätten und Werken in Unternehmensstrukturen mit Niederlassungen verwendet. Innerhalb einer Produktionseinheit dienen Ressourcengruppen zur Verwaltung von Bereichen entsprechend der jeweiligen Organisation. Ressourcen einer Ressourcengruppe können unterschiedliche Fähigkeiten haben und müssen nicht austauschbar sein.

5.3.1.1 Produktionseinheiten

Die Gliederungsebene „Produktionseinheit", die im Rahmen der Zeitwirtschaft für die Ressourcenverwaltung verwendet wird, ist nicht ident mit der in der Materialwirtschaft benutzten Dimension „Standort". Ein Standort kann mehrere Produktionseinheiten enthalten.

Die Verwendung von Produktionseinheiten ist optional. Um eine Produktionseinheit anzulegen, kann der Menüpunkt *Produktionssteuerung> Einstellungen> Produktion> Produktionseinheiten* geöffnet werden. Neben *Identifikation* und *Namen* muss der *Standort* eingetragen werden, dem die Produktionseinheit zugeordnet ist. Am Reiter *Allgemeines* kann ein Entnahme-Lagerort ausgewählt werden, der für Stücklistenpositionen zur Anwendung kommt, in denen das Kontrollkästchens *Ressourcenverbrauch* markiert ist.

Die Zuordnung von Produktionseinheiten zu Ressourcengruppen erfolgt im Formular *Organisationsverwaltung> Häufig> Ressourcen> Ressourcengruppen*, indem die jeweilige Produktionseinheit in der Ressourcengruppe eingetragen wird.

Produktionseinheiten werden in Lagertransaktionen nicht berücksichtigt, können aber als Filter- und Sortierkriterium in ressourcenbezogenen Formularen des Produktionsmoduls eingesetzt werden, beispielsweise in der Listenseite *Produktionssteuerung> Häufig> Aktuelle Arbeitsgänge.*

5.3.1.2 Ressourcengruppen und Ressourcenzuordnung

Ressourcengruppen in Dynamics AX bilden die physische Organisation von Ressourcen ab und erfüllen in diesem Zusammenhang folgende Funktionen:

- **Struktur der Ressourcen** – Verknüpfung von Ressourcen mit Produktionseinheiten, Standorten und Lagerorten
- **Grobterminierung** – Kapazitätsermittlung auf Ebene von Ressourcengruppen

Die Zuordnung von Ressourcen zu Ressourcengruppen ist datumsbezogen und bietet die Möglichkeit, eine Ressource im Laufe der Zeit unterschiedlichen Ressourcengruppen zuzuordnen – beispielsweise aufgrund von saisonalen oder organisatorischen Anforderungen. Eine Ressource kann an jedem Datum jedoch nicht mehr als einer Ressourcengruppe zugeordnet sein.

Wenn eine Ressource neu angelegt wird oder wenn die Zuordnung einer Ressource zu Ressourcengruppen durch Eintragung eines Ablaufdatums deaktiviert wird, ist sie keiner Gruppe zugeordnet. Aufgrund von benötigten Einstellungen für die Produktion (beispielsweise die Zuordnung von Standort oder Kalender) werden Ressourcen ohne Ressourcengruppenzuordnung in der Kapazitätsplanung und Terminierung nicht berücksichtigt.

5.3.1.3 Verwalten von Ressourcengruppen

Ressourcengruppen werden im Menüpunkt *Organisationsverwaltung> Häufig> Ressourcen> Ressourcengruppen* verwaltet. Eine neue Ressourcengruppe wird über die Schaltfläche *Neu/Ressourcengruppe* im Aktionsbereich unter Eintragung von Identifikation, Name und Standort angelegt.

Am Inforegister *Allgemeines* des Ressourcengruppenformulars kann eine *Produktionseinheit* zugeordnet werden. Der *Eingangslagerort* definiert den Entnahme-Lagerort für Stücklistenpositionen, in denen das Kontrollkästchens *Ressourcenverbrauch* markiert ist. Weitere Einstellungen wie Eintragungen zu Planung und Kapazitätsberechnung entsprechen den analogen Einstellungen für Ressourcen im Ressourcenformular (siehe Abschnitt 5.3.2 unten).

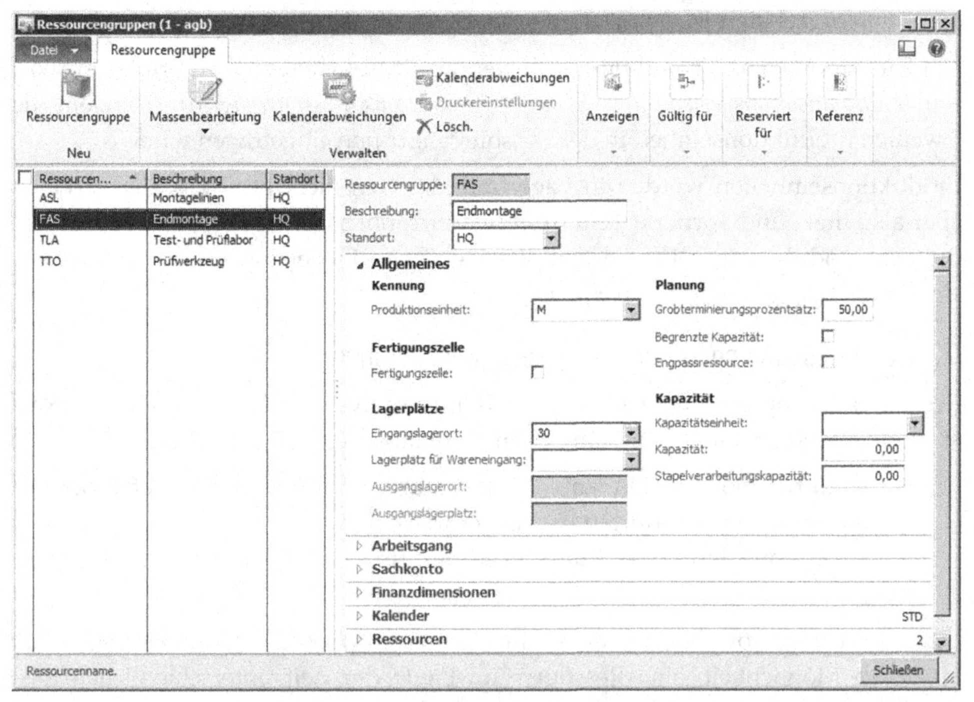

Abbildung 5-9: Verwalten einer Ressourcengruppen im Ressourcengruppenformular

Am Inforegister *Ressourcen* der Ressourcengruppe werden einerseits die der Ressourcengruppe zugeordneten Ressourcen gezeigt, andererseits können weitere Ressourcen über die Schaltfläche *Hinzufügen* in der Aktionsbereichsleiste des Inforegisters zugeordnet werden. Um abgelaufene Ressourcenzuordnungen zu sehen, kann die Schaltfläche *Anzeigen/Alle* betätigt werden.

Die Zuordnung von Ressourcen zu Ressourcengruppen kann hierbei nicht nur im Ressourcengruppenformular, sondern auch im Ressourcenformular eingetragen werden.

Wird das Kontrollkästchen *Fertigungszelle* am Inforegister *Allgemeines* markiert, ist die Ressourcengruppe eine Fertigungszelle im Rahmen von Lean Manufacturing und kann nicht für die Produktionssteuerung in der diskreten Fertigung genutzt werden. In diesem Fall steht der Inforegister *Fertigungszellenkapazität* zur Festlegung der Kapazität der Ressourcengruppe für Lean Manufacturing zur Verfügung.

5.3.1.4 Kalender und Schichtmodelle

Über die Zuordnung des Kalenders werden die Nutzungszeiten von Ressourcengruppen und Ressourcen festgelegt. Der Kalender bestimmt damit gemeinsam mit dem Effizienzgrad die verfügbare Kapazität von Ressourcen.

Kalender werden hierbei auf Ebene von Ressourcengruppen und auf Ebene der Ressourcenzuordnung (in der Zuordnungszeile zur Ressourcengruppe) bestimmt, aber nicht in den Einzelressourcen selbst.

Zu einer Ressourcengruppe erfolgt die Zuordnung eines Kalenders am Inforegister *Kalender* des Ressourcengruppenformulars. Die Zuordnung eines Kalenders ist datumsbezogen, womit beispielweise eine zukünftige Änderung des Schichtbetriebs einer Ressourcengruppe durch Auswahl eines neuen Kalenders mit entsprechendem Startdatum erfasst werden kann.

Damit ein Kalender zugeordnet werden kann, muss er im Menüpunkt *Organisationsverwaltung> Häufig> Kalender> Kalender* angelegt werden. Ein neuer Kalender, beispielsweise für eine Abteilung mit abweichenden Arbeitszeiten, wird über die Schaltfläche *Neu* als neuer Datensatz oder über die Schaltfläche *Kalender kopieren* als Kopie eines bestehenden Kalenders angelegt.

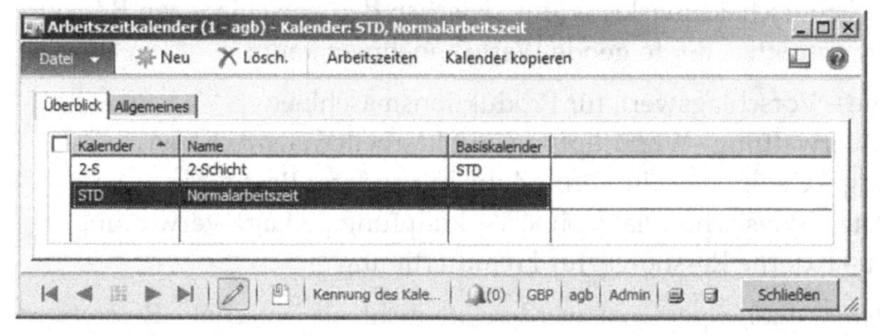

Abbildung 5-10: Verwalten eines Arbeitszeitkalenders im Kalenderformular

Um die Zuordnung von Arbeitstagen und Arbeitszeiten im jeweiligen Kalender vorzunehmen, wird die Schaltfläche *Arbeitszeiten* im Kalenderformular betätigt. Im Arbeitszeitenformular können einzelne Tage im oberen Formularbereich manuell eingetragen werden, die Arbeitszeiten für den jeweils im oberen Formularbereich markierten Tag werden im unteren Formularbereich eingetragen oder geändert. Normalerweise werden Arbeitstage und Arbeitszeiten im Arbeitszeitenformular aber nicht manuell angelegt sondern über die Schaltfläche *Arbeitszeiten einrichten* automatisch erstellt.

Voraussetzung für das automatische Erstellen von Arbeitszeiten im Kalender ist die Definition der täglichen Arbeitszeit für eine Kalenderwoche im Schichtmodellformular (*Organisationsverwaltung> Häufig> Kalender> Schichtmodelle*) auf den Reitern *Montag* bis *Sonntag* nach Auswahl des jeweiligen Modells am Reiter *Überblick*.

Im Kalenderformular kann dann beim Abruf der Funktion *Arbeitszeiten einrichten* ein Schichtmodell ausgewählt werden, das die täglichen Arbeitszeiten bestimmt.

5.3.1.5 Neu in Dynamics AX 2012

Da in Dynamics AX 2012 die Zuordnung von Ressourcen zu Arbeitsgängen unter Berücksichtigung von Ressourcenfähigkeiten erfolgen kann, müssen Ressourcen einer Ressourcengruppe nicht austauschbar sein. Zudem kann die Zuordnung von Ressourcen zu Ressourcengruppen und zu Kalendern datumsbezogen sein.

5.3.2 Ressourcen und Ressourcenfähigkeiten

Ressourcen bilden die unterste Gliederungsebene für Kapazitäten in Dynamics AX und dienen damit als Basis für die Feinterminierung.

5.3.2.1 Verwalten von Ressourcen

Ressourcen werden im Menüpunkt *Organisationsverwaltung> Häufig> Ressourcen> Ressourcen* verwaltet. Beim Anlegen einer neuen Ressource über die Schaltfläche *Neu/Ressource* im Aktionsbereich des Ressourcenformulars ist zu beachten, dass die Identifikation einer Ressource eindeutig sein muss und auch nicht gleich der Identifikation einer Ressourcengruppe sein darf.

Ein wesentliches Unterscheidungskriterium zwischen den verschiedenen Ressourcen bildet der *Ressourcentyp*, der folgende Werte annehmen kann:

- **Maschine** – Vorschlagswert, für Produktionsmaschinen
- **Personalverwaltung** – Verknüpfung zu Mitarbeitern (*Arbeitskraft*)
- **Werkzeug** – Gerät, meist in Verbindung mit anderer Ressource
- **Lagerplatz** – Physischer Platz, ohne Verknüpfung zu Lagerverwaltung
- **Kreditor** – Externe Ressource, für Fremdfertigung

Maschinen und Bedienungspersonal werden oft nicht als getrennte Ressourcen angelegt, sondern gemeinsam zu einer Ressource vom Typ „Maschine" zusammengefasst. Werkzeuge werden – falls getrennt verwaltet – im Arbeitsplan meist als Sekundär-Arbeitsplanposition zu Maschine oder Personal definiert (siehe Abschnitt 5.3.3).

Am Inforegister *Ressourcengruppe* der Ressource kann die Zuordnung von Ressourcengruppe und Kalender gezeigt und geändert werden. Zum Ändern der Ressourcengruppe wird die Schaltfläche *Hinzufügen* in der Aktionsbereichsleiste des Inforegisters gewählt und die neue Gruppe mit Startdatum für die Zuordnung gewählt. Der Vorschlagswert für den Kalender wird aus der Ressourcengruppe übernommen.

5.3.2.2 Ressourcenfähigkeiten

Ressourcenfähigkeiten geben an, welche Art von Funktionen und Tätigkeiten eine Ressource durchführen kann – beispielsweise Schweißen oder Schneiden. Wie die Zuordnung von Ressourcengruppen wird auch die Zuordnung von Ressourcenfähigkeiten mit Gültigkeitszeitraum definiert.

In Arbeitsplänen kann dann die für einen Arbeitsgang benötigte Ressource nicht nur auf Basis von Ressourcengruppen sondern auch durch Angabe der benötigten Ressourcenfähigkeit erfolgen (Ressourcenanforderungen, siehe Abschnitt 5.3.3).

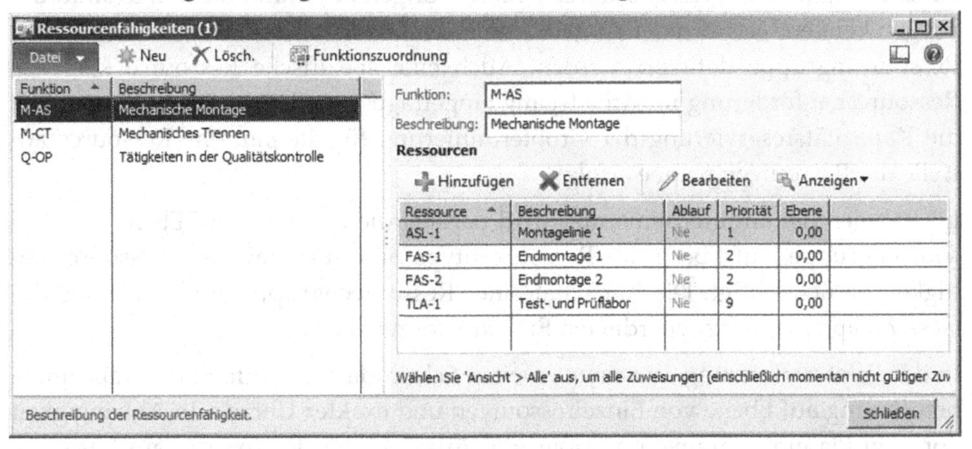

Abbildung 5-11: Bearbeiten von Fähigkeiten im Ressourcenfähigkeiten-Formular

Ressourcenfähigkeiten werden mandantenübergreifend geführt und können im Formular *Organisationsverwaltung> Häufig> Ressourcen> Ressourcenfähigkeiten* mit Angabe von Identifikation (Feld/Spalte *Funktion*) und *Beschreibung* angelegt werden. Am Reiter *Ressourcen* im Ressourcenfähigkeiten-Formular können die Ressourcen zugeordnet werden, die die jeweilige Fähigkeit besitzen.

Die Zuordnung von Ressourcen zu Fähigkeiten kann hierbei nicht nur im Ressourcenfähigkeiten-Formular, sondern alternativ auch im Ressourcenformular eingetragen werden. Im Ressourcenformular kann hierfür die Schaltfläche *Verwalten/Funktion hinzufügen* im Aktionsbereich oder die Schaltfläche *Hinzufügen* in der Schaltflächenleiste des Inforegisters *Funktionen* benutzt werden.

Die Zuordnung von Ressourcenfähigkeiten ist datumsbezogen, zusätzlich kann eine Priorität in der Zuordnung angegeben werden. In Abhängigkeit von den Planungsparametern (siehe Abschnitt 5.4.1) wird die Ressource mit der höchsten Priorität – definiert durch die kleinste Zahl in der Spalte *Priorität* – für die Feinterminierung zuerst verwendet.

Hinweis: Ressourcenfähigkeiten werden in der deutschen Oberfläche auch mit dem Begriff „Funktion" bezeichnet.

5.3.2.3 Terminierung von Ressourcen

Dynamics AX kennt zwei Stufen der Terminierung, die alternativ oder nacheinander durchgeführt werden können (siehe Abschnitt 5.4.3):

- **Grobterminierung**
- **Feinterminierung**

In der Grobterminierung erfolgt die Kapazitätsberechnung auf Ebene von Ressourcengruppen und Tagen. Die Ressourcengruppe wird hierbei aus den im jeweiligen Arbeitsgang hinterlegten Ressourcenanforderungen bestimmt. Ressourcenanforderungen können hierbei unter Angabe von Ressourcenfähigkeit, Ressourcentyp und Ressourcengruppe definiert werden. Auch eine spezifische Ressource kann als Ressourcenanforderung im Arbeitsgang eingetragen werden, wobei in diesem Fall die Kapazitätsreservierung der Grobterminierung für die einzelne Ressource anstelle der Ressourcengruppe erfolgt.

Im Rahmen der Grobterminierung wird parallel die Kapazität auf Ebene der Ressourcengruppe, auf Ebene des Ressourcentyps und auf Ebene der Ressourcenfähigkeit berücksichtigt. Die Kapazität einer Ressourcengruppe ergibt sich aus der Gesamtkapazität der zugeordneten Einzelressourcen.

In der Feinterminierung, die einen zweiten Schritt darstellt, erfolgt die Kapazitätsberechnung auf Ebene von Einzelressourcen und exakter Uhrzeit. In Abhängigkeit von den Planungsparametern erfolgt die Auswahl von Ressourcen auf Basis der kürzesten Durchlaufzeit oder der höchsten Priorität.

5.3.2.4 Einstellungen zur Ressourcenkapazität

Am Reiter *Allgemeines* im Ressourcenformular wird der *Effizienzgrad* angegeben, über den die von einem Arbeitsgang benötigte Zeit vermindert oder erhöht wird. Vorschlagswert für den Effizienzgrad ist 100.

Wird beispielsweise eine neue Ressource angelegt, die im Vergleich zu den übrigen Ressourcen eine um 25 Prozent höhere Geschwindigkeit zulässt, kann der Effizienzgrad der Ressource auf 125 gesetzt werden. Auf dieser Ressource wird dann für einen Arbeitsgang mit einer Dauer von 10 Stunden eine Kapazitätsbelastung von nur 8 Stunden (10 * 100/125) eingeplant.

Über das Kontrollkästchen *Begrenzte Kapazität* kann gesteuert werden, ob für die betroffene Ressource die Kapazitätsauslastung geprüft werden soll. Wird das Kästchen markiert, dann wird bei Terminermittlung sichergestellt dass nicht andere Produktionsaufträge die betroffene Ressource (oder Ressourcengruppe bei Grobterminierung) gleichzeitig belegen. Andernfalls wird jeder Auftrag ohne Berücksichtigung anderer Aufträge getrennt gerechnet.

Als Voraussetzung für die Berücksichtigung dieser Einstellung zur begrenzten Kapazität muss im Abrufdialog zur Auftragsterminierung (Grobterminierung, Feinterminierung) – beziehungsweise im abgerufenen Produktprogrammplan für den Produktprogrammplanungslauf – die Berücksichtigung begrenzter Kapazitäten aktiviert sein.

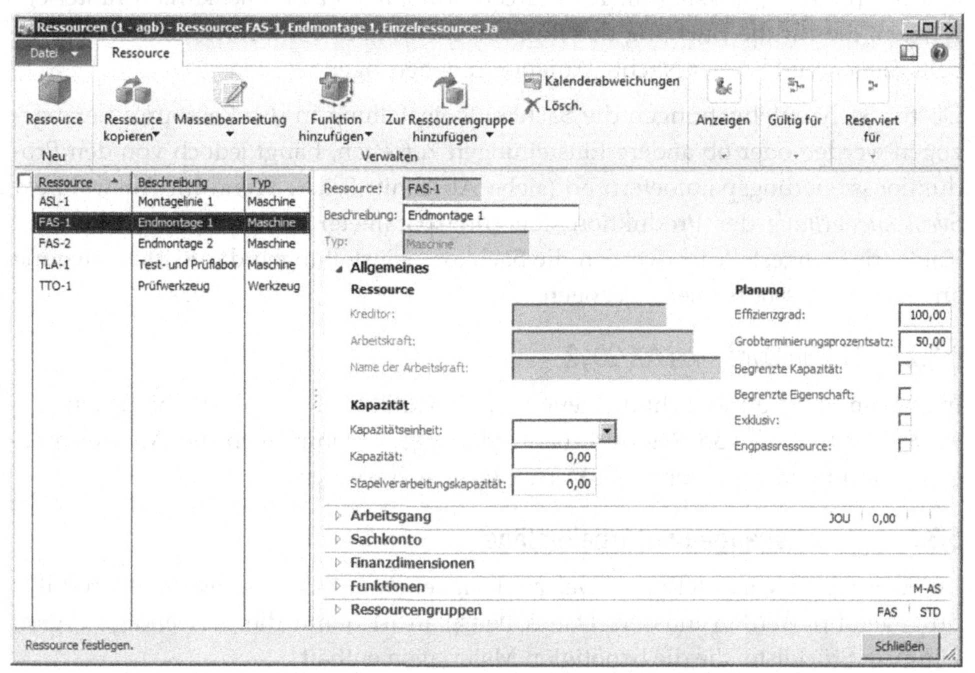

Abbildung 5-12: Verwalten einer Ressource im Ressourcenformular

Als Zeiteinheit für die Planung einer Ressource kommen standardmäßig immer Stunden zur Anwendung, wobei sich die verfügbare Zeit aus dem Kalender ergibt, der in der Ressourcengruppenzuordnung definiert ist. Wenn für die Produktionsplanung und Steuerung eine andere Zeiteinheit verwendet werden soll, kann über das Feld *Bearbeitungszeiteinheit* am Inforegister *Arbeitsgang* des Ressourcenformulars eine Umrechnung in diese Zeiteinheit angegeben werden. So ist es beispielsweise möglich, durch Festlegung einer *Bearbeitungszeiteinheit* von 1/60 = 0,0167 die betroffenen Zeiten in Minuten einzutragen.

Wird die Kapazität einer Ressource nicht in Zeiteinheiten gemessen, kann am Inforegister *Allgemeines* des Ressourcenformulars eine alternative *Kapazitätseinheit* ausgewählt werden. Das Feld *Kapazität* unterhalb der Kapazitätseinheit enthält dann die entsprechende Umrechnung in Einheiten pro Stunde.

Weitere Felder am Inforegister *Arbeitsgang* des Ressourcenformulars enthalten Vorschlagswerte für Arbeitsplanpositionen. Diese Vorschlagswerte werden in den Arbeitsplan übernommen, wenn die betroffene Ressource oder Ressourcengruppe in einer Arbeitsplanposition als Nachkalkulationsressource ausgewählt wird.

5.3.2.5 Sachkontenintegration

Am Inforegister *Sachkonto* im Ressourcenformular können Sachkonten hinterlegt werden, die für die Buchung des Ressourceneinsatzes beim Rückmelden von Arbeitsgängen und bei der Nachkalkulation herangezogen werden.

Ob für Sachkontobuchungen die Sachkontoeinstellung in der Ressource herangezogen werden oder ob andere Einstellungen zutreffen, hängt jedoch von den Produktionssteuerungsparametern ab (siehe Abschnitt 8.4.3). Wenn im Auswahlfeld *Sachkontobuchung* der Produktionssteuerungsparameter die Option „Artikel und Kategorie" eingestellt ist, werden die Sachkontoeinstellungen der Kostenkategorie anstelle der Ressource herangezogen.

5.3.2.6 Neu in Dynamics AX 2012

In Dynamics AX ermöglicht die neue Funktionalität für Ressourcenfähigkeiten eine flexible Definition von Ressourcenanforderungen, womit auch die Ausweichressourcengruppen vorangehender Versionen ersetzt werden.

5.3.3 Arbeitsgänge und Arbeitspläne

Im Arbeitsplan wird definiert, welche Tätigkeiten zur Erzeugung eines Produkts durchgeführt werden müssen. Der Arbeitsplan ist damit die notwendige Ergänzung zur Stückliste, die die benötigten Materialien enthält.

Arbeitspläne enthalten hierbei – genauso wie Stücklisten – geplante Werte, die die Vorgabe für die Produktion darstellen. Zu diesen Planwerten werden im Zuge des Produktionsprozesses Istwerte in Form von Rückmeldungen gebucht. Plan- und Istwerte können anschließend verglichen und analysiert werden.

Um die erforderlichen Tätigkeiten der Produktion ausreichend zu beschreiben, muss der Arbeitsplan zumindest folgende Daten enthalten:

- **Durchzuführende Tätigkeit** – *Arbeitsgang*
- **Durchführende Stelle** – *Ressourcenanforderung*
- **Reihenfolge** – Nächster Arbeitsgang (Spalte *Nächste*)
- **Zeitdauer** – *Rüstzeit, Bearbeitungszeit*
- **Hergestelltes Produkt** – *Artikelnummer* in Arbeitsplanzuordnung (Version)
- **Benötigtes Material** – Zugeordneter Arbeitsgang in Stücklistenposition

Für Stücklistenpositionen, die keinem Arbeitsgang zugeordnet sind, werden so berechnet dass sie zu Beginn für die Durchführung des ersten Arbeitsgangs benötigt werden (siehe Abschnitt 5.2.2).

5.3.3.1 Arbeitsgänge

Arbeitsgänge sind in Dynamics AX eine Voraussetzung für die Erstellung von Arbeitsplänen. Sie werden unabhängig vom betroffenen Arbeitsplan im Formular *Produktionssteuerung> Einstellungen> Arbeitspläne> Arbeitsgänge* angelegt und enthalten nicht mehr als einen eindeutige Identifikation und einen Namen, der die durchzuführende Tätigkeit beschreibt.

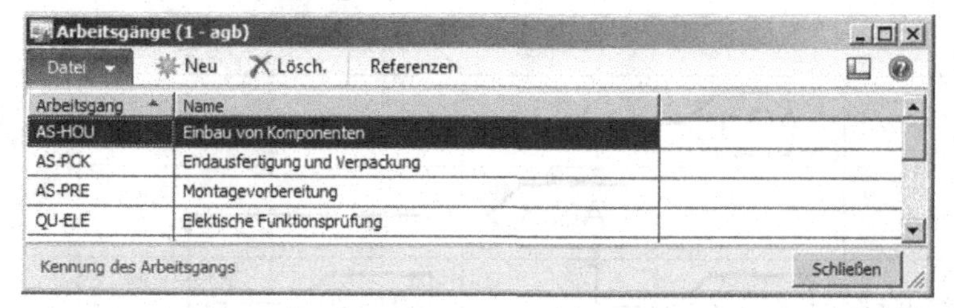

Abbildung 5-13: Verwalten von Arbeitsgängen im Arbeitsgangformular

Jeder Arbeitsgang kann in beliebig vielen Arbeitsplänen Verwendung finden, erst im Arbeitsplan werden für einen Arbeitsgang die konkreten Vorgaben zu Zeitdauer und eingesetzter Ressource eingetragen. Die Schaltfläche *Referenzen* in der Aktionsbereichsleiste des Arbeitsgangformulars ermöglicht hierbei die Abfrage der zugeordneten Arbeitsplanpositionen.

5.3.3.2 Reihenfolge von Arbeitsgängen

Die Reihenfolge der Arbeitsgänge wird nicht im Arbeitsgangformular vorgegeben, sondern im Arbeitsplan definiert. Hierbei gibt es in Dynamics AX zwei Varianten zur Verwaltung der Reihenfolge:

- **Einfache Folge**
- **Komplexe Folge**

Ist in den Produktionssteuerungsparametern am Reiter *Allgemeines* das Kontrollkästchen *Arbeitsplan-Netzwerk* nicht markiert, können in Arbeitsplänen nur einfache Arbeitsgangfolgen eingetragen werden. In einfachen Arbeitsgangfolgen werden die Arbeitsgänge der Reihe nach durchlaufen.

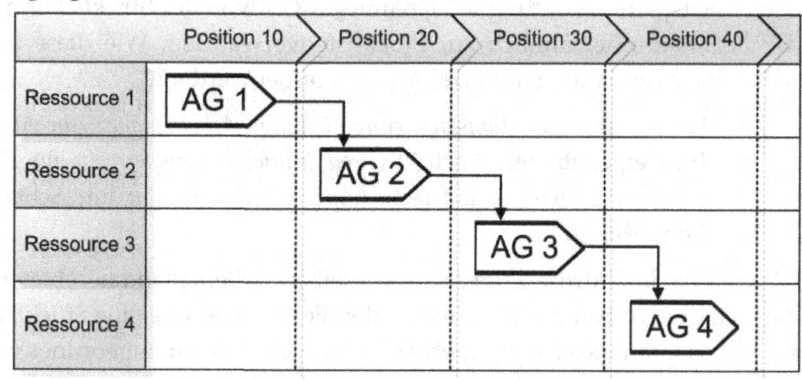

Abbildung 5-14: Einfache Arbeitsgangfolgen

Ist das Kontrollkästchen *Arbeitsplan-Netzwerk* hingegen markiert, muss in den Arbeitsplänen zu jedem Arbeitsgang ein Nachfolger eingetragen werden. Damit sind komplexe Folgen möglich, bei denen ein späterer Arbeitsgang unabhängig von vorangehenden Positionen definiert werden kann.

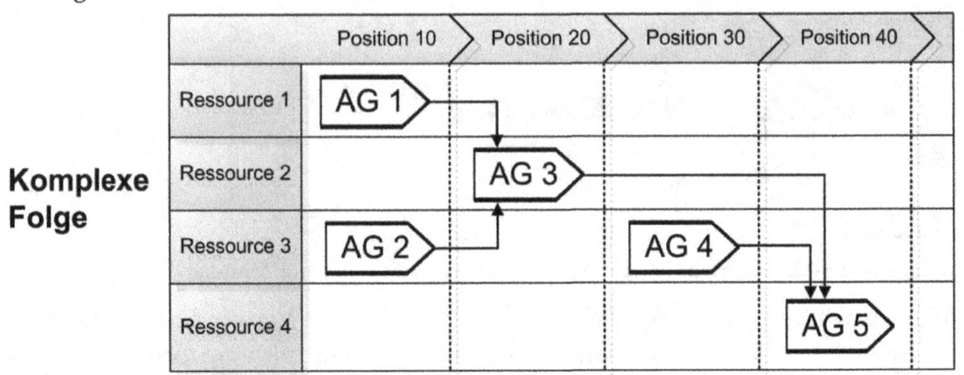

Abbildung 5-15: Komplexe Arbeitsgangfolgen

Arbeitsplanpositionen können hierbei sowohl bei einfacher als auch bei komplexer Folge über die Eintragung von Sekundärarbeitsgängen (*Priorität* „Sekundär") parallel auf mehreren Ressourcen definiert werden.

Für den Fall, dass die Einstellmöglichkeiten im Arbeitsplan nicht ausreichen um eine konkrete Situation abzubilden, kann in der Struktur des Fertigerzeugnisses eine Zwischenebene eingezogen werden, die ein fiktives Halbfabrikat enthält. In der Stücklistenposition, in der dieses fiktive Halbfabrikat eingetragen ist, kann der Positionstyp „Lieferung mit Bedarfsverursachung" gewählt werden um Produktionsaufträge für die fiktive Ebene fix mit Produktionsaufträgen der übergeordneten Ebene zu verknüpfen.

5.3.3.3 Verwalten von Arbeitsplänen

Die Arbeitsplanverwaltung in Dynamics AX ist von der Struktur und dem Aufbau der Formulare her ähnlich zur Stücklistenverwaltung. Wie diese kann auch die Arbeitsplanverwaltung auf zwei Arten geöffnet werden:

- **Im Menü** (*Produktionssteuerung> Häufig> Arbeitspläne> Alle Arbeitspläne*)
- **Im freigegebenen Produkt** (*Produktinformationsverwaltung> Häufig> Freigegebene Produkte*, Schaltfläche *Anzeigen/Arbeitsplan* am Schaltflächenreiter *Entwicklung*)

Obwohl beide Aufrufe Zugriff auf dieselben Arbeitsplandaten bieten, unterscheidet sich der Aufbau der entsprechenden Formulare. Wie eine Stückliste kann auch ein Arbeitsplan gleichzeitig mehreren Fertigprodukten zugeordnet werden, wobei auch die Zuordnung des Arbeitsplans mit dem Begriff „Version" bezeichnet wird.

Beim ersten genannten Aufruf, dem Aufruf vom Menü aus, wird die Listenseite zur Arbeitsplanverwaltung mit einer Übersicht aller vorhandenen Arbeitspläne gezeigt.

Über die Schaltfläche *Verwalten/Arbeitsplanversionen* im Aktionsbereich der Listenseite wird das Detailformular mit den Arbeitsplanversionen geöffnet, das zeigt welchen Fertigprodukten der jeweilige Arbeitsplan zugeordnet ist. Die Zuordnung („Version") muss hierbei auf Ebene von Artikelnummer und Standort erfolgen, zusätzlich kann ein Gültigkeitszeitraum und Mengenstaffel eingetragen sein.

Zum Verwalten der Arbeitsgänge kann in der Arbeitsplan-Listenseite über einen Doppelklick auf die jeweilige Zeile oder über die Schaltfläche *Bearbeiten* im Aktionsbereich das Arbeitsplanpositionsformular geöffnet werden. Im Arbeitsplanpositionsformular zeigt dann der obere Formularbereich die Arbeitsgänge des jeweiligen Arbeitsplans während im unteren Formularbereich die Detaildaten des im oberen Formularbereich markierten Arbeitsgangs verwaltet werden. Die Detaildaten eines Arbeitsganges können hierbei je Artikel, Variante und Standort unterschiedlich gewählt werden. In diesem Fall zeigt der Reiter *Überblick* im unteren Bereich des Arbeitsplanpositionsformulars mehrere Zeilen mit der jeweiligen Zuordnung und – auf den weiteren Reitern – zugehörigen Detaildaten.

Wird die Arbeitsplanverwaltung vom freigegebenen Produkt aus geöffnet (Schaltfläche *Anzeigen/Arbeitsplan* am Schaltflächenreiter *Entwicklung*), zeigt der obere Bereich *Versionen* des Arbeitsplanformulars alle dem jeweiligen Artikel zugeordneten Arbeitspläne. Falls ein Arbeitsplan mehreren Artikeln zugeordnet ist muss beachtet werden, dass jede Änderung der Arbeitsgänge Auswirkungen auf die anderen zugeordneten Fertigfabrikate hat.

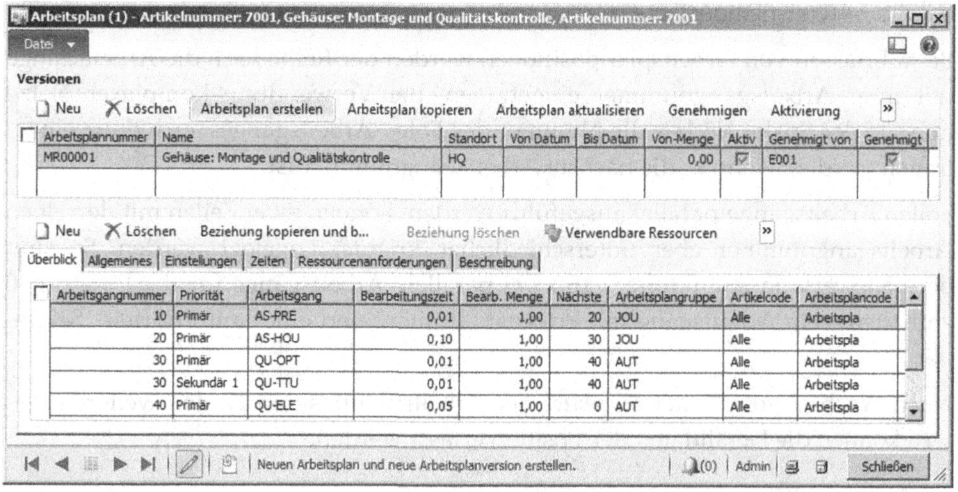

Arbeitsplan (1) - Artikelnummer: 7001, Gehäuse: Montage und Qualitätskontrolle, Artikelnummer: 7001

Datei

Versionen

Neu | Löschen | Arbeitsplan erstellen | Arbeitsplan kopieren | Arbeitsplan aktualisieren | Genehmigen | Aktivierung

Arbeitsplannummer	Name	Standort	Von Datum	Bis Datum	Von-Menge	Aktiv	Genehmigt von	Genehmigt
MR00001	Gehäuse: Montage und Qualitätskontrolle	HQ			0,00	☑	E001	☑

Neu | Löschen | Beziehung kopieren und b... | Beziehung löschen | Verwendbare Ressourcen

Überblick | Allgemeines | Einstellungen | Zeiten | Ressourcenanforderungen | Beschreibung

Arbeitsgangnummer	Priorität	Arbeitsgang	Bearbeitungszeit	Bearb. Menge	Nächste	Arbeitsplangruppe	Artikelcode	Arbeitsplancode
10	Primär	AS-PRE	0,01	1,00	20	JOU	Alle	Arbeitspla
20	Primär	AS-HOU	0,10	1,00	30	JOU	Alle	Arbeitspla
30	Primär	QU-OPT	0,01	1,00	40	AUT	Alle	Arbeitspla
30	Sekundär 1	QU-TTU	0,01	1,00	40	AUT	Alle	Arbeitspla
40	Primär	QU-ELE	0,05	1,00	0	AUT	Alle	Arbeitspla

Neuen Arbeitsplan und neue Arbeitsplanversion erstellen. | (0) | Admin | Schließen

Abbildung 5-16: Arbeitsplan-Verwaltung nach Aufruf aus dem freigegebenen Produkt

5.3.3.4 Neuanlegen eines Arbeitsplans

In der Arbeitsplan-Listenseite wird ein neuer Arbeitsplan über die Schaltfläche *Neu/Arbeitsplan* im Aktionsbereich angelegt. Dynamics AX zeigt dann das Arbeitsplandetailformular mit den Arbeitsplanversionen, in dem je nach Einstellung des betreffenden Nummernkreises die Arbeitsplannummer automatisch oder manuell bestimmt wird. Nach Eintragen des Arbeitsplan-Namens (Bezeichnung) im oberen Formularbereich kann im unteren Formularbereich das oder die Fertigprodukte zusammen mit dem Standort, für den der Arbeitsplan gültig ist, erfasst werden.

Im Arbeitsplandetailformular kann dann das Arbeitsplanpositionsformular zum Erfassen der Arbeitsgänge über die Schaltfläche *Verwalten/Arbeitsplan* geöffnet werden. Das Anlegen eines neuen Arbeitsganges in den Positionen erfolgt über die Tastenkombination *Strg+N* oder den Befehl *Datei/Neu*.

Analog zu Stücklisten müssen Arbeitspläne und Arbeitsplanversionen vor Nutzung in der Produktion genehmigt werden. Zu diesem Zweck kann die Schaltfläche *Genehmigen* auf Ebene von Arbeitsplan und Arbeitsplanversion betätigt werden. Wird zuerst die Arbeitsplanversion genehmigt, kann über das entsprechende Kontrollkästchen im Genehmigungs-Dialog parallel dazu auch der Arbeitsplan selbst genehmigt werden. Damit ein Arbeitsplan als Vorschlagswert für die Produktion herangezogen wird, muss die entsprechende Arbeitsplanversion über die Schaltfläche *Aktivierung* aktiv gesetzt werden.

Wird die Arbeitsplanverwaltung vom freigegebenen Produkt aus geöffnet, muss im entsprechenden Arbeitsplanformular die Schaltfläche *Arbeitsplan erstellen* in der Aktionsbereichsleiste betätigt werden. Die Schaltfläche *Neu* im oberen Bereich ermöglicht hier bloß eine zusätzliche Zuordnung des Artikels zu einem bereits vorhandenen Arbeitsplan.

5.3.3.5 Arbeitsplanpositionen

Beim Erfassen von Arbeitsplanpositionen werden der Reihe nach die Arbeitsgänge mit ihrer Arbeitsgangnummer eingetragen. Bei Verwendung komplexer Netze muss in der Spalte *Nächste* die Nummer des Folge-Arbeitsganges auch dann eingetragen werden, wenn es die nächste Arbeitsgangnummer ist.

Sollen Arbeitsgänge parallel ausgeführt werden, können zwei Zeilen mit derselben Arbeitsgangnummer aber unterschiedlicher *Priorität* angelegt werden. So sind beispielsweise in Abbildung 5-16 zwei parallele Arbeitsgänge für die Position 30 enthalten – ein Arbeitsgang mit Priorität „Primär" und einer mit Priorität „Sekundär 1".

Nach Wechsel vom Reiter *Überblick* der Arbeitsplanposition zu den weiteren Reitern können die Detaildaten der Position erfasst werden.

5.3.3.6 Arbeitsplangruppe

Über die am Reiter *Allgemeines* (oder in der rechten Spalte am Reiter *Überblick*) gewählte *Arbeitsplangruppe* wird bestimmt, wie die Rückmeldung von Zeiten (Ressourcenverbrauch) erfolgen soll. Soll ein Arbeitsgang automatisch gebucht werden (Ist = Soll), ist eine Arbeitsplangruppe zu wählen, bei der die Kontrollkästchen zur automatischen Arbeitsgang-Rückmeldung markiert sind.

Arbeitsplangruppen werden im Menüpunkt *Produktionssteuerung> Einstellungen> Arbeitspläne> Arbeitsplangruppen* verwaltet. Neben den Kontrollkästchen, die die automatische Arbeitsgang-Rückmeldung steuern, enthalten Arbeitsplangruppen am Reiter *Allgemeines* auch Einstellungen zu Vor- und Nachkalkulation. Die Kontrollkästchen zu Vor- und Nachkalkulation steuern hierbei, ob die betroffenen Arbeitsgänge in der Kalkulation berücksichtigt werden. In Arbeitsplangruppen für normale Arbeitsgänge werden entweder die Kontrollkästchen zur Kalkulation auf Basis von Rüst- und Bearbeitungszeiten oder das Kontrollkästchen zur Kalkulation auf Basis von Bearbeitungsmengen (Stückkosten) markiert.

5.3.3.7 Nachkalkulationsressource und Kostenkategorien

Am Reiter *Einstellungen* der Arbeitsplanposition kann eine *Nachkalkulationsressource* ausgewählt werden. Diese wird bei der Vorkalkulation von Produktionsaufträgen als Ressource zur Ermittlung der Kosten des jeweiligen Arbeitsgangs herangezogen.

Wenn eine Ressourcengruppe oder Ressource in das Feld *Nachkalkulationsressource* eingetragen wird, werden zugehörige Vorschlagswerte aus dem Ressourcenstamm in die Arbeitsplangruppe, Kostenkategorien und Zeiten der Arbeitsplanposition übernommen.

Die Kostenkategorien am Reiter *Einstellungen* der Arbeitsplanposition sind neben der Arbeitsplangruppe eine weitere wichtige Einstellung zur Kalkulation eines Arbeitsgangs. Kostenkategorien können für Rüstzeiten, Bearbeitungszeiten und Bearbeitungsmenge unterschiedlich gewählt werden. Hierbei ist zu berücksichtigen, dass über die Arbeitsplangruppe eines Arbeitsganges bestimmt wird, ob Rüstzeiten, Bearbeitungszeiten und Bearbeitungsmenge in der Kalkulation berücksichtigt werden.

Vor Anlegen einer neuen Kostenkategorie für die Produktion muss eine entsprechende gemeinsame Kategorie im Menüpunkt *Produktionssteuerung> Einstellungen> Arbeitspläne> Gemeinsam genutzten Kategorien* angelegt werden, wobei zumindest das Kontrollkästchen *Kann in Produktion verwendet werden* zu markieren ist. Die gemeinsam genutzten Kategorien werden mandantenübergreifend geführt.

Die Kostkategorien selbst werden im Menüpunkt *Produktionssteuerung> Einstellungen> Arbeitspläne> Kostenkategorien* verwaltet und enthalten drei wichtige Einstellungen für die Produktion:

- **Einstandspreis** – Festlegung des Stundensatzes
- **Kostengruppe** – Zuordnung zu einem Kostentyp in der Kalkulation (siehe Abschnitt 5.4.1)
- **Sachkonto-Ressourcen** – Festlegung der Sachkonten, die für die Buchung des Ressourceneinsatzes herangezogen werden, wenn in den Produktionssteuerungsparametern für die *Sachkontobuchung* die Option „Artikel und Kategorie" eingestellt ist

Um den Einstandspreis für eine Kostenkategorie zu definieren, kann die Schaltfläche *Preis* in der Aktionsbereichsleiste des Kostenkategorie-Formulars betätigt werden. Im Kostenkategoriepreis-Formular kann dann ein neuer Preis mit Gültigkeitsdatum (*Von-Datum*) und *Version* (Nachkalkulationsversion, siehe Abschnitt 7.2.4) eingetragen und über die Schaltfläche *Aktivieren* aktiviert werden.

5.3.3.8 Zeitvorgaben in der Arbeitsplanposition

Am Reiter *Zeiten* in den Arbeitsplanpositionen werden Zeitvorgaben für die Arbeitsplanposition hinterlegt, untergliedert nach Rüstzeit, Bearbeitungszeit, Wartezeiten und Transportzeit. Die eingetragene *Bearbeitungszeit* enthält die Zeit, die erforderlich ist um die im Feld *Bearbeitungsmenge* hinterlegte Menge an Fertigprodukten zu erzeugen.

Bei einer eingetragenen Bearbeitungsmenge von 1,00 ist die Bearbeitungszeit die Stückzeit in Stunden. Über die *Bearbeitungszeiteinheit* in der Arbeitsplanposition und eine Kapazitätseinheit in der Ressource können aber auch andere Einheiten für die Ausführungszeit definiert werden.

Die gesamte Ausführungszeit eines Arbeitsganges berechnet sich dann wie folgt:

$$Gesamtzeit = \frac{Rüstzeit + (Ausführungszeit \times Bearbeitungsmenge)}{Effizienzgrad\ der\ Ressource}$$

Zur Berechnung der Durchlaufzeit müssen zusätzlich Wartezeiten und Transportzeit berücksichtigt werden.

5.3.3.9 Ressourcenanforderungen

Am Reiter *Ressourcenanforderungen* der Arbeitsplanpositionen können die Ressourcen gewählt werden, die für die Ausführung des Arbeitsgangs alternativ vorgesehen sind. Wenn mehrere Zeilen für die Ressourcenanforderungen einer Position erfasst werden, müssen anwendbare Ressourcen alle Anforderungen erfüllen.

Indem die entsprechenden Kontrollkästchen in der Anforderungszeile markiert werden, können für *Grobterminierung* und *Feinterminierung* unterschiedliche Anforderungen definiert werden.

In der Spalte *Anforderungstyp* der Anforderungszeilen wird bestimmt, ob sich die jeweilige Anforderung auf eine Ressourcengruppe, eine Ressource, einen Ressourcentyp oder auf eine Ressourcenfähigkeit („Funktion") bezieht. Die Optionen „Qualifikation", „Kurse", „Bescheinigung" und „Titel" sind nur für die Feinterminierung verfügbar, beziehen sich auf Daten im Mitarbeiterstamm und betreffen daher nur Ressourcen mit zugeordnetem Mitarbeiter (*Arbeitskraft*).

Über die Schaltfläche *Verwendbare Ressourcen* in der Aktionsbereichsleiste der Arbeitsplanpositionen kann geprüft werden, welche Ressourcen die Anforderungen der jeweiligen Position erfüllen können. Nachdem die Zuordnung von Ressourcen zu Ressourcengruppen und Ressourcenfähigkeiten datumsabhängig ist, ist in dieser Abfrage – neben der Auswahl Grobterminierung / Feinterminierung – auch ein Datum als Filterkriterium enthalten.

5.3.3.10 Neu in Dynamics AX 2012

Ressourcenanforderungen und gemeinsam genutzte Kategorien sind neue Elemente in Dynamics AX 2012.

5.3.4 Übungen zum Fallbeispiel

Übung 5.4 – Arbeitsplan-Einrichtung

Um die Funktionsweise von Ressourcenfähigkeit, Arbeitsplangruppe und Kostenkategorie besser zu sehen, richten Sie diese selbst ein.

Zunächst erfassen Sie dazu eine Ressourcenfähigkeit *C-##* (## = Ihr Benutzerkürzel) und dem Namen „##-spezifisch". Danach legen Sie eine Arbeitsplangruppe *R-##* für manuelle Rückmeldungen an, Vor- und Nachkalkulation sollen nur Rüstzeit und Bearbeitungszeit berücksichtigen.

Abschließend legen Sie eine Kostenkategorie *G-##* und eine entsprechende gemeinsam genutzter Kategorie an. In der Kostenkategorie tragen Sie eine passende Kostengruppe Ihrer Wahl und Sachkonten analog zu bestehenden Kostenkategorien ein. Für den Einstandspreis erfassen und aktivieren Sie einen Preis von 100.- Pfund zu einer Nachkalkulationsversion für geplante Kosten.

Übung 5.5 – Ressourcen und Ressourcengruppen

Das Ihnen in Übung 5.2 angelegte Fertigerzeugnis wird auf neuen Maschinen in einem neuen Bereich hergestellt.

Legen Sie dazu eine neue Ressourcengruppe *W-##* (## = Ihr Benutzerkürzel) mit dem Namen „##-Montage" und einer passenden Produktionseinheit am Hauptstandort an. Für alle Kostenkategorien wählen Sie die in Übung 5.4 eingerichtete Kategorie, für den Kalender den Standardkalender.

Danach legen Sie zwei neue Ressourcen *W-##-1* und *W-##-2* vom Typ „Maschine" an. Für Arbeitsplangruppe und alle Kostenkategorien wählen Sie in beiden Ressourcen die von Ihnen in Übung 5.4 eingerichteten Elemente. Bei der Eintragung der Konten am Reiter *Sachkonto* orientieren Sie sich an bereits vorhandenen Ressourcen. Beide Ressourcen werden der neuen Ressourcengruppe *W-##* zugeordnet. Die Ressource *W-##-2* erhält zusätzlich die in Übung 5.4 angelegte Ressourcenfähigkeit.

Übung 5.6 – Arbeitsgang

Zur Herstellung Ihres Fertigprodukts aus Übung 5.2 ist ein neuer Arbeitsgang erforderlich. Sie legen den entsprechenden Arbeitsgang *A-##* (## = Ihr Benutzerkürzel) mit der Bezeichnung „##-Bearbeitung" an.

Übung 5.7 – Arbeitsplan

Zur Produktion Ihres Fertigprodukts ist ein neuer Arbeitsplan erforderlich. Diesen legen Sie mit den in den vorangehenden Übungen eingerichteten Elementen an.

Öffnen Sie dazu das Formular für freigegebene Produkte und wählen Sie Ihr Fertigprodukt aus Übung 5.2. Öffnen Sie anschließend die Arbeitsplanverwaltung über die entsprechende Schaltfläche und legen Sie einen Arbeitsplan an, in dem als einzige Position der von Ihnen in Übung 5.6 angelegte Arbeitsgang enthalten ist.

Die Bearbeitungszeit der Arbeitsplanposition beträgt eine Stunde pro Einheit. Wählen Sie die Ressource *W-##-1* als Nachkalkulationsressource und übernehmen Sie die Vorschlagswerte für Arbeitsplangruppe und Kostenkategorien. Ressourcen zu dieser Position müssen der Ressourcengruppe *W-##* angehören und die in Übung 5.4 angelegte Ressourcenfähigkeit besitzen.

Können Sie im Arbeitsplan überprüfen, welche Ressourcen für die Ausführung in Frage kommen? Abschließend genehmigen und aktivieren Sie den Arbeitsplan.

5.4 Produktionsaufträge

Über Produktionsaufträge wird festgelegt, dass ein bestimmtes Erzeugnis zu fertigen ist. Neben der Angabe von Artikelnummer und Menge des Fertigerzeugnisses bzw. Halbfabrikats enthalten Produktionsaufträge auch Vorgaben zu eingesetzten Materialien und Ressourcen.

Der Fortschritt des Produktionsauftrags kann dann an seinem Status festgestellt werden. Dazu wird der Auftragsstatus bei jedem wesentlichen Bearbeitungsschritt des Produktionsauftrags wie Terminierung, Freigabe oder Fertigmeldung fortgeschrieben.

5.4.1 Grundlagen der Produktionsauftragsabwicklung

Ein Produktionsauftrag kann entweder manuell angelegt oder auf folgende Art automatisch erzeugt werden:

- **Produktprogrammplanung** – Direktes Erstellen eines Produktionsauftrags im Sofortanlagezeitraum (siehe Abschnitt 6.3.3)
- **Geplanter Produktionsauftrag** – Umwandeln eines geplanten Produktionsauftrags (siehe Abschnitt 6.3.4)
- **Lieferung mit Bedarfsverursachung** – Erstellen aus einem übergeordneten Produktionsauftrag im Zuge der Vorkalkulation (siehe Abschnitt 5.4.3)
- **Verkaufsauftrag** – Erstellen durch Betätigen der Schaltfläche *Produkt und Beschaffung/Neu/Produktionsauftrag* in der Aktionsbereichsleiste von Verkaufsauftragspositionen

5.4.1.1 Status des Produktionsauftrags

Wird ein Produktionsauftrag manuell angelegt, steht sein Status zunächst auf „Erstellt". Der Status „Erstellt" ist auch der einzige Status, in dem ein Produktionsauftrag gelöscht werden kann. Falls ein Auftrag gelöscht werden soll, der sich in einem nachfolgenden Status befindet, muss zunächst sein Status zurückgesetzt werden.

Nach Anlegen eines Auftrags werden im Zuge der Auftragsabwicklung der Reihe nach folgende Statuswerte durchlaufen:

- **Erstellt**
- **Vorkalkuliert**
- **Eingeplant**
- **Freigegeben**
- **Gestartet**
- **Als fertig gemeldet**
- **Abgeschlossen**

Der Auftragsstatus wird durch Aktualisieren des Produktionsauftrags fortgeschrieben. Das Aktualisieren wird hierbei entweder durch Betätigen der entsprechenden Schaltfläche im Aktionsbereich des Produktionsauftragsformulars oder über den entsprechenden Sammelabruf (*Produktionssteuerung> Periodisch> Produktionsaufträge* beziehungsweise *Produktionssteuerung> Periodisch> Planung*) durchgeführt. Je nach Parametereinstellungen kann der Benutzer hierbei einzelne Schritte (Statuswerte) überspringen. In diesem Fall werden die übersprungenen Schritte auf Basis von in den Produktionssteuerungsparametern hinterlegten Standardwerten automatisch ausgeführt.

Soll ein Status zurückgesetzt werden, kann im Produktionsauftragsformular die Schaltfläche *Status zurücksetzen* (Schaltflächengruppe *Bearbeiten*) am Schaltflächenreiter *Produktionsauftrag* zur Auswahl eines vorangehenden Status gewählt werden. Beim Zurücksetzen ist aber zu beachten, dass allenfalls gebuchte Material- und Arbeitsgang-Rückmeldungen storniert werden.

5.4.1.2 Standardwerte

Beim Abruf der verschiedenen Statusänderungen für einen Produktionsauftrag wird der jeweils entsprechende Abrufdialog gezeigt. Zu jedem dieser Abrufdialoge können für die darin enthaltenen Parameter Standardwerte als individuelle Vorschlagswerte hinterlegt werden.

Um diese Vorschlagswerte zu erfassen, wird im jeweiligen Abrufdialog die Schaltfläche *Standardwerte* betätigt. Die gewählten Vorschlagswerte können auf alle Benutzer angewendet werden, indem im Standardwerte-Dialog die Schaltfläche *Benutzerstandard* betätigt wird.

5.4.1.3 Produktionssteuerungsparameter und Planungsparameter

Produktionssteuerungsparameter können auf Unternehmensebene oder auf Standortebene geführt werden. In den Parametern auf Unternehmensebene (*Produktionssteuerung> Einstellungen> Produktionssteuerungsparameter*) wird im Auswahlfeld *Parameter* zunächst eingestellt, ob die Parameter standortspezifisch geführt werden. In diesem Fall können die standortspezifischen Parameter im Menüpunkt *Produktionssteuerung> Einstellungen> Produktionssteuerungsparameter nach Standort* analog zu den Parametern auf Unternehmensebene eingerichtet werden.

Hinsichtlich der Statusänderung kann in den Produktionssteuerungsparametern am Reiter *Status* eingestellt werden, von welchem Status auf welchen Status gewechselt werden darf. Dies betrifft einerseits das Überspringen von Statuswerten beim Aktualisieren und andererseits die Möglichkeiten, einen Status zurückzusetzen.

Planungsparameter definieren Vorschlagswerte für die Abrufdialoge zur Terminierung von Produktionsaufträgen. Sie können im Menüpunkt *Organisationsverwaltung> Einstellungen> Planung> Planungsparameter* eingerichtet werden und bieten wie die Produktionssteuerungsparameter die Möglichkeit zur Parameterfestlegung auf Standortebene. Eine wesentliche Einstellung in den Planungsparametern bietet das Auswahlfeld *Hauptressourcenauswahl* indem es festlegt, ob bei der Feinterminierung die Ressourcenauswahl zur Ressourcenfähigkeit primär aufgrund der kürzesten Durchlaufzeit (spätester Starttermin bei Rückwärtsterminierung) oder aufgrund der Priorität erfolgt.

5.4.1.4 Produktionsjournale

Als Voraussetzung für das Buchen von Produktionsrückmeldungen müssen die benötigten Journale im Menüpunkt *Produktionssteuerung> Einstellungen> Produktionserfassungsnamen* eingerichtet werden. Für die Journaltypen *Arbeitsplanliste, Einzelvorgangsliste, Kommissionierliste* und *Fertigmeldung* muss hierbei jeweils zumindest ein Journalname angelegt werden, damit die entsprechenden Buchungen möglich sind.

5.4.1.5 Kostengruppen

Als Basis für die Kalkulation dienen zwei Einstellungen: Kostengruppen und der Nachkalkulationsbögen.

Die Kostengruppe dient hierbei zur Definition von Gruppen für die Kalkulation und - falls in der Kalkulation Verkaufspreise berechnet werden - zum Hinterlegen des Aufschlags für die Verkaufspreisberechnung.

Die Verwaltung der Kostengruppen erfolgt im Menüpunkt *Lager- und Lagerortverwaltung> Einstellungen> Nachkalkulation> Kostengruppen* oder alternativ im Menüpunkt *Produktionssteuerung> Einstellungen> Arbeitspläne> Kostengruppen*. Der *Kosten-*

gruppentyp, der die Grundstruktur der Kostenaufgliederung enthält, unterscheidet hierbei folgende Optionen:

- **Direktmaterialien** – Kosten des Materialverbrauchs
- **Direktfertigung** – Kosten der Fertigung (Ressourcennutzung)
- **Direktes Outsourcing** – Kosten der Fremdfertigung
- **Indirekt** – Gemeinkostenzuschläge
- **Nicht definiert** – allgemeine, unspezifische Zuordnung

Pro Kostengruppentyp kann in einer Kostengruppe das Kontrollkästchen *Standard* markiert werden, um den jeweiligen Vorschlagswert zu bestimmen.

Um in der jeweiligen Kostengruppe den Zuschlag für die Berechnung des Verkaufspreises einzutragen, ist der Reiter *Gewinn* im Kostengruppenformular zu erweitern. Auf diesem Reiter kann für vier Stufen der *Gewinnvorgabe* ein unterschiedlicher Prozentsatz eingetragen werden. Später kann dann im Abrufdialog zur Kalkulation (Vorkalkulation im Produktionsauftrag) anstelle der Gewinnvorgabe „Standard" eine andere Option gewählt werden - beispielsweise um in einer Wettbewerbssituation einen reduzieren Verkaufspries zu ermitteln.

Für Artikel erfolgt die Zuordnung der Kostengruppe am Inforegister *Kosten verwalten* des Formulars für das freigegebene Produkt. Artikel ohne explizite Zuordnung einer Kostengruppe werden mit der über das Kontrollkästchen *Standard* definierten Direktmaterial-Standardkostengruppe kalkuliert.

Die Zuordnung einer Kostengruppe für Arbeitsgänge erfolgt im Gegensatz dazu über die Kostenkategorie. Nachdem in der Arbeitsplanposition unterschiedliche Kostenkategorien für Rüstzeit, Bearbeitungszeit und Bearbeitungsmenge eingetragen werden können, können auch unterschiedliche Kostengruppen genutzt werden.

5.4.1.6 Nachkalkulationsbogen

Die Gliederung von Vor- und Nachkalkulation kann über den Nachkalkulationsbogen definiert werden. Dieser wird über den Menüpunkt *Lager- und Lagerortverwaltung> Einstellungen> Nachkalkulation> Nachkalkulationsbögen* geöffnet und hat folgenden Zweck:

- **Kostenstruktur** – Klassifizieren der Kosten über Kostengruppen
- **Gemeinkostenzuschläge** – Definieren von Regeln zur Berechnung von Gemeinkostenzuschlägen im produzierten oder eingekauften Artikel

Der Nachkalkulationsbogen dient zur Einrichtung einer mehrstufigen Struktur über die unterschiedlichen Kosten von Produkten. Neben den Kostengruppen, die die unterste Ebene des Nachkalkulationsbogens bilden, können Knoten zur Darstellung von Zwischensummen in beliebigen Ebenen angelegt werden.

Der Knoten, der direkt unterhalb des Root-Knotens liegt und für produzierte Artikel gilt, enthält den *Typ* „Kosten der hergestellten Waren" in der Feldgruppe *Ein-*

stellungen. Parallel dazu kann ein Knoten für Einkaufsartikel bestehen – dieser enthält den *Kontentyp* „Kosten des Einkaufs".

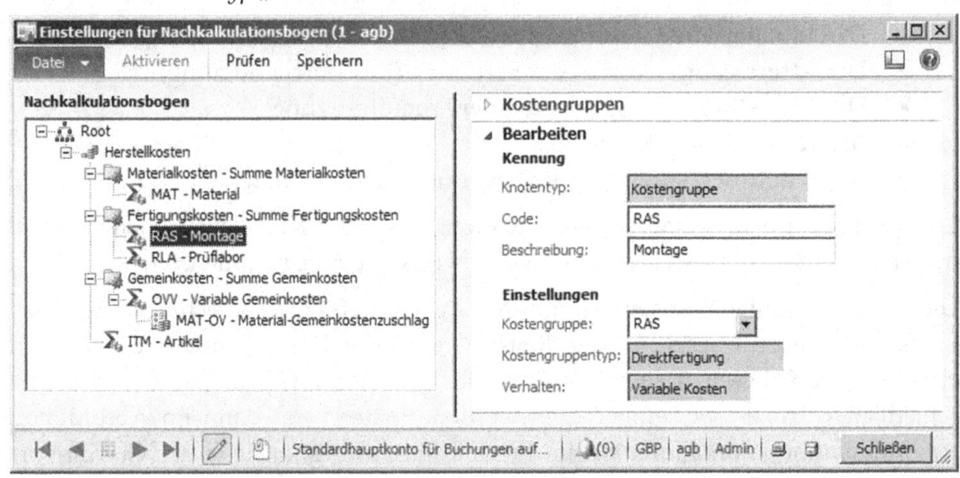

Abbildung 5-17: Einrichten eines einfachen Nachkalkulationsbogens

Um eine Position im Nachkalkulationsbogen einzufügen, kann ein Klick mit der rechten Maustaste auf den übergeordneten Konten ausgeführt und im Kontextmenü die Option *Erstellen* gewählt werden.

Soll eine Zeile für eine Kostengruppe eingefügt werden, ist im Dialogfeld zur Neuanlage der *Knotentyp* „Kostengruppe" und in der neuen Position anschließend die gewünschte *Kostengruppe* zu wählen.

Um Gemeinkostenzuschläge anzulegen, kann ein Subknoten für einen Knoten mit dem *Kostengruppentyp* „Indirekt" angelegt und in der neuen Position der *Knotentyp* „Zuschlag" oder „Satz" ausgewählt werden Nach Auswahl der Berechnungsbasis am Reiter *Berechnung* kann anschließend in unteren Formularbereich der Zuschlagsbetrag bzw. Prozentsatz für die jeweilige Nachkalkulationsversion (siehe Abschnitt 7.2.4) eingetragen werden. Die Kontenzuordnung für die Buchung von indirekten Kosten ist im Nachkalkulationsbogen in Zeilen von indirekten Kostenpositionen am Reiter *Buchung* (analog zur Kontenzuordnung für Ressourcen) einzutragen.

Vor dem Schließen des Nachkalkulationsbogens muss die Schaltfläche *Speichern* betätigt werden, um Änderungen zu speichern.

5.4.1.7 Neu in Dynamics AX 2012

Die Planungsparameter und die Möglichkeit zur Definition von indirekten Kosten für Einkaufsartikel im Nachkalkulationsbogen sind neu in Dynamics AX 2012.

5.4.2 Produktionsauftragserfassung

Wie alle Belege enthält ein Produktionsauftrag einen Kopfteil, der die für alle Teile des Auftrags gemeinsamen Daten wie Produktionsauftragsnummer, Artikelnummer des erzeugten Produkts, Auftragsmenge und Liefertermin enthält. Im Unterschied zu anderen Belegen enthält der Produktionsauftrag aber nicht nur einen Positionsteil sondern zwei getrennte Arten von Positionen:

- **Stücklistenpositionen** – Benötigtes Material
- **Arbeitsplanpositionen** – Benötigte Arbeitsgänge

Das Produktionsauftrag-Detailformular, das mittels Doppelklick auf einen Produktionsauftrag in der Produktionsauftrags-Listenseite (*Produktionssteuerung> Häufig> Produktionsaufträge> Alle Produktionsaufträge*) geöffnet wird, enthält Inforegister mit den Kopfdaten des Auftrags.

Um die Stücklistenpositionen des Produktionsauftrags zu öffnen, kann die Schaltfläche *Produktionsdetails/Stückliste* am Schaltflächenreiter *Produktionsauftrag* des Produktionsauftragsformulars betätigt werden.

Um die Arbeitsgänge des Produktionsauftrags zu öffnen, wird die Schaltfläche *Produktionsdetails/Arbeitsplan* am Schaltflächenreiter *Produktionsauftrag* des Produktionsauftragsformulars betätigt.

5.4.2.1 Vorschlagswerte im Produktionsauftrag

Bei Neuanlage eines Produktionsauftrags werden aktive Stückliste und aktiver Arbeitsplan aus den Stammdaten des gewählten Fertigerzeugnisses in den Auftrag übernommen.

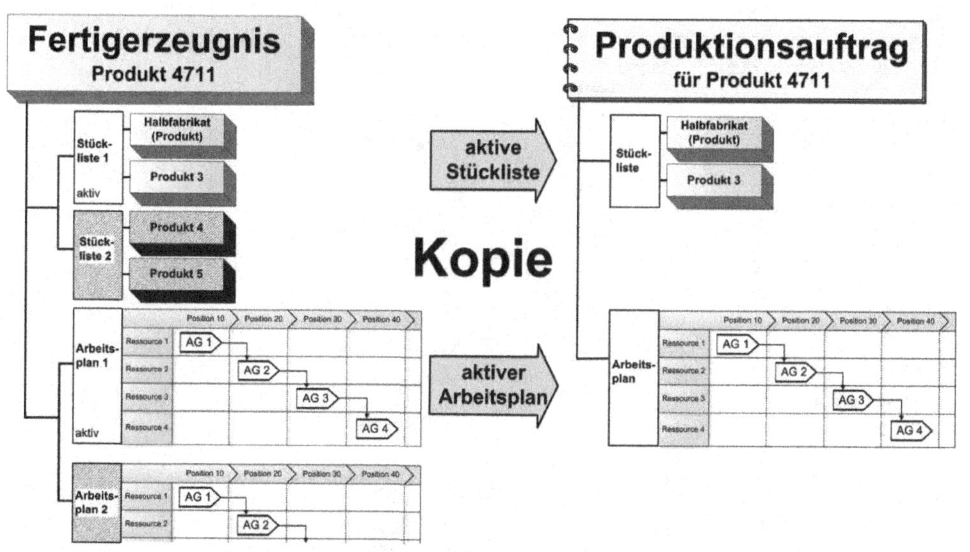

Abbildung 5-18: Ermittlung von Stückliste und Arbeitsplan bei Auftragserfassung

Falls die Stammdaten des Fertigprodukts mehrere aktive Stücklisten und Arbeitspläne enthalten, wird die passende Version aufgrund von Standort, Gültigkeitsdatum, Auftragsmenge und – bei Variantenfertigung – Produktvariante gewählt. Im

Produktionsauftrag ist damit eine Kopie von Stückliste und Arbeitsplan enthalten, die für den konkreten Fall abgeändert werden kann.

5.4.2.2 Anlegen eines Produktionsauftrags

Wenn ein Produktionsauftrag manuell angelegt werden soll, kann in der Listenseite *Produktionssteuerung> Häufig> Produktionsaufträge> Alle Produktionsaufträge* die Schaltfläche *Neu/Produktionsauftrag* am Schaltflächenreiter *Produktionsauftrag* betätigt werden. Im Neuanlagedialog ist dann das zu produzierende Produkt in der *Artikelnummer* zu wählen, wonach Vorschlagswerte aus dem freigegebenen Produkt – inklusive Stückliste und Arbeitsplan – übernommen werden. Die Vorschlagswerte können im Neuanlagedialog geändert werden, wobei zum Bearbeiten der Detaildaten von Stückliste und Arbeitsplan die entsprechende Schaltfläche betätigt werden muss.

Änderungen der Daten des angelegten Produktionsauftrags können auch zu einem späteren Zeitpunkt im Produktionsauftrags-Detailformular erfolgen. Hierbei ist aber zu berücksichtigen, dass für eine korrekte Abbildung von Vorgabezeitermittlung, Terminierung und Rückmeldung möglicherweise der Status aufgerollt und die Arbeitspapiere neu gedruckt werden müssen.

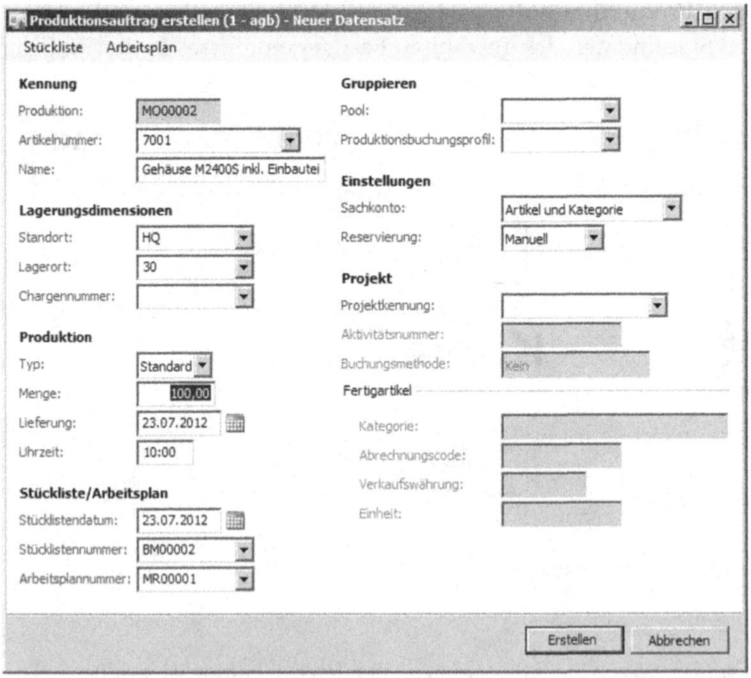

Produktionsauftrag erstellen (1 - agb) - Neuer Datensatz
Stückliste Arbeitsplan

Kennung
Produktion: MO00002
Artikelnummer: 7001
Name: Gehäuse M2400S inkl. Einbautei

Lagerungsdimensionen
Standort: HQ
Lagerort: 30
Chargennummer:

Produktion
Typ: Standard
Menge: 100,00
Lieferung: 23.07.2012
Uhrzeit: 10:00

Stückliste/Arbeitsplan
Stücklistendatum: 23.07.2012
Stücklistennummer: BM00002
Arbeitsplannummer: MR00001

Gruppieren
Pool:
Produktionsbuchungsprofil:

Einstellungen
Sachkonto: Artikel und Kategorie
Reservierung: Manuell

Projekt
Projektkennung:
Aktivitätsnummer:
Buchungsmethode: Kein
Fertigartikel
Kategorie:
Abrechnungscode:
Verkaufswährung:
Einheit:

Erstellen Abbrechen

Abbildung 5-19: Neuanlagedialog beim Anlegen eines Produktionsauftrags

Nach Betätigen der Schaltfläche *Erstellen* im Neuanlagedialog wird der Auftrag im Status „Erstellt" angelegt. Um den Auftrag abzuarbeiten wird der Status des Auftrags in weiterer Folge geändert. Eine Zusammenfassung der durchgeführten Statusänderungen kann am Inforegister *Aktualisieren* abgefragt werden.

5.4.2.3 Referenz zum Ausgangsdokument

Falls ein Produktionsauftrag nicht manuell im Produktionsauftragsformular angelegt worden ist, kann der Ursprung des Auftrags am Inforegister *Referenzen* des Produktionsauftrags-Detailformulars abgefragt werden. Als *Referenztyp* wird „Auftrag" angezeigt, wenn ein Produktionsauftrag direkt aus einer Verkaufsposition erstellt worden ist. Der *Referenztyp* „Produktionsauftragsposition" kennzeichnet hingegen Produktionsaufträge, die automatisch aus der Stücklistenposition eines übergeordneten Produktionsauftrags erstellt worden sind. Die dazugehörige Auftragsnummer ist im Feld *Referenznummer* zu sehen.

5.4.3 Bearbeitung von Produktionsaufträgen

Nach Erstellen eines Produktionsauftrags wird die Produktion vorbereitet, was über entsprechende Statusänderungen im Produktionsauftrag abgebildet wird.

5.4.3.1 Vorkalkulation

Die Vorkalkulation ist der erste Schritt nach Eröffnen eines Produktionsauftrags und dient primär zur Berechnung des konkreten Material- und Ressourcenbedarfes. Als Berechnungsgrundlage werden hierbei Stückliste und Arbeitsplan des Produktionsauftrags herangezogen.

Der Abruf der Vorkalkulation erfolgt im Produktionsauftragsformular über die Schaltfläche *Vorkalkulation* am Schaltflächenreiter *Produktionsauftrag*. Im Abrufdialog kann dann am Reiter *Allgemeines* die Gewinnvorgabe für die Verkaufspreisberechnung gewählt werden.

Parallel zu Mengen und Zeiten werden die Herstellkosten auf Basis des Einstandspreises von Komponenten und Arbeitsgängen berechnet. Die vorgeschlagenen Verkaufspreise ergeben sich aus den Kostengruppen der eingesetzten Artikel (Stücklistenpositionen) und Arbeitsgänge.

Die kalkulierten Werte können dann im Produktionsauftragsformular über die Schaltfläche *Zugehörige Informationen/Preiskalkulation* am Schaltflächenreiter *Anzeigen* abgefragt werden Im Herstellkostenkalkulationsformular ist dazu am Reiter *Überblick Vorkalkulation* eine Auflistung der Einzelwerte und am Reiter *Nachkalkulationsbogen* eine Strukturdarstellung gemäß Nachkalkulationsbogen zu sehen.

Bei der Vorkalkulation erzeugt der geplante Materialverbrauch zugehörige Lagerbuchungen – analog zu den Lagerbuchungen beim Anlegen von Positionen in Verkaufsaufträgen und Einkaufsbestellungen. Zur Abfrage der Buchungen zu den Stücklistenpositionen des Produktionsauftrags kann die Schaltfläche *Lager/Buchungen* im Produktionsauftrags-Stücklistenformular betätigt werden. Unabhängig von der Vorkalkulation ist auch eine Lagerbuchung zum Fertigprodukt vorhanden (Schaltfläche *Lager/Buchungen* am Schaltflächenreiter *Produktionsauftrag* des Produktionsauftragsformulars).

Für Stücklistenpositionen vom Typ „Lieferung mit Bedarfsverursachung" werden – wenn der Standardauftragstyp der Komponente „Produktion" ist – im Zuge der Vorkalkulation untergeordnete Produktionsaufträge erstellt und vorkalkuliert. Referenz-Produktionsaufträge sind mit dem übergeordneten Produktionsauftrag verknüpft und werden im Zuge der Terminierung entsprechend eingeplant.

Wenn der Standardauftragstyp der betroffenen Komponente „Bestellung" ist, wird für Stücklistenpositionen vom Typ „Lieferung mit Bedarfsverursachung" (und vom Typ „Kreditor") eine referenzierte Einkaufsbestellung erstellt.

Falls die Stückliste eine Position vom Typ „Phantom" enthält, wird die betroffene Stücklistenposition im Zuge der Vorkalkulation durch die Komponenten des Phantomartikels ersetzt.

5.4.3.2 Grob- und Feinterminierung

Im Zuge der Terminierung wird der Kapazitätsbedarf des Produktionsauftrags für die benötigten Ressourcen terminlich konkret eingeplant. Hierbei können zwei Arten der Terminierung unterschieden werden: Grobterminierung und Feinterminierung.

Während in der Grobterminierung als erste Stufe der Kapazitätsbedarf auf Ebene von Ressourcengruppen, Arbeitsgängen und Tagen bestimmt wird, erfolgt in der Feinterminierung als zweite Stufe eine detaillierte Kapazitätsberechnung durch Ermittlung untergeordneter Elemente für:

- **Ressourcengruppen** – Kapazität auf Ebene einzelner Ressourcen
- **Arbeitsgänge** – Kapazität auf Ebene von Einzelvorgängen mit Uhrzeit

In Abhängigkeit von den jeweiligen Anforderungen kann nur eine Grobterminierung erfolgen, oder auch die Grobterminierung übersprungen und nur die Feinterminierung abgerufen werden.

Die in der Grobterminierung für die Kapazitätsreservierung bestimmte Ressourcengruppe ergibt sich hierbei aus der Ressourcengruppe derjenigen Ressource, die aufgrund der Ressourcenanforderungen (Ressourcenfähigkeit, Ressourcengruppe, Ressourcentyp) des jeweiligen Arbeitsgangs in der Terminierung gewählt wird. Falls ein Arbeitsgang eine Ressourcenanforderung auf Ebene einer einzelnen Ressource enthält, wird die Kapazitätsreservierung für diese Ressource durchgeführt.

Bei der Feinterminierung entstehen Einzelvorgänge, indem die Arbeitsplanpositionen des Produktionsauftrags auf die am Reiter *Zeiten* enthaltenen Zeitarten (wie *Rüstzeit* und *Bearbeitungszeit*) aufgegliedert und getrennt in der Einzelvorgangstabelle zum Produktionsauftrag gespeichert werden. Die Einzelvorgangstabelle wird dann zur Terminverwaltung und für Rückmeldungen verwendet und kann im Produktionsauftragsformular über die Schaltfläche *Produktionsdetails/Alle Einzel-*

vorgänge am Schaltflächenreiter *Produktionsauftrag* oder aus in den Produktionsarbeitsplanpositionen über die Schaltfläche *Abfragen/Einzelvorgänge* abgefragt werden.

Welche Zeitarten in den Einzelvorgängen verwendet werden, wird hierbei durch die *Arbeitsplangruppe* der jeweiligen Arbeitsplanposition bestimmt (Reiter *Einstellungen* im Arbeitsganggruppenformular).

Einzelvorgänge werden nicht erstellt, wenn nur die Grobterminierung durchgeführt und die Feinterminierung übersprungen wird.

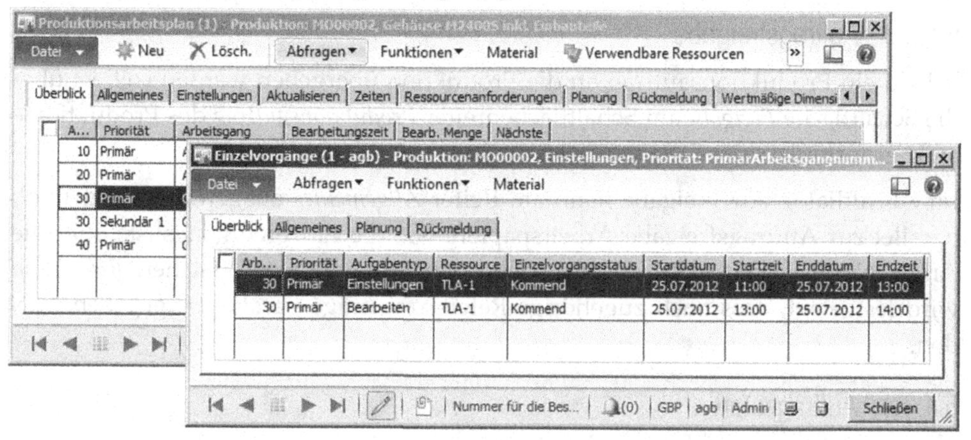

Abbildung 5-20: Einzelvorgänge bei Abruf aus dem Arbeitsplan des Produktionsauftrags

Der Aufruf der Grobterminierung erfolgt am Schaltflächenreiter *Planung* im Produktionsauftragsformular über die Schaltfläche *Arbeitsgänge planen,* für die Feinplanung wird die Schaltfläche *Einzelvorgänge planen* betätigt. Für die Terminierung mehrerer Aufträge stehen auch entsprechende Sammelabrufe im Menü *Produktionssteuerung> Periodisch> Planung* zur Verfügung.

Am Reiter *Allgemeines* im Abrufdialog zur Terminierung können hierbei folgende Parameter gewählt werden:

- **Planungsrichtung** – Auswahl einer Variante der Vorwärts- oder Rückwärtsterminierung
- **Referenzen in Planung einbeziehen** – Parallele Terminierung von referenzierten Produktionsaufträgen
- **Begrenzte Kapazität** und **Begrenztes Material** – Berücksichtigung der Verfügbarkeit von Kapazität beziehungsweise Material
- **Lagerort der Ressource beibehalten** – Bei neuerlicher Terminierung Vermeidung der Selektion einer Ressource mit anderem Eingangslagerort als die ursprünglich geplante Ressource (anwendbar, wenn in der Stücklistenposition das Kontrollkästchen *Ressourcenverbrauch* markiert ist)
- **Hauptressourcenauswahl** – Bei Feinterminierung Auswahl, ob Ressourcenselektion primär aufgrund der Durchlaufzeit oder der Priorität

Am Reiter *Aufhebung* im Abrufdialog kann zusätzlich festgelegt werden, bestimmte Aufgabentypen (Zeitarten) nicht in der Berechnung zu berücksichtigen. Dies ist beispielsweise dann zielführend, wenn es möglich ist Warte- und Transportzeiten für eilige Aufträge zu überspringen.

Falls die Terminierung nicht separat aufgerufen wird, sondern bei Abruf eines Folgeschrittes im Hintergrund automatisch erfolgt, wird über die *Planungsmethode* am Reiter *Automatische Aktualisierung* der Produktionssteuerungsparameter bestimmt, ob eine Grobterminierung oder eine Feinterminierung erfolgt.

5.4.3.3 Auftragsfreigabe

Sobald ein Produktionsauftrag an die Produktion übergeben werden soll, ist über die Schaltfläche *Freigabe* am Schaltflächenreiter *Produktionsauftrag* des Produktionsauftragsformulars die Freigabe durchzuführen.

Im Abrufdialog zur Freigabe kann am Reiter *Allgemeines* ausgewählt werden, ob parallel zur Auftragsfreigabe Arbeitspapiere wie die Einzelvorgangsliste oder die Arbeitsplanliste gedruckt werden sollen. Über das Kontrollkästchen *Referenzen* wird festgelegt, dass auch zugehörige Referenzaufträge parallel freigegeben werden.

5.4.3.4 Auftragsstart

Mit dem Auftragsstart wird der Produktion die Möglichkeit gegeben, Materialabfassungen und Arbeitsgang-Rückmeldungen zu buchen.

Der Auftragsstart wird über die Schaltfläche *Start* am Schaltflächenreiter *Produktionsauftrag* des Produktionsauftragsformulars aufgerufen. Soll anstelle der gesamten Auftragsmenge nur eine Teilmenge gestartet werden, kann am Reiter *Allgemeines* im Abrufdialog die Startmenge reduziert werden. Der Auftragsstart kann im Abrufdialog auch auf einzelne Arbeitsgänge eingeschränkt werden.

Mit dem Auftragsstart können automatisch Rückmeldungen von Arbeitszeiten und Materialentnahmen gebucht werden.

Die Steuerung der automatischen Rückmeldung von Arbeitsgängen erfolgt am Reiter *Allgemeines* im Abrufdialog über die Feldgruppe *Arbeitsplanlisten-Erfassung*. Im Auswahlfeld *Arbeitsplanliste* kann hier zunächst ausgewählt werden, welches Buchungsjournal für die automatische Buchung verwendet wird. Für die *Automatische Arbeitsplanrückmeldung* stehen folgende Optionen zur Verfügung:

- **Arbeitsplangruppen-abhängig** – Buchung abhängig von der Arbeitsplangruppe der Arbeitsplanposition (siehe Abschnitt 5.3.3)
- **Immer** – Buchung für alle Arbeitsplanpositionen
- **Nie** – Keine Buchung

Über das Kontrollkästchen *„Arbeitsplanliste jetzt buchen"* im Abrufdialog wird gesteuert, ob die Rückmeldung sofort gebucht wird oder ein Buchungsjournal mit Positionen erzeugt wird, das manuell zu buchen ist.

In gleicher Weise wie die Arbeitsgang-Rückmeldung wird im Abrufdialog zum Auftragsstart auch die automatische Buchung von Materialabfassungen gesteuert, wobei hier die Feldgruppe *Kommissionierlistenerfassung* zur Anwendung kommt. Um die Rückmeldung in Abhängigkeit von der Einstellung zum *Prinzip für den automatischen Artikelverbrauch* der einzelnen Stücklistenpositionen durchzuführen, kann im Auswahlfeld *Soll=Istrückmeldung Material* des Abrufdialogs die entsprechende Option *„Prinzip für den automatischen Artikelverbrauch"* gewählt werden (siehe Abschnitt 5.2.1).

Im Abrufdialog zum Auftragsstart kann des Weiteren über das entsprechende Kontrollkästchen der Druck der Kommissionierlisten ausgewählt werden. Es muss allerdings der Abruf-Parameter *Kommissionierlistenerfassung abschließen* markiert sein, damit alle Materialpositionen gedruckt werden. Andernfalls werden nur Positionen gedruckt, für die im Zuge der automatischen Buchung eine Kommissionierlistenposition erstellt wird.

5.4.4 Übungen zum Fallbeispiel

Übung 5.8 – Produktionsauftrag

Es werden fünf Stück Ihres Fertigerzeugnisses aus Übung 5.2 benötigt. Legen Sie daher einen entsprechenden Produktionsauftrag an. Kontrollieren Sie anschließend Stückliste und Arbeitsplan im Produktionsauftrag.

Übung 5.9 – Statusänderung

Führen Sie für Ihren Produktionsauftrag aus Übung 5.8 eine Vorkalkulation durch und fragen Sie danach die Herstellkostenkalkulation ab. In weiterer Folge führen Sie Grobterminierung, Feinterminierung und Auftragsfreigabe durch.

Anschließend rufen Sie den Auftragsstart auf, wobei Sie im Abrufdialog am Reiter *Allgemeines* den Druck der kompletten Kommissionierliste als Bildschirmausgabe auswählen. Die erzeugte Kommissionierliste soll nicht gebucht werden. Können Sie diese Einstellungen zum Vorschlagswerte für alle Benutzer machen?

5.5 Materialentnahme und Rückmeldungen

Rückmeldungen dienen dazu, Istwerte zur Aktualisierung der Planung und als Basis für Auswertungen zur Verfügung zu stellen. Die Buchung von Materialentnahmen und von Arbeitsgang- oder Einzelvorgangs-Rückmeldungen erfolgt hierbei ausschließlich über Journale.

5.5.1 Journalbuchung und Sachkontenintegration

Für die Buchung von Materialabfassungen werden Journale vom Typ „Kommissionierliste" verwendet, die Rückmeldung von Ressourceneinsatz erfolgt über Journale vom Typ „Arbeitsplanliste" oder „Einzelvorgangsliste".

Bei automatischen Buchungen werden Journale im Zuge von Auftragsstart und Fertigmeldung im Hintergrund vom System angelegt und gebucht. Journale werden auch erzeugt, wenn Rückmeldungen aus der Dynamics AX-BDE (Menüpunkte „Fertigungssteuerung") übertragen werden.

Im Gegensatz dazu müssen für die manuelle Buchung von Material- und Arbeitszeit-Positionen vom Benutzer Produktionsjournale angelegt werden. Eine manuelle Buchung ist hierbei für folgende Positionen des Produktionsauftrags erforderlich:

- **Arbeitsgänge** – Wenn eine *Arbeitsplangruppe* enthalten ist, in der die Kontrollkästchen zur automatischen Rückmeldung nicht markiert sind
- **Stücklistenpositionen** – Wenn die Option „Manuell" im *Prinzip für den automatischen Artikelverbrauch* eingetragen ist (falls

Falls im Abrufdialog zu Auftragsstart und Fertigmeldung die Option „Immer" oder „Nie" für die automatische Rückmeldung gewählt wird, sind manuelle Buchungen entsprechend auch für andere oder keine Positionen zu buchen.

Die Buchung von Material- und Ressourcenverbrauch auf Sachkonten erfolgt bei Nachkalkulation und Beendigung des Produktionsauftrags. Materialentnahmen und Arbeitsgang-Rückmeldungen können im Zuge des Produktionsprozesses aber zuvor auf Sachkonten für WIP („Work In Process") gebucht werden.

Für die Materialbuchungen muss als Voraussetzung dafür aber das Kontrollkästchen *Kommissionierliste in Sachkonto buchen* am Reiter *Allgemeines* der Produktionssteuerungsparameter markiert sein. Zusätzlich muss in der Lagersteuerungsgruppe des entnommenen Artikels der Parameter *Sachkonto-Integration/Physischen Bestand buchen* gesetzt sein.

Die Sachkontobuchungen zu Kommissionierliste und Arbeitsgang-Rückmeldung werden mit dem Beenden des Produktionsauftrags im Zuge der Nachkalkulation aufgelöst.

5.5.2 Kommissionierlisten

Kommissionierlisten-Journale dienen zum Erfassen und Buchen des Materialverbrauchs. Sie können über die Schaltfläche *Journale/Kommissionierliste* am Schaltflächenreiter *Anzeigen* des Produktionsauftragsformulars oder über den Menüpunkt *Produktionssteuerung> Erfassungen> Kommissionierliste* geöffnet werden.

Journale stellen (ungebuchte Erfassungs-)Belege dar und bestehen somit aus einem Kopfteil und einem Positionsteil. Nach Aufruf des jeweiligen Formulars werden die erfassten Journale gezeigt. Über das Auswahlfeld *Anzeigen* im oberen Bereich des Formulars kann hierbei gewählt werden, ob alle Belege, nur offene oder nur gebuchte Belege zu sehen sind.

Ein neues Journal kann über die Schaltfläche *Neu* in der Aktionsbereichsleiste angelegt werden. Nach Auswahl des Journalnamens kann dann über die Schaltfläche *Positionen* in die Positionserfassung gewechselt werden. Alternativ kann ein neues Journal auch über die Schaltfläche *Neu erstellen* angelegt werden, wobei in diesem Fall sofort die Positionen geöffnet werden.

5.5.2.1 Vorschlag für den Materialverbrauch

Anstelle der Schaltfläche *Neu erstellen* angelegt kann in Kommissionierlisten-Journalen auch die die Schaltfläche *Kommissionierliste/Positionen erstellen* betätigt werden, über die das Erfassen der Kommissionierliste vereinfacht wird.

Im Dialog *Positionen erstellen* kann dann ausgewählt werden, welche Positionen im Vorschlag berücksichtigt werden sollen. Die Option „Restmenge" im Auswahlfeld *Vorschlag* dient hier zum Erzeugen eines Vorschlags mit einer Vorschlagsmenge, die der offenen Restmenge entspricht. Wird das Kontrollkästchen *Verbrauch=Vorschlag* im Dialog markiert, wird die Vorschlagsmenge parallel auch in die Spalte *Verbrauch* der Journalpositionen eingesetzt.

5.5.2.2 Bearbeiten der Kommissionierlisten-Positionen

Abbildung 5-21 zeigt als Beispiel eine Kommissionierlistenerfassung, die mittels Kommissionierlisten-Vorschlag erzeugt wurde. Das Kontrollkästchen *Verbrauch=Vorschlag* war im Erfassungsvorschlag markiert, dementsprechend werden in der Spalte *Verbrauch* Vorschlagswerte für die zu buchende Menge eingesetzt. Die unterste Position in der Abbildung enthält einen manuellen Eintrag für einen nicht in der Stückliste enthaltenen Artikel, die Spalten *Loskennung* und *Vorschlag* sind daher leer.

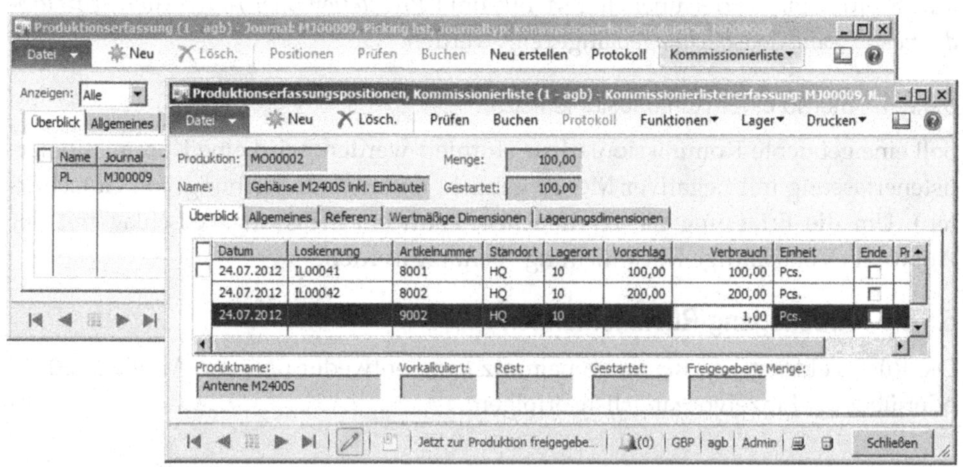

Abbildung 5-21: Erfassen von Kommissionierlisten-Positionen

Sollen Positionen im Positionsformular ohne Nutzung der Vorschlagsfunktion manuell erfasst werden, ist im jeweiligen Datensatz neben der Verbrauchsmenge eingetragen und auch die *Loskennung* einzutragen, um den Bezug zu einer Stücklistenposition herzustellen.

Um eine Materialabfassung unabhängig von der Stückliste einzutragen, wird eine Artikelnummer ohne Loskennung eingetragen. Dynamics AX erzeugt dann eine zusätzliche Stücklistenposition im Produktionsauftrag und setzt die entsprechende Loskennung automatisch ein.

Wird für eine Position das Kontrollkästchen in der Spalte *Ende* markiert wird, wird die Stücklistenposition auch im Falle einer Teilmengenabfassung nach der Buchung auf „Erledigt" gesetzt.

Die Buchung der Kommissionierliste erfolgt über die Schaltfläche *Buchen* in Journalkopf oder Positionen. Der Buchungsvorgang entspricht der Lieferscheinbuchung im Verkauf: Die Ware wird mit ihrem vorläufigen Wert vom Lager abgebucht und ist damit nicht mehr im Lagerbestand enthalten. Die endgültige Bewertung erfolgt bei Beendigung des Produktionsauftrags, wo die Nachkalkulation funktional dem Buchen einer Verkaufsrechnung entspricht.

5.5.2.3 Abfragen zur Kommissionierliste

Nach Buchen der Kommissionierliste kann diese im Erfassungsjournal abgefragt werden, wobei im Journalkopf-Auswahlfeld *Anzeigen* dazu die Option „Alle" oder „Gebucht" gewählt werden muss. Für das gebuchte Journal ist dann eine Markierung in der Spalte *Gebucht* zu sehen, das Journal kann nicht mehr verändert werden.

Die gebuchten Transaktionen können auch über die Schaltfläche *Zugehörige Informationen/Produktionsbuchungen* am Schaltflächenreiter *Anzeigen* des Produktionsauftragsformulars oder über den Menüpunkt *Produktionssteuerung> Abfragen> Produktion> Produktionsbuchungen* angezeigt werden.

5.5.2.4 Storno einer Kommissionierliste

Soll eine gebuchte Kommissionierliste storniert werden, wird eine Kommissionierlistenerfassung mit negativer Menge gebucht (analog zur Buchung von Gutschriften). Um die Erfassung zu vereinfachen, kann ein Erfassungsvorschlag mit der Auswahl „Vollständige Rückbuchung" benutzt werden.

5.5.3 Arbeitsgang-Rückmeldungen

Die Rückmeldung von Ressourceneinsatz kann entweder über die Arbeitsplanliste oder über die Einzelvorgangsliste erfolgen.

5.5.3.1 Arbeitsplanliste und Einzelvorgangsliste

Die Arbeitsplanliste wird benutzt, wenn keine Feinterminierung durchgeführt wird und Einzelvorgänge demnach nicht erzeugt und geplant worden sind.

Wird mit Feinterminierung gearbeitet, werden im Normalfall Einzelvorgänge über die Einzelvorgangsliste zurückgemeldet.

5.5.3.2 Erfassen von Rückmeldungsjournalen

Die Journale von Arbeitsplanliste und Einzelvorgangsliste werden über die Schaltfläche *Journale/Arbeitsplanliste* beziehungsweise *Journale/Einzelvorgangsliste* am Schaltflächenreiter *Anzeigen* des Produktionsauftragsformulars aufgerufen. Alternativ ist ein Aufruf über den Menüpunkt *Produktionssteuerung> Erfassungen> Arbeitsplanliste* und *Produktionssteuerung> Erfassungen> Einzelvorgangsliste* möglich.

Das Anlegen von Journalkopf und Positionen erfolgt wie bei der Kommissionierlistenerfassung, im Unterschied zu dieser steht – außer bei automatischer Rückmeldung – aber keine Funktion für den Vorschlag von Arbeitszeiten zur Verfügung.

Beim Anlegen einer Journalposition muss zunächst die Arbeitsgangnummer bzw. Einzelvorgangsnummer erfasst werden. Danach werden Ressource, Zeitdauer (*Stunden*), erzeugte Menge des Fertigprodukts (*Gutmenge*) und allfällige weitere Daten wie die Ausschussmenge eingetragen. Bei Erfassung einer Einzelvorgangsliste kann die Zeitdauer durch Eintragen der Uhrzeit von Start und Ende und zusätzlich ein ausführender Mitarbeiter (*Arbeitskraft*) angeben werden.

Die Buchung der Rückmeldung erfolgt abschließend über die Schaltfläche *Buchen* in Journalkopf oder Positionen.

5.5.3.3 Produktions-Fertigmeldung bei Arbeitsgang-Rückmeldung

Ist bei der Rückmeldung des letzten Arbeitsgangs beziehungsweise des letzten Einzelvorgangs in der Erfassungsposition das Kontrollkästchen *Produktions-Fertigmeldung* markiert, wird die Fertigmeldung und damit der Lagerzugang des Fertigerzeugnisses parallel zur Buchung der Arbeitszeit gebucht. Der Vorschlagswert für diese Spalte wird in den Produktionssteuerungsparametern am Reiter *Journale* hinterlegt.

5.5.3.4 Abfragen der Rückmeldungen

Nach Durchführen der Buchung kann diese im jeweiligen Erfassungsjournal oder über die Schaltfläche *Zugehörige Informationen/Produktionsbuchungen* am Schaltflächenreiter *Anzeigen* des Produktionsauftragsformulars angezeigt werden.

5.5.4 Übungen zum Fallbeispiel

Übung 5.10 – Materialeinkauf

Um Material für den in Übung 5.8 angelegten Produktionsauftrag abfassen zu können, muss dieses am Lager vorhanden sein.

Legen Sie daher eine Einkaufsbestellung bei Ihrem Lieferanten aus Übung 3.2 über neun Stück des ersten und fünf Stück des zweiten in Übung 5.1 angelegten Artikels an. Buchen Sie anschließend Bestellbestätigung, Produktzugang und Rechnung.

Übung 5.11 – Kommissionierliste

Ihre Teile können nun für die Produktion vom Lager entnommen werden, wobei weniger Material abgefasst wird als in der Stückliste angegeben.

Erfassen Sie ein Kommissionierlisten-Journal zu Ihrem Produktionsauftrag aus Übung 5.8, das in den Positionen neun Stück des ersten und fünf Stück des zweiten Artikels enthält. Die Abfassung soll von dem Lager erfolgen, auf das in Übung 5.10 der Produktzugang gebucht worden ist. Anschließend buchen Sie dieses Journal.

Übung 5.12 – Rückmeldung Einzelvorgang

Die für die Fertigung benötigte Arbeitszeit wird manuell zurückgemeldet, Sie verwenden dazu die Einzelvorgangsliste.

Erfassen und buchen Sie eine Journalposition für Ihren Produktionsauftrag aus Übung 5.8, in der die Erzeugung der Gesamtmenge von fünf Stück in der Zeit von 8:00 bis 14:00 (6 Stunden) gemeldet wird. Es soll keine Fertigmeldung für den Produktionsauftrag erfolgen.

5.6 Fertigmeldung und Beendigung

Die Fertigmeldung und die nachfolgende Nachkalkulation im Zuge der Beendigung des Produktionsauftrags sind die letzten Schritte im Produktionsprozess.

Mit der Fertigmeldung wird ein Lagerzugang für das produzierte Erzeugnis gebucht, der Auftrag ist damit von den physischen Lagerbuchungen her abgeschlossen.

Beim Beenden des Produktionsauftrags wird die Nachkalkulation durchgeführt, womit der Auftrag auch finanziell bewertet ist.

5.6.1 Fertigmeldung

Dynamics AX bietet drei unterschiedliche Möglichkeiten, eine Fertigmeldung durchzuführen und damit den Lagerzugang der Fertigware zu buchen:

- **Statusänderung** – Abruf der Statusänderung im Produktionsauftrag
- **Fertigmeldungs-Journal** – Buchen eines Fertigmeldungs-Journals
- **Arbeitsgang-Rückmeldung** – Fertigmeldung mit Buchen des letzten Arbeitsganges

Auf die Fertigmeldung in Zusammenhang mit der Arbeitsgang-Rückmeldung ist bereits in Abschnitt 5.5.3 hingewiesen worden, nachfolgend werden die beiden anderen Varianten beschrieben.

5.6.1.1 Fertigmeldung über Statusänderung

Um die Fertigmeldung über eine Statusänderung durchzuführen, kann im Produktionsauftragsformular die Schaltfläche *Fertigmeldung* am Schaltflächenreiter *Produktionsauftrag* betätigt werden. Alternativ ist auch ein Aufruf über die periodische Aktivität *Produktionssteuerung> Periodisch> Produktionsaufträge> Fertigmeldung* möglich.

Soll anstelle der gesamten Auftragsmenge nur eine Teilmenge fertiggemeldet werden, kann im Abrufdialog am Reiter *Überblick* oder *Allgemeines* die vorgeschlagene Gutmenge reduziert werden. Das Kontrollkästchen *Enddurchlauf* im Abrufdialog ist zu markieren, wenn keine weiteren Fertigmeldungen zum betroffenen Produktionsauftrag erfolgen sollen und damit eine allfällig offene Produktions-Restmenge auf „Erledigt" gesetzt werden kann.

Um die Fertigmeldung trotz fehlender Rückmeldungen buchen zu können, kann am Reiter *Allgemeines* im Abrufdialog das Kontrollkästchen *Fehler akzeptieren* markiert werden.

5.6.1.2 Automatischer Verbrauch

Wie schon beim Abruf für den Status „Start" (siehe Abschnitt 5.4.3) können auch parallel zur Fertigmeldung des erzeugten Produkts automatisch Rückmeldungen von Ressourceneinsatz und Materialverbrauch gebucht werden.

Für Stücklistenpositionen sind dazu im Auswahlfeld *Prinzip für den automatischen Artikelverbrauch* die Option „Start" und „Fertig melden" vorhanden. Dadurch ist es möglich, die Abfassung für einen Teil der Artikel bei Produktionsstart und für einen anderen Teil bei Fertigmeldung automatisch zu buchen.

Für Arbeitsgänge ist eine solche Unterscheidung nicht möglich, hier kann in der *Arbeitsplangruppe* nur eingestellt werden ob automatischen Rückmeldungen erfolgen sollen oder nicht. Im Abrufdialog darf die Option „Arbeitsplangruppenabhängig" im Auswahlfeld *Automatische Arbeitsplanrückmeldung* daher nur bei Start oder bei Fertigmeldung gewählt werden, für die jeweils andere Statusänderung sollte die Option „Nie" gewählt werden.

5.6.1.3 Fertigmeldung über Produktionsjournal

Neben dem Aufruf über die Statusänderung kann eine Fertigmeldung auch über das Fertigmeldungs-Journal erfolgen, das über die Schaltfläche *Journale/Als fertig gemeldet* am Schaltflächenreiter *Anzeigen* im Produktionsauftrag oder über den Menüpunkt *Produktionssteuerung> Erfassungen> Fertigmeldung* zu erreichen ist.

Der Buchungsvorgang für die Fertigmeldung entspricht dem Produktzugang im Einkauf: Die Ware geht mit ihrem vorläufigen Wert am Lager ein und ist damit im Lagerbestand enthalten.

5.6.1.4 Sachkontenintegration

Damit bei der Fertigmeldung nicht nur Lagerbuchungen, sondern auch Sachkontobuchungen erzeugt werden, muss die Sachkontenintegration für die Fertigmeldung aktiviert sein. Die entsprechende Einstellung ist in den Produktionssteuerungsparametern zu finden (Kontrollkästchen *Fertigmeldung in Sachkonto buchen* am Reiter *Allgemeines*). Zusätzlich muss in der Lagersteuerungsgruppe des Fertigprodukts das Kontrollkästchen *Sachkonto-Integration/Physischen Bestand buchen* markiert sein.

Die Sachkontobuchungen zur Fertigmeldung werden mit dem Beenden des Produktionsauftrags im Zuge der Nachkalkulation aufgelöst.

5.6.2 Beendigung und Nachkalkulation

Die Beendigung des Produktionsauftrags dient zur Nachkalkulation und zum Abschluss des Produktionsauftrags im Finanzwesen, indem die Sachkontobuchungen für bewertete Zu- und Abgänge durchgeführt werden. Ein Produktionsauftrag muss daher beendet werden, sobald er tatsächlich abgeschlossen ist. Andernfalls wird das erzeugte Produkt im Finanzwesen weiterhin als „Ware in Produktion" und nicht auf dem jeweiligen Fertigwaren-Bestandskonto geführt.

5.6.2.1 Beendigen

Mit dem Buchen des Produktionsauftrags-Endes wird der Produktionsauftrag abgeschlossen, es können keine Transaktionen zum betroffenen Auftrag gebucht werden.

Um einen Produktionsauftrag zu beenden, kann im Produktionsauftragsformular die Schaltfläche *Ende* am Schaltflächenreiter *Produktionsauftrag* betätigt werden. Alternativ ist auch ein Aufruf über die periodische Aktivität *Produktionssteuerung> Periodisch> Produktionsaufträge> Ende* möglich.

Analog zur Buchung von Rechnungen in Einkauf und Verkauf wird mit dem Beendigen des Produktionsauftrags eine wertmäßige Buchung zu den Lagerbuchungen aus Kommissionierliste und Fertigmeldung erzeugt. Das Datum der Beendigung des Auftrags wird in das Feld *Finanzdatum* der Lagerbuchungen eingesetzt, der Zugangsstatus der Fertigmeldung auf „Eingekauft" und der Abgangsstatus der Kommissionierlisten-Buchungen auf „Verkauft" gestellt.

Herstellkostenkalkulation (1 - agb) - Produktion: MO00001, Housing incl. mounted parts for M2400S

Datei | Handelsvereinbarung | Abweichung

Überblick Vorkalkulation | Überblick Nachkalkulation | Allgemeines | Berechnung | Nachkalkulationsbogen

Typ	Nummer	Ebene	Artikel/Ressource	Dimensionen	Ber...	Einheit	Vorkalkulierter Verbrauch	Realisierter Verbrauch	Vorkalkulierter Einstandsbetrag
	MO00001	0	7001	HQ/30	MAT	Pcs.	100,00	100,00	16.020,00
	MO00001	1	8001	HQ/10	MAT	Pcs.	100,00	95,00	10.000,00
	MO00001	1	8002	HQ/10	MAT	Pcs.	200,00	200,00	1.000,00
	MO00001	1	9001	HQ/10	MAT	Pcs.	100,00	100,00	3.000,00
	MO00001	1	ASL			Stunden	1,00		50,00
	MO00001	1	ASL			Stunden	10,00		500,00
	MO00001	1	TLA			Stunden	2,00		140,00
	MO00001	1	TLA			Stunden	1,00		70,00
	MO00001	1	TTO			Stunden	2,00		140,00
	MO00001	1	TTO			Stunden	1,00		70,00
	MO00001	1	TLA			Stunden	5,00		350,00
	MO00001	1	MAT-OV			GBP	14.000,00	13.500,00	700,00
	MO00001	1	TLA-1			Stunden		2,00	0,00

Produktion, auf die sich die Position bezieht. | (0) | GBP | agb | Admin | Schließen

Abbildung 5-22: Vor- und nachkalkulierte Werte in der Herstellkostenkalkulation

5.6.2.2 Nachkalkulation

Im Zuge der Nachkalkulation werden die gebuchten Rückmeldungen zu Materialverbrauch und Ressourceneinsatz mit ihrem Einstandspreis bewertet. Damit können die tatsächlichen Kosten des Produktionsauftrags gerechnet werden, die den Einstandspreis des produzierten Artikels bestimmen. Ist eine Standardpreis-Bewertung eingestellt, werden die Differenzen auf den jeweiligen Sachkonten für Standardpreisabweichungen gebucht.

Die Ergebnisse der Nachkalkulation können nach Betätigen der Schaltfläche *Zugehörige Informationen/Herstellkostenkalkulation* am Schaltflächenreiter *Anzeigen* des Produktionsauftragsformulars überprüft werden. Am Reiter *Überblick Nachkalkulation* im Herstellkostenkalkulationsformular können dann sowohl Mengen als auch Werte von Vorkalkulation und Nachkalkulation verglichen werden. Der Reiter *Nachkalkulationsbogen* ermöglicht einen Überblick zur Vor- und Nachkalkulation entsprechend der Struktur des Nachkalkulationsbogens.

5.6.2.3 Sachkontenintegration und Buchungsabfrage

Im Zuge der Nachkalkulation werden zunächst die Zwischenbuchungen für „Ware in Produktion", die beim Buchen von Kommissionierliste, Arbeitsgang-Rückmeldung und Fertigmeldung im Sachkontenbereich erzeugt worden sind, wieder aufgelöst.

Danach werden folgende wertmäßigen Buchungen im Hauptbuch erstellt:

- **Materialverbrauch** – Abgang von Bestandskonten der Komponenten
- **Ressourceneinsatz** – Abgang für Ressourcen
- **Zugang Fertigprodukt** – Zugang zum Bestandskonto des Fertigprodukts

Die jeweiligen Sachkonten werden für Artikel in der Lager-Buchungseinrichtung und für Ressourcen im Ressourcenstamm oder in der Kostenkategorie (alternativ auch im Produktionsbuchungsprofil) hinterlegt.

Um die im Zuge der Beendigung erzeugten Sachkontobuchungen abzufragen, kann die Schaltfläche *Zugehörige Informationen/Produktionsbuchungen* am Schaltflächenreiter *Anzeigen* des Produktionsauftragsformulars betätigt werden.

Im Produktionsbuchungsformular zeigen die im Zuge der Beendigung und Nachkalkulation erzeugten Produktionsbuchungen den *Typ* „Nachkalkulation". Die zugehörigen Sachkontobuchungen können nach Auswahl der betroffenen Produktionsbuchungszeile über die Schaltfläche *Sachkonto/Beleg* abgefragt werden.

5.6.3 Übung zum Fallbeispiel

Übung 5.13 – Beendigen des Produktionsauftrags

Führen Sie eine Fertigmeldung für Ihren Produktionsauftrag über die entsprechende Schaltfläche im Produktionsauftragsformular durch, wobei Sie am Reiter *Allgemeines* im Abrufdialog die Felder *Enddurchlauf* und *Fehler akzeptieren* markieren. Abschließend beenden Sie den Produktionsauftrag, womit keine Buchungen mehr möglich sind. Öffnen Sie danach die Herstellkostenabfrage, um Vor- und Nachkalkulation zu vergleichen.

6 Planung und Disposition

Aufgabe von Planung und Disposition ist es, die Verfügbarkeit der benötigten Produkte in der Weise sicherzustellen, dass eine größtmögliche Wirtschaftlichkeit gegeben ist. Die Planung steht damit im Spannungsfeld zwischen möglichst hoher Lieferbereitschaft einerseits und möglichst geringen Lagerbeständen andererseits.

6.1 Geschäftsprozesse in Planung und Disposition

In Dynamics AX werden die Funktionen von langfristiger und kurzfristiger Planung im Modul *Produktprogrammplanung* zusammengefasst.

6.1.1 Grundkonzept

Das Planungsmodul in Dynamics AX umfasst zwei Bereiche: Die langfristige Absatzplanung (Grobplanung) auf der einen Seite und die kurzfristige Produktprogrammplanung, die für aktuelle Disposition von Material und Ressourcen benutzt wird, auf der anderen Seite.

Abbildung 6-1: Absatzplanung und Produktprogrammplanung in Dynamics AX

6.1.1.1 Absatzplanung

Die Absatzplanung ist eine langfristige Prognose für Planungs- und Budgetierungszwecke. Sie besteht aus Bedarfsplanung und Beschaffungsplanung, wobei ein Bedarf auch für Halbfabrikate geplant werden kann. Für Simulationszwecke können mehrere Absatzplanungen parallel verwaltet werden.

6.1.1.2 Produktprogrammplanung

Die Produktprogrammplanung hingegen beinhaltet einen kurzfristigen Planungshorizont und wird täglich bearbeitet. Unter Berücksichtigung von aktuellen Bestellungen, Aufträgen und Lagerbeständen wird der Nettobedarf ermittelt, um Kapazität und Material zu disponieren. Wie in der Absatzplanung können auch in der Produktprogrammplanung mehrere Szenarien parallel geführt werden.

6.1.2 Auf einen Blick: Produktprogrammplanung in Dynamics AX

Vor einer genaueren Betrachtung der Produktprogrammplanung soll ein Beispiel aus der Verfügbarkeitsabfrage eines Fertigerzeugnisses einen Überblick geben.

Als Ausgangspunkt für die Verfügbarkeitsabfrage wird ein neuer Verkaufsauftrag mit einer Position (Fertigprodukt mit Standardauftragstyp „Produktion") angelegt. Nach Betätigen der Schaltfläche *Produkt und Beschaffung/Bedarfsverlauf* in der Aktionsbereichsleiste der Auftragsposition wird das Bedarfsverlaufsformular zur Anzeige der Verfügbarkeit gezeigt. Falls Lagerbestand und vorhandene Produktionsaufträge nicht ausreichen, den Bedarf zu decken, kann im Bedarfsverlauf über die Schaltfläche *Aktualisieren/Produktprogrammplanungslauf* in der Aktionsbereichsleiste des unteren Bereichs ein lokaler Planungslauf erfolgen.

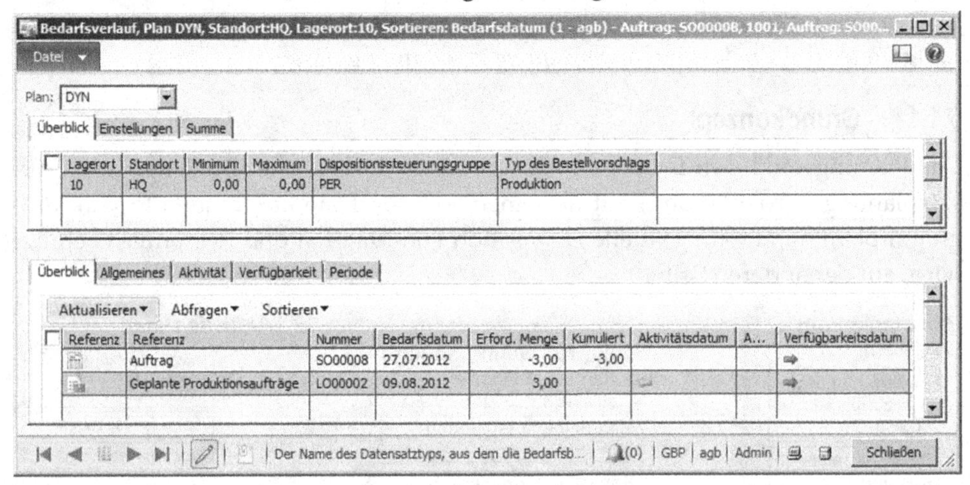

Abbildung 6-2: Abfrage des Bedarfsverlaufs nach lokalem Planungslauf

Der Planungslauf erzeugt für Eigenfertigungsteile einen geplanten Produktionsauftrag zum frühestem möglichen Termin, womit der im Verkaufsauftrag eingetragene Termin überprüft und korrigiert werden kann. Je nach Bedarfssituation wird in den Spalten rechts durch Pfeile angezeigt, dass die Verfügbarkeit erst zu einem späteren Zeitpunkt gegeben ist und es erforderlich wäre, Aktivitäten zum Vorziehen des geplanten Produktionsauftrages zu setzen. Details sind am Reiter *Aktivität* und *Verfügbarkeit* ersichtlich.

Die Produktprogrammplanung in Dynamics AX kann in mehreren Ebenen erfolgen, bei einer Zweiplanstrategie wird zwischen der für die Disposition wirksamen Ebene („statischer Plan") und der Simulationsebene („dynamischer Plan") unterschieden. Der aus der Bedarfsabfrage erzeugte *Geplante Produktionsauftrag* wird als Vorschlagswert im dynamischen Plan erzeugt und normalerweise nicht umgewandelt. Um statt des dynamischen den statischen (oder einen anderen) Plan zu bearbeiten, kann der gewünschte Plan im Auswahlfeld *Plan* oben im Bedarfsverlaufsformular gewählt werden.

6.2 Absatzplanung

Die Absatzplanung (Grobplanung) dient dazu, eine langfristige Prognose abzubilden. Diese wird zur Planung der erforderlichen Kapazität und des Materialvolumens benötigt. Die Absatzplanung dient damit auch als Basis für die finanzielle Budgetierung. Um mehrere Varianten der möglichen Geschäftsentwicklung abzubilden, können in Dynamics AX verschiedene Absatzplanungen parallel verwaltet werden.

Der Begriff „Absatzplanung" in Dynamics AX bezeichnet in diesem Zusammenhang nicht nur die Planung des zukünftigen Verkaufs. Einerseits kann die Bedarfsplanung neben dem geplanten Verkauf auch andere Bedarfsquellen beinhalten, andererseits kann zusätzlich auch eine Beschaffungsplanung (beispielsweise als Basis für den Abschluss von Lieferverträgen mit Lieferanten) geführt werden.

6.2.1 Grundlagen der Absatzplanung

Als Basis für die Absatzplanung müssen zunächst Planzahlenmodelle und Absatzpläne angelegt werden, wobei Szenarien (Planvarianten) über verschiedene Planzahlenmodelle und Absatzpläne abgebildet werden.

Nach Erfassen geplanter Mengen und Werte für ein Planzahlenmodell dient der jeweils zugeordnete Absatzplan zur Berechnung der Absatzplanung. Absatzpläne können zusätzlich auch in der Produktprogrammplanung berücksichtigt werden.

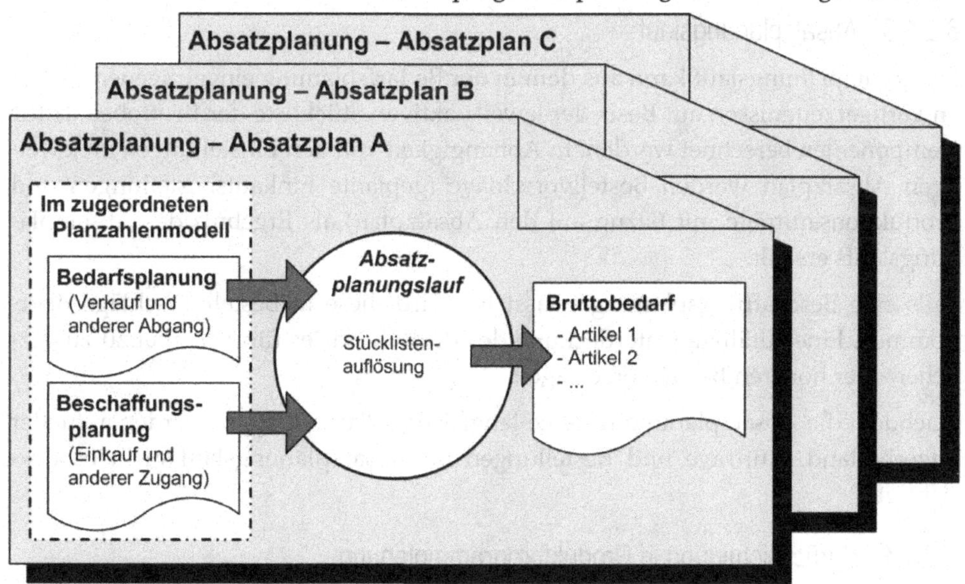

Abbildung 6-3: Absatzplanung in Dynamics AX

6.2.1.1 Bedarfsplanung und Verkaufsplanung

Ausgangspunkt für die Durchführung der Absatzplanung ist die Verkaufsplanung (Umsatzplanung) mit den prognostizierten Verkaufszahlen. Neben dem Verkauf selbst können in der Bedarfsplanung auch andere Arten von geplantem Abgang erfasst werden – beispielsweise um Halbfabrikate statt Fertigerzeugnisse zu planen, wenn die Planung auf dieser Ebene zuverlässiger ist.

Die Bedarfsplanung kann pro Artikelnummer oder Artikelgruppe erfasst werden. Absatzplanungslauf und Produktprogrammplanungslauf führen allerdings für Fertigprodukte eine Stücklistenauflösung durch, was nur auf Ebene von Artikeln möglich ist. Um die Erfassung auf Artikelebene zu vereinfachen, können anstelle von einzelnen Artikelnummern auch Artikelverteilungsschlüssel in der Planung eingetragen werden. Ein Artikelverteilungsschlüssel beinhaltet mehrere Artikel mit dem jeweiligen Prozentanteil.

6.2.1.2 Beschaffungsplanung

Parallel oder im Anschluss an die Bedarfsplanung kann eine separate Beschaffungsplanung erfasst werden. Diese beinhaltet neben dem geplanten Einkauf und auch Zugänge aus anderen Quellen.

In weiterer Folge können Bedarfsplanung und Beschaffungsplanung im Planzahlenergebnis miteinander abgeglichen werden.

6.2.1.3 Absatzplanungslauf

Im Absatzplanungslauf kann aus dem in der Bedarfsplanung eingetragenen Bedarf an Fertigerzeugnissen auf Basis der jeweils aktiven Stückliste der Bruttobedarf für Komponenten berechnet werden. In Abhängigkeit von den Einstellungen im jeweiligen Absatzplan werden Bestellvorschläge (geplante Einkaufsbestellungen und Produktionsaufträge mit Bezug auf den Absatzplan) als Ergebnis des Absatzplanungslaufs erstellt.

Falls eine Beschaffungsplanung erfasst ist, wird diese in Bestellvorschläge übernommen. Eine allfällige Unterdeckung des Bruttobedarfes führt hierbei zu zusätzlichen oder höheren Bestellvorschlägen.

Nachdem die Absatzplanung für eine langfristige Planung dient, werden aktueller Lagerbestand, Aufträge und Bestellungen im Absatzplanungslauf nicht berücksichtigt.

6.2.1.4 Berücksichtigung in Produktprogrammplanung

Die für die Absatzplanung im Planzahlenmodell erfassten Plan-Mengen und Werte können in der Produktprogrammplanung (Disposition) berücksichtigt werden.

In diesem Zusammenhang kann in den Produktprogrammplänen eingestellt werden, ob und wie die Planzahlen bei der Bedarfsberechnung reduziert werden sollen. Die Reduktion dient dazu, zu verhindern dass für die einzelnen Perioden der Bedarf aus Verkaufsaufträgen und aus Absatzplanung parallel – also doppelt – berücksichtigt wird.

6.2.2 Einrichtung der Absatzplanung

Bevor die Absatzplanung in Dynamics AX erfasst werden kann, muss die entsprechende Einrichtung abgeschlossen sein.

6.2.2.1 Planzahlenmodelle

Planzahlenmodelle stellen die verschiedenen Planungsszenarios in Dynamics AX dar. Um Zahlen in der Absatzplanung erfassen zu können, muss zumindest ein Planzahlenmodell im Menüpunkt *Lager- und Lagerortverwaltung> Einstellungen> Planung> Planzahlenmodelle* eingerichtet.

Planzahlenmodelle können hierbei einstufig oder zweistufig angelegt werden. Für zweistufige Modelle werden zunächst die Teilmodelle und das Hauptmodell unabhängig voneinander angelegt. Anschließend werden im Hauptmodell die zugehörigen Teilmodelle am Reiter *Teilmodell* zugeordnet.

Szenarien können als separate Hauptmodelle angelegt werden.

Das Kontrollkästchen *Gesperrt* im Planzahlenmodell wird dann markiert, wenn der Planungsprozess beendet ist und das betroffene Planzahlenmodell daher nicht mehr verändert werden darf.

6.2.2.2 Absatzpläne

Damit ein Planzahlenmodell im Absatzplanungslauf als Berechnungsbasis benutzt werden kann, muss es einem Absatzplan zugeordnet werden. Die Ergebnisse des Absatzplanungslaufs werden pro Absatzplan getrennt geführt.

Die Absatzplanverwaltung ist im Menüpunkt *Produktprogrammplanung> Einstellungen> Pläne> Absatzpläne* zu finden. Das *Planzahlenmodell* wird dem Absatzplan am Reiter *Allgemeines* zugeordnet, wobei die Planung eines Hauptmodells alle zugehörigen Teilmodelle automatisch beinhaltet. Am Reiter *Allgemeines* wird über entsprechende Kontrollkästchen auch definiert, ob Bedarfsplanung und Beschaffungsplanung beim Absatzplanungslauf berücksichtigt werden sollen.

Am Reiter *Planungszeiträume* wird für einen Absatzplan festgelegt, wie viele Tage der Absatzplanungslauf in die Zukunft rechnen soll.

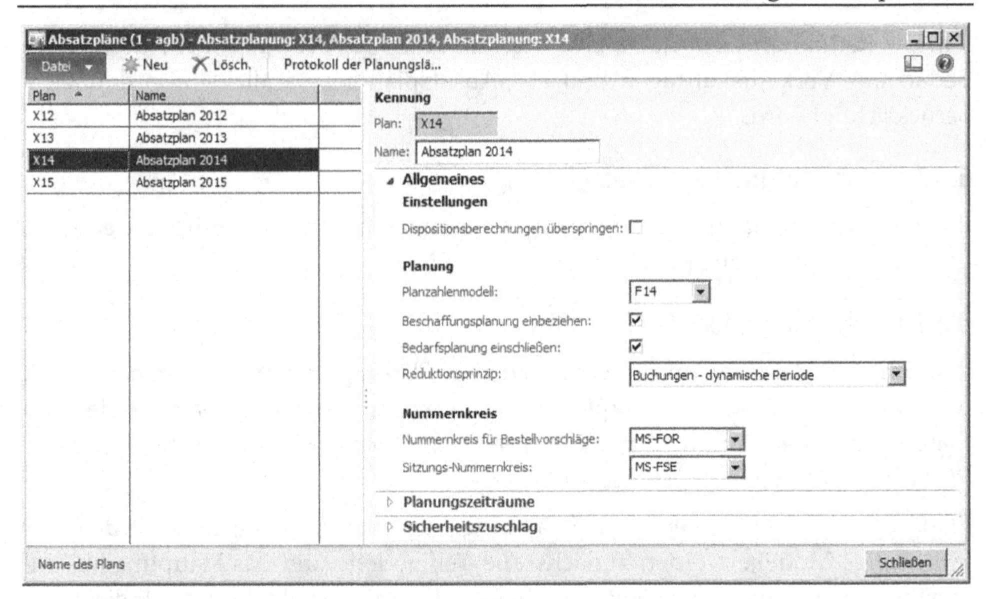

Abbildung 6-4: Einrichten eines Absatzplans

6.2.2.3 Parameter und Artikelverteilungsschlüssel

Der aktuell gültige Absatzplan wird in den Planungsparametern (*Produktprogrammplanung> Einstellungen> Parameter für Produktprogrammplanung*) eingetragen und dient dann als Vorschlagswert bei der Abfrage des Bruttobedarfs aus dem Absatzplanungslauf.

Eine weitere wesentliche Voraussetzung für die Absatzplanung ist durch die Dispositionssteuerungsgruppen gegeben. Diese bestimmen das Dispositionsverfahren und können hierbei auf Ebene einzelner Artikel oder allgemein gültig definiert werden (siehe Abschnitt 6.3.3 unten).

Wenn die Absatzplanung nicht auf Artikelnummernebene erfasst wird, können Artikelverteilungsschlüssel benutzt werden um eine Verteilung der in der Planung eingetragenen Werte auf einzelne Artikel zu ermöglichen. Verteilungsschlüssel werden im Formular *Lager- und Lagerortverwaltung> Einstellungen> Planung> Artikelverteilungsschlüssel* verwaltet. Nach Auswahl eines Artikelverteilungsschlüssels in diesem Formular kann die Schaltfläche *Positionen* in der Aktionsbereichsleiste betätigt werden, um dem Verteilungsschlüssel die zugehörigen Artikelnummern mit ihrem Prozentanteil zuzuordnen.

6.2.3 Durchführung der Absatzplanung

Die Planzahlen der Absatzplanung können in den Formularen des Menüknotens *Lager- und Lagerortverwaltung> Periodisch> Planung> Eintrag* erfasst werden. Alternativ ist eine Erfassung auch über die Schaltfläche *Planung* aus dem jeweiligen Stammdatenformular möglich, beispielsweise im Debitorenformular (Schaltflächenreiter *Debitor*) oder im Formular für freigegebene Produkte (Schaltflächenreiter *Plan*).

Von Artikel und Artikelgruppe aus können sowohl *Bedarfsplanung* als auch *Beschaffungsplanung* aufgerufen werden. Debitoren und Debitorengruppen ermöglichen nur den Aufruf der Bedarfsplanung, Kreditoren und Kreditorengruppen den Aufruf der Beschaffungsplanung.

6.2.3.1 Erfassen der Bedarfsplanung

Als Beispiel für das Erfassen der Bedarfsplanung wird nachfolgend die Planung zu einer Artikelgruppe beschrieben. Die Planung auf Basis anderer Elemente, beispielsweise der Debitoren, kann analog erfolgen.

Um die Verkaufsplanung auf Ebene von Artikelgruppen zu erfassen, kann im Formular *Lager- und Lagerortverwaltung> Periodisch> Planung> Eintrag> Artikelgruppen* die Schaltfläche *Bedarf* betätigt werden. Im nächsten Schritt kann im oberen Bereich des Bedarfsplanungsformulars ein neuer Datensatz angelegt und in der Spalte *Modell* das gewünschte Planzahlenmodell ausgewählt werden. Sollen unterschiedliche Planungsszenarien erfasst werden, kann in einer weiteren Zeile das entsprechende andere Planzahlenmodell gewählt werden.

In die Datumsspalte wird der Beginn der jeweiligen Planperiode (z.B. Monat) eingetragen. Wenn eine Periodenverteilung durch Angabe einer Verteilungsmethode im mittleren Formularbereich *Verteilung* definiert wird, genügt ein Eintrag für mehrere Perioden.

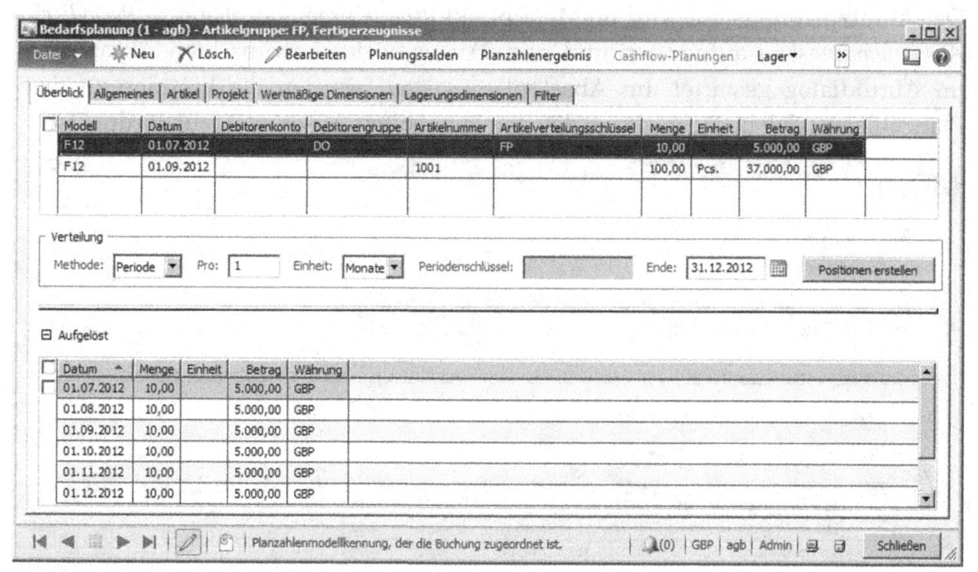

Abbildung 6-5: Planungszeile mit Artikelverteilungsschlüssel und Periodenverteilung

Damit der Bruttobedarf durch den Absatzplanungslauf berechnet werden kann, müssen entweder Artikelnummern oder Artikelverteilungsschlüssel in den vorgesehenen Spalten eingetragen werden. In Abhängigkeit von den Dimensionsgruppen des jeweiligen Artikels (in Lagerdimensionsgruppe und Rückverfolgungsangabengruppe Kontrollkästchen *Disposition nach Dimensionen*) sind in der Bedarfsplanungszeile zusätzlich Produkt- und Lagerdimensionen in den entsprechenden Spalten oder am Reiter *Lagerungsdimensionen* anzugeben.

6.2.3.2 Beschaffungsplanung und Planzahlenergebnis

Falls eine Beschaffungsplanung zum Einkauf unabhängig von der Bedarfsplanung vorab erfasst wird, kann diese analog zur Bedarfsplanung aus dem jeweiligen Formular über die Schaltfläche *Beschaffungsplanung* oder *Planung* aufgerufen werden. Die Beschaffungsplanung kann dann im Absatzplanungslauf zusätzlich zur Verkaufsplanung berücksichtigt werden.

Parallel zur Bedarfs- und Beschaffungsplanung kann in den jeweiligen Formularen die Schaltfläche *Planzahlenergebnis* betätigt werden. Im Planzahlenergebnis wird der Bedarfsverlauf je Artikel und Periode auf Basis von Bedarfs- und Beschaffungsplanung dargestellt.

6.2.3.3 Absatzplanungslauf

Wenn die Ergebnisse der Absatzplanung überprüft werden sollen um Produktion und Einkauf auf den erwarteten Bedarfsverlauf von Rohmaterial, Halbfabrikaten und Fertigerzeugnissen abzustimmen, kann der Absatzplanungslauf ausgeführt werden.

Der Absatzplanungslauf wird im Menüpunkt *Produktprogrammplanung> Periodisch> Absatzplanungslauf* aufgerufen und nach Auswahl des gewünschten Absatzplans im Abrufdialog gestartet. Im Absatzplanungslauf werden die Einträge zu dem Planzahlenmodell berücksichtigt, das dem gewählten Absatzplan zugeordnet ist.

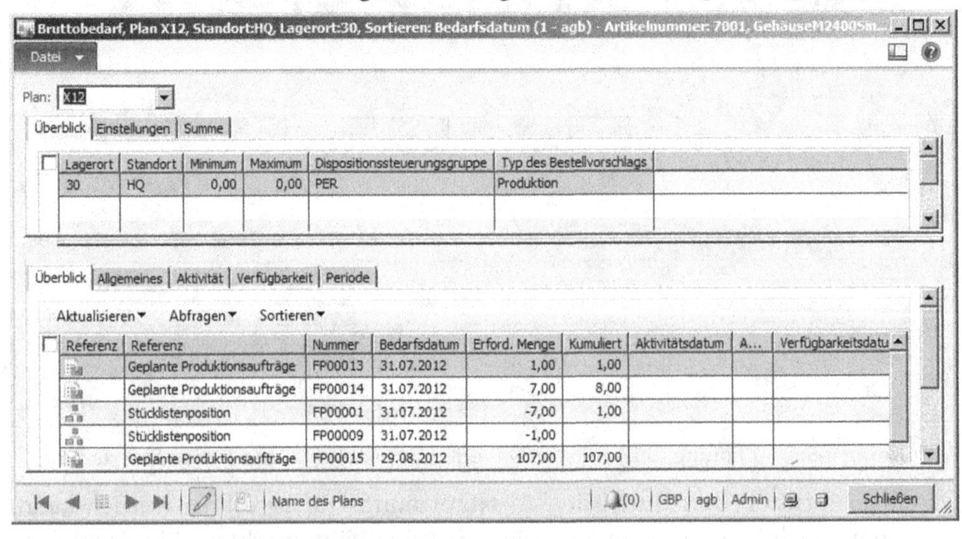

Abbildung 6-6: Bruttobedarfsverlauf für ein Halbfabrikat

Die Ergebnisse des Absatzplanungslaufes können in der Bruttobedarfsabfrage betrachtet werden, die beispielsweise im Formular für freigegebene Produkte über die (rechte) Schaltfläche *Bedarfsverlauf* am Schaltflächenreiter *Plan* aufgerufen werden kann. Der Vorschlagswert für den gezeigten Absatzplan ist der in den Produktprogrammplanungsparametern hinterlegte *aktuelle Absatzplan*, im Auswahlfeld *Plan* der Bruttobedarfsabfrage kann aber auch ein alternativer Absatzplan gewählt werden.

Durch entsprechende Auswahl im Auswahlfeld *Plan* können Absatzpläne aber auch aus jeder anderen Anzeige von Bedarfsverlauf und Bestellvorschlägen ausgewählt werden, beispielsweise in der Listenseite *Produktprogrammplanung> Häufig> Bestellvorschläge.*

6.2.3.4 Übertragung in Sachkonto-Budget

Die erfasste Absatzplanung (Bedarfs- und Beschaffungsplanung) kann auch in die Budgetierung im Finanzwesen (Sachkonto-Budgets) übernommen werden. Die Übertragung wird dazu über die Formulare des Menüknotens *Lager- und Lagerortverwaltung> Periodisch> Planung> Aktualisieren* aufgerufen. Im Abrufdialog muss dann das Budgetmodell angegeben werden, in das die Planzahlenwerte übertragen werden sollen.

6.2.3.5 Neu in Dynamics AX 2012

In Dynamics AX 2012 kann auf Halbfabrikat-Ebene geplant werden, weshalb der Begriff „Verkaufsplanung" durch „Bedarfsplanung" ersetzt worden ist.

6.2.4 Übungen zum Fallbeispiel

Übung 6.1 – Absatzplanungs-Einstellungen

Es wird eine Verkaufsplanung für die von Ihnen angelegten Produkte – den Handelsartikel aus Übung 3.5 und Fertigerzeugnis aus Übung 5.2 – benötigt. Ihre Planung soll hierbei in einem eigenen Planszenario stattfinden.

Legen Sie dazu ein Planzahlenmodell *F-##* (## = Ihr Benutzerkürzel) ohne Teilmodelle an. Im zweiten Schritt legen Sie einen Absatzplan *Y-##* an, dem Sie Ihr Planzahlenmodell zuordnen. Die Bedarfsplanung wird einbezogen, bei der Eintragung der Nummernkreise orientieren Sie sich an vorhandenen Absatzplänen. Die Planungsparameter lassen Sie unverändert.

Übung 6.2 – Bedarfsplanung

Sie erwarten, dass Ihr Kunde aus Übung 4.1 in den kommenden zwei Monaten am Monatsletzten jeweils 200 Stück Ihres Handelsartikels und 100 Stück Ihres Fertigerzeugnisses bestellt.

Tragen Sie diese Werte in die Bedarfsplanung ein, wobei Sie Ihr Planzahlenmodell verwenden. Anschließend rufen Sie einen Absatzplanungslauf für Ihren Absatzplan auf und kontrollieren das Ergebnis des Planungslaufs für Ihren Absatzplan.

6.3 Produktprogrammplanung

Die Produktprogrammplanung (Disposition) in Dynamics AX wird für die kurzfristige Materialbedarfsberechnung und Kapazitätsplanung eingesetzt. Sie dient damit als Grundlage für die tägliche Arbeit in Einkauf und Disposition.

Bei der Produktprogrammplanung werden Einrichtung, Stammdaten und Bewegungsdaten aus allen betroffenen Bereichen berücksichtigt. Abhängig von den jeweiligen Einstellungen umfasst dies den aktuellem Lagerstand, Einkaufsbestellungen, Produktionsaufträgen, Verkaufsaufträgen, Verkaufsangeboten und die aktueller Absatzplanung sowie Stammdaten aus Artikelstamm und Ressourcen.

Als Ergebnis der Produktprogrammplanung werden einerseits Bestellvorschläge für geplante Einkaufsbestellungen, geplante Produktionsaufträge und Kanbans generiert, andererseits bilden Aktivitätsmeldungen die Basis für Maßnahmen wie Terminverschiebungen oder Änderungen der Bestellmenge.

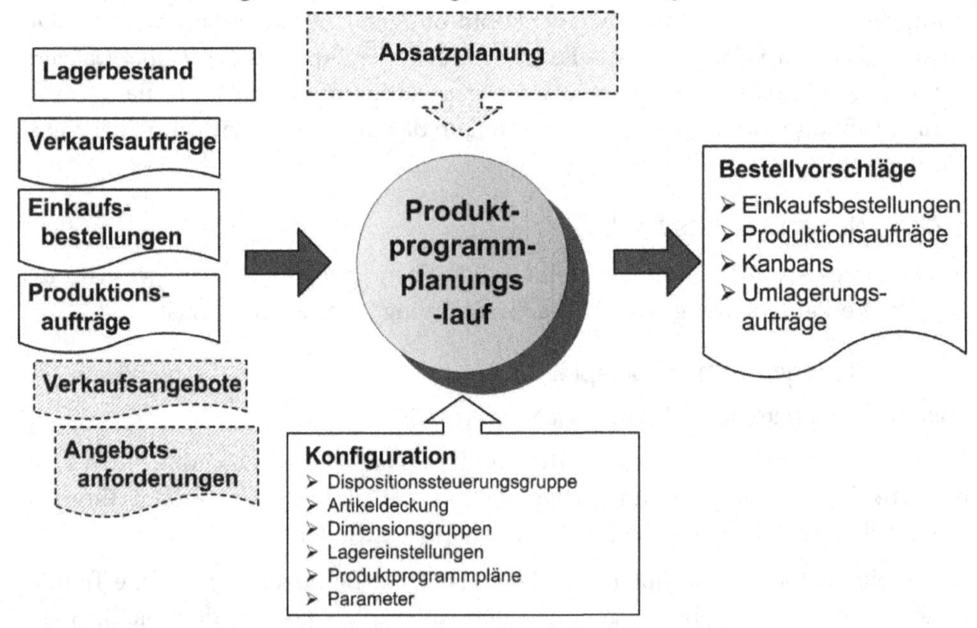

Abbildung 6-7: Elemente in der Produktprogrammplanung

6.3.1 Grundlagen der Disposition

Basis für die Produktprogrammplanung sind aktuelle Informationen zu Lagerbestand und Lagerbuchungen (inklusive Aufträge und Bestellungen) der einzelnen Artikel in allen Bereichen. Zusätzlich können Verkaufsangebote, Angebotsanforderungen und die aktuelle Absatzplanung in der Disposition Berücksichtigung finden, wobei für die Bedarfszahlen von Absatzplanung und Angeboten jeweils getrennt eine Gewichtung angegeben werden kann.

So wie die Absatzplanung bietet die Produktprogrammplanung die Möglichkeit zu parallelen Planungsszenarien. Dazu werden Produktprogrammpläne verwaltet, die die Einstellungen für das jeweilige Szenario enthalten. In diesen Einstellungen wird in der Hauptsache festgelegt, welche Bedarfselemente als Planungsbasis berücksichtigt werden sollen und wie die Terminierung erfolgen soll.

6.3.1.1 Planungsstrategien

Der Produktprogrammplanungslauf (Dispositionslauf) erfolgt normalerweise über alle Artikel als Stapelverarbeitung jede Nacht automatisch. Das Ergebnis dieser Planung wird in einem Szenario, dem *„statischen Produktprogrammplan"*, gespeichert. Dieser Produktprogrammplan ist auch der Vorschlagswert beim Aufruf von Bestellvorschlägen, da dieser normalerweise als Basis für die Arbeit in Einkauf und Dispositionsabteilung dient.

Auf der anderen Seite wird bei Abruf von Simulationen zur Verfügbarkeitsprüfung in der Auftragsbearbeitung auch ein Produktprogrammplanungslauf („lokal", d.h. unter isolierter Berechnung des betroffenen Artikels) aufgerufen. Das Ergebnis dieser laufenden Simulationen ist im *„dynamischen Produktprogrammplan"* enthalten.

Auf Basis dieser zwei Produktprogrammpläne können in den Planungsparametern folgende Planungsstrategien festgelegt werden:

- **Einplanstrategie**
- **Zweiplanstrategie**

Wird in den Planungsparametern für statischen und dynamischen Produktprogrammplan derselbe Plan (dasselbe Szenario) eingetragen, spricht man von einer Einplanstrategie. Laufende Simulationen im Vertrieb erscheinen parallel in der Disposition, was je nach betrieblichen Rahmenbedingungen gewünscht oder nicht erwünscht ist.

Bei einer Zweiplanstrategie werden unterschiedliche Produktprogrammpläne eingetragen. Im Nachtlauf wird der statische Plan („Dispositionsplan") normalerweise in den dynamischen Plan kopiert, damit bei Simulationen auf den aktuellen Plan aufgesetzt wird. Simulationen während des Tages ändern die Bestellvorschläge nicht, die gerade in Einkauf und Disposition bearbeitet werden.

6.3.1.2 Entkopplungspunkt (Push/Pull Point)

In Abhängigkeit von Produkten und Produktstruktur können in einem Unternehmen zwei grundlegende Dispositionsstrategien Anwendung finden:

- **Bestandsorientiert („Make to Stock")** – Produktion und Beschaffung auf Basis von Absatzplanung und historischem Bedarf
- **Bedarfsorientiert („Make-to-Order")** – Produktion und Beschaffung auf Basis von bestätigten Verkaufsaufträgen

Zusätzlich können hybride Strategien eingesetzt werden, beispielsweise eine bestandsorientierte Disposition für Einkaufsteile und Halbfabrikate mit langer Wiederbeschaffungszeit und eine bedarfsorientierte Disposition für Fertigerzeugnisse. In einer hybriden Strategie bestimmt der Entkopplungspunkt (Push/Pull Point) die Ebene in der Produktstruktur, für die ein bestandsorientierte Disposition (Push-Strategie, Make-to-Stock) vorgesehen ist.

In Dynamics AX können die verschiedenen Dispositionsstrategien durch Auswahl der entsprechenden Dispositionssteuerungsgruppe für die einzelnen Artikel festgelegt werden.

Im Falle einer hybriden Dispositionsstrategie wird der Entkopplungspunkt durch die Dispositionssteuerungsgruppe der einzelnen Artikel bestimmt. Zusätzlich ist der Entkopplungspunkt auch dadurch gekennzeichnet, dass eine Absatzplanung für die Artikel (Halbfabrikate) auf der betroffenen Ebene erfasst wird.

Im Hinblick auf die Berücksichtigung der Absatzplanung in der Produktprogrammplanung sollte dann in der Dispositionssteuerungsgruppe (siehe Abschnitt 6.3.3) der betroffenen Artikel eingestellt werden, dass die Reduktion, über die periodenbezogen eine parallele – also doppelte – Berücksichtigung von aktuellem Bedarf und Bedarf aus der Absatzplanung verhindert wird, in den aktuellen Bedarf nicht nur Verkaufsaufträge sondern auch abgeleiteten Bedarf einschließt.

6.3.1.3 Produktprogrammplanung und Bestellvorschläge

Im Produktprogrammplanungslauf werden auf Basis des errechneten Artikelbedarfs und der gewählten Einstellungen Bestellvorschläge für geplante Einkaufsbestellungen, geplante Produktionsaufträge und geplante Umlagerungsaufträge erzeugt.

Die Bestellvorschläge können anschließend überprüft und bearbeitet werden. Aus dem Bearbeitungsformular erfolgt dann auch die Umwandlung in Bestellungen, Produktionsaufträge und Umlagerungsaufträge.

6.3.1.4 Neu in Dynamics AX 2012

Dynamics AX 2012 unterstützt hybride Dispositionsstrategien durch die neue Auswahl, Planungswerte um „Alle Aufträge" zu reduzieren.

6.3.2 Einrichtung der Produktprogrammplanung

Bevor die Produktprogrammplanung in Dynamics AX durchgeführt werden kann, muss die entsprechende Einrichtung abgeschlossen sein.

6.3.2.1 Produktprogrammpläne

Ein Produktprogrammplan kann als Szenario betrachtet werden, in dem eine Bedarfsberechnung unabhängig von anderen Szenarien durchgeführt werden kann. Abhängig davon, ob eine Einplanstrategie oder eine Zweiplanstrategie genutzt wird, werden ein oder zwei Produktprogrammpläne parallel bearbeitet. Für Simulationszwecke können weitere Produktprogrammpläne eingerichtet werden.

Die Verwaltung der Produktprogrammpläne erfolgt im Menüpunkt *Produktprogrammplanung> Einstellungen> Pläne> Produktprogrammpläne*. In den einzelnen Produktprogrammplänen wird durch Kontrollkästchen am Reiter *Allgemeines* eingestellt, welche der folgenden Elemente berücksichtigt werden sollen:

- **Aktueller Lagerbestand**
- **Lagerbuchungen** (offene Aufträge und Bestellungen)
- **Verkaufsangebote** (reduziert um eine wählbare Wahrscheinlichkeit)
- **Angebotsanforderungen** (aus Beschaffung)
- **Planzahlen** (Bedarfsplanung und Beschaffungsplanung)

Zur Berücksichtigung der Absatzplanung wird das gewünschte *Planzahlenmodell* im Produktprogrammplan eingetragen. Über das Auswahlfeld *Reduktionsprinzip* kann hierbei eine Verringerung der Absatzplanzahlen definiert werden. Das Reduktionsprinzip dient dazu, den aktuellen Bedarf aus Verkaufsaufträgen den Absatzplanzahlen gegenüberzustellen um zu vermeiden, dass durch Addieren beider Bedarfe eine zu große Beschaffungsmenge berechnet wird. Je nach Einstellung in der Dispositionssteuerungsgruppe zum betroffenen Artikel (Auswahlfeld *Planungswert verringern um*) wird hierbei auch ein abgeleiteter Bedarf berücksichtigt.

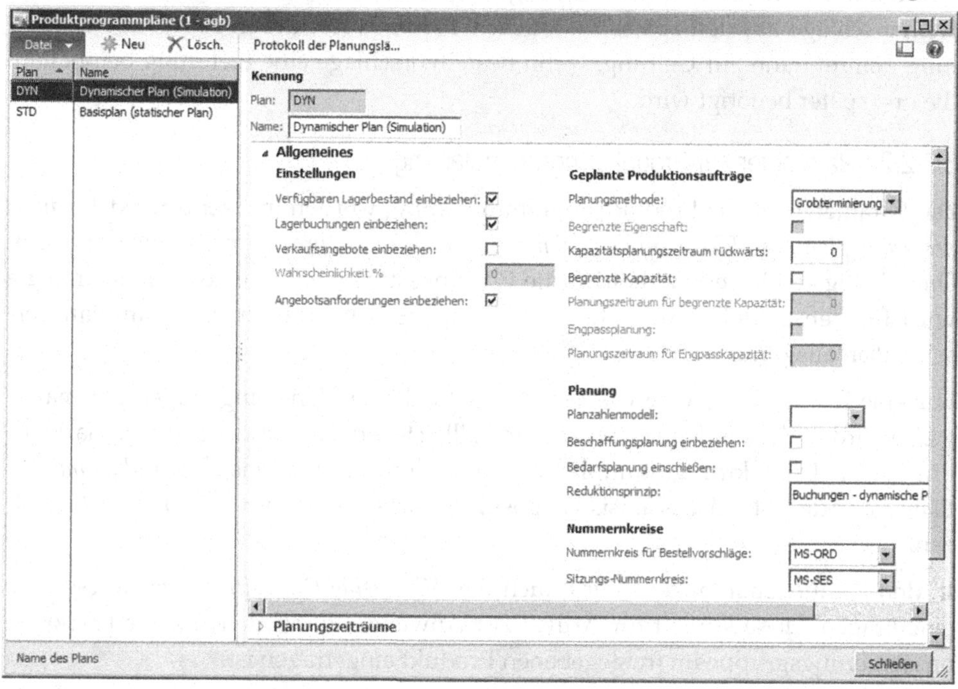

Abbildung 6-8: Bearbeiten eines Produktprogrammplans

Wird im *Reduktionsprinzip* eine Option gewählt, die mit einem *Planzahlenverrechnungsschlüssel* in Verbindung steht, müssen Planzahlenverrechnungsschlüssel angelegt und in die betroffenen Dispositionssteuerungsgruppen eingetragen werden.

Am Reiter *Allgemeines* im Produktprogrammplan-Formular findet sich auch die Einstellung, ob eine Grobterminierung oder eine Feinterminierung (siehe Abschnitt 5.4.3) für im Produktprogrammplanungslauf erstellte, geplante Produktionsaufträge durchgeführt werden soll. Soll die Planung unter Berücksichtigung von Material- und Kapazitätsverfügbarkeit erfolgen, wird „Feinterminierung" gewählt und das Kontrollkästchen *Begrenzte Kapazität* markiert.

Am Reiter *Planungszeiträume* kann eingestellt werden, ob die zum Artikel in Dispositionssteuerungsgruppe oder Artikeldeckung eingestellten Zeithorizonte durch entsprechende Einstellungen im Produktprogrammplan übersteuert werden sollen.

Ob Bestellvorschläge durch den Planungslauf auf einen Termin verschoben werden dürfen, der nach dem verursachenden Bedarfstermin liegt, wird am Reiter *Verfügbarkeitsmeldung* definiert. Diese Verschiebung wird dann vorgenommen, wenn es nicht möglich ist, den Bedarf zeitgerecht zu befriedigen, beispielsweise weil er vor dem heutigen Tag liegt.

Am Reiter *Aktivitätsmeldung* kann eingetragen werden, dass der Planungslauf Bestellvorschläge auf den spätest möglichen Termin verschieben soll. Diese Einstellung kommt dann zur Geltung, wenn Bestellvorschläge eine Lieferung beinhalten, die erst später benötigt wird.

6.3.2.2 Parameter zur Produktprogrammplanung

Die Parameter für die Produktprogrammplanung werden im Menüpunkt *Produktprogrammplanung> Einstellungen> Parameter für Produktprogrammplanung* verwaltet. Die wichtigste Einstellung betrifft die Planungsstrategie: Für eine Einplanstrategie wird für den aktuellen statischen und dynamischen Produktprogrammplan derselbe Plan ausgewählt.

Für eine Zweiplanstrategie werden unterschiedliche Pläne eingetragen Normalerweise wird in diesem Fall auch das Kontrollkästchen *Automatisch kopieren* markiert, um beim Produktprogrammplanungslauf den Simulationsplan (*„dynamischer Plan"*) auf den Stand des Basis-Dispositionsplans (*„statischer Plan"*) zurückzusetzen.

In den Planungsparametern wird auch die *Allgemeine Dispositionssteuerungsgruppe* eingetragen. Diese kommt für Artikel zur Anwendung, bei denen keine Dispositionssteuerungsgruppe im freigegebenen Produkt eingetragen ist.

6.3.2.3 Planungseinstellungen zum Lagerort

Wenn Bestände eines Lagerorts (beispielsweise Kommissionslager beim Kunden) in der Planung nicht berücksichtigt werden sollen, kann in der Lagerortverwaltung (*Lager- und Lagerortverwaltung> Einstellungen> Lageraufschlüsselung> Lagerorte*) am Reiter *Produktprogrammplanung* zur Artikeldeckung das Kontrollkästchen *Manuell* markiert werden.

Zusätzlich kann im Lagerortformular eingetragen werden, ob ein Lager von einem anderen Lager (*Auffülllagerort*) aufgefüllt werden soll. Umlagerungsvorschläge werden allerdings nur für diejenigen Artikel erzeugt, deren Lagerdimensionsgruppe eine Bedarfsberechnung pro Lagerort (Spalte *Disposition nach Dimensionen*) vorsieht.

6.3.3 Dispositionssteuerungsgruppe und Artikeldeckung

Dispositionssteuerungsgruppen und Einstellungen am Artikel steuern die Berechnung von Beschaffungsmengen (Losgrößen) und Terminen im Zuge eines Programmplanungslaufes.

6.3.3.1 Verwalten von Dispositionssteuerungsgruppen

Die Dispositionssteuerungsgruppe ist ein zentrales Element zur Dispositionseinstellung eines Artikels, indem sie das Dispositionsverfahren und Parameter zur Bestimmung von Losgrößen und Terminen festlegt.

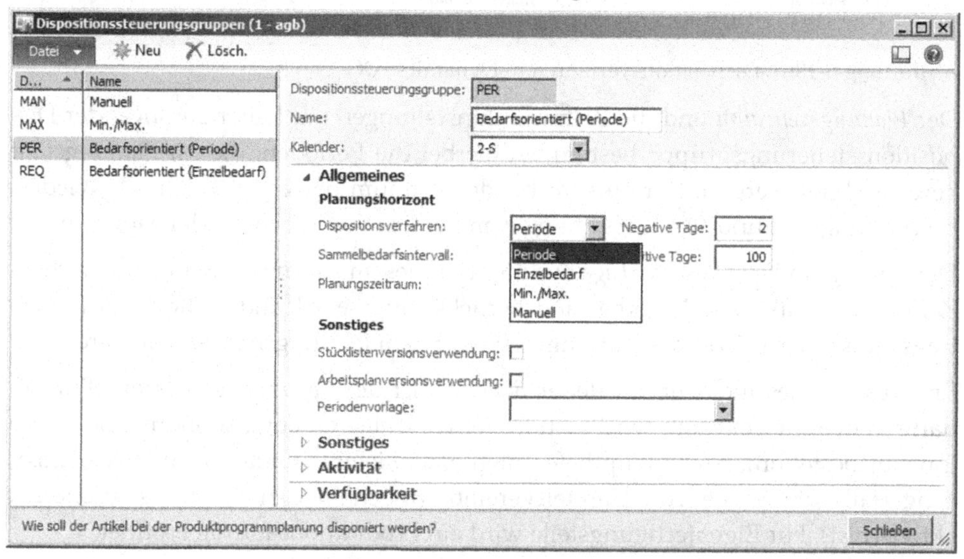

Abbildung 6-9: Wahl des Dispositionsverfahrens in der Dispositionssteuerungsgruppe

Die Verwaltung der Dispositionssteuerungsgruppen erfolgt über den Menüpunkt *Produktprogrammplanung> Einstellungen> Disposition> Dispositionssteuerungsgruppen*. Eine zentrale Einstellung in der Dispositionssteuerungsgruppe bildet das Auswahlfeld *Dispositionsverfahren*, über das ein Sammeln der Bedarfe zu einem Bestellvorschlag gesteuert wird.

6.3.3.2 Dispositionsverfahren und Planungszeitraum

In Dynamics AX sind folgende Dispositionsverfahren möglich (siehe auch Abbildung 6-10):

- **Periode** – Sammeln der Bedarfe über das Sammelbedarfsintervall
- **Einzelbedarf** – Jeder Bedarf erzeugt einen eigenen Bestellvorschlag
- **Min./Max.** – Auffüllen auf Maximalbestand nach Unterschreiten des Mindestlagerbestands
- **Manuell** – Bestellvorschlag wird nicht erzeugt

Das Auslösen eines Bestellvorschlags erfolgt durch das Unterschreiten des Mindestlagerbestands oder des Nullbestands, wenn kein Mindestlagerbestand definiert ist.

Abbildung 6-10: Dispositionsverfahren in Dynamics AX

Der *Planungszeitraum* und die Zeitraum-Einstellungen am Reiter *Sonstiges* der Dispositionssteuerungsgruppe bestimmen hierbei die Perioden, die im Planungslauf berücksichtigt werden. Der entsprechende Zeitraum bewegt sich je nach Wiederbeschaffungszeit und Planungsstrategie im Bereich von Wochen oder Monaten.

Der Eintrag im Feld *Positive Tage* bestimmt in diesem Zusammenhang, in welchem Zeitraum der aktuelle Lagerbestand berücksichtigt wird und sollte je nach Auftragsverlauf der Wiederbeschaffungszeit oder dem Planungshorizont entsprechen.

Ein wesentliches Element am Reiter *Sonstiges* ist der *Sofortanlagezeitraum*: Für Bedarfe in diesem Zeitraum wird kein Bestellvorschlag erzeugt, sondern eine aktive Einkaufsbestellung beim Hauptlieferanten bzw. Lieferanten laut Handelsvereinbarung (falls die Suche von Handelsvereinbarungen in den Planungsparametern aktiviert ist). Für Eigenfertigungsteile wird ein Produktionsauftrag eröffnet.

6.3.3.3 Einstellungen zur Absatzplanung

Am Reiter *Sonstiges* der Dispositionssteuerungsgruppe sind Einstellungen zur Berücksichtigung der Absatzplanung enthalten. Diese betreffen den Zeitraum zur Berücksichtigung der Absatzplanung und den Planzahlenverrechnungsschlüssel.

Planzahlenverrechnungsschlüssel (*Produktprogrammplanung> Einstellungen> Disposition> Planzahlenverrechnungsschlüssel*) steuern Zeitraum und Prozentsätze für die Berücksichtigung von Absatzplanungszahlen in der Produktprogrammplanung. Als Voraussetzung für die Berücksichtigung des in der Dispositionssteuerungsgruppe eingetragenen Planzahlenverrechnungsschlüssels muss im Produktprogrammplan ein entsprechendes Reduktionsprinzip eingetragen sein.

Das Reduktionsprinzip im Produktprogrammplan bestimmt hierbei, wie die Planzahlen aus der Absatzplanung bei der Bedarfsberechnung reduziert werden sollen. Wird eine Absatzplanung auf Ebene von Halbfabrikaten erfasst (Entkopplungspunkt in hybrider Dispositionsstrategie, siehe Abschnitt 6.3.1), sollte die Reduktion nicht nur den direkten Bedarf aus Verkaufsaufträgen, sondern für Halbfabrikate auch den abgeleiteten Bedarf berücksichtigen. Zu diesem Zweck kann im Auswahlfeld *Planungswert verringern um* der Dispositionssteuerungsgruppe die Option „Alle Aufträge" gewählt werden.

6.3.3.4 Aktivitätsmeldung und Verfügbarkeitsmeldung

Aktivitätsmeldungen werden am Reiter *Aktivität* der Dispositionssteuerungsgruppe aktiviert. Sie sind Systemvorschläge zum Anpassen von vorhandenen Bestellungen, Produktionsaufträgen und Bestellvorschlägen und sollen bei der Optimierung von Bestellmengen und Terminen helfen. Im Gegensatz zu Verfügbarkeitsmeldungen handelt es sich bei den Aktivitätsmeldungen aber um reine Optimierungsvorschläge wie dem Verschieben zu früh geplanter Wareneingänge. Die Verfügbarkeit ist auch dann gegeben, wenn Aktivitätsmeldungen nicht beachtet werden.

Falls die Verfügbarkeitsmeldungen am nächsten Reiter aktiviert sind, sollte für den Aktivitäts-Parameter *Basisdatum* die Option „Verfügbarkeitsdatum" gewählt werden, um Aktivitäten von der tatsächlichen Verfügbarkeit ausgehend zu planen.

Im Gegensatz zu Aktivitätsmeldungen weisen Verfügbarkeitsmeldungen auf Probleme hin, die zu Terminüberschreitungen führen.

6.3.3.5 Zuordnung der Dispositionssteuerungsgruppe

Die Zuordnung der Dispositionssteuerungsgruppen als Basis für die Produktprogrammplanung kann auf drei Ebenen erfolgen. Im Planungslauf wird dann die für die Bedarfsdeckung eines Artikels relevante Dispositionssteuerungsgruppe in folgender Reihenfolge bestimmt:

- **Artikeldeckung** (am Reiter *Überblick,* Aufruf über Schaltfläche *Artikeldeckung* am Schaltflächenreiter *Plan* im freigegebenen Produkt)
- **Artikelstamm** (am Inforegister *Plan* im freigegebenen Produkt)
- **Produktprogrammplanungsparameter** (im Auswahlfeld *Allgemeine Dispositionssteuerungsgruppe*)

Nachdem die Losgrößenbestimmung und damit das Dispositionsverfahren vom Lagerwert und von der Wiederbeschaffungszeit der Artikel abhängig ist, sollten Artikel mit ähnlichen Eigenschaften in Dispositionssteuerungsgruppen zusammengefasst werden.

6.3.3.6 Einstellungen der Dimensionsgruppe

In Lagerdimensionsgruppe und Rückverfolgungsangabengruppe kann definiert werden, auf welcher Ebene die Disposition erfolgt. Wenn daher beispielsweise eine getrennte Disposition für Lagerorte eingerichtet ist, wird in der Produktprogrammplanung der Bedarf auf Ebene von Lagerorten berechnet.

Die Dimensionsgruppen können in den Formularen der Menüknotens *Produktinformationsverwaltung> Einstellungen> Dimensionsgruppen* geöffnet werden (siehe Abschnitt 7.2.2). In der Lagerdimensionsgruppe und der Rückverfolgungsangabengruppe wird dann über das Kontrollkästchen in der Spalte *Disposition nach Dimensionen* bestimmt, welche Dimensionen getrennt disponiert werden.

Produktdimensionen und die Dimension *Standort* werden immer getrennt disponiert. Dimensionsgruppen werden einem Produkt auf Ebene des gemeinsamen Produkts oder des freigegebenen Produkts über die Schaltfläche *Einrichten/Dimensionsgruppen* am Schaltflächenreiter *Produkt* zugeordnet.

6.3.3.7 Artikeldeckung

Im Artikelstamm die Artikeldeckung ist neben Dispositionssteuerungsgruppe und Dimensionsgruppen eine weitere für die Disposition wichtige Einstellung.

Die Artikeldeckung wird für den jeweiligen Artikel im Formular für freigegebene Produkte über die Schaltfläche *Artikeldeckung* am Schaltflächenreiter *Plan* aufgerufen und ermöglicht die Eintragung von Mindestlagerbeständen und Maximalbeständen. Je nach Dimensionsgruppen des Artikels und den Einstellungen zur *Disposition nach Dimensionen* in der jeweiligen Dimensionsgruppe können in der Artikeldeckung Eintragungen pro Standort, Lagerort oder auch für andere Dimensionen (z.B. Varianten) vorgenommen werden.

Am Reiter *Allgemeines* kann in der Artikeldeckung eine von den Einstellungen im Artikelstamm abweichende Dispositionssteuerungsgruppe eingetragen werden, beispielsweise für die abweichende Disposition einer Variante. Zudem kann hier ein abweichender Hauptlieferant und Bestellvorschlagstyp eingetragen werden - beispielsweise wenn ein Artikel normalerweise produziert, an einem Standort aber eingekauft wird.

Über das Feld *Mindestbestandsfaktor* kann in der Artikeldeckung auch ein Schlüssel für einen saisonalen Verlauf des Mindestbestands ausgewählt werden. Die Ergebnisse der saisonalen Berechnung können dann am Reiter *Min/Max* kontrolliert werden. Mindestbestandsfaktoren werden im Menüpunkt *Produktprogrammpla-*

nung> Einstellungen> Disposition> Minimum-/Maximumschlüssel angelegt und ermöglichen die Eintragung eines Faktors pro Periode.

6.3.4 Produktprogrammplanungslauf und Bestellvorschläge

Der Produktprogrammplanungslauf (Dispositionslauf) dient zum Erstellen von Bestellvorschlägen in Form von geplanten Produktionsaufträgen, geplanten Einkaufsbestellungen und geplanten Umlagerungsaufträgen auf Basis der gewählten Dispositions-Einstellungen. Ein Aufruf des Planungslaufs erfolgt hierbei in zwei unterschiedlichen Situationen:

- **Lokaler Planungslauf** – Verfügbarkeitsprüfung, z.B. in Auftragsposition
- **Globaler Planungslauf** – Disposition über alle Artikel

6.3.4.1 Globaler Planungslauf

Der globale Planungslauf als Basis für die Artikeldisposition wird im Menüpunkt *Produktprogrammplanung> Periodisch> Produktprogrammplanungslauf* aufgerufen. Aufgrund der Serverbelastung durch die umfangreichen Rechenoperationen wird der Planungslauf normalerweise jedoch nicht untertags durchgeführt, sondern als Stapelverarbeitung in der Nacht.

Im Abrufdialog zum Planungslauf wird der Produktprogrammplan ausgewählt, für den die Berechnung stattfinden soll. Im Normalfall ist dies der für die Disposition gültige statische Plan. Für den dynamischen Plan muss kein eigener Abruf ausgeführt werden, wenn in den Produktprogrammplanungsparametern die Option *Automatisch kopieren* markiert ist.

Für das Planungsprinzip können im Abrufdialog folgende Varianten ausgewählt werden:

- **Neu erzeugen** – Komplette Neuberechnung, Löschen aller alten Bestellvorschläge
- **Nettoveränderung** – Verfügbarkeitsmeldungen für alle Bedarfe, Bestellvorschläge eingeschränkt auf neue/geänderte Bedarfe
- **Nettoveränderung minimiert** – wie Nettoveränderung, Verfügbarkeitsmeldungen aber eingeschränkt auf neue/geänderte Bedarfe

Für den statischen Plan bietet Dynamics AX allerdings keine Auswahlmöglichkeit, für diesen Abruf ist das Prinzip „Neu erzeugen" fix eingestellt. Wenn geänderte Einstellungen (z.B. Mindestlagerbestand) berücksichtigt werden sollen, ist im globalen Planungslauf aber auch für alternative Pläne die Option „Neu erzeugen" zu wählen.

Der Reiter *Planungshilfsprogramme* im Abrufdialog dient zum Aufruf einer verteilten Durchführung des Planungslaufes auf mehreren Servern.

6.3.4.2 Lokaler Planungslauf

Im Unterschied zum globalen Planungslauf wird der lokale Planungslauf jeweils konkret für einen einzelnen Artikel aufgerufen, um Verfügbarkeit und mögliche Liefertermine zu prüfen. Der Abruf erfolgt aus dem Bedarfsverlaufsformular, das beispielsweise im Formular für das freigegebene Produkt über die (linke) Schaltfläche *Bedarfsverlauf* am Schaltflächenreiter *Plan* geöffnet werden kann. In Auftragspositionen und Bestellpositionen kann der Aufruf über die Schaltfläche *Produkt und Beschafftun/Bedarfsverlauf* in der Aktionsbereichsleiste erfolgen.

Das Bedarfsverlaufsformular zeigt zunächst das Ergebnis des letzten Planungslaufs für den dynamischen Produktprogrammplan. Bei einer Einplanstrategie ist dieser gleich dem in der Disposition verwendeten statischen Plan. Dies gilt auch für eine Zweiplanstrategie mit gesetztem Planungsparameter *Automatisch kopieren*, solange noch keine Simulationen im dynamischen Plan oder Änderungen wie das Umwandeln von Bestellvorschlägen im statischen Plan stattgefunden haben.

Über die Schaltfläche *Aktualisieren/Produktprogrammplanungslauf* in der Aktionsbereichsleiste zum unteren Bereich des Bedarfsverlaufsformulars wird der lokale Planungslauf aufgerufen und der dynamische Produktprogrammplan eingeschränkt auf den aktuellen Artikel und allfällige Komponenten aktualisiert. Hierbei ist zu berücksichtigen, dass speziell hinsichtlich der Belegung von Kapazitäten nicht alle Abhängigkeiten zum Bedarf aus anderen Aufträgen berücksichtigt werden.

6.3.4.3 Bestellvorschläge

Durch den Produktprogrammplanungslauf werden Bestellvorschläge erstellt, die in der Listenseite *Produktprogrammplanung> Häufig> Bestellvorschläge* bearbeitet werden können. Als Vorschlagswert wird der für die Disposition maßgebliche statische Plan beim Öffnen der Bestellvorschläge gezeigt. Durch Wahl des entsprechenden Plans im Auswahlfeld *Plan* kann jedoch zum dynamischen Plan und zu alternativen Plan-Szenarien gewechselt werden.

Das Bestellvorschlagsformular im Produktprogrammplanungsmenü zeigt sowohl Vorschläge für Einkaufsbestellungen als auch geplante Produktions- und Umlagerungsaufträge. Das entsprechende Symbol in der Spalte *Referenz* und das Feld *Referenz* im Vorschaubereich zeigen an, um welchen Vorschlag es sich handelt.

Im Gegensatz dazu wird im Beschaffungsmenü (*Beschaffung> Häufig> Bestellungen> Geplante Einkaufsbestellungen*) auf Vorschläge für Einkaufsbestellungen gefiltert, in der Produktion zeigt das Formular *Produktionssteuerung> Häufig> Produktionsaufträge> Geplanten Produktionsaufträge* nur Produktionsvorschläge.

In der Bestellvorschlags-Listenseite werden neben vorgeschlagenem Liefertermin und Bestellmenge auch Aktivitäts- und Verfügbarkeitsmeldungen in den Spalten rechts gezeigt. Im Bestellvorschlags-Detailformular, das durch Doppelklick auf die betreffende Zeile geöffnet wird, werden die zugehörigen Detailmeldungen am Inforegister *Aktivität* bzw. *Verfügbarkeit* gezeigt.

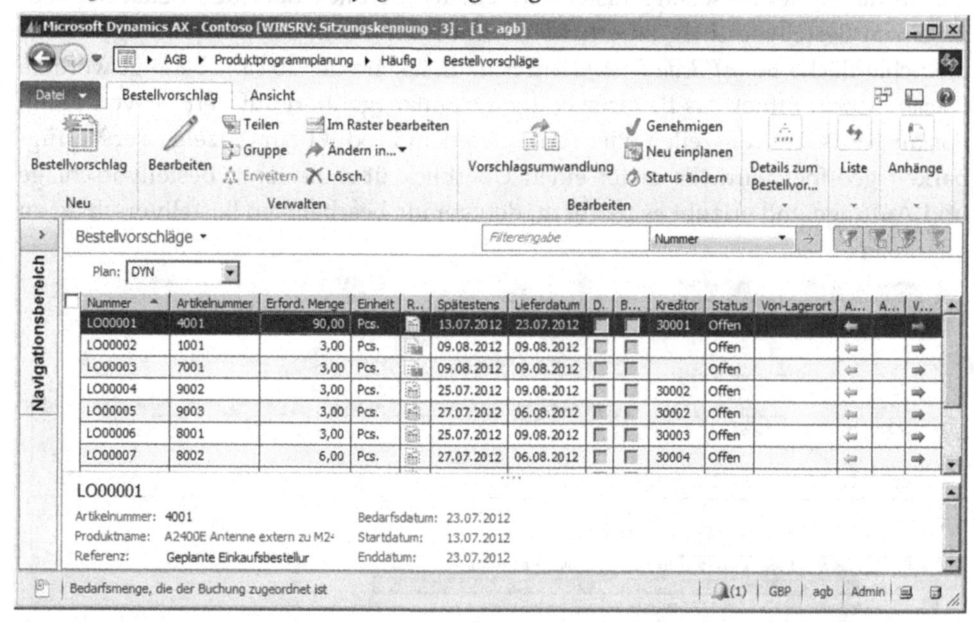

Abbildung 6-11: Anzeige der Bestellvorschläge in der entsprechenden Listenseite

Der Inforegister *Bedarfsverursacher* des Detailformulars zeigt den Bedarf, der durch den jeweiligen Bestellvorschlag gedeckt werden soll – beispielweise Verkaufsaufträge, Stücklistenpositionen von Produktionsaufträgen, Sicherheitslagerbestand oder ein aus der Absatzplanung abgeleiteter Bedarf.

6.3.4.4 Umwandeln von Bestellvorschlägen

Wird das Bestellvorschlags-Detailformular im Bearbeitungsmodus geöffnet, kann am Inforegister *Geplante Lieferung* das *Lieferdatum* und die *Bestellmenge* überschrieben werden, für Vorschläge zu Einkaufsbestellungen muss eine Lieferantennummer im Feld *Kreditor* eingetragen sein.

Falls eine Statusverwaltung eingesetzt wird, kann der Status eines Vorschlags über die Schaltfläche *Bearbeiten/Status ändern* oder *Bearbeiten/Genehmigen* am Schaltflächenreiter *Bestellvorschlag* geändert werden, im Detailformular alternativ auch durch direktes Ändern im Auswahlfeld *Status* am Inforegister *Allgemeines*.

Nach Markieren der betroffenen Vorschläge in der Bestellvorschlags-Listenseite können diese über die Schaltfläche *Bearbeiten/Vorschlagsumwandlung* am Schaltflächenreiter *Bestellvorschlag* in Bestellungen, Produktionsaufträge und Umlagerungsaufträge umgewandelt werden. Geplante Einkaufsbestellungen können über die Schaltfläche *Verwalten/Ändern in/Angebotsanforderung* am Schaltflächenreiter *Bestellvorschlag* alternativ auch in Angebotsanforderungen zur Einholung von Angeboten umgewandelt werden (vgl. Abschnitt 3.4.4).

6.3.4.5 Nettobedarf und Stücklistenauflösung

Um in der Bestellvorschlags-Listenseite einen Überblick über den Bedarfsverlauf zu einem Bestellvorschlag zu erhalten, kann nach Markieren der jeweiligen Zeile die Schaltfläche *Bedarf/Bedarfsprofil* am Schaltflächenreiter *Ansicht* betätigt werden. Dieser Aufruf öffnet das Bedarfsverlaufsformular (gefiltert auf den aktiven Plan), das auch aus Auftragszeilen oder freigegebenem Produkt zur Anzeige der Verfügbarkeit geöffnet wird. Es bietet einen Überblick über Bestand, Bestellvorschläge und Aufträge und erlaubt es dadurch, den gerade bearbeiteten Bestellvorschlag zu beurteilen.

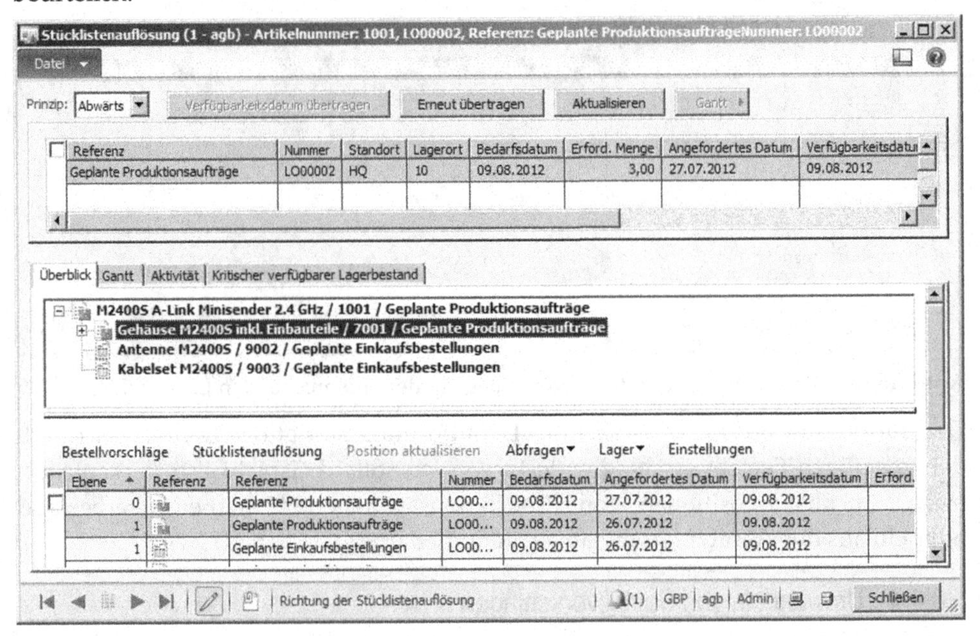

Abbildung 6-12: Stücklistenauflösungsformular mit mehrstufiger Verfügbarkeit

Die Schaltfläche *Bedarf/Stücklistenauflösung* am Schaltflächenreiter *Ansicht* im Bestellvorschlagsformular öffnet eine Abfrage, die die Verfügbarkeit zum aktuellen Vorschlag über alle Stücklistenebenen zeigt.

Wird im Auswahlfeld *Prinzip* oben im Stücklistenauflösungsformular die Option „Abwärts" gewählt, werden für ein Fertig- oder Halbfertigerzeugnis alle Stücklistenebenen bis zum Rohmaterial mit der jeweiligen Verfügbarkeit gezeigt. Wird das Prinzip „Aufwärts" gewählt, kann für eine untere Stücklistenebene die Teileverwendung und ihre Verfügbarkeit betrachtet werden.

6.3.5 Übungen zum Fallbeispiel

Übung 6.3 – Min./Max. Verfahren

Ihr Fertigerzeugnis aus Übung 5.2 soll nach einem Min/Max-Verfahren disponiert werden. Wählen Sie dazu im freigegebenen Produkt eine entsprechende Dispositionssteuerungsgruppe. In der Artikeldeckung tragen Sie einen Mindestlagerbestand von 500 Stück und eine Maximalbestand von 1000 Stück ein.

Anschließend führen Sie einen lokalen Produktprogrammplanungslauf aus dem Bedarfsverlauf des Artikels durch und kontrollieren das Ergebnis. Ändern Sie den Mindestlagerbestand in der Artikeldeckung auf ein Stück und rufen Sie den lokalen Produktprogrammplanungslauf ein zweites Mal auf. Können Sie das Ergebnis erklären?

Übung 6.4 – Verfahren nach Periode

Das Dispositionsverfahren für Ihr Fertigerzeugnis wird geändert, es soll nun eine Bedarfssammlung nach Periode stattfinden. Dazu tragen Sie im freigegebenen Produkt eine entsprechende Dispositionssteuerungsgruppe ein und löschen den Datensatz mit der Min/Max-Eintragung in der Artikeldeckung.

Durch eine Bestellung des in Übung 4.1 angelegten Kunden über 100 Stück Ihres Fertigerzeugnisses entsteht ein Bedarf, den Sie in Form eines Verkaufsauftrags erfassen. Zu diesem Auftrag buchen Sie im Rahmen dieser Übung weder Lieferschein noch Rechnung. Führen Sie einen lokalen Produktprogrammplanungslauf aus dem Bedarfsverlauf des Artikels aus. Erfassen Sie anschließend einen zweiten Auftrag desselben Kunden über 150 Stück Ihres Fertigerzeugnisses zum gleichen Liefertermin und rufen Sie den Planungslauf nochmals ab. Können Sie das Ergebnis erklären?

7 Lagerverwaltung

Aufgabe des Lagerwesens ist es, unternehmenseigene Waren nach Menge und Wert zu verwalten. Um dieses Ziel zu erreichen, werden Änderungen des Artikelbestands in Dynamics AX nur über Lagerbuchungen zugelassen, die in Form von Belegen erfasst werden.

Der aktuelle Lagerbestand eines Artikels ergibt sich daher immer als Summe über Lagerzugänge und Lagerabgänge. Ein Großteil der Buchungen wird allerdings nicht im Lagermodul selbst erfasst, sondern im Hintergrund bei Buchungen in anderen Modulen erzeugt. So wird beim Buchen des Produktzugangs zu einer Bestellung im Einkauf der mengenmäßige Lagerzugang gebucht, der wertmäßige Zugang wird mit der Eingangsrechnung gebucht.

7.1 Geschäftsprozesse zur Lagerführung

Bevor die Abwicklung von Prozessen der Lagerführung in Microsoft Dynamics AX detailliert erklärt werden, zeigt dieser Abschnitt die wesentlichen Abläufe.

7.1.1 Grundkonzept

Grundlegende Stammdaten in der Lagerverwaltung sind primär die Produktdaten lagergeführter Artikel. In der Lagerverwaltung wird der Bestand pro Artikelnummer getrennt geführt. Sowohl mengen- als auch wertmäßig können aber für jeden Artikel über Lagerdimensionen (z.B. Lagerort), Rückverfolgungsdimensionen (z.B. Chargen) und Produktdimensionen (z.B. Varianten) zusätzliche Ebenen der Bestandsführung gewählt werden.

7.1.1.1 Arten von Lagerbuchungen

Um den Lagerbestand eines Artikels zu ändern, müssen Lagerbewegungen gebucht werden. Diese lassen sich in drei Kategorien gliedern:

- **Lagerzugänge**
- **Lagerabgänge**
- **Umlagerungen**

Lagerzugänge sind Buchungen, die den Lagerbestand erhöhen. Dazu gehören Produktzugänge im Einkauf, Kundenretouren im Verkauf, Fertigmeldungen in der Produktion, positive Inventurdifferenzen und manuelle Lagerbuchungen.

Lagerabgänge, über die der Lagerbestand verringert wird, beinhalten Retouren an Lieferanten, Verkaufslieferungen, Abfassungen von Stücklistenpositionen in der Produktion sowie negative Inventurdifferenzen und manuelle Lagerbuchungen.

Umlagerungen können über Umlagerungsaufträge oder in Form von Umlagerungsjournalen abgewickelt werden. Umlagerungsaufträge ermöglichen die Abwicklung des Transports von einem Lagerort auf einen anderen. Über Umlagerungsjournale können Artikel im Gegensatz dazu nicht nur von einem Lagerort oder Lagerplatz auf einen anderen bewegt werden, sondern beispielsweise auch eine Änderung von Chargen- oder Seriennummer erfolgen.

Obwohl eine Umlagerung in einem Umlagerungsjournal in nur einer Zeile erfasst wird, sind in den gebuchten Bewegungen zwei Zeilen zu sehen. Im Fall einer Lagerort-Umbuchung sind dies eine Zugangszeile mit dem neuen Lagerort und eine Abgangszeile mit dem alten Lagerort.

7.1.1.2 Lagerbuchungen aus anderen Bereichen

Wie zu Beginn des Kapitels erwähnt, wird ein Großteil der Lagerbuchungen nicht in einem Lagerjournal erfasst, sondern in einem anderen Funktionsbereich erzeugt, indem beim Buchen eines Belegs (z.B. Produktzugang zu Einkaufsbestellung) im Hintergrund auch eine Lagerbewegung gebucht wird. Die für die Lagerbuchung benötigten Daten müssen daher im jeweils vorgelagerten Bereich definiert werden, etwa indem die Positionen einer Bestellung Lagerort, Menge und Preis enthalten.

Sobald die jeweilige Transaktion gebucht worden ist, können in der zugehörigen Lagerbuchung die Referenzangaben inklusive Belegnummer und Buchungsdatum eingesehen werden.

7.1.1.3 Lagermenge und Lagerwert

Um eine möglichst exakte Lagerbewertung zu bieten, wird in Dynamics AX bei jeder Lagerbuchung zwischen der physischen (mengenmäßigen) und der wertmäßigen Buchung unterschieden. Abbildung 7-1 zeigt als Beispiel die physische und die wertmäßige Lagerbuchung zu einer Einkaufsbestellung.

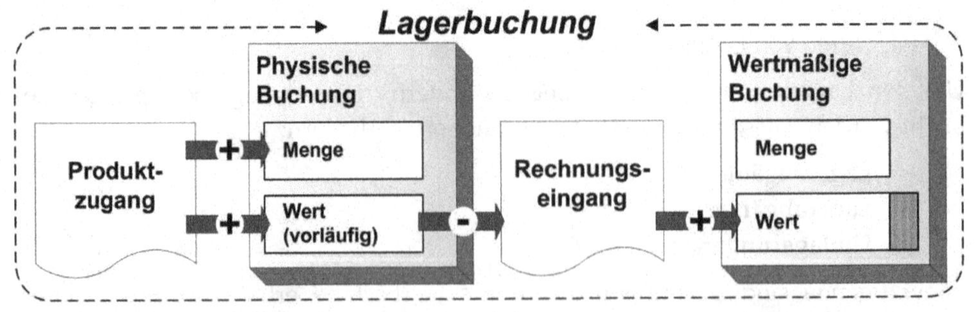

Abbildung 7-1: Physische und wertmäßige Buchung zu einer Einkaufsbestellung

Die mengenmäßige Buchung, in Dynamics AX auch als „physische Buchung" bezeichnet, führt zu einer Änderung der (zählbaren) Lagermenge. Im Einkauf wird die physische Buchung durch Buchen des Produktzugangs erzeugt. Mengenmäßig ist die Lagerbuchung damit schon vor dem Buchen der Rechnung abgeschlossen, die Bewertung ist jedoch nur vorläufig bekannt. Der Wert der Lieferung wird dementsprechend im Feld *Physischer Einstandsbetrag* getrennt geführt vom Feld *Einstandsbetrag*, das den gebuchten Lagerwert beinhaltet.

Die zweite Buchungsebene, die wertmäßige Menge und der entsprechende Betrag, wird mit dem Buchen der Eingangsrechnung aktualisiert. Dazu wird die Buchung zur vorläufigen Bewertung für die in der Rechnung angeführte Menge aufgelöst und durch den gemäß Rechnungsbetrag finanziell bewerteten Betrag ersetzt. Menge und Wert der Bewegung sind danach im wertmäßigen Bestand enthalten.

7.1.1.4 Buchungsvorgang für Menge und Wert

Die Trennung der Lagerbuchungen in eine physische und eine wertmäßige Ebene erfolgt in allen Bereichen, der Buchungsvorgang unterscheidet sich aber wie folgt:

Im Einkauf erfolgt die physische Buchung mit dem Buchen des Produktzugangs, die wertmäßige Buchung erfolgt mit der Eingangsrechnung. Produktionszugänge werden physisch mit der Fertigmeldung gebucht, die wertmäßige Buchung erfolgt mit der Nachkalkulation (Beendigung) des Produktionsauftrags.

Lagerabgänge im Verkauf werden analog zum Einkauf mit dem Lieferschein physisch und mit der Rechnung wertmäßig gebucht. In der Produktion werden Stücklistenpositionen mit der Kommissionierlisten-Buchung physisch abgebucht, die wertmäßige Buchung erfolgt gemeinsam mit der Bewertung des Produktionszugangs durch die Nachkalkulation.

Bei manuellen Lagerbuchungen im, die über Journale abgewickelt werden, werden physische und wertmäßige Buchung parallel verarbeitet. Im Falle eines Zugangs erfolgt die wertmäßige Buchung mit dem Einstandspreis der Buchungszeile.

7.1.1.5 Lagerabschluss

Lagerzugangsbuchungen erhalten ihren endgültigen Wert mit dem Buchen der Rechnung (abgesehen von allfälligen späteren manuellen Anpassungen). Für Abgangsbuchungen ist der endgültige Wert beim Durchführen der wertmäßigen Buchung oft noch nicht bekannt. So kann im Normalfall auch dann eine Verkaufsrechnung gebucht werden, wenn die Einkaufsrechnung zur verkauften Ware noch nicht gebucht ist und sich der Wert der Ware ändern können.

Abgesehen von Artikeln, für die ein Standardpreisverfahren gilt, müssen die Lagerabgänge daher im Zuge des Monatsabschlusses nachbewertet und reguliert werden. Bei Änderungen des Werts der Lagerabgänge ergibt sich auch eine Änderung des Lagerwerts für die verbleibende Menge am Lager.

7.1.1.6 Sachkontenintegration

Neben den Lagerbuchungen, die über andere Module im Hintergrund erzeugt werden, werden auch manuelle Journalbuchungen im Lager je nach Einstellungen auf Sachkonten gebucht (siehe Abschnitt 8.4.2).

7.1.2 Auf einen Blick: Lagerbuchung in Dynamics AX

Journalbuchungen im Lager dienen dazu, Änderungen des Lagerbestands unabhängig von Einkaufs-, Verkaufs- und Produktionsaufträgen direkt im Lagermodul zu buchen. Im nachfolgenden Beispiel wird zur Erklärung des Buchungsvorgangs ein manueller Lagerzugang gezeigt. In der Praxis sollten derartige Buchungen aber nur in Ausnahmefällen eingesetzt werden, da hier – wie bei einer Inventurdifferenz – ein Lagerwert unabhängig von durchgängigen Geschäftsprozessen erzeugt wird.

Um eine manuelle Lagerbuchung zu erfassen, kann der Menüpunkt *Lager- und Lagerortverwaltung> Erfassungen> Artikelbuchungen> Lagerregulierung* aufgerufen werden. Journale (Erfassungen) sind Erfassungsbelege und bestehen daher aus einem Kopfteil und einem Positionsteil. Im Gegensatz zur Einkaufsbestellungen und Verkaufsaufträgen werden Kopf und Positionen allerdings nicht in einem gemeinsamen, sondern in zwei getrennten Formularen gezeigt.

Um einen Journalkopf anzulegen, kann ein neuer Datensatz im Erfassungsformular über die Tastenkombination *Strg+N* oder die Schaltfläche *Neu* in der Aktionsbereichsleiste eröffnet werden. Die Journalnummer wird aus dem Nummernkreis vorgeschlagen, ein Journalname muss in der Spalte *Name* eingetragen oder über die Referenzsuche ausgewählt werden.

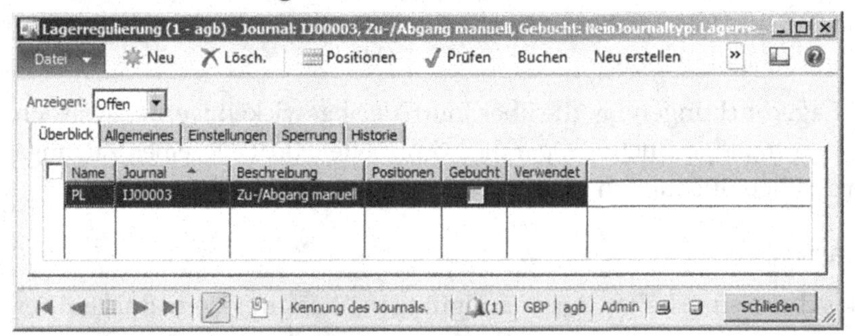

Abbildung 7-2: Erfassen eines Journalkopfs in einem Lagerregulierungs-Journal

In die Spalte *Beschreibung* kann anschließend ein erläuternder Kurztext erfasst werden, die Spalte *Positionen* zeigt die Anzahl der Positionen. Wenn ein Journal gerade von jemand anderem bearbeitet wird, ist in der Spalte *Verwendet* ein rotes „X" zu sehen. Dieses Journal kann nicht bearbeitet werden bis der andere Benutzer (am Reiter *Sperrung* ersichtlich) die Positionen des Journals verlassen hat.

In der Spalte *Gebucht* zeigt ein Kontrollkästchen, ob das Journal bereits gebucht worden ist. Zur Anzeige gebuchter Journale kann im Auswahlfeld *Anzeigen* im oberen Bereich des Formulars die Option „Alle" oder „Gebucht" gewählt werden.

Als Alternative zum manuellen Anlegen eines Journalkopfs in einer neuen Zeile kann auch die Schaltfläche *Neu erstellen* in der Aktionsbereichsleiste benutzt werden, mit der in einem Zug ein Journalkopf erstellt und in die Positionen gewechselt wird. Wenn die Funktion *Neu erstellen* nicht benutzt wird, muss die Schaltfläche *Positionen* betätigt werden um das Positionsformular zu öffnen.

In den Positionen wird zunächst die Artikelnummer gewählt, bevor je nach Einstellungen der Dimensionsgruppen des Artikels Werte für Standort, Lagerort und weitere Dimensionen wie Chargennummer oder Lagerplatz eingetragen werden. Die Anzeige von Dimensionsspalten kann dazu über die Schaltfläche *Lager/Dimensionenanzeige* gesteuert werden.

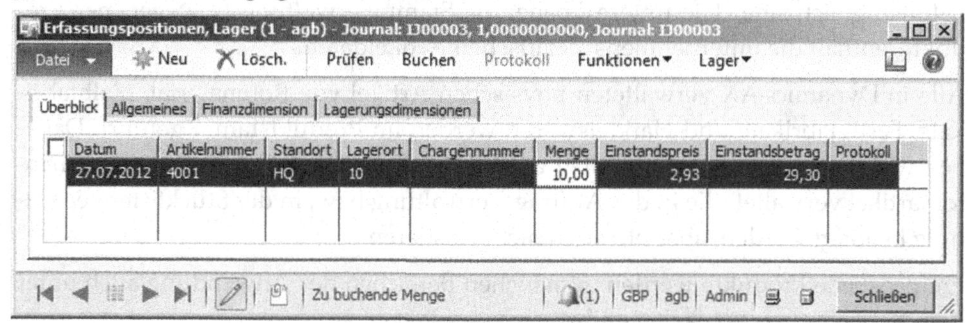

Abbildung 7-3: Erfassen einer Journalposition

Vorschlagswerte für Lagerort, Menge und Einstandspreis werden aus dem Artikelstamm in die Journalpositionen übernommen, wobei für die Menge „1" eingesetzt wird, wenn im Artikelstamm (*Standardauftragseinstellungen* bzw. *Standortspezifische Auftragseinstellungen*) keine Vorschlagswerte für Lager-Auftragsmengen eingetragen sind. Der Vorschlagswert für den Einstandspreis kann nicht geändert werden, wenn der Artikel mit Standardpreis bewertet wird.

Eine Menge mit positivem Vorzeichen ergibt einen Lagerzugang, eine negative Menge führt zu einem Lagerabgang. Für Lagerzugänge enthält der eingetragene Einstandspreis den endgültigen Lagerwert der gebuchten Menge, der – abgesehen von manuellen Regulierungsaktivitäten – nicht mehr geändert wird. Aus diesem Grund muss auf einen korrekten Einstandspreis beim Buchen der Bewegung geachtet werden.

Um das erfasste Journal zu buchen, muss nach Eintragen der letzten Position die Schaltfläche *Buchen* betätigt werden – entweder in den Positionen oder nach Schließen der Positionen im Journalkopf.

Vor dem Buchen kann über die Schaltfläche *Prüfen* eine Vorprüfung durchgeführt werden. Die Vorprüfung erkennt jedoch nicht alle Fehlerquellen, die beim tatsächlichen Buchen auftreten können, sodass trotz positiver Vorprüfung die nachfolgende Buchung in seltenen Situationen mit einer Fehlermeldung abgebrochen werden kann.

7.2 Produktinformationsverwaltung

Da sich alle Geschäftsprozesse im Zusammenhang mit der Materialwirtschaft auf lagergeführter Produkte beziehen, bilden die Daten der Produktverwaltung den zentralen Stammdatenbereich in der Logistik.

Produkte werden in Dynamics AX auf zwei Ebenen verwaltet. Die obere Ebene, der gemeinsame Produktstamm, enthält zentrale Produktdaten, die in allen Unternehmen gleich sind. Die untere Ebene, die Stammverwaltung freigegebener Produkte, enthält die unternehmensspezifischen Artikeldaten.

Alle in Dynamics AX verwalteten physischen Artikel wie Rohmaterial, Halbfabrikate, Fertigfabrikate und Handelswaren werden im Produktstamm geführt. Daneben werden im Produktstamm aber auch Artikel wie Dienstleistungen oder Phantomartikel verwaltet, die in der Auftragsverwaltung bzw. in der Stücklistenverwaltung benötigt werden, aber physisch nicht existieren.

Freigegebene Produkte werden in manchen Bereichen der Anwendung auch unter dem Bezeichnung „Artikel" geführt.

7.2.1 Produktstammdaten

Eine Beschreibung von Teilbereichen des Produktstamms ist bereits in Abschnitt 3.3, 4.3, 5.2.1 und 6.3.3 enthalten, in denen auf die für Beschaffung, Vertrieb, Produktionssteuerung und Produktprogrammplanung wesentlichen Teile der Produktverwaltung eingegangen wird. Diese Bereiche werden nachfolgend nicht genauer beschrieben, neben allgemeinen Grundlagen des Produktstamms für alle Gebiete werden hier insbesondere Aspekte der Verwaltung im Lager und der Artikelbewertung behandelt.

7.2.1.1 Struktur des Produktstamms

Zur Verwaltung der gemeinsamen Produkte kann die Listenseite *Produktinformationsverwaltung> Häufig> Produkte> Alle Produkte und Produktmaster* geöffnet werden, die eine Liste aller Produkte zeigt. Eine gefilterte Ansicht der gemeinsamen Produkte bieten die Listenseiten *Produkte* (Artikel ohne Variantenführung) und *Produktmaster* (Artikel mit Variantenführung).

Ob ein Produkt in einem Unternehmen zur Verfügung steht, hängt davon ab ob es im betreffenden Unternehmen freigegeben ist.

Wesentliche Dateninhalte in den gemeinsamen Produkten umfassen Produktnummer, Produktname, Produkttyp und Untertyp (nicht lagergeführt, lagergeführt oder konfigurierbarer Artikel) sowie Dimensionsgruppen.

Die Dimensionsgruppen eines Produkts können hierbei alternativ im freigegebenen Produkt festgelegt werden. Falls erforderlich, kann auch eine abweichende Artikelnummer (Produktnummer des freigegebenen Produkts) auf Unternehmensebene geführt werden, wobei dies nicht empfohlen ist.

Ein Großteil der Daten eines Produkts wird auf Unternehmensebene in den freigegebenen Produkten (*Produktinformationsverwaltung> Häufig> Freigegebene Produkte*) verwaltet. Erforderliche Dateninhalte umfassen hier Lagersteuerungsgruppe, Artikelgruppe und – wenn nicht im gemeinsamen Produkt eingetragen – Dimensionsgruppen.

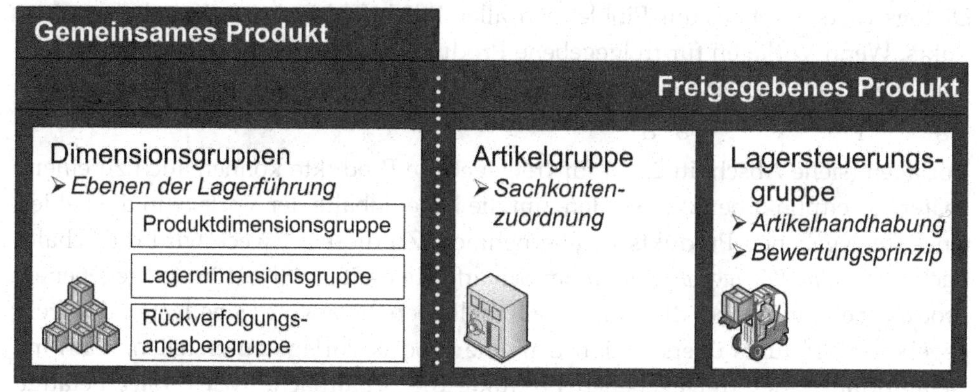

Abbildung 7-4: Zentrale Steuerungsgruppen eines Produkts

7.2.1.2 Anlegen eines Produkts

In Abhängigkeit von den Rahmenbedingungen im jeweiligen Unternehmen gibt es zwei Möglichkeiten, ein neues Produkt anzulegen (siehe auch Abschnitt 3.3.2):

- **Von den gemeinsamen Produkten aus –**
  Eröffnen eines gemeinsamen Produkts und anschließendes Freigeben.
- **Von den freigegebenen Produkten aus –**
  Direktes Eröffnen eines freigegebenen Produkts, wobei im Hintergrund parallel ein gemeinsames Produkt angelegt wird.

Um in den gemeinsamen Produkten ein neues Produkt anzulegen, kann die Schaltfläche *Neu/Produkt* im Aktionsbereich der Listenseite betätigt werden. Nach Erfassen der Daten des gemeinsamen Produkts erfolgt die Freigabe über die Schaltfläche *Produkte freigeben* im Aktionsbereich und anschließende Auswahl der betroffenen Unternehmen am Reiter *Unternehmen auswählen* im Produktfreigabe-Dialog. Wenn ein gemeinsames Produkt zu einem späteren Zeitpunkt für zusätzliche Unternehmen freigegeben werden soll, erfolgt die Freigabe für die betroffenen Unternehmen auf dieselbe Weise.

Ein freigegebenes Produkt kann entweder über den Menüpunkt *Produktinformationsverwaltung> Häufig> Freigegebene Produkte* oder von den gemeinsamen Produkten aus über einen Klick auf den Link *Mehr…* rechts unten in der Infobox *Autorisiert durch das Unternehmen* geöffnet werden. Im zweiten Fall muss im danach gezeigten Formular die Option *Details anzeigen* im Kontextmenü (rechte Maustaste) auf das Feld *Artikelnummer* der zutreffenden Zeile (Unternehmen) gewählt werden.

Ein neues Produkt kann anstatt im gemeinsamen Produktstamm auch direkt im Detailformular für freigegebene Produkte über die Schaltfläche *Neu/Produkt* am Schaltflächenreiter *Produkt* angelegt werden. Im Neuanlagedialog für freigegebene Produkte werden die für gemeinsames Produkt und freigegebenes Produkt benötigten Daten parallel eingegeben. Die Option *Mehr Felder anzeigen* im Fußteil des Dialogs dient hierbei zum Einblenden aller Pflichtfelder des freigegebenen Produkts. Wenn Vorlagen für freigegebene Produkte vorhanden sind, kann zum Vereinfachen der Dateneingabe im Auswahlfeld *Vorlage anwenden* des Neuanlagedialogs eine passende Vorlage gewählt werden.

Vorlagen (siehe Abschnitt 2.3.2) für freigegebene Produkte können auch zu einem späteren Zeitpunkt benutzt werden, um die Dateninhalte der Vorlage in die Felder eines freigegebenen Produkts zu übernehmen. Zu diesem Zweck wird die Schaltfläche *Verwalten/Vorlage anwenden* am Schaltflächenreiter *Produkt* im freigegebenen Produkt betätigt, wobei die Vorlage allenfalls bereits eingetragene Daten des freigegebenen Produkts überschreibt. Um eine Produktvorlage zu erstellen, kann im Detailformular der freigegebenen Produkte die Schaltfläche *Neu/Vorlage* betätigt werden.

7.2.1.3 Produktnummer und Name

Die *Produktnummer* eines gemeinsamen Produkts wird in Abhängigkeit vom Nummernkreis für Produktnummern (*Produktinformationsverwaltung> Einstellungen> Parameter für Verwaltung von Produktinformationen*, Reiter *Nummernkreise*) beim Anlegen automatisch eingesetzt oder muss manuell eingetragen werden.

Die *Artikelnummer*, die Produkte auf Ebene der freigegebenen Produkte identifiziert, wird aus der Produktnummer übernommen wenn keine andere Einstellung im Nummernkreis für Artikel (*Lager- und Lagerortverwaltung> Einstellungen> Parameter für Lager- und Lagerortverwaltung*, Reiter *Nummernkreise*) im jeweiligen Unternehmen eingetragen ist.

Der *Produktname* wird nur auf Ebene gemeinsamer Produkte verwaltet. Bei Neuanlage wird der Vorschlagswert für Produktname und Suchbegriff aus der Produktnummer übernommen und kann überschrieben werden.

Im Feld *Beschreibung* des Detailformulars für gemeinsame Produkte kann eine längere Artikelbeschreibung hinterlegt werden. Sprachabhängige Produktnamen und Beschreibungen können nach Betätigen der Schaltfläche *Sprachen*/Texte im Aktionsbereich des Formulars für gemeinsame Produkte eingetragen werden.

7.2.1.4 Produkttyp und Produktuntertyp

Der *Produkttyp* eines gemeinsamen Produkts bestimmt, ob das Produkt lagergeführt sein kann. Lagergeführte Produkt müssen den Produkttyp „Artikel" aufweisen. Der Produkttyp „Service" kennzeichnet hingegen einen in allen Unternehmen nicht lagergeführten Artikel.

Der *Produktuntertyp* bestimmt, ob ein Produkt in Varianten geführt wird. Während der Produkttyp „Produkt“ einen Standardartikel ohne Varianten definiert, muss ein variantengeführter Artikel den Produktuntertyp „Produktmaster“ aufweisen.

7.2.1.5 Produktmaster

Produkte mit dem Produkttyp „Produktmaster“ sind durch die Produktnummer alleine nicht eindeutig im Lager identifiziert. In allen zugehörigen Lagerbuchungen muss daher zusätzlich zur Produktnummer auch die jeweilige Produktvariante durch Eintragen der Werte der jeweiligen Produktdimensionen (Größe, Farbe, Variante) erfasst werden.

Beim Anlegen eines Produkts vom Untertyp „Produktmaster“ wird die *Produktdimensionsgruppe* im Neuanlagedialog eingeblendet und muss auf Ebene des gemeinsamen Produkts gewählt werden. Über die Produktdimensionsgruppe wird bestimmt, welche der Produktdimensionen *Größe*, *Farbe* und *Variante* (Konfiguration) für die Produktvarianten des Artikels geführt werden.

Die *Konfigurationstechnologie*, die das zweite zusätzliche Pflichtfeld bei der Neuanlage von Produktmastern darstellt, bestimmt die Art und Weise, wie Produktvarianten angelegt werden.

Bei Auswahl der Konfigurationstechnologie „Vordefinierte Variante“ können die Dimensionswerte für die Produktvarianten nach Betätigen der Schaltfläche *Produktmaster/Produktdimensionen* im gemeinsamen Produkt angelegt werden. Die in den Produktvarianten verfügbaren Dimensionen ergeben sich hierbei aus der Produktdimensionsgruppe des Produktmasters.

Nach Erfassen der Produktdimensionswerte muss die Schaltfläche *Produktmaster/Produktvarianten* im gemeinsamen Produkt betätigt werden, um in den Produktvarianten zulässige Dimensionskombinationen zu definieren. Die Schaltfläche *Variantenvorschläge* in der Aktionsbereichsleiste des Produktvariantenformulars unterstützt dann das Anlegen von Produktvarianten. Eine eigene Verwaltung zulässiger Dimensionskombinationen ist beispielsweise erforderlich, wenn Geräten nicht für alle Farben in allen Größen verfügbar sind. Wenn nur eine Produktdimension aktiv ist oder immer alle Dimensionskombinationen vorhanden sind, kann im Detailformular des gemeinsamen Produkts vor dem Anlegen der Produktdimensionen das Kontrollkästchen *Varianten automatisch generieren* markiert werden.

Für Produktmaster müssen neben dem Produkt selbst auch die Produktvarianten freigegeben werden, die in den betroffenen Unternehmen verfügbar sein sollen. Dazu können nach Betätigen der Schaltfläche *Produkte freigeben* im Aktionsbereich des Formulars für gemeinsame Produkte die betroffenen Produktvarianten im rechten Bereich des Produktfreigabe-Dialog gewählt werden.

7.2.1.6 Dienstleistungen und nicht lagergeführte Artikel

Neben den lagergeführten Produkten, für die Lagerbuchungen und Lagerbestand verwaltet werden sollen, gibt es auch Artikel – beispielsweise Dienstleistungen oder Büromaterial – für die kein Lagerbestand geführt werden soll.

In Dynamics AX gibt es zwei Einstellungen zur Lagerführung von Produkten:

- **Produkttyp** – Option „Artikel" oder „Service"
- **Lagersteuerungsgruppe** – Kontrollkästchen *Produkt auf Lager*

In Abhängigkeit von der Kombination beider Einstellungen wird die Lagerführung eines Produkts unterschiedlich gesteuert (siehe Tabelle 7-1).

Tabelle 7-1: Varianten zur Lagerführung eines Produkts

Produkttyp / Lagersteuerungsgruppe	**Artikel**	**Service**
Produkt auf Lager	Lagerbuchungen, Lagerbestand	Lagerbuchungen, kein Lagerbestand
Produkt nicht auf Lager	Keine Lagerbuchungen, kein Lagerbestand	Keine Lagerbuchungen, kein Lagerbestand

Der Produkttyp „Service" wird für Produkte gewählt, für die in keinem Unternehmen ein Lagerbestand geführt wird. Wenn im zugehörigen freigegebenen Produkt eine Lagersteuerungsgruppe für lagergeführte Artikel gewählt wird, werden für das Produkt allerdings Lagerbuchungen erzeugt. Diese Einstellung ist für Serviceartikel (Dienstleistungen und immaterielle Güter) erforderlich, die in einer Stückliste enthalten sind.

Artikeln vom Produkttyp „Service" muss eine speziell eingerichtete Artikelgruppe und Lagersteuerungsgruppe zugeordnet werden, um eine richtige Lagerbewertung und eine korrekte Buchung in der Finanzbuchhaltung zu gewährleisten.

Wenn ein freigegebenes Produkt einer Lagersteuerungsgruppe zugeordnet wird, in der das Kontrollkästchen *Produkt auf Lager* nicht markiert ist, wird für das Produkt kein Lagerbestand geführt und keine Lagerbuchung erzeugt. Nachdem die Lagersteuerungsgruppe im freigegebenen Produkt und damit auf Unternehmensebene gewählt wird, ermöglicht dies eine unterschiedliche Einstellung zur Lagerführung pro Unternehmen.

7.2.1.7 Zentrale Daten im freigegebenen Produkt

Während im gemeinsamen Produktstamm nur wenige zentrale Produktdaten enthalten sind, enthält das freigegebene Produkt eine Vielzahl von Feldern zu Detaildaten des Artikels. Hierbei sind jedoch nur wenige Feldinhalte wie die Lagersteuerungsgruppe, die Artikelgruppe und – entweder im gemeinsamen oder im freigegebenen Produkt – die Dimensionsgruppen verpflichtend.

Um nach Freigabe oder Neuanlage zu prüfen, ob in allen Pflichtfeldern des freigegebenen Produkts entsprechende Feldwerte enthalten sind, kann im Formular für freigegebene Produkte die Schaltfläche *Verwalten/Prüfen* am Schaltflächenreiter *Produkt* betätigt werden.

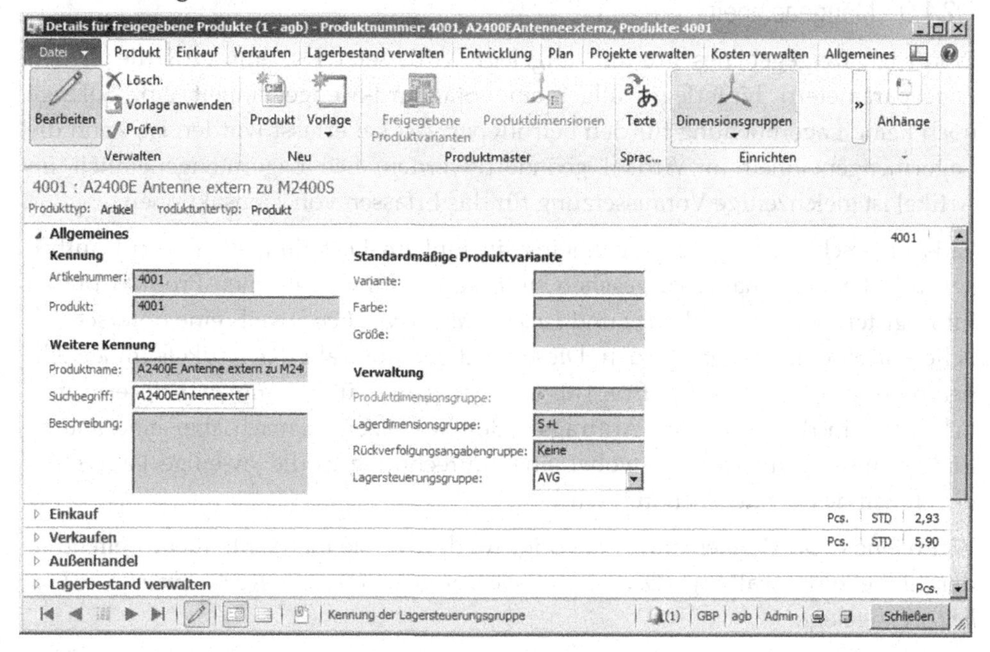

Abbildung 7-5: Bearbeiten eines freigegebenen Produkts

Weitere wichtige Dateninhalte im freigegebenen Produkt wie die Artikel-Mehrwertsteuergruppen, die Mengeneinheit oder der Einstandspreis sind zwar nicht als verpflichtende Eingabe definiert, sind aber je nach Anwendung dennoch wesentlich.

7.2.1.8 Artikelgruppe

Hauptzweck der Artikelgruppen ist es, hinsichtlich der Buchung in der Finanzbuchhaltung gleichartige Artikel zusammenzufassen. Dazu müssen zumindest so viele Artikelgruppen vorhanden sein, wie Artikel in Bezug auf Materialbestand und Umsatz im Hauptbuch getrennt gebucht werden sollen. Genauere Ausführungen zu den Lager-Buchungseinstellungen sind in Abschnitt 8.4.2 enthalten.

Beim Freigeben eines Produkts ist zu beachten, dass die Artikelgruppe nach der ersten Buchung zum betroffenen freigegebenen Produkt nicht mehr geändert werden darf, da eine solche Änderung inkonsistente Buchungsdaten verursachen könnte. Beim Ändern der Artikelgruppe wird zwar eine entsprechende Warnmeldung gezeigt, falls erforderlich kann die Artikelgruppe unter Berücksichtigung der Auswirkungen auf gebuchte Bewegungen aber dennoch geändert werden.

Artikelgruppen dienen jedoch nicht nur zur Steuerung der Sachkontenintegration, sie werden auch in vielen Auswertungen als Filter- und Sortierkriterium herangezogen.

7.2.1.9 Mengeneinheit

Wenn ein freigegebenes Produkt angelegt wird, setzt Dynamics AX die in den Lagerparametern hinterlegte allgemeine Standard-Mengeneinheit ein. Solange noch keine Lagerbuchung für den betroffenen Artikel erfasst worden ist, kann die Lagermengeneinheit im Artikel geändert werden. Die Lagermengeneinheit im Artikel ist gleichzeitige Voraussetzung für das Erfassen von Transaktionen.

Falls unterschiedliche Mengeneinheiten in Einkaufsbestellungen, Verkaufsaufträgen und Lagerjournalen vorgesehen sind, kann im freigegebenen Produkt in den Inforegistern *Einkauf, Verkaufen* und *Lagerbestand verwalten* jeweils eine unterschiedliche *Einheit* eingetragen werden. Diese wird bei Auswahl des Artikels im jeweiligen Bereich (z.B. Verkaufsauftrag) als Vorschlagswert übernommen. Falls erforderlich, kann in der konkreten Auftrags- oder Bestellzeile danach aber eine andere Einheit ausgewählt werden, wobei eine Umrechnung in die jeweilige Lagermengeneinheit des Artikels benötigt wird.

Wenn eine neue Mengeneinheit benötigt wird, wird sie mandantenübergreifend in der Einheitenverwaltung (*Organisationsverwaltung> Einstellungen> Einheiten> Einheiten*) angelegt.

Die *Einheitenklasse* (beispielsweise „Länge" oder „Zeit") bestimmt den Anwendungsbereich der jeweiligen Mengeneinheit. Pro Einheitenklasse kann für eine Mengeneinheit das Kontrollkästchen *Systemeinheit* markiert werden. Systemeinheiten werden für Felder benutzt, denen keine Mengeneinheit zugeordnet ist – beispielsweise das Nettogewicht im freigegebenen Produkt.

Zwischen verschiedenen Mengeneinheiten kann über die Schaltfläche *Einheitenumrechnung* in der Aktionsbereichsleiste der Einheitenverwaltung eine Umrechnung definiert werden. Hierbei gelten die am Reiter *Standardumrechnungen* des Einheitenumrechnungsformulars hinterlegten Umrechnungen für alle Produkte. Am Reiter *Klassenübergreifende Umrechnungen* können artikelspezifisch Umrechnungen zwischen den Mengeneinheiten einer Einheitenklasse angegeben werden, am Reiter *Klasseninterne Umrechnungen* können alle Mengeneinheiten gewählt werden.

7.2.1.10 Nummerngruppen

Chargennummern und Seriennummern müssen in der Chargen- beziehungsweise Seriennummerntabelle (*Lager- und Lagerortverwaltung> Abfragen> Dimensionen*) eingetragen werden, bevor sie in einer Buchungszeile erfasst werden können. Sollen Chargen- und Seriennummern durch das System automatisch vergeben werden, müssen im Menüpunkt *Lager- und Lagerortverwaltung> Einstellungen> Dimensionen> Chargen-/Seriennummern* entsprechende Nummerngruppen angelegt werden.

In den Nummerngruppen kann am Reiter *Allgemeines* der Aufbau der Nummer festgelegt und ein Nummernkreis zugeordnet werden. Am Reiter *Aktivierung* kann zusätzlich eingetragen werden, bei welchem Vorgang die Nummer erzeugt werden soll.

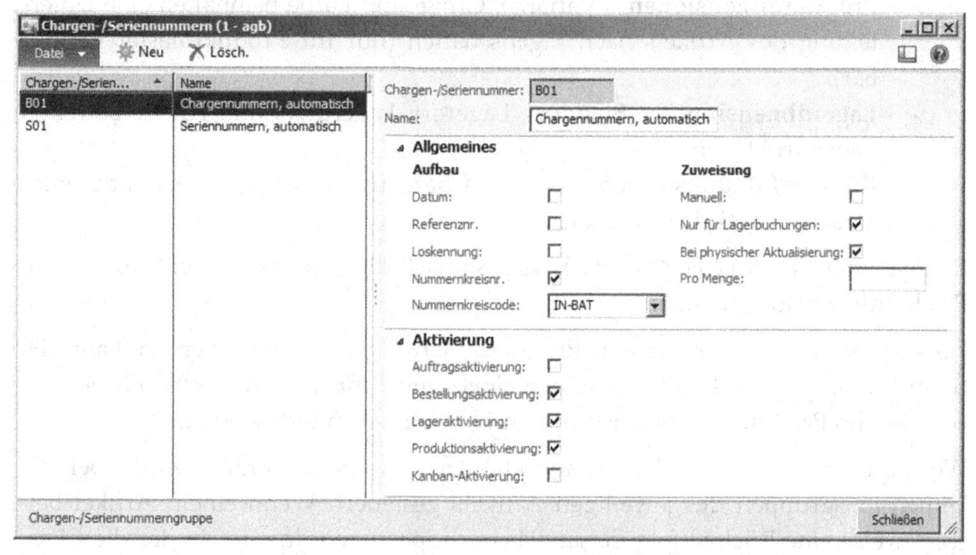

Abbildung 7-6: Verwaltung einer Nummerngruppe für Chargennummern

Über die Rückverfolgungsangabengruppe wird im Artikelstamm festgelegt, ob für einen Artikel Chargen- oder Seriennummern geführt werden. Für die automatische Nummernvergabe kann dann im freigegebenen Produkt am Inforegister *Lagerbestand verwalten* des Detailformulars eine *Chargennummerngruppe* oder *Seriennummerngruppe* zugeordnet werden.

7.2.1.11 Neu in Dynamics AX 2012

In Dynamics AX 2012 werden Produktstammdaten in einem eigenen Menü *Produktinformationsverwaltung* bearbeitet, wobei gleichzeitig auch das Konzept von gemeinsamen Produkten und freigegebenen Produkten implementiert worden ist.

7.2.2 Lagerungsdimensionen und Dimensionsgruppen

Lagerungsdimensionen steuern die Ebenen der Lagerführung. Durch die Nutzung von Dimensionen werden Bestand und Bewegungen eines Artikels in die gewählten Dimensionen untergliedert.

Lagerungsdimensionen sind damit Voraussetzung dafür, dass der Lagerbestand eines Artikels auf einem bestimmten Lagerort oder in einer bestimmten Variante abgefragt werden kann.

7.2.2.1 Verfügbare Dimensionen

In Dynamics AX stehen neun Lagerungsdimensionen zur Verfügung, die in drei Dimensionsgruppenbereiche gegliedert sind:

- **Produktdimensionen** – Variante, Größe und Farbe beinhalten eine Unterteilung des Artikels nach Eigenschaften (nur für Produktmaster verfügbar).
- **Lagerdimensionen** – Standort, Lagerort, Lagerplatz und Palette betreffen Lagerstrukturen.
- **Rückverfolgungsdimensionen** – Chargennummer und Seriennummer steuern die Rückverfolgbarkeit.

Im Dynamics AX 2012 Feature Pack ist zusätzlich die Dimension „Stil" als weitere Produktdimension enthalten.

Falls andere als die verfügbaren Produktdimensionen benötigt werden, kann die Bezeichnung der Produktdimensionen *Größe* und *Farbe* über die Schaltfläche *Umbenennen* im Produktdimensionsgruppen-Formular geändert werden.

Welche Dimensionen bei Lagertransaktionen verwendet werden, wird über die Dimensionsgruppen des jeweiligen Artikels gesteuert. Wenn einem Artikel beispielsweise eine Rückverfolgungsangabengruppe zugeordnet ist, in der die Chargennummernführung aktiviert ist, muss in den Transaktionen dieses Artikels die Chargennummer erfasst werden.

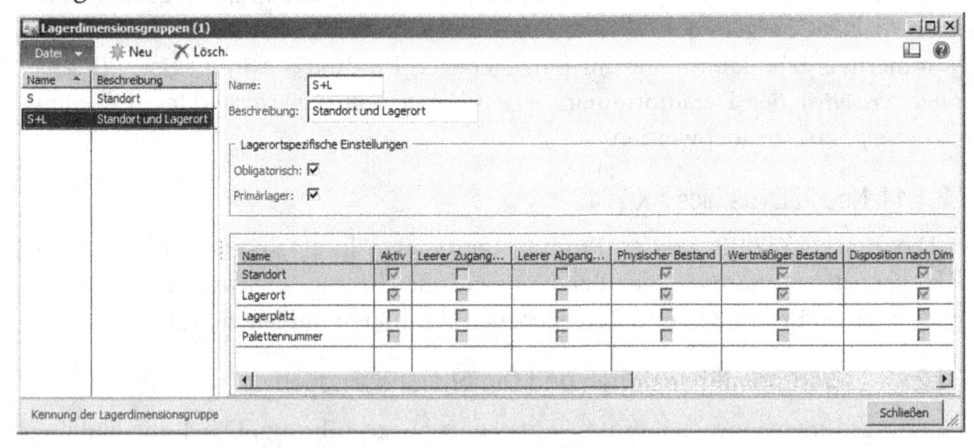

Abbildung 7-7: Bearbeiten von Lagerdimensionsgruppen

7.2.2.2 Dimensionsgruppen und Dimensionseinstellungen

Dimensionsgruppen können im Menüknoten *Produktinformationsverwaltung> Einstellungen> Dimensionsgruppen* verwaltet werden, wo die Menüpunkt *Produktdimensionsgruppen, Lagerdimensionsgruppen* und *Rückverfolgungsangabengruppen* zur Verfügung stehen. Die Formulare zur Verwaltung der drei verschiedenen Dimensionsgruppenbereiche sind ähnlich, unterscheiden sich jedoch hinsichtlich der enthaltenen Dimensionen.

Abbildung 7-7 zeigt als Beispiel das Formular zur Verwaltung der Lagerdimensionsgruppen. Im linken Bereich des Formulars werden die vorhandenen Dimensionsgruppen gezeigt. Zu der im linken Bereich gewählten Gruppe sind dann im rechten Bereich die entsprechenden Einstellungen zu sehen.

Um eine neue Dimensionsgruppe anzulegen kann die Schaltfläche *Neu* in der Aktionsbereichsleiste des Dimensionsgruppen-Formulars betätigt werden. Im nächsten Schritt können die Dimensionen der neuen Dimensionsgruppe durch Markieren der entsprechenden Kontrollkästchen eingerichtet werden wie in Tabelle 7-2 beschrieben.

Tabelle 7-2: Einstellungen zu den Dimensionen einer Dimensionsgruppe

Parameter	Bedeutung
Aktiv	Dimension wird verwendet
Primärlager	Dimension muss bei Reservierungen angegeben werden und ist Vorschlagswert in Bestandsabfrage
Leerer Zugang zulässig	Dimension kann bei Zugangsbuchungen leer bleiben
Leerer Abgang zulässig	Dimension kann bei Abgangsbuchungen leer bleiben
Physischer Bestand	Dimension wird in Verfügbarkeitsprüfung berücksichtigt (von Lagersteuerungsgruppe abhängig z.B. kein negativer Bestand pro Charge)
Wertmäßiger Bestand	Dimension dient als Bewertungsebene (Basis zur Berechnung von Einstandspreis und Lagerwert, z.B. pro Charge)
Disposition nach Dimensionen	Dimension wird als Dispositionsebene in Artikeldeckung und Produktprogrammplanung verwendet (vgl. Abschnitt 6.3.3)
Für Einkaufspreise	Dimension ist für Handelsvereinbarungen im Einkauf verfügbar (siehe Abschnitt 3.3.3)
Für Verkaufspreise	Dimension ist für Handelsvereinbarungen im Verkauf verfügbar

In Lagerungsdimensionsgruppen ist die Dimension *Standort* (siehe Abschnitt 9.1.6) immer aktiv, womit der Standort in allen Lagerbuchungen erfasst werden muss. Für die Dimension *Lagerort* kann der zusätzliche Parameter *Obligatorisch* markiert werden, über den festgelegt wird dass der Lagerort schon beim Erfassen und nicht erst beim Buchen einer Transaktion angegeben werden muss.

In Produktdimensionsgruppen sind nur die Parameter *Aktiv*, Für *Einkaufspreise* und *Für Verkaufspreise* wählbar.

Bei der Einrichtung von Dimensionsgruppen sollte darauf geachtet werden, nur aufgrund der Geschäftsprozesse tatsächlich benötigte Dimensionen zu aktivieren und mit wenigen Dimensionsgruppen das Auslangen zu finden. Systembelastung, Komplexität und Erfassungsaufwand steigen mit der Anzahl eingesetzter Dimensionen.

Umgekehrt müssen aber alle benötigten Dimensionen aktiviert sein, da beispielsweise Bestandsabfragen für einen Lagerplatz nur dann möglich sind, wenn die Dimension *Lagerplatz* aktiviert ist. Werden für einen Artikel einzelne Dimensionen nur in bestimmten Situationen benötigt, muss in Buchungen, bei denen die betroffene Dimension nicht benötigt wird, mit Proforma-Eintragungen gearbeitet werden. Falls beispielsweise eine Lagerplatzsteuerung nur auf manchen Lagerorten zutrifft, kann auf den übrigen Lagern ein Pseudo-Lagerplatz verwendet und als Vorschlagswert eingestellt werden.

7.2.2.3 Dimensionsgruppen im freigegebenen Produkt

Um einem freigegebenen Produkt die entsprechenden Dimensionsgruppen zuzuordnen, kann die Schaltfläche *Einrichten/Dimensionsgruppen* am Schaltflächenreiter *Produkt* des Formulars für freigegebene Produkte betätigt werden. Falls eine Dimensionsgruppe bereits im gemeinsamen Produkt eingetragen ist, wird sie im freigegebenen Produkt angezeigt und kann nicht geändert werden.

Um ungültige Dimensionswerte in gebuchten Bewegungen zu vermeiden, kann eine Lagerungsdimensionsgruppe nicht mehr geändert werden, sobald zugehörige Buchungen vorhanden sind. Aus diesem Grund können aber auch umgekehrt im jeweiligen Produkt keine anderen anstelle der eingetragenen Dimensionsgruppen gewählt werden, wenn ein Lagerbestand oder eine offene Transaktion für den betroffenen Artikel vorhanden ist.

Wenn die Dimensionseinstellungen eines Produkts geändert werden sollen, muss der komplette Lagerbestand mengen- und wertmäßig abgebucht werden. Nach einem Lagerabschluss können anschließend neue Dimensionsgruppen für den Artikel gewählt und ein allfälliger Bestand wieder eingebucht werden.

7.2.2.4 Dimensionsanzeige in Abfragen

Der Vorschlagswert für die Anzeige von Dimensionsspalten in Formularen wird für alle betroffenen Module in den jeweiligen Parametern eingerichtet. So wird beispielsweise in den Debitorenparametern (*Debitorenkonten> Einstellungen> Debitorenparameter*, Reiter *Lagerungsdimensionen*) der Vorschlagswert für die in den Verkaufsauftragspositionen gezeigten Dimensionsspalten festgelegt.

Im jeweiligen Formular kann der Benutzer dann über die entsprechende Schaltfläche in der Aktionsbereichsleiste eine Änderung der angezeigten Dimensionsspalten durchführen – beispielsweise über die Schaltfläche *Auftragsposition/Anzeige-Dimensionen* in den Verkaufsauftragspositionen oder die Schaltfläche *Lager/Dimensionenanzeige* in den Positionen von Lagerjournalen.

Wenn Dimensionen in der Abfrage und Auswertung von Lagerbestand und Lagerwert gewählt werden ist zu berücksichtigen, dass nur solche Abfragen zuverlässige Werte ergeben, für die Dimensionen entsprechend eingerichtet sind.

So ist es beispielsweise nicht zulässig, Lagerwert und Einstandspreis auf Lagerortebene für Artikel auszuwerten, für die in der zugeordneten Lagerdimensionsgruppe das Kontrollkästchen *Wertmäßiger Bestand* zur Dimension *Lagerort* nicht markiert ist. Abgangsbuchungen nehmen in diesem Fall hinsichtlich des Lagerwerts keine Rücksicht auf den Lagerort, wodurch nicht das erwartete Ergebnis gezeigt werden kann.

7.2.2.5 Neu in Dynamics AX 2012

In Dynamics AX 2012 werden die Lagerungsdimensionen in drei getrennten Gruppen verwaltet – Produktdimensionsgruppe, Lagerdimensionsgruppe und Rückverfolgungsangabengruppe.

7.2.3 Lagersteuerungsgruppen

Lagersteuerungsgruppen dienen zur Steuerung von Bewertungsverfahren einerseits und von Artikelhandhabung andererseits. Insbesondere die Einstellungen zu Lagerbewertung und Sachkontenintegration haben zentrale Bedeutung in Lagerverwaltung und Finanzwesen.

Die Einrichtung der Lagersteuerungsgruppen erfolgt im Menüpunkt *Lager- und Lagerortverwaltung> Einstellungen> Lager> Lagersteuerungsgruppen*. Im linken Bereich des Formulars werden die vorhandenen Lagersteuerungsgruppen gezeigt. Zu der im linken Bereich gewählten Gruppe sind dann im rechten Bereich die entsprechenden Einstellungen zu sehen.

7.2.3.1 Einstellungen zur Artikel-Handhabung

In der Lagersteuerungsgruppe von lagergeführten Artikeln muss das Kontrollkästchen *Produkt auf Lager* markiert sein. Wenn dieses Kontrollkästchen nicht markiert ist, erzeugen zugehörige Artikel keine Lagerbuchungen was im Falle von Dienstleistungen oder immateriellen Gütern zielführend sein kann.

Die Parameter *Quarantäneverwaltung* und *Konsolidierte Entnahmemethode* steuern das automatische Erzeugen von internen Aufträgen.

Wenn das Kontrollkästchen *Quarantäneverwaltung* markiert ist, werden bei Zugangsbewegungen Quarantäneaufträgen (siehe Abschnitt 7.4.4) automatisch erstellt. Diese Einstellung betrifft Zugänge bei der Buchung von Wareneingangsjournal oder Produktzugang für Einkaufsbestellungen und Verkaufs-Rücklieferungen sowie die Buchung von Produktions-Fertigmeldungen.

Ist das Kontrollkästchen *Konsolidierte Entnahmemethode* markiert, wird beim Buchen einer Kommissionierliste in Verkauf oder Produktion ein Abgangsauftrag vom Typ „Konsolidierte Entnahme" erzeugt (siehe Abschnitt 4.5.3).

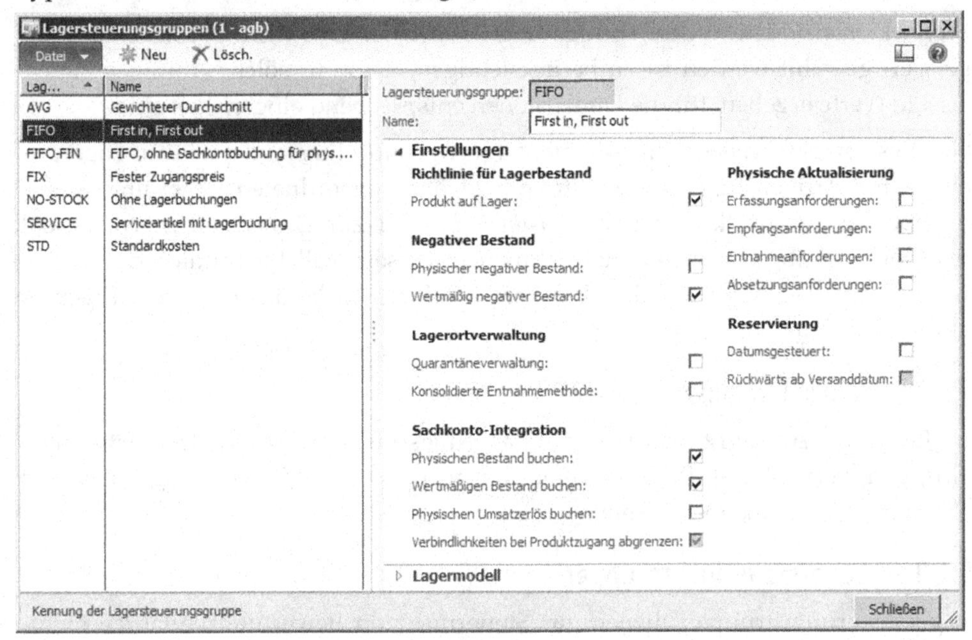

Abbildung 7-8: Einstellungen in der Lagersteuerungsgruppe

Ist das Kontrollkästchen *Erfassungsanforderungen* markiert, muss vor dem Buchen eines Produktzugangs eine Lager-Erfassung über das Wareneingangsjournal oder das Erfassungsformular zur Bestellzeile gebucht werden (siehe Abschnitt 3.5.3). Das Kontrollkästchen *Entnahmeanforderungen* auf der anderen Seite betrifft analog das Kommissionieren im Verkauf.

In gleicher Weise wird über die Kontrollkästchen *Empfangsanforderungen* und *Absetzungsanforderungen* gesteuert, ob vor dem Buchen der Einkaufsrechnung ein entsprechender Produktzugang beziehungsweise vor der Verkaufsrechnung ein Lieferschein gebucht werden muss.

7.2.3.2 Negativer Lagerbestand

Während bei Artikeln, für die ein Bestand geführt wird, ein physisch negativer Bestand meist nicht zugelassen wird, wird ein wertmäßig negativer Bestand normalerweise akzeptiert. Wertmäßig negativer Bestand tritt auf, wenn im Verkauf eine Rechnung für einen Artikel gebucht wird bevor die zugehörige Einkaufsrechnung gebucht wird.

Die Einstellungen zum negativen Bestand sind hierbei in Zusammenhang mit der Lagerungsdimensionsgruppe zu sehen, da die Prüfung, ob eine Buchung einen negativen Bestand erzeugt, auf Ebene der aktiven Dimensionen des Artikels erfolgt.

7.2.3.3 Einstellungen zum Lagermodell

Die Auswahl des Lagermodells (FIFO, LIFO, Durchschnittspreis oder Standardpreis) am Reiter *Lagermodell* bestimmt, in welcher Weise Lagerabgänge wertmäßig den entsprechenden Lagerzugängen zugeordnet werden.

Einstellungen zum Bewertungsverfahren werden in Abschnitt 7.3.1 genauer beschrieben, Einstellungen zur Sachkontenintegration in Abschnitt 8.4.2.

7.2.3.4 Einrichtung der Lagersteuerungsgruppen

Wenn in der Lagersteuerungsgruppe die Einstellungen der Feldgruppen *Lagermodell* und *Sachkonto-Integration* nach dem Buchen von zugehörigen Lagerbewegungen geändert werden, kann die Abstimmung von Lager und Finanzbuchhaltung schwierig werden.

Sowohl für die Änderung von Bewertungsverfahren und Sachkontenintegration in der Lagersteuerungsgruppe als auch für die Änderung der Gruppenzuordnung im freigegebenen Produkt müssen daher die Auswirkungen abgeklärt werden.

Die Anzahl der benötigten Lagersteuerungsgruppen hängt von den betrieblichen Anforderungen ab. Normalerweise werden zumindest zwei Lagersteuerungsgruppen benötigt, eine für lagergeführte Artikel und eine für Serviceartikel. In der Lagersteuerungsgruppe für Serviceartikel wird ein negativer Bestand physisch und wertmäßig zugelassen und die Sachkontenintegration deaktiviert.

7.2.3.5 Neu in Dynamics AX 2012

in Dynamics AX 2012 ermöglicht das neue Kontrollkästchen *Produkt auf Lager* in der Lagersteuerungsgruppe Produkte, die keine Lagerbuchung erzeugen.

7.2.4 Einstellungen zum Einstandspreis

Die zentralen Einstellungen zum Bewertungsverfahren finden sich am Reiter *Lagermodell* der Lagersteuerungsgruppe: Im Auswahlfeld *Lagermodell* kann für das Wertmodell eingestellt werden, ob die Bewertung nach FIFO, LIFO, Durchschnittspreis oder Standardpreis erfolgen soll.

Für die Bewertung nach FIFO, LIFO oder Durchschnittspreis kann über das Kontrollkästchen *Fester Zugangspreis* festgelegt werden, ob für Zugangsbuchungen ein Standardpreis eingesetzt wird.

7.2.4.1 Basis-Einstandspreis des freigegebenen Produkts

Am Inforegister *Kosten verwalten* im Detailformular für freigegebene Produkte kann ein allgemeiner Basiseinstandspreis im Feld *Preis* eingetragen werden, der allerdings für das Standardpreis-Verfahren nicht verwendet wird.

Der Einstandspreis im Artikelstamm wird jedoch – falls kein standortbezogener Einstandspreis hinterlegt ist – für alle anderen Bewertungsverfahren als Vorschlagswert für Zugangsbuchungen über Inventur oder manuelle Journalbuchungen herangezogen, weshalb auf eine korrekte Angabe zu achten ist.

7.2.4.2 Artikelpreisformular und Nachkalkulationsversionen

Der standortbezogene Einstandspreis eines Artikels – wie auch ein standortbezogener Basis-Einkaufspreis und Basis-Verkaufspreis – wird im Artikelpreisformular verwaltet, das über die Schaltfläche *Artikelpreis* am Schaltflächenreiter *Kosten verwalten* des freigegebene Produkts geöffnet werden kann.

Als Voraussetzung für die Eintragung einer Zeile im Artikelpreisformular muss eine entsprechende Nachkalkulationsversion (*Lager- und Lagerortverwaltung> Einstellungen> Nachkalkulationsversionen*) eingerichtet sein. Nachkalkulationsversionen dienen zur Verwaltung getrennter Preisversionen, die sich in der Berechnung unterscheiden können. In Nachkalkulationsversionen, die für Artikel mit Standardpreisverfahren benutzt werden, wird die Auswahl „Standardkosten" im *Nachkalkulationstyp* benötigt.

Die Eintragung eines Preises im Artikelpreisformular erfolgt am Reiter *Ausstehende Preise*, wobei für den Einstandspreis der *Preistyp* „Kosten" gewählt und die gewünschte Nachkalkulationsversion eingetragen wird. Falls nicht schon in der Nachkalkulationsversion hinterlegt, werden anschließend der betroffene *Standort* und das *Von-Datum* eingetragen. Für den Einstandspreis können – wie im Detailformular für freigegebene Produkte – neben dem Preis zusätzliche Preiseinstellungen wie Preiseinheit oder Zuschläge hinterlegt werden (vgl. Abschnitt 3.3.3).

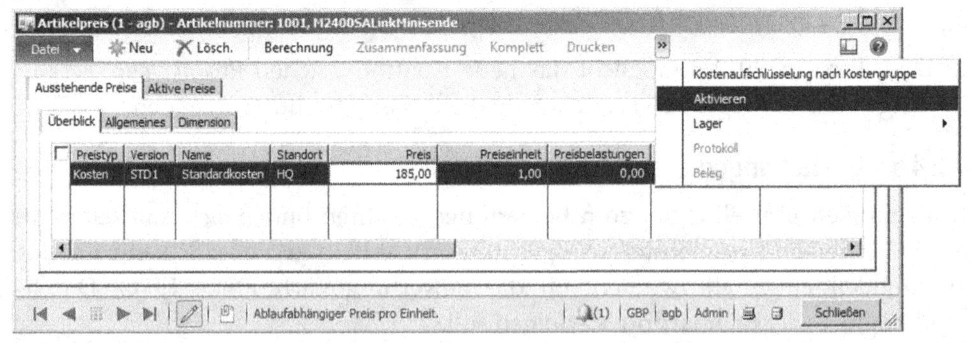

Abbildung 7-9: Aktivieren eines ausstehenden Preises im Artikelpreisformular

Für Stücklistenartikel kann über die Schaltfläche *Berechnung* eine Herstellkostenkalkulation erfolgen. Sobald die Berechnung oder manuelle Eintragung eines ausstehenden Preises abgeschlossen ist, kann er über die Schaltfläche *Aktivieren* im Artikelpreisformular oder gesammelt im Formular zur Verwaltung der Nachkalkulationsversions aktiviert werden. Die aktiven Preise werden anschließend im Artikelpreisformular am Reiter *Aktive Preise* gezeigt.

Sollen für Produktvarianten eines Produktmasters Einstandspreise auf Ebene der Produktdimensionen *Variante, Größe* oder *Farbe* gepflegt werden, muss für den Produktmaster das Kontrollkästchen *Einstandspreis nach Variante verwenden* am Schaltflächenreiter *Kosten verwalten* in freigegebenen Produkt markiert sein.

7.2.5 Abfragen zu Lagerbestand und Lagerbuchungen

Lagerbestand und Lagerbuchungen eines Artikels können direkt vom Detailformular für freigegebene Produkte aus abgefragt werden. Die Möglichkeit zur Abfrage von Bestand und Bewegungen ist aber auch in den Formularen zum Erfassen von Transaktionen gegeben, beispielsweise in den Auftragspositionen.

Eine Überblick des Bestands über mehrere Artikel bietet das Formular *Lager- und Lagerortverwaltung> Abfragen> Am Lager*, Bewegungen können im Menüpunkt *Lager- und Lagerortverwaltung> Abfragen> Buchungen> Buchungen* eingesehen werden.

7.2.5.1 Buchungsabfrage

Um die Lagerbuchungen eines Artikels abzufragen, kann im Detailformular für freigegebene Produkte am Schaltflächenreiter *Lagerbestand verwalten* die Schaltfläche *Buchungen* betätigt werden. Nach Öffnen der Buchungsabfrage aus dem freigegebenen Produkt werden alle Lagerbuchungen zum betroffenen Artikel gezeigt. Die Spalten *Referenz* und *Nummer* zeigen hierbei den jeweiligen Ursprungsbeleg.

In der Buchungsabfrage werden neben tatsächlich gebuchten Lagerbewegungen auch Bewegungen gezeigt, die noch nicht stattgefunden haben. Es handelt sich hierbei um Positionen in Einkaufsbestellungen, Verkaufsaufträgen und Produktionsaufträgen, für die weder Produktzugang/Lieferschein noch Rechnung gebucht worden ist. Diese Positionen sind am Zugangsstatus „Bestellt“ bzw. am Abgangsstatus „In Auftrag“ zu erkennen, zudem sind physisches Datum und Finanzdatum leer.

7.2.5.2 Physische und wertmäßige Buchung

Mit dem Buchen eines Produktzugangs im Einkauf, eines Lieferscheins im Verkauf oder von Kommissionierlisten und Fertigmeldungen in der Produktion wird das physische Datum der Bewegung eingesetzt. Der Status der jeweiligen Bewegung ist „Eingegangen“ bzw. „Abgesetzt“, der vorläufige Wert ist im Feld *Phys. Einstandsbetrag* am Reiter *Aktualisieren* zu sehen.

Das Finanzdatum wird beim Buchen der Rechnung in Einkauf und Verkauf, beziehungsweise bei der Nachkalkulation im Zuge des Beendens eines Fertigungsauftrags eingesetzt. Die Lagerbuchung erhält den Status „Eingekauft“ oder „Verkauft“, der Wert ist in der Spalte *Einstandsbetrag* zu sehen.

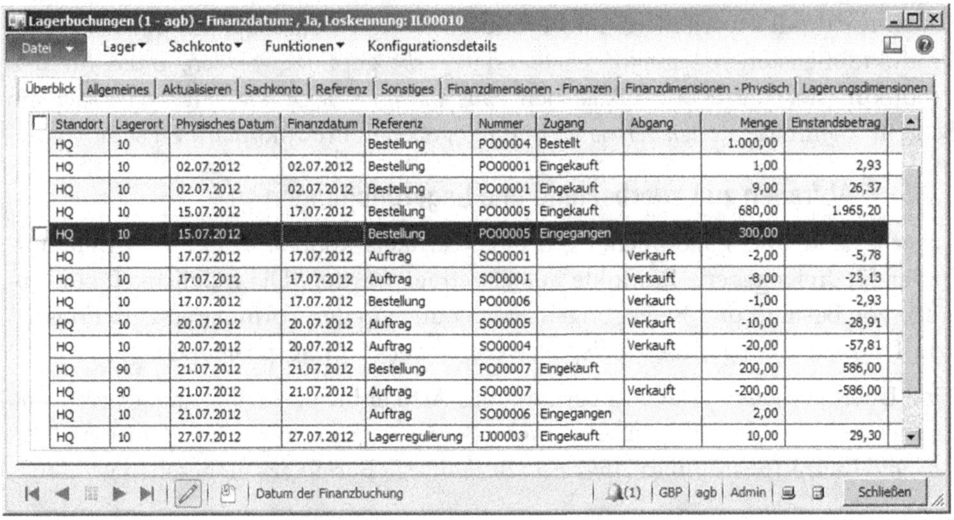

Lagerbuchungen (1 - agb) - Finanzdatum: , Ja, Loskennung: IL00010

Datei | Lager | Sachkonto | Funktionen | Konfigurationsdetails

Überblick | Allgemeines | Aktualisieren | Sachkonto | Referenz | Sonstiges | Finanzdimensionen - Finanzen | Finanzdimensionen - Physisch | Lagerungsdimensionen

Standort	Lagerort	Physisches Datum	Finanzdatum	Referenz	Nummer	Zugang	Abgang	Menge	Einstandsbetrag
HQ	10			Bestellung	PO00004	Bestellt		1.000,00	
HQ	10	02.07.2012	02.07.2012	Bestellung	PO00001	Eingekauft		1,00	2,93
HQ	10	02.07.2012	02.07.2012	Bestellung	PO00001	Eingekauft		9,00	26,37
HQ	10	15.07.2012	17.07.2012	Bestellung	PO00005	Eingekauft		680,00	1.965,20
HQ	10	15.07.2012		Bestellung	PO00005	Eingegangen		300,00	
HQ	10	17.07.2012	17.07.2012	Auftrag	SO00001		Verkauft	-2,00	-5,78
HQ	10	17.07.2012	17.07.2012	Auftrag	SO00001		Verkauft	-8,00	-23,13
HQ	10	17.07.2012	17.07.2012	Bestellung	PO00006		Verkauft	-1,00	-2,93
HQ	10	20.07.2012	20.07.2012	Auftrag	SO00005		Verkauft	-10,00	-28,91
HQ	10	20.07.2012	20.07.2012	Auftrag	SO00004		Verkauft	-20,00	-57,81
HQ	90	21.07.2012	21.07.2012	Bestellung	PO00007	Eingekauft		200,00	586,00
HQ	90	21.07.2012	21.07.2012	Auftrag	SO00007		Verkauft	-200,00	-586,00
HQ	10	21.07.2012		Auftrag	SO00006	Eingegangen		2,00	
HQ	10	27.07.2012	27.07.2012	Lagerregulierung	IJ00003	Eingekauft		10,00	29,30

Datum der Finanzbuchung | (1) | GBP | agb | Admin | Schließen

Abbildung 7-10: Lagerbuchungen zu einem Artikel in der Buchungsabfrage

Der gebuchte Einstandsbetrag wird nicht mehr verändert. Wenn im Zuge des Monatsabschlusses oder einer manuellen Nachbewertung eine Regulierung des wertmäßigen Betrags erfolgt, wird die Wertänderung in das Feld *Regulierung* am Reiter *Aktualisieren* gesetzt.

7.2.5.3 Lager-Erfassung und Lagerentnahme

Eine Sonderstellung im Zuge des Buchungsvorgangs nehmen Erfassung im Einkauf (siehe Abschnitt 3.5.3) und Entnahme im Verkauf (siehe Abschnitt 4.5.2) ein. Diese Buchungen verändern zwar den physischen Lagerbestand und den Status der Bewegung, werden aber innerhalb der Lagerbuchung im Gegensatz zur Produktzugang und Lieferschein nicht als Beleg unveränderlich gespeichert.

Im Falle einer anschließenden Lieferscheinbuchung im Verkauf oder einer Produktzugangsbuchung im Einkauf ist in der betroffenen Lagerbuchung das Erfassungsdatum im Feld *Inventurdatum* (Reiter *Allgemeines*) zu sehen. Wird die Erfassung jedoch zurückgesetzt, kann sie später in den Lagerbuchungen nicht mehr abgefragt werden.

7.2.5.4 Bestand im Status „Angekommen"

Bei Nutzung der Lagerhausverwaltung mit Lagerplätzen und Paletten sind zusätzlich Buchungen im Zugangsstatus „Angekommen" möglich.

Dieser Status wird nach Buchen eines Wareneingangsjournals mit aktiviertem Palettentransport gesetzt, wobei die betroffenen Bewegungen nicht zum physischen Lagerbestand gezählt werden. Erst mit Buchen des zugehörigen Palettentransports ändert sich der Status der betroffenen Bewegung auf „Erfasst" und wird im Lagerbestand berücksichtigt.

7.2.5.5 Belegdaten in der Lagerbuchung

In der Buchungsabfrage ist neben dem Reiter *Überblick*, der eine Auflistung aller Lagerbuchungen zeigt, vor allem der Reiter *Aktualisieren* von Interesse, da hier Buchungsinformationen zu sehen sind. Die Felder auf diesem Reiter sind in die Feldgruppen *Physisch*, *Wertmäßig* und *Ausgleich* gegliedert.

Die Feldgruppe *Physisch* zeigt Datum, Belegnummer und vorläufigen Wert der Produktzugangs- oder Lieferscheinbuchung. Mit Rechnungsbuchung werden Datum, Belegnummer und finanzieller Lagerwert der Rechnung in die Feldgruppe *Wertmäßig* eingesetzt.

Wird der Wert der Lagerbuchung basierend auf dem Wertmodell durch den Monatsabschluss oder durch eine manuelle Regulierung geändert, wird der entsprechende Differenzbetrag in das Feld *Regulierung* gestellt. Der Inhalt des Feldes *Einstandsbetrag* wird somit nach der Rechnungsbuchung nicht mehr verändert, alle nachträglichen Wertänderungen werden im Feld *Regulierung* summiert.

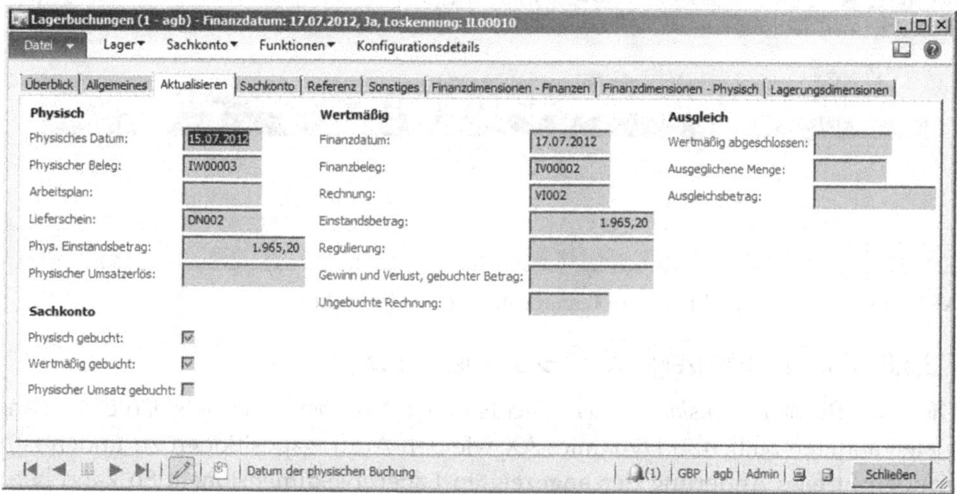

Abbildung 7-11: Anzeige der Belegdaten in einer Lagerbuchung

Die Spalte *Ausgleich* zeigt, wie weit eine Lagerbuchung wertmäßig durch den Lagerabschluss geschlossen ist. Ist die gesamte Buchungsmenge der Transaktion den entsprechenden Zugängen oder Abgängen zugeordnet, wird das Abschlussdatum in das Feld *Wertmäßig abgeschlossen* eingesetzt und die Bewegung geschlossen (*Offener Wert* = „Nein" am Reiter *Allgemeines*). Hierbei ist zu beachten, dass auch geschlossene Bewegungen durch eine manuelle Regulierung wieder geöffnet werden können.

7.2.5.6 Sachkontenintegration

Das Kontrollkästchen *Physisch gebucht* am Reiter *Aktualisieren* der Lagerbuchung zeigt an, dass der Lieferschein im Hauptbuch gebucht ist und wird nur gesetzt, wenn zum jeweiligen Artikel die physische Sachkontenintegration aktiv ist. Ist die wertmäßige Sachkontenintegration aktiv, wird mit dem Buchen der Rechnung das Kontrollkästchen *Wertmäßig gebucht* markiert.

Eine Ausnahme bildet die Buchung von Eingangsrechnungen, für die *Wertmäßig gebucht* auch ohne wertmäßige Sachkontenintegration markiert wird. Der Grund dafür liegt darin, dass die Eingangsrechnung bei deaktivierter Sachkontenintegration der Artikel auf ein Aufwandskonto (anstelle des Materialkontos bei aktivierter Sackkontenintegration) gebucht wird.

7.2.5.7 Abfrage des Lagerbestands

Um den gegenwärtigen Lagerbestand eines Artikels abzufragen, kann im Detailformular für freigegebene Produkte am Schaltflächenreiter *Lagerbestand verwalten* die Schaltfläche *Verfügbarer Lagerbestand* betätigt werden. Die Bestandsabfrage bietet am Reiter *Überblick* eine Auflistung über den Lagerbestand, die nach den als *Primärlager* eingestellten Dimensionen des betroffenen Artikels gegliedert ist.

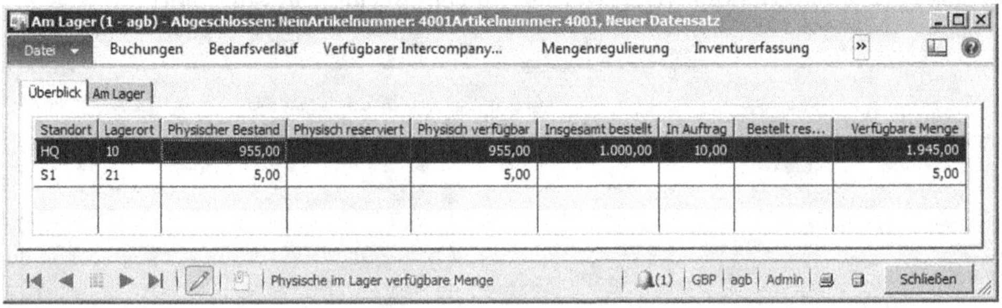

Am Lager (1 - agb) - Abgeschlossen: NeinArtikelnummer: 4001Artikelnummer: 4001, Neuer Datensatz

Datei | Buchungen | Bedarfsverlauf | Verfügbarer Intercompany... | Mengenregulierung | Inventurerfassung

Überblick | Am Lager

Standort	Lagerort	Physischer Bestand	Physisch reserviert	Physisch verfügbar	Insgesamt bestellt	In Auftrag	Bestellt res...	Verfügbare Menge
HQ	10	955,00		955,00	1.000,00	10,00		1.945,00
S1	21	5,00		5,00				5,00

Physische im Lager verfügbare Menge | (1) | GBP | agb | Admin | Schließen

Abbildung 7-12: Überblick zum Lagerbestand eines Produkts

7.2.5.8 Dimensionsanzeige in der Bestandsabfrage

Die Schaltfläche *Dimensionenanzeige* rechts in der Aktionsbereichsleiste, die auch an vielen anderen Stellen in Dynamics AX wie den Auftragspositionen zu finden ist, ermöglicht eine Änderung der angezeigten Lagerungsdimensionen. So kann beispielsweise eine Spalte für die Dimension *Chargennummer* zusätzlich eingeblendet werden, um den Chargenbestand abzufragen. Soll der Gesamtbestand eines Artikels in einer Zeile gezeigt werden, können in der *Dimensionenanzeige* die Markierungen für alle Dimensionen entfernt.

7.2.5.9 Detailinformationen zum Lagerbestand

Zur Anzeige von Detailinformationen zu der am Reiter *Überblick* markierten Zeile kann auf den Reiter *Am Lager* gewechselt werden. Hier werden neben dem physischen Bestand, also der am Lager tatsächlich vorhandenen Menge, auch der aktuelle Durchschnittspreis und Informationen zur Verfügbarkeit angezeigt.

Der physische Bestand ergibt sich als Summe der Bewegungen mit folgendem Buchungsstatus:

- **Gebuchte Menge** – Menge in Einkaufs- minus Verkaufsrechnungen
- **Eingegangen** – Produktzugänge im Einkauf, werden hinzugezählt
- **Abgesetzt** – Lieferscheine im Verkauf, werden abgezogen
- **Erfasst** – Erfassungen und Wareneingänge, werden hinzugezählt
- **Entnommen** – Entnahmen und Kommissionierlisten, werden abgezogen

Neben den Lagerbuchungen aus Einkauf und Verkauf werden auch Buchungen aus der Produktion mit den oben angeführten Statuswerten geführt.

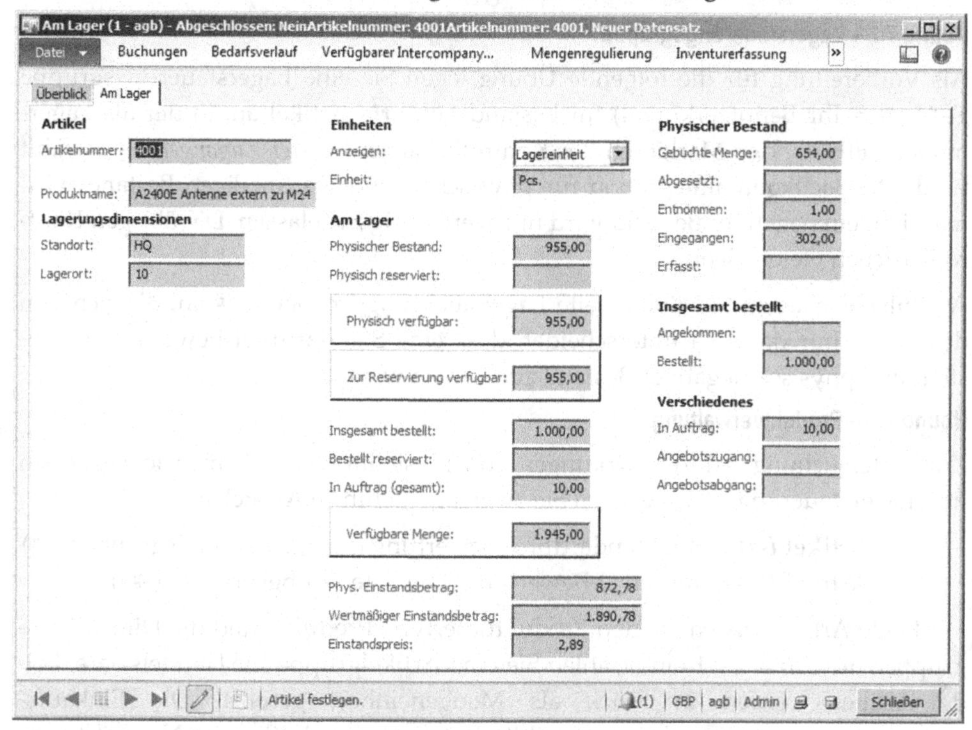

Abbildung 7-13: Detaildaten zum Lagerbestand eines Produkts

Alle in der Bestandsabfrage gezeigten Werte beziehen sich auf die gewählten Lagerungsdimensionen. In Abbildung 7-13 ist beispielsweise der Standort „HQ" und der Lagerort „10" zur Anzeige ausgewählt, womit für die gezeigten Daten ein Filter auf diesen Standort und Lagerort Anwendung findet. Zu beachten ist in diesem Zusammenhang, dass Einstandspreis und Lagerwert auf Dimensionsebene nur dann zuverlässige Ergebnisse zeigen, wenn die gewählten Dimensionen in der Lagerungsdimension wertmäßig getrennt sind.

7.2.5.10 Historischer Bestand

Soll der Bestand rückwirkend, also zu einem bestimmten vergangenen Datum ausgewertet werden, kann der Bericht *Lager- und Lagerortverwaltung> Berichte> Status> Physischer Bestand> Physischer Bestand pro Lagerungsdimension* abgerufen werden.

7.2.6 Übungen zum Fallbeispiel

Übung 7.1 – Dimensionsgruppen

Um die Funktionsweise von Dimensionsgruppen zu sehen, legen Sie eine neue Lagerdimensionsgruppe *D-##* (## = Ihr Benutzerkürzel) und eine gleichnamige Rückverfolgungsangabengruppe *D-##* an. Richten Sie diese Dimensionsgruppen so ein, dass *Standort*, *Lagerort* und *Chargennummer* bei jeder Buchung angegeben werden müssen. Lagerorte werden wertmäßig getrennt geführt.

Übung 7.2 – Lagersteuerungsgruppe

Als Vorbereitung für die folgende Übung legen Sie eine Lagersteuerungsgruppe T–## (## = Ihr Benutzerkürzel) für bestandsgeführte Artikel an, in der als Lagermodell „FIFO" ohne Markieren des Kontrollkästchens *Fester Zugangspreis* gewählt wird. Die Sachkontenintegration für physischen und wertmäßigen Bestand wird markiert, ein negativer Bestand wird nur wertmäßig zugelassen. Die übrigen Kontrollkästchen bleiben leer.

Anschließend legen Sie eine zweite Lagersteuerungsgruppe S-## an, die sich von der ersten nur dadurch unterscheidet, dass eine Standardpreisbewertung eingestellt und physisch negativer Bestand zugelassen wird.

Übung 7.3 – Produktverwaltung

Zur Untersuchung der Auswirkungen von Einstellungen in Dimensionsgruppen und Lagersteuerungsgruppe legen Sie zwei lagergeführte Artikel an:

- **Artikel *I-##-S*** mit Standardpreisbewertung (Lagersteuerungsgruppe S-##)
- **Artikel *I-##-T*** mit FIFO-Bewertung (Lagersteuerungsgruppe T-##)

Für beide Artikel tragen Sie den Produktuntertyp „Produkt" und die Dimensionsgruppen aus Übung 7.1 ein. Wählen Sie eine Artikelgruppe für Handelsware, beide Artikel werden in Stück als Mengeneinheit geführt. Die Einkaufs-Mehrwertsteuergruppe wird so gewählt, dass für beide Artikel der Normalsteuersatz gilt. Für den Basis-Einkaufspreis und den Einstandspreis beider Artikel werden 50.- Pfund eingesetzt, der Basis-Verkaufspreis ist 100.- Pfund. Für Einkauf, Lager und Verkauf tragen Sie in den *Standardauftragseinstellungen* den Hauptstandort und in den *Standortspezifischen Auftragseinstellungen* eine Zeile für den zugehörigen Hauptlagerort ein.

Für den Standardpreisartikel *I-##-S* muss der Einstandspreis von 50.- Pfund am Hauptstandort im Artikelpreisformular eingetragen und aktiviert werden.

Übung 7.4 – Lagerbuchungen

Legen Sie eine Einkaufsbestellung bei Ihrem Lieferanten aus Übung 3.2 an, in der Sie 100 Stück des ersten und 100 Stück des zweiten in Übung 7.3 angelegten Artikels bestellen. Für den Einkaufpreis tragen Sie jeweils 60.- Pfund ein.

Testen Sie, ob Sie einen Produktzugang ohne Eintragung einer Chargennummer buchen können. Anschließend tragen Sie in beide Positionen die Chargennummern C001 ein, die Sie zuvor über die Tabellenreferenz (Option *Details anzeigen* im Kontextmenü) für beide Artikel anlegen.

Bestätigen Sie die Einkaufsbestellung und buchen Sie den Produktzugang und die Rechnung über die Gesamtmenge zum Bestellpreis. Danach überprüfen Sie für beide Artikel Lagerbuchungen und Lagerbestand. Wenn Sie Einstandsbetrag und Einstandspreis betrachten, können Sie den Unterschied zwischen den beiden Artikeln erklären?

Hinweis: Falls erforderlich, können Sie die Spalte *Chargennummer* über die Schaltfläche *Lager/Dimensionenanzeige* einblenden.

7.3 Lagerbewertung

Eine der Stärken von Dynamics AX liegt darin, durch den hohen Integrationsgrad der Anwendung eine exakte Lagerbewertung zu ermöglichen. So werden neben der Bewertung zum Durchschnittspreis oder zum Standardpreis auch die Verfahren FIFO und LIFO durchgängig unterstützt.

Die Bewertung des Lagers erfolgt nach einem einfachen Prinzip:

- **Zugangswerte** werden bei der Buchung bestimmt
- **Abgangswerte** werden aufgrund des Wertmodells berechnet

Der Wert eines Lagerabgangs kann damit nicht explizit bei der Buchung angegeben werden, sondern ergibt sich aus dem Wert der über das Wertmodell (FIFO, LIFO, Durchschnittspreis) zugeordneten Zugangsbewegung.

Einen Sonderfall stellt in diesem Zusammenhang die Bewertung zum Standardpreis dar, für die es in Dynamics AX zwei unterschiedliche Möglichkeiten gibt:

- **Fester Zugangspreis**
- **Standardkosten**

"Die Option „Fester Zugangspreis steht in Kombination mit anderen Wertmodellen (FIFO, LIFO, Durchschnittspreis) zur Verfügung. Mit dieser Einstellung wird der Zugangswert vorab definiert und kann in der Buchung nicht geändert werden.

Im Gegensatz dazu ermöglicht das Lagermodell „Standardkosten" ein echtes Standardpreisverfahren, bei dem Zu- und Abgang zum hinterlegten Standardpreis bewertet werden.

Der Unterschied zwischen den Verfahren „Standardkosten" und „Fester Zugangspreis" zeigt sich bei Änderungen des zum Artikel eingetragenen Standardpreises: Während beim Standardpreisverfahren der Lagerwert sofort geändert wird, ändert sich beim „Festen Zugangspreis" der Lagerwert und damit der Wert späterer Abgangsbuchungen erst durch nachfolgende Zugangsbuchungen.

7.3.1 Bewertungsverfahren

Das Bewertungsverfahren eines Artikels wird über die gewählte Option im Wertmodell (Auswahlfeld *Lagermodell*) der zugeordneten Lagersteuerungsgruppe bestimmt. Hierbei stehen in Dynamics AX folgende Verfahren zur Bewertung der Lagerabgänge zur Verfügung:

- **FIFO**
- **LIFO**
- **LIFO-Datum**
- **Durchschnittliche Kosten**
- **Gewichteter Durchschnitt Datum**
- **Standardkosten**

Im Dynamics AX 2012 Feature Pack ist die zusätzliche Option „Flexibler Durchschnitt" enthalten.

7.3.1.1 Bewertung von Lagerzugängen

Lagerzugänge werden mit dem Buchen der Rechnung finanziell bewertet. Wenn kein Standardpreisverfahren zur Anwendung kommt, wird der Lagerwert wie folgt bestimmt:

- **Produktzugang zu Bestellung** – Wert der Rechnungsposition inklusive artikelbezogener Bezugskosten/Belastungen; falls definiert zuzüglich indirekter Kosten aus Nachkalkulationsbogen
- **Zugang aus Produktion** – Nachkalkulierter Wert des Produktionsauftrags (Summe von Komponenten und Ressourceneinsatz; falls definiert zuzüglich indirekter Kosten aus Nachkalkulationsbogen)
- **Rücklieferung zu Verkaufsauftrag** – Abgangswert der rückgelieferten Position, wenn die Position über die *Loskennung* einer Auftragsposition zugeordnet ist; sonst in Position eingetragener Einstandspreis
- **Sonstiger Zugang** – Eingetragener Wert in Journalzeile

7.3.1.2 Bewertung von Lagerabgängen

Abgänge werden zunächst immer mit dem Durchschnittspreis bewertet, das für den jeweiligen Artikel gewählte Wertmodell kommt erst im Zuge des Lagerabschlusses zur Anwendung.

Der Lagerabschluss bestimmt hierbei die Zuordnung von Lagerabgängen zu Lagerzugängen entsprechend dem Wertmodel des Artikels (FIFO, LIFO oder Durchschnittspreis). Der Wert der einzelnen Abgangsbewegung wird dann aufgrund der zugeordneten Lagerzugänge berechnet und ist daher – abgesehen vom Lagermodell „Standardkosten" - erst dann in Übereinstimmung mit dem Wertmodell gültig, wenn alle betroffenen Lagerzugänge wertmäßig gebucht sind und der Lagerabschluss abgerufen worden ist.

Ausgenommen davon sind nur die Standardpreisverfahren („Fester Zugangspreis" und „Standardkosten"), für die auch in der Abgangsbewegung sofort der Standardpreis eingesetzt wird.

7.3.1.3 Bewertung mit Standardkosten

Für das Lagermodell „Standardkosten" ist kein Lagerabschluss erforderlich, bei diesem Modell wird für Lagerzugänge und Lagerabgänge immer der im Artikelpreisformular hinterlegte Einstandspreis eingesetzt. Im Falle einer Änderung des Einstandspreises (Aktivierung eines neuen Einstandspreises) bucht das System die Änderung des Lagerwerts sofort auch auf die entsprechenden Sachkonten. Der neue Einstandspreis wird daher schon im nächsten Lagerabgang eingesetzt.

7.3.1.4 Fester Zugangspreis

Das Kontrollkästchen „Fester Zugangspreis" in der Lagersteuerungsgruppe legt hingegen eine Zusatzeinstellung zu den Lagermodellen FIFO, LIFO und Durchschnittspreis fest, die nur den Lagerzugang betrifft. Der Lagerzugang wird bei dieser Einstellung mit dem im freigegebenen Produkt oder im Artikelpreisformular eingetragenen Einstandspreis (Standardpreis) gebucht.

Nachdem sich der Wert des Lagerabgangs aus dem über das Lagermodell zugeordneten Zugang ergibt, wird damit auch beim Verfahren „Fester Zugangspreis" der Lagerabgang zu Standardkosten bewertet. Das Lagermodell ist beim Verfahren „Fester Zugangspreis" dann relevant, wenn der Standardpreis geändert wird und die nachfolgenden Abgänge entsprechend dem FIFO-, LIFO- oder Durchschnittspreisverfahren bis zum Verbrauch des Lagerbestands mit dem alten Einstandspreis gebucht werden. Um in diesem Fall den korrekten Abgangswert zu ermitteln, ist auch für das Verfahren „Fester Zugangspreis" ein Lagerabschluss erforderlich.

7.3.1.5 Berechnung des Lagerwerts

Ein Überblick über die unterschiedlichen Bewertungsverfahren in Dynamics AX ist in folgender Tabelle 7-3 enthalten:

Tabelle 7-3: Lagermodelle zur Steuerung des Bewertungsverfahrens in Dynamics AX

Lagermodell	Erklärung
FIFO *First In First Out*	Lagerabgänge werden wertmäßig immer dem ältesten Zugang zugeordnet, für den noch ein Lagerbestand vorhanden ist
LIFO *Last In First Out*	Lagerabgänge werden wertmäßig immer dem jüngsten Zugang zugeordnet, für den zum Zeitpunkt des Monatsabschlusses schon ein Lagerbestand vorhanden ist
LIFO-Datum	Wie LIFO, wobei für jeden Abgang nur Zugänge vor dem

	jeweiligen Abgang berücksichtigt werden
Durchschnittliche Kosten	Lagerabgänge werden mit dem Durchschnittswert des Lagerbestands bewertet, gerechnet zum Abschlusszeitpunkt
Gew. Durchschnitt Datum	Wie „Durchschnittliche Kosten", wobei nur der Bestand zum Zeitpunkt des jeweiligen Abgangs berücksichtigt wird
Standardkosten	Lagerzugänge und Lagerabgänge werden mit dem aktiven Standardpreis gebucht

Nachfolgende Tabelle 7-4 zeigt ein kurzes Beispiel die Rechenlogik der verschiedenen Lagermodelle. Ausgangspunkt sind drei Zugangsbuchungen mit unterschiedlichem Wert, unterbrochen von einer Abgangsbuchung:

Tabelle 7-4: Buchungen zur Analyse der Lagermodelle

Datum	Buchung	Menge	Wert
1. Juli	Zugang	10	100
2. Juli	Zugang	10	200
3. Juli	Abgang	10	(aus Lagermodell)
4. Juli	Zugang	10	300

Der Wert des Abgangs rechnet sich in diesem Beispiel nach Abruf des Lagerabschlusses in den unterschiedlichen Bewertungsverfahren wie folgt:

Tabelle 7-5: Bewertung des Lagerabgangs aus Tabelle 7-4

Lagermodell	Betrag	Erklärung
FIFO	100	Gemäß Zugang vom 1. Juli
LIFO	300	Gemäß Zugang vom 4. Juli
LIFO-Datum	200	Gemäß Zugang vom 2. Juli
Durchschnittliche Kosten	200	Aus allen Zugängen
Gewichteter Durchschnitt Datum	150	Aus Zugängen vom 1. Juli und 2. Juli

Bei der Ermittlung des Abgangswertes müssen neben dem Lagermodell auch die Einstellung zu Lagerungsdimensionen in den jeweiligen Dimensionsgruppen berücksichtigt werden. Die Zuordnung von Abgang zu Zugang erfolgt nämlich nicht über Dimensionen hinweg, für die das Kontrollkästchen *Wertmäßiger Bestand* markiert ist.

Wenn daher beispielsweise eine Bewertung pro Lagerort eingestellt ist, wird ein Abgang von Lagerort „20" nur Zugänge – inklusive Umlagerungen – zum Lagerort „20" berücksichtigen. Ist die Dimension *Lagerort* nicht wertmäßig getrennt, erfolgt die Zuordnung entsprechend der Datumsfolge unabhängig vom Lagerort der physischen Lieferungen.

7.3.1.6 Markierung von Lagerbuchungen

Eine weitere Möglichkeit, die Zuordnungen des Bewertungsverfahrens zu beeinflussen, besteht im Setzen von Markierungen. Markierungen bilden ein Los für die Lagerbewertung, indem innerhalb von wertmäßigen Dimensionen Abgang und Zugang einander zugeordnet werden. Dies wird beispielsweise für die Rücklieferung von Einkaufsbestellungen benutzt (siehe Abschnitt 3.7.1)

Um eine Markierung zu setzen, kann in der Abfrage der Lagerbuchungen oder in Auftrags- und Bestellpositionen die Schaltfläche *Lager/Markierung* betätigt werden.

7.3.2 Lagerabschluss und Regulierung

Zum Zeitpunkt einer Abgangsbuchung wird diese immer mit dem aktuellen Durchschnittspreis – bei Standardpreisverfahren mit dem Standardpreis – bewertet. Der Lagerabschluss wird normalerweise im Zuge des Monatsabschlusses durchgeführt und dient dazu, die Zuordnung von Abgangs- und Zugangsbewegung entsprechend dem jeweiligen Wertmodell (*Lagermodell*) zu bestimmen und im Zuge der Nachbewertung der Abgangsbewegung allfällige Wertdifferenzen zu buchen. Vom Lagerabschluss nicht betroffen sind Artikel, deren Bewertung nach dem Wertmodell „Standardkosten" erfolgt.

Der Lagerabschluss muss regelmäßig durchgeführt werden, damit der Materialeinsatz in Gewinn- und Verlustrechnung richtig ausgewiesen wird und Lagerbuchungen geschlossen werden. Nach Durchführen des Lagerabschlusses können in der abgeschlossenen Periode keine Lagerbewegungen gebucht werden. Ist es erforderlich, trotzdem eine Buchung in der abgeschlossenen Periode vorzunehmen, muss der Abschluss aufgehoben werden.

7.3.2.1 Lagerabschluss

Um den Lagerabschluss auszuführen, muss der Menüpunkt *Lager- und Lagerortverwaltung> Periodisch> Abschluss und Regulierung* aufgerufen werden. Im Lagerabschlussformular wird eine Liste der bereits durchgeführten Lagerabschlüsse gezeigt. Um eine weitere Periode abzuschließen, muss die Schaltfläche *Abschlussprozedur* betätigt werden.

Die ersten zwei Punkte der Abschlussprozedur, das Überprüfen der offenen Mengen und die Überprüfung der Einstandspreise, enthalten Berichtsabrufe zur Kontrolle der Lagerbuchungen. Sie ermöglichen es, im Falle von fehlenden oder fehlerhaften Buchungen entsprechende Korrekturen vor dem tatsächlichen Lagerabschluss durchzuführen, sind aber nicht zwingend erforderlich.

Der tatsächliche Lagerabschluss wird über die Schaltfläche *Abschlussprozedur/ 3.Schließen* durchgeführt. Aufgrund der hohen Systembelastung durch umfangreiche Rechenoperationen empfiehlt es sich, den Abschluss außerhalb der normalen Arbeitszeiten auszuführen, beispielsweise als Stapelverarbeitung in der Nacht.

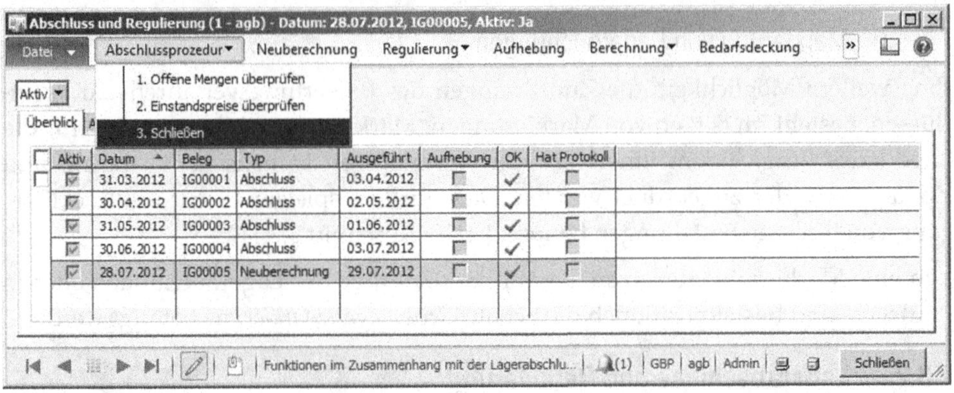

Aktiv	Datum	Beleg	Typ	Ausgeführt	Aufhebung	OK	Hat Protokoll
☑	31.03.2012	IG00001	Abschluss	03.04.2012	☐	✓	☐
☑	30.04.2012	IG00002	Abschluss	02.05.2012	☐	✓	☐
☑	31.05.2012	IG00003	Abschluss	01.06.2012	☐	✓	☐
☑	30.06.2012	IG00004	Abschluss	03.07.2012	☐	✓	☐
☑	28.07.2012	IG00005	Neuberechnung	29.07.2012	☐	✓	☐

Abbildung 7-14: Aufruf des Lagerabschlusses im Lagerabschlussformular

Als Voraussetzung für das Buchen des Lagerabschlusses muss die entsprechende Buchhaltungsperiode im Sachkontokalender offen sein. Soweit möglich, sollten zu allen Wareneingängen die Eingangsrechnungen gebucht und alle fertiggemeldeten Produktionsaufträge nachkalkuliert/beendet werden, damit für den Abschluss möglichst alle Zugänge wertmäßig gebucht sind und die Anzahl offener Transaktionen möglichst gering ist.

Nach dem Abschluss können die gebuchten Regulierungsbewegungen über die Schaltfläche *Bedarfsdeckung* abgefragt werden. Muss ein Abschluss storniert werden, kann die Schaltfläche *Aufhebung* betätigt werden. Die Schaltfläche *Neuberechnung* kann jederzeit aufgerufen werden und erlaubt die Berechnung des Lagerabschlusses, ohne das Lager tatsächlich abzuschließen und die Periode zu sperren.

7.3.2.2 Manuelle Regulierung des Lagerwerts

Wenn der Lagerwert eines Artikels nach einem Monatsabschluss manuell angepasst werden soll, kann die Schaltfläche *Regulierung* im Abschlussformular betätigt werden. Die Option *Regulierung/Am Lager* bietet hierbei die Möglichkeit, den Wert des aktuellen Gesamtbestands auf Dimensionsebene zu verändern, während die Option *Regulierung/Buchungen* den Wert einzelner Zugangsbewegungen anpasst.

Um die Regulierung durchzuführen, werden im Regulierungsformular die gewünschten Artikel oder Bewegungen über die Schaltfläche *Auswählen* selektiert. Anschließend können die gewünschten Werte manuell eingetragen oder über die Schaltfläche *Regulierung* Vorschlagswerte eingesetzt werden. Mit der Schaltfläche *Buchen* im Regulierungsfenster wird die Regulierung gebucht.

7.3.3 Übungen zum Fallbeispiel

Übung 7.5 – Einkaufsbestellung

Legen Sie eine Einkaufsbestellung bei Ihrem Lieferanten aus Übung 3.2 über 100 Stück des ersten und 100 Stück des zweiten in Übung 7.3 angelegten Artikels an. In den Positionen wählen Sie jeweils Charge C001 und tragen 120.- Pfund als Einkaufspreis ein.

Bestätigen Sie anschließend die Bestellung und buchen Sie Produktzugang und Einkaufsrechnung über die Gesamtmenge zum Bestellpreis. Hierbei tragen Sie im Buchungsfenster am Reiter *Einstellungen* für das *Produktzugangsdatum* (beim Produktzugang) beziehungsweise das *Buchungsdatum* (bei der Rechnung) einen Tag nach der Rechnung aus Übung 7.4 ein (z.B. 2. Juli, wenn Übung 7.4 mit 1. Juli gebucht worden ist).

Sehen Sie sich anschließend für beide Artikel durch Abfrage aus dem Formular für freigegebene Produkte Lagerbuchungen, Lagerbestand und Einstandsbetrag an.

Übung 7.6 – Verkaufsauftrag

Ihr Kunde aus Übung 4.1 bestellt jeweils 150 Stück von Charge C001 der beiden in Übung 7.3 angelegten Artikel. Legen Sie einen entsprechenden Auftrag an und buchen Sie die Rechnung ohne vorherige Lieferscheinbuchung über die Schaltfläche *Buchung* direkt aus dem Auftrag. Im Buchungsfenster tragen Sie hierbei am Reiter *Einstellungen* für das *Rechnungsdatum* einen Tag nach der Buchung von Übung 7.5 ein (z.B. 3. Juli, wenn Übung 7.5 mit 2. Juli gebucht worden ist).

Sehen Sie sich anschließend für beide Artikel durch Abfrage aus dem Formular für freigegebene Produkte Lagerbuchungen, Lagerbestand und Einstandsbetrag an.

Übung 7.7 – Lagerabschluss

Führen Sie im Menüpunkt für den Lagerabschluss eine *Neuberechnung* durch, wobei Sie die Berechnung mittels Filtereintragung auf Ihre Artikel eingrenzen und für das Berechnungsdatum das Buchungsdatum aus Übung 7.6 einsetzen (3. Juli im Beispiel).

Sehen Sie sich anschließend für beide Artikel durch Abfrage aus dem Formular für freigegebene Produkte den Einstandsbetrag an. Was hat sich durch die Neuberechnung geändert und wie erklären Sie das Ergebnis?

7.4 Geschäftsprozesse im Lager

Alle Geschäftsprozesse zu Artikeln, die zu Änderungen von Lagerbestand oder Lagerwert führen, werden im Lager in Form von Lagerbuchungen abgebildet. Ein Großteil dieser Prozesse wird allerdings nicht als isolierter Ablauf innerhalb der Lagerverwaltung durchgeführt, sondern im Zuge von Abläufen in Beschaffung, Vertrieb und Produktion abgewickelt.

Die betroffenen Geschäftsprozesse in anderen Bereichen sind im jeweiligen Kapitel beschrieben, nachfolgend werden daher nur solche Abläufe berücksichtigt, die innerhalb der Lagerverwaltung selbst bearbeitet werden.

7.4.1 Lagerstrukturen und Parameter

Als Voraussetzung für die Durchführung von Transaktionen im Lager müssen die Lagerverwaltung eingerichtet und die freigegebenen Produkte angelegt sein.

7.4.1.1 Struktur von Lagerorten und Lagerplätzen

Zur Strukturierung des Lagers stehen in Dynamics AX drei Dimensionen innerhalb eines Mandanten zur Verfügung: Standort, Lagerort und Lagerplatz. Die Lagerdimensionsgruppe des jeweiligen Artikels bestimmt hierbei, welche dieser Dimensionsangaben für die Buchung einer Lagerbewegung benötigt werden.

Lagerorte bilden innerhalb eines Standortes die obere Gliederungsebene im Lager. Um für die Lagerplätze eines Lagerorts Strukturen zu definieren, können sie wie folgt gegliedert werden:

- **Gang**
- **Regal**
- **Regalboden**
- **Lagerfach**

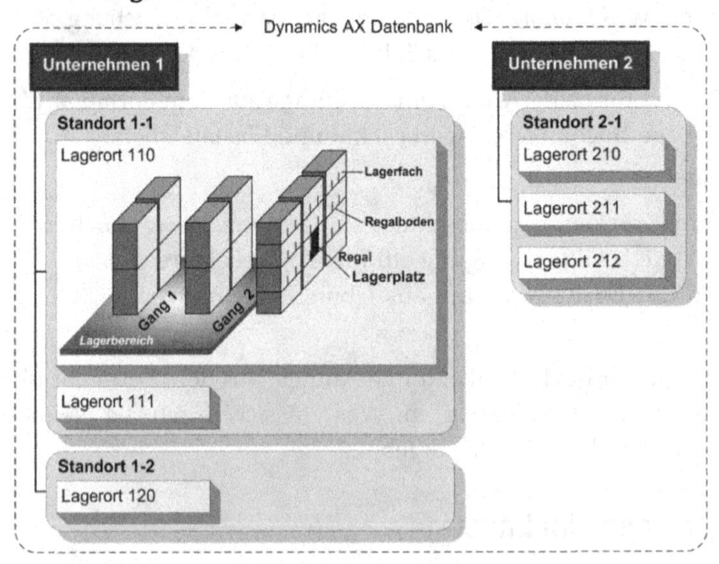

Abbildung 7-15: Lagerstruktur in Dynamics AX

Darüber hinaus können Lagerplätze zu Lagerbereichen und Lagerzonen zusammengefasst werden. Um beispielsweise zu erreichen, dass Kühlgut nur in Kühlregalen gelagert wird, können den betroffenen Artikeln Lagerzonen über die Eintragung im *Lagerortartikel* zugewiesen werden (Schaltfläche *Lagerort/ Lagerortartikel* am Schaltflächenreiter *Lagerbestand verwalten* im freigegebenen Produkt).

7.4.1.2 Einrichten von Lagerorten

Ein Lagerort wird in Dynamics AX angelegt, indem im Menüpunkt *Lager- und Lagerortverwaltung> Einstellungen> Lageraufschlüsselung> Lagerorte* über die Schaltfläche *Neu* ein neuer Datensatz angelegt wird. Der Lagerort wird hierbei durch einen eindeutigen Code und einen Namen identifiziert. Jeder Lagerort wird zudem einem Standort zugewiesen, der im Auswahlfeld *Standort* eingetragen wird.

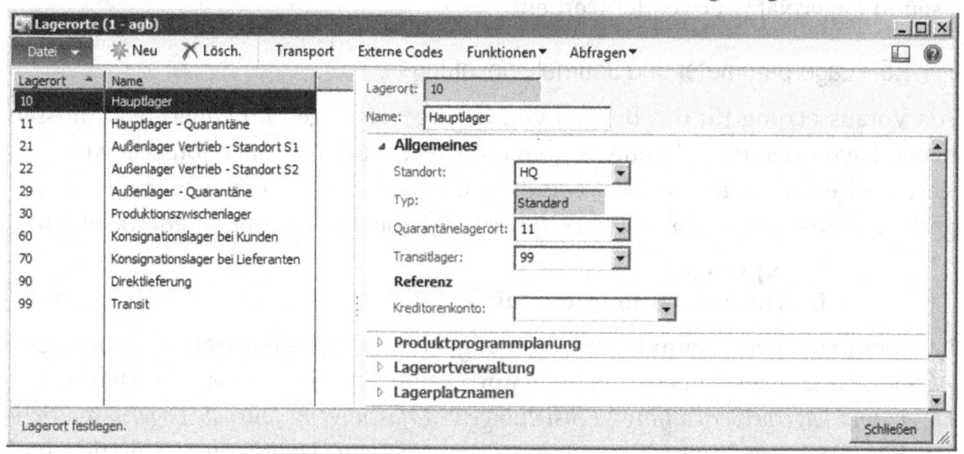

Abbildung 7-16: Einrichten eines Lagerortes

Über das Auswahlfeld *Typ* wird angegeben, ob es sich beim betreffenden Lagerort um ein Quarantänelager oder um ein Lager für „Ware in Transit" handelt. Hierbei ist zu beachten, dass ein Artikel durch einen Quarantäneauftrag gesperrt wird und nicht einfach durch die Buchung einer Umlagerung auf ein Quarantänelager (siehe Abschnitt 7.4.4). Standard-Lagerorten kann im Auswahlfeld *Quarantänelagerort* ein entsprechendes Lager zugeordnet werden, falls Quarantäne benutzt werden soll.

Am Reiter *Produktprogrammplanung* kann eingestellt werden, wie der Lagerort in der Disposition berücksichtigt werden soll. Die Reiter *Lagerortverwaltung* und *Lagerplatznamen* werden für die Lagerplatzsteuerung benutzt.

7.4.1.3 Lagerplätze

Die weitere Untergliederung des Lagers in Lagergänge und Lagerplätze sowie die Zuordnung zu Lagerbereichen und Lagerzonen kann in den Formularen des Menüknotens *Lager- und Lagerortverwaltung> Einstellungen> Lageraufschlüsselung* eingerichtet werden. In vorliegendem Rahmen wird allerdings auf eine detaillierte Darstellung von Lagerplatzverwaltung und Palettenverwaltung verzichtet.

7.4.1.4 Lagerdimensionen

Bei der Einrichtung der Lagerverwaltung ist zu beachten, dass die Lagerdimensionsgruppe im freigegebenen Produkt bestimmt, ob und welche Ebenen der Lagerverwaltung bei der Buchung von Lagerbewegungen zur Anwendung kommen.

Sollen daher Lagerplätze auf einem Lagerort verwendet werden, muss in allen Artikeln, für die Lagerbuchungen auf diesem Lagerort erfasst werden können, eine Dimensionsgruppe mit aktivierter Lagerplatz-Dimension gewählt werden. Nachdem diese Einstellung für alle Lagerbuchungen der betroffenen Artikel gilt, müssen dann Lagerplätze auch für alle anderen Lagerorte gebucht werden. Für Lagerorte ohne tatsächliche Lagerplatzverwaltung muss in diesem Fall zumindest ein Pseudo-Lagerplatz verwendet werden.

7.4.1.5 Lagerparameter und Journaleinrichtung

Als Voraussetzung für das Buchen von Lagerbewegungen im Lagermenü müssen neben Lagerorten und allfälligen weiteren Lagerstrukturen auch Journale konfiguriert werden. Journale werden benutzt, um manuelle Lagerbewegungen im Lagermodul zu buchen, wobei zwei Gruppen von Journalen unterschieden werden:

- **Lagerjournale**
- **Lagerortverwaltungsjournale**

Lagerjournale dienen zum Buchen von allgemeinen Transaktionen wie Zugängen, Abgängen, Umlagerungen und Inventurbuchungen. Sie werden im Menüpunkt *Lager- und Lagerortverwaltung> Einstellungen> Erfassungen> Journale,Lager* eingerichtet. Für die Journaltypen *Bewegung, Lagerregulierung, Umlagerung, Stückliste* und *Inventur* muss hierbei jeweils zumindest ein Journalname angelegt werden, damit die entsprechenden Buchungen möglich sind. Jedem Journalnamen kann über das Auswahlfeld *Belegnummern* im Journal-Formular ein eigener Nummernkreis zugeordnet werden.

Lagerortverwaltungsjournale dienen zum Erfassen von Wareneingängen aus Einkaufsbestellungen, Verkaufs-Rücklieferungen und Produktion. Sie werden im Menüpunkt *Lager- und Lagerortverwaltung> Einstellungen> Erfassungen> Journale, Lagerortverwaltung* eingerichtet.

Die Lagerparameter werden im Menüpunkt *Lager- und Lagerortverwaltung> Einstellungen> Parameter für Lager- und Lagerortverwaltung* eingerichtet. Sie enthalten unter anderem Einstellungen zu Nummernkreisen, Herstellkosten-Berechnungsgruppe, Standard-Mengeneinheit und Vorschlagswerte für Journalnamen. Am Reiter *Lagerungsdimensionen* kann festgelegt werden, welche Dimensionen im jeweiligen Journal als Vorschlagswert gezeigt werden sollen.

7.4.2 Journalbuchungen

Journale werden in der Lagerverwaltung benutzt, wenn Lagertransaktionen unabhängig von anderen Bereichen wie Beschaffung, Vertrieb und Produktion gebucht werden sollen.

7.4.2.1 Journalstruktur

Nachdem es sich bei Lagerbewegungen um geschäftswirksame Buchungen handelt, werden die Transaktionen entsprechend dem Belegprinzip zunächst erfasst und erst nach Prüfung durch Dynamics AX gebucht. Jeder Erfassungsbeleg enthält einen Kopfteil und mindestens eine Position.

Für die Erfassung von Lagerbuchungen stehen in Dynamics AX unterschiedliche Journale zur Verfügung, die aber eine gemeinsame Grundstruktur aufweisen. Um den unterschiedlichen Verwendungszwecken zu entsprechen, werden hierbei folgende Journale unterschieden:

- **Bewegung**
- **Lagerregulierung**
- **Umlagerung**
- **Stücklisten**
- **Wareneingang**
- **Produktions-Wareneingang**
- **Inventur**
- **Markierungen zählen**

7.4.2.2 Journale für Bewegung und Lagerregulierung

Journale vom Typ „Bewegung“ und „Lagerregulierung“ dienen dazu, manuelle Zugänge und Abgänge am Lager zu erfassen.

Der Unterschied zwischen den beiden Bewegungstypen besteht darin, dass beim Typ „Bewegung“ in der Spalte *Gegenkonto* ein Aufwands-/ Ertragskonto für die Buchung in der Finanzbuchhaltung eingetragen werden muss, während beim Typ „Lagerregulierung“ das Gegenkonto aus den Lager-Buchungseinstellungen herangezogen wird. Journale vom Typ „Bewegung“ werden daher beispielsweise dazu benutzt, Abfassungen von Kostenstellenmaterial zu buchen.

Der Ablauf zum Buchen eines Lagerregulierungsjournals ist in Abschnitt 7.1.2 am Beginn des Kapitels beschrieben.

Für den Journaltyp „Bewegung“ muss zum Erfassen eines Journals nach Aufruf des Menüpunkts *Lager- und Lagerortverwaltung> Erfassungen> Artikelbuchungen> Bewegung* eine neue Erfassung als neuer Datensatz oder über die Schaltfläche *Neu erstellen* angelegt werden. Als Vorschlagswert für die Positionen kann hierbei im Journalkopf am Reiter *Allgemeines* im Feld *Gegenkonto* das entsprechende Sachkonto eingetragen werden. In den Positionen können Buchungsdatum, Artikelnummer, Menge (negativ für Abgänge), erforderliche Lagerungsdimensionen, Gegenkonto und gegebenenfalls eine Korrektur des vorgeschlagenen Einstandspreises eingetragen werden. Sobald die letzte Position erfasst worden ist, kann das Bewegungsjournal gebucht werden.

7.4.2.3 Umlagerungsjournale

Im Gegensatz zu Bewegungsjournalen dienen Umlagerungsjournale dazu, Lagerbestände von einer Dimensionskombination auf eine andere umzulagern. Sie werden daher hauptsächlich für Transaktionen zwischen Lagerorten und Lagerplätzen herangezogen, können aber auch zum Ändern von Chargen oder Seriennummern verwendet werden.

Nach Aufruf des Menüpunkts *Lager- und Lagerortverwaltung> Erfassungen> Artikelbuchungen> Umlagerung* erfolgt die Erfassung einer Umlagerung analog zu Bewegungsjournalen. Zusätzlich zu den Angaben in diesen Journalen muss jedoch in den Ziel-Dimensionen je nach Anlass ein neuer Standort, Lagerort und/oder andere Dimensionen eingetragen werden. In der Mengenspalte wird eine negative Menge eingetragen, um eine Abbuchung von den Ursprungs-Dimensionen zu erreichen.

Da bei der Umlagerung eines Artikels zwischen verschiedenen Standorten unterschiedliche Standardpreise möglich sind und sich damit der Lagerwert ändern kann, werden auch bei Umlagerungen Sachkontobuchungen erzeugt.

7.4.2.4 Stücklistenjournale

Stücklistenjournale werden im Menüpunkt *Lager- und Lagerortverwaltung> Erfassungen> Artikelbuchung> Stücklisten* aufgerufen und dienen dazu, für einen Stücklisten-Artikel einen Zugang bei gleichzeitigem Abgang seiner Komponenten zu buchen. Durch Eintragen einer negativen Menge für den Stücklistenartikel kann aber auch ein „Zerlegen" der Fertigware gebucht werden, bei dem ein Zugang für die Komponenten gebucht wird.

Im Unterschied zu den anderen Lagerjournalen werden beim Erfassen von Stücklistenjournalen Artikel nicht manuell in den Positionen eingetragen. Für die Artikeleintragung wird die Schaltfläche *Stückliste/Fertigmeldung* in der Aktionsbereichsleiste der Stücklistenpositionen zum Öffnen des Fertigmeldungsformulars betätigt.

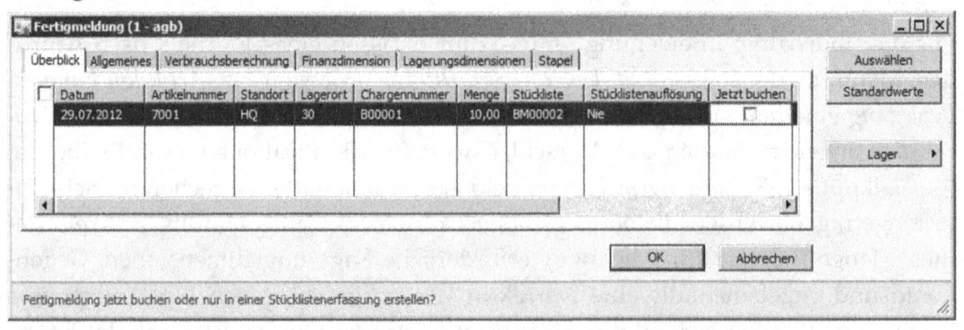

Abbildung 7-17: Fertigmeldungsformular nach Aufruf aus dem Stücklistenjournal

Im Fertigmeldungsformular kann eine neue Zeile über die Tastenkombination *Strg+N* angelegt und in der Spalte *Artikelnummer* ein Artikel vom Typ „Stückliste" gewählt werden, für die ein Zugang gebucht werden soll. Alternativ können im Fertigmeldungsformular auch über die Filterauswahl (Schaltfläche *Auswählen*) Zeilen erstellt werden.

Ist das Kontrollkästchen *Jetzt buchen* im Fertigmeldungsformular markiert, dann wird die Fertigmeldung beim Schließen des Formulars mit der Schaltfläche *OK* sofort gebucht. Ist das Kontrollkästchen nicht markiert, werden Stücklistenartikel und Komponenten in das Stücklistenjournal übernommen und können dort bearbeitet werden.

7.4.2.5 Wareneingangsjournale

Wareneingangsjournal und Produktions-Wareneingangsjournal sind im Menüpunkt *Lager- und Lagerortverwaltung> Erfassungen> Wareneingang* enthalten und werden für den Zugang von Artikeln unter Bezug auf eine Einkaufsbestellung (siehe Abschnitt 3.5.3), eine Kundenrücklieferung (siehe Abschnitt 4.6.4) oder einen Produktionsauftrag benutzt.

Aufbau und Benutzung des Wareneingangsjournals sind analog zu Artikeljournalen, wobei im Journalkopf am Reiter *Standardwerte* für Einkaufsbestellungen die *Referenz* „Bestellung" und die Bestellnummer und für Kundenretouren die *Referenz* „Auftrag" und die Rücksendungsnummer eingetragen wird.

Über die Schaltfläche *Funktionen/Positionen erstellen* kann dann ein entsprechender Vorschlag in den Journalpositionen erstellt werden. Die Buchung erfolgt wie bei Lagerjournalen über die Schaltfläche *Buchen*. Im Unterschied zu Lagerjournalen, für die die Transaktion mit der Journalbuchung physisch und wertmäßig abgeschlossen ist, wird für Wareneingangsjournalbuchungen in weiterer Folge ein zugehöriger Produktzugang und Rechnungseingang gebucht.

Werden Lagerplatzsteuerung und Paletten beim Wareneingang benutzt, kann der Ablauf des Wareneingangs über die Einstellungen der Feldgruppe *Handhabungsmodus* am Reiter *Standardwerte* im Journalkopf gesteuert werden.

7.4.3 Inventur

Die Inventur von Artikeln dient dazu, den tatsächlichen Lagerbestand durch körperliches Zählen festzustellen. Sie muss auch aufgrund von gesetzlichen Vorschriften periodisch durchgeführt und mit dem Buchbestand abgeglichen werden.

In Dynamics AX werden dazu die gezählten Mengen in Inventurjournalen erfasst. Mit dem Buchen des Inventurjournals wird für Differenzen zwischen dem gezählten und dem in Dynamics AX ausgewiesenen physischen Bestand ein Lagergewinn oder Lagerverlust wie bei einem Lagerregulierungsjournal gebucht.

Hierbei rechnet Dynamics AX den physischen Bestand zum Inventurdatum als Vergleichswert für die Ermittlung der Inventurdifferenz, weshalb auch vor Abschluss der Inventur neue Bewegungen erfasst werden können. Wenn es aus organisatorischen Gründen zielführend ist, können betroffene Artikelbestände während der Inventurerfassung allerdings über eine entsprechende Einstellung in den Lagerparametern gesperrt werden.

7.4.3.1 Inventurjournal

Um eine Inventur zu erfassen, wird ein Journal im Menüpunkt *Lager- und Lagerortverwaltung> Erfassungen> Artikelinventur> Inventur* als neuer Datensatz oder über die Schaltfläche *Neu erstellen* angelegt werden. Beim Anlegen des Journals muss angegeben werden, auf Ebene welcher Dimensionen die Inventur erfolgen soll. In den Positionen des Inventurjournals gibt es anschließend zwei Möglichkeiten, die Inventur zu erfassen:

- **Manuelle Erfassung**
- **Nutzung eines Vorschlag**

Wenn Inventurpositionen manuell erfasst werden sollen, wird wie in jedem anderen Lagerjournal eine Zeile mit Artikelnummer, Lagerort und allfälligen anderen zutreffenden Dimensionen angelegt. Die gezählte Menge wird in die Spalte *Gezählt* eingetragen. In der Spalte *Am Lager* ist dazu die laut System vorhandene Menge und in der Spalte *Menge* die entsprechende Differenzmenge zu sehen. Nach Abschluss der Erfassung wird die Inventur über die Schaltfläche *Buchen* gebucht, wobei für die Differenzmenge je nach Vorzeichen ein Abgang oder Zugang gebucht wird.

Erfassungspositionen, Lager (1 - agb) - Journal: IJ00008, 4,0000000000, Journal: IJ00008

Datei Neu Lösch. Prüfen Buchen Protokoll Funktionen Lager Erstellen

Überblick | Allgemeines | Finanzdimension | Lagerungsdimensionen

Datum	Artikelnummer	Standort	Lagerort	Chargennummer	Am Lager	Gezählt	Menge	Arbeitskraft	Protokoll
29.07.2012	3001	HQ	10						
29.07.2012	4001	HQ	10		955,00	950,00	-5,00		
29.07.2012	4001	S1	21		5,00	5,00			
29.07.2012	4001	HQ	90			3,00	3,00		
29.07.2012	7001	HQ	30	B00001	100,00				
29.07.2012	8001	HQ	10		5,00				

Bei Inventur des Lagerbestands gezählte Menge (1) GBP agb Admin Schließen

Abbildung 7-18: Erfassen der Zählmenge in einer Inventurjournalposition

Sollen Inventurpositionen nicht einzeln manuell angelegt werden, stehen über die Schaltfläche *Erstellen/Am Lager, Erstellen/Artikel* und *Erstellen/Abgelaufene Chargen* in den Inventurjournalpositionen drei verschiedene Möglichkeiten zur Verfügung, Positionen automatisch zu erstellen. Im Abrufdialog der Vorschläge kann eingestellt werden, welche Positionen erstellt werden. So kann beispielsweise der Abruf so erfolgen, dass nur Dimensionskombinationen berücksichtigt werden, für die seit der letzten Inventur eine Lagerbewegung gebucht worden ist.

Wird eine Zählliste für das Durchführen der Inventur benötigt, kann im Journalkopf über die Schaltfläche *Drucken/Inventurliste* nach dem manuellen oder automatischen Erstellen der Inventurpositionen eine Zählliste gedruckt werden.

7.4.3.2 Inventurgruppen

Um das automatische Erstellen von Inventurpositionen zu unterstützen, können im jeweiligen Abrufdialog auch Inventurgruppen als Auswahlkriterium eingetragen werden. Inventurgruppen fassen Artikel zusammen, die gemeinsame Kriterien im Hinblick auf die Durchführung von Inventuren aufweisen – unter anderem einen gemeinsamen *Inventurcode,* über den eingestellt wird, wann eine Inventur zum jeweiligen Artikel erfolgen soll (periodisch, bei Erreichen des Mindestlagerbestands, bei Nullbestand).

Inventurgruppen werden im Menüpunkt *Lager- und Lagerortverwaltung> Einstellungen> Lager> Inventurgruppen* angelegt. Sie können dann für die betroffenen Artikel im Formular für freigegebene Produkte am Inforegister *Lagerbestand verwalten* oder im zugehörigen Lagerortartikel-Formular (Schaltflächenreiter *Lagerbestand verwalten*) eingetragen werden.

Um beim Berechnen eines Inventurvorschlags die Einstellungen des Inventurcodes zu berücksichtigen, muss das Kontrollkästchen *Inventurcode aktivieren* im jeweiligen Abrufdialog markiert sein.

7.4.3.3 Inventur über Markierungs-Zählung

Eine Möglichkeit zur Vorerfassung von Inventurpositionen enthält der Menüpunkt *Lager- und Lagerortverwaltung> Erfassungen> Artikelinventur> Markierungen zählen.* Das Prinzip dieser Funktion besteht darin, vor der Inventur nummerierte Etiketten auf den Lagerplätzen anzubringen und im Zuge der Inventur später Artikelnummer, Mengen und Dimensionen auf dem jeweiligen Etikett zu notieren. Anschließend werden die Etiketten eingesammelt und im Markierungs-Journal erfasst. Mit dem Buchen dieses Journals wird keine Lagerbewegung erzeugt, sondern ein normales Inventurjournal mit Positionen angelegt, in dem Inventurdifferenzen wie oben beschrieben endgültig gebucht werden.

7.4.4 Quarantäne und Lagerbestand-Sperre

In Dynamics AX sind zwei unterschiedliche Möglichkeiten vorhanden, einen Artikelbestand vom verfügbaren Lagerbestand auszuschließen, wenn dies beispielsweise aufgrund von Qualitätsprüfungen erforderlich ist:

- **Quarantäneaufträge**
- **Lagerbestand-Sperre**

Die Lagerbestand-Sperre erzeugt eine temporäre Lagerbuchung, wobei diese entweder manuell oder für Qualitätskontrolle automatisch erstellt werden kann.

Die Quarantäneverwaltung beruht hingegen auf Quarantäneaufträgen, die zum temporären Umlagern des Quarantänebestands in das Quarantänelager benutzt werden. Dies kann manuell erfolgen oder auch als Automatik bei jedem Wareneingang und Produktionszugang eingestellt werden.

7.4.4.1 Einstellungen zur Quarantäneverwaltung

Als Voraussetzung für die Nutzung der Quarantäneverwaltung muss zumindest ein Lagerort vom Typ „Quarantäne" vorhanden sein. Bei Nutzung einer automatischen Quarantäne für den Wareneingang muss in der Lagerort-Verwaltung (*Lager- und Lagerortverwaltung> Einstellungen> Lageraufschlüsselung> Lagerorte*) zusätzlich jedem betroffenen Standard-Lager ein Quarantänelagerort zugeordnet werden.

Die automatische Quarantäne kommt für die Artikel zur Anwendung, in deren Lagersteuerungsgruppe das Kontrollkästchen *Quarantäneverwaltung* markiert ist.

7.4.4.2 Manuelle Quarantäne

Soll ein Artikelbestand manuell gesperrt werden, kann der Menüpunkt *Lager- und Lagerortverwaltung> Periodisch> Qualitätsmanagement> Quarantäneaufträge* geöffnet werden. Das Quarantäneauftragsformular zeigt eine Liste der offenen Quarantäneaufträge, zur Anzeige aller Quarantäneaufträge kann das Kontrollkästchen *Beendete anzeigen* markiert werden.

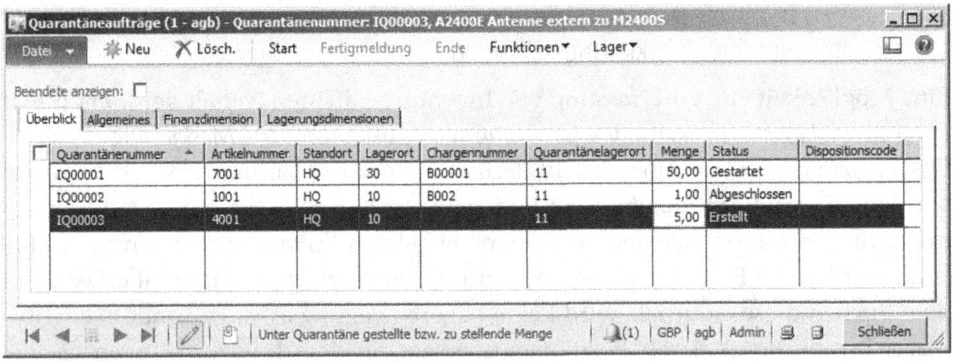

Quarantäneaufträge (1 - agb) - Quarantänenummer: IQ00003, A2400E Antenne extern zu M2400S

Datei | Neu | Lösch. | Start | Fertigmeldung | Ende | Funktionen | Lager

Beendete anzeigen:

Überblick | Allgemeines | Finanzdimension | Lagerungsdimensionen

Quarantänenummer	Artikelnummer	Standort	Lagerort	Chargennummer	Quarantänelagerort	Menge	Status	Dispositionscode
IQ00001	7001	HQ	30	B00001	11	50,00	Gestartet	
IQ00002	1001	HQ	10	B002	11	1,00	Abgeschlossen	
IQ00003	4001	HQ	10		11	5,00	Erstellt	

Unter Quarantäne gestellte bzw. zu stellende Menge | (1) | GBP | agb | Admin | Schließen

Abbildung 7-19: Bearbeiten eines Quarantäneauftrags

Ein Quarantäneauftrag kann über die Schaltfläche *Neu* in der Aktionsbereichsleiste angelegt werden. Im neuen Quarantäneauftrag müssen anschließend Artikelnummer, Menge, Lagerort und andere zutreffende Lagerungsdimensionen eingetragen werden. Aus den Einstellungen des Lagerorts wird das zugeordnete Quarantänelager eingesetzt, das jedoch geändert werden kann. Für alle übrigen Dimensionen bilden die Ursprungs-Dimensionen auch den Vorschlagswert für die Ziel-Dimensionen der Umlagerung. Dieser Vorschlag kann nach Einblenden der entsprechenden Dimensionsspalten oder Wechsel zum Reiter *Lagerungsdimensionen* abgeändert werden.

Mit der Schaltfläche *Start* wird der Bestand anschließend in Quarantäne genommen und auf das Quarantänelager umgebucht. Die Rückumlagerung wird gleichzeitig im System als Lagerbuchung ohne Datum gespeichert und in der Verfügbarkeit berücksichtigt.

Soll für einen Bestand, der sich in Quarantäne befindet, ein Abgang als Ausschuss gebucht werden, kann die Schaltfläche *Funktionen/Ausschuss* betätigt werden.

Um eine gestartete Quarantäne – falls zutreffend nach dem Buchen von Ausschuss für eine Teilmenge – zu beenden, muss die Schaltfläche *Ende* betätigt werden. Der Quarantäneauftrag wird dadurch abgeschlossen und der Bestand auf das Ausgangslager umgebucht.

Die Schaltfläche *Fertigmeldung* im Quarantäneauftrag dient dazu, den Abschluss einer Überprüfung als Zwischenschritt vor dem Beenden zu erfassen. Der betroffene Artikelbestand ist jedoch erst nach Beenden des Quarantäneauftrags verfügbar, weshalb die Fertigmeldung üblicherweise nur dann verwendet wird, wenn Palettentransporte für den Rücktransport auf das Ausgangslager separat gebucht werden sollen.

7.4.4.3 Automatische Quarantäne

Ist in der Lagersteuerungsgruppe eines Artikels das Kontrollkästchen *Quarantäneverwaltung* markiert, wird beim Buchen eines Wareneingangs durch Produktzugang, Wareneingangsjournal oder Produktionsmeldung automatisch ein Quarantäneauftrag erstellt und gestartet. Der weitere Ablauf erfolgt wie bei der manuellen Quarantäne beschrieben.

7.4.4.4 Lagerbestand-Sperre

Die Lagerbestand-Sperre wird meist in Verbindung mit Qualitätsaufträgen im Qualitätsmanagement benutzt. Unabhängig vom Qualitätsmanagement kann die Lagerbestand-Sperre aber auch manuell gesetzt werden.

Um einen Artikelbestand manuell zu sperren, kann das Formular *Lager- und Lagerortverwaltung> Periodisch> Sperrung von Lagerbestand* geöffnet und eine Zeile mit Artikelnummer, Menge und Lagerungsdimensionen (am Reiter *Lagerungsdimensionen*) angelegt werden. Wird erwartet, dass der gesperrte Bestand analog zu einem Quarantäneauftrag zu einem späteren Zeitpunkt wieder verfügbar ist, kann das Kontrollkästchen *Erwartete Zugänge* im Lagerbestand-Sperrungsformular markiert werden.

Abhängig davon, ob ein Zugang erwartet wird oder nicht, werden ein oder zwei Lagerbuchungen mit der *Referenz* „Sperrung von Lagerbestand" erzeugt. Eine Lagerbestand-Sperre wird beendet, indem die betroffene Zeile im Lagerbestand-Sperrungsformular gelöscht wird.

7.4.4.5 Neu in Dynamics AX 2012

Die Lagerbestands-Sperre ist eine neue Funktion in Dynamics AX 2012.

7.4.5 Umlagerungsaufträge

Während ein Umlagerungsjournal benutzt wird, wenn ein Artikel ohne Papiere sofort umgebucht wird, ermöglichen Umlagerungsaufträge die Berücksichtigung von Transportzeiten und den Druck von Lieferpapieren.

7.4.5.1 Einrichtung für Umlagerungsaufträge

Als Voraussetzung für die Nutzung von Umlagerungsaufträgen muss zumindest ein Lagerort vom Typ „Transitlager" vorhanden sein, auf den der Artikelbestand während des Transports gebucht wird. In jedem betroffenen Standard-Lager ist dann in der Lagerort-Verwaltung (*Lager- und Lagerortverwaltung> Einstellungen> Lageraufschlüsselung> Lagerorte*) ein zugehöriges Transitlager einzutragen.

Wenn in der Lagerdimensionsgruppe der betroffenen Artikel Lagerplätze aktiviert sind, sollten für das Transitlager ein *Standard-Zugangslagerplatz* und ein *Standard-Abgangslagerplatz* eingetragen sein.

In Umlagerungsaufträgen kann optional auch die Lieferdatumskontrolle analog zu Verkaufsaufträgen (siehe Abschnitt 4.4.3) benutzt werden

7.4.5.2 Durchführen von Umlagerungsaufträgen

Um einen Umlagerungsauftrag zu erfassen, kann das Formular *Lager- und Lagerortverwaltung> Periodisch> Umlagerungsaufträge* geöffnet und in der Aktionsbereichsleiste die Schaltfläche *Neu* betätigt werden. Ein Umlagerungsauftrag besteht aus einem Kopfteil, in dem der *Von-Lagerort* und der *An Lagerort* einzutragen sind, sowie zugehörigen Umlagerungsauftragspositionen.

Abbildung 7-20: Erfassen einer Position in einem Umlagerungsauftrag

Nach Eintragen des Von-Lagerorts im Kopfteil wird das zugehörige Transitlager übernommen. In den Umlagerungsauftragspositionen müssen anschließend Artikelnummer, Umlagerungsmenge und zutreffende Lagerungsdimensionen eingetragen werden. Analog zur Lieferung eines Verkaufsauftrags können Lagerentnahme und Kommissionierung (siehe Abschnitt 4.5.2) ausgeführt oder sofort eine Lieferung gebucht werden.

Um eine Lieferung zu buchen, kann die Schaltfläche *Buchung/Umlagerung versenden* in der Aktionsbereichsleiste des Umlagerungsauftrags betätigt werden. Im oberen Bereich des Buchungsfensters zur Lieferung kann dann in der Spalte *Positionen bearbeiten* das Kontrollkästchen markiert und in der Spalte *Aktualisieren* die Option „Alle" (oder in Abhängigkeit von vorangehenden Aktivitäten „Jetzt liefern" beziehungsweise „Entnommene Menge") gewählt werden. Ein Lieferdokument wird nach Markieren des Kontrollkästchens *Umlagerungslieferung drucken* gedruckt. Nach Betätigen der Schaltfläche *OK* im Buchungsfenster wird eine Umlagerung auf das Transitlager gebucht.

Sobald der Artikel am Ziel-Lagerort einlangt, können Lager-Erfassung und Wareneingang analog zum Warenzugang einer Einkaufsbestellung erfasst und gebucht werden.

Um den Lagerzugang – analog zum Produktzugang im Einkauf – zu buchen, kann die Schaltfläche *Buchung/Entgegennehmen* in der Aktionsbereichsleiste des Umlagerungsauftrags betätigt werden. Im oberen Bereich des Buchungsfensters zum Entgegennehmen kann dann in der Spalte *Positionen bearbeiten* das Kontrollkästchen markiert und in der Spalte *Aktualisieren* die Option „Alle" (oder in Abhängigkeit von vorangehenden Aktivitäten „Aktuelle Lieferung" beziehungsweise „Erfasst") gewählt werden. Nach Betätigen der Schaltfläche *OK* im Buchungsfenster wird eine Umlagerung vom Transitlager auf den Ziel-Lagerort gebucht.

7.4.6 Übungen zum Fallbeispiel

Übung 7.8 – Journalbuchung

Für den von Ihnen in Übung 3.5 angelegten Artikel *I-##* sind 100 Stück im Hauptlager gefunden worden. Buchen Sie eine entsprechende Lagerregulierung.

Übung 7.9 – Umlagerungsjournal

Die in Übung 7.8 zugegangene Menge soll auf ein von Ihnen gewähltes Lager transferiert werden. Erfassen Sie ein Umlagerungsjournal und führen Sie die Buchung durch. Nach Abschluss der Buchung prüfen Sie die Lagerbuchungen und den Lagerbestand Ihres Artikels am gewählten Lager.

Übung 7.10 – Inventur

Für den von Ihnen in Übung 3.5 angelegten Artikel *I-##* soll eine Inventur am Hauptlager durchgeführt werden. Die gezählte Menge beträgt 51 Stück. Erfassen Sie wahlweise eine manuelle Zeile im Inventurjournal oder benutzen Sie zum Erstellen der Journalzeile einen Vorschlag, der auf Ihren Artikel und das Hauptlager eingeschränkt ist.

Nach Erfassen der Zählmenge buchen Sie das Inventurjournal und fragen für den gebuchten Artikel den Lagerstand ab.

Übung 7.11 –Quarantäne

Aufgrund von Qualitätsproblemen soll die Qualität des in Übung 7.9 umgelagerten Bestands geprüft werden, bevor weitere Transaktionen erfolgen dürfen. Erfassen Sie dazu einen Quarantäneauftrag mit einem passenden Quarantänelager Ihrer Wahl.

Prüfen Sie den Lagerbestand des Artikels und starten Sie anschließend den Quarantäneauftrag. Danach prüfen Sie wieder den Lagerbestand Ihres Artikels, beenden den Quarantäneauftrag und prüfen den Lagerbestand ein weiteres Mal.

Übung 7.12 – Umlagerungsauftrag

Sie wollen 50 Stück des in Übung 7.9 umgelagerten Artikels mit einem Umlagerungsauftrag wieder zurück auf das Hauptlager transferieren. Vor Erfassen des Umlagerungsauftrags stellen Sie sicher, dass dem Von-Lagerort ein Transitlager zugeordnet ist. Dann legen Sie einen entsprechenden Umlagerungsauftrag an und buchen den Abgang vom Von-Lagerort.

Nach der Buchung überprüfen Sie Lagerbestand und Lagerbuchungen Ihres Artikels auf allen Lagern. Abschließend buchen Sie den Warenzugang am Hauptlager.

8 Finanzwesen

Aufgabe des Finanzwesens ist es, alle wertmäßigen Transaktionen im Unternehmen zu erfassen und auszuwerten, um sie internen und externen Informationsempfängern in geeigneter Form zur Verfügung zu stellen. Die dafür benötigten Informationen entstehen quer über alle Unternehmensbereiche.

Das Finanzwesen ist damit der Kern jeder kaufmännischen Lösung, in Dynamics AX wird die Vernetzung der unterschiedlichen Bereiche durch eine starke Integration aller Komponenten des Systems abgebildet.

8.1 Geschäftsprozesse im Finanzwesen

Bevor die Abwicklung der zentralen Prozesse des Finanzwesens in Microsoft Dynamics AX erklärt werden, zeigt dieser Abschnitt die wesentlichen Abläufe.

8.1.1 Grundkonzept

Kern des Finanzwesens in Dynamics AX ist die Führung der Sachkonten im Hauptbuch, die zur Erstellung von Bilanz und Erfolgsrechnung (Gewinn- und Verlustrechnung) dienen. Die Hauptbuchhaltung wird durch Nebenbücher wie Debitoren, Kreditoren, Anlagen und Materialwirtschaft unterstützt. Die Nebenbücher enthalten detaillierte Informationen zu Teilen des Hauptbuches, beispielsweise in der Materialwirtschaft in Form von Lagerbuchungen.

Für jede wertmäßige Buchung in Dynamics AX, sei es eine Lagerbuchung, eine Eingangs-/Ausgangsrechnung oder eine Änderung im Anlagevermögen, erfolgt neben der Transaktion im Nebenbuch auch im Hauptbuch eine Buchung auf entsprechende Sachkonten gebucht. So sind beispielsweise beim Buchen einer Verkaufsrechnung folgende Bereiche betroffen:

- **Materialwirtschaft** – Lagerbuchung für Artikel
- **Debitorenbuchhaltung** – Kundenforderung
- **Hauptbuch** – Material-, Erlös-, Aufwands- und Debitoren-Sammelkonto

Wesentlicher Vorteil der Sachkontenintegration ist ein Hauptbuch, in dem Belege quer durch Dynamics AX zu Ihrem Ursprung verfolgt werden können. Je nach Einstellungen werden die Transaktionen im Hauptbuch auch sofort gebucht, womit es stets aktuell ist.

Ausgangspunkt für die Sachkontenintegration ist die durchgängige Realisierung des Belegprinzips in Dynamics AX. Damit werden Transaktionen in allen Bereichen zunächst als Beleg erfasst und können erst dann gebucht werden, wenn die entsprechende Sachkontobuchung im Hauptbuch vom System fehlerfrei möglich ist.

8.1.2 Aus einen Blick: Sachkontobuchung in Dynamics AX

Manuelle Sachkontobuchungen werden in Dynamics AX in Journalen erfasst, wobei das Funktionsprinzip der Sachkontojournale den Lagerjournalen entspricht (siehe Abschnitt 7.1.2). Nachfolgend wird der einfache Fall einer einzeiligen Sachkontobuchung erläutert.

Manuelle Sachkontobuchungen werden im Menüpunkt *Hauptbuch> Erfassungen> Allgemeine Erfassung* eingetragen. Wie in jedem Erfassungsbeleg wird hier für eine Buchung zunächst ein Belegkopf erfasst, bevor die Positionen aufgerufen werden.

Der Belegkopf wird in der allgemeinen Erfassung über die Schaltfläche *Neu* oder die Tastenkombination *Strg+N* als neuer Datensatz angelegt. Nach Auswahl eines passenden Journalnamens in der Spalte *Name* kann in der Spalte *Beschreibung* ein erläuternder Kurztext eingetragen werden. Falls in der Buchung Mehrwertsteuer berechnet werden muss, wird im entsprechenden Kontrollkästchen am Reiter *Einstellungen* festgelegt ob die Mehrwertsteuer bereits in den Positionsbeträgen enthalten ist oder ob sie separat hinzugerechnet werden soll.

Über die Schaltfläche *Positionen* wird anschließend das Positionsformular geöffnet. In den Positionen wird in einer neuen Zeile mit *Kontenart* „Sachkonto" das Sachkonto im Auswahlfeld *Konto* gewählt, wobei in diesem Feld mittels segmentierter Eingabesteuerung das Hauptkonto zusammen mit den jeweiligen Finanzdimensionen eingetragen wird. Falls in einem Nebenbuch gebucht werden soll, kann in der *Kontenart* aber auch beispielsweise die Auswahl „Kreditor" gewählt und als *Konto* die Kreditorennummer eingetragen werden.

Das *Gegenkonto* (inklusive zugehöriger Finanzdimensionen) wird bei einer einzeiligen Buchung direkt in der entsprechenden Zeile eingetragen.

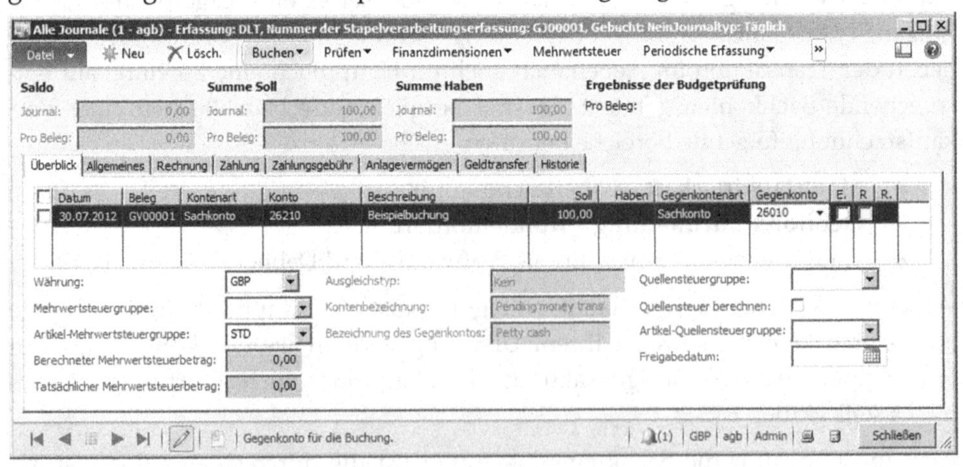

Abbildung 8-1: Erfassen einer Journalzeile (bei einer Kontostruktur ohne Dimensionen)

Nach Abschluss der Erfassung wird die Buchung über die Schaltfläche *Buchen/ Buchen* durchgeführt.

8.2 Einrichtung der Finanzbuchhaltung

Nachdem das Finanzwesen in Dynamics AX einen zentralen Bereich der Anwendung darstellt, muss die grundlegende Einrichtung der Finanzbuchhaltung abgeschlossen sein bevor andere Bereiche eingerichtet oder entsprechende Transaktionen erfasst werden können.

Dir grundlegende Einrichtung umfasst hierbei folgende Punkte:

- **Steuer- und Sachkontokalender** (Definition der Buchhaltungsperioden)
- **Währungen und Wechselkurse**
- **Kontostrukturen und Kontenplan**

In Dynamics AX 2012 können Kontenplan, Steuerkalender und Währungen mit Wechselkursen mandantenübergreifend genutzt werden.

Dazu wird in der Sachkonto-Einrichtung definiert, welcher Kontenplan, welcher Steuerkalender und welche Eigenwährung im jeweiligen Unternehmen Anwendung findet. Durch Auswahl unterschiedlicher Kontenpläne und Steuerkalender kann der jeweilige Bereich aber auch getrennt verwaltet werden.

8.2.1 Steuer- und Sachkontokalender

Steuerkalender werden zur Definition des Geschäftsjahres und der Buchhaltungsperioden benutzt, die jeweils mit Anfangs- und Enddatum festgelegt werden. Auf Basis des im Steuerkalenders wird in jedem Unternehmen der Sachkontokalender geführt, der über den Periodenstatus für die einzelnen Perioden bestimmt, ob Buchungen möglich sind.

8.2.1.1 Steuerkalender

Steuerkalender werden mandantenübergreifend geführt, wobei für jedes Unternehmen in der Sachkonto-Einrichtung (*Hauptbuch> Einstellungen> Sachkonto*) der jeweils gültige Steuerkalender festgelegt wird.

Für jeden Steuerkalender werden die Perioden innerhalb der einzelnen Geschäftsjahre durch das jeweilige Startdatum und Enddatum begrenzt. Perioden können hierbei – je nach Anforderungen – beliebige Länge haben.

Steuerkalender werden im Formular *Hauptbuch> Einstellungen> Steuerkalender* verwaltet. Um einen neuen Steuerkalender anzulegen, kann die Schaltfläche *Neuer Steuerkalender* betätigt und im Neuanlagedialog eine Bezeichnung sowie Einstellungen zum ersten Geschäftsjahr des Kalenders eingetragen werden. Sollen monatliche Perioden erstellt werden, ist hierbei die *Einheit* „Monate“ zu wählen.

Ein zusätzliches Geschäftsjahr kann für den jeweiligen Steuerkalender über die Schaltfläche *Neues Geschäftsjahr* angelegt werden.

8.2.1.2 Eröffnungs- und Abschlussperioden

Neben regulären Perioden (*Typ* „Benutzung") gibt es zwei Sonderperioden, die keine normalen Buchungen erlauben: Eröffnungsperioden (*Typ* „Vortrag") und Abschlussperioden (*Typ* „Abschluss"). In Dynamics AX 2012 können hierbei mehrere Abschlussperioden zu jeder regulären Periode erstellt werden.

Abschlussperioden enthalten hierbei die Buchungen für den Perioden- beziehungsweise Jahresabschluss, die über den Abschlussbogen (*Hauptbuch> Periodisch> Geschäftsjahresschluss> Abschlussbogen*) gebucht werden.

Eröffnungsperioden enthalten die Primobuchungen für das jeweilige Geschäftsjahr. Diese werden im Zuge des Jahresabschlusses über das Formular *Hauptbuch> Periodisch> Geschäftsjahresschluss> Primobuchungen* erstellt.

8.2.1.3 Sachkontokalender

Für jede Periode bestimmt der Periodenstatus, ob Buchungen möglich sind. Der Periodenstatus wird hierbei nicht im Steuerkalender, sondern auf Unternehmensebene im Sachkontokalender verwaltet.

Sachkontokalender basieren auf den im Steuerkalender definierten Perioden des Steuerkalenders, der dem jeweiligen Unternehmen in der Sachkonto-Einrichtung zugeordnet ist. Zum Bearbeiten des Sachkontokalenders wird das Sachkonto-Einrichtungsformular (*Hauptbuch> Einstellungen> Sachkonto*) geöffnet und die Schaltfläche *Sachkontokalender* betätigt.

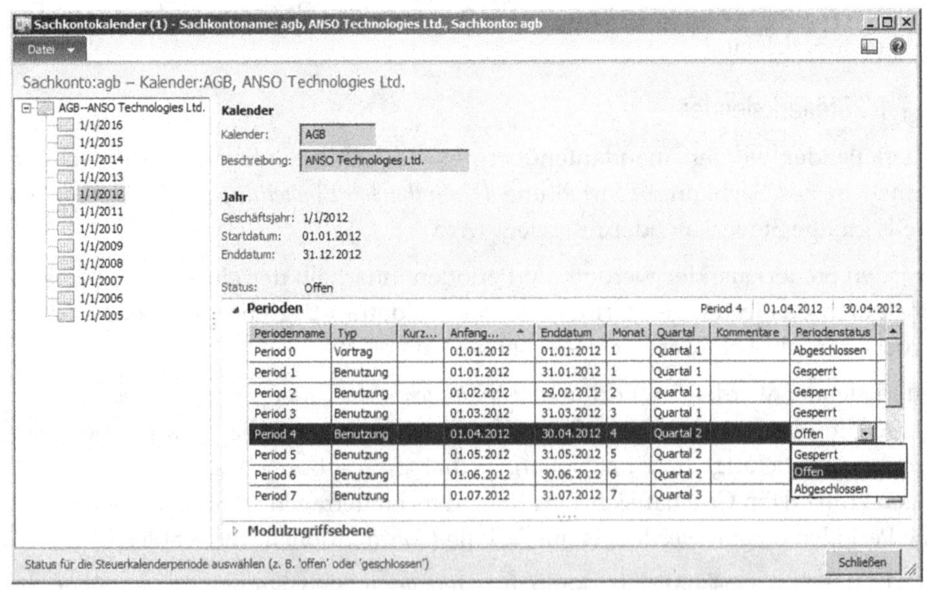

Abbildung 8-2: Verwalten des Periodenstatus im Sachkontokalender

Nach Auswahl des betroffenen Geschäftsjahres in linken Bereich des Sachkontokalender-Formulars können die einzelnen Perioden in der Spalte *Periodenstatus* ganz rechts am Reiter *Perioden* geöffnet oder gesperrt werden. Während der Periodenstatus „Offen" Buchungen erlaubt, kann in Perioden vom Status „Gesperrt" keine Buchung erfolgen. Der Status „Abgeschlossen" darf nur gesetzt werden, wenn die betroffene Periode buchhalterisch endgültig abgeschlossen ist. Abgeschlossene Perioden können im Gegensatz zu gesperrten Perioden nicht mehr geöffnet werden.

Am Reiter *Modulzugriffsebene* kann für eine gewählte Periode zusätzlich zum generellen Periodenstatus eine Sperre auf Modulebene oder eine Ausnahme für Benutzergruppen eingetragen werden.

8.2.1.4 Neu in Dynamics AX 2012

Mandantenübergreifende Steuerkalender sowie die Möglichkeit mehrerer Abschlussperioden sind neu in Dynamics AX 2012.

8.2.2 Währungen und Wechselkurse

Jede wertmäßige Transaktion in Dynamics AX wird in der Eigenwährung und gegebenenfalls zusätzlich in einer Fremdwährung gebucht. Währungen sind daher im gesamten System von zentraler Bedeutung. Bevor irgendeine Buchung in Dynamics AX durchgeführt werden kann, müssen die verwendeten Währungen erfasst werden.

8.2.2.1 Währungen

Um die Verwaltung von Währungen in Unternehmensgruppen zu vereinfachen, werden Währungen mandantenübergreifend verwaltet. Bei der Installation von Dynamics AX werden zusätzlich alle offiziellen Währungen automatisch angelegt.

Die Währungsverwaltung kann im Menüpunkt *Hauptbuch> Einstellungen> Währung> Währungen* geöffnet werden. Wesentliche Einstellungen neben Währungscode und Name werden am Reiter *Rundungsregeln* festgelegt, der Einstellungen zur Betragsrundung enthält.

Am Reiter *Währungskonvertierer* wird festgelegt, ob die jeweilige Währungen im der Währungskonvertierer (weiter unten beschrieben) zur Verfügung steht.

8.2.2.2 Wechselkurse

Wechselkurstypen (*Hauptbuch> Einstellungen> Währung> Wechselkurstypen*) ermöglichen es, parallel mehrere Wechselkurse für die Währungsumrechnung zu führen. So können beispielsweise unterschiedliche Wechselkurse für die Budgetverwaltung und für laufende Buchungen definiert werden.

Das Formular zur Verwaltung der Währungswechselkurse kann entweder über den Menüpunkt *Hauptbuch> Einstellungen> Währung> Währungswechselkurse* oder vom Wechselkurstyp-Formular aus über die Schaltfläche *Wechselkurse* geöffnet werden.

Wechselkurse werden im Währungswechselkurs-Formular mit Bezug auf den im Auswahlfeld *Wechselkurstyp* oben im Formular gewählten Kurstyp verwaltet. Im linken Bereich des Formulars können dann die Wechselkursbeziehungen gewählt und hinzugefügt werden, für die Wechselkurse verwaltet werden. Die *Angebotseinheit* bestimmt hierbei den für die Umrechnung gültigen Faktor.

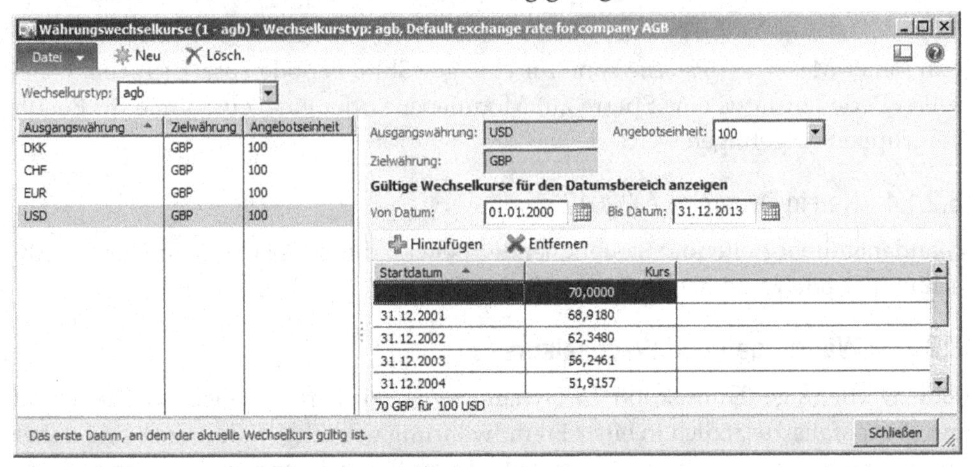

Abbildung 8-3: Bearbeiten von Währungswechselkursen

Im rechten Bereich des Formulars werden die Wechselkurse in chronologischer Reihenfolge gezeigt. Der Filter *Von Datum* und *Bis Datum* ermöglicht eine Eingrenzung des gezeigten Datumsbereichs. Zur Überprüfung einer korrekten Eintragung von Wechselkursen wird in der Fußzeile des rechten Bereichs das Ergebnis der jeweiligen Umrechnung angezeigt.

Wechselkurse müssen laufend ergänzt werden, damit mit aktuellen Kursen gerechnet werden kann. Oft ist es auch sinnvoll, eine Kursumrechnungszeile ohne Startdatum einzutragen, um Dynamics AX eine Wechselkursumrechnung für Buchungen vor dem ersten Startdatum zu ermöglichen.

Wechselkurse und Wechselkurstypen werden mandantenübergreifend geführt. Falls benötigt, kann durch Auswahl eines unterschiedlichen Wechselkurstyps für die laufenden Buchungen aber eine in jedem Unternehmen unabhängige Verwaltung erreicht werden.

8.2.2.3 Sachkonto-Einrichtung zur Währung

In der Sachkonto-Einrichtung (*Hauptbuch> Einstellungen> Sachkonto*) wird im Auswahlfeld *Buchhaltungswährung* die Eigenwährung im jeweiligen Unternehmen bestimmt. Alle wertmäßigen Transaktionen werden in dieser Währung gebucht, weshalb diese Einstellung nicht mehr geändert werden kann sobald im jeweiligen Unternehmen Buchungen vorhanden sind.

Hinsichtlich der Wechselkursumrechnung wird in der Sachkonto-Einrichtung durch den *Standard-Wechselkurstyp* der Wechselkurstyp für laufende Buchungen im jeweiligen Unternehmen festgelegt. Zusätzlich kann ein eigener Vorschlagswert für den Wechselkurstyp von Budget-Einträgen festgelegt werden.

Im unteren Bereich der Sachkonto-Einrichtung werden die Sachkonten für das Buchen Kursgewinnen und Kursverlusten festgelegt.

8.2.2.4 Währungskonvertierer

Beträge in Eigenwährung werden in Dynamics AX ohne gesonderte Angabe des Währungscodes angezeigt. Der Währungskonvertierer dient dazu, in Eigenwährung erfasste oder gebuchte Beträge in einer anderen Währung – beispielsweise in Konzernwährung – anzuzeigen.

Zu diesem Zweck wird der Währungskonvertierer mittels Doppelklick auf das Währungsfeld in der Statusleiste geöffnet. Im Währungskonvertierer-Dialog kann die gewünschte Währung durch Doppelklick auf die betreffende Zeile ausgewählt werden. Im Beispiel Abbildung 8-4 ist zu sehen, wie in der Debitoren-Listenseite das Kreditlimit im Vorschaubereich unten auf US-Dollar umgerechnet wird.

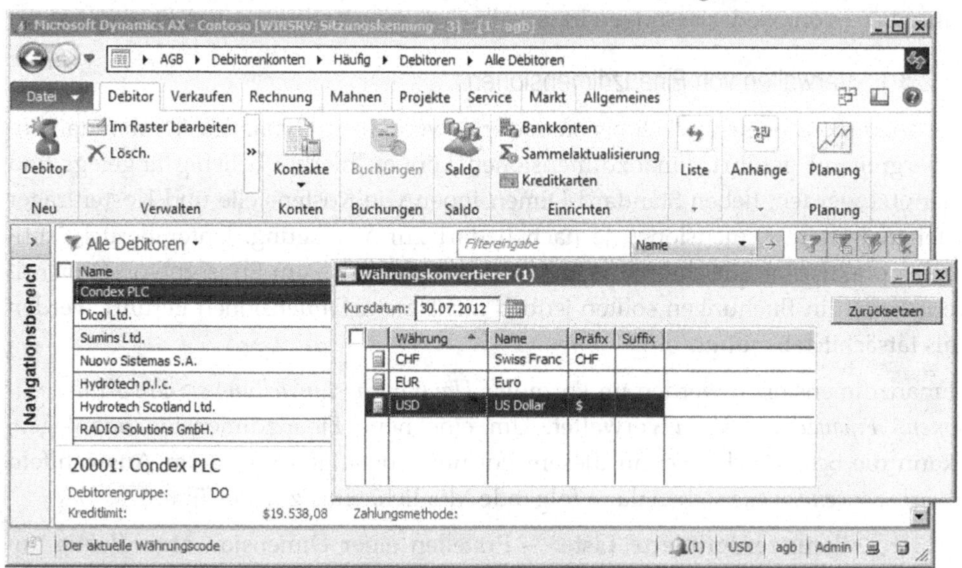

Abbildung 8-4: Anwenden des Währungskonvertierers

Die Eintragung von Beträgen erfolgt jedoch auch bei aktivem Währungskonvertierer (die ausgewählte Währung ist im Währungsfeld der Statusleiste zu sehen) in Eigenwährung. Sobald ein Feld aktiviert ist, wird daher die Betragsanzeige im betroffenen Feld auf Eigenwährung umgestellt.

Um die Währungskonvertierung aufzuheben, wird der Währungskonvertierer-Dialog geöffnet und die Schaltfläche *Zurücksetzen* betätigt. Der Währungskonvertier ist hierbei nur für Währungen verfügbar, für die er in der Währungsverwaltung aktiviert ist.

8.2.2.5 Neu in Dynamics AX 2012

Wechselkurstypen und die mandantenübergreifende Währungsverwaltung sind neu in Dynamics AX 2012.

8.2.3 Finanzdimensionen

Finanzdimensionen ermöglichen eine Gliederung und Analyse von Sachkontobuchungen, indem sie eine weitere Buchungsebene neben dem Hauptkonto bieten. In Abhängigkeit von den im jeweiligen Unternehmen verwendeten Kontostrukturen müssen Dimensionswerte für Finanzdimensionen – beispielsweise eine Kostenstelle – beim Buchen von Belegen erfasst werden.

Auf Basis der gebuchten Dimensionswerte können Abfragen und Auswertungen nicht nur auf Ebene von Unternehmen sondern auch auf Ebene von Finanzdimensionen erfolgen. Diese Möglichkeit ist auch im Zusammenhang mit dem Standortkonzept wesentlich: Wenn die Lagerdimension „Standort" mit einer Finanzdimension verknüpft wird (siehe Abschnitt 9.1.6), können Erfolgsrechnung und Bilanz auf Ebene von Niederlassungen innerhalb eines Unternehmens erstellt werden.

8.2.3.1 Verwalten von Finanzdimensionen

Finanzdimensionen und Dimensionswerte werden in Dynamics AX mandantenübergreifend geführt. Finanzdimensionen können hierbei beliebig angelegt und genutzt werden, neben Standard-Dimensionen wie Kostenstelle und Kostenträger stehen weitere Dimensionen je nach Bedarf zur Verfügung. Unter Berücksichtigung praktischer Einschränkungen wie des Aufwands zum Erfassen von Dimensionswerten in Buchungen sollten jedoch nicht mehr Dimensionen geführt werden als tatsächlich benötigt.

Finanzdimensionen werden im Formular *Hauptbuch> Einstellungen> Finanzdimensionen> Finanzdimensionen* verwaltet. Um eine neue Finanzdimension anzulegen, kann die Schaltfläche *Neu* in diesem Formular betätigt werden. Im Auswahlfeld *Werte verwenden aus* stehen dann folgende Möglichkeiten zur Verfügung:

- **<Benutzerdefinierte Liste>** – Erstellen einer Dimension ohne Bezug auf andere Bereiche der Anwendung
- **Eine der anderen Optionen** – Verknüpfung der Finanzdimension mit Tabellen wie Debitoren, Artikelgruppen oder Organisationseinheiten

Wird im Auswahlfeld *Werte verwenden aus* beispielsweise die Option „Abteilungen" gewählt, ist die Finanzdimension mit Organisationseinheiten vom Typ „Abteilung" verknüpft. In diesem Fall stehen alle Abteilungen, die in der Organisationsverwaltung (*Organisationsverwaltung> Einstellungen> Organisation> Organisationseinheiten*) eingetragen werden parallel auch als Dimensionswerte der zugeordneten Finanzdimension zur Verfügung.

Wird im Auswahlfeld *Werte verwenden aus* die Option „<Benutzerdefinierte Liste>" gewählt, müssen zugehörige Dimensionswerte über die Schaltfläche *Finanzdimensionswerte* im Finanzdimensionsformular manuell angelegt werden.

8.2.3.2 Finanzdimensionswerte

Im Formular für Finanzdimensionswerte können für benutzerdefinierte Dimensionen Dimensionswerte mit Code und Beschreibung angelegt werden. Im Auswahlfeld *Ebene des anzuzeigenden Dimensionswerts auswählen* wird festgelegt, ob die Einstellungen zum Dimensionswert am Inforegister *Allgemeines* für alle Unternehmen gelten (Option „Freigegebener Wert"). Wenn die Option „Unternehmen" gewählt wird, muss die Schaltfläche [Schaltflächensymbol] neben dem Feld *Unternehmen* betätigt werden um das betroffene Unternehmen einzutragen.

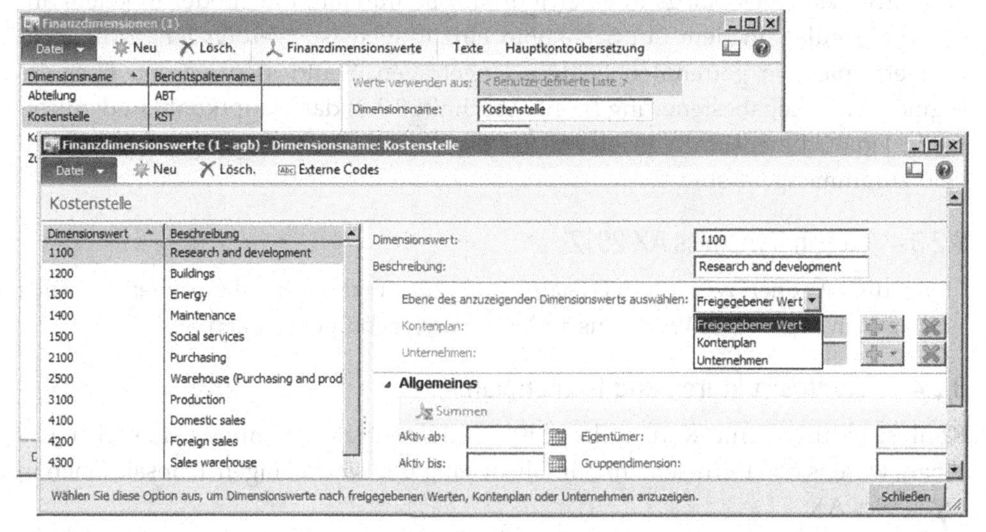

Abbildung 8-5: Bearbeiten von Dimensionswerten einer benutzerdefinierten Dimension

Soll ein bestehender Dimensionswert – etwa eine Kostenstelle – für Buchungen gesperrt werden, kann das Kontrollkästchen in der Spalte *Ausgesetzt* markiert oder ein entsprechender Gültigkeitszeitraum in den Feldern *Aktiv ab* und/oder *Aktiv bis* eingetragen werden.

Für Finanzdimensionen, die nicht als benutzerdefinierte Dimension definiert sind, kann im Formular für Finanzdimensionswerte kein Dimensionswert manuell angelegt werden. In diesem Fall können aber dennoch Einstellungen wie der Gültigkeitszeitraum mandantenübergreifend oder auf Unternehmensebene eingetragen werden.

8.2.3.3 Nutzung der Finanzdimensionen

Als Voraussetzung für die Nutzung einer Finanzdimension in Buchungsbelegen muss diese in den Kontostrukturen oder erweiterten Regelstrukturen enthalten sein, die im jeweiligen Unternehmen Anwendung finden. In Kontostrukturen und erweiterten Regelstrukturen wird zusätzlich festgelegt, ob beim Erfassen von Buchungen für die jeweilige Finanzdimension die Eintragung von Dimensionswerten optional oder verpflichtend ist und welche Dimensionswerte zulässig sind.

In Detailformularen zur Stammdatenverwaltung – beispielsweise in Debitoren, freigegebenen Produkten oder unternehmensspezifischen Hauptkontodaten – steht der Inforegister *Wertmäßige Dimensionen* zur Verfügung. Dieser enthält alle Finanzdimensionen, die in einer dem jeweiligen Unternehmen zugeordneten Kontostruktur oder erweiterten Regelstruktur enthalten sind. Wird im Inforegister *Wertmäßige Dimensionen* ein Dimensionswert eingetragen, dann dient dieser als Vorschlagswert für die jeweilige Finanzdimension wenn der betroffene Stammdatensatz – beispielsweise Debitor – in einem Buchungsbeleg gewählt wird.

Beim Erfassen eines Belegs in einer Journalzeile im Hauptbuch oder in jedem anderen Formular, in dem ein Sachkonto einzutragen ist, werden Finanzdimensionswerte nicht in getrennten Feldern eingetragen. Stattdessen werden über die segmentierte Eingabesteuerung (siehe Abschnitt 8.3.2) das Hauptkonto und zutreffende Finanzdimensionen in einem für die Sachkonto-Eintragung vorgesehenen Feld zusammengefasst.

8.2.3.4 Neu in Dynamics AX 2012

Finanzdimensionen werden in Dynamics AX 2012 mandantenübergreifend geführt und können abgeleitete Werte aus anderen Bereichen übernehmen.

8.2.4 Kontostrukturen und Kontenplan

Kontostrukturen und Kontenplan bilden als zentraler Stammdatenbereich des Finanzwesens das Kernelement zur Gliederung der wertmäßigen Transaktionen in Dynamics AX.

Kontenpläne mit zugehörigen Hauptkonten werden mandantenübergreifend verwaltet. Durch Auswahl eines bestimmten Kontenplans in der Sachkonto-Einrichtung werden die im jeweiligen Unternehmen verfügbaren Hauptkonten und – aufgrund verknüpfter Kontostrukturen – Finanzdimensionen bestimmt.

Sachkonten, die beim Erfassen von Belegen eingetragen werden, setzten sich hierbei aus Hauptkonto und Finanzdimensionen zusammen. Die Zusammensetzung des Sachkontos wird hierbei dynamisch über die jeweilige Kontostruktur bestimmt.

8.2.4.1 Kontenplan

Kontenpläne werden im Formular *Hauptbuch> Einstellungen> Kontenplan> Kontenplan* verwaltet. In Abhängigkeit von der Struktur der jeweiligen Organisation und der Anzahl an Unternehmen zeigt der linke Bereich des Kontenplanformulars dann ein oder mehrere Kontenpläne.

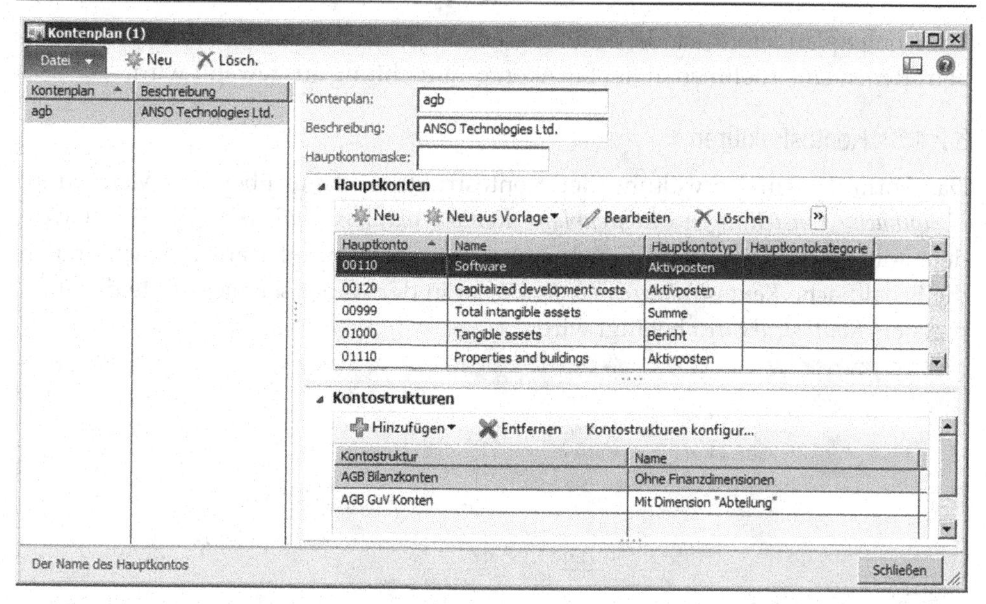

Abbildung 8-6: Bearbeiten eines Kontenplans mit Hauptkonten und Kontostrukturen

Im rechten Bereich des Kontenplanformulars werden für den links gewählten Kontenplan am Inforegister *Hauptkonten* die Hauptkonten und am Inforegister *Kontostrukturen* die Kontostrukturen verwaltet.

Bei Betätigen der Schaltfläche *Neu* oder *Bearbeiten* in der Aktionsbereichsleiste des Inforegisters *Hauptkonten* wird das Hauptkontenformular geöffnet, in dem die Hauptkonten des jeweiligen Kontenplans bearbeitet werden können. Alternativ können Hauptkonten auch über die Listenseite *Hauptbuch> Häufig> Hauptkonten* geöffnet werden, wobei in diesem Fall die Hauptkonten desjenigen Kontenplans gezeigt werden, der dem aktuellen Unternehmen zugeordnet ist.

Im Inforegister *Kontostrukturen* des Kontenplanformulars werden die für den gewählten Kontenplan gültigen Kontostrukturen definiert. Um dem Kontenplan eine zusätzliche Kontostruktur zuzuordnen, kann die Schaltfläche *Hinzufügen* in der Aktionsbereichsleiste des Inforegisters betätigt werden. Nachdem über die Kontostruktur für die einzelnen Hauptkonten festgelegt wird, welche Finanzdimensionen in Buchungen gemeinsam mit dem jeweiligen Hauptkonto verwendet werden, muss jedes im Kontenplan enthaltene Hauptkonto genau einer Kontostruktur zugewiesen sein.

8.2.4.2 Sachkonto-Einrichtung zum Kontenplan

In der Sachkonto-Einrichtung (*Hauptbuch> Einstellungen> Sachkonto*) wird im Auswahlfeld *Kontenplan* der im aktuellen Unternehmen gültige Kontenplan bestimmt. Diese Einstellung kann nicht mehr geändert werden, sobald im jeweiligen Unternehmen Buchungen vorhanden sind.

Ein Kontenplan kann mandantenübergreifend genutzt werden, indem er in allen betroffenen Unternehmen in der Sachkonto-Einrichtung ausgewählt wird.

8.2.4.3 Kontostrukturen

Das Formular zur Verwaltung der Kontostrukturen kann über den Menüpunkt *Hauptbuch> Einstellungen> Kontenplan> Kontostrukturen konfigurieren* geöffnet werden. Alternativ ist ein Aufruf auch vom Kontenplanformular aus möglich, indem die Schaltfläche *Kontostrukturen konfigurieren* in der Aktionsbereichsleiste des Inforegisters *Kontostrukturen* betätigt wird.

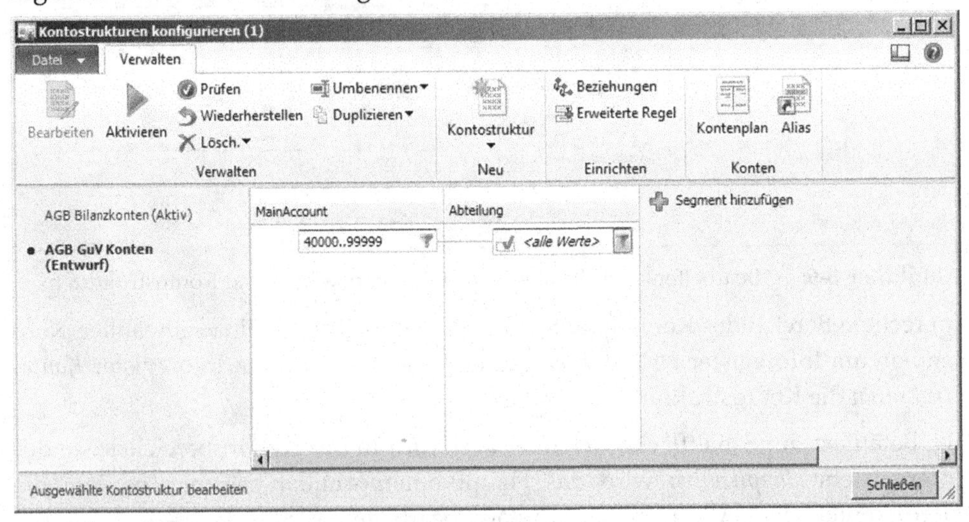

Abbildung 8-7: Bearbeiten einer Kontostruktur

Um eine neue Kontostruktur anzulegen, über die eine Segmentkombination aus Hauptkonto und Finanzdimensionen definiert wird, kann die Schaltfläche *Neu/Kontostruktur* im Aktionsbereich des Kontostrukturformulars betätigt werden. Im anschließenden Dialog wird die Markierung im Kontrollkästchen *Hauptkonto markieren* normalerweise belassen, womit das Hauptkonto als erstes Segment der Kontostruktur definiert wird.

Beim Anlegen oder Bearbeiten einer Kontostruktur wird sie im Entwurfsmodus geführt. Für diese Kontostruktur kann eine zusätzliche Dimension über die Schaltfläche *Segment hinzufügen* erstellt werden. Das Filter-Symbol im rechten Teil von Segmentfeldern ermöglicht es, verfügbare Dimensionswerte einzuschränken. Wird das Kontrollkästchen *Leerzeichen zulassen* im Filterdialog markiert, ist beim Erfassen eines Buchungsbeleges mit Bezug auf die aktuelle Kontostruktur die Eintragung eines Dimensionswertes für die betreffende Dimension optional.

Das Beispiel in Abbildung 8-7 zeigt eine einfache Kontostruktur, die für Hauptkonten mit Kontonummer 40000 bis 99999 gilt und die Finanzdimension „Abteilung" enthält, für keine Einschränkung verfügbarer Dimensionswerte eingetragen ist.

Falls benötigt, können in der betreffenden Kontostruktur zusätzliche Zeilen (Knoten) erfasst werden um – über entsprechende Filter in den jeweiligen Knoten – unterschiedliche Kombinationsmöglichkeiten von Dimensionswerten zu definieren.

Sobald die Bearbeitung einer Kontostruktur abgeschlossen ist, kann sie über die Schaltfläche *Aktivieren* im Aktionsbereich aktiviert werden, womit sie bei der Erfassung von Buchungen angewendet wird.

8.2.4.4 Erweiterte Regelstrukturen

Zusätzlich zu den Kontostrukturen bieten erweiterte Regeln und erweiterte Regelstrukturen die Möglichkeit zur Definition von zusätzlichen Segmenten, die nur für bestimmte Hauptkonten gelten sollen. So kann zum Beispiel festgelegt werden, dass zur Kostenverfolgung von Marketingkampagnen eine Finanzdimension „Kampagnen" nur für Buchungen auf ein bestimmtes Marketing-Konto erfasst werden kann und muss.

Erweiterte Regalstrukturen, über die entsprechend benötigte Finanzdimensionen definiert werden, können im Formular *Hauptbuch> Einstellungen> Kontenplan> Erweiterte Regelstrukturen* analog zu Kontostrukturen bearbeitet werden.

Um eine erweiterte Regelstruktur beim Erfassen von Buchungen zu berücksichtigen, muss das Kontostrukturformular (*Hauptbuch> Einstellungen> Kontenplan> Kontostrukturen konfigurieren*) geöffnet und nach Auswahl der betroffenen Kontostruktur die Schaltfläche *Erweiterte Regel* im Aktionsbereich betätigt werden. Zum Bearbeiten einer erweiterten Regel muss sich auch die betroffene Kontostruktur im Bearbeitungsmodus befinden.

Zum Anlegen einer erweiterten Regel kann im Formular für erweiterte Regeln die Schaltfläche *Neu* betätigt und im anschließenden Dialog eine Identifikation und ein Name für die neue Regel eingetragen werden. Um festzulegen, für welche Hauptkonten die erweiterte Regel gilt, kann die Schaltfläche Filter hinzufügen in der Mitte des rechten Bereichs des Formulars für erweiterte Regeln betätigt werden. Über die Schaltfläche Hinzufügen am Inforegister *Erweiterte Regelstrukturen* können die in den erweiterten Regelstrukturen angelegten Strukturen mit der Regel verknüpft werden.

Nach Schließen der erweiterten Regel kann die betroffene Kontostruktur im Kontostrukturformular aktiviert werden, wodurch parallel auch die erweiterte Regel aktiviert wird.

8.2.4.5 Hauptkonten

Hauptkonten werden innerhalb von Kontenplänen verwaltet, wobei Aufbau und Struktur der Hauptkonten im Kontenplan frei wählbar sind. Um unterschiedliche Anforderungen an die Berichtsstruktur im Finanzwesen (Bilanz, Gewinn- und

Verlustrechnung) abzudecken, werden Finanzaufstellungen für die Berichtsausgabe eingerichtet und benutzt.

Um Hauptkonten zu bearbeiten, kann die Listenseite *Hauptbuch> Häufig> Hauptkonten* geöffnet und die Schaltfläche *Bearbeiten* betätigt werden. Alternativ können Hauptkonten wie zuvor beschrieben auch vom Kontenplanformular aus geöffnet werden.

Die Hauptkonten-Listenseite und das von der Listenseite aus geöffnete Bearbeitungsformular zeigt den Kontenplan, der dem aktuellen Unternehmen zugeordnet ist. Zu Information zeigt die Titelleiste des Bearbeitungsformulars den Namen dieses Kontenplans. Wenn dieser Kontenplan in mehreren Unternehmen verwendet wird, ist zu beachten dass Änderungen im Kontenplan sich auch auf andere Unternehmen auswirken.

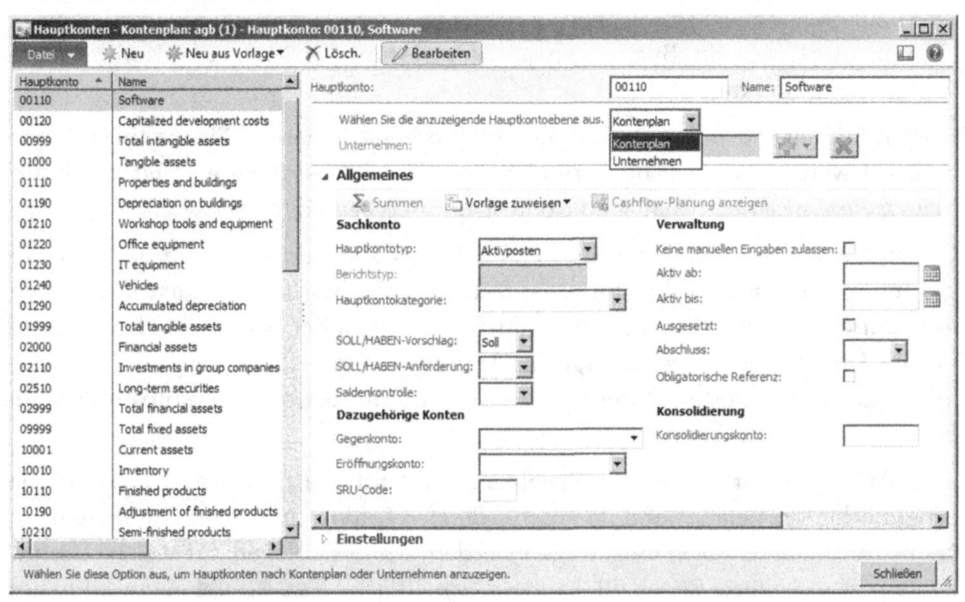

Abbildung 8-8: Bearbeiten eines Hauptkontos

Ein neues Hauptkonto kann über die Schaltfläche *Neu* im Hauptkontenformular unter Eintragung von eindeutiger Kontonummer (alphanumerisch), Kontonamen und *Hauptkontotyp* (Auswahlfeld am Inforegister *Allgemeines*) angelegt. Das Kontrollkästchen *Keine manuellen Eingaben zulassen* sollte für Konten gesetzt werden, für die Buchungen über die Sachkontenintegration aus anderen Modulen erfolgen (z.B. Sammelkonten für Lieferantenverbindlichkeit).

Wird im Auswahlfeld *Wählen Sie die anzuzeigende Hauptkontoebene aus* die Option „Kontenplan" selektiert, gelten Einträge in betroffenen Feldern und Reitern (beispielsweise der Gültigkeitszeitraum *Aktiv ab / Aktiv bis*) für alle dem aktuellen Kontenplan zugeordneten Unternehmen. Bei Auswahl der Option „Unternehmen" zur

Angabe der Daten auf Unternehmensebene steht die Schaltfläche [+▾] neben dem Feld *Unternehmen* zur Auswahl eines bestimmten Unternehmens zur Verfügung.

Die Hauptkonten im Kontenplan können in echte Konten (Buchungskonten) und Gliederungskonten (Behelfskonten) gegliedert werden. Über den Hauptkontotyp erfolgt eine weitere Einteilung gemäß folgender Tabelle:

Tabelle 8-1: Gliederung der Hauptkonten

Typ		Hauptkontotyp in Dynamics AX
Buchungskonten	Bilanzkonten	➢ Bilanz ➢ Aktivposten ➢ Passivposten ➢ Eigenkapital
	Erfolgskonten	➢ Gewinn und Verlust ➢ Ausgaben ➢ Umsatzerlös
Behelfskonten		➢ Bericht (Unterscheidung in *Berichtstyp* "Überschrift", "Leere Kopfdaten" und "Seitenüberschrift ") ➢ Summe

Der wesentliche Unterschied zwischen Buchungskonten und Behelfskonten besteht darin, dass Buchungen nur auf Buchungskonten erfolgen können. Behelfskonten dienen der übersichtlicheren Gestaltung von Berichten und sind nicht zwingend erforderlich.

Die Buchungskonten werden in Bilanzkonten und Erfolgskonten gegliedert. Diese werden systemtechnisch beim Jahresabschluss unterschieden, indem über den Jahresabschluss in Dynamics AX eine Nullstellung der Erfolgskonten gebucht wird, während bei den Bilanzkonten eine Saldenfortschreibung erfolgt.

Die Untergliederung der Bilanzkonten in Aktivposten, Passivposten und Eigenkapitel kann Auswertungen erleichtern, es kann aber auch nur der Kontotyp „Bilanz" verwendet werden. Analog dazu ist die Unterteilung der Erfolgskonten in den Kontotyp „Ausgaben" und „Umsatzerlös" nicht zwingend notwendig, stattdessen kann auch einheitlich „Gewinn und Verlust" verwendet werden.

Neben dem Hauptkontotyp bietet die *Hauptkontokategorie* am Inforegister *Allgemeines* des Hauptkontenformulars eine weitere Gliederung der Hauptkonten. Hauptkontokategorien werden im Menüpunkt *Hauptbuch> Einstellungen> Kontenplan> Hauptkontokategorien* verwaltet und als Basis zur Berechnung von Kennzahlen (Key Performance Indicator, KPI) benutzt, die in manchen Rollencentern enthalten sind.

Weitere Felder des Hauptkontenformulars auf den Inforegistern *Allgemeines, Einstellungen* und – auf Unternehmensebene – *Finanzaufstellung* dienen zum Festlegen von Vorschlagswerten und Prüfeinstellungen, die die Verwendung des jeweiligen Kontos in Buchungen steuern.

In der Hauptkonten-Listenseite können über die Schaltfläche *Journaleinträge/Gebucht* im Aktionsbereich die Buchungen zum jeweiligen Konto direkt abgefragt werden. In der Kontobuchungsabfrage können zudem folgende Schaltflächen betätigt werden, um weitergehende Informationen abzufragen:

- **Beleg** – Zeigt gesamten Beleg im Hauptbuch
- **Grundlage der Buchung** – Buchungsgrundlage mit Buchungen in allen Modulen
- **Originaldokument** – Ermöglicht Nachdruck des Belegs

8.2.4.6 Finanzaufstellung

Zusätzlich zu der über den Kontenplan festgelegten Gliederung der Sachkonten wird für unterschiedliche interne und externe Informationsempfänger oft eine alternative Darstellung der Geschäftszahlen benötigt. Zu diesem Zweck können unterschiedliche Finanzaufstellungen frei definiert werden, die neben Bilanz und Erfolgsrechnung nach unterschiedlichen Gliederungsvorschriften auch beispielsweise eine reine Umsatzauswertung enthalten können.

Die Ausgabe einer Finanzaufstellung erfolgt über den Menüpunkt *Hauptbuch> Berichte> Buchungen> Finanzaufstellung*, wobei ein Export in verschiedene Dateiformate wie XBRL und Excel möglich ist. Vor Aufruf einer Finanzaufstellung muss die Einrichtung folgender Menüpunkte abgeschlossen sein:

- *Hauptbuch> Einstellungen> Finanzdimensionen > Finanzdimensionssätze*
- *Hauptbuch> Einstellungen> Finanzaufstellung> Zeilendefinition*
- *Hauptbuch> Einstellungen> Finanzaufstellung> Finanzaufstellung* (Definition der Spalten)

8.2.4.7 Konten für automatische Buchungen

Buchungseinstellungen aus den *Konten für automatische Buchungen* werden dann für eine Buchung herangezogen, wenn für den jeweiligen Geschäftsfall die Einstellungen an anderer Stellen fehlen oder – wie etwa für die Buchung des Rechnungsrabatts – keine andere Einstellungsmöglichkeit vorgesehen ist.

Um eine neue Einstellung für automatische Buchungen zu erfassen, wird im Formular *Hauptbuch> Einstellungen> Buchung> Konten für automatische Buchungen* eine Zeile mit *Buchungstyp* und zugeordnetem *Hauptkonto* angelegt. Über die Schaltfläche *Standardtypen erstellen* kann hierbei eine Auswahl an Zeilen mit Buchungstyp angelegt werden, in die dann das jeweils zutreffende Hauptkonto einzutragen ist.

Zentrale Einstellungen betreffen hierbei folgende Buchungstypen:

- **Fehlerkonto** – Für Buchungen mit fehlender Kontodefinition
- **Centdifferenz in Buchhaltungswährung** – Für geringe Zahlungsdifferenz

- **Jahresendergebnis** – Für Gewinn/Verlust im Jahresabschluss
- **Rundung Mehrwertsteuer**
- **Rechnungsrundung für Auftrag** – Rundung von Verkaufsrechnungen
- **Kreditorenrechnungsrundung** – Rundung von Einkaufsrechnungen
- **Kreditorenrechnungsrabatt**
- **Debitorenrechnungsrabatt**

Falls das Kontrollkästchen *Unterbrechung im Fall eines Fehlerkontos* in den Hauptbuchparametern markiert ist, kommt das eingetragene Fehlerkonto nicht zur Anwendung. In diesem Fall wird bei Buchungsvorgängen, zu denen Kontendefinitionen fehlen, eine Fehlermeldung ausgegeben.

8.2.4.8 Neu in Dynamics AX 2012

In Dynamics AX 2012 werden Kontenpläne und Hauptkonten unabhängig von Mandanten angelegt und können mandantenübergreifend genutzt werden. Über Kontostrukturen wird die Struktur der Sachkonten (Hauptkonto und Finanzdimensionen) bestimmt, die in Buchungen benutzt werden.

8.2.5 Debitoren, Kreditoren und Bankkonten

Buchungen können in Hauptbuchjournalen nicht nur direkt auf Sachkonten, sondern nach Auswahl einer entsprechenden Kontenart auch auf Bankkonten, auf Debitoren, auf Kreditoren und auf Anlagevermögen erfasst werden.

8.2.5.1 Bankkonten

Als Voraussetzung für Bankkonto-Buchungen müssen die benötigten Bankkonten im Formular *Bargeld- und Bankverwaltung> Häufig> Bankkonten* definiert sein. Um ein neues Bankkonto anzulegen, kann im Bankkontenformular die Schaltfläche *Neu/Bankkonto* betätigt und die Bankkonto-Identifikation, die *Bankleitzahl*, die *Bankkontonummer* und ein *Name* erfasst werden.

Am Inforegister *Währungsverwaltung* muss im Auswahlfeld *Hauptkonto* das dem jeweiligen Bankkonto zugeordnete Hauptkonto eingetragen werden. Im Auswahlfeld *Währung* wird die Währung definiert, in der das Bankkonto geführt wird. Durch Markieren des Kontrollkästchens *Mehrere Währungen* können hierbei Transaktionen auf das Konto auch in anderen Währungen zugelassen werden.

Falls das aktuelle Unternehmen bei einer Bank mehrere Konten besitzt, kann vor dem Anlegen der Bankkonten eine Bankgruppe (*Bargeld- und Bankverwaltung> Einstellungen> Bankgruppen*) angelegt werden, die Vorschlagswerte für Adresse, Bankleitzahl und Kontaktdaten der zugehörigen Konten enthält.

8.2.5.2 Kreditoren

Kreditoren (Lieferanten) können im Formular *Kreditorenkonten> Häufig> Kreditoren> Alle Kreditoren* verwaltet werden wie in Abschnitt 3.2.1 beschrieben. Um alle Buchungen (Rechnungen und Zahlungen) zu einem Kreditor anzusehen, kann im Kreditorenformular die Schaltfläche *Buchungen/Buchungen* am Schaltflächenreiter *Kreditor* betätigt werden. Die Buchungsabfrage enthält alle Rechnungen und Zahlungen, neben dem Gesamtbetrag wird in der Spalte *Saldo* der jeweils offene –nicht ausgeglichene – Betrag gezeigt.

8.2.5.3 Posten-Ausgleich

Um Rechnung und Zahlung auszugleichen, kann im Kreditorenformular die Schaltfläche *Ausgleichen/Offene Buchungen ausgleichen* am Schaltflächenreiter *Rechnung* betätigt werden. Im Ausgleichs-Formular wird eine Rechnung mit einer Gutschrift oder Zahlung ausgeglichen, indem das Kontrollkästchen *Markieren* in der Zeile mit der Rechnung und in der Zeile mit der Gutschrift/Zahlung markiert wird. Durch Markieren mehrerer Belege kann auch beispielsweise der Ausgleich einer Zahlung mit mehreren Rechnungen erfasst werden.

Über das Auswahlfeld *Buchungsdatum des Ausgleichs* im oberen Bereich des Formulars kann ein Ausgleichdatum gewählt werden, durch das für Fremdwährungen der Wechselkurs und damit der Gewinn/Verlust für das Buchen von Kursdifferenzen bestimmt wird.

Das Auswahlfeld *Für die Berechnung von Rabatten zu verwendendes Datum* bestimmt das Datum für die Skonto-Ermittlung und bietet zwei Optionen:

- **Buchungsdatum** – Auswahl der Buchungszeile für die Skonto-Ermittlung über die Schaltfläche *Zahlung markieren* in der Aktionsbereichsleiste
- **Gewähltes Datum** – Manuelle Eingabe des Datums zur Skonto-Ermittlung

Der Saldo der markierten Buchungen kann über das Anzeigefeld *Insgesamt markiert* im oberen Bereich des Formulars geprüft werden. Der Ausgleich wird schließlich über die Schaltfläche *Aktualisieren* in der Aktionsbereichsleiste gebucht.

Neben dem hier beschriebenen getrennten Buchen des Postenausgleichs kann ein Ausgleich auch schon beim Buchen der Zahlung erfasst und gebucht werden (siehe Abschnitt 8.3.4).

Soll ein bereits gebuchter Ausgleich storniert werden, kann zum Bearbeiten abgeschlossener Buchungen die Schaltfläche *Ausgleichen/Abgeschlossene Buchungen* am Schaltflächenreiter *Rechnung* des Kreditorenformulars betätigt werden.

8.2.5.4 Debitoren

Debitoren (Kunden) können im Formular *Debitorenkonten> Häufig> Debitoren> Alle Debitoren* verwaltet werden wie in Abschnitt 4.2.1 beschrieben. Buchungsabfrage und Postenausgleich (am Schaltflächenreiter *Mahnen*) können analog zu den entsprechenden Aktionen in der Kreditorenverwaltung durchgeführt werden.

8.2.6 Mehrwertsteuereinrichtung

Über die Funktionalität zur Mehrwertsteuerberechnung in Dynamics AX können unterschiedliche Steuersysteme wie die europäische Mehrwertsteuer oder die US-amerikanische Sales Tax abgebildet werden.

Die Basis für die Steuerberechnung bilden hierbei Mehrwertsteuercodes, über die der Steuersatz bestimmt wird. Der für die jeweilige Rechnung relevante Mehrwertsteuercode leitet sich hierbei aus der Artikel-Mehrwertsteuergruppe und der Mehrwertsteuergruppe des Kunden beziehungsweise Lieferanten ab.

Neben den Basiseinstellungen zur Mehrwertsteuer in den Hauptbuchparametern (*Hauptbuch> Einstellungen> Hauptbuchparameter,* Reiter *Mehrwertsteuer*) müssen folgende Elemente der Mehrwertsteuerberechnung eingerichtet werden:

- **Mehrwertsteuer-Behörden**
- **Mehrwertsteuer-Abrechnungszeiträume**
- **Sachkontobuchungsgruppen**
- **Mehrwertsteuercode**
- **Artikel-Mehrwertsteuergruppen**
- **Mehrwertsteuergruppen**

8.2.6.1 Mehrwertsteuer-Behörden

Als erster Schritt im Zusammenhang mit der Mehrwertsteuereinrichtung werden die zuständigen Behörden im Menüpunkt *Hauptbuch> Einstellungen> Mehrwertsteuer> Mehrwertsteuer-Behörden* mit Namen und Berichtslayout für die Steuermeldung angelegt.

8.2.6.2 Mehrwertsteuer-Abrechnungszeiträume

Anschließend kann im Menüpunkt *Hauptbuch> Einstellungen> Mehrwertsteuer> Mehrwertsteuer-Abrechnungszeiträumen* die vorgeschriebene Periode für die Mehrwertsteuerabrechnung (meist Monat) eingerichtet werden.

Nach Anlegen eines Periodencodes wird am Reiter *Allgemeines* die zuständige *Behörde* und die Periodenlänge (*Periodenintervall* und *Anzahl der Einheiten*) eingetragen. Am Reiter *Perioden* muss die erste Periode (z.B. 1.1. – 31.1.) manuell angelegt werden, weitere Perioden können über die Schaltfläche *Neue Periode* in der Aktionsbereichsleiste erstellt werden.

8.2.6.3 Sachkontobuchungsgruppen

Sachkontobuchungsgruppen legen für jeden Mehrwertsteuercode fest, auf welche Hauptkonten die Buchung erfolgt. Sie müssen im Menüpunkt *Hauptbuch> Einstellungen> Mehrwertsteuer> Sachkontobuchungsgruppen* angelegt werden und enthalten neben Gruppencode und Beschreibung die zugeordneten Sachkonten für Mehrwertsteuer, Vorsteuer und Erwerbsteuer (Verbrauchssteuer).

Das *Ausgleichskonto* enthält das Zahllastkonto gegenüber der Steuerbehörde, wobei die Zahllast aus Mehrwertsteuer und Vorsteuer oft von sonstigen Forderungen und Verbindlichkeiten gegenüber der Steuerbehörde getrennt auf einem eigenen Hauptkonto geführt wird.

8.2.6.4 Mehrwertsteuercodes

Die Mehrwertsteuercodes als Kernelement der Mehrwertsteuerberechnung in Dynamics AX bestimmen den Steuersatz und die Berechnungsgrundlage. Sie werden im Menüpunkt *Hauptbuch> Einstellungen> Mehrwertsteuer> Mehrwertsteuercodes* angelegt und enthalten neben Code und Namen am Reiter *Allgemeines* auch die *Ausgleichsperiode* (Mehrwertsteuer-Abrechnungszeitraum) und die *Sachkontobuchungsgruppe.*

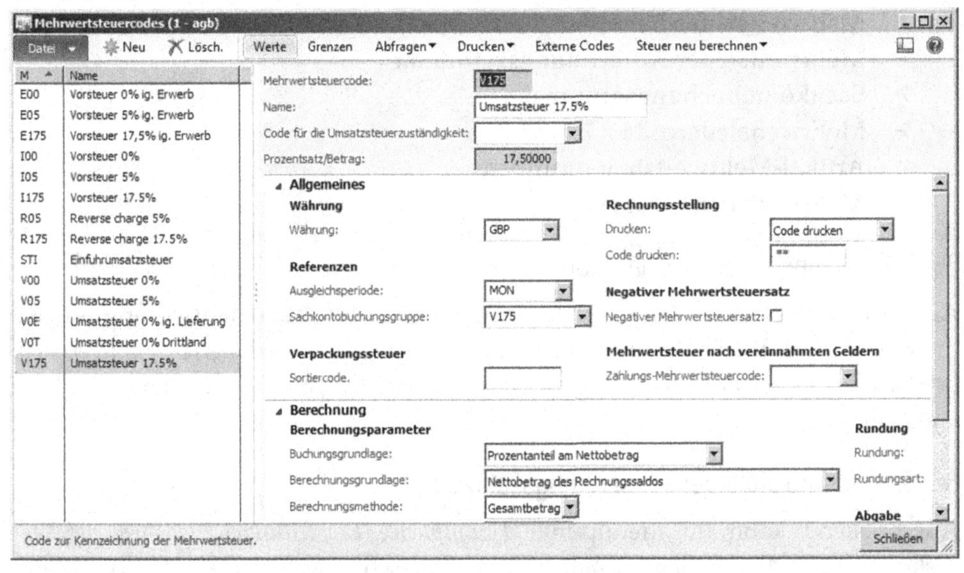

Abbildung 8-9: Verwalten von Mehrwertsteuercodes

Für die Steuerberechnung wird am Reiter *Berechnung* die Buchungs- und Berechnungsgrundlage eingetragen. Um einen Steuersatz zu hinterlegen, muss die Schaltfläche *Werte* in der Aktionsbereichsleiste des Mehrwertsteuercodeformulars betätigt werden.

Nach dem Anlegen der Mehrwertsteuercodes können diese in Mehrwertsteuergruppe und Artikel- Mehrwertsteuergruppe eingetragen werden. Der in einer Buchung zutreffende Mehrwertsteuercode wird dann ermittelt, indem nach jenem Mehrwertsteuercode gesucht wird, der in der Artikel-Mehrwertsteuergruppe und in der Mehrwertsteuergruppe von Debitor oder Kreditor enthalten ist.

Damit der Mehrwertsteuercode „V175“ aus Abbildung 8-9 beispielsweise in einer Verkaufsrechnungszeile herangezogen wird, müssen folgende Bedingungen zutreffen:

- **Artikel-Mehrwertsteuergruppe** (z.B. „STD" für Normalsatz) enthält Mehrwertsteuercode „V175"
- **Mehrwertsteuergruppe** des Debitors (z.B. „CDO" für Inlandskunden) enthält Mehrwertsteuercode „V175"

8.2.6.5 Artikel-Mehrwertsteuergruppen

Artikel-Mehrwertsteuergruppen werden im Menüpunkt *Hauptbuch> Einstellungen> Mehrwertsteuer> Artikel-Mehrwertsteuergruppen* angelegt. Nach Eintragung von Code und Bezeichnung werden am Reiter *Einstellungen* die Mehrwertsteuercodes eingetragen, die für die betroffenen Artikel in den verschiedenen Geschäftsfällen (beispielsweise Inlands- und EU-Verkauf) zutreffen können.

Die zutreffende Artikel-Mehrwertsteuergruppe wird für jeden Artikel im Detailformular für freigegebene Produkte (*Produktinformationsverwaltung> Häufig> Freigegebene Produkte*) getrennt für den Einkauf am Inforegister *Einkauf* und für den Verkauf am Inforegister *Verkaufen* hinterlegt.

Um Artikel-Mehrwertsteuergruppen für Produktkategorien zu hinterlegen, muss eine entsprechende Eintragung in den Beschaffungskategorien (*Beschaffung> Einstellungen> Kategorien> Beschaffungskategorien*) für den Einkauf und in den Verkaufskategorien (*Vertrieb und Marketing> Einstellungen> Kategorien> Verkaufskategorien*) für den Verkauf erfolgen.

8.2.6.6 Mehrwertsteuergruppen

Mehrwertsteuergruppen für Debitoren und Kreditoren werden im Menüpunkt *Hauptbuch> Einstellungen> Mehrwertsteuer> Mehrwertsteuergruppen* angelegt. Nach Eintragen von Kürzel und Beschreibung werden die zutreffenden Mehrwertsteuercodes (z.B. für Inlandskunden die Codes für Normalsatz und ermäßigten Satz) am Reiter *Einstellungen* eingetragen.

Die zutreffende Mehrwertsteuergruppe wird für jeden Debitor und Kreditor am Inforegister *Rechnung und Lieferung* im jeweiligen Detailformular eingetragen.

8.2.6.7 Mehrwertsteuer-Buchungen

Bei der Erfassung von Buchungen wird der Mehrwertsteuercode auf Basis der Kombination von Artikel und Debitor oder Kreditor vorgeschlagen. Die daraus berechnete Steuer kann in den verschiedenen Buchungsformularen – beispielsweise Verkaufsaufträge, Einkaufsbestellungen oder Positionen in Hauptbuchjournalen – über die Schaltfläche *Mehrwertsteuer* in Aktionsbereich und/oder Aktionsbereichsleiste abgefragt werden.

Eine Änderung der Gruppen und damit des entsprechenden Mehrwertsteuercodes kann dann im jeweiligen Formular vor dem Buchen vorgenommen werden. Beim Buchen einer Rechnung wird – auf Basis der dem Mehrwertsteuercode zugeordneten Sachkontobuchungsgruppe – neben der Sachkontobuchung auch ein Mehrwertsteuerposten in einem eigenen Nebenbuch erzeugt.

8.2.7 Übungen zum Fallbeispiel

Übung 8.1 – Finanzdimensionen

In Ihrem Unternehmen werden Geschäftsbereiche für Reporting-Zwecke eingeführt. Sie legen daher eine neue Finanzdimension „##Areas" (## = Ihr Benutzerkürzel) mit den mandantenübergreifenden Dimensionswerten „Area ## 1" und „Area ## 2" an.

Übung 8.2 – Hauptkonten

In Ihrem Unternehmen werden folgende Hauptkonten benötigt (## = Ihr Benutzerkürzel):

- Hauptkonto „111C-##", Name „##-Bargeld", Kontotyp „Bilanz"
- Hauptkonto „111B-##", Name „##-Bank", Kontotyp „Bilanz"
- Hauptkonto „6060##", Name „##-Consulting", Kontotyp „Ausgaben"
- Hauptkonto „ZZ##", Name „## Test Kontostruktur", Kontotyp „Bilanz"

Legen sie die entsprechenden Konten im richtigen Kontenplan an.

Übung 8.3 – Kontostrukturen

Im Gegensatz zu den anderen Hauptkonten aus Übung 8.2 ist das Hauptkonto „ZZ##" nicht in einem Nummernbereich, für den eine Kontostruktur definiert ist. Aus diesem Grund wollen Sie eine neue Kontostruktur anlegen, die nur für dieses Konto gilt.

Konfigurieren Sie dazu eine neue Kontostruktur „ZS##", die als Segmente neben den Hauptkonten auch die Finanzdimension „##Areas" aus Übung 8.1 enthält. Die Kontostruktur ist nur Ihrem Konto „ZZ##" zugeordnet. Sobald Sie die Kontostruktur fertig angelegt haben, aktivieren Sie diese.

Anschließend fügen Sie die neue Kontostruktur dem Kontenplan hinzu, der für Ihr Unternehmen gilt.

Hinweise: Wenn Sie gemeinsam mit anderen Personen in einem Dynamics AX Übungssystem arbeiten, sollten Sie die Kontostruktur nach Abschluss aller Übungen zu Kapitel 8 wieder vom Kontenplan entfernen um zu vermeiden, dass unnötig viele Dimensionen zur Anzeige gebracht werden.

Übung 8.4 – Bankkonto

Ihr Unternehmen eröffnet ein neues Bankkonto bei Ihrer Hausbank. Legen Sie dazu ein Bankkonto „B-##" mit Bankleitzahl und Bankkontonummer an. Als zugeordnetes Hauptkonto wählen Sie Ihr Konto „111B-##" aus Übung 8.2. Das Konto wird in der Währung Ihres Unternehmens geführt.

8.3 Geschäftsprozesse im Finanzwesen

Jeder wertmäßige Geschäftsfall wird in Dynamics AX in Form einer Buchung abgebildet, die sich auf den Sachkonten im Hauptbuch findet. Ein Großteil der Sachkontobuchungen entsteht hierbei nicht im Finanzwesen selbst, sondern in vorgelagerten Bereichen wie Einkauf, Verkauf und Produktion. Geschäftsfälle in diesen Bereichen werden dann aufgrund der Sachkontenintegration auch im Hauptbuch gebucht.

Daneben gibt es aber zusätzlich Sachkontobuchungen, die direkt im Hauptbuch anfallen. Diese Buchungen werden in Hauptbuchjournalen erfasst und gebucht.

8.3.1 Einrichtung der Buchungsjournale

Neben der zuvor beschriebenen Basiseinrichtung des Hauptbuchs müssen vor dem Erfassen von Hauptbuchjournalen die Journale selbst eingerichtet werden.

8.3.1.1 Journalnamen

Um Buchungen thematisch zu gliedern, werden unterschiedliche Erfassungsjournale (Journalnamen) benutzt. Die Einrichtung der benötigten Journale erfolgt dazu im Menüpunkt *Hauptbuch> Einstellungen> Erfassungen> Journale.* Jedes Journal ist hierbei einem *Journaltyp* zugeordnet, wobei aus der Vielzahl von Journaltypen die folgenden wesentlich sind:

- **Täglich** – Allgemeine Erfassung
- **Periodisch** – Periodische Erfassung
- **Anlagevermögen buchen** – Anlagenbuchungen
- **Buchung der Kreditorenrechnung** – Rechnungserfassung im Einkauf
- **Kreditorenzahlung** – Zahlung an Lieferanten
- **Debitorenzahlung** – Zahlung von Kunden

Falls Rechnungsbuch und Rechnungsgenehmigungserfassung im Einkauf verwendet werden, müssen zusätzlich Journale vom Journaltyp „Rechnungsbuch“ und „Genehmigung“ angelegt werden.

Unabhängig vom Journaltyp haben alle Journale einen gemeinsamen Datenaufbau. Unterschiede bestehen in der Anzeige der Felder und in den Zusatzfunktionen einzelner Erfassungsformulare, beispielsweise zum Zahlvorschlag in der Kreditorenzahlung.

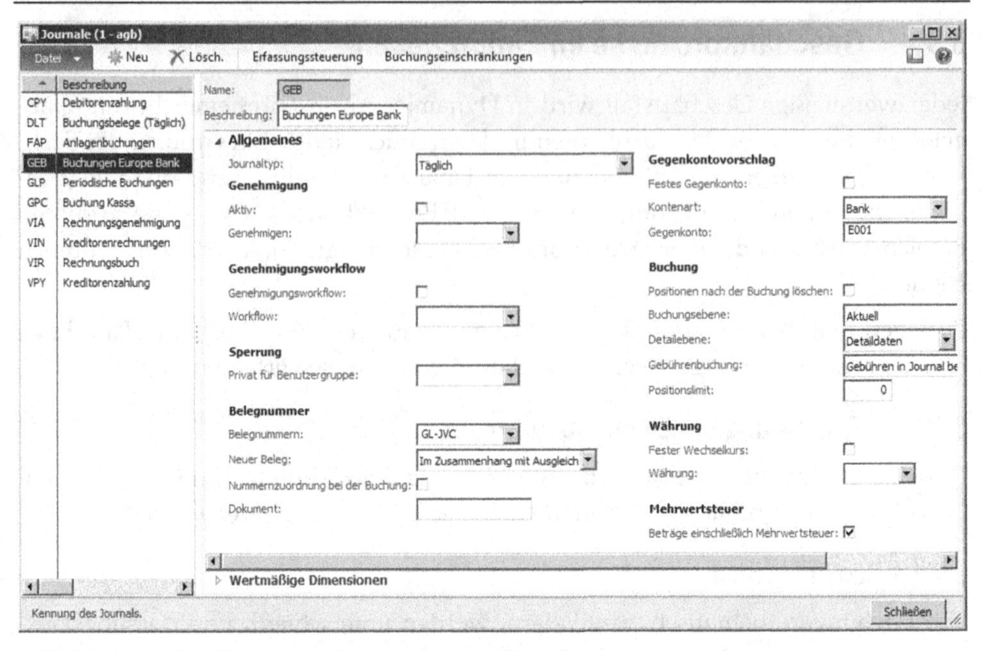

Abbildung 8-10: Einrichten der Journale im Hauptbuch

Durch entsprechende Auswahl im Auswahlfeld *Belegnummern* am Reiter *Allgemeines* können den Journalen unterschiedliche Belegnummernkreise zugeordnet werden. Vorschlagswerte für das in Buchungszeilen verwendete Gegenkonto können in den Auswahlfeldern *Kontenart* und *Gegenkonto* hinterlegt werden. In Beispiel Abbildung 8-10 wird bei Verwendung des Journals „GEB" das Bankkonto „E001" als Gegenkonto vorgeschlagen. Von Bedeutung ist auch das Kontrollkästchen *Betrag einschließlich Mehrwertsteuer*, das angibt, ob in der Erfassung eingetragene Beträge eine allfällige Mehrwertsteuer enthalten oder ob diese separat hinzugerechnet werden muss.

8.3.1.2 Journalgenehmigung

Wenn ein erfasstes Journal erst genehmigt werden muss, bevor es gebucht werden darf, muss ein Genehmigungsverfahren eingerichtet werden. In Dynamics AX gibt es dazu zwei unterschiedliche Arten von Genehmigungsverfahren:

- **Journal-Genehmigungssystem** – Aktivierung in Feldgruppe *Genehmigung*
- **Genehmigungsworkflow** – Aktivierung in Feldgruppe *Genehmigungsworkflow*

Das Journal-Genehmigungssystem kann für den jeweiligen Journalnamen durch Markieren des Kontrollkästchens *Aktiv* in der Feldgruppe *Genehmigung* der Journaleinrichtung aktiviert werden. Im Auswahlfeld *Genehmigen* kann dazu eine Benutzergruppe eingetragen werden, die die Genehmigung erteilen darf.

Soll der Genehmigungsworkflow für einen Journalnamen aktiviert werden, muss ein entsprechender Workflow in der Journaleinrichtung gewählt und in der

Workflow-Einrichtung konfiguriert werden. Die Konfiguration von Genehmigungsworkflows für Journale vom Journaltyp „Täglich" erfolgt hierbei im Menüpunkt *Hauptbuch> Einstellungen> Hauptbuchworkflows* mit Bezug auf die Vorlage „Workflow für Sachkonto-Tageserfassung" (*Typ* „LedgerDailyTemplate"). Weiterführende Hinweise zu Workflows sind in Abschnitt 9.4.2 enthalten.

8.3.1.3 Buchungsebene

Für die *Buchungsebene* wird am Reiter *Allgemeines* normalerweise immer „Aktuell" eingesetzt. Falls es beispielsweise zur Abbildung lokaler steuerlicher Vorschriften erforderlich ist, Buchungen abzugrenzen, können eigene Journale für die Ebene „Handelsrechtl. Buchung" und „Steuerl. Buchung" angelegt und in Finanzaufstellungen ausgewählt werden.

8.3.1.4 Hauptbuchparameter

Wie in allen Modulen werden auch im Hauptbuch in den Parametern (*Hauptbuch> Einstellungen> Hauptbuchparameter*) zentrale Einstellungen festgelegt. Duplikate bei Belegnummern sollten hierbei nicht zugelassen werden, da diese die Zuordnung von Belegen erschweren.

8.3.2 Allgemeine Sachkontobuchung

Sachkontobuchungen müssen in Journalen erfasst werden, wenn sie nicht aufgrund der Sachkontenintegration automatisch im Hintergrund gebucht werden.

Allgemeine Sachkontobuchungen erfolgen im Menüpunkt *Hauptbuch> Erfassungen> Allgemeine Erfassung*, wo alle Journale (Journalnamen) vom Journaltyp „Täglich" ausgewählt werden können. Daneben gibt es weitere Journale wie Anlagenbuchungen im Menü *Anlagen* oder Zahlungserfassungen im Menü *Debitorenkonten* und *Kreditorenkonten*, die nur den jeweils gültigen Journaltyp zulassen und auf den jeweiligen Verwendungszweck optimiert sind. Die entsprechenden Buchungen können aber auch – ohne Nutzung der jeweiligen Zusatzfunktionen – in der allgemeinen Erfassung gebucht werden.

8.3.2.1 Journalkopf

Journale stellen Erfassungsbelege dar und enthalten daher einen Belegkopf und eine oder mehrere Positionen. Der Belegkopf fasst gemeinsam zu buchende Positionen zusammen und enthält Vorschlagswerte für die Positionserfassung. Belegnummer, Buchungsdatum und weitere Buchungsinformationen können jedoch je Position unterschiedlich gewählt werden. Damit ein Journal gebucht werden kann, müssen Journalsaldo und Saldo aller Positionen mit gleicher Belegnummer ausgeglichen sein.

Nach Öffnen der allgemeinen Erfassung kann über das Auswahlfeld *Anzeigen* bestimmt werden, ob nur offene Journale gezeigt oder auch gebuchte Journale aufgelistet werden sollen. Um ein neues Journal zu erfassen, wird ein Journalkopf über die Schaltfläche *Neu* in der Aktionsbereichsleiste angelegt und ein Journalname ausgewählt.

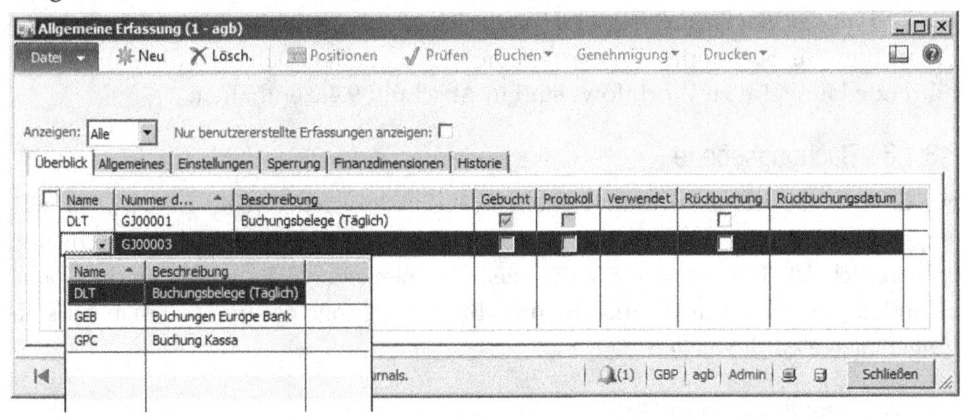

Abbildung 8-11: Auswählen eines Journalnamens beim Anlegen eines Journalkopfs

Die Vorschlagswerte aus der Journaleinrichtung für Gegenkonto und Währung können am Reiter *Einstellungen* überarbeitet werden. Falls ein anderer Benutzer ein bestehendes Journal gerade bearbeitet, wird ein rotes „X" in der Spalte *Verwendet* gezeigt, am Reiter *Sperrung* kann der sperrende Benutzer abgefragt werden.

8.3.2.2 Journalpositionen

Nach Betätigen der Schaltfläche *Positionen* werden die Erfassungszeilen geöffnet. In den Positionen wird das Sitzungsdatum als Vorschlagswert in das Buchungsdatum übernommen, die Belegnummer ergibt sich aus dem Nummernkreis des gewählten Journalnamens. Abhängig von der gewählten *Kontenart* muss in der Spalte *Konto* ein Sachkonto, eine Kreditorennummer, eine Debitorennummer, ein Bankkonto oder eine Anlagennummer eingetragen werden.

Wenn ein Sachkonto eingetragen wird, kommt für das Konto-Feld die segmentierte Eingabesteuerung wie unten beschrieben zur Anwendung. In Abhängigkeit von der Kontostruktur wird hierbei das zutreffende Hauptkonto normalerweise als erstes Segment eingetragen. Ob und welche Finanzdimensionen als weitere Segmente einzutragen sind, hängt von den Einstellungen zum jeweiligen Hauptkonto ab. In Abhängigkeit vom jeweils gewählten Segment zeigt das Suchfenster hierbei die verfügbaren Werte der zugehörigen Dimension.

Je nach Buchung ist anschließend der Buchungsbetrag im *Soll* oder im *Haben* einzusetzen. In einer einzeiligen Buchung werden anschließend *Gegenkontenart* und *Gegenkonto* (inklusive allfälliger Finanzdimensionen bei segmentierter Eingabesteuerung) in den entsprechenden Spalten eingetragen.

Bei der Erfassung einer mehrzeiligen Buchung wird kein Gegenkonto eingetragen, die Eintragung erfolgt in diesem Fall über neue Positionszeilen. Solange der Saldo einer Belegnummer nicht ausgeglichen ist, wird für eine neue Zeile die Belegnummer unverändert übernommen. Sobald sich ein Beleg zu Null saldiert, wird in der nächsten Zeile eine neue Belegnummer vorgeschlagen (vorausgesetzt im betroffenen Journalnamen ist im Parameter *Neuer Beleg* die Option „Im Zusammenhang mit Ausgleich" gewählt).

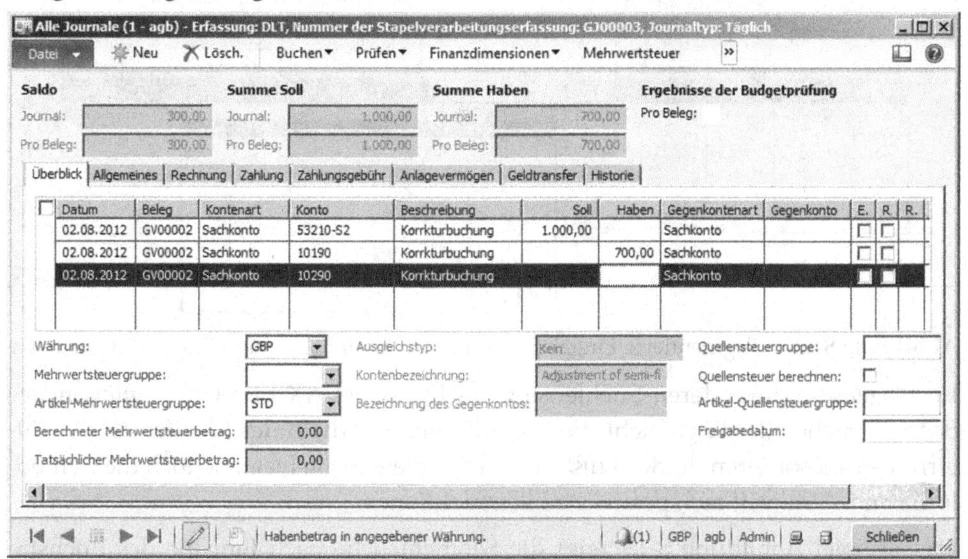

Abbildung 8-12: Mehrzeilige Erfassung in den Journalpositionen

Der Saldo des gesamten Journals und des markierten Belegs werden dazu im Kopfteil des Journalpositions-Formulars gezeigt.

8.3.2.3 Segmentierte Eingabesteuerung

Die segmentierte Eingabesteuerung betrifft die Eingabe des Sachkontos in das entsprechende Feld in allen Bereichen von Dynamics AX. Nachdem sich das Sachkonto in Dynamics AX 2012 aus dem Hauptkonto und zugehörigen Finanzdimensionen wie Kostenstelle oder Kostenträger zusammensetzt, muss im jeweiligen Sachkonto-Feld die komplette Kontostruktur durch schrittweise Auswahl von Sachkonto und Finanzwerten eintragen werden.

Im Konto-Feld kann dazu oben der kleine Pfeil ▲ betätigt oder die Tastenkombination *Alt + Pfeil-aufwärts* gewählt werden, um die jeweiligen Segmente mit Ihrem Namen zu zeigen (siehe Abbildung 8-13).

Die Suche im Konto-Feld bezieht sich auf das gerade aktive Segment und zeigt die für das betroffene Segment verfügbaren Werte. Um nach einem Segmentwert zu suchen, kann vor oder nach Öffnen des Suchfensters – über die Such-Schaltfläche ▾ oder die Tastenkombination *Alt+Pfeil-abwärts* – der Suchinhalt direkt im jeweiligen Teil des Eingabefelds eingetragen werden. Im Suchfenster wird der Suchinhalt über beide Spalten, Identifikation und Namen, gesucht.

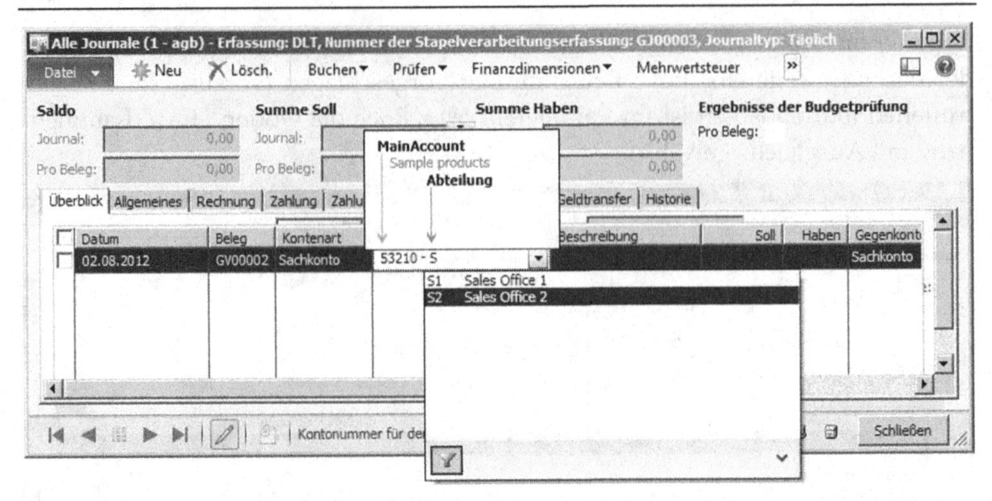

Abbildung 8-13: Segmentierte Eingabesteuerung zu Hauptkonto und Finanzdimensionen

Im Gegensatz zu anderen Suchfenstern in Dynamics AX bietet der Filter in der Segmentsuche allerdings nicht die Möglichkeit, innerhalb des Suchfensters zu filtern oder zu sortieren. In der Fußzeile der Segmentsuche bieten jedoch die Symbole und Zugriff auf spezifische Filterfunktionen.

Das Beispiel Abbildung 8-13 zeigt die Segmentsuche nach Eingabe des Buchstabens „S" in das zweite Segment des Konto-Felds. Im Suchfenster wird in diesem Fall eine Suche zur Finanzdimension „Abteilung" durchgeführt, in der auf Abteilungen gefiltert wird deren Identifikation oder Name mit „S" beginnt.

Die Reihenfolge und die Anzahl der Segmente hängen von der jeweils gültigen Kontostruktur ab (siehe Abschnitt 8.2.4). Wenn in der jeweiligen Kontostruktur für ein Hauptkonto keine Finanzdimensionen definiert sind oder Leerzeichen für ein Segment zugelassen sind, muss kein entsprechender Wert gewählt werden.

8.3.2.4 Buchen von Journalen

Nach Abschluss der Erfassung von Journalpositionen kann das Journal über die Schaltfläche *Buchen/Buchen* in der Aktionsbereichsleiste von Journalkopf oder Positionen gebucht werden. Falls die Buchung einen Fehler enthält, wird sie abgebrochen und eine entsprechende Fehlermeldung gezeigt.

Wird die Schaltfläche *Buchen/Buchen und übertragen* zum Abruf der Buchung gewählt, werden fehlerhafte Belege in ein neues Journal übertragen.

8.3.2.5 Nutzung des Journal-Genehmigungssystems

Falls in der Journalverwaltung des gewählten Journalnamens ein Genehmigungsverfahren über das Journal-Genehmigungssystem oder den Genehmigungsworkflow aktiviert ist, kann das Journal erst nach Erhalt einer Genehmigung gebucht werden.

Im Falle einer Genehmigung über das Journal-Genehmigungssystem wird die Genehmigungsanforderung über die Schaltfläche *Genehmigung/Als Bereit angeben* im Journalkopf abgerufen. Der für die Genehmigung Verantwortliche kann danach die Schaltfläche *Genehmigung/Genehmigen* betätigen, um das Journal zur Buchung freizugeben.

8.3.2.6 Periodische Erfassung

Wenn eine Buchung regelmäßig zu erfassen ist, gibt es zwei Möglichkeiten zur Vereinfachung der Erfassung:

- **Periodische Erfassungen**
- **Belegvorlagen**

Periodische Erfassungen dienen zur Abwicklung von regelmäßig wiederkehrenden, gleichbleibenden Buchungen wie Mieten oder Leasingraten.

Vorlagen für periodische Erfassungen werden im Menüpunkt *Hauptbuch> Periodisch> Erfassungen> Periodische Erfassungen* analog zu Journalen der allgemeinen Erfassung mit Kopfteil und Positionen angelegt. Alternativ können periodische Erfassungen auch über die Schaltfläche *Periodische Erfassung/Erfassung speichern* im Positionsteil einer allgemeinen Erfassung angelegt werden.

Die Spalte *Datum* in den Positionen bestimmt das Startdatum der periodischen Abrufe. Durch Angabe der *Einheit* und *Anzahl der Einheiten* (z.B. „Monate“, „1“) am Reiter *Periodisch* oder in den entsprechenden Spalten am Reiter *Überblick* wird die Wiederholfrequenz der periodischen Abrufe bestimmt.

Um eine Buchung zu einer periodischen Erfassung durchzuführen, muss ein Journal in der allgemeinen Erfassung (*Hauptbuch> Erfassungen> Allgemeine Erfassung*) oder – falls zutreffend – in der Kreditoren-Rechnungserfassung (*Kreditorenkonten> Erfassungen> Rechnungen> Rechnungserfassung*) angelegt werden. In den Positionen des Erfassungsjournals wird anschließend die Schaltfläche *Periodische Erfassung/Erfassung abrufen* betätigt. Durch den Abruf werden die Zeilen der periodischen Erfassung in das aktuelle Journal übernommen und können hier bearbeitet und gebucht werden.

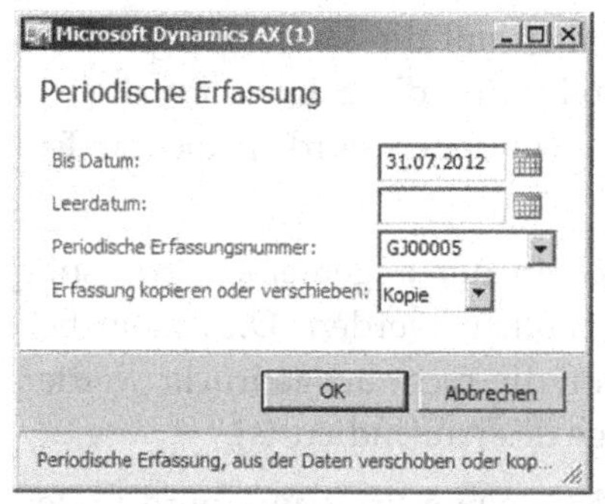

Abbildung 8-14: Abruf einer periodischen Erfassung aus der allgemeinen Erfassung

In der Spalte *Datum* der periodischen Erfassung wird anschließend das Datum für den nächsten Abruf gezeigt – dieses ergibt sich aus der Journalbuchung und der Wiederholfrequenz. Das Abrufdatum ist als *Letztes Datum* am Reiter *Überblick* und am *Periodisch* in den Positionen der periodischen Erfassung zu sehen.

8.3.2.7 Belegvorlage

Im Unterschied zur periodischen Erfassung dienen Belegvorlagen als Kopiervorlagen ohne Verwaltung von Abrufintervallen.

Belegvorlagen werden im Positionsteil der allgemeinen Erfassung oder der Kreditoren-Rechnungserfassung über die Schaltfläche *Funktionen/Belegvorlage speichern* gespeichert. Wird beim Speichern der *Vorlagentyp* „Prozent" gewählt, kann beim späteren Abruf der Vorlage über die Schaltfläche *Funktionen/Belegvorlage auswählen* ein Betrag angegeben werden, der prozentuell aufgeteilt wird.

8.3.2.8 Neu in Dynamics AX 2012

In Bezug auf die allgemeine Sachkontobuchung sind Kontostrukturen und segmentierte Eingabesteuerung neu in Dynamics AX 2012.

8.3.3 Rechnungsjournale

Je nachdem, auf welchem Geschäftsfall eine Rechnung beruht, kann sie unterschiedlich erfasst und gebucht werden. In Dynamics AX stehen in diesem Zusammenhang folgende Varianten zur Verfügung:

- **Auftrags-Rechnung** im Verkauf für gelieferte Artikel (vgl. Abschnitt 4.6.1)
- **Freitextrechnung** im Verkauf ohne Artikelbezug (vgl. Abschnitt 4.6.3)
- **Kreditorenrechnung** im Einkauf für Artikel und Beschaffungskategorien (mit oder ohne Bezug auf eine Bestellung, vgl. Abschnitt 3.6.2)
- **Manuelle Verkaufsrechnung** in allgemeiner Erfassung (ohne Ausdruck)
- **Eingangsrechnung in Rechnungserfassung** oder in allgemeiner Erfassung ohne Bezug auf Artikel oder Beschaffungskategorien

8.3.3.1 Rechnungen in einer allgemeinen Erfassung

Wenn eine Eingangsrechnung von einem Lieferanten mit direktem Bezug auf ein Sachkonto (Aufwandskonto) gebucht werden soll, wird diese im Normalfall in einer Rechnungserfassung erfasst. Für Verkaufsrechnungen wird in diesem Fall meist eine Freitextrechnung benutzt.

Eine Rechnung kann aber in beiden Fällen auch in der allgemeinen Erfassung (*Hauptbuch> Erfassungen> Allgemeine Erfassung*) gebucht werden. Dies kann beispielsweise für Verkaufsrechnungen sinnvoll sein, die nicht ausgedruckt werden sollen (z.B. für handgeschriebene Rechnungsbelege des Außendiensts).

Beim Erfassen einer Verkaufsrechnung in der allgemeinen Erfassung wird in den Positionen die *Kontenart* „Debitor" gewählt und die Debitorennummer in der Spalte *Konto* eingetragen. Im Gegenkonto kann das entsprechende Erlöskonto gewählt werden. Am Reiter *Rechnung* der Journalpositionen wird die Rechnungsnummer im Feld *Rechnung* sowie die Zahlungsbedingungen und eine allfällige Skontobedingung eingetragen. Vor dem Buchen ist auf eine korrekte Eintragung der Mehrwertsteuergruppen am Reiter *Allgemeines* (oder am Reiter *Überblick* im Fußteil) zu achten, wobei die Mehrwertsteuerberechnung über die Schaltfläche *Mehrwertsteuer* in der Aktionsbereichsleiste der Positionen geprüft werden kann.

Eingangsrechnungen können in der allgemeinen Erfassung analog zu Verkaufsrechnungen bearbeitet werden, wobei in diesem Fall die *Kontenart* „Kreditor" zu wählen ist.

8.3.3.2 Eingangsrechnungen

Während im Verkauf mit der Freitextrechnung eine eigene Funktion für Rechnungen mit direktem Bezug auf Sachkonten zur Verfügung steht, gibt es im Bereich von Einkauf und Kreditoren kein derartiges Formular.

Im Kreditorenrechnungsformular (*Kreditorenkonten> Häufig> Kreditorenrechnungen> Ausstehende Kreditorenrechnungen*, siehe Abschnitt 3.6.2) können zwar Rechnungen auch ohne Bezug auf eine Einkaufsbestellung erfasst werden, in den Positionen erfolgt jedoch eine Auswahl von Artikel oder Beschaffungskategorie und nicht die direkte Eintragung von Sachkonten.

Um eine Eingangsrechnung ohne Bezug auf Artikel und Beschaffungskategorien, aber mit Eintragung eines Sachkontos zu erfassen, werden Journale benutzt. Für die Erfassung und Genehmigung von Eingangsrechnungen stehen in diesem Zusammenhang folgende Varianten zur Verfügung:

- **Rechnungsbuch**, mit anschließender *Rechnungsgenehmigungserfassung*
- **Kreditorenrechnungspool ohne Buchungsdetails**, mit anschließender *Rechnungserfassung*
- **Rechnungserfassung** (direkte Erfassung)
- **Allgemeine Erfassung**, wie zuvor beschrieben

Wenn in einem Rechnungsjournal ein Genehmigungsworkflow Anwendung finden soll, muss ein entsprechender Kreditorenworkflow mit einer Vorlage, die sich auf den jeweiligen Journaltyp bezieht, im Formular *Kreditorenkonten> Einstellungen> Kreditorenworkflows* angelegt und in der Journaleinrichtung des betroffenen Journalnamens eingetragen werden (siehe Abschnitt 8.3.1).

Die Listenseite *Kreditorenkonten> Häufig> Kreditorenrechnungen> Offene Kreditorenrechnungen* zeigt unabhängig von der gewählten Buchungsvariante alle bereits gebuchten Eingangsrechnungen, die noch nicht bezahlt worden sind. Die Schaltfläche *Neu/Rechnung* im Aktionsbereich dieses Formulars bietet einen alternativen Zugriff zum Erfassen einer Rechnung in den verschiedenen Journaltypen. Analoge Optionen bietet der Schaltflächenreiter *Rechnung* im Kreditorenformular.

8.3.3.3 Rechnungserfassung

Die Rechnungserfassung im Menüpunkt *Kreditorenkonten> Erfassungen> Rechnungen> Rechnungserfassung* ist das Standardformular zum Buchen von Eingangsrechnungen. In der Rechnungserfassung können Rechnungen sowohl direkt erfasst als auch aus dem *Kreditorenrechnungspool ohne Buchungsdetails* übernommen werden.

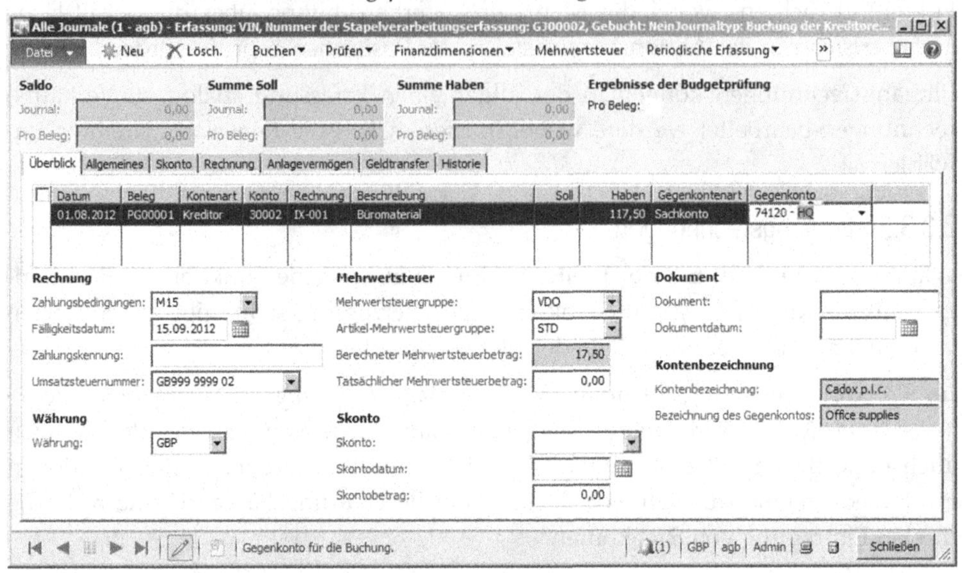

Abbildung 8-15: Eintragen einer Rechnung in den Positionen der Rechnungserfassung

Wie in jedem Beleg wird in der Rechnungserfassung zunächst ein Belegkopf angelegt, bevor in die Positionen gewechselt wird. Sobald die in der Journalposition erfasste Rechnung – entweder durch manuelles Eintragen oder durch Übernahme aus dem *Kreditorenrechnungspool ohne Buchungsdetails* – die benötigten Daten wie Kreditorennummer (*Konto*), Rechnungsnummer (*Rechnung*), Buchungstext, Betrag, Gegenkonto, Zahlungsbedingungen, genehmigenden Mitarbeiter (*Genehmigt von* am Reiter *Rechnung*) und allfällige weitere Daten wie Mehrwertsteuer oder Skonto enthält, kann sie über die Schaltfläche *Buchen/Buchen* gebucht werden.

8.3.3.4 Kreditorenrechnungspool ohne Buchungsdetails

Das Formular *Kreditorenkonten> Erfassungen> Rechnungen> Kreditorenrechnungspool ohne Buchungsdetails* bietet die Möglichkeit, eine Vorerfassung von Eingangsrechnungen als Zwischenspeicherung ohne weitere Auswirkungen durchzuführen. Im Kreditorenrechnungspool wird keinerlei Buchung durchgeführt, er wird auch nicht als Erfassungsbeleg mit Kopf und Positionen geführt.

Um eine Rechnung im *Kreditorenrechnungspool ohne Buchungsdetails* zu erfassen, wird über die Tastenkombination *Strg+N* oder den Befehl *Datei/Neu* eine neue Zeile im Kreditorenrechnungspool-Formular angelegt. Nach Eintragung von Belegdatum, Kreditorennummer, Betrag, Rechnungsnummer und allfälligen weiteren Angaben kann das Formular geschlossen werden.

In der Rechnungserfassung (*Kreditorenkonten> Erfassungen> Rechnungen> Rechnungserfassung*) kann dann in weiterer Folge die im Kreditorenrechnungspool eingetragene Rechnung übernommen werden. Dazu wird in den Rechnungserfassungs-Positionen die Schaltfläche *Funktionen/Rechnungspool ohne Buchung* betätigt. Im anschließenden Dialog kann nach Auswahl der betroffenen Rechnung die Schaltfläche *Übernehmen* zum Übertragen dieser Rechnung betätigt werden.

8.3.3.5 Rechnungsbuch

Neben dem Kreditorenrechnungspool bietet das Rechnungsbuch (*Kreditorenkonten> Erfassungen> Rechnungen> Rechnungsbuch*) eine zweite Möglichkeit, die Vorerfassung von Eingangsrechnungen durchzuführen. Im Unterschied zum Kreditorenrechnungspool wird im Rechnungsbuch eine Buchung durchgeführt, wobei Kreditorenposten und Sachkontobuchungen auf Zwischenkonten erzeugt werden. Im Rechnungsbuch können Rechnungen mit oder ohne Bezug zu einer Bestellung erfasst werden.

Der Aufbau von Belegkopf und Positionen im Rechnungsbuch entspricht der allgemeinen Erfassung, wobei als Kontotyp fix „Kreditor" vorgegeben ist. Wenn die erfasste Rechnung eine Bestellung betrifft, sollte am Reiter *Allgemeines* die Bestellnummer eingetragen werden, damit der Bezug zu einer Lieferung bei der Genehmigung leichter hergestellt werden kann. Bevor das Rechnungsbuch gebucht wird, ist im Auswahlfeld *Genehmigt von* im unteren Bereich der Positionen der Mitarbeiter einzutragen, der für die Genehmigung der Rechnung verantwortlich ist.

Nach Erfassen und Prüfen weiterer Rechnungsdaten wie Zahlungsbedingungen, Skonto und Mehrwertsteuergruppen kann das Rechnungsbuch über die Schaltfläche *Buchen/Buchen* gebucht werden.

Mit der Buchung im Rechnungsbuch wird ein offener Posten erzeugt, in dem jedoch das Kontrollkästchen *Genehmigt* nicht markiert ist und der daher im Zahlvorschlag nicht berücksichtigt wird. Dieser Kreditorenposten kann beispielsweise im Kreditorenformular (*Kreditorenkonten> Häufig> Kreditoren> Alle Kreditoren*) nach Auswahl des Kreditors über die Schaltfläche *Buchungen/Buchungen* am Schaltflächenreiter *Kreditor* abgefragt werden kann.

Für die zugehörige Sachkontobuchung werden bei der Buchung des Rechnungsbuches Zwischenkonten herangezogen. Diese Zwischenkonten sind im Buchungsprofil hinterlegt (*Kreditorenkonten> Einstellungen> Kreditoren-Buchungsprofile*, Spalten *Wareneingang* und *Gegenkonto* am Reiter *Einstellungen*).

Für die Buchung der Mehrwertsteuer wird in den Kreditorenkontenparametern am Reiter *Sachkonto und Mehrwertsteuer* eingestellt, ob die Mehrwertsteuer mit Buchen des Rechnungsbuchs oder erst mit der Rechnungsgenehmigungserfassung gebucht wird.

8.3.3.6 Rechnungsgenehmigungserfassung

Die Rechnungsgenehmigungserfassung (*Kreditorenkonten> Erfassungen> Rechnungen> Rechnungsgenehmigungserfassung*) dient zur Freigabe der Rechnungen aus dem Rechnungsbuch. In der Genehmigungserfassung wird nach Anlegen eines Journalkopfs in die Positionen gewechselt, wo die im Rechnungsbuch gebuchten Rechnungen über die Schaltfläche *Belege suchen* ausgewählt werden können.

Im Dialog zur Belegauswahl werden die verfügbaren Rechnungen im oberen Bereich gezeigt und können über die Schaltfläche *Auswählen* in den unteren Bereich übernommen werden. Nach Schließen des Abrufdialogs über die Schaltfläche *OK* werden alle ausgewählten Belege in die Positionen der Rechnungsgenehmigungserfassung übertragen.

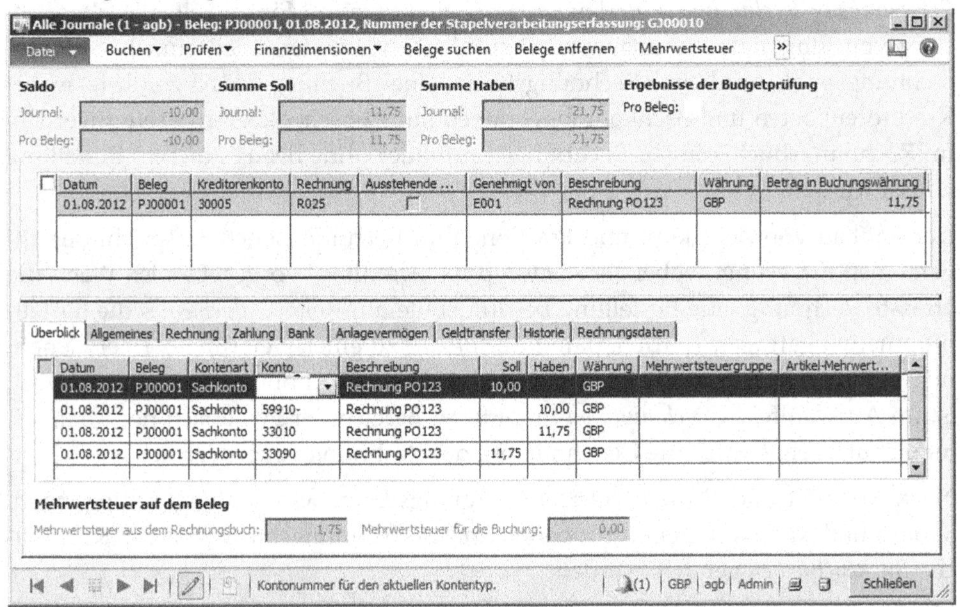

Abbildung 8-16: Positionen der Rechnungsgenehmigungserfassung nach Beleg-Abruf

Die folgenden Schritte hängen davon ab, ob sich die Rechnung auf eine Einkaufsbestellung bezieht:

- **Ohne Bezug auf eine Bestellung** – In diesem Fall muss im unteren Formularbereich der Rechnungsgenehmigungserfassung ein Sachkonto (meist Auswandskonto) gewählt werden (in Abbildung 8-16 erste Zeile im unteren Bereich). Der Betrag zur Buchung auf dieses Konto enthält keine Mehrwertsteuer, wobei der Betrag auf mehrere Zeilen verteilt erfasst werden kann wenn mehrere Sachkonten betroffen sind. Die Buchung wird anschließend über die Schaltfläche *Buchen/Buchen* durchgeführt.

- **Mit Bezug auf eine Bestellung** – In diesem Fall wird kein Sachkonto eingetragen sondern die Schaltfläche *Funktionen/Bestellung* betätigt um das Kreditorenrechnungsformular zu öffnen. In diesem Formular kann dann die Rechnung endgültig gebucht werden (siehe Abschnitt 3.6.2).

8.3.3.7 Ablehnen einer Rechnungsgenehmigung

Wenn eine Rechnung, die im Rechnungsbuch gebucht worden ist, nicht genehmigt werden soll, muss ein Storno gebucht werden.

Zu diesem Zweck kann in der Rechnungsgenehmigungserfassung nach Abruf der betroffenen Rechnung aus dem Rechnungsbuch in den Positionen die Schaltfläche *Funktionen/Abbrechen* betätigt werden. Anschließend wird der Storno über die Schaltfläche *Buchen/Buchen* in der Rechnungsgenehmigungserfassung gebucht.

8.3.3.8 Rechnungspool in Abfrage

Zur Ansicht offener Rechnungsgenehmigungen kann die Rechnungspool-Abfrage (*Kreditorenkonten> Abfragen> Rechnungspool*) benutzt werden.

Rechnungsbuch-Buchungen, die sich auf eine Bestellung beziehen, können über die Schaltfläche *Bestellung* auch von der Rechnungspool-Abfrage aus (statt über die Rechnungsgenehmigungserfassung) gebucht werden.

8.3.4 Zahlungen

Durch das Buchen von Rechnungen entstehen offene Forderungen und Verbindlichkeiten, die über Zahlungen ausgeglichen werden.

8.3.4.1 Offene Posten

Offene Posten können über die Schaltfläche *Ausgleichen/Offene Buchungen ausgleichen* im Kreditorenformular (*Kreditorenkonten> Häufig> Kreditoren> Alle Kreditoren*, Schaltflächenreiter *Rechnung*) oder im Debitorenformular (*Debitorenkonten> Häufig> Debitoren> Alle Debitoren*, Schaltflächenreiter *Mahnen*) geöffnet und bearbeitet werden.

Über die Schaltfläche *Buchungen/Buchungen* am ersten Schaltflächenreiter im Kreditoren- und Debitorenformular kann die Abfrage aller Posten des gewählten Kreditors oder Debitors geöffnet werden. Das Kontrollkästchen *Nur offene zeigen* in der Buchungsabfrage ermöglicht ein Filtern auf offene Posten.

Ein Ausdruck der offenen Posten ist über den Menüpunkt *Debitorenkonten> Berichte> Buchungen> Debitor> Offene Posten* beziehungsweise *Kreditorenkonten> Berichte> Buchungen> Rechnung> Kreditorenrechnungsbuchungen* möglich.

8.3.4.2 Debitorenzahlung

Zahlungen von Kunden können in der allgemeinen Erfassung oder in der Debitorenzahlungserfassung (*Debitorenkonten> Erfassungen> Zahlungen> Zahlungserfassung*) gebucht werden.

Nach Öffnen des Journals zur Zahlungserfassung kann ein Journalkopf angelegt und in die Positionen gewechselt werden. In den Positionen werden Zahlungen mit Debitorennummer, Buchungstext, Zahlbetrag und Gegenkonto eingetragen. Wenn die Zahlung des Debitors auf ein Bankkonto erfolgt ist, wird für die Gegenkontenart „Bankkonto" gewählt.

Um die jeweilige Zahlung einer Rechnung zuzuordnen, kann die betroffene Rechnung in der Spalte *Rechnung* der Zahlungsjournal-Positionen gewählt werden. Mit Auswahl einer Rechnung wird der Rechnungsbetrag als Vorschlagswert in die Zahlung übernommen.

Die Zuordnung einer oder mehrerer Rechnung zu einer Zahlung kann auch über die Schaltfläche *Funktionen/Ausgleich* erfolgen. Im Ausgleichsformular werden die mit der aktuellen Zahlung bezahlten Rechnungen in der Spalte *Markieren* markiert. Mit dem Schließen des Ausgleichsformulars (keine Schaltfläche *OK*) wird die Markierung übernommen und in die Journalpositionen zurückgewechselt.

Anstatt Zahlungspositionen manuell zu erfassen, kann auch die Schaltfläche *Debitorenzahlungen eingeben* im Journalkopf der Debitoren-Zahlungserfassung gewählt werden. Über einen Filter auf Basis gebuchter Rechnungen können dann Zahlungspositionen samt Ausgleichsmarkierung angelegt werden.

Zusätzlich steht in den Zahlungspositionen eine Schaltfläche zum Erzeugen eines Zahlungsvorschlags (analog zum Zahlungsvorschlag für Kreditoren-Zahlungen) zur Verfügung, der beispielsweise für Bankeinzug verwendet werden kann.

Die Buchung der Zahlung erfolgt anschließend in Journalkopf oder Positionen über die Schaltfläche *Buchen/Buchen*.

8.3.4.3 Kreditorenzahlung

Zahlungen an Lieferanten können – ebenso wie schon Zahlungen von Kunden – über die allgemeine Erfassung oder über eine Zahlungserfassung gebucht werden. Kreditorenzahlungen werden hierbei im Menüpunkt *Kreditorenkonten> Erfassungen> Zahlungen> Zahlungserfassung* in derselben Weise erfasst wie die oben beschriebenen Debitorenzahlungen.

Meist wird jedoch für den Zahlungsausgang eine bessere Unterstützung und Kontrolle gefordert. Zu diesem Zweck dienen Zahlungsvorschlag und Zahlungsstatus.

8.3.4.4 Zahlsperre

Um Rechnungen von der Zahlung auszuschließen, kann in den Kreditorenposten am Reiter *Allgemeines* die Markierung im Kontrollkästchen *Genehmigt* entfernt oder ein *Freigabedatum der Rechnungszahlung* eingetragen werden.

Die betroffenen Rechnungen werden solange nicht zur Zahlung vorgeschlagen, bis das Genehmigungskennzeichen wieder gesetzt wird oder das Freigabedatum erreicht ist.

8.3.4.5 Zahlungsvorschlag

Der Zahlungsvorschlag dient dazu, den Benutzer bei der Erfassung zur Zahlung anstehender Rechnungen zu unterstützen. Dazu kann im Zahlungsjournal nach Anlegen eines Journalkopfs und Wechsel in die Positionen die Schaltfläche *Zahlungsvorschlag/Zahlungsvorschlag erstellen* betätigt werden.

Im Dialog zum Zahlungsvorschlag können Parameter wie *Vorschlagstyp* (nach Fälligkeit oder Skontofrist), *Betragsgrenze* (zur Verfügung stehender Zahlbetrag) sowie *Von Datum* und *Bis Datum* (Datumsbereich für Fälligkeit/Skontofrist auszuwählender Rechnungen) eingetragen werden. Um den Zahlungsvorschlag auf bestimmte Lieferanten oder Rechnungen zu begrenzen, kann über die Schaltfläche *Auswählen* ein Filter gewählt werden.

Zum tatsächlichen Erzeugen eines Zahlungsvorschlags muss das Kontrollkästchen *Generieren* im Dialog markiert sein. In Abhängigkeit vom Vorschlagstyp wird dann das Fälligkeitsdatum oder das Ende der Skontofrist in das Buchungsdatum der Zahlung übernommen, wobei für ein Datum vor dem im Dialog eingetragenen *Mindestdatum* dieses Mindestdatum eingesetzt wird.

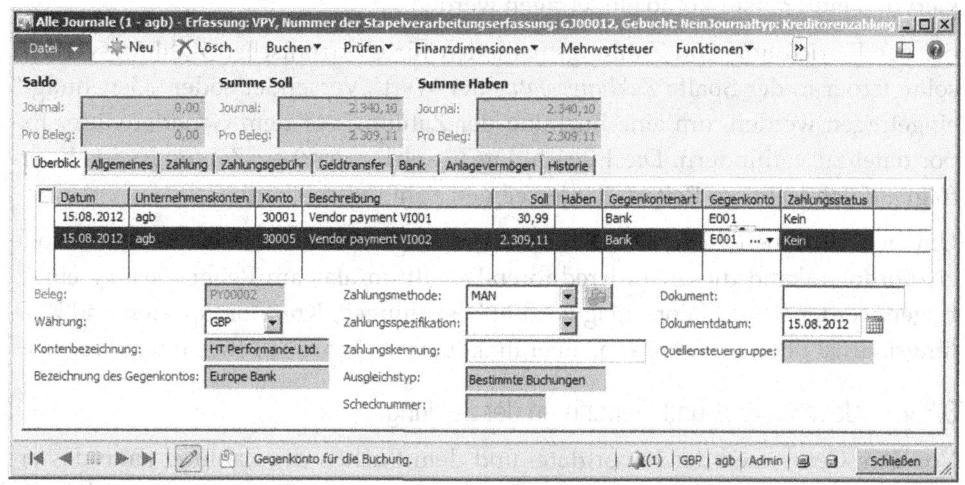

Abbildung 8-17: Bearbeiten von Positionen in der Kreditorenzahlungserfassung

Nach Betätigen der Schaltfläche *OK* im Dialog öffnet Dynamics AX das Formular *Kreditorenzahlungsvorschlag*, das zur Kontrolle und Bearbeitung der Zahlbeträge dient. Im unteren Bereich des Kreditorenzahlungsvorschlags sind dazu die vorgeschlagenen Zahlungen aufgelistet. Nach Markieren einer Zahlung im unteren Bereich können im oberen Bereich die zugehörigen Rechnungen aus der Zahlung entfernt oder im Zahlungsbetrag geändert werden. Am Reiter *Skonto* des oberen Bereichs kann auch das Skontodatum geändert werden. Um den Vorschlag danach in die Zahlung zu übernehmen, kann die Schaltfläche *Übertrag* in der Aktionsbereichsleiste des Kreditorenzahlungsvorschlags betätigt werden.

Durch den Zahlungsvorschlag wird ein Ausgleich der betroffenen Rechnungen markiert. In Abhängigkeit von der Zahlungsmethode wird hierbei in den Positionen des Zahlungsjournals eine Zahlung für mehrere Rechnungen oder eine Zahlung pro Rechnung erzeugt.

Fall gewünscht, können die übernommenen Positionen über die Schaltfläche *Zahlungsvorschlag/Zahlungsvorschlag bearbeiten* vor dem Buchen der Zahlung überarbeitet werden.

8.3.4.6 Zahlungsmethode

Für die Verarbeitung der Ausgangszahlungen wesentliche Einstellungen werden in den Zahlungsmethoden festgelegt. Diese werden im Menüpunkt *Kreditorenkonten> Einstellungen> Zahlung> Zahlungsmethoden* verwaltet.

Normalerweise werden hier mindestens zwei Methoden angelegt, eine für manuelle Überweisungen und eine für elektronischen Zahlungsverkehr. In der Zahlungsmethode kann ein Bankkonto (oder Hauptkonto) als Vorschlagswert für das Konto festgelegt werden, von dem aus die Zahlung erfolgt. Um die Bankabstimmung zu erleichtern kann das Kontrollkästchen *Unterwegs befindliche Zahlung* markiert und ein Transferkonto eingetragen werden.

Bei der Einrichtung von Zahlungsmethoden für elektronischen Zahlungsverkehr sollte ferner in der Spalte *Zahlungsstatus* der Wert „Versendet" oder „Genehmigt" eingetragen werden, um eine Buchung der Zahlung vor dem Generieren der Exportdatei zu verhindern. Die Einrichtung für elektronischen Zahlungsverkehr erfolgt auf den weiteren Reitern der jeweiligen Zahlungsmethode.

Um den einzelnen Lieferanten einen Vorschlagswert für die Zahlungsmethode zuzuordnen, kann dieser im Kreditoren-Detailformular am Reiter *Zahlung* eingetragen werden. Dieser Vorschlag wird in Bestellungen, Kreditorenposten und Zahlungsjournal übernommen, kann aber im konkreten Einzelfall abgeändert werden.

8.3.4.7 Journaldruck und Generieren der Zahlung

Vor dem Generieren der Exportdatei und dem Buchen der Zahlung kann das erfasste Journal über die Schaltfläche *Drucken/Journal* in der Aktionsbereichsleiste von Journalkopf oder Positionen zu Kontrollzwecken gedruckt werden.

Um eine Exportdatei für den elektronischen Zahlungsverkehr zu generieren, kann in den Zahlungsjournalpositionen die Schaltfläche *Funktionen/Zahlungen generieren* für eine entsprechend eingerichtete Zahlungsmethode betätigt werden. Hierbei ist zu beachten, dass das Generieren einer Exportdatei für die Zahlung vor dem Buchen der Zahlung erfolgen muss.

8.3.4.8 Zahlungsstatus und Buchen der Zahlung

Mit dem Generieren der Zahlung wird der *Zahlungsstatus* im Journal auf „Versendet" gesetzt. Falls benötigt kann der Zahlungsstatus aber auch manuell über die Schaltfläche *Zahlungsstatus* in der Aktionsbereichsleiste der Positionen geändert werden.

Zum Abschluss des Zahlungsvorgangs wird die Zahlung über die Schaltfläche *Buchen/Buchen* gegen das betroffene Bank- oder Sachkonto gebucht.

8.3.4.9 Unterwegs befindliche Zahlungen

Wenn bei der Zahlung auf ein Transferkonto statt direkt auf das Bankkonto gebucht wird (Kontrollkästchen *Unterwegs befindliche Zahlung* in Zahlungsmethode markiert), muss nach Eingehen des betreffenden Kontoauszugs eine Umbuchung vom Transferkonto auf das jeweilige Bankkonto erfasst und gebucht werden.

Zu diesem Zweck kann im Positionsteil einer allgemeinen Erfassung (*Hauptbuch> Erfassungen> Allgemeine Erfassung*) die Schaltfläche *Funktionen/Unterwegs befindliche Buchungen auswählen* betätigt und die betroffene Transferbuchung ausgewählt und gebucht werden.

8.3.4.10 Zentrale Zahlungen

Die zentrale Zahlungsfunktionalität dient zur Unterstützung von Konzernstrukturen, die Zahlungen über eine zentrale Holding abwickeln. Als Voraussetzung muss die Intercompany-Verrechnung (*Hauptbuch> Einstellungen> Buchung> Verrechnung*) für die betroffenen Unternehmen eingerichtet werden. Zusätzlich werden entsprechende Berechtigungen benötigt, wobei für die mandantenübergreifenden Einstellungen ein eigener Organisationshierarchiezweck „Zentralisierte Zahlungen" zur Verfügung steht.

In Zahlungserfassung und Zahlungsvorschlag wird der betroffene Mandant in der Spalte *Unternehmenskonten* gezeigt, beim Buchen einer Zahlung in einem Unternehmen können Rechnungen anderer Unternehmen zum Ausgleich gewählt werden.

8.3.4.11 Neu in Dynamics AX 2012

Neue Zahlungsfunktionen in Dynamics AX 2012 umfassen Änderungen in der Einrichtung von zentralisierten Zahlungen mit Nutzung von Organisationshierarchien.

8.3.5 Storno und Rückbuchung

Storno und Rückbuchung sind zwei unterschiedliche Möglichkeiten, eine Buchung in Dynamics AX aufzuheben. Ein Storno wird hierbei als Korrekturbuchung manuell erfasst, eine Rückbuchung wird zum Umkehren von Abgrenzungsbuchungen automatisch erzeugt.

8.3.5.1 Storno von Buchungen

Die Stornofunktionalität in Dynamics AX ermöglicht eine einfache Korrektur fehlerhafter Belege im Finanzwesen. Sie steht für Sachkonto-, Kreditoren- und Debitorenbuchungen (beispielsweise Freitextrechnungen) zur Verfügung, nicht aber für Transaktionen im Lager, aus Einkaufsbestellungen oder Verkaufsaufträgen. Diese müssen im jeweiligen Modul selbst storniert werden, beispielsweise über Kunden-Rücklieferungen (siehe Abschnitt 4.6.4).

Um ein Storno im Finanzwesen durchzuführen, wird zunächst die Buchungsabfrage geöffnet. Für Kreditoren- oder Debitorenposten erfolgt dies über die Schaltfläche *Buchungen/Buchungen* am ersten Schaltflächenreiter im Kreditoren- oder Debitorenformular. Für Sachkontobuchungen kann dazu die Schaltfläche *Journaleinträge/Gebucht* in der Hauptkonto-Listenseite (*Hauptbuch> Häufig> Hauptkonten*) gewählt werden.

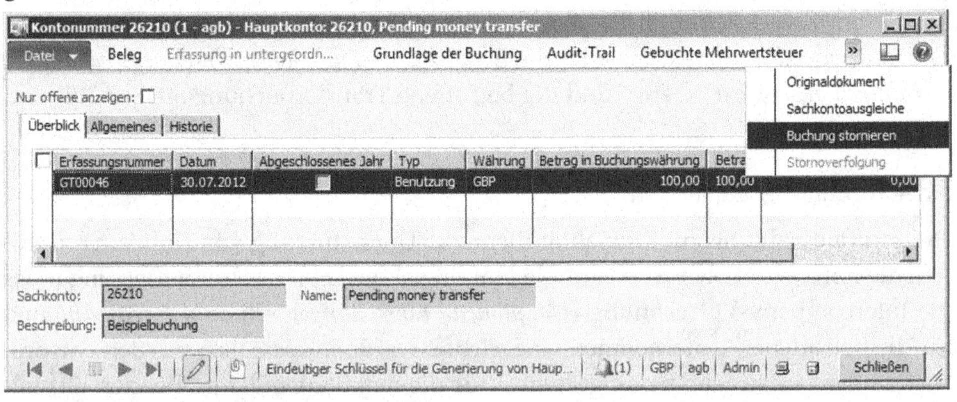

Abbildung 8-18: Storno einer Sachkontobuchung

Nach Auswählen der betroffenen Transaktion erfolgt das Storno über die Schaltfläche *Buchung stornieren*. In einem anschließenden Dialog kann dann das Buchungsdatum für die Stornobuchung angegeben werden. Wenn ein bereits ausgeglichener Kreditoren- oder Debitorenposten– beispielsweise eine bezahlte Rechnung – storniert werden soll, muss der Ausgleich storniert werden (siehe Abschnitt 8.2.5) bevor die Option zum Storno der Buchung zur Verfügung steht.

Das Storno wird als eigene Transaktion gebucht und kann selbst wieder aufgehoben (storniert) werden.

8.3.5.2 Rückbuchung

Im Unterschied zum Storno, der zur späteren Korrektur einer fehlerhaften Buchung dient, wird die Rückbuchung für das geplante Umkehren korrekter Abgrenzungs- und Rückstellungsbuchungen in einer Folgeperiode verwendet.

Um eine Rückbuchung durchzuführen, wird in den Positionen einer allgemeinen Erfassung (*Hauptbuch> Erfassungen> Allgemeine Erfassung*) am Reiter *Überblick* das Kontrollkästchen *Rückbuchung* markiert und das gewünschte *Rückbuchungsdatum* eingetragen. Im Journalkopf stehen zusätzlich entsprechende Spalten zum Erfassen eines Vorschlagswerts für die Positionen zur Verfügung.

Beim Buchen des Journals wird dann automatisch eine zweite Buchungszeile mit der entsprechenden Umkehrbuchung erstellt und gebucht.

8.3.6 Übungen zum Fallbeispiel

Übung 8.5 – Journalnamen

Für Journalbuchungen in den folgenden Übungen werden Sie eigene Journale verwenden. Legen Sie dazu im Modul Hauptbuch ein Erfassungsjournal „G-##“ (## = Ihr Benutzerkürzel) vom Typ „Täglich“, ein Journal „I-##“ vom Typ „Buchung der Kreditorenrechnung“ und ein Journal „P-##“ vom Typ „Kreditorenzahlung“ an. Wählen Sie jeweils einen passenden vorhandenen Nummernkreis.

Übung 8.6 – Segmentierte Eingabesteuerung in allgemeiner Erfassung

Sie wollen 50.- Pfund von Ihrem Hauptkonto „ZZ##“ in „Area ## 1“ auf Ihr Kassenkonto „111C-##“ umbuchen (beide Konten aus Übung 8.2).

Tragen Sie eine entsprechende Buchung in einer allgemeinen Erfassung ein, wobei Sie den Journalnamen „G-##“ aus Übung 8.5 wählen. Welche Segmente sind zum Hauptkonto „ZZ##“ verfügbar, wie kann die Segmentstruktur angezeigt werden? Zum Auswählen des Hauptkontos und der Finanzdimension wollen Sie das entsprechende Suchfenster benutzen.

Sobald Sie die Buchung fertig eingetragen haben, buchen Sie die Erfassung. Anschließend fragen Sie Kontosalden und Transaktionen auf beiden Konten ab.

Übung 8.7 – Allgemeine Erfassung

Sie heben von dem in Übung 8.4 angelegten Bankkonto „B-##“ 100.- Pfund für Ihre Handkassa „111C-##“ aus Übung 8.2 ab. Legen Sie dazu in der allgemeinen Erfassung mit Ihrem Journal „G-##“ eine Journalzeile an.

Prüfen Sie Kontosalden und Transaktionen auf dem Bankkonto und dem Handkassen-Konto „111C-##“ vor dem Buchen. Anschließend buchen Sie die Erfassung und fragen nach der Buchung Kontosalden und Transaktionen wieder ab.

Übung 8.8 – Eingangsrechnung

Sie erhalten die Rechnung VI808 über 50.- Pfund von Ihrem in Übung 3.2 angelegten Lieferanten. Diese Rechnung betrifft einen Sachaufwand, für den Sie das Sachkonto „6060##" in Übung 8.2 angelegt haben.

Öffnen Sie die Rechnungserfassung im Kreditorenmenü und erfassen Sie die Rechnung in Ihrem Journal „I-##". Für Fälligkeit (Zahlungsbedingung) und Skontobedingung wählen Sie die in Übung 3.1 von Ihnen angelegten Codes.

Buchen Sie die Rechnung, wobei Sie den Kreditorensaldo und den Saldo am Sachkonto vor und nach der Buchung prüfen.

Übung 8.9 – Kreditorenzahlung

Sie wollen die in Übung 8.8 gebuchte Rechnung „VI808" bezahlen. Öffnen Sie die Kreditorenzahlungserfassung und tragen Sie die entsprechende Zahlung in Ihrem Journal „P-##" ein, wobei Sie den Skonto nutzen. Sie zahlen von Ihrem Bankkonto „B-##" aus Übung 8.4.

Buchen Sie die Zahlung, wobei Sie Kreditorensaldo und Saldo des Bankkontos vor und nach der Buchung prüfen. Fragen Sie nach der Buchung zudem Sachkontobuchungen und Buchungsgrundlage ab.

Übung 8.10 – Storno einer Buchung

Sie erhalten eine weitere Rechnung (Rechnung „VI810" über 30.- Pfund) von Ihrem Lieferanten aus Übung 3.2. Diese erfassen und buchen die Sie wie in Übung 8.8.

Es stellt sich nachträglich heraus, dass die Rechnung nicht richtig ist. Stornieren Sie daher die gerade gebuchte Rechnung „VI810", wobei Sie Kreditorensaldo und Kontosalden vor und nach dem Storno prüfen.

8.4 Sachkontenintegration

Der Vorteil eines hoch integrierten Systems wie Dynamics AX liegt darin, dass Geschäftsvorgänge, die in einem Bereich erfasst werden, parallel dazu auch allen anderen Unternehmensbereichen zur Verfügung stehen. So stehen etwa durch die Buchung einer Ausgangsrechnung nicht nur die im Verkauf benötigten Dokumente zur Verfügung, die Buchung erzeugt auch folgende Transaktionen:

- **Lagerbuchungen** zur Reduktion des Lagerwerts im Lager
- **Sachkontobuchungen** zu Umsatz, Materialverbrauch und Kundenforderungen im Hauptbuch
- **Debitorenposten** zur offenen Rechnung in der Debitorenbuchhaltung
- **Mehrwertsteuerposten** soweit zutreffend

Je nach Anwendungsfall kann zusätzlich beispielsweise eine Buchung zu Provision, zu Rabatt, oder auch zu einer Barzahlung automatisch erfolgen.

8.4.1 Grundlagen der Sachkontenintegration

Die Sachkontenintegration - die Integration des Hauptbuchs im Finanzwesen mit den übrigen Unternehmensbereichen - stellt das Kernelement eines integrierten ERP-Systems dar. In Dynamics AX können dazu finanzwirksame Buchungen aus allen Bereichen automatisch im Hauptbuch gebucht werden.

8.4.1.1 Grundeinstellungen

Über eine Reihe von Einstellungen kann in diesem Zusammenhang gesteuert werden, wie und auf welche Sachkonten die Buchung von Geschäftsvorgängen erfolgen soll. Für die in diesem Buch behandelten Bereiche Beschaffung, Vertrieb, Lagerwesen und Produktion sind folgende Einstellungen relevant:

- **Abstimmkonten für Lieferantenverbindlichkeiten** und Kundenforderungen in Kreditoren- und Debitoren-/Buchungsprofilen
- **Hauptkonten für Lagerbuchungen** in den Lager-Buchungseinstellungen
- **Hauptkonten für Produktionsbuchungen** in Ressourceneinstellungen, Kostenkategorien oder Produktionsbuchungsprofilen

Zusätzlich sind für die Sachkontenintegration bestimmter Buchungen weitere Einstellungen relevant – beispielsweise zu Mehrwertsteuer, Skonto und sonstigen Zuschlägen.

8.4.1.2 Sachkontenintegration zu Kreditoren und Debitoren

Die Zuordnung von Kreditoren zu Sammelkonten (Abstimmkonten) im Hauptbuch erfolgt über Buchungsprofile und bestimmt das Zusammenspiel von Kreditorenbuchhaltung und Hauptbuchhaltung. Die entsprechenden Einstellungen werden in Abschnitt 3.2.3 beschrieben, auf Debitorenseite werden die entsprechenden Einstellungen analog vorgenommen.

8.4.1.3 Erfassungen in untergeordnetem Sachkonto

Erfassungen in untergeordneten Sachkonten bieten die Möglichkeit, die Buchung im Nebenbuch – beispielsweise Kreditorenposten – von der Buchung im Hauptbuch zu entkoppeln. Buchungen im untergeordneten Sachkonto können hierbei entweder synchron oder als Stapelübertragung asynchron im Hauptbuch gebucht werden, wobei die asynchrone Übertragung sowohl detaillierte als auch zusammengefasste Buchungen ermöglicht.

Die Erfassung im untergeordneten Sachkonto ist hierbei nicht für alle, sondern nur für bestimmte dafür vorgesehene Dokumente verfügbar. Zu diesen Dokumenten gehören:

- **Freitextrechnungen** – Siehe Abschnitt 4.6.3
- **Produktzugänge** – Zugang zu Einkaufsbestellungen, siehe Abschnitt 3.5.4
- **Kreditorenrechnung** – Rechnung im Einkauf, siehe Abschnitt 3.6.2

In den Hauptbuchparametern (*Hauptbuch> Einstellungen> Hauptbuchparameter*) kann am Reiter *Stapelübertragungsregeln* pro Dokumenttyp die entsprechende Option für die Übertragung ins Hauptbuch gewählt werden. Während der *Übertragungsmodus* „Synchr." parallel zur Buchung im Nebenbuch auch die zugehörigen Transaktionen im Hauptbuch erzeugt, ermöglich der Modus „Geplante Stapelverarbeitung" das Prüfen der untergeordneten Transaktionen vor dem Transfer durch die Stapelverarbeitung. Der Modus „Asynchron" bucht die Hauptbuch-Transaktion sofort bei Verfügbarkeit von Server-Kapazität.

Für Dokumente, für die eine geplante Stapelverarbeitung gewählt wird, können die gebuchten Erfassungen im untergeordneten Sachkonto vor der Übertragung ins Hauptbuch über das Formular *Hauptbuch> Abfragen> Noch nicht übertragene Einträge in der Erfassung in untergeordnetem Sachkonto* abgefragt werden. Der Transfer kann in dieser Abfrage über die Schaltfläche *Eintrag übertragen* (für sofortige Übertragung) oder *Stapelübertragung* (für Stapelabruf) gebucht werden.

Die Schaltfläche *Erfassung in untergeordnetem Sachkonto* in der Abfrage noch nicht übertragener Erfassungen und in dafür vorgesehenen Dokumenten (beispielsweise Freitextrechnungen) ermöglichen einen Zugriff auf den gesamten Buchungssatz inklusive aller betroffenen Finanzdimensionen.

8.4.1.4 Neu in Dynamics AX 2012

Stapelübertragungen in das Hauptbuch und die Funktion untergeordneter Sachkonten sind neu in Dynamics AX 2012.

8.4.2 Sachkontenintegration zum Lagerwesen

Beim Buchen von Transaktionen zu Lagerzugängen und Lagerabgängen im Hauptbuch werden in Dynamics AX zwei Ebenen unterschieden, für die die Buchung auf Sachkonten getrennt gesteuert werden kann (vgl. Abschnitt 7.1.1):

- **Physische Buchung** (Produktzugang und Lieferschein)
- **Wertmäßige Buchung** (Rechnung)

8.4.2.1 Physische Buchung

Ob physische Buchungen (Produktzugänge und Lieferscheine) auf Sachkonten gebucht werden, hängt einerseits vom Kontrollkästchen *Physischen Bestand buchen* in der Lagersteuerungsgruppe und andererseits von der Einstellung *Lieferschein auf Sachkonto buchen* in Debitoren- bzw. Kreditorenparametern ab. Physische Buchungen in der Produktion sind Kommissionierliste und Fertigmeldung, die Buchungseinrichtung erfolgt analog über die Produktionsparameter.

8.4.2.2 Wertmäßige Buchung

Ob wertmäßige Buchungen (Rechnungen in Einkauf und Verkauf, Nachkalkulation in der Produktion) auf Sachkonten gebucht werden, hängt im Gegensatz dazu nur vom Kontrollkästchen *Wertmäßigen Bestand buchen* in der Lagersteuerungsgruppe ab. Ist dieses Kontrollkästchen nicht markiert, wird für die betroffenen Artikel die Sachkontenintegration von Lagerbuchungen deaktiviert. Die Buchung von Eingangsrechnungen erfolgt direkt in den Aufwand, Lagerabgänge werden nicht im Hauptbuch gebucht. Diese Einstellung wird für Service-Artikel genutzt.

8.4.2.3 Sachkonten-Zuordnung in den Lager-Buchungseinstellungen

Welche Konten im Hauptbuch für das automatische Buchen einer Lagertransaktion herangezogen werden, wird in den Lager-Buchungseinstellungen (*Lager- und Lagerortverwaltung> Einstellungen> Buchung> Buchung*) gesteuert.

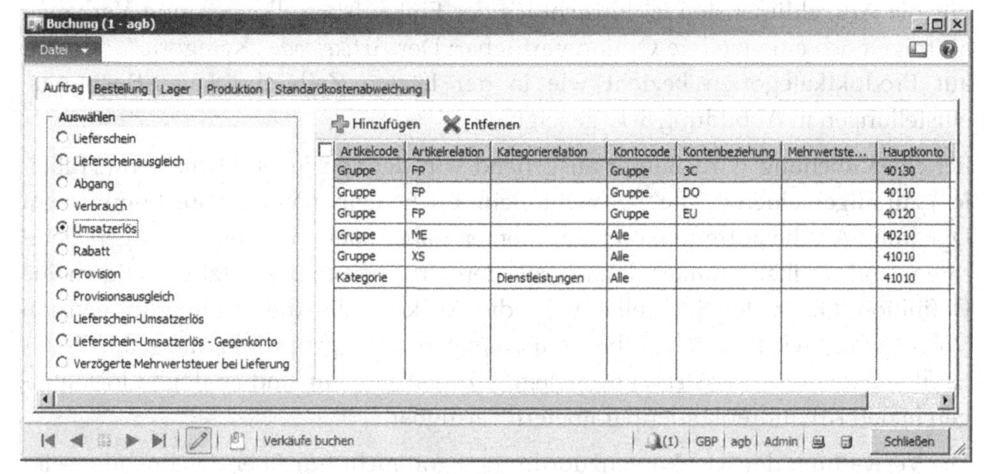

Abbildung 8-19: Lager-Buchungseinstellungen für die Buchung von Umsatzerlös

In den Lager-Buchungseinstellungen wird die Buchung von Lagertransaktionen im Hauptbuch für folgende Geschäftsfälle konfiguriert:

- **Reiter Auftrag** – Lieferscheine und Rechnungen im Verkauf
- **Reiter Bestellung** – Produktzugänge und Rechnungen im Einkauf
- **Reiter Lager** – Journalbuchungen in der Lagerverwaltung
- **Reiter Produktion** – Kommissionierlisten, Fertigmeldungen und Nachkalkulation für Produktionsaufträge
- **Reiter Standardkostenabweichung** – Standardpreisabweichungen

Auf jedem dieser Reiter werden im linken Bereich des Formulars die verschiedenen Buchungsvorgänge angeführt, nach Auswahl eines Punktes im linken Bereich werden im rechten Teil die dazu gewählten Hauptkonten gezeigt.

8.4.2.4 Buchungskombinationen und Sachkontoabstimmung

Die Lager-Buchungseinstellungen werden hierbei mit Bezug auf zwei Basis-Dimensionen definiert:

- **Artikel / Produktkategorie** und
- **Debitor / Kreditor**

Zusätzlich können die Hauptkonto-Einstellungen auch in Abhängigkeit von der Mehrwertsteuergruppe und – für Standardkostenabweichungen – von der Kostenkategorie definiert werden.

Sowohl hinsichtlich der Artikeldimension als auch hinsichtlich der Debitorendimension (am Reiter *Auftrag*) und der Kreditorendimension (am Reiter *Bestellung*) ist die Sachkonteneinstellung auf drei Ebenen möglich:

- **Tabelle** – Einzelner Artikel, Debitor oder Kreditor
- **Gruppe** – Artikelgruppe, Debitorengruppe oder Kreditorengruppe
- **Alle**

Für die Artikeldimension ist hinsichtlich der Einkaufsbestellungen und Verkaufsaufträge noch eine weitere Option verfügbar: Der *Artikelcode* „Kategorie", der sich auf Produktkategorien bezieht wie in der letzten Zeile der Lager-Buchungseinstellungen in Abbildung 8-19 gezeigt.

Bei einer Buchung wird immer ausgehend von der speziellen Definition („Tabelle") zur allgemeinen („Alle") gesucht. Beim Buchen einer Verkaufsrechnung sucht Dynamics AX die zutreffenden Hauptkonten daher zuerst mit der jeweiligen Debitoren- und Artikelnummer, danach mit den Gruppen und zuletzt die allgemeine Definition. Ob in der Suchreihenfolge die Artikel- oder die Debitorendimension Vorrang hat, wird in den Debitorenparametern (Feldgruppe *Buchung* am Reiter *Sachkonto und Mehrwertsteuer*) festgelegt. Für den Einkauf sind analoge Einstellungen in den Kreditorenkontenparametern verfügbar.

Die Verwaltung der Sachkontenzuordnung kann nicht nur über das Buchungseinstellungs-Formular im Menü *Lager- und Lagerortverwaltung*, sondern auch über die Schaltfläche *Buchung* in der Artikelgruppenverwaltung und in Debitoren- und Kreditorengruppenverwaltung über die Schaltfläche *Einstellungen/Lagerbuchung* erfolgen. Der Aufruf aus den Gruppen zeigt hierbei eine auf die jeweilige Gruppe gefilterte Ansicht der Buchungseinstellungen.

In den Buchungskombinationen (*Lager- und Lagerortverwaltung> Einstellungen> Buchung> Buchungskombinationen*) kann eingestellt werden, welche Ebenen für die Lager-Buchungseinstellungen zulässig sind.

Da sich die Auswertungen zur Abstimmung von Lager und Finanzbuchhaltung wie der Bericht im Menüpunkt *Lager- und Lagerortverwaltung> Berichte> Status> Lagerwert> Lagerwert* auf die Artikelgruppe beziehen, wird für die Artikelebene normalerweise die Artikelgruppe als zulässige Ebene eingetragen. Die Einrichtung des Lagerwertberichts erfolgt über den Menüpunkt *Lager- und Lagerortverwaltung> Einstellungen> Nachkalkulation> Lagerwertberichte.*

8.4.2.5 Beispiel zu Verkaufsbuchungen

Als Beispiel für die Einstellung der automatischen Buchungen soll nachfolgend die Verkaufsabwicklung gezeigt werden, wenn die Sachkontenintegration sowohl für Lieferschein als auch für die Rechnung aktiviert ist.

Beim Buchen des Lieferscheins wird eine Sachkontobuchung des in den Lager-Buchungseinstellungen eingetragenen Kontos „Lieferschein" gegen das Konto „Lieferscheinausgleich" vorgenommen. Mit der Buchung der Rechnung wird die Sachkontobuchung des Lieferscheins aufgelöst und eine Buchung auf das Konto „Abgang" gegen das Konto „Verbrauch" vorgenommen. Gleichzeitig wird eine Kundenforderung auf dem Konto gemäß Debitoren-Buchungsprofil gegen das Konto „Umsatzerlös" gebucht.

Falls Positionsrabatte auf eigene Konten gebucht werden sollen, ist ein entsprechender Eintrag für das Konto „Rabatt" in den Lager-Buchungseinstellungen vorzunehmen. Fehlt ein solcher Eintrag, wird ein Rabatt im Hauptbuch nicht extra gebucht, sondern vermindert den Buchungsbetrag auf das Umsatzkonto.

8.4.2.6 Buchung von Standardkosten

Für Artikel, in deren Lagersteuerungsgruppe das Wertmodell „Standardkosten" (siehe Abschnitt 7.3.1) eingetragen ist, sind auch die Einstellungen am Reiter *Standardkostenabweichung* der Lager-Buchungseinrichtung wesentlich: Für die unterschiedlichen Buchungstypen wie „Einkaufspreisabweichung" wird die Differenz zwischen tatsächlichen Kosten (wie Preis aus Einkaufsrechnung) und dem eingetragenen Standardpreis auf die hier angeführten Konten gebucht.

Für Artikel mit dem Bewertungsverfahren „Fester Zugangspreis" sind die Konten zur Buchung der Preisabweichung in der Lager-Buchungseinrichtung auf den Reitern *Bestellung* und *Lager* zu finden.

8.4.2.7 Dienstleistungen und nicht lagergeführte Artikel

Für Artikel vom Produkttyp „Service" (Dienstleistungen und nicht lagergeführte Artikel) sollte eine eigene Lagersteuerungsgruppe und eine eigene Artikelgruppe angelegt werden. In der betreffenden Lagersteuerungsgruppe wird die Sachkontenintegration für physische und wertmäßige Buchungen deaktiviert, wodurch beim Buchen einer Verkaufsrechnung für Service-Artikel die Konten „Abgang" und „Verbrauch" nicht gebucht werden und nur eine Buchung der Kundenforderung gegen den Umsatzerlös erfolgt.

Nicht-lagergeführte Artikel, die nicht als Komponente in einer Stückliste enthalten sind, können auch einer Lagersteuerungsgruppe zugeordnet werden, in der das Kontrollkästchen *Produkt auf Lager* nicht markiert ist (siehe Abschnitt 7.2.1). Mit dieser Einrichtung werden keine Lagerbuchungen erzeugt und die Sachkontenintegration für physische und wertmäßige Buchungen ist deaktiviert.

8.4.2.8 Änderung von Einstellungen

Um Probleme bei der Abstimmung von Lager und Hauptbuch zu vermeiden, dürfen Einstellungen zur Sachkontenintegration in Lagersteuerungsgruppe, Parametern und Sachkontenzuordnung für einen Artikel nicht geändert werden, solange er einen Lagerstand aufweist oder seit dem letzten Monatsabschluss offene Lagerbuchungen vorhanden sind oder waren. Dies betrifft einerseits allfällige Änderungen in den Einstellungen selbst und andererseits die Zuordnung von Artikelgruppe und Lagersteuerungsgruppe im Artikelstamm.

8.4.2.9 Neu in Dynamics AX 2012

In Dynamics AX 2012 sind zusätzlich Buchungseinstellungen auf Ebene von Produktkategorien möglich.

8.4.3 Sachkontenintegration zur Produktion

Im Unterschied zu den Buchungen in Beschaffung, Vertrieb und Lager muss in der Produktion für den Zugangswert von Fertigfabrikaten neben dem Wert des eingesetzten Materials auch der Wert der Inanspruchnahme von Ressourcen (Personal und Maschinen) gebucht werden.

8.4.3.1 Produktionssteuerungsparameter

In den Produktionssteuerungsparametern stehen in diesem Zusammenhang folgende Einstellungen im Auswahlfeld *Sachkontobuchung* zur Verfügung:

- **Artikel und Ressource**
- **Artikel und Kategorie**
- **Produktionsbuchungsprofile**

Die Einstellung in den Produktionssteuerungsparametern kann nicht in den standortspezifischen Produktionssteuerungsparametern überschrieben werden. Sie wird in neu angelegte Produktionsaufträge übernommen und kann dort – beispielsweise für Sonderaufträge und Prototypen – überschrieben werden.

8.4.3.2 Artikel und Ressource

Bei Auswahl der Option „Artikel und Ressource" in den Produktionssteuerungsparametern werden die Konten für die Artikelbuchung in den Lager-Buchungseinstellungen und die Konten für den Ressourcenverbrauch am Reiter *Sachkonto* im Ressourcenformular (*Organisationsverwaltung> Häufig> Ressourcen> Ressourcen*) eingestellt.

8.4.3.3 Artikel und Kategorie

Bei Auswahl der Option „Artikel und Kategorie" werden die Sachkonten für die Ressourcenbuchungen in den Kostenkategorien (*Produktionssteuerung> Einstellun-*

gen> Arbeitspläne> Kostenkategorien, Reiter *Sachkonto-Ressourcen*) festgelegt, Artikel werden wie bei „Artikel und Ressource" gebucht.

8.4.3.4 Produktionsbuchungsprofile

Falls die Option „Produktionsbuchungsprofile" gewählt wird, werden die Konten für Artikelbuchung und Ressourcenbuchung im Produktionsbuchungsprofil (*Produktionssteuerung> Einstellungen> Produktion> Produktionsbuchungsprofile*) festgelegt. Das Produktionsbuchungsprofil wird in diesem Fall im Produktionsauftrag eingetragen, ein Vorschlagswert kann für das Fertigprodukt im Formular für freigegebene Produkte am Inforegister *Entwickler* hinterlegt werden.

8.4.3.5 Sachkontobuchungen in der Produktion

Im Zuge der Bearbeitung eines Produktionsauftrages werden folgende Buchungen entsprechend den Buchungseinstellungen vorgenommen:

- **Kommissionierliste** – Konto „Kommissionierliste" gegen „Kommissionierliste, Gegenkonto"
- **Arbeitsgang-Rückmeldung** – Konto „WIP-Abgang" gegen „WIP-Konto" (WIP = "Work In Process")
- **Fertigmeldung** – Konto „Fertigmeldung" gegen „Fertig gemeldet, Gegenkonto"

Durch die Nachkalkulation werden alle vorhergehenden Sachkontobuchungen zum betroffenen Auftrag aufgelöst und der endgültige Fertigprodukt-Zugang, Komponenten-Abgang und Ressourcenverbrauch entsprechend den für die Nachkalkulation eingestellten Konten gebucht.

9 Zentrale Einstellungen und Funktionen

Aufgabe eines ERP-Systems ist die Abbildung von Prozessen, die die Unternehmensorganisation durchlaufen. Das ERP-System muss dazu ein Modell von Aufbau- und Ablauforganisation des jeweiligen Unternehmens enthalten.

Unternehmen können hierbei unterschiedlichste Organisationsformen aufweisen, was bei der Implementierung eines ERP-Systems entsprechend berücksichtigt werden muss. Zur Anpassung von Dynamics AX an die jeweilige Organisation wird das System entsprechend konfiguriert.

Im Rahmen der Implementierung sollten hierbei zukünftige Änderungen in der Organisation strukturell bereits berücksichtigt werden, um eine spätere Integration neuer Einheiten möglichst einfach zu gestalten.

9.1 Organisationsstrukturen

Die oberste Gliederungsebene in Dynamics AX ist das installierte System. Dieses stellt eine technisch und organisatorisch unabhängige Instanz dar, die eine eigene Datenbank und eine eigene Applikation beinhaltet. Die Änderung von Programmen oder Konfigurationseinstellungen in einem System hat daher keine Auswirkung auf andere Systeme.

Systeme können hierbei unabhängig voneinander auf derselben Hardware installiert werden. Im betrieblichen Alltag wird in diesem Zusammenhang häufig ein Entwicklungs- und Testsystem parallel zum Echtsystem betrieben, um Änderungen vor Implementierung im Echtsystem gefahrlos testen zu können.

Innerhalb eines Systems bestimmt das Organisationsmodell die Struktur des Unternehmens und der Geschäftsprozesse, wobei hier auch umfangreiche Konzernstrukturen abgebildet werden können. Unabhängig von der rechtlichen Organisation des Unternehmens oder der Unternehmensgruppe können hierbei je nach Art und Größe des Unternehmens parallel auch ein oder mehrere operative Organisationsstrukturen bestehen.

Im Organisationsmodell werden in diesem Zusammenhang drei grundsätzlich unterschiedliche Gliederungsgesichtspunkte unterschieden:

- **Organisation nach rechtlichen Vorschriften** – Firmenstruktur zur Darstellung der Geschäftsvorgänge gegenüber öffentlichen Behörden (z.B. für Zwecke der Steuerermittlung)
- **Organisation nach operativen Gesichtspunkten** – Struktur zur Führung des Unternehmens entsprechend den Anforderungen des Managements (z.B. Divisionen/Geschäftsbereiche)
- **Informelle Organisation** – Ohne vorgegebene Struktur

Um unterschiedlichen Berichtsvorschriften und Anforderungen zu entsprechen können große Unternehmensgruppen mehrere Organisationsstrukturen und Hierarchien gleichzeitig aufweisen. So kann eine Organisationshierarchie die rechtliche Firmenstruktur beinhalten, eine andere der Gliederung nach Divisionen und Geschäftsbereichen entsprechen, während eine dritte Hierarchie die regionale Gliederung wiedergibt.

Für andere Firmen kann eine einzige, einfache Struktur ohne parallele Hierarchien ausreichend sein.

9.1.1 Gliederung des Organisationsmodells

Dynamics AX unterstützt mit dem flexiblen Organisationsmodell die Anforderungen unterschiedlicher Organisationen. Parallel zur rechtsverbindlichen Firmenstruktur mit Unternehmen (Mandanten) können operative Einheiten in mehreren Hierarchien beliebig gegliedert werden.

9.1.1.1 Organisationstypen

Das Organisationsmodell unterscheidet hierbei folgende Organisationstypen:

- **Juristische Personen** (Unternehmen) – Unternehmensrechtliche Struktur
- **Organisationseinheiten** – Gliederung nach operativen Gesichtspunkten
- **Teams** – Informelle Organisation

Organisationen vom Typ „Juristische Person" und „Organisationseinheit" können in Organisationshierarchien gewählt und hierarchisch gegliedert werden.

Organisationen von Typ „Team" stellen einen informellen Organisationstyp dar und können daher keiner Hierarchie zugeordnet werden. Teams werden jedoch in mehreren Bereichen der Anwendung benutzt, beispielsweise als Gruppierung zur Einrichtung der Zugriffrechte auf das globale Adressbuch (siehe Abschnitt 9.2.4).

9.1.1.2 Nutzung des Organisationsmodells

Neben der reinen Darstellung der Organisation wird das Organisationsmodell in folgenden Bereichen genutzt:

- **Unternehmen** – Juristische Personen sind gleichzeitig Unternehmen (Mandanten) in Dynamics AX, weshalb ein neues Unternehmen als juristische Person angelegt wird.
- **Finanzdimensionen** – Nachdem juristische Personen und Organisationseinheiten mit Finanzdimensionen verknüpft werden können, können Auswertungen und Berichte auf Ebene von Organisationseinheiten erstellt werden.
- **Benutzerberechtigungen** – Auf Basis von Organisationshierarchien mit dem Hierarchiezweck „Sicherheit" können Benutzerberechtigungen für Organisationsstrukturen unabhängig von der rechtlich vorgeschriebenen Firmenstruktur (Mandanten) eingerichtet werden.

- **Geschäftsrichtlinien** – Richtlinien für Bereiche wie zentralisierte Zahlungen oder Genehmigungsprozesse können eine andere Organisationsstruktur als die rechtliche Firmenstruktur oder die Benutzerberechtigungen aufweisen.

Juristische Personen und Organisationseinheiten sind nicht nur in Organisationshierarchien enthalten, sie sind gleichzeitig auch Parteien im globalen Adressbuch (siehe Abschnitt 2.4.1). Für die Verwaltung der Adressen und Kontaktdaten von Organisationen steht daher die Funktionalität des globalen Adressbuchs zur Verfügung.

9.1.2 Elemente der internen Organisation

Das Organisationsmodell enthält Organisationen vom Typ „Juristische Person", „Organisationseinheit" und „Team". Juristische Personen und Organisationseinheiten bilden hierbei die Basiselemente in der Organisationsstruktur eines Unternehmens.

Die Organisationsstruktur wird in Dynamics AX über Organisationshierarchien abgebildet.

Interne Organisation		
Juristische Personen	**Organisationseinheiten**	**Teams**
Gliederung nach rechtlichen Vorschriften (Unternehmen)	*Gliederung nach operativen Gesichtspunkten* ➤ Abteilungen ➤ Kostenstellen ➤ Unternehmenseinheiten ➤ Wertströme	*Informelle Struktur*

Abbildung 9-1: Elemente der internen Organisation

Die Listenseite *Organisationsverwaltung> Häufig> Organisationen> Interne Organisationen* zeigt einen Überblick aller in Dynamics AX angelegten Organisationen mit ihrem jeweiligen Typ. Formulare zur Einrichtung der Organisationen entsprechende dem jeweiligen Typ sind im Menüknoten *Organisationsverwaltung> Einstellungen> Organisation* enthalten.

9.1.2.1 Juristische Personen

Juristische Personen (*Organisationsverwaltung> Einstellungen> Organisation> Juristische Personen*) entsprechen Firmen, die als rechtlich eigenständige Organisation tätig sind. Sie sind in Dynamics AX mit Unternehmen (Mandanten, siehe Abschnitt 9.1.4) verknüpft. Berichte im Finanzwesen wie Bilanz oder Gewinn- und Verlustrechnung werden auf Basis von juristischen Personen erstellt.

Nachdem mehrere Unternehmen – juristische Personen – in einer gemeinsamen Datenbank arbeiten können, können die geschäftlichen Beziehungen zwischen diesen Unternehmen in Dynamics AX verwaltet werden. In Abhängigkeit von den jeweiligen Anforderungen stehen hierbei folgende Funktionen zur Verfügung:

- **Konsolidierung** – Finanzielle Konsolidierung von Unternehmen einer Unternehmensgruppe
- **Intercompany** – Automatisieren von Geschäftsprozessen der Materialwirtschaft zwischen Unternehmen einer Unternehmensgruppe
- **Organisationshierarchien** – Nutzung von juristischen Personen im Organisationsmodell

9.1.2.2 Organisationseinheiten

Organisationseinheiten (*Organisationsverwaltung> Einstellungen> Organisation> Organisationseinheiten*) unterstützen die Unternehmensführung bei der Steuerung von Geschäftsprozessen. In Abhängigkeit von den jeweiligen Anforderungen können unterschiedliche Arten von Organisationseinheiten wie Divisionen oder Regionen bestehen.

In einer Dynamics AX Standard-Installation sind folgende Typen von Organisationseinheiten enthalten:

- **Unternehmenseinheit** – Gliederung zur Steuerung strategischer Unternehmensziele (z.B. nach Divisionen)
- **Kostenstelle** – Gliederung für Budgetierung und Kontrolle von Ausgaben
- **Abteilung** – Funktionale Gliederung, auch Struktur in Personalverwaltung
- **Wertstrom** – Gliederung gemäß der Strukturen in Lean Manufacturing

Im Dynamics AX 2012 Feature Pack ist zusätzlich der Organisationseinheitentyp „Einzelhandelskanal" enthalten.

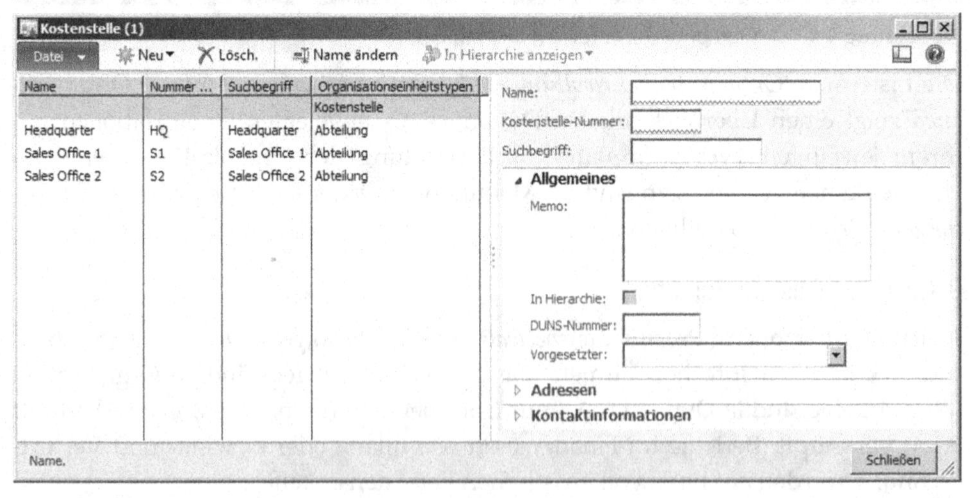

Abbildung 9-2: Anlegen einer Organisationseinheit vom Typ „Kostenstelle"

Beim Anlegen einer neuen Organisationseinheit über die Schaltfläche *Neu* in der Aktionsbereichsleiste des Organisationseinheitenformulars muss zunächst der *Organisationseinheitentyp* gewählt werden. Anschließend können weitere Daten wie Name, Adresse und Kontaktdaten erfasst werden.

Wenn eine Organisationseinheit in einer oder mehreren Hierarchien enthalten ist, kann im Organisationseinheitenformular über die Schaltfläche *In Hierarchie anzeigen* die Eingliederung der jeweiligen Organisationseinheit in Organisationshierarchien gezeigt werden.

Über die Zuordnung eines Organisationshierarchietyps – beispielsweise Kotenstellen oder Abteilungen – zu einer Finanzdimension (siehe Abschnitt 8.2.3) können für die betroffenen Organisationseinheiten Auswertungen im Finanzwesen abgerufen werden.

9.1.2.3 Teams

Teams (*Organisationsverwaltung> Einstellungen> Organisation> Teams*) dienen zur Abbildung informeller Organisationen. Ein Team ist hierbei eine beliebige Gruppe von Personen ohne hierarchische Beziehung zu anderen Teams.

Teamtypen, die über die Schaltfläche *Teamtypen* in der Aktionsbereichsleiste des Teamformulars geöffnet werden, fassen verschiedene Arten von Personen zusammen, beispielsweise Dynamics AX-Benutzer oder Mitarbeiter.

Beim Anlegen eines neuen Teams muss dann zunächst der *Teamtyp* im entsprechenden Auswahlfeld eingetragen werden. Über die zugeordneten Arten von Personen schränkt der Teamtyp die Auswahl möglicher Teammitglieder ein. Teammitglieder werden hierbei dem jeweiligen Team über die Schaltfläche *Teammitglieder hinzufügen* am Reiter *Teammitglieder* des Teamformulars zugeordnet.

Teams werden in verschiedenen Bereichen der Anwendung benutzt, beispielsweise im Mahnwesen (Auswahl des inkassobeauftragten Teams in den Debitorenparametern) oder zur Einstellung der Zugriffsberechtigungen im globalen Adressbuch.

9.1.2.4 Neu in Dynamics AX 2012

Das Organisationsmodell ist eine neue Funktion in Dynamics AX 2012.

9.1.3 Organisationshierarchien

Organisationshierarchien dienen zur Verwaltung der hierarchischen Struktur zwischen den verschiedenen Organisationseinheiten im Unternehmen. So zeigt beispielsweise eine Hierarchie der Organisationen vom Typ „Juristische Person" die Firmenstruktur aus unternehmensrechtlicher Sicht.

In Abhängigkeit von den jeweiligen Anforderungen können ein oder mehrere Hierarchien parallel geführt werden. Hierarchiezwecke bestimmen hierbei das Einsatzgebiet einer Hierarchie. Der Hierarchiezweck „Sicherheit" bezieht sich beispielsweise auf Benutzerberechtigungen.

9.1.3.1 Verwalten von Organisationshierarchien

Organisationshierarchien werden im Formular *Organisationsverwaltung> Einstellungen> Organisation> Organisationshierarchien* verwaltet. Beim Anlegen einer neuen Hierarchie über die Schaltfläche *Neu* in der Aktionsbereichsleiste muss zunächst ein Hierarchiename eingetragen werden bevor über die Schaltfläche *Zweck zuweisen* am Reiter *Zwecke* ein oder mehrere Hierarchiezwecke (siehe weiter unten) zugeordnet werden.

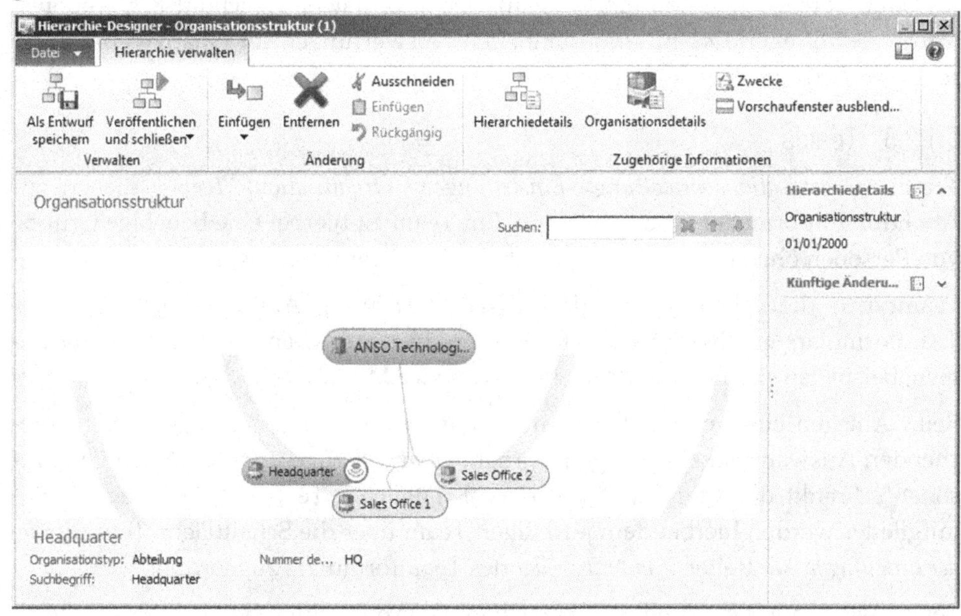

Abbildung 9-3: Bearbeiten einer Organisationshierarchie im Hierarchie-Designer

Über die Schaltfläche *Anzeigen* in der Aktionsbereichsleiste des Organisationshierarchieformulars kann der Hierarchie-Designer zum Bearbeiten der jeweiligen Hierarchie geöffnet werden. Im Hierarchie-Designer kann zwischen den verschiedenen Ebenen einer mehrstufigen Hierarchie navigiert werden, wobei durch Klick auf das Symbol im rechten Teil des aktiven Knotens der Fokus geändert werden kann.

Im Bearbeitungsmodus, der im Ansichtsmodus über die Schaltfläche *Bearbeiten* im Aktionsbereich des Hierarchie-Designers aktiviert wird, können durch Auswahl der entsprechenden Option im Aktionsbereich oder im Kontextmenü (Klick mit rechter Maustaste auf betroffene Organisationseinheit) Organisationseinheiten zur Hierarchie hinzugefügt oder von ihr entfernt werden. Die Schaltflächen *Ausschneiden* und *Einfügen* bieten die Möglichkeit, einen Knoten samt unterordneten Einheiten innerhalb der Organisationshierarchie zu verschieben.

Die Organisationshierarchie ist datumsabhängig, weshalb beim Speichern und Veröffentlichen ein Gültigkeitsdatum für die bearbeitete Version angegeben werden muss.

9.1.3.2 Organisationshierarchiezwecke

In Abhängigkeit vom jeweiligen Zweck können mehrere Hierarchien im Organisationshierarchieformular parallel eingerichtet werden.

Organisationshierarchiezwecke (*Organisationsverwaltung> Einstellungen> Organisation> Organisationshierarchiezwecke*) dienen zur Verwaltung der Zuordnung von Hierarchien zu Hierarchiezwecken. Verfügbare Zwecke wie „Sicherheit" oder „Zentralisierte Zahlungen" und zulässige Organisationstypen sind vom System vorgegeben, da sie im jeweiligen Funktionsbereich Berücksichtigung finden müssen.

Nach Auswahl des gewünschten Zwecks im linken Bereich des Hierarchiezweck-Formulars kann über die Schaltfläche *Hinzufügen* am Reiter *Zugewiesene Hierarchien* im rechten Bereich eine Organisationshierarchie dem jeweiligen Zweck zugeordnet werden. In Abhängigkeit von den jeweiligen Anforderungen kann hierbei einem Zweck mehrere Hierarchien und eine Hierarchie mehreren Zwecken zugeordnet werden.

9.1.4 Juristische Personen (Unternehmen)

Wenn ein Benutzer in Dynamics AX angemeldet ist, arbeitet er immer im gewählten Unternehmen (Mandanten, juristische Person). Dieses Unternehmen wird bei der Anmeldung des Benutzers durch die Benutzeroptionen oder die AxClient-Konfiguration bestimmt. Je nach Benutzeroptionen ist das gewählte Unternehmen in der Statusleiste und in der Titelleiste von Formularen ersichtlich. Um zu einem anderen Unternehmen zu wechseln, kann ein Doppelklick auf das Unternehmensfeld in der Statusleiste ausgeführt oder der Befehl *Datei/Extras/Unternehmenskonten auswählen* gewählt werden.

9.1.4.1 Unternehmensdaten

Die Verwaltung von Unternehmen erfolgt im Formular für juristische Personen (*Organisationsverwaltung> Einstellungen> Organisation> Juristische Personen*). Um ein neues Unternehmen anzulegen, kann die Schaltfläche *Neu* oder die Tastenkombination *Strg+N* gewählt werden. Im Neuanlagedialog ist dann der Unternehmensname, die 4-stellige Identifikation und das Land zu wählen, wobei über das gewählte Land länderspezifische Funktionalität gesteuert wird.

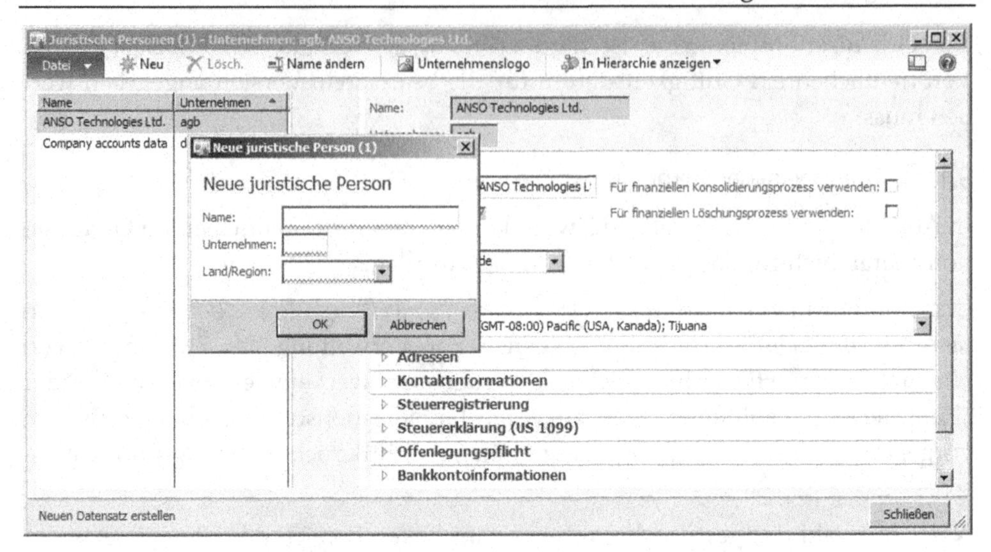

Abbildung 9-4: Anlegen eines Unternehmens im Formular für juristische Personen

Das Unternehmen muss anschließend in allen benötigten Funktionsbereichen und Modulen wie Hauptbuch, Debitoren oder Lager konfiguriert werden, bevor Buchungen erfasst und durchgeführt werden können. Eine Checkliste der erforderlichen Basis-Konfigurationseinstellungen ist im Anhang enthalten.

Auch im Formular für juristische Personen sind neben dem Firmennamen, der auf allen Berichten gedruckt wird, weitere zentrale Unternehmensdaten und Konfigurationseinstellungen enthalten.

Am Reiter *Adressen* sollte dazu die Schaltfläche *Bearbeiten* zum Ergänzen der primären Adresse des Unternehmens betätigt werden. Falls zusätzliche Adressen wie Rechnungs- und Lieferadressen erfasst werden sollen, können diese über die Schaltfläche *Hinzufügen* mit dem jeweiligen Zweck eingetragen werden. Die Lieferadresse des Unternehmens wird hierbei als Vorschlagswert in Einkaufsbestellungen übernommen, wenn keine Adresse auf Ebene von Standort oder Lagerort definiert ist.

Kontaktdaten des Unternehmens können am Reiter *Kontaktinformationen* hinterlegt werden. Die Verwaltung von Unternehmensdaten ist mit dem globalen Adressbuch verknüpft, wodurch Unternehmensadressen und Kontaktdaten auch im globalen Adressbuch enthalten sind.

Wichtige Unternehmensdaten am Reiter *Bankkontoinformationen* umfassen die *Handelsregisternummer* und das primäre *Bankkonto*. Am Reiter *Außenhandel und Logistik* ist die eigene Umsatzsteuer-Identifikationsnummern in die Felder *Mwst.-Nummer-Export* und *-Import* einzutragen. Die *Sprache* am Reiter *Allgemeines* ist der allgemeine Vorschlagswert für die Unternehmenssprache.

9.1.4.2 Datenstruktur

Innerhalb eines Systems können mehrere Unternehmen enthalten sein. Abgesehen von mandantenübergreifenden Basisdaten in manchen Bereichen – beispielsweise globales Adressbuch, Steuerkalender, Währungen, Arbeitskräfte, gemeinsame Produkte oder Kontenpläne – verwaltet hierbei jedes Unternehmen einen getrennten Datenbestand innerhalb einer gemeinsamen Datenbank. Um die Daten der einzelnen Unternehmen zu unterscheiden, wird in allen betroffenen Tabellen das Schlüsselfeld *DataAreaId* geführt, das für den einzelnen Datensatz die Identifikation des jeweiligen Unternehmens enthält.

Eine Besonderheit in diesem Zusammenhang stellt der Mandant mit der Identifikation „DAT" dar. Der DAT-Mandant enthält Systemdaten und wird bei der Installation des Systems erstellt. Er kann nicht gelöscht werden und sollte weder als Echtmandant noch als Testmandant verwendet werden.

9.1.4.3 Kopieren eines Unternehmens

Um in Dynamics AX 2012 ein Unternehmen als Kopie eines bestehenden Unternehmens anzulegen, muss zum Original-Unternehmen gewechselt werden und in diesem ein Export der unternehmensbezogenen Daten (*Systemverwaltung> Häufig> Daten exportieren/importieren> Exportieren nach*) durchgeführt werden. Falls nicht bereits vorhanden, muss zuvor eine entsprechende *Definitionsgruppe* angelegt werden.

Wenn die Unternehmens-Kopie innerhalb der Original-Datenbank erstellt werden soll, muss ein neues Unternehmen im Formular für juristische Personen erstellt werden. Nach Wechsel zu diesem Unternehmen kann die zuvor exportierte Datei in das neue Unternehmen importiert werden (*Systemverwaltung> Häufig> Daten exportieren/importieren> Importieren*).

Aufgrund der mandantenübergreifenden Daten in Dynamics AX 2012 sollte jedoch kein Testmandant in der Datenbank eines Produktiv-Systems eingerichtet werden. Ein Testmandant sollte daher in eine getrennte Datenbank importiert werden, die für Test- und Schulungszwecke eingerichtet ist.

Auch in einer getrennten Datenbank sind im kopierten Mandanten externe Verknüpfungen (wie Einstellungen zu Archiv-Verzeichnissen in der Dokumentenverwaltung) zu prüfen und gegebenenfalls anzupassen. Um Irrtümer mit Belegen aus kopierten Testmandanten zu vermeiden, sollte auch der Firmenname in den Unternehmensdaten von Testmandanten angepasst werden.

9.1.4.4 Neu in Dynamics AX 2012

Die Mandantenverwaltung ist in Dynamics AX 2012 dahingehend geändert worden, dass Mandanten-Neuanlage und Unternehmensdatenverwaltung im Formular für juristische Personen erfolgen. Die Unternehmenswährung wird in der Sachkonto-Einrichtung festgelegt (siehe Abschnitt 8.2.2).

9.1.5 Virtuelle Unternehmenskonten

Dynamics AX 2012 enthält eine Reihe von mandantenübergreifenden Daten wie das globale Adressbuch oder die gemeinsamen Produkte. Virtuelle Unternehmenskonten ermöglichen zusätzlich eine gemeinsame Verwaltung von Daten, die nicht grundsätzlich mandantenübergreifend geführt werden aber in einem konkreten System für bestimmte Mandanten dennoch gleich sind.

Dazu können je nach Anwendung übergreifende Tabellen für Stücklisten, Lieferbedingungen, Kreditoren oder jeden anderen Bereich definiert werden, für den Dateninhalte übergreifend gepflegt werden sollen.

9.1.5.1 Einrichtung virtueller Unternehmenskonten

Die Verwaltung virtueller Unternehmenskonten erfolgt über den Menüpunkt *Systemverwaltung> Einstellungen> Virtuelle Unternehmenskonten.* Am Reiter *Virtuelle Unternehmenskonten* kann ein neuer Datensatz mit der Identifikation und Namen des virtuellen Unternehmens angelegt werden. Systemintern wird in weiterer Folge die Identifikation des virtuellen Unternehmens anstelle der Identifikation einer juristischen Person im Schlüsselfeld *DataAreaId* der betroffenen Tabellen verwendet, weshalb die Identifikation eines virtuellen Unternehmenskontos nicht mit der Identifikation einer juristischen Person übereinstimmen darf.

Um die einem virtuellen Unternehmenskonto zugeordneten juristischen Personen zu bestimmen, können die betroffenen Unternehmen am Reiter *Unternehmenskonten* mit der Maus (Drag&Drop) oder über die Schaltflächen [<] und [>] ausgewählt werden.

Die gemeinsam genutzten Tabellen werden am Reiter *Tabellensammlungen* bestimmt. Auf diesem Reiter ist es jedoch nicht möglich, einzelne Tabellen anzugeben. Anstelle dessen werden Tabellensammlungen ausgewählt, die über die Entwicklungsumgebung erstellt oder angepasst werden können.

Falls virtuelle Unternehmenskonten verwendet werden, müssen sie bei Systemeinführung vor dem Erfassen von Stammdaten eingerichtet werden. Andernfalls sind nach Aufsetzen des virtuellen Unternehmenskontos Daten von betroffenen Tabellen, die ursprünglich in unternehmensspezifisch angelegt worden sind, nicht mehr sichtbar. Diese Daten können dann nur mehr durch Änderungen der Mandantenkennung direkt in der Datenbank verfügbar gemacht werden.

9.1.5.2 Arbeiten in virtuellen Unternehmenskonten

Im Gegensatz zu regulären Unternehmen können virtuelle Unternehmenskonten beim Wechsel von Unternehmen nicht separat gewählt werden. Die Arbeit in virtuellen Unternehmenskonten erfolgt daher dahingehend, dass Daten einer betroffenen Tabelle in einem regulären Unternehmen genauso angelegt oder geändert werden wie in Tabellen, die nicht übergreifend verwaltet werden.

Für die Tabellen der betroffenen Tabellensammlung(en) stehen Änderungen jedoch allen anderen Unternehmen des virtuellen Unternehmenskontos parallel zur Verfügung.

9.1.6 Standorte

Im Unterschied zu juristischen Personen (Unternehmen), die zur Abbildung rechtlich eigenständiger Firmen dienen, werden Standorte verwendet um Niederlassungen innerhalb eines Unternehmens zu verwalten. Als Lagerdimension werden Standorte in allen Bereichen der Materialwirtschaft berücksichtigt.

Im Finanzwesen können Standorte berücksichtigt werden, indem Standorte mit einer Finanzdimension verknüpft werden, womit Auswertungen und Berichte wie eine Gewinn- und Verlustrechnung auf Ebene einzelner Standorte möglich sind.

9.1.6.1 Nutzung der Standort-Konzepts

Standorte werden in verschiedenen Bereichen von Dynamics AX genutzt und bieten folgende Möglichkeiten:

- **Produktprogrammplanung** – Standortbezogen oder übergreifend
- **Stücklisten** und **Arbeitspläne** – Standortbezogen oder übergreifend
- **Produktionssteuerungsparameter** – Standortbezogen oder übergreifend
- **Artikel (Freigegebene Produkte)** – Standardauftragseinstellungen (übergreifend) und standortspezifische Einstellungen
- **Buchungen** – Standorte in allen Lagerbuchungen, Verkaufsaufträgen, Produktionsaufträgen und Einkaufsbestellungen
- **Finanzauswertungen** – Bei Verknüpfung mit einer Finanzdimension standortbezogene Bilanz oder Gewinn- und Verlustrechnung möglich

9.1.6.2 Einrichtung von Standorten

Standorte werden im Formular *Lager- und Lagerortverwaltung> Einstellungen> Lageraufschlüsselung> Standorte* verwaltet. Beim Anlegen eines neuen Standort kann neben der Identifikation, dem Namen und der Adresse auch am Reiter *Wertmäßige Dimensionen* der Dimensionswert für die Finanzdimension gewählt werden, mit der Standorte verknüpft sind. Die Eintragung eines Finanzdimensionswerts ist obligatorisch, wenn die Dimensionsverknüpfung in der Einrichtung aktiviert ist.

Die Einrichtung der Verknüpfung der Lagerdimension „Standort" mit einer Finanzdimension erfolgt im Menüpunkt *Lager- und Lagerortverwaltung> Einstellungen> Buchung> Dimensionsverknüpfung*. Falls zutreffend, kann die Dimensionsverknüpfung aktiviert und gesperrt werden um sicherzustellen, dass alle zugehörigen Sachkontobuchungen mit dem Finanzdimensionswert des jeweiligen Standorts erfolgen. Abbildung 9-5 zeigt als Beispiel das Standortformular bei einer Verknüpfung der Standorte mit der Finanzdimension „Abteilung".

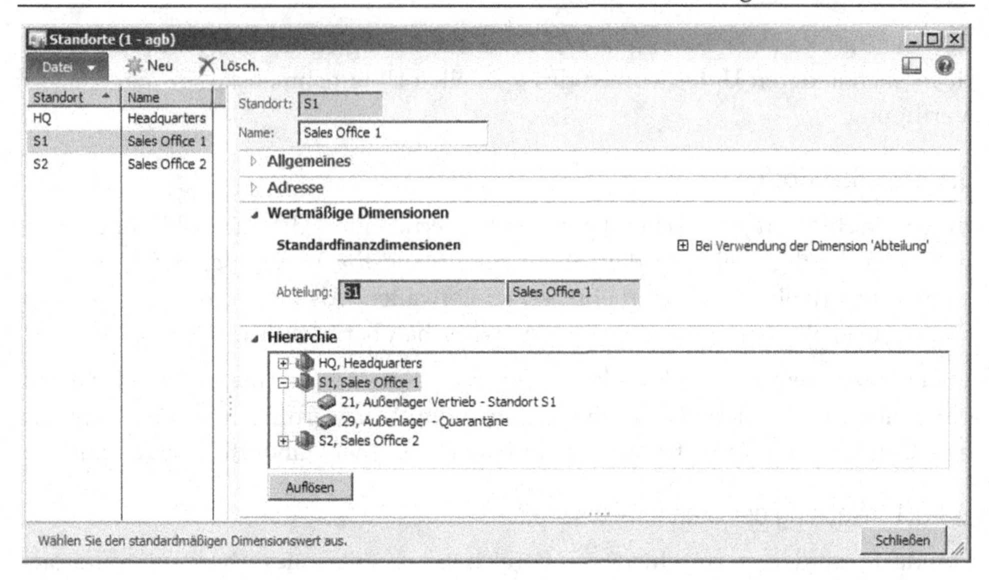

Abbildung 9-5: Standort-Verwaltung (verknüpft mit Finanzdimension „Abteilung“)

Nachdem Standorte eine obligatorische Lagerdimension ist, sind sie in allen Lagerdimensionsgruppen aktiv und müssen bei allen Buchungen eingetragen werden (siehe Abschnitt 7.2.2). Zusätzlich muss jeder Lagerort einem Standort zugeordnet sein.

Wenn ein Unternehmen nicht in mehrere Standorte gegliedert ist, sollte eine Einrichtung in der Art vorgenommen werden, dass nur ein Standort angelegt und als Vorschlagswert übernommen wird (beispielsweise über die Standardauftragseinstellungen im freigegebenen Produkt).

9.1.6.3 Produktionseinheiten

Parallel zur Dimension „Standort“, die in der Materialwirtschaft als Gliederungsebene unterhalb von Unternehmen Anwendung findet, wird in der Ressourcenverwaltung die Gliederungsebene „Produktionseinheit“ zur Abbildung von Betriebsstätten in Produktionsplanung und -steuerung verwendet. Jeder Produktionseinheit ist mit einem Standort verknüpft, wobei mehrere Produktionseinheiten demselben Standort angehören können (siehe Abschnitt 5.3.1).

9.1.6.4 Verknüpfung von Standorten mit dem Organisationsmodell

Standorte können nicht direkt im Organisationsmodell verwendet werden. Nachdem jedoch Standorte einer Finanzdimension und die Finanzdimension den Organisationseinheiten zugeordnet werden kann, ist eine Verknüpfung möglich.

Um Standorte in Finanzwesen und Organisationsverwaltung zu berücksichtigen, sind folgende Schritte nötig:

➢ **Anlegen von Organisationseinheiten** für die einzelnen Standorte mit gemeinsamen Typ (z.B. „Abteilung“ oder „Unternehmenseinheit“)

- **Einrichten einer Finanzdimension** mit Verknüpfung zu dem gewählten Organisationseinheitentyp
- **Einrichten einer Kontostruktur**, die diese Finanzdimension enthält
- **Dimensionsverknüpfung** der Standorte mit dieser Finanzdimension

Durch Eintragen desselben Namens in der Organisationseinheit und im zugeordneten Standort kann die Verknüpfung unmittelbar sichtbar gemacht werden. Das Organisationsmodell bietet dann die Möglichkeit zur Einrichtung von Berechtigungen auf Standortebene, während die Finanzdimension standortbezogene Geschäftszahlen ermöglicht.

9.1.6.5 Neu in Dynamics AX 2012

Standorte sind in Dynamics AX 2012 obligatorisch.

9.2 Zugriffssteuerung und Benutzerkonzept

ERP-Systeme wie Dynamics AX enthalten vertrauliche Informationen. Zugriffe auf das System dürfen daher nur in dem Rahmen möglich sein, der vom Unternehmen zum Schutz sensibler Daten festgelegt worden ist.

9.2.1 Zugriffsteuerung

Die Zugriffsteuerung ist in Dynamics AX dazu zweistufig aufgebaut und enthält folgende Elemente:

- **Authentifizierung** – Identifizierung des Benutzers
- **Autorisierung** – Erteilung von Benutzer-Berechtigungen

9.2.1.1 Authentifizierung

Als Voraussetzung für den Zugriff auf Dynamics AX muss der Benutzer in Dynamics AX angelegt und mit der jeweiligen Windows-Benutzerkennung (Active Directory) verknüpft sein.

Aufgrund dieser Verknüpfung ist die Systemanmeldung in Dynamics AX für berechtigte Benutzer nicht als eigener Anmeldevorgang ersichtlich. Falls der Windows-Benutzer jedoch keine Benutzerzuordnung in Dynamics AX hat, wird die Anmeldung abgewiesen.

Die Benutzeridentifikation wird nicht nur zur Steuerung der Zugriffsmöglichkeiten benutzt, sondern auch zur Protokollierung von Buchungen und von Stammdatenänderungen, für die eine Nachverfolgung konfiguriert ist. Es werden aber auch andere Einstellungen mit der Benutzeridentifikation verknüpft: Favoriten und Nutzungsdaten wie Filtereinstellungen, Formularanpassungen und Vorlagen ermöglichen eine individuelle Konfiguration von Dynamics AX für den einzelnen Anwender.

9.2.1.2 Autorisierung

Entsprechend dem rollenbasierten Berechtigungskonzept in Dynamics AX bestimmen die Berechtigungseinstellungen der Sicherheitsrollen, denen der jeweilige Benutzer zugeordnet ist, die Zugriffmöglichkeiten innerhalb von Dynamics AX.

Die Sicherheitsrollen sind hierbei mit Aufgaben, Rechten und Berechtigungen verknüpft, über die der Datenzugriff auf Lese- oder Schreibzugriff eingeschränkt werden kann. Funktionsbezogene Berechtigungseinstellungen auf Menüpunkten, Formularen, Tabellen und Feldern.

Sicherheitseinstellungen auf Datensatzebene ermöglichen zusätzlich eine Einschränkung des Datenzugriffs in Abhängigkeit vom Dateninhalt. So kann beispielsweise eine Berechtigungseinstellung dahingehend erfolgen, dass Benutzer im Vertrieb nur auf bestimmte Debitoren (Kunden) Zugriff haben.

9.2.2 Benutzerverwaltung

Jede Person, die Zugriff auf Dynamics AX benötigt, muss als Benutzer innerhalb des Systems angelegt werden.

9.2.2.1 Benutzerkonten

Benutzer können nach Aufruf des Menüpunkt *Systemverwaltung> Häufig> Benutzer> Benutzer* über die Schaltfläche *Neu/Benutzer* im Aktionsbereich des Benutzerformulars neu angelegt werden. Nach Auswahl der *Benutzerkennung* zur Identifikation des Benutzers innerhalb von Dynamics AX kann für Benutzer der *Kontenart* „Active Directory-Benutzer" die Windows-Benutzerkennung im Feld *Alias* und die Active Directory Domäne im Feld *Netzwerkdomäne* eingetragen werden. Damit sich der Benutzer in Dynamics AX anmelden kann, muss zusätzlich das Kontrollkästchen *Aktiviert* markiert werden.

Alternativ können Benutzer auch aus dem Active Directory mit dem Import-Assistenten übernommen werden, der über die Schaltfläche *Neu/Importieren* aufgerufen werden kann.

9.2.2.2 Zuordnen von Sicherheitsrollen

Um einem Benutzer entsprechende Berechtigungen zuzuordnen, können am Reiter *Benutzerrollen* im Benutzer-Detailformular passende Rollen zugewiesen werden. Eine alternative Möglichkeit der Zuordnung von Benutzerrollen bietet das Formular *Systemverwaltung> Einstellungen> Sicherheit> Benutzer zu Rollen zuweisen.*

Die Sicherheitsrollen eines Benutzers werden auch in der entsprechenden Infobox der Benutzer-Listenseite gezeigt. Wenn ein Benutzer mehreren Rollen zugeordnet ist, erhält er alle Rechte, die in mindestens einer dieser Rollen enthalten sind. Falls die Berechtigungen von Rollen überlappen, gilt die höhere Zugriffsebene.

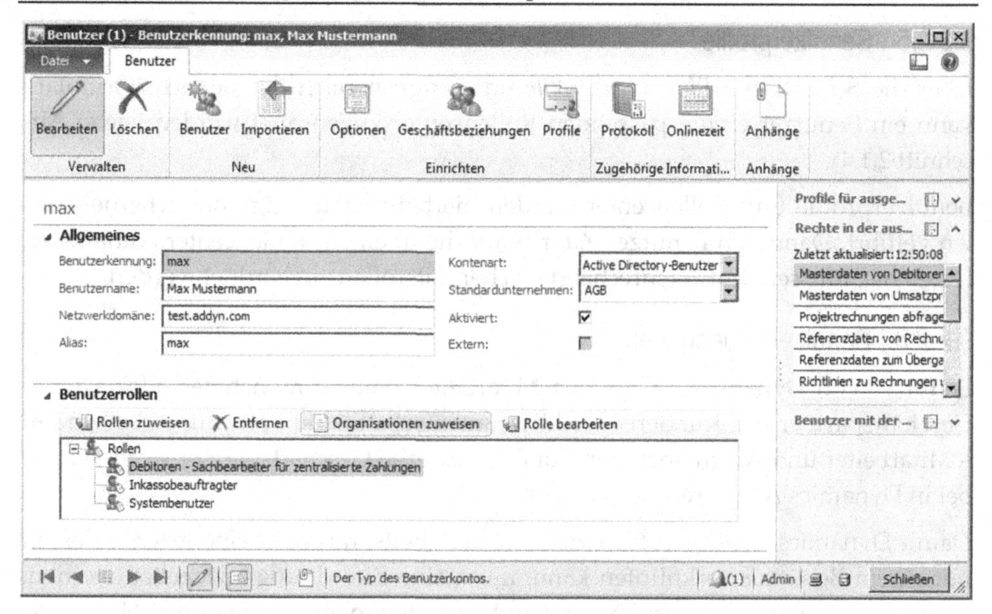

Abbildung 9-6: Bearbeiten der Sicherheitsrollen eines Benutzers

9.2.2.3 Berechtigung auf Organisationsebene

Nach Zuordnen einer Sicherheitsrolle im Benutzer-Detailformular können für den betroffenen Benutzer die Zugriffberechtigungen mit dieser Rolle auf Organisationsebene eingeschränkt werden.

Dazu kann nach Markieren der jeweiligen Rolle im Benutzer-Detailformular die Schaltfläche *Organisationen zuweisen* am Reiter *Benutzerrollen* betätigt und im Formular zur Organisations-Zuordnung der Zugriff auf alle oder einzelne Organisationen gewährt werden. Wenn der Zugriff auf einzelne Organisationen eingeschränkt werden soll, können juristische Personen direkt gewählt oder Organisationseinheiten auf Basis von Organisationshierarchien mit dem Hierarchiezweck „Sicherheit" bestimmt werden. Zum Erteilen der Zugriffsberechtigung für eine Organisation kann diese im mittlere Formularbereich gewählt und die Schaltfläche *Zugriff erteilen* im unteren Bereich betätigt werden.

9.2.2.4 Benutzeroptionen

Über die Schaltfläche *Einrichten/Optionen* im Aktionsbereich des Benutzerformulars können die Benutzeroptionen geöffnet werden, die der jeweilige Benutzer – falls berechtigt – auch selbst über den Befehl *Datei/Extras/Optionen* erreichen kann. Der Zugriff aus der Benutzerverwaltung kann genutzt werden, um beispielsweise nach dem Anlegen eines Benutzers entsprechende Voreinstellungen wie Benutzersprache oder Startunternehmenskonto einzustellen.

9.2.2.5 Benutzerprofile

Über die Schaltfläche *Einrichten/Profile* im Aktionsbereich des Benutzerformulars kann ein Benutzer einem passenden Rollencenter zugeordnet werden (siehe Abschnitt 2.1.4).

Benutzerprofile und Rollencenter werden hierbei unabhängig von Sicherheitsrollen geführt. Damit ein Benutzer Zugriff auf die in einem Rollencenter enthaltenen Daten hat, müssen ihm entsprechende Sicherheitsrollen zugeordnet werden.

9.2.2.6 Benutzerbeziehungen

Benutzer von Dynamics AX können Mitarbeiter, Subauftragnehmer oder externe Geschäftspartner wie Kunden oder Lieferanten sein. Stammdaten für Arbeitskräfte – Mitarbeiter und Auftragnehmer – und für externe Geschäftspartner werden hierbei in Dynamics AX getrennt verwaltet.

Damit Dynamics AX Daten für eine interne Arbeitskraft oder eine externe Person mit einem Benutzer verknüpfen kann, muss eine Zuordnung angegeben werden. Diese Zuordnung erfolgt durch die Benutzerbeziehungen, die über das Menü *Systemverwaltung> Häufig> Benutzer> Benutzerbeziehungen* oder im Benutzerformular über die Schaltfläche *Einrichten/Geschäftsbeziehungen* geöffnet werden.

Um einen Benutzer mit einem Arbeitskräfte-Stammsatz oder einer externen Person zu verknüpfen, kann in den Benutzerbeziehungen die Schaltfläche *Neu* betätigt und nach Kontrolle oder Eintragung der zutreffenden *Benutzerkennung* die jeweilige Person im Auswahlfeld *Person* aus dem globalen Adressbuch gewählt werden. Für Mitarbeiter kann die Personensuche im Suchfenster auf Arbeitskräfte eingeschränkt werden.

Ein Arbeitskräfte-Stammsatz wird hierbei in vielen Bereichen von Dynamics AX benötigt, beispielsweise für Bestellanforderungen, Lagertransportverwaltung, Verkaufsprovisionen, Projektverwaltung, Personalverwaltung und Vertrieb. Nach Verknüpfung eines Benutzers mit einer Arbeitskraft wird diese automatisch in den betroffenen Bereichen genutzt, beispielsweise indem die zugeordnete Arbeitskraft als *Zuständiger Mitarbeiter* beim Anlegen eines Interessenten (*Vertrieb und Marketing> Häufig> Interessenten> Alle Interessenten*, Reiter *Demografische Informationen zum Verkauf*) eingesetzt wird.

9.2.2.7 Arbeitskräfte (Mitarbeiter)

Im Benutzerformular sind wenige allgemeine Daten des jeweiligen Benutzers enthalten. Detaillierte Informationen zur Person werden im Arbeitskräfte-Formular verwaltet.

Arbeitskräfte umfassen hierbei sowohl eigene Mitarbeiter als auch Subauftragnehmer und neben Dynamics AX-Benutzern auch Mitarbeiter ohne Systemzugriff. Arbeitskräfte werden hierbei in einer mandantenübergreifenden Tabelle verwaltet, wobei über entsprechende Berechtigungseinstellungen eine mandantenbezogene Anzeige erreicht werden kann.

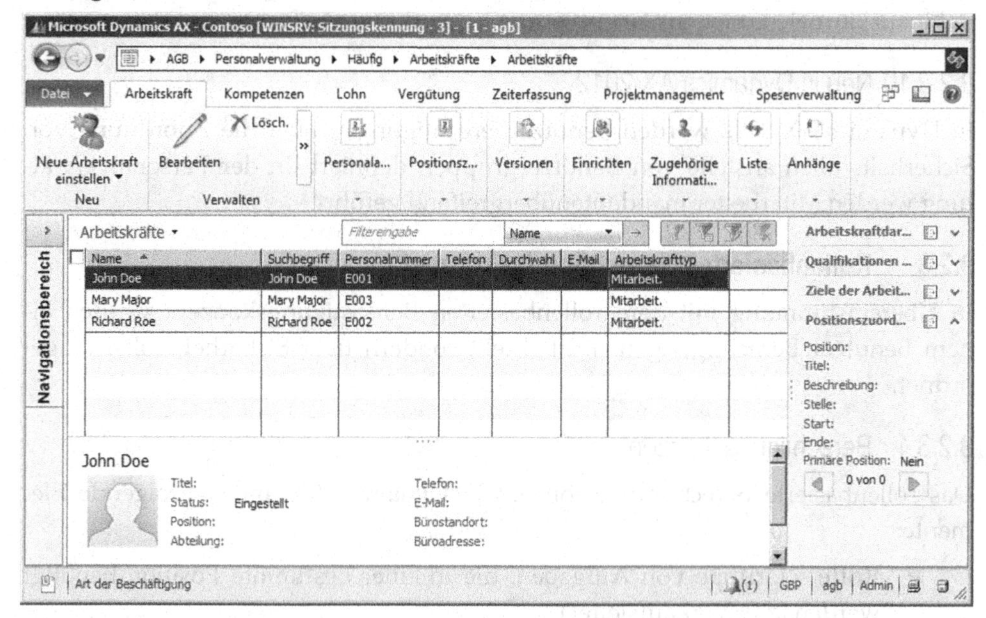

Abbildung 9-7: Mitarbeiter-Übersicht in der Arbeitskräfte-Listenseite

Zum Bearbeiten von Arbeitskräften kann die Listenseite *Personalverwaltung> Häufig> Arbeitskräfte> Arbeitskräfte* geöffnet werden. Ein neuer Mitarbeiter kann hier über die Schaltfläche *Neu/Neue Arbeitskraft einstellen* angelegt werden. Im Neuanlagedialog werden Name, zugeordnetes Unternehmen (*Juristische Person*), Personalnummer, Arbeitskrafttyp (Mitarbeiter oder Auftragnehmer) und Startdatum der Beschäftigung erfasst. Ob und welche weiteren Informationen dann im Detailformular eingetragen werden, hängt stark von den verwendeten Modulen ab. Detaillierte Eintragungen werden primär für das Projektmodul, die Personalverwaltung und die Spesenverwaltung benötigt.

9.2.2.8 Online-Benutzer

Um festzustellen, welche Benutzer gerade am System angemeldet sind, kann die Abfrage *Systemverwaltung> Häufig> Benutzer> Onlinebenutzer* geöffnet werden. Die Abfrage zeigt alle Clientsitzungen, die in Dynamics AX angemeldet sind, und bietet bei entsprechender Berechtigung die Möglichkeit, über die Schaltfläche *Sitzungen beenden* einen Benutzer abzumelden.

9.2.2.9 Benutzergruppen

Die Verwaltung von Benutzergruppen und die Zuordnung von Benutzern zu Benutzergruppen kann über den Menüpunkt *Systemverwaltung> Häufig> Benutzer> Benutzergruppen* aufgerufen werden. Benutzergruppen werden im rollenbasierten Berechtigungskonzept nicht berücksichtigt, können aber für manche speziellen

Einstellungen wie die modulbezogene Freigabe gesperrter Perioden im Sachkontokalender, das Journal-Genehmigungssystem zur Genehmigung von Buchungen in Finanzjournalen oder zur Gruppierung in Workflow-Aufgaben genutzt werden.

9.2.2.10 Neu in Dynamics AX 2012

In Dynamics AX 2012 werden Benutzerberechtigungen über die Zuordnung von Sicherheitsrollen anstelle von Benutzergruppen definiert. In der Personalverwaltung werden Mitarbeiter mandantenübergreifend geführt.

9.2.3 Rollenbasiertes Berechtigungskonzept

In Übereinstimmung mit dem rollenbasierten Berechtigungskonzept werden einem Benutzer Berechtigungen nicht direkt sondern über Sicherheitsrollen zugeordnet.

9.2.3.1 Berechtigungskonzept

Das rollenbasierte Berechtigungskonzept in Dynamics AX umfasst folgende Elemente:

- **Rolle** – Gruppe von Aufgaben, die in einer bestimmte Position benötigt werden (z.B. Verkaufsleiter)
- **Aufgabe** – Gruppe von Rechten, die für eine Tätigkeit benötigt werden (z.B. Produktpreise und -rabatte verwalten)
- **Recht** – Gruppe von Berechtigungen für einzelne Objekte (z.B. Preis-Erfassungen buchen)
- **Berechtigung** – Basis-Zugriffseinstellung auf Daten- und Einzelfunktions-Ebene (z.B. Tabellen, Felder)

Die genannten Elemente sind nach einer hierarchischen Struktur gegliedert, über die die Zugriffrechte eines Benutzers bestimmt werden. Abbildung 9-8 zeigt diese Zuordnung von Benutzern zu einer oder mehreren Rollen entsprechend der jeweiligen Position.

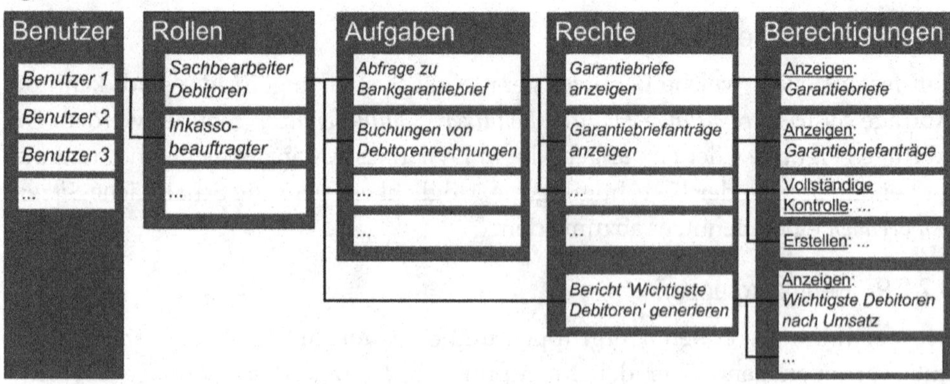

Abbildung 9-8: Gruppierungsebenen für die Berechtigungs-Zuordnung

Die Zuordnung einer Rolle zu den darin enthaltenen Rechten erfolgt vorzugsweise über zugeordnete Aufgaben. Bei Bedarf kann aber auch ein bestimmtes Recht einer Rolle direkt zugeordnet werden.

Um die Zugriffsrechte eines Benutzers zu definieren, werden nur die entsprechenden Rollen samt Organisationszuordnung in der Benutzerverwaltung eingetragen. Darunter liegende Berechtigungseinstellungen werden über die gewählten Rollen bestimmt.

9.2.3.2 Sicherheitsrolle

Basis für die Gliederung der Berechtigungen im rollenbasierte Berechtigungskonzept sind die unterschiedlichen Positionen von Mitarbeitern im Unternehmen.

Eine Rolle ist dann eine Gruppe von Aufgaben und Rechten, die für die entsprechende Position benötigt werden. In einer Dynamics AX Standard-Installation sind etwa 80 Referenz-Rollen enthalten, die den üblichen Standard-Positionen in Unternehmen entsprechen.

Die Rollen in einem Unternehmen sind jedoch abhängig von Faktoren wie Unternehmensgröße und Branche und können in verschieden Arten gegliedert werden:

- **Funktionsbezogene Rollen** – z.B. Einkaufssachbearbeiter
- **Organisationsbezogene Rollen** – z.B. Mitarbeiter
- **Anwendungsbezogene Rollen** – z.B. Systembenutzer

Die Rolle *Systemadministrator* bietet Zugriff auf alle Bereiche der Anwendung und kann nicht eingeschränkt werden.

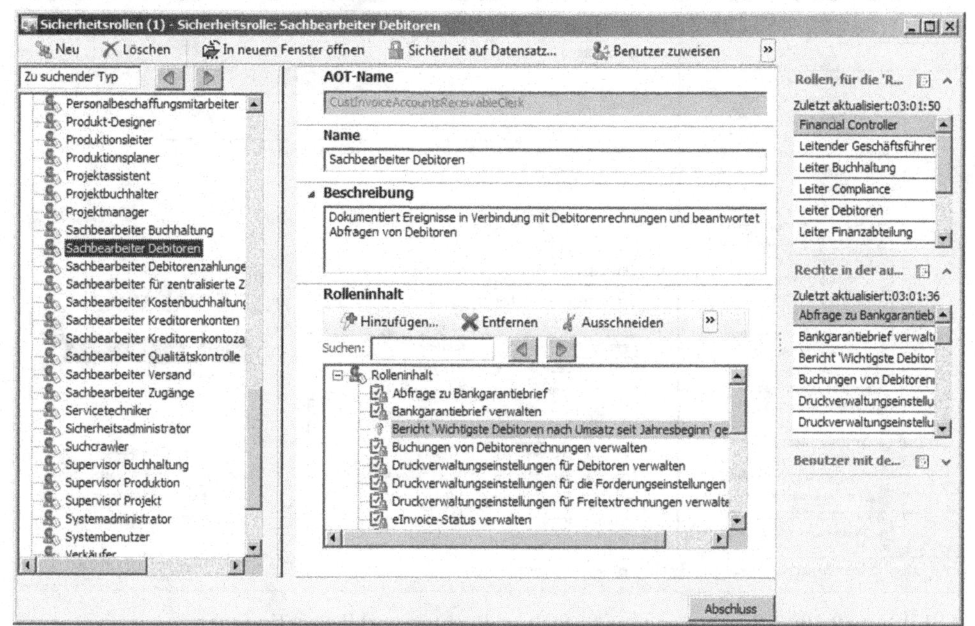

Abbildung 9-9: Sicherheitsrolle mit Aufgaben und direkt zugeordnetem Recht

Sicherheitsrollen können im Formular *Systemverwaltung> Einstellungen> Sicherheit> Sicherheitsrollen* bearbeitet werden. Im linken Bereich des Sicherheitsrollen-Formulars werden die verfügbaren Rollen gezeigt. Nach Auswahl einer Rolle im linken Bereich werden im rechten Bereich am Reiter *Rolleninhalt* die zugeordneten Aufgaben und Rechte gezeigt. Hierbei zeigt das Symbol beim jeweiligen Element, ob eine Aufgabe (☑) oder ein einzelnes Recht ( ) zugeordnet ist. Um eine neue Aufgabe oder ein neues Recht zuzuordnen, kann die Schaltfläche *Hinzufügen* in der Aktionsbereichsleiste des Reiters betätigt werden.

Für die am Reiter *Rolleninhalt* gewählte Aufgabe werden in der Infobox *Rollen* rechts im Sicherheitsrollenformular alle Rollen gezeigt, in denen sie enthalten ist.

9.2.3.3 Aufgaben und Prozesszyklen

Aufgaben repräsentieren eine Gruppe von Rechten, die für eine bestimmte Tätigkeit wie das Verwalten von Verkaufspreisen benötigt werden. In einer Dynamics AX Standard-Installation sind etwa 800 Referenz-Aufgaben enthalten, die bei der Implementierung von Hotfixes und Service Packs aktualisiert werden, wenn es Änderungen zu Datenstruktur, Funktionen und Berechtigungen gibt.

Das Sicherheitsrechte-Formular zum Verwalten von Aufgaben kann über die Schaltfläche *Aufgabe bearbeiten* in der Aktionsbereichsleiste am Reiter *Rolleninhalt* des Sicherheitsrollen-Formulars geöffnet werden. Alternativ ist auch ein Aufruf über den Menüpunkt *Systemverwaltung> Einstellungen> Sicherheit> Sicherheitsrechte* möglich.

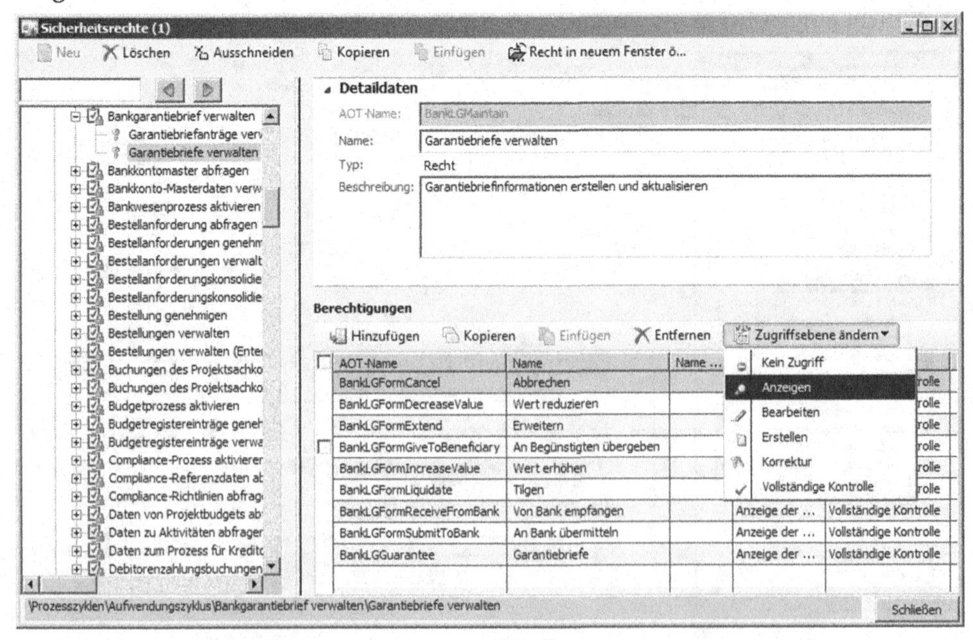

Abbildung 9-10: Bearbeiten von Aufgaben, Rechten und Berechtigungen

Im Sicherheitsrechte-Formular wird eine Baumstruktur gezeigt, die auf oberster Ebene nach Prozesszyklen gegliedert ist. Prozesszyklen entsprechen hierbei den grundlegenden Geschäftsprozessen in Unternehmen – beispielsweise der Prozesszyklus „Umsatzzyklus" dem Vertriebsprozess.

Um die Rechte einer bestimmten Aufgabe zu bearbeiten, kann die Baumstruktur im linken Bereich erweitert oder ein Suchtext im Suchfeld links oben im Sicherheitsrechte-Formular eingetragen werden. Nach Erweitern einer Aufgabe im linken Bereich werden die zugeordneten Rechte gezeigt (in Abbildung 9-10 beispielsweise die Rechte der Aufgabe „Bankgarantie verwalten").

Über die Schaltflächen *Neu, Löschen, Ausschneiden, Kopieren* und *Einfügen* in der Aktionsbereichsleiste oben im Formular oder mit der Maus (Drag&Drop) können Aufgaben und Rechte neu erstellt oder zugeordnet werden. Hierbei hängt es von der Ebene des gewählten Elements ab, ob eine Aufgabe oder ein Recht bearbeitet wird.

9.2.3.4 Rechte und Berechtigungen

Ein Recht fasst alle Berechtigungen für einzelne Anwendungsobjekte zusammen. In Abbildung 9-10 sind am Reiter *Berechtigungen* beispielsweise die für das Recht „Garantiebriefe verwalten" benötigten Berechtigungen zu sehen. Falls benötigt, können in der Aktionsbereichsleiste dieses Reiters über die Schaltfläche *Zugriffsebene ändern* unterschiedliche Zugriffe wie „Anzeigen" oder „Bearbeiten" gewählt oder über die anderen Schaltflächen einzelne Berechtigungen hinzugefügt oder entfernt werden.

Berechtigungen definieren die Zugriffsmöglichkeit auf unterster Ebene, also Daten und Einzelfunktionen wie Tabellen oder Felder. Die verfügbaren Berechtigungen werden in der Entwicklungsumgebung festgelegt.

9.2.3.5 Ändern von Berechtigungen

Berechtigungen werden im Normalfall durch Zuordnen von Benutzern zu Standard-Sicherheitsrollen festgelegt. Falls benötigt, können Aufgabenzuordnungen in bestehenden Rollen geändert oder neue Rollen mit entsprechender Aufgabenzuordnung angelegt werden.

Nachdem die in Dynamics AX standardmäßig enthaltenen Referenz-Aufgaben bei der Implementierung von Hotfixes und Service Packs aktualisiert werden, sollten vorzugsweise diese Aufgaben für das Einrichten von Berechtigungen zu Standard-Funktionen genutzt werden anstatt neue Aufgaben zu erstellen. Neue Aufgaben sollten für individuell entwickelte Teile der Applikation eingerichtet werden.

Obwohl es möglich ist, einzelne Rechte einer Aufgabe direkt zuzuordnen, ist es zur Vereinfachung der Verwaltung besser die Zuordnung immer über Aufgaben herzustellen.

9.2.3.6 Aufgabentrennung

Wenn es im jeweiligen Unternehmen erforderlich ist, eine Aufgabentrennung („Segregation of duties") einzurichten und zu überprüfen, können Regeln für die Aufgabentrennung im Formular *Systemverwaltung> Einstellungen> Sicherheit> Aufgabentrennung> Aufgabentrennungsregeln* eingerichtet werden. Durch Eintragen von zwei Aufgaben, die einer Person nicht gleichzeitig zugeordnet sein dürfen, kann sichergestellt werden dass die entsprechenden Vorschriften befolgt werden. Konflikte mit den eingetragenen Regeln werden protokolliert und ermöglichen eine Genehmigung oder Ablehnung.

9.2.3.7 Neu in Dynamics AX 2012

In Dynamics AX 2012 beruhen Benutzerberechtigungen auf dem rollenbasierten Berechtigungskonzept mit Sicherheitsrollen anstelle von Benutzergruppen.

9.2.4 Berechtigungseinstellungen zum globalen Adressbuch

Das rollenbasierte Berechtigungskonzept dient primär zur Einstellung von Zugriffmöglichkeiten auf Basis funktionsbezogener Rollen. Das globale Adressbuch, das mandantenübergreifend alle Parteien und Adressen enthält, wird jedoch in fast allen Rollen benötigt.

Um den Zugriff auf das globale Adressbuch in Abhängigkeit von der Adress-Zuordnung einzuschränken, kann die Berechtigung für den Zugriff auf das globale Adressbuch getrennt eingestellt werden. Für diese Einrichtung werden zwei Basis-Elemente benötigt:

- **Adressbücher** – Gruppierung der Parteien im globalen Adressbuch
- **Teams** – Gruppierung der Benutzer

9.2.4.1 Basiselement zur Adressbuch-Berechtigung

Adressbücher (siehe Abschnitt 2.4.2) können im Parteien-Detailformular eingetragen werden um die jeweilige Partei einer oder mehreren Adressbüchern zuzuordnen. Nachdem Adressbücher als Basis für die Einstellung von Berechtigungen dienen, sollte bei der Einrichtung von Adressbüchern auf die Berechtigungsstruktur Rücksicht genommen werden – beispielsweise indem ein eigenes Adressbuch mit Mitarbeiter-Adressen eingerichtet wird.

Teams (siehe Abschnitt 9.1.2) sind eine flexible Möglichkeit zur Einrichtung von Organisationseinheiten unabhängig von hierarchischen Organisationsstrukturen. In Bezug auf das globale Adressbuch können Teams als Benutzergruppen für Zugriffsbeschränkungen dienen – beispielsweise durch Definieren eines Teams für Benutzer mit Zugriff auf die Adressdaten von Mitarbeitern.

9.2.4.2 Optionen zur Berechtigungseinstellung

In den globalen Adressbuchparametern (*Organisationsverwaltung> Einstellungen> Globales Adressbuch> Parameter für globales Adressbuch*) kann am Reiter *Optionen für Sicherheitsrichtlinien* das Kontrollkästchen *Nach Adressbuch schützen* markiert werden, um Zugriffeinschränkungen auf Basis von Adressbüchern zu treffen.

Nach Betätigen der Schaltfläche *Teams zuweisen* neben diesem Kontrollkästchen wird das Formular *Teams zu Adressen zuweisen* geöffnet. In diesem Formular wird zunächst im Auswahlfeld *Adressbuch* oben das jeweilige Adressbuch gewählt bevor im unteren Bereich die berechtigten Teams zugeordnet werden. Alternativ kann die Zuordnung auch von den Adressbüchern (*Organisationsverwaltung> Einstellungen> Globales Adressbuch> Adressbücher*) aus über die Schaltfläche *Teams zuweisen* in der Aktionsbereichsleiste geöffnet werden.

Das Kontrollkästchen *Nach juristischer Person schützen* in den globalen Adressbuchparametern beschränkt den Zugriff auf Parteien in Abhängigkeit von der jeweiligen Rolle der Partei (z.B. „Kreditor"). Ist das Kontrollkästchen markiert, können Benutzer nur Parteien sehen, die eine Rolle im jeweiligen Unternehmen haben.

9.2.4.3 Anwenden der Berechtigung im Adressbuch

Wenn das Kontrollkästchen *Nach Adressbuch schützen* in den globalen Adressbuchparametern markiert ist, können Benutzer nur diejenigen Parteien sehen, die einem Adressbuch zugeordnet sind, für das ein dem Benutzer zugeordnetes Team Zugriffsrechte hat.

Ist eine Partei mehreren Adressbüchern zugeordnet, können alle Benutzer darauf zugreifen, deren Team Berechtigung auf eines dieser Adressbücher besitzt.

Die Zugriffsbeschränkung auf das globale Adressbuch bezieht sich nicht nur auf die Listenseite des globalen Adressbuchs, sondern auf alle Formulare, die Parteien- und Adressdaten beinhalten – beispielsweise das Kreditorenformular, aber auch Einkaufsbestellungen.

9.2.4.4 Neu in Dynamics AX 2012

Das Berechtigungskonzept im globalen Adressbuch ist neu in Dynamics AX 2012.

9.3 Allgemeine Einstellungen

Bevor ein Unternehmen in Dynamics AX arbeiten kann, ist eine Reihe von Einstellungen erforderlich. Diese Einstellungen umfassen:

- **Organisationsverwaltung** – Siehe Abschnitt 9.1
- **Berechtigungseinstellungen** – Siehe Abschnitt 9.2
- **Einrichtung der Finanzbuchhaltung** – Siehe Abschnitt 8.2

Auch jeder benutzte Funktionsbereich muss entsprechend den Anforderungen des jeweiligen Unternehmens konfiguriert werden, beispielsweise durch Einrichtung der anzuwendenden Zahlungsbedingungen im Kreditoren- und Debitorenbereich. Zusätzlich gibt es eine Anzahl von zentralen Einstellungen, die alle Bereiche der Anwendung betreffen.

Ein Überblick über die erforderliche Basiskonfiguration ist im Anhang enthalten, Einstellungen zu den einzelnen Modulen werden im Kapitel zum jeweiligen Funktionsbereich erklärt. Nachfolgend ist eine Beschreibung von zentralen Grundeinstellungen zu finden, die für alle Module bedeutsam sind.

9.3.1 Nummernkreise

Nummernkreise bilden die Basis für die automatische Nummernvergabe im gesamten System. Sie werden insbesondere in folgenden Bereichen eingesetzt:

- **Stammdaten** – Beispielsweise Kreditorennummern für Lieferanten
- **Erfassungen und Aufträge** – Beispielsweise Bestellnummern in Einkaufsbestellungen
- **Gebuchte Belege** – Beispielsweise Rechnungsnummern

In Dynamics AX 2012 können gemeinsam genutzte Nummernkreise verwaltet werden, die mandantenübergreifend gelten. Hierzu kann in den Bereichsparametern eines Nummernkreises eingestellt werden, ob der jeweilige Nummernkreis gemeinsam oder auf Ebene eines Unternehmens oder einer Organisationseinheit genutzt wird.

9.3.1.1 Anlegen von Nummernkreisen

Nummernkreise werden in der Listenseite *Organisationsverwaltung> Häufig> Nummernkreise> Nummernkreise* verwaltet. In der Listenseite zeigt die Infobox *Segmente* für den selektierten Nummernkreis, ob er gemeinsam genutzt wird oder welchem Unternehmen er zugeordnet ist.

Ein neuer Nummernkreis wird über die Schaltfläche *Neu/Nummernkreis* oder die Tastenkombination *Strg+N* angelegt. Im Detailformular kann dann nach Eintragen von *Nummernkreiscode* und *Name* am Inforegister *Bereichsparameter* im Auswahlfeld *Bereich* gewählt werden, ob der Nummernkreis mandantenübergreifend gemeinsam, auf Unternehmensebene oder auf anderer Ebene verwaltet wird.

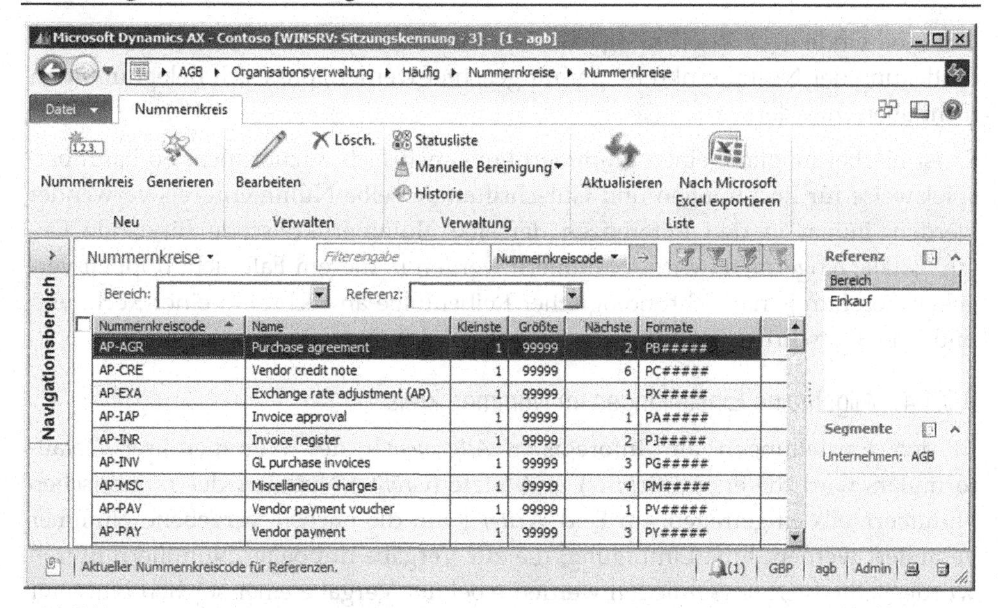

Abbildung 9-11: Anzeige der Nummernkreise in der Listenseite

9.3.1.2 Segmente einer Nummer

Am Inforegister *Segmente* des Nummernkreis-Detailformulars kann das Format der Nummern des Nummernkreises definiert werden. Hierbei können Segmente unterschiedlichen Typs benutzt werden:

- **Alphanumerisch** – Nummern werden jedes Mal automatisch hochgezählt, wenn der Nummernkreis für die Nummernvergabe genutzt wird. Das Rautezeichen („#") wird hierbei durch die laufende Nummer ersetzt und muss daher mindesten so viele Stellen wie die Endnummer enthalten.
- **Konstante** – Segmente vom Typ „Konstante" können als Präfix (z.B. im Format „RE####" oder „12####") und Suffixe (z.B. im Format „####-RE") genutzt werden, wobei Präfixe aufgrund der einfacheren Handhabung – etwa beim Filtern – im Normalfall zu bevorzugen sind.
- **Andere Typen** – Segmente vom Typ „Unternehmen", „Juristische Person", „Organisationseinheit" oder „Steuerkalenderperiode" sind verfügbar, wenn sie im *Bereich* des Nummernkreises enthalten sind.

9.3.1.3 Nummernkreis-Referenzen

Die Zuordnung der Nummernkreise zu Stammdaten und Bewegungsdaten erfolgt über die Nummernkreisreferenzen. Diese können im Inforegister *Referenzen* des Nummernkreis-Detailformulars verwaltet werden.

Alternativ können die Nummernkreis-Referenzen auch so eingetragen werden, dass die Erfassung pro Modul am Reiter *Nummernkreise* in den jeweiligen Modulparametern – beispielsweise den Kreditorenkontenparametern – erfolgt.

Um eine eindeutige Zuordnung von Nummern zu gewährleisten, sollte bei der Festlegung der Nummernkreise darauf geachtet werden, dass sich Belegnummern nicht überschneiden.

Es ist hierbei möglich, einen Nummernkreis mehrfach zuzuordnen. So kann beispielsweise für Rechnungen und Gutschriften derselbe Nummernkreis verwendet werden, indem in den Referenzen derselbe Nummernkreiscode für beide Geschäftsfälle eingetragen wird. Nummern werden in diesem Fall nicht doppelt vergeben, sondern je nach chronologischer Reihenfolge abwechselnd einer Rechnung und einer Gutschrift zugeordnet.

9.3.1.4 Allgemeine Einstellungen im Nummernkreis

In den Einstellungen am Inforegister *Allgemeines* des Nummernkreis-Detailformulars wird die erste (*Kleinste*) und letzte (*Größte*) Nummer des numerischen Nummernteils eingetragen. Im Feld *Weiter* kann die nächste vergebene Nummer verändert werden. Eine Eintragung, die zur Vergabe doppelter Nummern führen würde, sollte hierbei vermieden werden – bei der Vergabe einer solchen Nummer würde dann eine Fehlermeldung gezeigt.

Weitere Einstellungen am Inforegister *Allgemeines* beinhalten Kontrollkästchen, die festlegen ob die über den Nummernkreis automatisch vergebene Nummer durch den Benutzer auf eine höhere oder niedrigere Nummer gerändert werden darf. Wird das Kontrollkästchen *Manuell* markiert, ist eine rein manuelle Nummernvergabe vorgesehen.

Über das Kontrollkästchen *Fortlaufend* können Lücken im Nummernkreis unterbunden werden. Aufgrund der damit verbundenen höheren Systembelastung sollte es allerdings nur bei Nummernkreisen gesetzt werden, in denen es tatsächlich erforderlich ist.

9.3.1.5 Neu in Dynamics AX 2012

Gemeinsam genutzte Nummernkreise sind neu in Dynamics AX 2012.

9.3.2 Kalender

Als Voraussetzung für jede Buchung in Dynamics AX muss die Sachkontokalender-Periode, in der das jeweilige Buchungsdatum liegt, vorhanden und geöffnet sein.

9.3.2.1 Sachkontokalender

Sachkontokalender (*Hauptbuch> Einstellungen> Sachkonto*, Schaltfläche *Sachkontokalender*) beziehen sich auf den Steuerkalender, der dem jeweiligen Unternehmen zugeordnet ist, und dienen zum Öffnen und Sperren von Perioden für das Buchen von Transaktionen (siehe Abschnitt 8.2.1)

9.3.2.2 Andere Kalender

Neben den Kalendern in der Finanzbuchhaltung gibt es in anderen Bereichen zusätzliche Kalenderdefinitionen.

Im Menüpunkt *Organisationsverwaltung> Häufig> Kalender> Schichtmodelle* werden Arbeitszeiten definiert, die die Basis für die Einrichtung der Arbeitszeitkalender im Menüpunkt *Organisationsverwaltung> Häufig> Kalender> Kalender* bilden (siehe Abschnitt 5.3.1). Sie werden für Produktionsplanung und -steuerung und für die Festlegung von Werkskalendern im Logistikbereich benutzt.

Für das Projektmodul gibt es unter dem Menüpunkt *Organisationsverwaltung> Häufig> Kalender> Periodentypen* einen eigenen Kalender, der für die Projektabrechnung benötigt wird und auf Mitarbeiter-Ebene angepasst werden kann.

9.3.2.3 Neu in Dynamics AX 2012

Steuerkalendern und Sachkontokalender in Dynamics AX 2012 dienen zur Definition von Buchhaltungsperioden und Anlagenkalendern.

9.3.3 Adresseinstellungen

Die Adresseinrichtung im Menüpunkt *Organisationsverwaltung> Einstellungen> Adressen> Adresseinstellungen* ist eine Voraussetzung für die korrekte Erfassung und Ausgabe von Adressen.

9.3.3.1 Adressparameter

Am Reiter *Parameter* der Adresseinstellungen kann zunächst festgelegt werden, ob *Postleitzahl, Bereich* und/oder *Ort* beim Erfassen von Adressen geprüft werden.

Wenn hier beispielsweise das Kontrollkästchen *Postleitzahl* markiert ist, können beim Anlegen von Adressen nur Postleitzahlen eingetragen werden, die in der Postleitzahlentabelle vorhanden sind. Eine neue Postleitzahl muss in diesem Fall erst in der Postleitzahlentabelle angelegt werden.

9.3.3.2 Adressformat

Adressformate am Reiter *Adressformat* legen fest, in welcher Art Straße, Postleitzahl, Ort und Land im Adressfeld von Adressen dargestellt werden. Um die Formatvorschriften der einzelnen Länder zu berücksichtigen, kann das Adressformat jedem Land separat zugeordnet werden. Für jedes Land wird hierbei das Adressformat in der Spalte *Adressformat* der Länderverwaltung (Reiter *Land/Region* in Adresseinstellungen) bestimmt.

Um ein neues Adressformat anzulegen, kann die Schaltfläche *Neu* im oberen Bereich der Adressformate betätigt werden. Im unteren Bereich können dann Reihenfolge und Format der einzelnen Adresselemente (wie *Straße* und *Ort*) bestimmt werden. Diese Definition legt den Aufbau der formatierten Adresse für den Ausdruck fest, bestimmt aber auch welche Felder beim Bearbeiten von Adressen im

Adressformular gezeigt werden. Wenn beispielsweise die Postleitzahl nicht im Adressformat enthalten ist, wird sie bei der Adressbearbeitung für Länder mit dem betroffenen Format nicht gezeigt.

Bei der Definition von Adressformaten ist zu beachten, dass neben den einzelnen Adressfeldern auch die formatierte Adresse in den Stammdaten gespeichert wird. Bei späteren Änderungen der Adressformatdefinition können bestehende Adressen über die Schaltfläche *Adressen aktualisieren* in den Adressformaten aktualisiert werden.

9.3.3.3 Land/Region

In Microsoft Dynamics AX ist standardmäßig eine Liste aller Länder mit einer dreistelligen Identifikation enthalten. Diese kann am Reiter *Land/Region* der Adresseinstellungen bearbeitet werden. Zusätzliche Länder werden hier über die Schaltfläche *Neu* angelegt.

9.3.3.4 Neu in Dynamics AX 2012

Adresseinstellungen werden in Dynamics AX 2012 übergreifend verwaltet.

9.3.4 Parameter

Parameter enthalten Grundeinstellungen in den verschiedenen Bereichen des Systems. Sie dienen zur Konfiguration der Anwendung, um aus den von Dynamics AX unterstützten Geschäftsprozess-Varianten diejenigen Möglichkeiten auszuwählen, die den Bedürfnissen des Unternehmens am besten entsprechen.

Die Festlegung der Parametereinstellungen ist eine zentrale Aufgabe in der Implementierungsphase. Vor dem Setzen von Parametereinstellungen sollte daher zumindest die Online-Hilfe zu Rate gezogen und je nach Situation auch Unterstützung von Experten eingeholt werden, um Auswirkungen und Zusammenhänge zu prüfen. Parametereinstellungen können im laufenden Betrieb geändert werden. Je nach betroffener Einstellung sind aber die Auswirkungen unbedingt sorgfältig abzuklären.

9.3.4.1 Systemparameter

Die Systemparameter (*Systemverwaltung> Einstellungen> Systemparameter*) enthalten globale Parameter wie die Systemsprache und die Basiswährung.

9.3.4.2 Modulparameter

Zusätzlich werden funktionsbezogen eigene Parameter in jedem Modul geführt, die Unternehmens-spezifische Einstellungen festlegen. Das Parameterformular ist in den einzelnen Module jeweils als erster Menüpunkt im Ordner *Einstellungen* enthalten (z.B. Debitorenparameter in *Debitorenkonten> Einstellungen> Debitorenparameter*).

9.4 Warnmeldungen und Workflow-Verwaltung

Ein Workflow ist eine Folge von Tätigkeiten in einem Routine-Geschäftsprozess, wobei die erforderlichen Aktivitäten durch den Workflow vorgegeben sind. Typische Beispiele für Workflows sind die Genehmigungsprozesse, beispielsweise für Bestellanforderungen.

Workflows können in Dynamics AX konfiguriert und verarbeitet werden, wobei auch eine Automatisierung von Workflow-Prozessen möglich ist. So können beispielsweise Bestellanforderungen mit geringem Wert automatisch genehmigt werden. Zusätzlich zu den in einer Standard-Installation vorhandenen Workflow können über einen Assistenten in der Entwicklungsumgebung auf einfache Weise weitere Workflows erstellt werden.

Warnmeldungen in Dynamics AX sind automatische Benachrichtigungen auf Basis von Warnregeln, die aufgrund von bestimmten Ereignissen (z.B. dem Anlegen eines Datensatzes) erzeugt werden. Im Vergleich zu Workflows, die eine Folge von Aktivitäten enthalten, bieten Warnmeldungen nur eine Benachrichtigung ohne weitere Bearbeitungsmöglichkeit.

9.4.1 Warnregeln und Warnmeldungen

In Dynamics AX können Warnregeln in jedem Formular eingerichtet werden, um Benutzer basierend auf Ereignissen in der betroffenen Tabelle automatisch zu benachrichtigen.

9.4.1.1 Erstellen von Warnregeln

Je nach Berechtigung können Warnregeln vom Benutzer frei definiert werden. Durch eine entsprechende Regel kann beispielsweise festgelegt werden, dass bei Überschreiten eines Liefertermins oder bei Neuanlage eines Kreditors eine Meldung an die verantwortliche Person erzeugt wird.

Um Warnregeln in Dynamics AX anzulegen, kann in Listenseiten und Detailformularen die Option *Warnregel erstellen* im Kontextmenü (rechte Maustaste) oder den Befehl *Datei/Befehl/Warnregel erstellen* gewählt werden. Im anschließenden Warnregel-Dialog werden die Details der Warnregel definiert.

Im Auswahlfeld *Ereignis* des Dialogs kann dazu der Auslöser für die zu erzeugenden Warnungen gewählt werden. Während sich Ereignisse für das Anlegen und Erstellen immer auf den gesamten Datensatz beziehen, können sich Änderungs-Ereignisse auch auf ein dann im Auswahlfeld *Feld* eingetragenes Feld beziehen. Wenn dieses Feld ein Datumsfeld ist, stehen im Auswahlfeld *Ereignis* zusätzliche Optionen zu Terminen und Zeitdauer zur Verfügung.

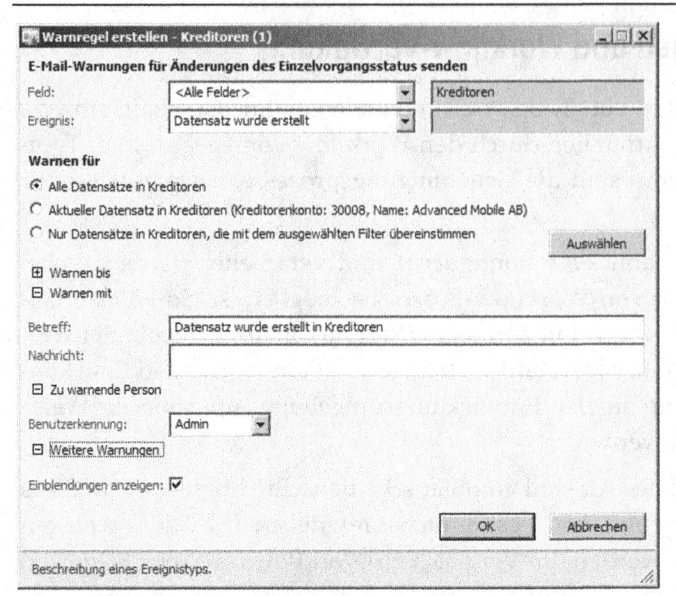

Abbildung 9-12: Dialog beim Erstellen einer Warnregel im Kreditorenformular

Abbildung 9-12 zeigt beispielsweise eine Warnregel, die Warnmeldungen beim Anlegen eines Kreditors erzeugt.

Im mittleren Bereich des Warnregel-Dialogs kann ein Filter auf das Auslöseereignis eingetragen werden, wenn beispielsweise nur Änderungen von Kreditoren einer bestimmten Kreditorengruppe von der zu warnenden Person bearbeitet werden sollen.

9.4.1.2 Einstellungen zur Warnregelverwaltung

Um vorhandene Warnregeln zu bearbeiten, kann entweder der Befehl *Datei/Extras/Warnregeln verwalten* oder der Menüpunkt *Organisationsverwaltung> Einstellungen> Warnungen> Warnregeln* gewählt werden. Im Warnregel-Formular können auch neue Warnregeln auf Basis von Vorlagen erstellt werden. Warnregel-Vorlagen sind normale Datensatzvorlagen (siehe Abschnitt 2.3.2), die im Warnregel-Formular als Datensatzvorlagen angelegt worden sind.

Warnmeldungen werden nur dann erzeugt, wenn die periodischen Aktivitäten *Systemverwaltung> Periodisch> Warnungen> Änderungsbasierte Warnungen* beziehungsweise *Systemverwaltung > Periodisch> Warnungen> Fälligkeitswarnungen* durchgeführt werden. Diese werden daher normalerweise als wiederkehrende Aktivität in die Stapelverarbeitung übergeben, können für Testzwecke aber auch manuell aufgerufen werden.

Am Reiter *Warnungen* in den Systemparametern (*Systemverwaltung> Einstellungen> Systemparameter*) kann hierzu definiert werden, welcher Zeitraum für Fälligkeitsmeldungen (z.B. Überschreiten des Liefertermins) berücksichtigt werden soll.

9.4.1.3 Benutzeroptionen

In den Benutzeroptionen (Befehl *Datei/Extras/Optionen*) kann am Reiter *Benachrichtigungen* der Zeitraum angegeben werden, in dem die Anzeige von Warnungen aktualisiert werden soll. Zusätzlich kann hier auf Benutzerebene definiert werden, ob Warnungen als E-Mail und als Einblendung gezeigt werden sollen.

Parallel zur Einrichtung der Warnmeldungsanzeige kann in den Benutzeroptionen auch die Anzeige von Workflow-Benachrichtigungen konfiguriert werden.

9.4.1.4 Arbeiten mit Warnmeldungen

Abhängig von den Einstellungen wird im festgesetzten Intervall nach Eintreten des Ereignisses die Warnmeldung an den betroffenen Anwender übermittelt. Je nach Einstellung erfolgt die Benachrichtigung hierbei durch ein E-Mail oder innerhalb von Dynamics AX in der Statusleiste und als Einblendung.

Die Benachrichtigungsliste zur Anzeige der Warnmeldungen in Dynamics AX kann über Doppelklick auf das Warnstatusfeld in der Statusleiste oder über den Befehl *Datei/Ansicht/Benachrichtigungen* geöffnet werden. In der Benachrichtigungsliste kann durch Klick auf die Schaltfläche *Zum Ursprung wechseln* zum Auslöser der Warnung gewechselt werden.

Warnmeldungen können über die Tastenkombination *Alt+F9* oder den Befehl *Datei/Datensatz löschen* gelöscht werden. Normalerweise wird der Status der Warnung aber einfach durch Wechsel in den Reiter *Allgemeines* oder über die Schaltfläche *Status ändern* auf „Gelesen" gesetzt.

9.4.2 Einrichten von Workflows

Workflows sind in vielen Bereichen von Dynamics AX verfügbar, beispielsweise für:

- **Buchungsjournale** in Hauptbuch, Kreditoren und Debitoren
- **Bestellanforderungen**
- **Einkaufsbestellungen**
- **Kreditorenrechnungen**
- **Arbeitszeiterfassung**

9.4.2.1 Workflow-Listenseite

In jedem betroffenen Modul enthält der Menüknoten Einstellungen einen Menüpunkt zur Verwaltung der Workflows im jeweiligen Modul

Nach Aufruf dieses Menüpunkts wird die Workflow-Listenseite mit den im jeweiligen Modul bereits angelegten Workflows gezeigt. So dient beispielsweise die Listenseite *Beschaffung> Einstellungen< Beschaffungsworkflows* zum Anlegen und Bearbeiten von Workflows im Beschaffungsbereich.

9.4.2.2 Graphischer Workflow-Editor

Nach Auswahl eines Workflows in der Workflow-Listenseite kann der graphische Workflow-Editor mittels Doppelklick oder über die Schaltfläche *Bearbeiten* im Aktionsbereich geöffnet werden.

Der graphische Workflow-Editor enthält drei Bereiche:

- **Zeichenfläche** – Bereich zum Gestalten des Workflows mittels Mausbedienung (Drag&Drop) durch Auswählen und Verschieben von Workflowelementen und Verbindungen
- **Toolbox** – Neben Zeichenfläche, enthält verfügbare Workflowelemente
- **Fehlerbereich** – Unterhalb der Zeichenfläche, zeigt Fehler und Warnungen

In der Toolbox sind die Workflowelemente nach ihrem Typ gegliedert, beispielsweise Aufgaben und Genehmigungen, wobei abhängig vom gewählten Workflow unterschiedliche Workflowelemente verfügbar sind. Die Toolbox kann über die entsprechende Schaltfläche im Aktionsbereich ausgeblendet werden.

Um ein Element zu einem Workflow hinzuzufügen, kann es in der Toolbox durch Mausklick ausgewählt und mit gedrückter Maustaste in den Zeichenbereich gezogen werden. Die Eigenschaften eines im Workflow enthaltenen Elements können dann über das Kontextmenü (rechte Maustaste) oder über die Schaltfläche *Eigenschaften* im Aktionsbereich bearbeitet werden.

Neben Basiseinstellungen wie dem Namen des Elements können *Zuweisungen* und *Benachrichtigungen* mit Bezug auf verschiedene Benutzerkategorien wie Teilnehmer (Bezug auf Rollen und Gruppen von Benutzern), Workflowbenutzer (Workflow-Eigentümer oder Benutzer, der den Workflow startet) oder spezifische Benutzerkonten definiert werden.

Eigenschaften zur *Eskalation* geben die Möglichkeit, die für die Durchführung des Workflows aus dem Workflowelement abgeleitete Arbeitsaufgabe automatisch zu erledigen oder weiterzuleiten, wenn ein eingetragenes Zeitlimit überschritten wird.

Eigenschaften im Bereich *Automatischen Aktivitäten* geben die Möglichkeit, abhängig von zur automatischen Aktivität eingetragenen Bedingungen die im Workflowelement definierte Aufgabe automatisch durchzuführen. Beispielsweise kann eine Bestellanforderung automatisch genehmigt werden, wenn der Bestellwert unter einem eingetragenen Wert ist.

Im Bereich *Erweiterte Eigenschaften* kann festgelegt werden, welche Aktivitäten für das Workflowelement zulässig sind.

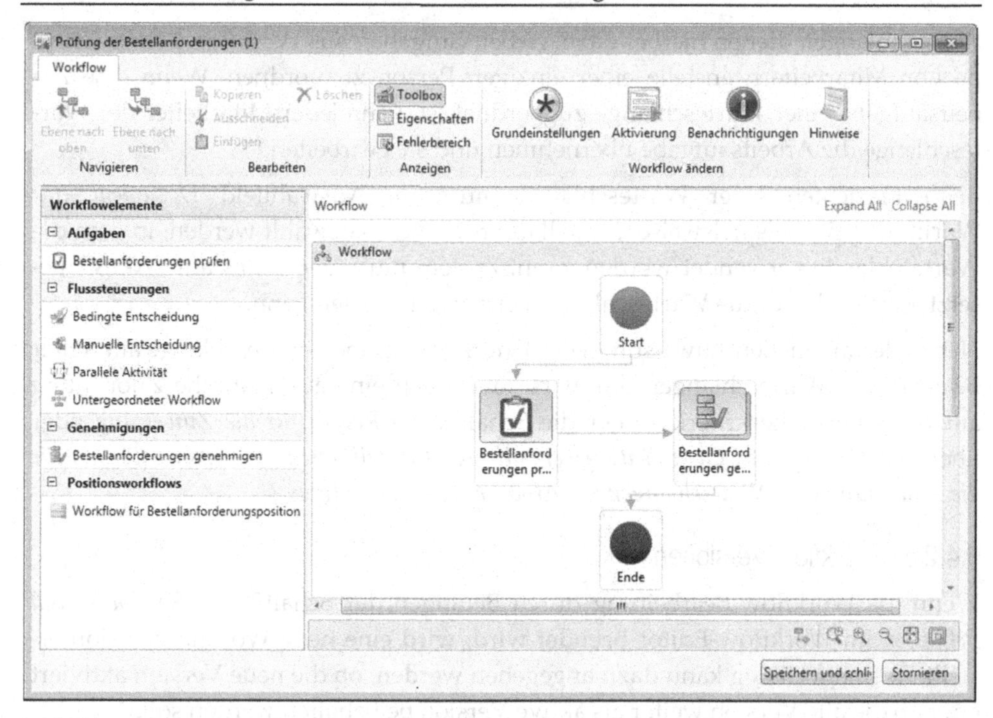

Abbildung 9-13: Graphischer Workflow-Editor (Fehlerbereich ausgeblendet)

Workflowelemente vom Typ „Genehmigung" enthalten eine untergeordnete Workflow-Ebene, die die Genehmigungs-Schritte definiert. Die Genehmigungs-Schritte können durch Doppelklick auf das Genehmigungselement oder durch Betätigen der Schaltfläche *Ebene nach unten* geöffnet werden. Um von der unteren Ebene wieder auf die Hauptebene des Workflows zu gelangen, kann auf das Element *Workflow* im Pfad geklickt werden, der in der Titelleiste direkt oberhalb der Zeichenfläche gezeigt wird.

9.4.2.3 Workflow Eigenschaften

Die Eigenschaften des Workflows selbst können bearbeitet werden, indem statt eines bestimmten Elements eine leere Stelle im Zeichenbereich gewählt und dann die Eigenschaften über das Kontextmenü (rechte Maustaste) oder über die Schaltfläche *Eigenschaften* im Aktionsbereich geöffnet werden.

Eine wichtige Eigenschaft ist hierbei der *Eigentümer* des Workflows

9.4.2.4 Workflow-Warteschlangen

Warteschlangen können anstelle anderer Benutzer-Zuweisungen zur Zuordnung von Workflowelementen benutzt werden. Die für die Zuweisung benutzten Warteschlangen werden hierbei im Menüpunkt *Organisationsverwaltung> Einstellungen> Workflow> Warteschlagen für Arbeitsaufgaben* angelegt.

Warteschlangen dienen hierbei dazu, Arbeitsaufgaben aus Workflows einer Gruppe von Mitarbeitern anstelle einer einzigen Person zuzuordnen. Wenn eine Arbeitsaufgabe einer Warteschlange zugeordnet ist, kann jeder Mitarbeiter der Warteschlange die Arbeitsaufgabe übernehmen und sie bearbeiten.

Beim Einrichten einer Warteschlange muss im Auswahlfeld *Dokument* der Workflowtyp – beispielsweise „Bestellanforderung" – gewählt werden, in dem die Warteschlange verwendet werden kann. Zudem muss der *Status* auf „Aktiv" gesetzt werden, bevor die Warteschlange verwandet werden kann.

Neben der manuellen Zuweisung von Benutzern zu einer Warteschlange am Reiter *Benutzer* der Warteschlangenformulars kann auch eine automatische Zuordnung auf Basis von Filterkriterien über die Schaltfläche *Regeln für die Zuweisung* oder über den Menüpunkt *Organisationsverwaltung> Einstellungen> Workflow> Regeln für die Zuweisung von Warteschlangen für Arbeitsaufgaben* erfolgen.

9.4.2.5 Workflow-Versionen

Wenn die Workflow-Bearbeitung durch Betätigen der Schaltfläche *Speichern und Schließen* im Workflow-Editor beendet wird, wird eine neue Workflowversion erstellt. In einem Dialog kann dazu angegeben werden, ob die neue Version aktiviert oder ob die alte Version weiter als aktive Version beibehalten werden soll.

Die Versionen eines Workflows können über die Schaltfläche *Versionen* in der Workflow-Listenseite geöffnet werden. Das Workflowversions-Formular bietet dann die Möglichkeit, die aktive Version zu tauschen.

Beim Absenden eines Workflows wird die jeweils aktive Workflowversion herangezogen. Diese Version wird auch dann für die Arbeitsaufgaben des abgesendeten Workflows beibehalten, wenn eine neue Version aktiv gesetzt wird.

9.4.2.6 Anlegen von Workflows

Wenn die Schaltfläche *Neu* in der Workflow-Listenseite betätigt wird, kann in einem anschließenden Dialog gewählt werden, zu welchem Workflowtyp (z.B. „Prüfung der Bestellanforderungen") der Workflow gehören soll. Nach Auswahl des Workflowtyps wird der Workflow in diesem Dialog über die Schaltfläche *Workflow erstellen* angelegt. Im graphischen Workflow-Editor können dann die Workflowelemente ausgewählt und bearbeitet werden.

Fall zwei Workflows mit demselben Workflowtyp vorhanden sind, kann der Standard-Workflow über die Schaltfläche *Als Standard festlegen* in der Workflow-Listenseite festgelegt werden.

9.4.2.7 Grundeinstellungen zur Stapelverarbeitung

Die Verarbeitung von Workflows erfolgt in einer asynchronen Stapelverarbeitung, weshalb die nächste Arbeitsaufgabe in einem abgesendeten Workflow nicht sofort, sondern erst nach Durchführung der Stapelverarbeitung verfügbar ist. Die Wartezeit ist hierbei abhängig von der jeweiligen Stapelkonfiguration.

Um die benötigte Workflow-Infrastruktur aufzusetzen, kann der Assistent im Menüpunkt *Systemverwaltung> Einstellungen> Workflow> Konfiguration der Workflowinfrastruktur* benutzt werden. Der Assistent erzeugt drei Stapelverarbeitungsaufträge, die dann im Formular *Systemverwaltung> Abfragen> Stapelverarbeitungsaufträge* gezeigt und bearbeitet werden können (siehe Abschnitt 2.2.1). Um mit Workflows arbeiten zu können, müssen die benötigten Stapelverarbeitungsaufträge regelmäßig wiederholt werden.

Zusätzlich muss in den Systemservicekonten (*Systemverwaltung> Einstellungen> System> Systemservicekonten*) ein Konto für die Workflowausführung angegeben werden.

9.4.3 Arbeiten mit Workflows

Wenn in einem Formular die Ausführung eines Workflows vorgesehen ist, wird im oberen Bereich des Formulars eine gelbe Workflowmeldungsleiste gezeigt. Der betroffene Benutzer kann dadurch erkennen, dass die Durchführung eines Workflows erforderlich ist und den Workflow gegebenenfalls sofort absenden.

Bei der Arbeit mit Workflows muss berücksichtigt werden, dass die Workflow-Ausführung in einer Stapelverarbeitung erfolgt und Arbeitsaufgaben erst nach Durchführung der Stapelverarbeitung zur Verfügung stehen.

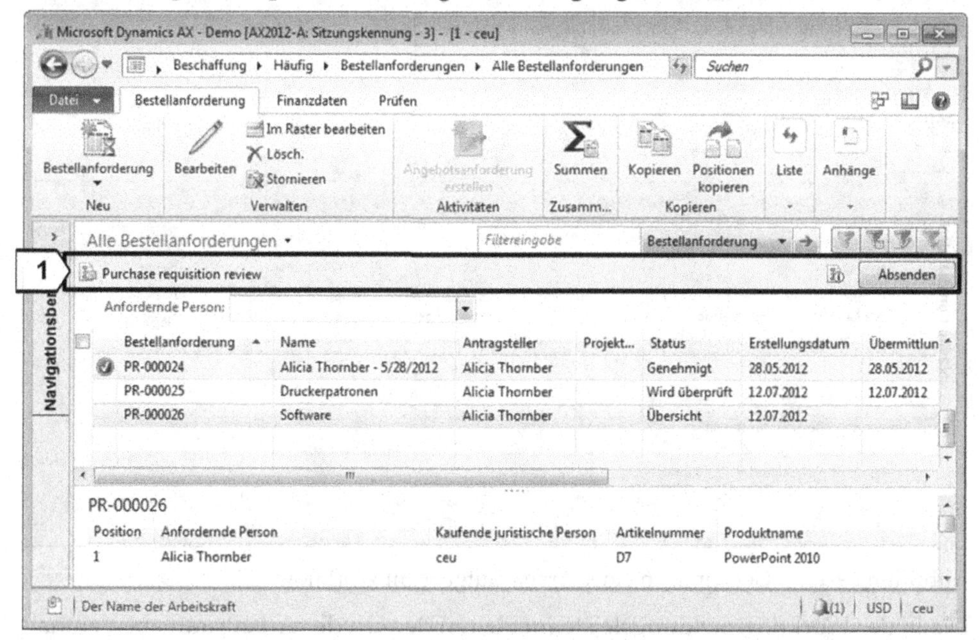

Abbildung 9-14: Anfordern einer Genehmigung im Workflow für Bestellanforderungen

9.4.3.1 Absenden eines Workflows

Wenn das Erfassen der benötigten Daten in einem Formular mit zugeordnetem Workflow beendet ist, kann in der Workflowmeldungsleiste die Schaltfläche *Absenden* betätigt werden (siehe Abbildung 9-14).

Durch das Absenden des Workflows wird er gestartet, wobei Arbeitsaufgaben zur Bearbeitung der einzelnen Workflowelemente erzeugt werden. Die Workflowmeldungsleiste zeigt dann die Schaltfläche *Aktivitäten* anstelle der Schaltfläche *Absenden*. Und ermöglicht die Abfrage des Workflow-Status über die Schaltfläche *Aktivitäten/Historie anzeigen*.

9.4.3.2 Genehmigen von Arbeitsaufgaben im Workflow

In Abhängigkeiten von den Zuweisungseinstellungen der Workflowelemente sind die abgeleiteten Arbeitsaufgaben entweder einer Warteschlange oder direkt einem oder mehreren Benutzern zugewiesen, wobei die Zuweisung an Benutzern auch über Teilnehmer- oder Workflowbenutzer-Einstellungen erfolgen kann.

Wenn eine Arbeitsaufgabe einem verantwortlichen Benutzer direkt zugewiesen ist, kann dieser sie in seinen Workflow-Arbeitsaufgaben in der Startseite finden (*Startseite> Häufig> Arbeitsaufgaben> Mir zugewiesene Arbeitsaufgaben*). Die Listenseite *Startseite> Häufig> Arbeitsaufgaben> Alle Arbeitsaufgaben* zeigt die Arbeitsaufgaben aller Benutzer.

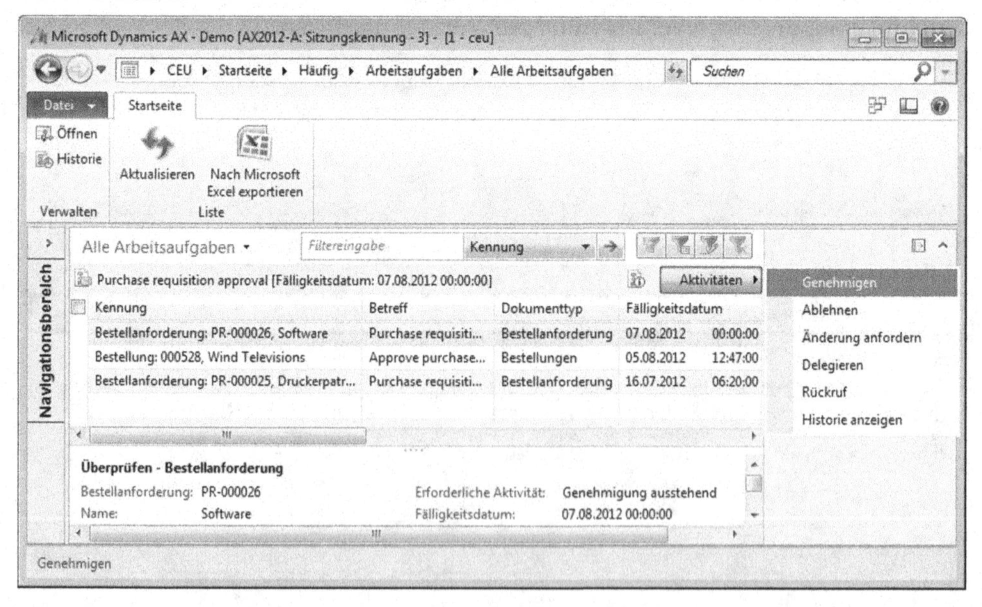

Abbildung 9-15: Genehmigen einer Arbeitsaufgabe im Workflow

Die in der Workflowmeldungsleiste im oberen Bereich der Arbeitsaufgaben enthaltenen Optionen hängen von den Eigenschaften des Workflowelements ab (Zulässige Aktivitäten unter *Erweiterte Eigenschaften*). Unter der Voraussetzung, dass diese

Option verfügbar ist, kann die Genehmigung zu einem Workflow in der Arbeitsaufgabe über die Schaltfläche *Aktivitäten/Genehmigen* erteilt werden.

In Abhängigkeit von den Einstellungen zu Workflow-Benachrichtigungen in den Benutzeroptionen wird eine Meldung gezeigt, wenn eine Arbeitsaufgabe zur Bearbeitung ansteht.

9.4.3.3 Arbeiten mit Warteschlangen

Wenn eine Arbeitsaufgabe einer Warteschlange zugewiesen ist, wird sie gemeinsam mit den anderen Arbeitsaufgaben in der Listenseite *Startseite> Häufig> Arbeitsaufgaben> Alle Arbeitsaufgaben* gezeigt. Für die Bearbeitung von Warteschlangen-Arbeitsaufgaben ist aber der Menüpunkt *Startseite> Häufig> Arbeitsaufgaben> Meinen Warteschlangen zugewiesene Arbeitsaufgaben* vorgesehen.

Es werden jedoch nur die Arbeitsaufgaben gezeigt, die einer Warteschlange zugewiesen sind, in der der jeweilige Benutzer Mitglied ist.

In der Warteschlange kann eine Arbeitsaufgabe übernommen werden, indem die Schaltfläche *Aktivitäten/Übernehmen* in der Workflowmeldungsleiste betätigt wird. Auf diese Weise wird verhindert, dass ein anderer Benutzer die betroffene Arbeitsaufgabe parallel bearbeitet. Nach Übernehmen einer Arbeitsaufgabe ist sie in den direkt zugewiesenen Arbeitsaufgaben enthalten und kann dort genehmigt werden.

9.4.3.4 Neu in Dynamics AX 2012

Die Workflow-Funktionalität ist in Dynamics AX 2012 mit graphischem Workflow-Editor und einer vereinfachten Installation signifikant erweitert worden.

9.5 Dokumentenverwaltung

Häufig ist es im betrieblichen Alltag erforderlich, zu einem Datensatz (z.B. Kunden) parallel sowohl solche Informationen auszuwerten, die strukturiert im kaufmännischen System abgelegt sind, als auch Angaben zu berücksichtigen, die unstrukturiert als Datei oder Mail vorliegen.

Um diese Arbeit zu unterstützen, können jedem Datensatz in Dynamics AX beliebig viele Dateien zugeordnet und direkt aus dem System geöffnet werden. Wenn daher beispielsweise alle relevanten Dateien zu einem Kunden in der Debitorenverwaltung angehängt werden, können neben den in Dynamics AX verwalteten kaufmännischen Daten (beispielsweise Umsatzzahlen aus gebuchten Rechnungen) auch alle anderen wesentlichen Informationen direkt im Debitorenformular abgefragt werden.

9.5.1 Nutzung der Dokumentenverwaltung

Zur Bearbeitung von Dokumenten in Dynamics AX kann die Dokumentenbehandlung in jeder Listenseite und jedem Formular über das Symbol in der Statusleiste, über die Schaltfläche *Anhänge* im Aktionsbereich oder den Befehl *Datei/Befehl/Dokumentbehandlung* geöffnet werden. Im Dokumentenbehandlungsformular können dann die vorhandenen Dokumente bearbeitet oder neue Dokumente erstellt werden.

Abbildung 9-16: Dokumentenbehandlung mit Dokumenten zu einem Kreditor

Neue Dokumente werden im Dokumentenbehandlungsformular über die Schaltfläche *Neu* oder über die Tastenkombination *Strg+N* erstellt. Durch Auswahl des Dokumenttyps wird festgelegt, ob das Dokument eine Notiz, ein Dateianhang, eine Web-Adresse (URL) oder eine neu zu erstellende Word- oder Excel-Datei ist. Für Notizen kann im unteren Bereich des Formulars ein mehrzeiliger Text erfasst werden.

Dateianhänge und in der Dokumentenbehandlung erstellte Word-Dokumente oder Excel-Mappen können über die Schaltfläche *Öffnen* geöffnet werden oder nach Aktivieren des Kontrollkästchens *Datei anzeigen* im unteren Fensterteil angezeigt werden.

Neben dem Aufruf direkt aus dem jeweiligen Formular kann die Dokumentenbehandlung auch über den Menüpunkt *Startseite> Häufig> Dokumentenverwaltung> Dokumente* geöffnet werden, wobei sie in diesem Formular alle Dokumente unabhängig von der jeweiligen Basistabelle zeigt.

9.5.2 Einrichtung der Dokumentenverwaltung

Vor Nutzung der Dokumentenverwaltung muss eine entsprechende Einrichtung erfolgen.

9.5.2.1 Benutzeroptionen

Als Voraussetzung für den Aufruf der Dokumentenbehandlung muss das Kontrollkästchen *Handhabung von Dokumenten aktiviert* am Reiter *Allgemeines* in den Benutzeroptionen des jeweiligen Benutzers markiert sein. Das Kontrollkästchen *Anlagenstatus anzeigen* in den Benutzeroptionen bestimmt, ob in der Symbolleiste das Dokumentenbearbeitungssymbol hervorgehoben gezeigt werden soll, wenn Dokumente zum jeweils markierten Datensatz vorhanden sind.

9.5.2.2 Dokumenttypen

Bei der Handhabung der Dokumente können folgende Arten von Dokumenten unterschieden werden:

- **Einfache Hinweise** – Diese haben keine Datei zugeordnet, die Eintragung eines beliebig langen Textes erfolgt im unteren Formularbereich.
- **Dateianhänge** – Diese ermöglichen das Anhängen von externen Dateien.
- **Word-Dokumente** und **Excel-Blätter** – Ermöglichen das Erstellen von neuen Dokumenten direkt aus der Dokumentenbehandlung.
- **URL** – Ermöglicht die Eintragung einer Web-Adresse im unteren Formularbereich.

Im Menüpunkt *Organisationsverwaltung> Einstellungen> Dokumentverwaltung> Dokumenttypen* können je nach Bedarf beliebig viele Dokumenttypen angelegt werden. Jeder Dokumenttyp bezieht sich hierbei auf eine bestimmte *Klasse* und *Gruppe,* die bestimmen ob Dokumente des jeweiligen Typs Hinweise, Anhänge oder neue Dokumente sind.

Über die Auswahl von *Ort* (Dateispeicherort) und *Archiv-Verzeichnis* können entsprechende Einstellungen der Dokumentenverwaltungs-Parameter überschrieben werden. Dokumente zu Dokumenttypen, für die im Auswahlfeld *Ort* die Option „Datenbank“ eingetragen ist, werden direkt in der Dynamics AX-Datenbank gespeichert.

9.5.2.3 Einrichtung der Dokumentenverwaltung

Die Parameter der Dokumentenverwaltung werden im Menüpunkt *Organisationsverwaltung> Einstellungen> Dokumentverwaltung> Parameter für Dokumentverwaltung* festgelegt. Wesentliche Parameter sind hierbei das *Archiv-Verzeichnis* (Dokumentenverzeichnis, normalerweise ein eigenes Verzeichnis am File-Server) und ein Nummernkreis für die Dokumente. Das Dokumentenverzeichnis wird für Dokumenttypen nicht benötigt, für die der Speicherort separat eingetragen ist.

Am Reiter *Dateitypen* in den Dokumentenparametern wird angegeben, welche Dateitypen (z.B. PDF-Dateien) von Benutzern in der Dokumentenverwaltung verwendet werden dürfen.

Wenn in den Dokumentenparametern das Kontrollkästchen *Verwendung der aktiven Dokumenttabellen* markiert ist, steht die Dokumentenbehandlung nicht mehr in allen Formularen zur Verfügung sondern wird auf die unter *Organisationsverwaltung> Einstellungen> Dokumentverwaltung> Aktive Dokumenttabellen* definierten Tabellen eingeschränkt.

Die Dokumentdatenquellen (*Organisationsverwaltung> Einstellungen> Dokumentverwaltung> Dokumentdatenquellen*) werden benötigt, um Datenquellen in Dynamics AX für die Bearbeitung über die Microsoft Office Add-Ins zu registrieren (siehe Abschnitt 2.2.2).

9.5.2.4 Neu in Dynamics AX 2012

Neue Punkte in Dynamics AX 2012 im Hinblick auf die Dokumentverwaltung beinhalten den Dokumenttyp URL und die Unterstützung der Office Add-Ins.

Anhang

Einrichtungs-Checkliste

Nachfolgende Checklisten dienen dazu, einen kurzen Überblick der erforderlichen Konfigurationsschritte zum Einrichten eines leeren Dynamics AX-Systems zu geben. Sie können als Richtlinie verwendet werden, um die Grundeinrichtung eines Systems vorzunehmen.

Die als Basiskonfiguration angeführten Punkte sind erforderlich, um im jeweiligen Modul arbeiten zu können. Stammdaten und weitere, zentrale Konfigurationseinstellungen werden danach aufgezählt. Je nach eingesetzter Funktionalität sind zusätzlich meist weitere Einstellungen erforderlich.

Basiskonfiguration

Tabelle A-1: Basiseinrichtung einer Dynamics AX Datenbank

Nr.	Name	Menüpunkt	Kapitel
1.1	Konfiguration	*Systemverwaltung> Einstellungen> Lizenzierung> Lizenzkonfiguration*	
1.2	Parameter	*Systemverwaltung> Einstellungen> Systemparameter*	
1.3	Juristische Personen	*Organisationsverwaltung> Einstellungen> Organisation> Juristische Personen*	9.1.4
1.4	Benutzer	*Systemverwaltung> Häufig> Benutzer> Benutzer*	9.2.2
1.5	Virtuelle Unternehmenskonten	*Systemverwaltung> Einstellungen> Virtuelle Unternehmenskonten*	9.1.5

Tabelle A-2: Basiseinrichtung eines Unternehmens

Nr.	Name	Menüpunkt	Kapitel
2.1	Organisationseinheiten	*Organisationsverwaltung> Einstellungen> Organisation> Organisationseinheiten*	9.1.2
2.2	Finanzdimensionen	*Hauptbuch> Einstellungen> Finanzdimensionen> Finanzdimensionen*	8.2.3
2.3	Standorte	*Lager- und Lagerortverwaltung> Einstellungen> Lageraufschlüsselung> Standorte*	9.1.6
2.4	Dimensionsverknüpfung	*Lager- und Lagerortverwaltung> Einstellungen> Buchung> Dimensionsverknüpfung*	9.1.6
2.5	Lagerorte	*Lager- und Lagerortverwaltung> Einstellungen> Lageraufschlüsselung> Lagerorte*	7.4.1

2.6	Steuerkalender	*Hauptbuch> Einstellungen> Steuerkalender*	8.2.1
2.7	Währungen	*Hauptbuch> Einstellungen> Währung> Währungen*	8.2.2
2.8	Wechselkurs-typen	*Hauptbuch> Einstellungen> Währung> Wechselkurs-typen*	8.2.2
2.9	Wechselkurse	*Hauptbuch> Einstellungen> Währung> Währungs-wechselkurse*	8.2.2
2.10	Kontenplan	*Hauptbuch> Einstellungen> Kontenplan> Kontenplan*	8.2.4
2.11	Kontostrukturen	*Hauptbuch> Einstellungen> Kontenplan> Kontostruk-turen konfigurieren*	8.2.4
2.12	Sachkonto	*Hauptbuch> Einstellungen> Sachkonto*	8.2
2.13	Bankkonten	*Bargeld- und Bankverwaltung> Häufig> Bankkonten*	8.2.5
2.14	Adress-einstellungen	*Organisationsverwaltung> Einstellungen> Adressen> Adresseinstellungen*	9.3.3
2.15	Adressbuch-Parameter	*Organisationsverwaltung> Einstellungen> Globales Adressbuch> Parameter für globales Adressbuch*	2.4.2
2.16	Nummernkreise	*Organisationsverwaltung> Häufig> Nummernkreise> Nummernkreise*	9.3.1
2.17	Mengeneinheiten	*Organisationsverwaltung> Einstellungen> Einheiten> Einheiten*	7.2.1
2.18	Einheiten-umrechnung	*Organisationsverwaltung> Einstellungen> Einheiten> Einheitenumrechnung*	7.2.1

Tabelle A-3: Grundeinrichtung zum Hauptbuch

Nr.	**Name**	**Menüpunkt**	**Kapitel**
3.1	Standard-beschreibungen	*Organisationsverwaltung> Einstellungen> Standard-beschreibungen*	
3.2	Konten für aut. Buchungen	*Hauptbuch> Einstellungen> Buchung> Konten für automatische Buchungen*	8.2.4
3.3	Sachkonto-buchungsgruppen	*Hauptbuch> Einstellungen> Mehrwertsteuer> Sach-kontobuchungsgruppen*	8.2.6
3.4	Mehrwertsteuer-Behörden	*Hauptbuch> Einstellungen> Mehrwertsteuer> Mehr-wertsteuer-Behörden*	8.2.6
3.5	Mehrwertsteuer-Abrechnungs-zeiträume	*Hauptbuch> Einstellungen> Mehrwertsteuer> Mehr-wertsteuer-Abrechnungszeiträume*	8.2.6
3.6	Mehrwertsteuer-codes	*Hauptbuch> Einstellungen> Mehrwertsteuer> Mehr-wertsteuercodes*	8.2.6
3.7	Mehrwertsteuer-gruppen	*Hauptbuch> Einstellungen> Mehrwertsteuer> Mehr-wertsteuergruppen*	8.2.6

3.8	Artikel-Mehrwertsteuergruppen	*Hauptbuch> Einstellungen> Mehrwertsteuer> Artikel-Mehrwertsteuergruppen*	8.2.6
3.9	Journalnamen	*Hauptbuch> Einstellungen> Erfassungen> Journale*	8.3.1
3.10	Parameter	*Hauptbuch> Einstellungen> Hauptbuchparameter*	

Tabelle A-4: Grundeinrichtung zu Kreditorenkonten und Beschaffung

Nr.	Name	Menüpunkt	Kapitel
4.1	Zahlungsbedingungen	*Kreditorenkonten> Einstellungen> Zahlung> Zahlungsbedingungen*	3.2.2
4.2	Kreditorengruppen	*Kreditorenkonten> Einstellungen> Kreditoren> Kreditorengruppen*	3.2.3
4.3	Buchungsprofile	*Kreditorenkonten> Einstellungen> Kreditoren-Buchungsprofile*	3.2.3
4.4	Kreditorenparameter	*Kreditorenkonten> Einstellungen> Kreditorenkontenparameter*	
4.5	Beschaffungsparameter	*Beschaffung> Einstellungen> Beschaffungsparameter*	

Tabelle A-5: Grundeinrichtung zu Debitorenkonten und Vertrieb

Nr.	Name	Menüpunkt	Kapitel
5.1	Zahlungsbedingungen	*Debitorenkonten> Einstellungen> Zahlung> Zahlungsbedingungen*	3.2.2
5.2	Debitorengruppen	*Debitorenkonten> Einstellungen> Debitoren> Debitorengruppen*	4.2.1
5.3	Buchungsprofile	*Debitorenkonten> Einstellungen> Debitoren-Buchungsprofile*	4.2.1
5.4	Formulareinstellungen	*Debitorenkonten> Einstellungen> Formulare> Formulareinstellungen*	4.2.1
5.5	Parameter	*Debitorenkonten> Einstellungen> Debitorenparameter*	

Tabelle A-6: Grundeinrichtung zu Produktverwaltung und Lager

Nr.	Name	Menüpunkt	Kapitel
6.1	Lagerdimensionsgruppen	*Produktinformationsverwaltung> Einstellungen> Dimensionsgruppen> Lagerdimensionsgruppen*	7.2.2
6.2	Rückverfolgungsangabengruppen	*Produktinformationsverwaltung> Einstellungen> Dimensionsgruppen> Rückverfolgungsangabengruppen*	7.2.2

6.3	Artikelgruppen	*Lager- und Lagerortverwaltung> Einstellungen> Lager> Artikelgruppen*	7.2.1
6.4	Buchungskombinationen	*Lager- und Lagerortverwaltung> Einstellungen> Buchung> Buchungskombinationen*	8.4.2
6.5	Buchungseinstellungen	*Lager- und Lagerortverwaltung> Einstellungen> Buchung> Buchung*	8.4.2
6.6	Lagersteuerungsgruppen	*Lager- und Lagerortverwaltung> Einstellungen> Lager> Lagersteuerungsgruppen*	7.2.3
6.7	Nachkalkulationsversionen	*Lager- und Lagerortverwaltung> Einstellungen> Nachkalkulation> Nachkalkulationsversionen*	7.2.4
6.8	Lagerjournale	*Lager- und Lagerortverwaltung> Einstellungen> Erfassungen> Journalnamen, Lager*	7.4.1
6.9	Lagerortjournale	*Lager- und Lagerortverwaltung> Einstellungen> Erfassungen> Journalnamen, Lagerortverwaltung*	7.4.1
6.10	Parameter	*Lager- und Lagerortverwaltung> Einstellungen> Parameter für Lager- und Lagerortverwaltung*	

Tabelle A-7: Grundeinrichtung zur Produktionssteuerung

Nr.	Name	Menüpunkt	Kapitel
7.1	Produktionseinheiten	*Produktionssteuerung> Einstellungen> Produktion> Produktionseinheiten*	5.3.1
7.2	Schichtmodelle	*Organisationsverwaltung> Häufig> Kalender> Schichtmodelle*	5.3.1
7.3	Kalender	*Organisationsverwaltung> Häufig> Kalender> Kalender*	5.3.1
7.4	Ressourcenfähigkeiten	*Organisationsverwaltung> Häufig> Ressourcen> Ressourcenfähigkeiten*	5.3.2
7.5	Ressourcengruppen	*Organisationsverwaltung> Häufig> Ressourcen> Ressourcengruppen*	5.3.1
7.6	Ressourcen	*Organisationsverwaltung> Häufig> Ressourcen> Resources*	5.3.2
7.7	Journalnamen	*Produktionssteuerung> Einstellungen> Produktionserfassungsnamen*	5.4.1
7.8	Arbeitsplangruppen	*Produktionssteuerung> Einstellungen> Arbeitspläne> Arbeitsplangruppen*	5.3.3
7.9	Kostengruppen	*Produktionssteuerung> Einstellungen> Arbeitspläne> Kostengruppen*	5.4.1
7.10	Gemeinsame Kategorien	*Produktionssteuerung> Einstellungen> Arbeitspläne> Gemeinsam genutzte Kategorien*	5.3.3

7.11	Kostenkategorien	*Produktionssteuerung> Einstellungen> Arbeitspläne> Kostenkategorien*	5.3.3
7.12	Berechnungsgruppe	*Lager- und Lagerortverwaltung> Einstellungen> Nachkalkulation> Berechnungsgruppe*	5.2.1
7.13	Nachkalkulationsbögen	*Lager- und Lagerortverwaltung> Einstellungen> Nachkalkulation> Nachkalkulationsbögen*	5.4.1
7.14	Parameter	*Produktionssteuerung> Einstellungen> Produktionssteuerungsparameter*	
7.15	Parameter nach Standort	*Produktionssteuerung> Einstellungen> Produktionssteuerungsparameter nach Standort*	

Tabelle A-8: Grundeinrichtung zur Produktprogrammplanung

Nr.	Name	Menüpunkt	Kapitel
8.1	Dispositionssteuerungsgruppen	*Produktprogrammplanung> Einstellungen> Disposition> Dispositionssteuerungsgruppen*	6.3.3
8.2	Produktprogrammpläne	*Produktprogrammplanung> Einstellungen> Pläne> Produktprogrammpläne*	6.3.2
8.3.	Planzahlenmodelle	*Lager- und Lagerortverwaltung> Einstellungen> Planung> Planzahlenmodelle*	6.2.2
8.4	Absatzpläne	*Produktprogrammplanung> Einstellungen> Pläne> Absatzpläne*	6.2.2
8.5	Parameter	*Produktprogrammplanung> Einstellungen> Parameter für Produktprogrammplanung*	

Erweiterte Konfiguration und Stammdaten

Tabelle A-9: Weitere zentrale Einstellungen

Nr.	Name	Menüpunkt	Kapitel
9.1	Arbeitskräfte	*Personalverwaltung> Häufig> Arbeitskräfte> Arbeitskräfte*	9.2.2
9.2	Benutzerbeziehungen	*Systemverwaltung> Häufig> Benutzer> Benutzerbeziehungen*	9.2.2
9.3	Lieferbedingungen	*Vertrieb und Marketing> Einstellungen> Verteilung> Lieferbedingungen*	3.2.1
9.4	Lieferarten	*Vertrieb und Marketing> Einstellungen> Verteilung> Lieferarten*	4.2.1
9.5	Skonti	*Kreditorenkonten> Einstellungen> Zahlung> Skonti*	3.2.2
9.6	Zahlungsmethode (Einkauf)	*Kreditorenkonten> Einstellungen> Zahlung> Zahlungsmethoden*	8.3.4

9.7	Preis/Rabatt aktivieren (Einkauf)	*Beschaffung> Einstellungen> Preis/Rabatt> Preis/Rabatt aktivieren*	3.3.3
9.8	Kreditorpreis-/ Rabattgruppen	*Beschaffung> Einstellungen> Preis/Rabatt> Kreditorpreis-/Rabattgruppen*	3.3.3
9.9	Artikelrabattgruppen	*Beschaffung> Einstellungen> Preis/Rabatt> Artikelrabattgruppen*	4.3.2
9.10	Journalnamen	*Beschaffung> Einstellungen> Preis/Rabatt> Journale für Handelsvereinbarungen*	3.3.3
9.11	Preistoleranzen	*Kreditorenkonten> Einstellungen> Rechnungsabgleich> Preistoleranzen*	3.6.2
9.12	Preis/Rabatt aktivieren (Verkauf)	*Vertrieb und Marketing> Einstellungen> Preis/Rabatt> Preis/Rabatt aktivieren*	4.3.2
9.13	Debitorpreis-/ Rabattgruppen	*Vertrieb und Marketing> Einstellungen> Preis/Rabatt> Debitorpreis-/Rabattgruppen*	4.3.2
9.14	Zuschlagscodes (Einkauf)	*Kreditorenkonten> Einstellungen> Belastungen> Belastungscode*	4.4.5
9.15	Zuschlagscodes (Verkauf)	*Debitorenkonten> Einstellungen> Belastungen> Belastungscode*	4.4.5
9.16	Rücklieferungsvorgang (Einkauf)	*Beschaffung> Einstellungen> Bestellungen> Rücklieferungsvorgang*	3.7.1
9.17	Dispositionscodes	*Vertrieb und Marketing> Einstellungen> Aufträge> Retouren> Dispositionscodes*	4.6.4
9.18	Kategoriehierarchien	*Produktinformationsverwaltung> Einstellungen> Kategorien> Kategoriehierarchien*	3.3.1
9.19	Beschaffungskategorien	*Beschaffung> Einstellungen> Kategorien> Beschaffungskategorien*	3.3.1
9.20	Verkaufskategorien	*Vertrieb und Marketing> Einstellungen> Kategorien> Verkaufskategorien*	4.3.1
9.21	Spediteurschnittstelle	*Lager- und Lagerortverwaltung> Einstellungen> Spediteur> Spediteurschnittstelle*	4.2.1
9.22	Dokumentverwaltungsparameter	*Organisationsverwaltung> Einstellungen> Dokumentverwaltung> Parameter für Dokumentverwaltung*	9.5.2
9.23	Dokumenttypen	*Organisationsverwaltung> Einstellungen> Dokumentverwaltung> Dokumenttypen*	9.5.2
9.24	Workflowkonfiguration	*Systemverwaltung> Einstellungen> Workflow> Konfiguration der Workflowinfrastruktur*	9.4.2
9.25	Batch-Server	*Systemverwaltung> Einstellungen> System> Serverkonfiguration*	2.2.1

Tabelle A-10: Zentrale Stammdaten

Nr.	Name	Menüpunkt	Kapitel
10.1	Lieferanten	*Kreditorenkonten> Häufig> Kreditoren> Alle Kreditoren*	3.2.1
10.2	Kunden	*Debitorenkonten> Häufig> Debitoren> Alle Debitoren*	4.2.1
10.3	Gemeinsame Produkte	*Produktinformationsverwaltung> Häufig> Produkte> Alle Produkte und Produktmaster*	7.2.1
10.4	Freigegebene Produkte	*Produktinformationsverwaltung> Häufig> Freigegebene Produkte*	7.2.1
10.5	Stücklisten	*Lager- und Lagerortverwaltung> Häufig> Stücklisten*	5.2.2
10.6	Arbeitsgänge	*Produktionssteuerung> Einstellungen> Arbeitspläne> Arbeitsgänge*	5.3.3
10.7	Arbeitspläne	*Produktionssteuerung> Häufig> Arbeitspläne> Alle Arbeitspläne*	5.3.3

Befehle und Tastenkombinationen

Tabelle A-11: Wesentliche Befehle und Tastenkombinationen

Taste	Befehl	Beschreibung
Strg+N	*Datei/Neu*	Neuen Datensatz anlegen
Alt+F9	*Datei/Datensatz löschen*	Datensatz löschen
Alt+F4	*Datei/Beenden*	Formular oder Arbeitsbereich schließen
Esc		Formular schließen (wahlweise ohne Speichern)
Strg+F5	*Datei/Befehl/ Wiederherstellen*	Datensatz wiederherstellen (Rücknahme offener Änderungen)
F5	*Datei/Befehl/Aktualisieren*	Datensatz speichern und synchronisieren
	Datei/Ansicht/Favoriten im Navigationsbereich anzeigen	Favoriten ein-/ausblenden
Strg+W	*Fenster/Neuer Arbeitsbereich*	Neuen Arbeitsbereich öffnen
Strg+X	*Datei/Bearbeiten/ Ausschneiden*	Ausschneiden (Inhalt eines Felds)
Strg+C	*Datei/Bearbeiten/Kopieren*	Kopieren (Feld oder Datensatz)
Strg+V	*Datei/Bearbeiten/Einfügen*	Einfügen (Inhalt eines Felds)
Strg+F	*Datei/Bearbeiten/Suchen*	Lokale Suche (Feldfilter/-suche) öffnen
Strg+F3	*Datei/Bearbeiten/Filtern/ Erweitertes Filtern/Sortieren*	Fenster für erweiterten Filter öffnen
Alt+F3	*Datei/Bearbeiten/Filtern/ Nach Auswahl filtern*	Tabellenfilter mit aktuellem Feldinhalt setzen
Strg+G	*Datei/Bearbeiten/Filter/ Nach Raster filtern*	Raster für Filtereintragung ein- bzw. ausblenden
Hoch+ Strg+F3	*Datei/Bearbeiten/ Filterung/Sortierung aufheben*	Filter aufheben
	Datei/Befehl/ Dokumentenbehandlung	Dokumentenverwaltung
	Datei/Ansicht/ Benachrichtigungen	Benachrichtigungen zeigen
F1	*Hilfe/Hilfe*	Formularhilfe anzeigen

Literaturverzeichnis

Scott Hamilton:
Managing Food Products Manufacturing Using Microsoft Dynamics AX 2012
Visions Inc. (2012)

Mindaugas Pocius:
Microsoft Dynamics AX 2012 Development Cookbook
Packt Publishing (2012)

Scott Hamilton:
Managing Your Supply Chain Using Microsoft Dynamics AX 2009
Printing Arts (2009)

Lars Olsen, Michael Pontoppidan, Hans Skovgaard, Tomasz Kaminski:
Inside Microsoft Dynamics AX 2009
Microsoft Press (2009)

Microsoft Corporation [Ed.]:
Help system in Microsoft Dynamics AX 2012 (2012)

Microsoft Corporation [Ed.]:
Kurs 80487 – Einführung in Microsoft Dynamics AX 2012
MOC Courseware (2012)

www.microsoft.com

Sachwortverzeichnis

Printed in the United States
By Bookmasters